식민지 조선과 일본군 '위안부' 문제 자료집 Ⅴ
- 일제 성관리 정책하의 식민지 경찰과 인신매매 문제 -

• 이 책은 2022년도 동북아역사재단 기획연구 수행 결과물임(NAHF-2022-기획연구-6).

일제침탈사
자료총서 99

식민지 조선과 일본군 '위안부' 문제 자료집 V

― 일제 성관리 정책하의
  식민지 경찰과 인신매매 문제 ―

동북아역사재단 편

동북아역사재단

| 발간사

일본이 한국을 침탈한 지 100년이 지나고 한국이 일본의 지배로부터 벗어난 지 70년이 넘었건만, 식민 지배에 대한 청산은 이루어지지 못하고 있다. 일본의 독도영유권 주장은 도를 넘어섰다. 일본은 일본군'위안부', 강제동원 등 인적 수탈의 강제성도 인정하지 않고 있다. 일본군'위안부'와 강제동원의 피해를 해결하는 방안을 놓고 한·일 간의 갈등은 최고조에 이르고 있다. 역사 문제를 벗어나 무역분쟁, 안보위기 등 현실 문제가 위기 국면을 맞고 있다.

한·일 간의 갈등은 식민 지배의 역사를 어떻게 볼 것인가 하는 역사인식에서 기인한다. 역사는 현재와 과거의 대화이며 이를 기반으로 미래로 나아갈 수 있다. 과거 침략의 역사를 미화하면서 평화로운 미래를 말하는 것은 불가능하다. 식민 지배와 전쟁 발발의 책임을 인정하지 않고 반성하지 않으면 다시 군국주의가 부활할 수 있고 전쟁이 일어날 위험성도 배제할 수 없다. 미래지향적 한일관계를 형성하고 나아가 동아시아의 평화와 번영의 기틀을 조성하기 위해 일본은 식민 지배의 책임을 인정하고 그 청산을 위해 노력해야 할 것이다.

식민 지배의 역사를 청산하기 위해서는 식민 지배는 어떻게 이루어졌는지 그 실상을 명확하게 규명하는 일이 긴요하다. 그동안 일본제국주의에 맞서 조국의 독립을 위해 헌신한 독립운동가들의 활동을 찾아내고 역사적으로 평가하는 일에는 상당한 성과를 거두었다. 반면 일제 식민침탈의 구체적인 실상을 규명하는 일에는 충분한 노력을 기울이지 못했다. 제국주의가 식민지를 침탈했다는 것은 너무나 당연한 사실로 여겨졌기 때문에, 굳이 식민 지배에서 비롯된 수탈과 억압, 인권유린을 낱낱이 확인할 필요가 없었는지도 모른다. 그러는 사이 일본은 식민 지배가 오히려 한국에 은혜를 베푼 것이라고 미화하고, 참혹한 인권유린을 부인하는 역사부정의 인식을 보이는 데까지 이르고 있다. 일제의 통치와 침탈 그리고 그 피해를 종합적으로 조사하고 편찬할 필요성이 여기에 있다.

일제침탈사를 체계적으로 정리하는 일은 개인이 감당하기 어렵다. 이에 우리 재단은 한국학계의 힘을 모아 일제침탈사 편찬위원회를 꾸렸다. 편찬위원회가 중심이 되어 일제의 식민지 침탈사를 정치·경제·사회·문화 모든 방면에 걸쳐 체계적으로 집대성하기로 했다. 일제 식민침탈의 실체를 파악하기 위해 2020년부터 세 가지 방면으로 사업을 추진하고 있다. 하나는 일제침탈의 실상을 구체적이고 생생한 자료를 통해서 제공하는 일로서 〈일제침탈사 자료총서〉로 편찬한다. 다른 하나는 이 자료들을 바탕으로 연구한 결과물을 〈일제침탈사 연구총서〉로 간행한다. 그리고 연구의 결과를 대중들이 이해하기 쉽게 〈일제침탈사 교양총서〉를 바로알기 시리즈로 간행한다. 자료총서 100권, 연구총서 50권, 교양총서 70권을 기본 목표로 삼아 진행하고 있다.

〈일제침탈사 자료총서〉에서는 정치·경제·사회·문화 모든 방면에 걸쳐 침탈의 역사를 자료적 차원에서 종합했다. 침략과 수탈의 역사를 또렷하게 직시할 수 있도록 생생한 자료를 제공하는 데 목표를 두었다. 그동안 관련 자료집도 여러 방면에서 편찬되었지만 원자료를 그대로 간행한 경우가 많았다. 이번에 발간되는 자료총서는 해당 주제에 대한 침탈의 실상을 체계적으로 이해할 수 있는 구성 방식을 취했으며, 지배자의 언어로 기록되어 있는 자료들을 독자들이 쉽게 읽을 수 있도록 모두 번역했다. 자료총서를 통해 일제 식민 지배의 실체와 침탈의 실상을 있는 그대로 이해할 수 있게 되기를 기대한다.

일제침탈사 자료총서의 일환으로 발간하는 이 자료집은 일본군'위안부' 피해의 역사적 배경과 그 특성을 이해하기 위해 기획한 것이다. 모두 6개의 주제로 분류하여 《식민지 조선과 일본군'위안부' 문제 자료집》 시리즈로 엮어가고 있다. 2020년에는 그 첫 번째 성과로 제Ⅰ권 '중일전쟁 이후 일제의 도항 통제' 자료집을 발간했다. 이어서 2021년에는 제Ⅱ권 '제국 외 이송유괴 사건 관계'와 제Ⅲ권 '전시체제기 유언비어 통제 관계' 자료집을 세상에 내놓았다. 2022년에는 1930년대 국제연맹의 아시아 지역 여성·아동 매매 조사 자료를 엮은 제Ⅳ권을 펴냈다. 1932년 상하이 침략 이후 일본군 및 일본 정부가 군'위안부'라는 이름으로 전시 성동원 정책을 전개했던 국제적 맥락을 이해하기 위해서다. 올해에는 일제 경찰의 성관리 정책과 인신매매 문제를 다룬 제Ⅴ권을 펴낸다. 이 시리즈는 2024년 일제의 성병 관리 정책을 다룬 제Ⅵ권을 발간하고 마무리될 예정이다. 아무쪼록 이 자료집 시리즈가 일본의 전쟁 범죄와 식민지 지배 책임을 밝히고 피해자 입장에서 일본군'위안부' 문제를 이해하는 데 바탕이 될 수 있기를 바란다.

2023년
동북아역사재단 이사장

머리말

김학순이 일본군'위안부' 문제를 전쟁 범죄와 식민지 지배 책임 문제로 공개 증언하고, 여기에 공감하는 청중이 모여 전시(戰時)와 일상의 성폭력 역사를 새롭게 쓰기 시작한 지 30년이 지났다. 여성의 관점과 소수자의 경험을 배제해 온 역사쓰기에 거리를 두고 역사를 배우기보다 역사에서 배우는 것이 더욱 중요하다는 사실을 깨달아 온 시간이었다. 동시에 평화와 인권을 존중하는 미래를 만들기 위해서는 역사를 소비하는 데 그치지 않고 각자 역사쓰기에 참여하는 것이 중요하다는 사실을 깨닫는 시간이기도 했다. 개인의 자유의지와 자율적인 일상이 보장받는 개인의 권리는 타인의 권리와 균형을 이뤘을 때 비로소 평화로운 상태에 이르기 때문이다. 따라서 타인의 역사를 안다는 것은 나를 위한 역사쓰기의 전제조건이며, 누구도 타자화하지 않는 역사쓰기를 하려면 각자의 역할과 책임을 공유하는 민주적인 공동체 사회를 지향해야 한다는 목적의식이 있어야 한다.

그리고 우리는 그 어려운 일을 해내기 위해 지난 역사에서 다양한 권력 주체들이 저질러 온 폭력과 여기에서 비롯된 인간의 고통을 배워야 한다. 피해자의 편에서 분노하고 가해자를 응징하기 위해서만이 아니다. 폭력을 낳는 구조와 그로 인해 이득을 얻는 주체를 직시하고 폭력을 재생산하는 구조를 해체하기 위해서다. 동시에 폭력 구조가 짜놓은 관계의 그물망에서 가해와 피해 사이 어디쯤엔가 배치되어 있는 우리를 해방시키기 위해서다. 오늘날까지 지속된 폭력 구조는 미래에도 이어질 것이며, 그로 인한 인간의 갈등과 고통은 끝이 나지 않을 것이기 때문이다.

《식민지 조선과 일본군'위안부' 문제 자료집》 시리즈는 군사주의와 식민주의 그리고 가부장주의를 발판으로 '제국'을 지배했던 일제 권력이 어떠한 지배구조를 만들어 내고 또 이를 어떻게 차별적으로 운용했는지 점검하면서 '위안부' 피해에 접근하고자 한다. 그간 일본군'위안부' 문제를 둘러싼 논의에서 조선인 '위안부'의 피해 성격 문제가 쟁점이 되어 왔음에도 불구하고 역사적 실태 연구는 충분치 않았다. 이는 일차적으로 조선인 '위안부'의 피해 특성을 직접적으로 드러내는 역사 자료를 찾기가 쉽지 않다는 현실 때문일 것이다. 그러나 동시에 우리가 얼마나 탈식민주의 및 젠더 관점으로 조선인 '위안부'의 피해를 이해하고자 노력해 왔는지에 대한 질문도 필요하다. 인식의 틀을 달리하면 기존의 자료를 새롭게 독해하여 전시와 일상의 성폭력 피해에 대해 풍부하게 이야기할 수 있다. 일본군'위안부' 피해를 이해하기에 필요한 것은 새로운 자료가 아니라 새로운 관점과 방법론이다. 이를 위해 이 자료집 시리즈에서는 일본군'위안부'의 동원 배경과 피해를 이야기하기 위한 여섯 가지 주제를 설정하여 관련 자료를 수집하고, 해당 주제와 관련되는 관계 사료를 정리하였다.

식민지 조선은 제국 일본의 '외지(外地)'로서 법의 예외 상태에 놓여 있었다. 따라서 그 역사적 특성을 이해하기 위해서는 교차하는 권력들과 이들 간의 공모에 의해 구축된 정치적, 경제적, 사회적 지배질서의 성격을 따져봐야 한다. 제국 본국에 견준 차별적인 법 적용뿐만 아니라 법의 불비(不備) 또는 권력에 의한 폭력의 관리 상태를 드러내며 식민주의가 어떻게 작동되고 있었는지 살펴봐야 하는 것이다. 나아가 제국 본국뿐만 아니라 또 다른 외지 지역, 그외 점령지나 실질적 식민지 지역에 대한 권력 행사 방식을 더불어 살펴봐야 내셔널리즘 역사인식의 함정에 빠지지 않을 수 있다. 비교사의 접근으로 시공간을 가로질러 작동하는 권력들의 본질을 드러냄으로써 현재에도 엄습하고 있는 식민주의의 공세에 맞설 수 있는 것이다. 젠더와 탈식민주의의 관점에서 조선인 여성의 피해 성격을 밝히는 데 관심을 둔 이 자료집에 '제국 일본'의 영역과 나아가 국제적 범위에서 일어났던 여성 피해 사례까지 포함하고 있는 이유는 이 때문이다.

2020년에 발간한 제I권 '중일전쟁 이후 일제의 도항 통제'에서는 중일전쟁 발발 이후 일본 정부와 조선총독부가 시행한 '불량분자' 도항 통제와 '위안부' 도항 관계 자료를 살펴보았다. 이 책으로 전시체제기 식민지 조선, 타이완과 일본의 여성이 '본인의 의지'에 따라 전쟁터로 가서 '위안부'가 된다는 것이 불가능하다는 사실을 드러냈다. 일본군과 일본 정부 그리고 식민권력이 '위안부'의 도항을 허가하는 과정에서 사용된 용어는 '작부'나 '여급', '조추', '나카이'였다는 사실도 확인할 수 있었다. 성적 서비스나 가사 서비스를 위해 일본이 여성의 일로서 합법화해 놓은 분야의 용어들을 활용하여 전쟁터의 '위안부' 공급을 비불법(非不法) 차원으로 관리한 것이다.

2021년에는 '제국 외 이송유괴 사건 관계' 자료와 '전시체제기 유언비어 통제 관계' 자료를 엮어 제II권과 제III권으로 내놓았다. 제국 일본의 영역을 넘어 인신매매되는 여성들의 피해 내용이 담긴 제국 외 이송유괴 사건 관련 형사판결문은 당시 사법 당국이 '위안부' 이송을 불법으로 인식하고 처벌한 실태를 보여 주는 사례로서 주목되어 왔다. 전시체제기 언론 및 여론 통제의 시대에 '위안부' 동원과 관련되었다고 여겨지는 '유언비어' 처벌 자료들은 사기와 감언이설의 방법으로 '위안부'가 되어야 했던 식민지 여성의 동원 배경을 드러내는 자료로서 검토되어 왔다.

2022년에는 1930년대 초반 국제적인 시각으로 일본 성관리 정책의 실태와 성격을 살펴보았다. 구체적으로 국제연맹 여성·아동 매매 실지조사단의 조사 내용과 보고서 그리고 이에 대한 일본 정부의 대응 관련 내용이다. 국제연맹은 일본의 공창제가 바로 인신매매 제도라고 지적했으며, 이러한 국제사회의 평가에 대응하는 과정에서 일본은 일본의 공창제가 지닌 노예적, 인신매매 제도로서의 성격을 면피할 수 있는 대응 논리를 만들었다. 그리고 아시아·태평양전쟁을 도발하고 일본군'위안부' 제도를 운용하면서 '공인과 은폐'의 속성을 지닌 국가관리 성동원 시스템을 만들어 냈다. 따라서 이 자료집에 실린 주제와 내용은 일본군'위안부' 제도 시행의 배경에 대한 이해와 긴밀하게 연결되어 있다고 할 수 있다.

올해 발간하는 제V권의 주제는 일제 성관리 정책하의 식민지 경찰과 인신매매 문제다. 일본군'위안부' 동원 배경으로서 성관리 정책과 식민지 경찰 그리고 인신매매 문제에 주목했다.

일본군'위안부' 문제를 해결하려고 노력해 온 30년이 넘는 시간 속에서 우리는 수많은 '자료 발굴'과 자료집 발간 그리고 데이터베이스의 구축 소식을 접해 왔다. 그동안의 수고와 노력이 없었다면 이 자료집 시리즈는 기획조차 어려웠을 것이다. 따라서 이 자료집의 발간도 그동안의 성과에 빚지고 있다고 할 수 있다.

한편 수많은 자료 발굴과 연구 성과에도 불구하고 '팩트'를 내세우며 일본군'위안부' 피해와 그 책임을 부정하는 역사부정론자들의 공세가 더욱 높아지고 있는 현실에 주목한다. 이는 일본군'위안부' 진상규명이라는 과제가 자료의 '발굴'에서 '해석'으로 이행되었음을 시사한다. 그리고 우리는 어떠한 관점으로 자료를 해석하여 어떠한 미래를 만들어 가기 위한 '위안부' 역사쓰기를 할 것인가라는 질문에 맞닥트리고 있다. 이제 '위안부' 문제 해결이라는 당위를 외치기에 앞서 그 해결의 길을 찾기 위해 우리에게 필요한 관점이 무엇인지 확인하고 그 바탕 위에서 '위안부' 역사를 구성해 나갈 때다. 이 자료집 시리즈가 역사로부터 배우는 방법을 사유하는 데 밑거름이 될 수 있기를 바란다.

이 책을 엮는 데 많은 분들의 도움을 받았다. 언제나 신뢰할 수 있는 번역을 해 주는 데다가 조언도 아끼지 않는 번역자 강혜정, 박환무 선생님에게 깊은 감사의 마음을 전한다. 필자를 믿고 아낌없이 출판 지원을 해 준 재단 관계자 분들에게도 감사와 응원을 보낸다.

2023년 12월
동북아역사재단 연구위원 박정애

┃ 차례

발간사	4
머리말	6
일러두기	15
해제	17

Ⅰ. 경찰 단속의 방침

1. 나가노 기요시, 『조선경찰행정요의』, 간쇼도쇼텐, 1916.	30
2. 조선총독부경찰관강습소 편찬, 『조선경찰법대의』, 조선인쇄주식회사, 1922.	39
3. 조선총독부 경무국, 『조선경찰의 개요』, 다이카이도, 1925.	45
4. 조선총독부 경무국, 『조선경찰의 개요』, 대화상회인쇄소, 1927.	49
5. 조선총독부 경무국, 『조선경찰의 개요』, 대성당인쇄소, 1928.	53
6. 조선총독부 경무국, 『조선경찰개요』, 행정학회인쇄소, 1930.	57
7. 조선총독부 경무국, 『조선경찰개요』, 행정학회인쇄소, 1935.	61
8. 조선총독부경찰관강습소 편찬, 『경찰교과서 제1권 조선경찰법대의』, 무성회, 1935.	65
9. 조선총독부, 도 경찰부장회의 자문사항 답신서, 1935. 4.	71
10. 조선총독부 경무국, 『조선경찰개요』, 선광인쇄주식회사, 1938.	100
11. 조선총독부 경무국, 『조선경찰개요』, 출판사 미상, 1939.	104
12. 조선총독부 경무국, 『조선경찰의 개요』, 출판사 미상, 1940.	108
13. 조선총독부 경무국, 『1941년 조선경찰의 개요』, 선광인쇄주식회사, 1942.	112

Ⅱ. 경무월보

1. 소요리점, 소음식점 단속 방법의 건(1910. 8.)	118
2. 기생단속령 중 개정의 건(1910. 8.)	120
3. 창기단속령 중 개정의 건(1910. 8.)	121
4. 기생, 창기단속령 중 개정에 대하여 취급 방법의 건(1910. 8.)	122

5. 예기단속규칙 중 개정의 건(1910. 8.) · 123
6. 요리점단속규칙 중 개정의 건(1910. 8.) · 124
7. 마치아이 영업을 허가치 않는 건(1910. 8.) · 125
8. 기생, 창기의 개폐업, 이동 보고 취급 방법의 건(1910. 9.) · 126

III. 경무휘보

1. 경남의 매소부 단속 상황(1913. 1.) · 130
2. 판결례 : 예기 생업과 전차금의 성질(1914. 7.) · 132
3. 판결례 : 밀매음 용지에 관한 건(1915. 7.) · 133
4. 요리옥음식점영업단속규칙(1916. 4.) · 134
5. 예기작부예기오키야영업단속규칙(1916. 4.) · 140
6. 가시자시키창기단속규칙(1916. 4.) · 145
7. 창기건강진단시행수속(1916. 4.) · 154
8. 창기건강진단내규에 관한 건(1916. 5.) · 161
9. 예기작부건강진단내규에 관한 건(1916. 5.) · 163
10. 요리옥음식점영업단속규칙 취급 수칙(1916. 5.) · 164
11. 예기작부예기오키야영업단속규칙 취급 수칙(1916. 5.) · 167
12. 가시자시키창기단속규칙 취급 수칙(1916. 5.) · 169
13. 창기건강진단에 관한 건(1916. 5.) · 173
14. 나가노 기요시, 풍속경찰에 대하여(1916.) · 174
15. 와키노 요시오, 유곽에 대한 감상과 밀매음에 대하여(1916.) · 178
16. 와키노 요시오, 예기, 창기 또는 작부와 그 포주 간의 계약에 대하여(1916. 9.~10.) · 181
17. 마쓰이 신조, 조선의 은군자와 기생의 유래(1916. 10.) · 191
18. 사창 단속에 대하여(1917. 1.) · 194
19. 판결례 : 밀매음합죄와 그 구성(1917. 2.) · 197
20. 판결례 : 밀매음방조죄와 그 구성(1917. 2.) · 198
21. 스가 시게오, 창기를 구제하라(1922. 9.) · 200
22. 무라야마 쇼이치로, 경찰 단속과 그 사회적 고찰 (1)~(2)(1926. 1.~2.) · 204
23. 니시카메 산케이, 공창제도 존폐론 (1)~(2)(1926. 10.; 1927. 6.) · 217

24. 와다 헤이이치, 공창제도 존폐에 대하여(1927. 12.)	223
25. 미야모토 하지메, 법률로 본 매음 : 매음은 범죄성을 가질까 아니면 갖지 않을까 (1)~(3) (1928. 10.~12.)	227
26. 구도 다케키, 매소행위의 부인과학적 관찰(1929. 5.)	242
27. 스즈쓰 고조, 성욕 이상과 범죄 관계(1931. 7.)	248
28. 고마쓰 간비, 카페 업자와 그 단속(1931. 10.)	252
29. 기리야마 쇼, 일본의 공창제도(1931. 11.)	259
30. 이치가와 류에이, 제국의회에 보이는 폐창안의 추세 (1)~(2)(1931. 11.~12.)	264
31. 마스다 미치요시, 공창제도 및 예창기 자유 폐업에 관한 약간의 고찰자료 (1)~(9) (1933. 7.~1934. 11.)	278
32. 사쿠마 미쓰쿠, 밀매음의 상대방은 처벌할 수 없는가(1934. 6.)	349
33. 카페 영업 단속내규 표준에 관한 건(1934.10.)	351
34. 다케시마 가즈요시, 자녀의 매매 방지와 경찰(1935. 9.)	359
35. 운노 유키노리, 공창에서 사창으로 (상)~(하)(1936. 3.~4.)	372
36. 기타무라 데루오, 풍속경찰에 관한 하나의 고찰(1937. 7.)	385

Ⅳ. 조선경찰신문

1. 풍속경찰(1929. 7. 1.)	396
2. 가미사카 슌이치, 풍속 단속의 문제와 사견(1929. 8. 1.)	401
3. 내지의 경찰, '술과 여자'의 단속(1929. 10. 15.)	409
4. 구와하나 미키네, '붉은 등·푸른 등'의 단속(1929. 11. 1.)	414
5. 이시바시 쇼고, 자료 : 영리유괴죄의 성패(1929. 12. 1.)	418
6. 카페의 단속 방침을 결정하다(1929. 12. 1.)	420
7. 아사쿠라 노보루, 공창 폐지에 대하여(1930. 1. 1.)	422
8. 전 조선 카페의 조만간 개선(1930. 5. 15.)	425
9. 요리음식점 고용녀의 대우 개선 : 계약 단속의 요항(1930. 5. 15.)	427
10. 카페 문화(1930. 9. 1.)	428
11. 이즈미 아키라, 국제연맹과 부인의 사명(1930. 11. 15.)	430
12. 사카모토 이와타로, 한없이 에로적인 내지의 카페(1930. 12. 15.)	432
13. 최근의 카페와 여급의 상황(1930. 12. 15.)	435

14. 스기타 나오키, 매소부와 그 개선(1931. 4. 15.)	436
15. H. M. 생, 국경의 처녀 무리의 프로필(1931. 5. 1.)	441
16. 향상된 카페와 개량을 요하는 부분(1931. 5. 1.)	443
17. 가메야마 겐, 설원 : 폐창운동의 의의와 사명(1931. 5. 15.)	445
18. M. H. 생, 국경의 스트리트 걸(1931. 7. 1.)	450
19. 오히라 히사마쓰, 카페와 음식점 영업의 여급·고용녀와 보안 단속(1931. 7. 1.)	454
20. 가와사키 나쓰코, 폐창운동과 나의 견해(1931. 7. 1.)	458
21. 히토쓰기 도헤이, 사회 풍기와 에로·그로 단속(1931. 10. 1.)	460
22. 카페에 대하여 11개조를 시달(1931. 10. 1.)	462
23. 고마쓰 간비, 카페 단속과 외국인 여급 문제(1931. 11. 1.)	464
24. 구사카 이와오, 국제연맹에서 매음 문제 (상)·(하)(1931.12. 15.; 1932. 1. 15.)	467
25. 사가라 다케오, 여급은 말한다(1931. 12. 15.)	476
26. 창기 살인사건과 수훈을 세운 이수산 순사(1932. 1. 1.)	479
27. 나카무라 나오다케, 폭력단 단속과 사창 단속(1932. 2. 1.)	481
28. 히토쓰기 도헤이, 카페·댄스홀(1932. 2. 15.)	484
29. 미나미 요시지, 예기에 대한 하나의 관찰(1932. 3. 1.)	486
30. 조선 전체에서 살펴본 예창기, 작부의 성쇠 통계(1932. 6. 15.)	489
31. 카페, 바의 정화에 다소 관여하다(1932. 6. 15.)	492
32. 평양서에서, 여급의 전차를 조사(1932. 6. 15.)	495
33. 만주의 사회사업 : 창기의 자유 폐업도 떠맡다(1932. 7. 1.)	497
34. 나카무라 나오다케, 카페·바 문답(1932. 9. 1.)	499
35. 고가 구니타로, 경찰의 잡다한 문제(1932. 9. 1.)	503
36. 후루카와 사다키치, 기성권번의 조직 변경에 대하여(1932. 10. 1.)	505
37. 나카무라 나오다케, 사창 발호와 사회 풍기(1932. 10. 1.)	508
38. 나카무라 나오다케, 댄스 단속과 그 견해(1933. 2. 15.)	511
39. 일개 기자, 본정경찰서의 댄스 단속과 법규의 근거에 대하여(1933. 2. 15.)	515
40. 도쿄의 특수 음식점과 경시청의 단속규칙(1933. 3. 1.)	517
41. 기루 주인 측 방해를 단호히 억압하며 전국 창기에게 외출 자유 허가(1933. 6. 1.)	522
42. 여급, 작부 등의 에로에 주목, 경보국 제2단의 방침(1933. 6. 1.)	523
43. 아라시야마 생, 소녀 유괴, 매각, 살해사건과 범죄의 수사(1933. 7. 15.)	524
44. 나가이 고토부키, 조선인 측 사창 단속과 수사의 실제(1934. 2. 15.)	528

45. 카페 영업자는 어떻게 타개책을 강구하고 경찰 단속은 어떻게 해야 하는가(1934. 3. 1.) ... 531
46. 스즈키 에이지, 광의의 풍속 단속에 대한 경찰의 입장(1934. 3. 1.) ... 537
47. 고사카 덴, 시대적으로 본 카페 경영과 단속(1934. 3. 1.) ... 540
48. 도타니 마사미치, 시사 문제 : 카페의 개선과 경찰 단속에 대하여(1934. 3. 1.) ... 543
49. 가토 야스오, 카페 단속과 경찰의 방침(1934. 3. 1.) ... 546
50. 마쓰모토 마나부, 보안경찰 이야기(1934. 6. 1.) ... 549
51. 내지 조선의 카페·바에 대한 단속법규의 근거와 실제(1934. 7. 1.) ... 553
52. S. P. S., 조선 공창의 역사적 고찰(1934. 7. 1.) ... 557
53. 우메타니 생, 조선의 공창 폐지와 사창 문제(1934. 7. 1.) ... 560
54. 호시지마 지로, 폐창 문제의 경과에 대하여(1934. 7. 1.) ... 563
55. 카페 영업 단속, 내규표준을 제정해 각 도에 시달(1934. 9. 15.) ... 567
56. 조선 전체에 제정하게 된 카페단속규칙(1934. 10. 1.) ... 569
57. H. Y. 생, 학생의 풍기 단속과 바·찻집 문제(1934. 10. 1.) ... 572
58. 하야타 마사오, 공창 폐지 문제 동향(1935. 3. 1.) ... 575
59. 이케다 야스요시, 풍기경찰 단편(1935. 4. 15.) ... 580
60. 이케다 야스요시, 한숨 쉬는 카페에 엄한 당국의 눈 번득이다(1935. 5. 1.) ... 582
61. 일개 기자, 개혁된 권번제도(1935. 6. 1.) ... 587
62. 가미치카 생, 풍속경찰의 중요성에 대하여 (상)·(하)(1935. 6. 1.~15.) ... 591
63. 다메노 우헤이, 매음 문제에 대한 일고찰(1935. 8. 15.) ... 596
64. 전남도에서 특종 음식점의 단속내규를 제정하여(1935. 9. 15.) ... 600

V. 조선과 만주

1. 방랑아, 경성의 예창기 매매법(1914. 12.) ... 604
2. 점 있는 사람, 경성 화류계 약사(1921. 11.) ... 615
3. 일개 기자, 경성의 풍기 단속에 대하여 : 게이샤의 매음 단속의 가부(1922. 6.) ... 623
4. 20년 전 경성의 화류계 : 나카이, 예기, 창기, 기생, 기타(1927. 4.) ... 631
5. 게이샤의 매음 단속 문제, 기생의 매음도 문제(1928. 9.) ... 637
6. 일개 기자, 카페 만담 : 경찰의 단속은 너무도 모질다, 다만 카페의 개량이 필요하다(1928.12.) ... 639
7. 게이샤의 매춘행위에 대하여 아무개 서장과 기자의 문답(1929. 3.) ... 645
8. 조선박람회를 기회 삼아 경성 요정의 풍기를 확청하라(1929. 9.) ... 650

9. 경성 화류계의 정화는 목소리만으로 그칠 것인가 : 고마쓰 본정 서장에게 묻다(1930. 1.) 653

10. 화류계 정화는 용두사미(1930. 2.) 655

11. 도리하라 시게유키, 공창 폐지 문제의 최근 정세(1931. 5.) 658

12. 일본 내지의 공창과 사창(1931. 5.) 666

13. 산멘시, 카페 전선 이상기(1931. 7.) 668

14. 마치아이를 허가하고, 일류 요정만은 인육의 밀매를 단연 엄금하라(1931. 9.) 672

15. 이치이 산진, 경성 화류계의 예와 지금(1932. 4.) 675

16. 흑표범, 경성 카페 만필(1932. 9.) 679

17. 본지 기자, 여급 생업을 말하다(1933. 2.) 683

18. 본지 기자, 수도 경성의 에로 거리 풍경(1934. 4.) 689

19. 본지 기자, 조선 에로 거리 풍경(1931. 1.) 694

20. 이마무라 라엔, 경성 화류계의 변천(1937. 5.) 699

일러두기

1. 용어 표기
   - 당대 역사상을 보여 주는 용어는 가능한 한 그대로 사용했다. 단, 문장을 풀어쓸 필요가 있는 경우에는 풀어서 번역했다.
   - 내지(內地), 내지인(內地人)은 '일본', '일본인'만을 지칭하는 용어다. 따라서 원문 그대로 썼다.
   - 중국, 중국인을 뜻하는 지나(支那), 지나인(支那人)은 원문 그대로 번역했다. 일본은 중국인이 '지나인'으로 불리는 것을 싫어한다는 사실을 알면서도 공문서 대부분에서 '지나', '지나인'이라는 표현을 사용했다. 일본의 아시아 인식을 드러내는 말이라 생각한다.
   - 당대 일본어에서는 성매매 여성을 매춘부(賣春婦), 매소부(賣笑婦), 추업부(醜業婦), 매음부(淫賣婦) 등으로 표현했다. 사회적으로 성매매 여성을 부도덕하고 법을 어기는 존재로 폄하하여 가리키는 용어다. 당대 일본 사회의 여성의식과 이에 따른 여성정책을 드러낸다는 의미에서 원문에 따라 표기하였다.
   - '가시자시키(貸座敷)', '오키야(置屋)', '조추(女中)', '나카이(仲居)' 등과 같이 일본의 역사나 정책에서 비롯된 말은 일본어의 한글 발음으로 표기하였다.
   - 주로 창기나 예기, 작부, 나카이 등의 일을 말할 때 표현되는 '가교오(稼業)'는 그동안의 연구나 자료집에서 '가업'으로 번역되어 왔지만, 이는 한국어에 없는 말이다. '가교오'는 생계유지를 위한 일이라는 의미인데, 근대 일본에서 '창기가교오'나 '예기가교오'라는 합성어가 하나의 단어처럼 사용되는 배경을 살펴보는 것이 중요하다. 곧 예창기제도는 인신매매제도라는 국내외의 비판을 배경으로 메이지 정부가 '예창기해방령'을 공포하고 다시 관리 법령을 제정하는 과정에서 '생계를 위해 [성매매] 일을 하는 여성과 포주의 계약은 인신매매가 아닌 합리적인 계약'이라는 해석을 해온 것이다. 이에 따라 근대 일본의 공창제는 '본인의 의사에 따른 계약 제도'라는 정치적 수사를 내포하여 '가교오'라는 말의 쓰임이 정착되었다. 이에 따라 이 자료집에서는 이를 '가교오'를 한자대로 음독하여 '가업'이라고 표기하거나 특정 단어로 통일하지 않고 문맥에 따라 '일을 하다', '일', '생업' 등의 표현으로 풀어서 번역했다.
   - '매합(媒合)'은 남녀가 관계를 갖도록 다리를 놓는 것을 말하며, '용지(容止)'는 자신의 집에서 남녀가 관계를 맺도록 머물게 하는 것을 말한다. '매합용지'라는 조합어로 자주 쓰이는데, 일본어로는 '바이고요오시'라고 읽는다. 일제 시기에 경찰이 단속하는 사창(私娼) 관련 용어로 쓰이다가, 해방 후 한국의 법조문에 '매합용지'라는 표현으로 남았다. 이에 따라 이 자료집에서는 '매합용지'라고 표기한다.
   - '확청(廓淸)'은 일제 시기 공창제도 폐지(廢娼) 운동가들의 활동 모토였다. 본래 의미는 '사회적으로 더러운 것, 폐단 따위를 없애서 사회를 정화한다'는 것이며, 폐창운동의 맥락에서 '유곽을 없앤다'는 의미도 내포했다.

'廓'이라는 한자는 '곽' 또는 '확'으로 읽는데, '廓淸'은 일반적으로 '확청'으로 읽히며 조선시대에도 사용된 말이다. 그런데 어느 시기부터 이를 '곽청'으로도 번역하고 있으나, 이는 오역으로 판단된다. 따라서 이 자료집에서는 '확청'으로 번역한다.

2. 지명 표기
- 식민지 조선 이외 지역의 지명은 오사카(大阪), 모지(文司), 신징(新京) 등과 같이 현지 지명의 발음 표기에 따랐다. 조선 내의 지명은 한자의 한글 표기, 곧 본정(本町), 신정(新町) 등으로 표기했다. 그러나 예를 들어 일본에 소재하는 '新町'은 '신마치', 관동주 다롄(大連)에 소재하는 '新町'은 '신딩'으로 표기한다.

3. 이름 표기
- 일본인의 경우, 일본어의 한글 표기(한자 병기)를 하였다. 실제로 사용한 이름 표기를 찾을 수 없는 경우 일반적으로 사용되는 이름으로 표기했다. 이 때문에 실제 사용된 이름 표기와 다를 수 있는 점을 양해 바란다.

4. 번호 표기
- 자료 안에 매겨진 번호 형식은 원문을 따른 것이다.
- 一, 二, 三, (一), (二), (三) 등 원문 그대로 번호를 매겼다. 단, 원문의 (イ), (ロ), (ハ)는 (가), (나), (다)로 번역했다.

5. 원문 오류 표기
- 원문에 오기가 있을 경우, 정정하여 번역하고 각주에 원문 내용을 밝힌다.
- 원문에 숫자 통계가 잘못되었을 경우는 원문 그대로 표기하고, 각주에 그 사실을 밝힌다.

6. 해독 불가능한 글자의 입력에 관하여
- 원문이 보이지 않는 경우에는 '□□'로 입력했다. '○○'나 '…', '××' 등으로 입력한 것은 원문 그대로 입력한 것이다.

해제

일제 성관리 정책하의 식민지 경찰과 인신매매 문제

박정애 | 동북아역사재단 연구위원

1. 제국 일본의 성관리 정책과 일본군'위안부' 제도

『식민지 조선과 일본군'위안부' 문제 자료집』제Ⅴ권의 주제는 '일제 성관리 정책하의 식민지 경찰과 인신매매 문제'다. 이를 위해 일제 시기 발간된 경찰 관련 교재, 잡지, 신문 등에 게재된 인신매매 실태 및 성관리 정책 관련 기사들을 모았다.

제국 일본의 성관리 정책을 둘러싼 지식을 공유하는 것은 일본군'위안부' 제도의 성격을 이해하는 데 필수다. 일제의 성관리 정책은 면허 성매매 업소와 여성만을 대상으로 한 공창제(公娼制)라고 알려져 있지만, 이는 학술적 연구 성과에 기초한 '앎'이 아니다. 역사적으로 존재했던 공창제의 양태는 매우 복잡하고 모호하며 모순적이었다. 제국 일본의 법역(法域) 안에서 각 지역의 법률과 단속 관행에 따라 다층적인 모습을 보인 것이다.

공창제가 시행되었다고 해서 '공창'이라는 용어를 법적으로 규정하거나 이에 대한 규제를 정한 것도 아니었다. 일본 본국의 창기단속규칙과 예기영업단속규칙 등이나 식민지 조선의 가시자시키(貸座敷)창기단속규칙, 예기작부예기오키야(藝妓置屋)영업단속규칙, 조차지 관동주의 창기단속규칙, 예기작부 및 고용여성 단속규칙 등을 아울러 공창제라고 불렀다. 창기나 작부, 예기, 여급을 단속하는 법도 시기나 지역마다 호칭과 내용을 달리했다. 군사 통치가 강한 지역일수록 공권력의 통제 권한이 컸고 접객 여성을 둘러싼 법적 환경도 열악했다.[1] 군대를 앞세운 일본의 정치세력이 새롭게 진출하고 정치적 영향력을 행사하는 곳마다 일본은 자국의 남성을 위한 성관리 시스템을

---

1 박정애, 「어째서 공창과 '위안부'를 비교하는가: 정쟁이 된 역사, 지속되는 폭력」, 『더 많은 위안부 논쟁을 할 책임』, 휴머니스트, 2024, 155쪽.

만들었다. 그리고 관리되는 여성을 예기나 작부, 여급, 창기라고 불러왔는데, 1932년 이후에는 상하이 지역을 중심으로 '위안부'라는 말이 새롭게 등장한 것이다. 따라서 1870년대부터 일본에서 시작되어 1945년까지 아시아·태평양 지역을 대상으로 한 일본의 정치세력권 내에서 실시된 일본의 성관리 정책의 맥락에서 공창제든, 일본군'위안부' 제도든 독해할 필요가 있다.

그러나 이러한 역사적 실태와는 달리, 공창제와 일본군'위안부' 제도가 같거나 다르다고 주장하면서 성관리 대상이 된 여성의 피해를 부정하거나 강조하는 정쟁이 활발하다. 이 정쟁 속에서 '강제성'이 일본군'위안부' 문제의 최대 쟁점으로 떠오른다. 곧 여성이 강제로 끌려갔거나, 강제로 위안소 생활을 했다면 피해자이고, 그렇지 않다면 피해자가 아니라는 것이다.

1993년 8월 4일 일본 정부는 1년 6개월여에 걸친 '위안부' 피해 조사 결과를 발표했다(고노 담화). "위안부 피해자가 본인의 의사에 반해 모집되어, 군의 통제 아래 이송, 관리되었으며, 군의 요청으로 설치된 위안소에서 비참한 생활을 강요받았다"는 내용이다. 이 결과에 따라 피해자에게 '진심 어린 사죄와 반성'의 마음으로 '역사 연구, 역사교육, 오래 기억하고 '같은 잘못을 절대 반복하지 않겠다는 굳은 결의'를 표명했다. 이러한 내용의 고노 담화는 현재까지 '위안부' 문제에 관한 일본 정부의 공식 입장으로서의 위치를 유지하고 있다.

따라서 모집 과정과 위안소 안에서의 생활을 포함하여 '위안부' 피해의 '강제성'은 이미 한일 정부 사이에 공유된 인식이라고 할 수 있다. 그럼에도 불구하고 고노 담화 이후 30년이 지난 현재 시점에도 '강제성' 문제가 일본군'위안부' 문제의 더 강력한 핵심 쟁점이 된 이유는 무엇일까?

박정애는 일본군'위안부' 제도의 역사상이 비역사적으로 구성되어 있기 때문에 이 문제를 둘러싼 정쟁이 생산적인 논쟁을 압도하게 되었다고 지적했다.[2] 송연옥의 말처럼 '위안부' 문제는 담론에서 출발했기 때문에 역사적인 실태가 따르지 않았다[3]는 한계가 있고, 이러한 역사 이해의 공백 상태에서 '가짜 역사'를 내세우며 각자의 정치적 이해를 위해 '강제성'을 쟁점 대상으로 만들어 버렸다는 것이다. 역사학자 오카다 다이헤이(岡田泰平) 또한 역사학 내에서 '위안부'라는 주제가 충분히 연구되어 오지도 않고 광범위하게 논의되어 오지도 않았다고 지적한다. 이와 맞물려 일본의 우파 정치가로부터 '위안부' 피해를 부정하는 견해가 지속적으로 제출되고 이것이 한일외교 문제

---

2 박정애, 「일본군'위안부' 문제의 강제동원과 성노예: '본인의 의사에 반한 피해'의 의미」, 『일본군'위안부' 문제와 관계 Ⅲ: 관점과 실태』, 동북아역사재단, 2020 참조.
3 송연옥, 「일본에서의 위안부 문제 연구 현황과 과제」, 『식민주의, 전쟁, 군'위안부'』, 선인, 2017, 43쪽.

로 발전하면서, 이러한 정치외교 관계 속에서 '강제성'에 대한 이해가 구성되어 왔다는 것이다.[4]

한일관계 속에서 일본의 국가적 책임 문제를 퇴색시키기 위해 '위안부는 강제가 아니다', 더 나아가 '위안부는 자발적으로 갔다'는 발언이 자주 나온다. 특히 정치인과 지식인의 말들이 '망언'의 범주로 묶여 한국 언론에 보도되면서, 한국 사회에 공분이 일어났다. 그리고 한국 사회는 '강제성'을 앞세워 '위안부'의 '피해자성'을 강조하는 것으로 '망언'에 대응했다.[5] 이러한 공박의 패턴은 일본군'위안부' 문제가 공론장에 들어온 이후인 1990년 전후 시기부터 반복되었으며, 일본의 우파 정치인을 중심으로 한 '역사전(歷史戰)'이 본격화되는 2000년대 후반부터 현재까지 격화되었다.

일반 사회에서는 물리적 폭력을 사용한, 이른바 '협의의 강제성'이 '위안부'의 피해를 대부분 구성한다는 인식이 널리 퍼져 있다. 그러나 최소한 '학문적 진실성(academic integrity)' 윤리를 공유하는 연구자 사이에서는 전혀 보이지 않는다. '망언'이 터져 나올 때마다 언론을 통해 중계되는 '정쟁' 상황을 접하면서, '강제성 부정'에는 '협의의 강제성' 사례를 내세워 대응한다는 대중들의 인식이 만들어진 것으로 보인다. 연구자들은 이러한 분위기를 경계하면서, 당시 국제연맹 등에 의한 국제법이나 일제의 국내법, 전시체제 아래의 국가권력과 업자의 관계를 해명하며, '광의의 강제성'이 내포한 부정의와 반인도성을 드러내고 국가의 책임을 강조해 왔다.[6]

그러나 '광의의 강제성', 곧 '본인의 의사에 반한 피해'를 역사적으로 설명하고자 한 시도들이 일본의 성관리 정책의 맥락에서 적극적으로 이루어지지는 않았다. 일반적으로 일본군'위안부' 제도

---

[4] 오카다 다이헤이, 「일본군'위안부' 제도와 성폭력: 강제성과 합법성을 둘러싼 갈등」, 『전쟁과 성폭력의 비교사』, 어문학사, 2020 참조.

[5] 김주희, 「"무엇을 더 숨길 게 있나": '위안부' 망언의 본질주의를 넘어」, 『여성과 역사』 34, 2021 참조. 이러한 피해 부정 정치인과 지식인의 '망언'이 격화되는 상황 속에서 피해자 증언이 '피해자성', 곧 '강제성'에 걸맞는 기억을 중심으로 재구성되거나 윤색되는 경향이 나오기도 했다고 한다.

[6] 요시미 요시아키 지음, 남상구 옮김, 『일본군'위안부', 그 역사의 진실』, 역사공간, 2013, 29~30쪽; 나가이 가즈(永井和), 「일본군 위안소 정책에 대해」, 『일본인「위안부」, 애국심과 인신매매』, 논형, 2021; 마에다 아키라(前田朗), 「나가사키 사건, 시즈오카 사건 대심원 판결을 읽는다: '위안부' 강제연행은 유괴이다」, 논형, 2021; 戸塚悦朗, 「戦時女性に対する暴力への日本司法の対応、その成果と限界:発掘された日本軍「慰安婦」拉致処罰判決(1936年)をめぐって(上)」, 『季刊戦争責任研究』 43, 戦争責任資料センター, 2004; 鈴木裕子, 「東洋婦人児童売買実施調査団と国際連盟における婦人売買問題:「婦女禁売」問題と日本政府の対応を中心に」, 『日本軍「慰安婦」関係資料集成(下)』, 明石書店, 2006; 니시노 루미코, 「피해자 증언으로 본 일본군'위안부' 연행의 강제성」, 김경원 외 옮김, 『그들은 왜 일본군'위안부'를 공격하는가』, 휴머니스트, 2014; 니시노 루미코, 「업자가 '인신매매'로 징집, 연행했으니 일본군은 책임이 없다?」, 배영미, 고영진 옮김, 『'위안부'문제와 식민지 지배 책임』, 삶창, 2016; 박정애, 「교차하는 권력들과 일본군'위안부' 역사: 램지어와 역사수정주의 비판」, 『여성과 사회』 34, 2021; 박정애, 「식민지 조선의 '수양녀' 문제와 인신매매」, 『역사연구』 44, 2022; 박정애, 「국제연맹의 동양 여성 매매 조사와 식민지 조선: 일본정부의 대응과 식민지 비가시화」, 『역사문화연구』 87, 2023.

의 역사적 특수성은 조직적, 체계적인 전시 성폭력 시스템에 있다고 한다. 특히 일본과 조선 등지에서 여성들을 대규모 징모해서 전쟁터로 이송, 배치할 수 있었던 것은 일본이 19세기 말부터 시행해 온 공창제도 아래에서 인신매매 메커니즘이 형성되어 있었기 때문에 가능했다고 지적된다. 따라서 전시기 일제 권력에 의한 '위안부' 동원과 이송, 배치의 실상을 해명하려면 제국 일본의 '법역' 안에서 형성되어 있던 인신매매 메커니즘을 살펴보는 것이 필수다. 이 자료집은 '공창'과 '위안부' 그리고 '강제성' 등을 둘러싼 소모적인 정쟁을 돌파하고, 역사적 실태에 기초하여 문제 해결을 위한 생산적 논의를 모색하기 위해 마련되었다.

2. 식민지 조선의 성관리 정책과 경찰

일본군'위안부'의 동원 과정을 역사적으로 해명하고자 할 때, 당대 경찰의 역할을 살펴보는 것은 중요하다. 1938년 3월 4일에 나온 육군성 부관 통첩 「군위안소 종업부 등 모집에 관한 건」을 보면 위안소 업자는 군에서 선정하되, 업자가 일본이나 조선 등지에서 여성을 모집할 때 관계 지역의 헌병이나 경찰 당국이 긴밀하게 협조할 것을 일본군이 명령[7]하는 것을 알 수 있다.

이 통첩이 나오기 전, 일본 현지의 경찰들이 '영리유괴 행위'에 해당된다고 여겨지는 업자들의 '위안부' 모집 활동에 제재를 가한 사례가 있기도 하다.[8] 그러나 '위안부'의 모집, 이송에 관한 내무성 통첩 「지나 도항 부녀 취급에 관한 건」(1938. 2. 3.)[9]과 위의 육군성 통첩이 나온 이후 경찰은 업자의 '위안부' 모집에 은밀하게 협조했다. 애초에 일본 '내지'에 비해 인신매매 단속에 더욱 느슨했던 식민지 조선의 경우는, 경찰이 일본과 같은 수준으로 업자의 인신매매 행위를 단속한 사례조차 찾아보기 어렵다.

전시체제기 식민지 조선은 일본에 비해 '불비(不備)'나 '미비(未備)' 상태의 법적 시스템 아래에서 많은 수의 '위안부'를 전쟁터로 송출할 수 있는 정치적 환경에 놓여 있었다. 식민지 경찰은 일본의 조선 식민지 지배 아래 구축되어 있던 인신매매 메커니즘을 묵인-활용하는 방식으로 조선인 여성들을 '위안부'로 모집하는 데 협력하거나, 조선을 경유하는 '위안부' 이송에서 핵심 역할을 담당했

---

7   동북아역사재단 편, 「군위안소 종업부 등 모집에 관한 건(육군성 부관, 1838.3.4.)」, 『식민지 조선과 일본군'위안부'문제 자료집 I : 중일전쟁 이후 일제의 도항 통제(번역·해제 편)』, 2020, 436~437쪽.
8   나가이 가즈(永井和), 앞의 논문, 98~124쪽.
9   동북아역사재단 편, 「지나 도항 부녀 취급에 관한 건(내무성, 1938.2.23.)」, 『식민지 조선과 일본군'위안부' 문제 자료집 I : 중일전쟁 이후 일제의 도항 통제(번역·해제 편)』, 2020, 434~436쪽.

다. 식민지 조선의 인신매매 메커니즘은 식민권력이 시행한 성관리 시스템, 곧 공창제 아래에서 형성된 것이었다. 식민지 경찰은 성매매 시스템을 관리, 단속하는 실무 주체로서 법망을 넘나들며 형성된 인신매매 메커니즘에 중대한 책임이 있다.

일본은 근대 초기 제국주의 확장 과정에서 성관리 시스템을 적극적으로 이용했다. 확장된 '제국 일본'으로 넘어간 식민자들의 성병 관리를 위해 공/사창을 불문하고 접객 여성들에 대한 성병 관리가 필요하다고 인식했다. 그리고 이러한 성관리는 식민자들의 '정착과 발전'을 돕기 위해 반드시 필요한 시스템이라고 인식했다.

'국익'을 위한다는 명분으로 성관리 시스템을 합법화하고 관리했던 근대 일본은, 이 시스템이 국제사회에서 노예제도나 인신매매 제도로 간주되는 것에는 경계했다. 따라서 공창제를 근대적으로 재편하면서 포주 및 업주와 접객 여성 사이에 맺어지는 형식적인 계약 관계는 자유에 기초한 관계라고 선전하고 공창제의 노예적 성격을 은폐하고자 했다.

그럼에도 불구하고 공창제를 시행하는 내내 일본의 공창제는 일본 안팎에서 노예제도이자 인신매매 제도라는 비판을 받았다. 국제연맹 등은 포주 및 인사소개업자 등이 일본 법률의 비호하에 공공연하게 인신매매를 벌이고 있다고 지적하기도 했다.

식민지 조선의 경찰은 공창제 관련 법률의 시행자이자 관리자였으며, 불법행위 단속의 주체였다. 이들의 공창제/인신매매 인식 및 단속 태도, 단속 방침의 변화, 식민지 사회에 대한 인식은 합리적 제도로 가장한 공창제, 곧 국가 성관리 정책 이면의 폭력성과 식민성을 드러낸다.

식민지 경찰은 식민지에서 동원되거나 식민지를 경유하여 전쟁터로 가는 '위안부' 여성들의 신분 확인 및 증명서 발급, 불법행위 방지 등의 단속 책임이 있었다. '위안부'들은 도항 관계 공문서에 주로 '창기'나 '작부', '예기' 등으로 표기되었으며, 제국주의 확장을 위한 전쟁과 접객여성(창기, 작부, 예기, 여급 등)에 대한 경찰의 인식이 전쟁터로 가는 여성들에 대한 단속 태도를 낳았다. 따라서 경찰령으로 나온 성관리 및 인신매매 단속 관계 법령, 이에 대한 식민지 경찰의 인식과 실제 단속 양상을 살펴보는 것은 공인과 은폐를 넘나들면서 메커니즘화된 식민지 조선의 인신매매 그리고 이를 활용한 '위안부' 동원을 이해하는 데 필수다.

이 자료집에서는 일본의 조선 침탈 과정과 식민지 지배 과정에 조선에서 제도화가 진행된 공창/사창제 문제를 중심으로 식민지 경찰과 인신매매 문제를 검토했다. 먼저 경찰령으로 제도화된 관계 법령들을 살펴보고 이의 단속 주체인 경찰이 어떠한 인식과 실무로서 식민지 성관리와 인신매매 문제에 대응했는지를 살폈다. 이를 통해 불법과 합법을 넘나들며 인신매매 메커니즘이 구축

된 양상을 살펴보고, 이것이 중일 전쟁 이후 본격적으로 조직화, 체계화된 '위안부' 모집에 어떠한 '식민지적 조건'이 되었는지 살펴보았다.

3. 자료집 구성과 내용

이 자료집의 목차는 자료의 출처에 따라 구성했다. 애초에는 식민지 성관리 법령이나, 식민지 경찰의 공사창 관리, 성관리 정책 및 인신매매에 대한 경찰의 인식 등 주제에 따라 목차를 구성하려고 했다. 그러나 하나의 기사 안에 경찰의 인식이나 관리 방침 등의 내용이 섞여 있는 경우도 많아서 주제에 따른 분류가 쉽지 않았다. 따라서 경찰 관련 교재, 경찰 잡지나 신문, 식민지 경찰과 성 관리 관련 기사가 많은 재조 일본인 잡지를 기준으로 시기에 따라 자료를 정리했다.

제Ⅰ장은 식민지 경찰의 현황과 업무, 각종 통계를 모아 놓은 자료들 가운데 성관리 업무 및 현황 내용을 살펴볼 수 있는 자료들을 정리한 것이다. 『조선경찰행정요의』, 『조선경찰법대의』, 『조선경찰의 개요』 등 경찰 교재 또는 공구서의 성격을 띤 자료들이다. Ⅰ-9의 도 경찰부장회의 자문 사항 답신서(1935. 4.)는 각도 경찰부장회의의 자문에 대해 답신하는 성격의 문서이지만, 제Ⅰ장의 다른 자료와 같이 1935년 시점의 경찰 단속 상황과 각도 성 관련 영업의 현황을 보여 주는 자료이기 때문에, 함께 정리하였다. 대부분 조선총독부 경찰 관계 부서에서 작성한 자료다. 1910년 한국 병합 이후 조선총독부는 중앙에 경무총감부, 각도에 경무부를 설치하였다. 1919년 3·1운동 이후 조선총독부 관제가 개편되었고, 이때 경무총감부가 폐지되고 경무국이 설치되었다. 지방에는 제3부 또는 경찰부[10]로 두어 도지사가 경찰권을 행사하였다. 각 자료들은 한국의 국립중앙도서관, 일본의 국회도서관, 서울대 고문헌자료실, 한국의 국가기록원 등에서 수집하였다.

제Ⅰ장의 자료는 조선경찰법 대의라든가 조선경찰의 개요와 같이 조금은 다른 이름을 가지고 있지만, 경찰의 업무를 설명하는 가운데 '풍속경찰' 부분에서 경찰의 성관리 단속을 설명하고 부록에서 관련 통계를 제시하고 있는 공통점이 있다. 1916년 경찰의 성관리 정책이 전국적으로 일원화된 이후에는 '풍속경찰' 중 '풍속을 해칠 우려가 있는 영업' 부분에서 숙박업, 요리옥, 음식점, 가시자시키, 예기오키야 및 예창기, 작부 단속에 대한 지침을 설명하고 있다. 흔히 '공창'에 해당한다고 생각되는 '가시자시키'와 '창기'를 그 외의 접객업과 예창기, 작부와 병렬하여 설명하고 있는

---

10 각 도에 설치된 제3부는 1921년 2월 이후 경찰부로 개칭되었다.

점이 눈에 띈다. 반면 비면허 접객 행위인 '밀매음'에 대해서는 '기타 풍속을 해칠 우려가 있는 행위'로서 분리하여 설명한다.

제II장은 『경무월보』에 실린 관련 기사들이다. 『경무월보』는 헌병경찰제도 시행 시기 조선총감부가 발행한 월간 회보였다. 1910년 7월[11]부터 1912년 4월 『경무휘보(警務彙報)』로 바뀔 때까지 모두 21호가 발행되었다.[12] 경찰 업무 관련 법령 및 예규, 판례들이 실려 있다. 성관리 단속 관련 법령 및 단속 방침 관련 기사는 1910년 8월과 9월에 발간된 제2호와 제3호에서 집중적으로 살펴볼 수 있다. 요리점, 음식점 단속 방법의 건, 예창기 단속령 중 개정의 건, 마치아이(待合) 단속에 관한 건 등이다. 자료는 국립중앙도서관에서 찾아볼 수 있다.

제III장은 『경무휘보』에 실린 관련 기사들이다. 『경무휘보』는 『경무월보』를 계승한 것인데, 1920년 1월 이후 대대적으로 지면을 쇄신하여 개편하였다. 곧 경찰관의 지식 교환 및 정신수양 자료 중심으로 기사를 싣다가 1920년 1월부터 기고도 받고 문예도 싣기 시작한 것이다. 또한 이즈음부터 조선경찰협회의 기관지로 발간되었다.[13] 이 잡지는 국립중앙도서관, 한국 국회도서관, 서울대 중앙도서관에 소장되어 있는데, 중간에 누락된 호수도 있다. 현재 남아 있는 자료는 국립중앙도서관 사이트에서 열람할 수 있어 편리하다. 다만 일일이 자료를 열어보고 관련 자료를 찾는 수고는 감수해야 한다.

1920년 개편 이전의 자료들은 『경무월보』와 같이 법령, 예규, 판례 중심이다. 한국의 근대 성매매 관리정책 연구에서는 일반적으로 1916년에 '공창제'가 전국적으로 확립되었다고 평가한다. 1916년 3월 31일 경무총감부령 제1호부터 제4호에 걸쳐 관련 단속 법령이 공포되었다. 곧 숙박업소영업단속규칙(宿屋營業取締規則, 제1호), 요리옥음식점영업단속규칙(料理屋飲食店營業取締規則, 제2호), 예기작부예기오키야영업단속규칙(藝妓酌婦藝妓置屋營業取締規則, 제3호), 가시자시키창기단속규칙(貸座敷娼妓營業取締規則, 제4호)을 말한다. 이 법령들은 1916년 5월부터 시행되었는데, 이 시기를 맞추어 『경무휘보』 1916년 5월호에 법령과 예규 내용을 소개하고 있는 것을 살펴볼 수 있다.

새로운 영업 형태인 카페와 여급에 관한 단속 법령은 1934년 9월 12일에 공포되는데, 그 내용은 『경무휘보』 1934년 10월호 「카페 영업 단속내규 표준에 관한 건(カフェー營業取締內規標準ニ

---

11 「경무월보 발간」, 『대한매일신보』 1910. 7. 28.
12 이현주, 「경무월보」, 『한국민족문화대백과사전』(https://encykorea.aks.ac.kr/Article/E0066185. 2023. 10. 15. 검색).
13 「경무휘보 쇄신, 조선경찰협회 조직 계획」, 『매일신보』 1920. 1. 23.

關スル件)」에서 볼 수 있다. 이전에 카페는 음식점으로, 여급은 고용인으로 분류되어 단속되어 왔는데, 1920년대 후반부터 유흥 산업을 압도하는 새로운 성관리 대상 영업으로서 경찰의 고민이었다. 본정(本町) 경찰서장인 고마쓰 간비(小松寬美)가 『경무휘보』 1931년 10월호에 실은 「카페업자와 그 단속」은 카페 영업을 중심으로 한 새로운 형태의 성 풍속에 경찰 관계자가 어떻게 인식하고 단속 방안을 고민하는지 그 과정을 엿볼 수 있을 것이다. 눈에 띄는 점은, 식민지 조선의 경찰이 성관리 또는 공사창 단속을 고려할 때 언제나 일본 내지의 상황을 참조하고자 하지만, 실제는 내지와 식민지의 차이가 컸다는 점이다.

그 외 『경무휘보』에는 공창제의 이상과 현실의 괴리를 드러내는 경찰 관계자의 글이 다수 발견된다. 공사창제의 계약제도로 인해 여성매매는 없다는 주장이 얼마나 현실을 반영하지 못하는 것인지, 법령이나 예규에 따른 경찰 단속이 엄격하게 이루어지기 어려운 현실이라든지, '자유 폐업'이 얼마나 유명무실한 명분인지 등에 대한 비판 의식이다. 공창제 존폐를 둘러싼 주장을 다루고 있는 기사들도, 시대의 대세가 공창 폐지로 향하고 있음을 의식한다. 그러면서 공창 폐지 이후의 성관리에 대해 논의하는데, 그 방향이 성매매 근절이 아니라 사창 관리 방안 모색으로 이어지는 점을 눈여겨 볼 필요가 있다. 예창기나 작부 등 기존의 성매매 여성을 가리키는 용어를 지향하는 가운데 1930년대 초부터 일본군이 주둔한 상하이를 중심으로 '위안부'라는 신조어가 나오고 있기 때문이다.

식민지 조선의 성관리 정책이나 인신매매 문제 그리고 이에 대한 경찰의 인식을 총체적으로 드러내고 있는 기사로서 마스다 미치요시(增田道義)의 글이 주목된다. 조선총독부 경찰관 강습소 겸 경무국 사무국을 지낸 마스다 미치요시는 1933년 7월부터 1934년 11월까지 무려 1년 4개월간 『경무휘보』에 모두 9회에 걸쳐, 조선과 일본의 공창제 및 인신매매 현황에 대해 원고를 집필하였다. 이 글에서 그는 현대 사회의 필요악으로서 존창론(存娼論), 곧 공창제 유지론을 주장하는 논의에 대해 합법의 틀 안에서 이뤄지는 부조리와 예창기 억압 사례를 제시하며 비판 시각을 내보인다. 특히 포주 및 업자와 결탁된 경찰들이 법률과 공권력을 내세워 여성매매의 실행자가 되고 있다는 지적은 오늘날의 공론장에서 널리 논의되어야 한다. 공창제와 일본군 '위안부' 제도의 공통점을 내세우며, 공창이든 '위안부'든 피해자가 아니라 자발적인 상행위자라고 주장하는 말들은 이 자료 앞에서 힘을 잃을 수밖에 없기 때문이다. '램지어 사태'의 중심인물은 존 마크 램지어 하버드대 교수가 일본군 '위안부' 피해를 부정하기 위해 인용한 자료들이, 마스다 미치요시의 글에서 공창제의 인신매매 제도로서의 성격을 강조하기 위해 인용되고 있다는 사실을 발견하면, 램지어 교수의 주장이 '학문적 진실성'을 의도적으로 위반하고 있다는 글로벌 학자들이 지적을 이해할 수 있을 것이다.

제Ⅳ장은 조선경찰신문사가 발간한 『조선경찰신문』에 실린 관련 기사들이다. 이 신문은 1920년 12월 9일 창간되어 매달 1일과 15일에 발간되었다. 본래 평양에서 발간되던 것이 1920년 12월부터 경성에서 발간된 것으로 보인다.[14] 1939년 현재 발행인 겸 대표자는 쇼지 세이지로(庄司淸次郞)다.[15]

이 자료는 지금 서울대 중앙도서관 고문헌 자료실에서 1929년 7월 1일에서 1935년 12월 15일 사이 발간된 기사를 찾아볼 수 있다.[16] 따라서 이 자료집에 수록된 자료 또한 현재 남아 있는 범위 안에서 관련 기사를 발췌한 것이다. 앞에서 언급했듯이 이 시기는 카페의 무서운 상승세로 인해 성 산업의 구조 조정이 이루어지고 있던 시기였다. 이 때문에 카페의 '에로화'와 이로 인한 풍속 문제, 여급의 현실 및 처우, 카페 이용객의 성향 등에 대해 분석하고 의견을 제시하는 기사가 많이 보인다. 일본 내지의 성산업 변화와 이용객 분위기, 관련 법령과 단속 내용 등을 다루고 있는 것이 눈에 띈다. 식민지 경찰이나 『조선경찰신문』을 읽는 재조 일본인 등이 일본 내지의 공사창 변화를 염두에 두면서 조선의 성산업에 대응해 갔음을 엿볼 수 있다. 그 외 경찰의 공사창 단속이나 공사창제와 연동된 여성매매 상황, 국경의 '스트리트 걸'에게 지면을 할애하고 있는 모습도 접할 수 있다.

제Ⅴ장은 대표적인 재조 일본인 잡지인 『조선과 만주(朝鮮及滿洲)』에서 관련 기사를 모은 것이다. 1908년 3월 창간된 『조선』을 개칭하여 1912년 1월부터 1941년 1월까지 월간으로 발간된 『조선과 만주』는 경성에서 가장 오랜 기간 발행된 종합잡지였다. 편집인 샤쿠오 슌죠(釋尾春芿)는 일본의 조선교육 침략 토대를 마련한 인물로 평가된다.[17] 현재 국립중앙도서관 사이트에서 원문 자료를 제공하고 있으며, 어문학사가 발간한 영인본[18]을 통해서도 자료를 살펴볼 수 있다.

이 잡지는 일본인들에게 조선 이주에 필요한 여러 가지 정보를 제공하고, 재조 일본인 사이에 일본 내지의 상황과 변화를 신속하게 제공했다. 이 잡지에는 '화류계'라는 이름으로 조선의 성

---

14 「조선경찰신문 폐간」, 『조선일보』 1920. 12. 3.
15 「소식」, 『동아일보』 1939. 5. 4. 쇼지 세이지로가 신임 인사차 동아일보사에 방문한 것이 소식란에 실렸다.
16 『조선경찰신문』의 소장처와 수집에 대해서는 장신 교수(한국학중앙연구원)의 자문을 얻었다.
17 최혜주, 「잡지 『朝鮮及滿洲』에 나타난 조선통치론과 만주 인식: 1910년대 기사를 중심으로」, 『한국민족운동사학회』 62, 2010, 37쪽.
18 조선급만주사, 『조선급만주(총 57권)』, 어문학사, 2005.

산업이나 풍속을 소개하는 기사가 자주 등장했는데, "애초 술과 여자는 식민정책에 제일가는 의의"(V-1)[19]라는 언급에서, 일제의 식민지 진출 과정에서 '성산업'이 어떻게 활용되었는지 짐작하게 한다. 특히 경성 등 조선의 '화류계' 변천사를 다루는 기사가 지속적으로 실리고 있는 것이 주목된다. 이 자료집에 실은 것으로만, 1921년 11월, 1927년 4월, 1932년 4월, 1937년 5월의 4건이다. 식민자에게 이색적인 호기심으로 다가갔을 조선 기생에 대한 설명이나 재조 일본인 집거 지역을 중심으로 발달한 성산업 안내에 해당되는 내용이다.

그 외 이용객의 편리와 위생 및 풍기 문제를 고려한 '화류계' 정화 문제나 경찰의 단속에 개입하는 기사도 있다. 1929년 3월호에서 『조선과 만주』의 기자가 경찰서장을 찾아가 경성 게이샤의 '매음' 단속이나 성병 검사에 소홀한 이유를 따져 물었다. 그러자 경찰서장은 "게이샤의 매음을 단속하면 경성 관민 높은 사람들의 동료에게 대공황을 초래한다"며, "단속법은 어엿하니 있으니 그것을 실행하기만 하면 된다. 다만 그 실행이 꽤나 어렵다"고 응수한다. 이에 기자는 "언제까지나 경성의 화류계는 치외법권으로 남을 것"이라고 조롱했다(V-7).[20] "환락에 빠지기 쉬운 식민지 기분"(V-2),[21] "식민지에서는 게이샤의 매음을 묵허"(V-8),[22] "식민지 기분으로 요정과 매음을 겸업시켜 놓는다"(V-14)[23] 등의 표현에서 일제가 새로운 지역에 진출하고, 점령하고, 식민지화하는 과정에서 성의 소비가 얼마나 적극적으로 이루어지는지 짐작하게 한다. 관련 법령이 있다고 공권력의 규제와도 거리를 둔 채 '묵인 및 허가(묵허)'되고 있으며, 여성의 성은 식민자의 진출과 식민지 개발 과정에서 더욱 적극적으로 이용되는 것이다. 이처럼 『조선과 만주』에 실린 관련 기사를 통해 대륙 진출과 식민정책 그리고 공권력의 성관리 정책의 관계를 엿볼 수 있다. 이러한 과정은 일제가 1932년 제1차 상하이 사변을 시작으로 새로운 지역에 진출하거나 점령하고, 동시에 그 사업을 수행하는 군인 및 관료들을 위해 성적 '위안' 정책을 시행하면서 다시 반복됐다고 할 수 있다.

---

19   방랑아, 「경성의 예창기 매매법」, 『조선과 만주』 89, 1914. 12.
20   「게이샤의 매춘행위에 대하여 아무개 서장과 기자의 문답」, 『조선과 만주』 256, 1929. 3.
21   점 있는 사람, 「경성 화류계 약사」, 『조선과 만주』 168, 1921. 11.
22   「조선박람회를 기회 삼아 경성 요정의 풍기를 확청하라」, 『조선과 만주』 262, 1929. 9.
23   「마치아이를 허가하고 일류 요정만은 인육의 밀매를 단연 엄금하라」, 『조선과 만주』 286, 1931. 9.

참고문헌

1. 자료

『대한매일신보』, 『매일신보』, 『조선일보』, 『동아일보』

동북아역사재단 편, 『식민지 조선과 일본군'위안부' 자료집 Ⅰ: 중일전쟁 이후 일제의 도항 통제(번역·해제 편)』, 동북아역사재단, 2020.

조선급만주사, 『조선급만주(총 57권)』, 어문학사, 2005.

吉見義明 編, 『從軍慰安婦 資料集』, 大月書店, 1992.

女性のためのアジア平和国民基金 編, 『政府調査「従軍慰安婦」関係資料集成 ①~⑤』, 龍溪書舍, 1997.

鈴木裕子·山下英愛·外村大 編, 『日本軍「慰安婦」関係資料集成(上)(下)』 明石書店, 2006.

2. 단행본

마쓰다 도시히코, 이종민·이형식·김현 옮김, 『일본의 조선 식민지 지배와 경찰』, 경인문화사, 2020.

宋連玉, 『植民地「公娼制」に帝国の性政治をみる:釜山から上海まで』, 有志舍, 2023.

요시미 요시아키 지음, 남상구 옮김, 『일본군'위안부', 그 역사의 진실』, 역사공간, 2013.

윤명숙, 『조선인 군위안부와 일본군 위안소 제도』, 이학사, 2015.

3. 논문

김주희, 「"무엇을 더 숨길 게 있나": '위안부' 망언의 본질주의를 넘어」, 『여성과 역사』 34, 2021.

나가이 가즈(永井和), 「일본군 위안소 정책에 대해」, 『일본인 「위안부」, 애국심과 인신매매』, 논형, 2021.

니시노 루미코, 「피해자 증언으로 본 일본군'위안부' 연행의 강제성」, 김경원 외 옮김, 『그들은 왜 일본군'위안부'를 공격하는가』, 휴머니스트, 2014.

니시노 루미코, 「업자가 '인신매매'로 징집, 연행했으니 일본군은 책임이 없다?」, 배영미, 고영진 옮김, 『'위안부' 문제와 식민지 지배 책임』, 삶창, 2016.

마에다 아키라(前田朗), 「나가사키 사건, 시즈오카 사건 대심원 판결을 읽는다: '위안부' 강제연행은 유괴이다」, 『일본인 「위안부」, 애국심과 인신매매』, 논형, 2021.

박정애, 「교차하는 권력들과 일본군 '위안부' 역사: 램지어와 역사수정주의 비판」, 『여성과 사회』 34, 2021.

박정애, 「식민지 조선의 '수양녀' 문제와 인신매매」, 『역사연구』 44, 2022.

박정애, 「국제연맹의 동양 여성매매 조사와 식민지 조선: 일본정부의 대응과 식민지 비가시화」, 『역사문화연구』 87, 2023.

박정애, 「어째서 공창과 '위안부'를 비교하는가: 쟁점이 된 역사, 지속되는 폭력」, 『더 많은 위안부 논쟁을 할 책임』, 휴머니스트, 2024.

송연옥, 「일본에서의 위안부 문제 연구 현황과 과제」, 『식민주의, 전쟁, 군'위안부'』, 선인, 2017.

오카다 다이헤이, 「일본군'위안부' 제도와 성폭력: 강제성과 합법성을 둘러싼 갈등」, 『전쟁과 성폭력의 비교사』, 어문학사, 2020.

최혜주, 「잡지『朝鮮及滿洲』에 나타난 조선통치론과 만주 인식 : 1910년대 기사를 중심으로」, 『한국민족운동사학회』 62, 2010.

戸塚悦朗, 「戦時女性に対する暴力への日本司法の対応、その成果と限界:発掘された日本軍「慰安婦」拉致処罰判決(1936年)をめぐって(上)」, 『季刊戦争責任研究』43, 戦争責任資料センター, 2004.

鈴木裕子, 「東洋婦人児童売買実施調査団と国際連盟における婦人売買問題:「婦女禁売」問題と日本政府の対応を中心に」, 『日本軍「慰安婦」関係資料集成(下)』, 明石書店, 2006.

한국민족문화대백과사전 https://encykorea.aks.ac.kr/Article/E0066185

I. 경찰 단속의 방침

1. 나가노 기요시, 『조선경찰행정요의』, 간쇼도쇼텐, 1916.

법학사 나가노 기요시(永野清) 저, 조선경찰행정요의
永野清 著, 『朝鮮警察行政要義』 巖松堂書店, 1916.

1916(大正 5). 2. 22. 내교(內交)

제1편 서론
제2편 총론
제3편 각론
  제1장 보통 보안경찰
  제2장 풍속경찰

풍속경찰은 국민 일반의 품성을 유지하기 위해 선량한 풍속 습관을 어지럽히는 행위를 막는 작용이다. 곧 추잡함(醜猥)이나 음란함(淫逸), 나태함(遊惰) 등 대개 국민의 품성을 타락시켜 선량한 풍속 습관을 부패케 하는 부도덕과 비윤리 행위를 막고 제지함을 목적으로 삼는다. 그리고 풍속경찰의 내용에는 대개 부녀자로 점철되는 색채가 있다고 단언해도 지나침이 없겠으나 결국은 양성 간의 접근이며, 시대적 도덕 습관의 상식과 윤리에서 벗어나 부자연스러운 상태의 이면에 숨어 있는 것들을 예방하고 교정한다는 것이 본래 풍속경찰의 취지로 삼는 바다. 그중에서도 주를 이루는 것은 매음의 단속, 요리점·음식점·유흥장의 단속, 사행행위의 단속, 동물학대 단속이라 하겠다. 종래 조선에서는 풍속 단속에 관한 중앙경찰의 명령이 없다 보니 지방 분속주의를 취하는 것처럼 각 도(道) 스스로 인정 풍속이란 점에서 다소 양상을 달리하여 관습이 같지 않으므로, 지역의 상황에 따라 단속할 수 있게 해야 한다.

제1절 창기와 예기

　보통 남녀의 음행은 공공연히 외설에 관계하지 않는 한 경찰권이 간섭해 처벌하지 않는다 할지라도, 영업으로 음탕함(淫)을 파는(鬻) 이른바 매음에 대해서는 여러 나라가 국법으로 인정하는 바다. 매음은 공중의 도의심에 상처를 내고 풍속을 문란하게 만들고 또한 화류병을 전파하는 매개가 되기 때문이다. 매음은 크게 나눠 두 가지로 이뤄지는데, 이른바 공창(창기)과 밀매음(사창)이 그러하다.

　창기는 국가의 묵인에 따라 매음을 생업(生業)으로 삼는 자다. 매음이 적법한 행위가 아니라는 것에는 이론이 없다. 그럼에도 국가가 밀매음을 금지하고 창기를 금지하지 않는 이유는 인류의 자연스런 욕망에 따른 생식적 견지에서 밀매음이 횡행하면 풍속(風敎)은 물론 매독으로 천하 장정의 건강을 해치고 나아가 국력의 발전을 저해할 우려가 있기 때문에 위생정책 차원으로 부득이하게 나아가는 것일 뿐이다. 따라서 국가가 창기업에 대하여 인가 또는 허가 형식을 취하는 것은 묵인의 취지에 부합하지 않는다고 보아야 한다. 원래 창기업이 민법상 적법한 계약인지 아닌지에 대해서는 문제가 있으며, 판례에서는 적법한 법률 행위로 인정하지 않는다. 따라서 창기는 이를 영업이라 할 수 없기 때문에 특별히 생업(稼業)이라는 명사를 사용하는 것이며, 또한 창기의 행위(業爲)에 대해 과하는 세금 같은 것도 영업세라 하지 않고 부금(賦金)이라 일컫는다.

　조선에서는 창기 단속에 관한 중앙경찰의 명령이 없어 각 지방에 따라 제각각 이루어진다. 따라서 내지인이면서 창기와 동일한 행위를 하는 자에 대해서 제2종 요리점 고용 예기(抱芸妓) 또는 을종 예기, 혹은 특종 예기 등의 명칭으로 특별 단속을 하고 있다. 따라서 이 특별한 예기들은 법규상 작부와 동일하며, 창기처럼 매음행위를 하는 것이 허용된 자는 아니지만, 식민지 조선에서는 도회지 한두 곳을 제외하고는 공창과 사창의 구별이 전혀 분명하지 않다. 보통 예기, 작부, 특종 예기는 대부분 동일한 법규 아래 지배받는다. 곧 스스로 경찰서에 출두하여 일정한 사항을 갖춰 허가받고 준공창으로서 매음을 묵인(默許)받아, 정기적으로 건강진단을 시행하고, 거주 및 일하는 장소(稼場所)의 제한과 강제 치료 명령을 받는 등 대체로 창기 단속과 동일하다. 그러나 창기라는 명칭을 붙이지 않기 때문에 명부에 등록하지 않고 완전히 1종 영업으로 허가를 받을 수 있는 것과 보호적 규정이 부족한 것은 명칭 차이에서 오는 것이다. 지금 이 공창들에 대한 경찰 단속에서 가장 주의해야 할 두세 가지 점을 서술한다.

一. 제2종 예기(창기, 작부, 기타 특종의 명칭을 붙였더라도 매음하는 자들 일체를 포함)를 하려는 자는 연령 18세 이상인 자로서 경찰관서의 허가증을 얻어야 한다.

二. 제2종 예기가 되고자 하는 자는 족적(族籍), 이름, 연령, 예명을 상세히 기술하고, 다음 사항을 갖추어서 신청해야 한다.

　　가. 부모(父母)의 승낙서. 부모가 없을 때는 가장 가까운 친척(親)의 승낙서 및 그 인감증명서

　　나. 호적 등본

　　다. 경력과 제2종 예기가 되려는 사유

　　라. 건강진단서

　　마. 포주와의 계약서가 있을 때는 그 사본

三. 예기는 그가 기거하는 곳(寄寓所) 외에서 숙박할 때는 미리 경찰관에게 신고해야 한다.

四. 제2종 예기는 고용된 요리점(抱料理店)에 기거해야 하고 지정지 외로 외출하고자 할 때는 경찰관에게 신고하여 허가받아야 한다.

五. 제2종 예기는 건강진단을 받아야 한다.

　경찰관서는 법정 사항에 대하여 정밀하고 상세하게 조사한 후 허가 여부를 결재해야 한다. 연령을 제한하는 것은 창부가 되고자 하는 부녀를 보호하는 정신에 따른 것이므로, 특히 부모의 승낙서 같은 것은 경찰 단속에서 가장 정확성과 엄밀함을 요한다. 그렇게 하면 여성이 허영심에 사로잡히거나 유괴, 기만으로 이러한 천한 직업에 빠져 평생을 그르치는 자가 감히 드물어지지 않겠는가. 또한 호적등본에 대해서는 자주 그 신분 이름 연령을 속여 허가받는 자가 있으므로 이를 방지하기 위해 첨부토록 하는 것이다. 기타 거주 및 이전의 제한 같은 것은 행정 집행령 발포 이전에는 편의적 처분으로 강제했지만, 지금에는 명백하게 같은 법령 제3조에서 풍속 단속으로 요하는 업을 하는 자의 거주, 기타의 제한은 명령을 통해 정한다고 규정하고 있는 근거를 참작해야 하기 때문이다. 기타 건강진단을 받을 의무가 있으며 이를 강요하는 것은 일반 위생 차원의 위해를 방지함과 동시에 일면 창부 자체에 대한 위생적 보호를 위하는 까닭에서다.

　또한 창기에 대한 보호로서 통신, 면접, 문서의 열독(閱讀), 물건의 소지 구매, 기타의 자유는 누구라도 이를 막지 못한다는 규정이 조선의 단속 규정에서는 아직 눈에 띄지 않는다.

　다음으로 조선 부녀로서 예기 또는 창기에 해당하는 기생과 갈보라는 것이 있다. 둘 다 매소부(売笑婦)라는 점에서는 동일하다. 이에 관한 연혁을 서술하여 독자들에게 약간의 참고로 제공한다.

기생과 갈보의 연혁

　세계 어느 나라에서도 매소(売笑)의 역사는 그 연대가 오래되며 조선 역시 예로부터 있었음을 미루어 알 수 있다. 다만 전업 차원으로 행해진 것은 고려 건국 전 타타르(韃靼)에서 함경도를 거쳐 반도 각지로 이식한 양수척(揚水尺)이라는 종류가 그 자녀와 아내(妻女)로 하여금 몸(淫)을 팔게 한 것에서 시작했다고 한다. 그 풍조가 점차 굳어지고 팽만하여 중세 고려에는 가장 번성하면서 반도의 크고 작은 도읍에서 화장한 창부를 볼 수 없는 곳이 없기에 이르렀다. 이조 제3대 태종 왕이 이를 폐지하려 한 것에서도 그 폐해가 컸음을 미뤄 짐작할 수 있다. 재상 허주(許稠)가 인류의 자연스런 활력이라는 논리를 세워서 아뢰어 말린 이래, 5백여 년 동안 때로 성쇠를 겪으며 대대로 변천이 있기는 해도 남녀 정사에 관한 일들(艶貌)이 시들해지지 않고 화류 거리가 쇠퇴하지 않았을 뿐 아니라, 근세에는 나아가 관기(官妓)라는 특별대우 계급이 나와 관리의 부패, 사치와 맞물려 사회에 필요한 것으로 최근에 이르렀다.

　현재 매소부는 기생과 갈보의 두 종류다. 기생은 일종의 기예를 보유한다는 점에서 내지의 게이샤(芸者)에 비할 만하다. 갈보는 매음 전문이며 창기에 속한다고 하겠다. 또한 조선인의 구별에 따르면 일패, 이패, 삼패로 나뉜다. 일패란 기생이고, 이패는 준기생, 삼패는 곧 갈보다. 삼패는 또한 일명 은군자(隱君子)라 부른다. 이외에도 지방 촌락에 한층 더 하등한 색주가(色酒家)라는 것이 있어 술을 팔면서 성(淫)을 팔고 있는데 이름하여 보통 갈보라 부른다. 기생 중에 관기는 두 종류가 있다. 하나는 이(李) 왕실에 속하는 자만의 칭호로, 이들 중에는 정3품 이하의 위계를 지니며 군수 이하의 관리와 동등한 지위에 있는 자도 있다. 또 하나는 지방과 중앙을 불문하고 널리 관변에 빌붙어 비호받는 자도 관기라 한다. 왕년에 이조 말세의 고문경찰제도 시대에 왕실의 관의 기강(官紀)과 숙청(淑淸)을 확장(振張)함에 따라 관기라는 명칭은 사회에서 말소된 것이나 마찬가지가 되고 기생의 서열로 떨어졌다고는 하지만, 한창이었을 때는 경복궁 뒤의 봄이 오랫동안 계속되어 화장한 미인들이 선연한 색을 겨루었다고 한다.

　매음부가 되는 자는 어려서 부모를 잃은 고아, 부모가 빈곤해서 기생집(妓家)에 팔린 자, 과부의 사생아, 과부면서 주위의 유혹 또는 음탕한(淫奔) 타락에 기인하는 자 등이다. 기생의 경우는 위의 자들 외에 지방 관아의 심부름꾼의 자녀, 또는 양가의 자녀면서 아름다운 옷의 호사스러움에 눈이 멀거나 허영심에 사로잡혀 고귀한 권문세가의 첩(後庭)으로 들어가기를 희망하는 자 그리고 기생이 세습적으로 자기 자녀와 매수한 자녀를 양성한 자 등이다. 그중 대대로 전수한 자가 대부분을 차지하는 기생의 산지로는 평양이 첫째이고, 진주가 그다음이다. 경성, 전주, 해주는 훨씬 밑으로 그다음이다. 또한 평양, 진주에서는 기생 교양을 위한 학교가 있다. 그외는 기생집(妓家)에서 가무, 음곡, 독서, 습자 등 필요한 기예를 가르치니, 그들 중 고상한 자는 시화를 배움으로써 단골손님의 마음에 들려고 할 정도다.

종래 지방의 기생은 지방 관기청 또는 기생청의 주재에 속해 입적, 교양, 낙적, 기타 진퇴에 이르기까지 모든 것을 그 지휘에 따랐는데, 심지어는 관기청이나 기생청에 일종의 징계권까지 있었다. 그들은 의무로서, 무보수로 관리나 연회석 시중을 들며 술잔을 알선하고 혹은 가무를 통해 흥을 돕기도 했다. 지방에 따라서는 군수, 관찰사 등의 잠자리 시중을 들거나 심지어 순번을 정해 교대로 숙직시키는 곳도 있었다. 또한 중앙에서 순시 나온 여러 관경(官卿)에 대해 위안(慰安)의 도구로 빌려 나가기도 했다고 한다. 그리고 예전에는 관리가 끼고 지내는 여자(狎姣)의 부형(父兄)이나 친척 등은 상당한 공직을 얻거나, 또한 소송사건이나 관직 취임 등에 기생(技)의 성원이 유력하게 작용했다고 한다.

또한 기생의 웃음(一笑)을 사는 방법은 각 지방에 따라 다소 차이가 없지 않지만, 우선 십수 년 전의 경성 상황을 듣자니, 기생은 일종의 자부심을 가지고 격식을 지켰으므로 방법이 심히 손쉽지 않았다. 화류계 골목(狹斜)의 사정을 꿰고 있어 꽃을 꺾는 재주가 있는 이른바 불량배(地廻り) 무리라 부를 만한 방탕한 자(遊冶郎) 간의 집단(一団)이 있는데, 먼저 여기에 교섭해 그와 동행하여 기생의 집에 가서 세상살이 담화를 나누고 혹은 서로 노래를 부르는 등을 수차례 하다가, 약간 친해지면 다시 불량배 무리에게 당부해서 기생(妓)에게 마음을 통하도록 하는 기쁜 약속을 성립시킨다. 새 옷 몇 벌을 마련해 기생에게 선물하고 불량배 무리에게 상당한 향응을 제공해야 했는데 그 비용이 거금(百金)에 달했고 제2차 방문에서 더 많은 돈을 마련해야 했다. 이처럼 거액의 비용이 필요했기 때문에 부자의 자제나 그 길에 정통한 탕자(遊冶郎)가 아니면 그 문을 엿볼 수 없다. 지방 기생에게도 역시 일종의 격식이 있어 상대방이 누구인지를 불문하고 금전을 위해 곧바로 굳이 곁눈질하지 않으니, 상당한 금전 투여와 권위를 통하지 않으면 응하지 않는다. 종래 조선인의 유흥은 10일 혹은 7일의 날수를 예정하고 기생집에 눌어붙어 음식과 기거를 함께하거나 혹은 풍월을 즐기는 등 매우 유장하여 풍류라는 것이 있었고, 그렇기 때문에 시골의 기생에게도 수십 원을 쓰지 않으면 안 되다 보니, 최근 유객(遊客)은 조선인만이 아니라 모국인(母國人)도 서로 섞여 있고 기생도 일반적으로 유흥, 취미, 품성이 모두 떨어짐에 따라 가격도 떨어져서, 한산히 떠돌던 풍습은 오늘날 이미 일찍이 쇠퇴해 요염한 흔적을 볼 수 없게 되었다.

갈보는 기생과 달라 수속이 간단하다고 하지만, 이패 또는 지방 색주가 중 고상한 자는 상대를 선택하여, 몇 사람이 도전해도 쉽게 응하지 않는다.

전체 도(道)의 갈보 수는 병합 후 심한 증감이 없는 듯하지만, 기생은 7, 8년 전과 비교하면 크게 감소를 보인다. 이는 분명 대관의 환대와 애호(愛護)로 생활하는 기생이 대부분을 점했지만 세상 형편의 추이와 관리규율(官紀)의 엄숙이 조선인 관리의 위엄을 갑자기 위축시켰고, 동시에 이전처럼 연지와 분의 대금을 백성에게서 가혹한 징수로 구할 수 없게 되자, 그 결과가 자연히 기생의 운명에 파급해 문전에 안장을 얹은 말이 있는 경우가 매우 드물어지니 오래된 버드나무의 적막한 상태를 보이기에 이르렀다. 그런데 최근 모국인이 증가함에 따라 이들을 호객으로 삼기 위해 다소 증가하는 징조가 보인다고 한다. 조선의 매소부(売笑婦)는 남편이 있는 자가 대부분을 차지하는데 이 때문에 종래의 용색(容色)이 쇠퇴한 후 거리를 방황하듯 말로가 비참해지는 자가 심히 적다. 기생이면서 남편이 없는 자는 낙적하여 타인의 아내나 첩이 되거나, 혹은 자기 자녀나 타인으로부터 매수한 자녀에게 기예를 가르쳐 업을 이어받게 해서 그 수입으로 생활하거나, 혹은 업에 종사하는 중에 축적한 재산으로 주막을 여는 등 대체로 가난한 집(貧家)의 부녀보다 행복한 생애를 보내는 자가 많은 상황이다.

또한 빈둥거리며 놀고 게으른 백성이 많은 조선에 매음하는 부녀가 비교적 적은 것은 지위가 높거나 낮은 사람 모두 축첩하는 풍조가 커다란 원인을 이루고 있는 것이 아니겠는가.

기생 갈보의 창업(娼業)에 대한 경찰의 단속규칙은 이를 설정한 지방과 완전히 결여된 지방이 있다. 따라서 건강진단 같은 것도 대체로 병독 전파의 방지를 목적으로 하는 한도에서 이를 시행해야 할 것이라 믿는다. 조선인(鮮人) 매음부 또는 외딴 벽지의 내지인 매음부에 대해서는 때로 법정 제재를 가할 필요도 있을 것이라 하겠지만, 오히려 매독검사를 독려함으로써 일반 위생의 해독 전파를 막는 것만 못하다 하겠다.

제2절 밀매음

밀매음이란 공적 허가(公許)를 받지 않은 채 여자가 금전 또는 물품 보수를 얻기로 합의하여 남자와 교접하는 행위를 말한다. 이것이 사회 풍속을 어지럽히고 위생을 해치는 점에서는 은밀하게 이루어지는 관계로 인해, 창기보다 훨씬 더하다. 더욱이 이를 방지할 수단은 세상 사람들이 도저히 불가능하다고까지 외칠 정도로 지난한 일에 속한다. 특히 최근 사회 진보와 인구 팽창에 따른 생활상의 어려움이나 허영심의 유혹이 더욱더 밀매음의 악습(弊風)을 심하게 만들고 있기 때문에 이에 대한 방지가 다방면에서 연구되고 있기는 해도 아직 확실한 해결을 보지 못하고 있다. 오늘날 각국에서 매음에 대한 단속 방침은 이를 금지 압박(禁壓)하는 데 있지 않고 오히려 제한하는 것이 효과가 있다고 인정하기에 이른 듯하다. 그리하여 중요한 주장(主義)이 크게 나눠 세 가지가 있다. 이른바 자유설, 엄금설, 제한설이다.

첫째 자유설 : 이 설은 개인을 기초로 한 방임주의로, 개인의 신체를 사용하는 것은 각자의 자유이므로 매음에서도 국가는 이를 단속할 권능이 필요 없다고 한다. 북미, 영국, 러시아 등이 이 주의를 채용하고 있다.

둘째 엄금설 : 매음은 절대적으로 금지한다는 주의이며 종교가, 도덕가, 교육가 등이 주창하는 바이지만, 이는 실제 사회에 통용할 수 없는 이상가의 주장이며 도저히 불가능한 공론에 지나지 않는다. 오늘날 이를 상세히 논할 가치가 없다.

셋째 제한설 : 매음은 어느 정도 범위에서 제한하고 이를 묵인해야 한다는 주의로, 우리나라에서는 이 주의를 채용하고 있다. 즉 일반 풍속(風敎)과 위생 차원에서 이를 제한함으로써 자유방임으로 발생하여 사회에 미치는 해악을 최소한도로 낮추려고 한다.

오늘날 조선의 법제에서는 밀매음에 대한 제재는 행정집행령에 따라 건강진단 및 입원과 치료의 강제를 통해 위생 단속을 실시하고, 아울러 경찰범처벌규칙에서 밀매음을 하거나 매합(媒合) 용지(容止)를 하는 자는 구류 과료에 처해야 한다고 규정하고 있어, 풍속 단속보다는 장래의 위협에 대비하고 있다. 이른바 매합(媒合)이란 밀매음을 한다는 것을 알고 남녀를 회합하게 하는 행위, 즉 매개 행위를 말하고, 이른바 용지(容止)란 밀매음을 한다는 사정을 알면서도 그 장소를 공급하는 행위를 말한다.

제3절 요리옥과 음식점

요리옥과 가시자시키(貸座敷)에 상당하는 제2종 요리점(을종 요리점, 특종 요리점이라고도 하며 대부분은 요리옥과 가시자시키를 겸하여 영업함)의 단속은 각 지방에서 규정을 달리 하기 때문에 반드시 동일하지는 않지만, 그 규정이 중첩되는 항목을 열거하면 아마도 다음 범위를 벗어나지 않을 것이다.

一. 영업 구역의 제한

二. 가옥의 구조 제한과 위생상의 설비

三. 풍속에 관한 영업의 겸업 제한

四. 영업의 금지, 정지

五. 유객인(遊客人) 명부의 작성

六. 유흥 권유의 금지

七. 고용인의 고용 해고에 관한 사항과 고용인의 행위에 대한 고용주의 책임

八. 유흥비에 관한 사항

九. 유객의 대우에 관한 사항

十. 예기, 작부의 처우에 관한 사항

十一. 학생 생도와 미성년자 등에게 유흥을 시키지 않는 사항

제1종 요리점(요리점 전업인 것)은 특히 정한 지방 외에 영업지의 제한은 없지만, 제2종 요리점(가시자시키를 겸업하는 것)의 경우는 지역에 따라 획정된 구역 외에서 영업하는 것을 허용하지 않는 지방이 있다. 그리하여 요리점 영업을 하고자 하는 자는 일정한 사항을 구비해 경찰관서의 허가를 얻지 않으면 안 된다. 가옥의 구조에 대해서는 도읍에 따라 그 제한을 달리 하는데, 특히 위생과 화재 예방에서 비상구의 설비 그리고 풍속 단속을 고려하여, 이를 검사한 후가 아니면 사용할 수 없게 한다. 또한 유흥을 권하거나 손님이 요구하지 않은 음식물을 내놓고 이를 강요해서는 안 된다. 음식 유흥비로서 손님의 소지품을 수취하려고 할 때는 경찰관서의 승인을 얻어야 한다. 기타 영업에 관해서는 고용인 가족의 소행이라 할지라도 영업자가 그 책임을 지지 않을 수 없다.

음식점에 대해서도 앞에서 서술한 단속을 요하며, 특히 손님을 숙박하게 하거나 손님의 부탁이 있어도 예기를 부르거나 작부를 보내서는 안 된다는 규정이 있다.

보통 요리점과 음식점 같은 것도 역시 전적으로 풍속의 관계가 있는 업체이므로 밀매음의 매합, 객지(客止)[1], 도박, 기타 풍속에 관한 사항에 대해 엄중한 경찰 단속이 필요하다는 점은 굳이 많은 말을 필요로 하지 않는다.

조선인 영업에 관련한 요리점이라는 것은 경성에 두세 곳 있고 그밖에는 일반적으로 주막이라

---

1   객이 접객 여성을 독점하고 다른 객을 상대하지 못하게 하는 일을 말한다.

칭하며 음식점에 견줄 수 있는 종류가 있다. 이들 중에는 손님의 요구에 응하여 음식물을 제공하는 외에 숙박업소(宿屋)를 겸하는 것도 있는데 숙박료는 징수하지 않는 것을 예(例)로 한다. 이들에 대해서는 지방의 상황에 따라 민도에 적합한 한도에서 풍속 및 위생 단속을 할 수밖에 없다.

2. 조선총독부경찰관강습소 편찬, 『조선경찰법대의』, 조선인쇄주식회사, 1922.

조선총독부경찰관강습소 편찬, 조선경찰법대의
朝鮮総督府警察官講習所 編纂, 『朝鮮警察法大意』, 朝鮮印刷株式會社, 1922.

제1편 총론
제2편 각론
　제1장 보안경찰
　제2장 풍속경찰
　　제1절 흥행
　　제2절 풍속을 해칠 우려가 있는 영업

　풍속을 해칠 우려가 있는 영업의 주된 것은 가시자시키, 창기, 예기, 작부, 예기오키야, 요리옥, 음식점 등이다. 조선에서는 경무총감부령으로 통일적 법규를 정했다. 그것은 요리옥음식점영업단속규칙(1916년 총감부령 제2호), 예기작부예기오키야영업단속규칙(1916년 총감부령 제3호), 가시자시키창기단속규칙(1916년 총감부령 제4호)과, 이들 단속규칙 시행에 관한 취급 수칙(내훈) 등이다.

　一. 요리옥(料理屋), 음식점 영업의 단속
　　요리옥이란 손님의 요구에 응해 각종 조리를 하는 곳이고, 음식점은 특정한 음식물을 조리하는 곳으로 예를 들어 이른바 메밀국수집, 단팥죽집, 초밥집 등과 같은 것이다. 그러나 법규 차원으로는 다음과 같은 구별이 있다.
　　1. 요리옥과 음식점의 구별은 다음의 제한에 따라 나눌 수 있다.

가. 예기와 작부의 출입에 관한 제한 : 요리옥은 손님의 요구에 응하여 예기, 작부로 하여금 시중들게 할 수 있지만, 음식점은 시중들게 하는 것을 금한다.

나. 간판과 정가표의 게시에 관한 제한 : 음식점은 영업의 종류를 기재한 간판 또는 표시 등을 게시하고, 음식물의 정가표를 손님이 잘 볼 수 있는 장소에 게시해야 하며, 요리옥은 그럴 필요가 없다.

2. 단속의 요점

가. 신청 사항 : 요리옥 또는 음식점의 영업은 경찰서장의 허가를 받아야 한다. 그때 신청사항은 다음과 같다. 본적, 주소, 이름, 생년월일, 옥호가 있는 때는 옥호, 영업의 장소 등을 갖춘 서면에 영업용 건물에 관한 평면도를 첨부하고, 요리옥의 경우 영업소 부근의 겨냥도(見取図)도 첨부한다. 그리고 영업용 건물은 일정한 구조 제한에 따라야 한다.

나. 겸업의 금지 : 해당 업자 또는 그와 동거하는 호주나 가족은 고용인 주선업을 하는 것이 금지되고 그외 동일한 가옥 내에서 숙박업소(宿屋), 가시자시키(貸座敷) 또는 예기오키야(置屋)의 영업을 할 수 없다. 단, 건물의 구조 제한과 겸업 금지에 관해서는 지역 상황에 따라 예외를 인정한다.

다. 영업에서 준수 사항 : 객실의 표시, 등불(燈火)의 제한, 객실, 조리장, 변소의 청결 유지, 청소, 음식기구, 음식물의 청결 위생 등에 주의하는 것은 물론 풍속 단속으로서 손님을 숙박시킬 수 없다는 것, 예기, 작부 또는 고용녀로 하여금 외부에서 들여다볼 수 있는 장소에서 화장하게 하거나, 또는 가게 앞에 늘어앉거나 배회시키지 않을 것 그리고 요리옥에는 예기를 숙박시키지 않을 것 또는 손님이 요구하지 않는 경우에 예기, 작부로 하여금 시중들게 하지 않을 것 등이다.

라. 손님에 관한 신고 사항 : 다음 경우에는 신속하게 경찰관에게 신고할 것.

신분에 걸맞지 않게 낭비하는 자가 있을 때, 거동이 수상하다고 인정되는 자가 있을 때, 변사상(変死傷)이 있을 때와 손님이 소지한 금품의 도난 또는 분실이 있을 때.

이외에 손님의 소지품을 음식비 또는 유흥비를 지불할 때까지 맡아두거나 대가로서 수령하고자 할 때는 미리 경찰관에게 신고해야 한다.

마. 단속 명령과 현장 조사 검사(臨検検査) : 경찰서장은 해당 업자에 대하여 공중위생, 풍속 단속, 기타 공익 차원에서 필요한 명령을 할 수 있다. 또한 경찰관은 영업소를 현장 검사하거나 영업용 장부를 검사할 수 있다.

二. 예기, 작부 및 예기오키야의 단속

1. 예기(기생을 포함) 또는 작부 및 예기오키야 영업을 하려는 자는 경찰서장의 허가를 받아야 한다.
2. 예기와 작부의 단속은 다음 제한에 따라 나눌 수 있다.

   가. 업태에 관한 제한 : 작부는 객석에서 무용하고 음곡을 연주하는 것을 금한다. 예기에게는 이 제한이 없고 예(藝)를 업태로 본다. 단, 작부는 노래를 불러도 무방하고(취급 수칙 三), 창기도 역시 마찬가지다.

   나. 기거하는 곳(寄寓所)에 관한 제한 : 예기는 숙박업소(宿屋) 또는 요리옥에, 작부는 숙박업소 또는 음식점에 기거하는 것이 금지되므로, 작부는 요리옥에 기거할 수 있고 예기는 오키야(置屋)에 기거하거나 자택에 거주한다는 구별이 있다.

   이들 단속법규 안에서 '고용녀(雇女)'라 칭한 것은 가시자시키, 요리옥, 음식점 등의 영업주에게 고용된 자면서, 창기, 예기, 작부 등처럼 일개 독립 영업 주체가 아니고, 또한 그 명칭도 한결같지 않으며 '야리테(遣手)', 신조(新造), 나카이(仲居), 기타 각 지방에 따라 호칭을 달리 한다.

3. 예기오키야(置屋)는 예기를 기거시키는 업태다. 예기는 통상 오키야에 기거하지만 자택을 마련해 두는 자도 없지 않다. 오키야와 예기의 법률 관계는 전적으로 계약에 따른다. 예기 생업(稼業)과 관련해 검번(檢番)이라는 것이 있고, 이는 요리옥과 예기 또는 오키야 사이에 개재(介在)하여 예기 생업의 거래를 업태로 삼는다.
4. 영업지역의 제한 : 도지사는 풍속 단속 차원에서 필요하다고 인정할 때는 예기 또는 작부의 거주나 오키야의 위치에 대해 일정하게 지역을 제한할 수 있다. 혹시라도 이들의 업태가 풍속 차원에서 엄중한 단속이 필요한 경우에 그렇다.

三. 가시자시키와 창기의 단속

매소부에 관한 경찰 단속은 일면 이를 절대로 금지한다는 것이 실제로 불가능하고, 또한 이를 자연 상태로 방임하는 것은 오로지 풍속 면에서만이 아니라 위생 면에서도 지대한 위험이 있으므로, 현행 경찰 단속은 한편에서 밀매음을 금지하고, 한편에서는 창기를 인정하여 공공연하게 경찰 허가를 받게 하여 이를 경찰 감독 아래 둠으로써 그 위해를 최소한도로 방지하려 하고 있다. 가시자시키업이란 창기를 기거하게 하여 창기 생업(稼業)을 시키는 업태를 말한다. 가시자시키 영업은 경찰서장의 허가를 필요로 하고, 도지사가 지정한 지역 내(유곽)에서가 아니면 할 수 없다.

창기란 경찰 허가를 받고 창기 일(稼)을 하는 부녀를 말한다. 창기 일이란 매음행위를 업으로 삼는 업태를 말한다. 창기와 가시자시키 업자의 법률 관계는 전적으로 계약에 따른다. 다만 창기에 관해서는 풍속과 위생 차원의 단속뿐만 아니라 공안과 기타 본인의 보호에 관한 규정이 존재한다. 행여 있을 수 있는 부녀의 타락 또는 유괴 등을 방지하기 위해서다.

제3절 기타 풍속을 해칠 우려가 있는 행위

위에서 서술한 것 외에 풍속을 해칠 우려가 있는 행위에 관한 일반적 법규로서는 경찰범처벌규칙 안에 규정한 것들이 주축이고 기타 각 경찰단속법규에서 규정한 것도 적지 않다. 예를 들어 도로단속규칙, 숙박업소(宿屋)영업단속규칙 등에서 발견할 수 있다. 경찰범처벌규칙 안에 있는 주된 것들은 다음과 같다.

가. 밀매음을 하거나 이의 매합(媒合) 또는 용지(容止)를 하는 자 (1의 3)
나. 제사(祭事), 장례식(葬儀), 혼례식(祝儀) 또는 그 행렬에 대하여 못된 장난이나 방해를 하는 자 (1의 36)
다. 공중이 자유롭게 교통할 수 있는 장소에서 (중략) 만취하여 배회하는 자 (1의 39)
라. 투견(鬪犬) 또는 투계(鬪鷄)를 시키는 자 (1의 53)
마. 공중의 눈에 띄는 장소에서 상반신을 드러내거나 둔부, 복부를 노출하거나 기타 추태를 부리는 자 (1의 56)
바. 길거리에서 대소변을 보거나 또는 보게 하는 자 (1의 57)
사. 신사(神祠), 불당, 예배소, 묘소, 비표(碑表), 형상, 기타 이와 유사한 것을 욕되게 더럽히는 자 (1의 66)
아. 자기가 점유하는 장소 내에 노인이나 어린아이, 불구 또는 질병 때문에 구조가 필요한 자 또는 사람의 시체, 죽은 태아가 있는 것을 알고도 신속하게 경찰 관리에게 신고하지 않는 자 (1의 74)
자. 자기 또는 타인의 신체에 문신(刺文)을 한 자 (1의 81)

(…)

제33장 약취 및 유괴의 죄

첫째, 단순유괴죄(제224조, 제228조, 제229조)
본 죄는 미성년자, 즉 만 20세 미만인 자를 약취 또는 유괴함에 따라 성립한다.
약취란 폭행 또는 협박을 가해 어린 자(幼者)를 불법으로 자기의 실력 내에 옮기고, 한편에서 감독자의 감독권을 침해하고 동시에 다른 한편에서 어린 자의 자유를 구속하는 행위를 말한다. 유괴란 사기 또는 유혹에 의해 불법으로 자기의 실력 지배 내에 옮기는 것을 말하며, 그 행위가 미성년자에 대하여 행해진 경우인지 감독자에 대하여 행해진 경우인지를 묻지 않는다. 약취와 유괴의 구별은 약취가 본인의 의사에 반하는 경우이고 유괴는 본인의 의사 또는 하자(瑕疵)가 있는 의사에 의한 경우라는 점에 있다.

둘째, 가중유괴죄(제125조, 제226조 제1항, 제228조, 제229조)

본 죄는 영리, 외설, 혼인 또는 외국으로 이송할 목적으로 사람을 약취 또는 유괴함에 따라 성립한다.

본 죄는 객체에 대한 연령의 제한이 없다.

형벌은 영리, 외설 또는 혼인의 목적으로 저지른 때는 1년 이상 10년 이하의 징역에 처하고, 영리 목적으로 나선 경우 외는 친고죄다. 단, 피괴취자(被拐取者)[2]가 범인과 혼인한 때는 혼인의 무효 또는 취소의 재판 확정 후가 아니면 고소권이 없다. 만일 제국 외로 이송할 목적으로 저지른 경우는 2년 이상의 유기징역에 처한다.

셋째, 매매 및 이송죄(제226조 제2항, 제226조, 제229조)

본 죄는 제국 외로 이송할 목적으로 사람을 매매하는 일 또는 피괴취자, 피매매자를 제국 외로 이송하는 일(후자의 경우는 전항의 목적을 필요로 하지 않음)에 의해 성립한다. 형벌은 2년 이상의 유기징역에 처한다.

넷째, 괴취(拐取)방조죄(제227조에서 제229조)

본 죄는 괴취죄 또는 매매 및 이송죄를 범하는 자를 방조할 목적 또는 영리 외설의 목적으로, 피괴취자 또는 피매매자를 수수 은닉(藏匿) 또는 은피(隱避)시키는 일에 의해 성립한다.

형벌은 방조의 목적으로 범하는 경우는 3개월 이상 5년 이하의 징역에, 영리 또는 외설의 목적으로 저지르는 경우는 6개월 이상 7년 이하의 징역에 처하고 모두 미수죄로 벌한다. 그리고 본 죄는 외설의 목적으로 나서는 경우에 한해 친고죄다. 단, 피괴취죄 또는 피매매자가 범인과 혼인한

---

2   괴취(拐取)는 약취유괴의 준말이다.

경우는 그 무효 또는 취소의 재판 확정 후가 아니면 고소권이 없다.

- 참조 ◎ 1896(明治 29)년 법률 제17호 이민보호법 제26조의 1
  ◎ 1906(光武 10)년 법률 제2호 이민보호법 제16조

3. 조선총독부 경무국, 『조선경찰의 개요』, 다이카이도, 1925.

조선총독부 경무국, 조선경찰의 개요
朝鮮總督府 警務局, 『朝鮮警察之概要』, 大海堂, 1925.

一. 조선경찰의 개관
二. 조선경찰제도의 연혁대요
三. 경찰기관
四. 경찰관할
五. 문서와 도서
六. 법령
七. 경찰직원
八. 복무 상태
九. 경찰관의 교양
十. 급여
十一. 생활 상태
十二. 경찰비
十三. 경비선 경비전화
十四. 치안 상황
十五. 국경경비
十六. 보안경찰의 상황

(…)

사창(私娼) 단속

종래 조선에서는 매소부에 대한 아무런 단속을 하지 않은 탓에 곳곳에 사창이 출몰하여 풍속 위생 차원에서 간과할 수 없는 상황이었지만, 병합 이래로 먼저 1912(메이지 45)년 공포한 경찰범 처벌규칙 안에 사창 처벌 규정을 마련하고, 그 후 1916(다이쇼 5)년에 요리옥, 음식점, 예기, 작부, 가시자시키, 창기 등의 단속규칙을 공포함으로써 법제의 획일화를 꾀하며 단속에 임했기 때문에 종래 면모를 새로이 하는 바가 적지 않았다. 그러나 인습이 오래되다 보니 하루아침에 이들 악습의 소멸을 기하기는 어려워서, 여전히 자취를 감추고 교묘하게 단속 관헌의 시선을 피해 매춘행위를 비밀리에 하는 자가 있음은 참으로 유감스럽다. 최근 공창 문제의 고조와 함께 사창의 단속이 대단히 중요한 사안임을 인정하게 되어, 기존의 단속 방법인 영업 감사, 호구조사, 순찰, 기타의 기회에 현장 조사(臨檢)를 실시하는 것 외에도, 사창의 폐해에 빠지기 쉬운 앞에 언급한 접객업자에 대해 필요에 따라서는 고용녀의 수를 제한하거나 혹은 고용 당초의 실정을 조사하여 혹여 고용 후에 매음행위를 통해 전차금을 지불하게 한다든가 거액의 전차금을 계약 내용으로 삼는 경우가 있으면 이는 절대로 허가하지 않는 등의 방침으로 철저한 단속을 기하고 있다. 또한 1924년 7월의 조사에 따르면, 조선 전체(全鮮)에 산재하는 사창과 그럴 것으로 의심되는 자는 내지인과 조선인(內鮮人)을 합해 실로 7,651명이라는 많은 수로 헤아려지는 상황이기 때문에 한층 더 바로잡는(革正) 단속이 필요하다. 참고로 내지인의 예기, 창기, 작부 수는 전체 도를 합해 4,891명인데, 이 중 나가사키(長崎)현에서 온 생업자(稼業者)가 899명이어서 각 부현(府県)에 비해 두드러지게 다수를 점하고, 후쿠오카(福岡)현의 438명, 히로시마(広島)현의 384명, 구마모토(熊本)현의 363명이 뒤를 잇는다. 수가 가장 적은 곳은 이와테(岩手)의 1명, 오키나와(沖縄)의 2명, 미야기(宮城), 아키타(秋田)의 각 3명, 아오모리(青森)는 전무하다. 그리고 조선인의 합계는 3,413명으로 계산되는데, 이 중 본적을 경상남도에 두는 자가 1,139명으로 약 3분의 1을 차지하고, 경기도가 626명, 평남이 469명, 그다음으로 충북 11명, 강원 12명이 최소다. 그리고 이들 교육을 조사하면, 무학인 자는 내지인이 523명으로 약 1할을 차지하고, 조선인이 2,780명으로 약 8할에 해당한다. 연령은 내지인, 조선인 모두 25년 이상 30년 미만인 자로, 30년 이상인 자는 총수의 약 1할에 불과하다.

(…)

숙박업소(宿屋) 단속

종래 조선에서 숙박업소는 내지인은 여인숙(旅人宿), 하숙옥(下宿屋), 조선인은 여각(旅閣), 객주(客主), 주막(酒幕)이라 칭하였고, 내지인의 숙박업소에 대해서는 영사관령 또는 이사청령(理事廳令)으로 규정한 단속법규가 있었으나 조선인 숙박업소에 대해서는 따로 준거할 법규가 없었다. 그리고 내지인 숙박업소는 내지의 숙박업소와 대략 다르지 않지만, 조선인 숙박업소는 전술했듯이 단속법규가 없어 자유 영업으로 방임하는 관계로 객실과 요리장이 일반적으로 지극히 불결해서 영업 설비로서 거의 볼 만한 것이 없거니와, 숙박업소와 요리옥, 음식점의 구별도 없다 보니 공안 풍속 면에서 폐해가 적지 않았다. 이에 병합 후 지방 경무부령을 발포해 상당한 단속을 가하고, 또한 내지인 숙박업소에서도 시세의 추이에 따라 영업용 가옥과 기타 영업 설비에 적당한 개선을 추가할 필요가 있었으나, 병합 전의 단속법규에는 불비한 점이 많고 또한 규정 사항도 각지에서 제각각이어서 관대함과 엄격함(寬嚴)을 적절히 구사하지 못한 감이 있다. 이에 모든 도에서 동일한 법령 아래 내지인과 조선인을 통일할 필요를 인정하여, 1916년 3월, 경무총감부령으로 숙박업소영업단속규칙(宿屋営業取締規則)을 공포하고, 같은 해 5월부터 이를 시행하였다. 시행 후의 상황은 일반적으로 양호한 효과를 거두었다. 특히 시가지의 조선인 숙박업소는 차츰 영업 상태가 개선되어 종래의 모습을 일신했다. 그러나 시가지 이외에서 영업자의 영업 설비는 여전히 구태를 벗어나지 않고 있어, 지역 상황에 따라 차츰 개선을 기하게 한다는 방침에 따라 단속을 가하고 있다.

요리옥, 음식점, 예기, 작부, 예기오키야(置屋), 가시자시키(貸座敷), 창기의 단속

종래 조선에서는 조선인 요리옥, 음식점 등에 대한 업명의 구별 없이 그저 주막이라 칭했다. 작부 및 예기오키야(置屋)에 대해서도 아무런 연혁 없이 가시자시키(貸座敷) 창가(娼家), 창부라고 칭하거나, 또한 내지인의 경우도 가시자시키는 을종 요리점 또는 제2종 요리점, 창기는 을종 예기 또는 제2종 예기, 혹은 을종 작부라 칭하고, 예기오키야에 대해서는 형식적인 명칭이 없었다. 그리고 내지인에 대해서는 영사관령이나 이사청령이 마련돼 있어도 조선인에 대해서는 병합 전에 경성에만 시행된 창기단속령을 발포하고 창부라는 명칭을 창기로 고쳤다. 병합 후에는 지방이 발전함에 따라 전술한 각 영업자가 해마다 증가 경향을 보였기 때문에 지방경무부령을 발포하고 점차 단속을 진행하였으나 시세의 변천에 따라 종래에 발포한 법령으로는 단속하는 데에 커다란 불편이 있어, 모든 도에 시행할 통일적 법규 제정 필요를 인정하고 1916년 3월 경무총감부령을 통해 요리옥음식점영업단속규칙, 예기작부예기오키야영업단속규칙, 가시자시키창기단속규칙을 발포하고, 같은 해 5월부터 이를 시행했다. 그리고 이 규칙의 주된 규정 사항으로 특히 풍속 단속을 요하는 가시자시키 및 창기 영업자는 일정한 지역에 제한시키는 것을 원칙으로 하고, 요리옥은 예기의 초빙, 작부의 기거를 인정하고, 음식점은 먹고 마시는 이외의 유흥을 금하고, 예기오키야는 예기가 기거하는 것 외의 손님을 받는 것을 금하고, 기타 예기, 작부, 창기의 생업(稼業)에 관한 사항, 영업용 건물의 구조설비에 관한 사항 등을 규정했는데, 시행 후 일반적으로 양호한 효과를 거두고 있다. 그러나 조선인 요리옥, 음식의 구조설비에 관해서는 아직 엄격한 단속을 가하기 어려운 사정이 있기 때문에 지역 상황에 따라 여러 규정 사항을 참작하여 지방의 실정에 적용시키는 데 힘쓰고 있다. 또한 시가지 외의 음식점 영업자에 대해 점등과 변소, 기타 불결한 장소에 뿌려야 하는 방취제 비치 규정이 있지만 해당 규정은 다소 엄격성을 잃어 실행이 곤란한 경향이 있을 뿐 아니라 오늘날의 실상에 적합하지 않은 점이 있으므로 이를 개정하고자 목하 조사 중이다.

4. 조선총독부 경무국, 『조선경찰의 개요』, 대화상회인쇄소, 1927.

조선총독부 경무국, 조선경찰의 개요

朝鮮總督府 警務局, 『朝鮮警察之槪要』, 大和商會印刷所, 1927.

서언
제1장 조선경찰제도의 연혁
제2장 경찰기관
제3장 경찰관할
제4장 수상경찰
제5장 경비 전화
제6장 경찰법령
제7장 경찰 문서
제8장 경찰비
제9자 경찰직원
제10장 경찰관의 교양
제11장 경찰관의 진퇴와 기율(紀律)
제12장 경찰관의 복무 상태
제13장 경찰관의 급여
제14장 경찰관의 생활 상태
제15장 범죄 상황
제16장 치안 상황

> 제17장 국경경비
> 제18장 재외 조선인(鮮人)의 상황
> 제19장 보안 상황
> 제20장 행정경찰
>
> (…)

七. 숙박업소 단속

종래 조선에서 숙박업소는 내지인은 여인숙, 하숙옥, 조선인은 여각, 객주, 주막이라 칭했다. 내지인의 숙박업소에 대해서는 영사관령 또는 이사청령을 통해 규정한 단속법규가 있었으나, 조선인 숙박업소에 대해서는 따로 준거할 법규가 없었다. 그리고 내지인 숙박업소는 내지의 숙박업소와 대략 다르지 않지만, 조선인 숙박업소는 전술했듯이 단속법규가 없어 자유 영업으로 방임한 관계상 객실과 요리장 등이 일반적으로 지극히 불결해서 영업 설비로 거의 볼 만한 것이 없거니와, 숙박업소와 요리옥, 음식점의 구별도 없다 보니 공안 풍속 면에서 폐해가 적지 않았다. 이에 병합 후 지방 경무부령을 발포해 상당한 단속을 가했다. 또한 내지인 숙박업소의 경우도 시세의 추이에 따라 영업용 가옥과 기타 영업 설비에 관해 적당한 개선을 추가할 필요가 있었으나, 병합 전의 단속법규에 불비한 점이 많고 또한 규정 사항도 각지에서 각각 다르다 보니 관대함과 엄격함(寬厳)을 적절히 구사하지 못한 감이 있다. 이에 모든 도에서 같은 법령 아래 내지인과 조선인(內鮮人)을 통일할 필요를 인정하여, 1916년 3월, 경무총감부령을 통해 숙박업소영업단속규칙(宿屋営業取締規則)을 공포하고, 같은 해 5월부터 이를 시행하였다. 시행 후의 상황은 일반적으로 양호한 효과를 거두었다. 특히 시가지의 조선인 숙박업소는 영업 상태가 개선되어 종래의 모습을 일신하였다. 그러나 시가지 외의 영업 설비는 여전히 구태를 벗어나지 않고 있어, 지역 상황에 따라 점차 개선을 기한다는 방침에 따라 단속을 가하고 있다.

八. 요리옥, 음식점, 예기오키야(置屋), 가시자시키(貸座敷), 예기, 창기, 작부의 단속

종래 조선에서는 조선인 요리옥, 음식점 등에 대한 업명의 구별 없이 그저 주막이라 칭했다. 작부 및 예기오키야(置屋)에 대해서도 아무런 연혁 없이 가시자시키, 창가(娼家), 창부라고 칭하거나,

또한 내지인의 경우도 가시자시키는 을종 요리점 또는 제2종 요리점, 창기는 을종 예기 또는 제2종 예기 혹은 을종 작부라 칭하고, 예기오키야에 대해서는 형식상의 명칭이 없었다. 그리고 내지인에 대해서는 영사관령이나 이사청령이 마련돼 있어도 조선인에 대해서는 병합 전에 경성에만 시행된 창기단속령을 발포하고 창부라는 명칭을 창기로 고쳤다. 병합 후에는 지방이 발전함에 따라 전술한 각 영업자가 해마다 증가 경향을 보였기 때문에 지방경무부령을 발포하고 순차적으로 단속을 진행하였으나 시대 추세의 변천에 따라 종래에 발포한 법령으로는 단속하는 데에 커다란 불편이 있어, 모든 도에 시행할 통일적 법규 제정 필요를 인정하고 1916년 3월 경무총감부령을 통해 요리옥음식점영업단속규칙, 예기작부예기오키야영업단속규칙, 가시자시키창기단속규칙을 발포하고, 같은 해 5월부터 이를 시행했다. 그리고 이 규칙의 주된 규정 사항으로서 특히 풍속 단속을 요하는 가시자시키 및 창기 영업자는 일정한 지역에 제한시키는 것을 원칙으로 하고, 요리옥은 예기의 초빙, 작부의 기거를 인정하고, 음식점은 먹고 마시는 이외의 유흥을 금지하고, 예기오키야는 예기가 기거하는 것 외의 손님을 받는 것을 금하고, 기타 예기, 작부, 창기의 생업에 관한 사항, 영업용 건물의 구조설비에 관한 사항 등을 규정했는데, 시행 후에 일반적으로 양호한 효과를 거두고 있다. 그러나 조선인 요리옥, 음식의 구조설비에 관해서는 아직 엄격한 단속을 가하기 어려운 사정이 있기 때문에 지역 상황에 따라 여러 규정 사항을 참작하여 지방의 실정에 적용시키는 데 힘쓰고 있다. 또한 시가지 외의 음식점 영업자에 대해 점등과 변소, 기타 불결한 장소에 뿌려야 하는 방취제 비치 규정이 있지만 해당 규정은 다소 엄격성을 잃어 실행이 곤란한 경향이 있을 뿐 아니라 오늘날의 실상에 적합하지 않은 점이 있으므로 이를 개정하고자 목하 조사 중이다.

九. 사창 단속

종래 조선에서는 매소부에 대한 아무런 단속을 하지 않은 탓에 곳곳에 사창이 출몰하여 풍속 위생 차원에서 간과할 수 없는 상황이었지만, 병합 이래로 먼저 1912년 공포한 경찰범처벌규칙 안에 사창 처벌 규정을 마련하고, 그 후 1916년에 요리옥, 음식점, 예기, 작부, 가시자시키, 창기 등의 단속규칙을 공포함으로써 법제의 획일화를 꾀하며 단속에 임했기 때문에 종래의 면모를 새로이 하는 바가 적지 않았다. 그렇기는 하지만 인습이 오래되다 보니 하루아침에 이들 악습의 소멸을 기하기는 어려워서, 생활난이나 기타 각종 사회상의 결함으로 인해 숫자의 차이를 다소 보이면서도 여전히 자취를 감추고 교묘하게 단속 관헌의 시선을 피해 매춘행위를 비밀리에 하는 자가 있음은 참으로 유감스럽다. 최근 공창 문제의 고조와 함께 사창의 단속이 대단히 중요한 사안임을 인정하게 되어, 기존의 단속 방법인 영업 감사, 호구조사, 순찰, 기타의 기회에 현장 조사를 실시하는 것 외에도, 사창의 폐해에 빠지기 쉬운 앞에 언급한 접객업자에 대하여 필요에 따라서는 고용녀의 수를 제한하거나 혹은 고용 당초의 실정을 조사해 혹여 고용 후에 매음행위를 통해 전차금을 지불하게 한다든가 거액의 전차금을 계약 내용으로 삼는 경우가 있으면 이를 절대로 허가하지 않는 등의 방침으로 철저한 단속을 기하고 있다. 하지만 1924년 7월의 조사에 따르면 아직도 조선 전체에 산재하는 사창과 그럴 것으로 의심되는 자가 내지인과 조선인을 합해 실로 7,651명이라는 많은 수로 헤아려지는 상황에 있기 때문에 한층 더 바로잡기 위한 단속이 필요하다.

(표) 숙박업소 영업자 조사

(1926년 12월 말 현재)

도별 종별	경기	충북	충남	전북	전남	경북	경남	황해	평남	평북	강원	함남	함북	계
여인숙	2,268 ×243	1,747	1,799 ×6	2,038	2,989 ×1	4,307 ×38	2,842 ×53	1,941	1,337 ×20	2,370	4,920 ×13	2,973 ×1	1,478 ×90	33,009 ×465
하숙옥	227	3 ×36	9 ×85	27 ×4	15 ×3	53 ×5	31 ×2	1 ×2	31 ×19	91	3	21 ×1	53 ×1	565 ×158

×는 겸업을 표시함

(표) 요리옥, 음식점, 가시자시키, 예기오키야와 예기, 창기, 작부 조사[주]

(1926년 12월 말 현재)

도별 종별	경기	충북	충남	전북	전남	경북	경남	황해	평남	평북	강원	함남	함북	계
요리옥	203	39 ×11	88 ×11	74	271 ×8	98	228 ×50	157 ×2	109 ×1	210	65	107	106	1,755 ×73
음식점	8,124 ×582	2,201 ×100	3,835 ×12	2,729 ×296	4,657	7,679 ×88	5,719 ×596	7,897 ×16	1,481 ×15	3,544	3,226 ×55	4,174 ×16	1,927 ×165	57,182 ×941
가시자시키	212	-	10	24	13	16	134 ×10	13	82	-	-	20	45	569 ×10
예기오키야	115	-	- ×4	9	6 ×13	16	52 ×14	4 ×1	10	-	-	-	6	218 ×28
예기	791 ×3	63	132	212	204 ×7	267	497 ×20	150	291 ×24	242	84	149	41	3,123 ×54
창기	930	-	52	168	120	123	871	39	385	-	-	172	312	3,172
작부	41 ×2	43	54	62	184	132	62	158 ×9	48 ×1	358	46	186 ×20	104	1,479 ×32

×는 겸업을 표시함
주 : 통계의 합산이 맞지 않는 경우도 있으나 원문에 따른다.

5. 조선총독부 경무국, 『조선경찰의 개요』, 대성당인쇄소, 1928.

조선총독부 경무국, 조선경찰의 개요
朝鮮總督府 警務局, 『朝鮮警察之槪要』, 大盛堂印刷所, 1928.

서언
제1장 조선경찰제도의 연혁
제2장 경찰기관
제3장 경비시설
제4장 경찰 관할과 정원 배치
제5장 경찰직원
제6장 경찰관의 교양
제7장 경찰관의 진퇴와 기율(紀律)
제8장 경찰관의 복무 상황
제9장 경찰관의 급여
제10장 경찰관의 생활 상태
제11장 치안 상황
제12장 국경경비
제13장 재외 조선인의 상황
제14장 내지의 조선인 노동자 상황
제15장 범죄 상황
제16장 다중운동의 상황
제17장 신문잡지와 활동사진 '필름'의 단속
제18장 여러 영업 기타 단속 상황

(…)

七. 숙박업소 단속

　종래 조선에는 여각, 객주, 주막이라는 것이 있어 숙박업 영업이 이루어졌습니다만, 숙박업소와 요리옥, 음식점과의 구별이 없고 단속법규도 없어 자유 영업으로 방임하고 있었기 때문에 객실, 요리장 등이 일반적으로 불결하고 영업 설비도 보잘 것 없어 위생과 공안, 풍속 면에서 폐해가 있었습니다. 또한 내지인은 내지와 마찬가지로 여인숙, 하숙옥 등을 경영하고, 이에 대해 영사관령 또는 이사청령으로 단속을 해왔습니다. 하지만 시대의 추세에 따라 영업용 가옥과 기타 영업 설비에 적당한 개선을 추가할 필요가 생겨 병합 후에 지방 경찰부령을 공포하고 상당한 단속을 가했습니다만, 단속법규에도 여전히 불비한 점이 많고 또한 규정 사항도 각지마다 다르다 보니 관대함과 엄격함(寬嚴)을 적절히 구사하지 못한 감이 있었습니다. 이에 모든 도에서 동일한 법령 아래 내지인과 조선인을 통일할 필요를 인정하여, 1916년 3월, 경무총감부령을 통해 숙박업소영업단속규칙을 공포하고, 같은 해 5월부터 시행하였습니다. 그 결과 일반적으로 양호한 성적을 거두었고, 특히 시가지의 조선인 숙박업소의 영업 상태는 종래의 모습을 일신했습니다. 그러나 시가지 외에는 아직까지 영업 설비가 여전히 구태를 벗어나지 못한 것들이 있으니, 지역과 기타 상태에 적응하도록 추후 개선시킨다는 방침 아래 목하 단속을 가하고 있습니다. (제39표 참조)

八. 요리옥, 음식점, 예기오키야, 가시자시키, 예기, 창기, 작부의 단속

　종래 조선에서는 요리옥, 음식점에 대한 업명의 구별 없이 모두 주막이라 칭하고, 또한 작부 및 예기오키야에 대해서도 아무런 연혁 없이 가시자시키, 창가(娼家), 창부라고 칭해 왔습니다만, 병합 전 경성에서만 시행되는 창기단속령을 공포하여 창부의 명칭을 창기로 고쳤습니다. 또한 거주 내지인 사이에서는 가시자시키를 을종 요리점 또는 제2종 요리점, 창기는 을종 예기 또는 제2종 예기라 칭하고, 예기오키야에 대해서는 형식상의 명칭 없이 영사관령이나 이사청령을 통해 단속해 왔습니다. 병합 후 지방이 발전함에 따라 단속에 커다란 불편을 느꼈기 때문에 모든 도에 대해 내지인과 조선인을 통일적으로 단속할 필요를 인정하고 1916년 3월 경무총감부령을 통해 요리옥음식점영업단속규칙, 예기작부예기오키야영업단속규칙을 공포하고, 같은 해 5월부터 시행했습니다. 그리고 이 규칙의 주된 규정 사항으로 풍속 차원에서 특히 단속이 필요한 가시자시키 및 창기의 영업자는 일정한 지역에 국한시키고, 요리옥은 예기의 초빙, 작부의 기거를 인정하고, 음식점은 먹고 마시는 이외의 유흥을 금지하고, 예기오키야는 예기가 기거하는 것 외의 손님을 받는 것을 금하고, 기타 예기, 작부, 창기의 생업에 관한 사항, 영업용 건물의 구조설비에 관한 사항 등입니다. 시행 후에는 일반적으로 양호한 효과를 거두고 있습니다만, 조선인 요리옥과 음식의 구조설비에 관해서는 아직 엄격한 단속을 가하기 어려운 사정이 있기 때문에 지역 상황에 따라 여러 규정사항을 참작하여 지방의 실제 상황에 적용시키고자 힘쓰고 있습니다. 또한 시가지 외의 음식점 영업자에 대해 점등과 변소, 기타 불결한 장소에 뿌려야 하는 방취제 비치 규정이 있습니다만, 이 또한 지나치게 엄격해 실행하기 어려운 경향이 있을 뿐 아니라 오늘날의 실상에 적합하지 않은 점이 있으므로 이를 개정하기 위해 연구 중입니다. (제39표 참조)

九. 사창 단속

종래 조선에서는 매소부에 대한 아무런 단속도 없었기 때문에 그들이 곳곳에 출몰하여 풍속 위생 차원에서 간과할 수 없는 상황이었습니다. 이에 1912년 공포한 경찰범처벌규칙 안에 사창 처벌 규정을 마련하고, 그 후 1916년에 요리옥, 음식점, 예기, 작부, 가시자시키, 창기 등의 단속규칙을 공포하면서 이들 사창의 단속을 한층 엄밀하게 했습니다. 그러나 아무래도 오랫동안의 인습과 생활난과 기타 각종 사회적 결함으로 인해 즉시 소멸에는 이르지 못한 채 교묘하게 단속 관헌의 시선을 피해 여전히 매춘행위를 몰래 행하고 있는 상태임은 참으로 유감스럽습니다. 특히 최근 카페, 바 등이 산발적으로 생기고 폐창 문제 등이 강하게 주장됨에 따라 사창의 단속이 더욱 어려워지게 되었기 때문에 기존의 영업 감사, 호구조사, 순찰, 기타의 기회에 실시하는 현장 조사 등의 단속 방법으로는 도저히 소기의 목적을 달성할 수 없어서, 추가적으로 사창의 폐해에 빠지기 쉬운 접객업자에 대해서는 필요에 따라 고용녀의 수를 제한하거나 혹은 고용 당초의 실정을 조사해 혹여 고용 후에 매음행위를 통해 전차금을 지불하게 한다거나 거액의 전차금을 계약 내용으로 삼는 경우 등이 있으면 이를 절대로 허가하지 않는다는 방침으로 철저히 단속하고 있습니다. 그리고 현재 상황으로 볼 때 한층 더 바로잡기 위한 단속이 필요하다고 느끼는 상태입니다.

제39표 여인숙, 하숙옥, 요리옥, 음식점, 가시자시키, 예기오키야, 예기, 창기, 작부, 유예종사인(遊藝稼人)주)

도별 종별	경기도	충청북도	충청남도	전라북도	전라남도	경상북도	경상남도	황해도	평안남도	평안북도	강원도	함경남도	함경북도	합계
여인숙	2,422 ×354	1,682 ×4	1,740	2,040	3,026 ×40	4,636 ×40	2,842 ×156	1,823 ×1	385 ×17	2,298 ×73	5,273	3,120 ×3	1,355 ×1	33,642 ×701
하숙옥	369 ×1	5 ×21	9 ×78	25 ×11	15 ×18	55	54 ×9	31 ×1	44 ×3	62	4 ×5	25	9 ×1	707 ×148
요리옥	213	31 ×3	108 ×16	71 ×8	142 ×1	98	191 ×42	168 ×4	118	353 ×4	67	122 ×1	97 ×1	1,779 ×80
음식점	7,942 ×168	2,009 ×23	3,451	2,258 ×406	4,587 ×3	7,392 ×155	5,293 ×817	7,091 ×25	2,344 ×9	3,151	3,081 ×12	3,924	1,429	53,952 ×1,618
가시자시키	215	-	10	24	13	13	129	12	81	-	-	19	30	546
예기오키야	125	-	- ×4	8	-	14	44 ×23	3 ×1	13	-	-	1	6	214 ×28
예기	937 ×3	78	141	216	214	314	460	171	345	273	105	188 ×17	32	3,474 ×20
창기	857	-	36	148	97	99	771	31	379	-	-	196	233	2,883
작부	42	42	35	52	184	131	68	167	59	321	41	237	185	1,566
유예종사자	1	-	10	-	44	-	6	-	1	-	-	-	-	62

×는 겸업을 표시함
주 : 통계 합산이 맞지 않는 경우도 있으나 원문에 따른다.

6. 조선총독부 경무국, 『조선경찰개요』, 행정학회인쇄소, 1930.

조선총독부 경무국, 조선경찰개요
朝鮮總督府 警務局, 『朝鮮警察槪要』, 行政學會印刷所, 1930.

서언
제1장 조선경찰제도의 연혁
제2장 경찰기관
제3장 경비관할
제4장 경비시설
제5장 경찰비
제6장 경찰직원
제7장 경찰관의 교양
제8장 경찰관의 진퇴상벌
제9장 경찰관의 복무 상황
제10장 경찰관의 급여
제11장 경찰과의 생활 상태
제12장 치안 상황
제13장 국경경비
제14장 재외 조선인
제15장 재내지 조선인 노동자
제16장 범죄 상황
제17장 다중운동

> 제18장 신문잡지출판물과 활동사진 '필름'의 단속
> 제19장 여러 영업 기타 단속 상황
>
> (…)

七. 숙박업소 단속

종래 조선에는 객주, 여각(모두 여관 같은 것), 주막(하숙 같은 것)이라는 것이 있어 숙박업 영업을 하고 있었지만, 숙박업소와 요리옥, 음식점 등의 구별이 없고 또한 이에 대한 단속법규도 없어 전적으로 자유 영업으로 방임하고 있었기 때문에, 객실, 요리장 등이 일반적으로 불결하고 게다가 영업 설비도 보잘 것 없어 위생과 공안 풍속 면에서 폐해가 있었습니다. 또한 내지인은 내지와 마찬가지로 여인숙, 하숙옥 등을 경영하고, 이에 대해서는 영사관령 또는 이사청령으로 단속해 왔습니다. 그러나 설비와 기타가 불완전하고 시대 추세가 변화함에 따라 영업용 가옥과 기타 영업 설비에 적당한 개선을 추가할 필요가 있어 병합 후에 지방경찰부령을 공포하여 상당한 단속을 가했습니다. 그럼에도 여전히 불비한 점이 많고 규정 사항도 각지마다 다르다 보니 관대함과 엄격함(寬嚴)을 적절히 구사하지 못한 감이 있었습니다. 이에 모든 도에서 동일한 법령 아래 내지인과 조선인을 통일적으로 단속할 필요를 인정하여, 1916년 3월, 경무총감부령을 통해 숙박업소영업단속규칙을 공포하고, 같은 해 5월부터 시행하였습니다. 그 결과 일반적으로 양호한 성적을 거두었고, 특히 시가지의 조선인 숙박업소의 영업 상태는 종래 모습을 일신했습니다. 시가지 외에서는 지금도 영업 설비가 여전히 구태를 벗어나지 못한 것들이 있으니, 지역과 기타 상태에 적응하도록 점차 개선시킨다는 방침 아래 단속하고 있습니다. (제52표 참조)

八. 요리옥, 음식점, 예기오키야, 가시자시키, 예기, 창기, 작부의 단속

종래 조선에서는 요리옥, 음식점에 대한 업명이 없어 모두 주막이라 칭하고, 또한 작부 및 예기오키야에 대해서도 아무런 연혁 없이 가시자시키, 창가(娼家), 창부라고 칭하고 있었지만, 병합 전 경성에만 시행되는 창기단속령을 공포하여 창부의 명칭을 창기로 고쳤습니다. 또한 거주 내지인 사이에서는 가시자시키를 을종 요리점 또는 제2종 요리점, 창기를 을종 예기 또는 제2종 예기라 칭하고, 예기오키야에 대해서는 형식상의 명칭 없이 영사관령이나 이사청령을 통해 단속하고 있었지만, 병합 후 지방이 발전함에 따라 단속에 커다란 불편을 느꼈기 때문에 모든 도의 내지인과 조선인을 통일해서 단속할 필요를 인정하고 1916년 3월 경무총감부령을 통해 요리옥음식점영업단속규칙, 예기작부예기오키야영업단속규칙과, 가시자시키창기단속규칙을 공포하고 같은 해 5월부터 시행했습니다. 그리고 이 규칙의 주된 규정 사항은 풍속 차원에서 특히 단속이 필요한 가시자시키 및 창기의 영업자를 일정한 지역에 제한시키고, 요리옥은 예기의 초빙, 작부의 기거를 인정하고, 음식점은 먹고 마시는 이외의 유흥을 금지하고, 예기오키야는 예기가 기거하는 것 외의 손님을 받는 것을 금하고, 기타 예기, 작부, 창기의 생업에 관한 사항, 영업용 건물의 구조설비에 관한 사항 등으로, 시행 후에는 일반적으로 양호한 효과를 거두고 있습니다. 그러나 조선인 요리옥과 음식의 구조설비에 대해서는 아직 엄격하게 단속하기 어려운 사정이 있기 때문에 지역 상황에 따라 여러 규정 사항을 참작하여 지방의 실제 상황에 적응시키고자 힘쓰고 있습니다. 또한 시가지 외의 음식점 영업자에 대해서는 점등과 변소, 기타 불결한 장소에 뿌려야 하는 방취제 비치 규정이 있지만, 규정이 다소 지나치게 엄격해 실행하기 어려운 경향이 있을 뿐 아니라 오늘날의 실상에 적합하지 않은 점도 있어 목하 이를 개정하기 위해 연구 중입니다. (제52표 참조)

九. 사창 단속

매소부에 대해서는 종래 아무런 단속이 없는 탓에 곳곳에 이들이 출몰하여 풍속과 위생 차원에서 간과할 수 없는 상황이었기 때문에 1912년 경찰범처벌규칙 안에 사창 처벌의 규정을 마련하고, 그 후 1916년에 요리옥, 음식점, 예기, 작부, 가시자시키, 창기 등의 단속규칙을 공포하면서 사창의 단속을 한층 엄밀하게 했습니다. 그러나 오랜 인습과 생활난과 기타 각종 사회적 결함으로 이를 즉시 소멸시키기에 이르지 못하고 그들은 교묘하게 단속 관헌의 시선을 피해 여전히 매춘 행위를 몰래 행하고 있는 상태임이 참으로 유감스럽습니다. 특히 최근 '카페', '바' 등이 산발적으로 생기고 폐창 문제 등이 강하게 주장됨에 따라 사창 단속이 더욱 어려워지고, 기존의 영업 감사, 호구조사, 순찰, 기타의 기회에 실시하는 현장 조사 등의 단속 방법으로는 도저히 소기의 목적을 달성할 수 없어서, 추가적으로 사창의 폐해에 빠지기 쉬운 접객업자에 대해서는 필요에 따라 고용녀의 수를 제한하거나 혹은 고용 당초의 실정을 조사해 혹여 고용 후에 매음 행위를 통해 전차금을 지불하게 한다거나 거액의 전차금을 계약 내용으로 삼는 경우 등이 있으면 절대로 허가하지 않는다는 방침으로 단속하고 있습니다. 그러나 현재 상황으로 볼 때 한층 더 바로잡기 위한 단속이 필요하다고 느끼는 상태입니다.

제52표 풍속에 관한 영업 생업자 조사[주]

(1929년 12월 말 현재)

도별 종별	경기도	충청북도	충청남도	전라북도	전라남도	경상북도	경상남도	황해도	평안남도	평안북도	강원도	함경남도	함경북도	합계
여인숙	2,824 ×196	1,803	1,545 ×17	1,978	2,927 ×1	4,356 ×12	2,926 ×63	1,719 ×3	1,311 ×5	2,722	4,895	2,924 ×3	1,345	33,275 ×300
하숙옥	451	4 ×42	57 ×36	19 ×19	24	71	23 ×9	43 ×3	40 ×15	86 ×1	5 ×5	34	-	857 ×130
요리옥	201	34 ×3	88 ×5	83 ×6	161 ×3	112	229 ×43	191 ×4	140	231 ×13	80	142	108	1,800 ×77
음식점	8,401 ×91	2,390 ×23	2,921	1,976 ×342	4,266	6,647 ×179	4,255 ×663	686 ×20	2,108 ×11	3,151	2,978 ×8	4,436 ×4	1,679	45,867 ×1,341
가시자시키	211	-	9	25	11	12	115 ×11	12	81 ×9	-	-	22	42	540 ×20
예기오키야	146 ×1	-	- ×5	5 ×4	4 ×3	16	42 ×14	5 ×2	13	-	-	3	7	241 ×29
예기	1,223	94	176	211	256	334	473	224	329	363	158	271	201	4,313
창기	957	-	47	220	104	106	732	33	401	-	-	191	262	3,053
작부	43	37	37	62	162	151	33	172	89	432	49	194	230	1,691
유예종사자	-	-	7	-	37	-	52	3	-	-	-	10	-	111

주 : 통계 합산이 맞지 않는 경우도 있으나 원문에 따른다.

7. 조선총독부 경무국, 『조선경찰개요』, 행정학회인쇄소, 1935.

조선총독부 경무국, 조선경찰개요
朝鮮總督府 警務局, 『朝鮮警察槪要』, 行政學會印刷所, 1935.

서언
제1장 조선경찰제도의 연혁
제2장 경찰기관
제3장 경비관할
제4장 경비시설
제5장 경찰비
제6장 경찰직원
제7장 경찰관의 교양
제8장 진퇴상벌
제9장 근무와 생활
제10장 경찰관의 급여
제11장 치안 상황
제12장 국경경비
제13장 범죄 상황
제14장 다중운동
제15장 재외 조선인
제16장 내지 재주 조선인 노동자
제17장 신문잡지출판물과 활동사진 '필름' 및 축음기 '레코드' 단속
제18장 여러 영업 기타 단속 상황

종래 경찰행정에 한 법률명령 가운데 불비, 불통일한 것이 있어 단속하는 데 불편함이 적지 않았기 때문에 병합 이후 시운(時運)의 진전을 맞아 가능한 정리 보정(補正)을 하여, 공안유지의 확실을 기함과 함께 민중의 편리를 도모하고 있습니다. 이제 다음에 그 중요한 내용을 거론하면,

(…)

七. 숙박업소 단속

종래 조선에는 객주, 여각(모두 여관 같은 것), 주막(하숙옥, 요리옥, 음식점을 겸함)이라는 것이 있어 숙박업 영업을 하였는데 이들에 대한 단속법규가 없어 전적으로 자유 영업으로 방임하고 있었습니다. 따라서 객실, 요리장 등이 일반적으로 불결하고 영업 설비도 보잘 것 없어 위생과 공안 풍속 면에서 폐해가 있었습니다. 또한 내지인은 내지와 마찬가지로 여인숙, 하숙옥 등을 경영하고, 이에 대해서는 영사관령 또는 이사청령으로 단속해 왔습니다. 그러나 설비와 기타가 불완전하고 시대 추세가 변화함에 따라 영업용 가옥과 기타 영업 설비를 적당히 개선할 필요가 있어 병합 후에 지방경찰부령을 공포하여 상당한 단속을 가해 왔습니다. 그럼에도 여전히 불비한 점이 많고 또한 규정사항도 각지마다 다르다 보니 관대함과 엄격함을 적절히 구사하지 못한 감이 있었고, 또한 조선 전체에서 동일한 법령 아래 내지인과 조선인을 통일적으로 단속할 필요가 인정되었기 때문에, 1916년 3월, 경무총감부령을 통해 숙박업소영업단속규칙을 공포하고, 같은 해 5월부터 시행하였습니다. 그 결과 일반적으로 양호한 성적을 거두었고, 특히 시가지의 조선인 숙박업소의 영업 상태는 종래의 모습을 일신하게 되었습니다. 시가지 외에서는 지금도 영업 설비가 여전히 구태를 벗어나지 못한 것들이 있으니, 지역과 기타 상태에 적응하도록 점차 개선시킨다는 방침 아래 단속하고 있습니다. (제45표 참조)

八. 요리옥, 음식점, 예기오키야, 가시자시키, 예기, 창기, 작부의 단속

종래 조선에서는 요리옥, 음식점에 대한 업명이 없어 모두 숙박업소와 마찬가지로 주막이라 하고, 또한 작부 및 예기오키야에 대해서도 아무런 연혁 없이 가시자시키, 창가, 창부라고 칭하고 있었지만, 병합 전 경성에만 시행되는 창기단속령을 공포하여 창부의 명칭을 창기로 고쳤습니다. 또한 거주 내지인 사이에서는 가시자시키를 을종 요리점 또는 제2종 요리점, 창기를 을종 예기 또는 제2종 예기라 칭하고, 예기오키야에 대해서는 형식상의 명칭 없이 영사관령이나 이사청령을 통

해 단속하고 있었습니다. 그리고 병합 후에는 지방이 발전함에 따라 단속에 커다란 불편을 느꼈기 때문에 모든 도의 내지인과 조선인을 통일해서 단속할 필요를 인정하고 1916년 3월 경무총감부령을 통해 요리옥음식점영업단속규칙, 예기작부예기오키야영업단속규칙과, 가시자시키창기단속규칙을 공포하고 같은 해 5월부터 시행했습니다. 이 규칙의 주된 규정 사항은 풍속 차원에서 특히 단속이 필요한 가시자시키 및 창기의 영업자를 일정한 지역에 제한하고, 요리옥은 예기의 초빙, 작부의 기거를 인정하고, 음식점은 먹고 마시는 이외의 유흥을 금지하고, 예기오키야는 예기가 기거하는 것 외에 손님을 받는 것을 금하고, 기타 예기, 작부, 창기의 생업에 관한 사항, 영업용 건물의 구조설비에 관한 사항 등으로, 시행 후에는 일반적으로 양호한 효과를 거두었습니다. 그러나 최근 사회의 요구에 따라 '카페', '바', '레스토랑' 등의 양식 요리옥, 음식점이 시가지 곳곳에 발전하여 더욱 증가하는 경향이 있어 이들의 구조설비와 기타에 대하여 단속하기 어려운 사정이 있고, 또한 종래의 조선인 요리옥과 음식점의 구조설비에 대해서도 아직 엄격하게 단속하기가 적당하지 않은 사정이 있기 때문에 영업 상태와 지역 상황에 따라 규칙의 규정 사항을 참작하여 업태와 지방 실정에 적응시키고자 힘쓰고 있습니다. 또한 시가지 외의 음식점 영업자에 대해서는 점등과 변소 기타의 방취제 비치 규정 등이 지나치게 엄격해 실행하기 어려운 경향이 있어 실제로 현재의 실상에 적합하지 않은 점도 있기 때문에 풍기 국책에 순응하여 각기 이들의 개정에 대해 연구 중입니다. (제45표 참조)

九. 사창 단속

매소부에 대해서는 종래 아무런 단속 규정이 없었던 탓에 곳곳에 이들이 출몰하여 풍속과 위생 차원에서 간과할 수 없는 상황이었습니다. 이에 1912년 경찰범처벌규칙 안에 사창 처벌 규정을 마련하고, 그 후 1916년에 요리옥, 음식점, 예기, 작부, 가시자시키, 창기 등의 단속규칙을 공포하여 이들 사창의 단속을 한층 엄밀하게 했습니다. 그러나 오랜 인습과 생활난과 기타 각종 사회적 결함으로 말미암아 즉시 이를 소멸시키기 어려웠을 뿐 아니라, 그들은 교묘하게 단속 관헌의 시선을 피해 여전히 매춘행위를 몰래 행하고 있는 상태여서 참으로 유감스럽습니다. 특히 최근 '카페', '바' 등이 산발적으로 생기고 폐창 문제 등이 강하게 주장됨에 따라 사창 단속이 더욱 어려워지고, 기존의 영업 감사, 호구조사, 순찰, 기타의 기회에 실시하는 현장 조사 등의 단속 방법으로는 도저히 소기의 목적을 달성할 수 없어서, 추가적으로 사창의 폐해에 빠지기 쉬운 접객업자에 대해서는 필요에 따라 고용녀의 수를 제한하거나 혹은 고용 당초의 실정을 조사해 혹여 고용 후에 매음

행위를 통해 전차금을 지불하게 한다거나 거액의 전차금을 계약 내용으로 삼는 경우 등이 있으면 이를 절대로 허가하지 않는다는 방침으로 철저히 단속하고 있습니다. 그러나 현재 상황으로 볼 때 한층 더 바로잡기 위한 단속이 필요하다고 느끼는 상태입니다.

제45표 경찰단속 여러 영업[3 주)]

(1934년 말 현재)

종별 \ 도별	경기	충북	충남	전북	전남	경북	경남	황해	평남	평북	강원도	함남	함북	합계
여인숙	1,986	1,788	1,784	1,451	2,862	3,945	2,760	1,826	1,245	1,613	4,255	2,617	1,057	30,198
하숙옥	469	67	24	34	33	63	81	34	94	146	6	70	80	1,210
요리옥	197	45	92	69	137	129	200	265	159	278	87	115	95	1,868
음식점	7,956	1,956	2,522	1,508	3,710	4,961	5,119	4,122	2,023	2,916	2,625	4,067	2,006	45,020
예기오키야	114	-	7	7	-	10	50	12	15	-	-	14	9	252
가시자시키	208	-	11	19	11	15	84	9	67	-	-	20	31	475
예기	1,300	143	246	174	239	358	538	399	538	487	185	267	192	5,066
창기	962	-	65	136	116	98	475	40	392	-	-	189	306	2,759
작부	87	21	23	21	142	136	45	154	51	420	32	221	175	1,528
유예종사자	17	-	-	-	26	-	5	1	1	-	-	-	-	50
중개업	1,029	42	15	32	45	94	202	263	197	320	123	108	85	2,555
고용소개업(雇入口入業)	73	-	3	6	8	11	41	3	22	17	-	15	16	215

주 : 통계 합산이 맞지 않는 경우도 있으나 원문에 따른다.

---

3 이 표는 전당포, 고물상 영업 등에 대한 통계도 포함하고 있는 것이지만, 여기에는 관련 영업만 발췌하여 기재한다.

8. 조선총독부경찰관강습소 편찬, 『경찰교과서 제1권 조선경찰법대의』, 무성회, 1935.

조선총독부경찰관강습소 편찬, 경찰교과서 제1권 조선경찰법대의
朝鮮總督府警察官講習所 編纂, 『警察敎科書 第1卷 朝鮮警察法大意』, 無聲會,[4] 1935.

```
제1편 총론
  제1장 경찰의 요의
  제2장 경찰권의 한계
  제3장 경찰의 분류
  제4장 경찰의 조직
  제5장 경찰법규
  제6장 경찰처분
  제7장 경찰강제
제2편 각론
  제1장 보안경찰
  제2장 풍속경찰
    제1절 흥행
```

4 　무성회의 대표자는 조선총독부경찰관강습소의 교수를 지낸 마스다 미치요시(益田道義)다.

제2절 풍속을 해칠 우려 있는 영업

풍속을 해칠 우려가 있는 영업의 주된 것은 가시자시키, 창기, 예기, 작부, 예기오키야, 요리옥, 음식점 등이다. 조선에서는 경무총감부령을 통해 통일적 법규를 정했다. 요리옥음식점영업단속규칙(1916년 총감부령 제2호), 예기작부예기오키야영업단속규칙(1916년 총감부령 제3호), 가시자시키창기단속규칙(1916년 총감부령 제4호)과, 이들 단속규칙의 시행에 관한 취급 수칙(내훈) 등이 그것이다.

一. 요리옥, 음식점 영업의 단속

요리옥이란 손님에게 술과 안주를 제공하고 예기, 작부를 시중들게 함으로써 손님의 유흥을 권하는 것을 영업으로 함을 말한다. 음식점이란 손님에게 음식물을 조리해 판매하는 것을 영업으로 함을 말한다. 그러나 법규상으로는 다음과 같은 구별이 있다.

1. 요리옥과 음식점의 구별은 다음의 제한에 따라 나눌 수 있다.
   가. 예기와 작부의 출입에 관한 제한 : 요리옥은 손님의 요구에 응하여 예기, 작부로 하여금 시중들게 할 수 있지만, 음식점은 이들이 시중들게 하는 것을 금한다.
   나. 간판과 정가표의 게시에 관한 제한 : 음식점은 영업의 종류를 기재한 간판 또는 표시등을 게시하고, 음식물의 정가표를 손님이 잘 볼 수 있는 장소에 게시해야 하며, 요리옥은 그럴 필요가 없다.
2. 단속의 요점
   가. 신청 사항 : 요리옥 또는 음식점의 영업은 경찰서장의 허가를 받아야 한다. 그때의 신청 사항은 다음과 같다. 본적, 주소, 이름, 생년월일, 옥호가 있는 때는 옥호, 영업의 장소 등을 구비한 서면에 영업용 건물에 관한 평면도를 첨부, 요리옥의 경우 영업소 부근의 겨냥도(見取図)도 첨부한다. 그리고 영업용 건물은 일정한 구조 제한에 따라야 한다.
   나. 겸업의 금지 : 해당 업자 또는 그와 동거하는 호주나 가족은 고용인 주선업을 하는 것이 금지되고 그외 동일한 가옥 내에서 숙박업소, 가시자시키 또는 예기오키야의 영업을 할 수 없다. 단, 건물의 구조 제한과 겸업 금지에 관해서는 지역 상황에 따라 예외를 인정한다.
   다. 영업에서 준수 사항 : 객실의 표시, 등불(燈火)의 제한, 객실, 조리장, 변소의 청결 유지, 청소, 음식 기구, 음식물의 청결 위생 등에 주의하는 것은 물론 풍속 단속으로서 손님을 숙박시킬 수 없다는 것, 예기, 작부 또는 고용녀로 하여금 외부에서 들여다볼 수 있는 장소에서 화장하게 하거나, 또는 가게 앞에 늘어앉거나 배회시키지 않을 것과, 요리옥에는 예기를 숙박시키지 않을 것, 또한 손님이 요구하지 않는 경우에는 예기, 작부로 하여금 시중들게 하지 않을 것 등이다.

라. 손님에 관한 신고 사항 : 다음 경우에는 신속하게 경찰관에게 신고할 것

신분에 걸맞지 않게 낭비하는 자가 있을 때, 거동이 수상하다고 인정되는 자가 있을 때, 변사상(変死傷)이 있을 때와 손님이 소지한 금품의 도난 또는 분실이 있을 때.

이외에 손님의 소지품을 음식비 또는 유흥비를 지불할 때까지 맡아두거나 대가로서 수령하려고 할 때는 미리 경찰관에게 신고해야 한다.

마. 단속 명령과 현장 조사검사(臨檢檢査) : 경찰서장은 해당 업자에 대하여 공중위생, 풍속단속, 기타 공익에서 필요한 명령을 발할 수 있다. 또한 경찰관은 영업소를 현장 검사하거나 영업용 장부를 검사할 수 있다.

二. 카페 영업 단속

근래에 카페, 바, 찻집(喫茶店) 등으로 칭하는 양식 음식점이 시대의 요구에 따라 각 도시에 떼지어 나오니 그 폐해가 심하다. 그러한 종류의 영업은 재래의 요리옥이나 음식점과는 풍취를 달리한다. 거리에 진출하여 향락적 기분을 도발하고 다수의 여급을 거느리며 풍기를 문란하게 할 우려가 특히 현저한 탓에 그러한 종류의 업태 발생을 예상하지 않았던 현행 요리옥음식점영업단속규칙으로는 도저히 완전한 단속을 바랄 수 없다. 이 때문에 1934년 12월 12일 경(警) 제849호 통첩을 통해 '카페 영업 단속내규 표준에 관한 건'을 제정하였다.

본 내규는 카페 영업의 허가단속 및 요리옥, 음식점 등 단속규칙 제10조에 기초한 경찰서장의 명령을 규정한 것으로, 규칙 적용에 관해서는 이를 음식점 영업으로 간주하여 이 규칙이 정한 바 외에는 본 내규에 따라 단속한다.

내규의 개요를 서술하면 다음과 같다.

1. 영업소의 위치에 대한 제한

신사와 절(社寺), 관공서, 학교, 병원에 근접하거나 주요 도로에 면한 곳 부근 상황이어서 고요함이나 풍기를 해칠 우려가 있는 장소에서는 허가하지 않음.

2. 영업소의 구조설비에 대한 제한(제2장)

객실의 넓이와 객실 수의 제한, 혼합석 의자, 객실의 조명 세기와 색채, 기타 박스를 마련하는 경우에 관한 규정을 주된 내용으로 함.

3. 영업자의 준수 사항(제3장)

영업소 내에서 무도(舞踏) 무용의 금지, 기타 풍기 유지에 관한 제한, 영업시간의 제한, 라디오, 축음기 등의 사용에 관한 주의 규정, 여급(女給)의 파출에 관한 규정 등을 삽입함.

4. 관리인과 여급(제4장)

영업자 스스로 영업을 관리할 수 없는 경우의 관리인 설치와 여급에 관해서는 (1) 정원, (2) 고용의 허가제, (3) 자택 또는 보호자가 없는 여급의 숙박 보호, (4) 고정급 지급의 권장과 팁 등 수입의 귀속, 복장, 분장의 필요 이상의 강제 금지 규정 등을 마련하여 여급 보호 취지의 달성에 힘쓰는 한편 불량한 여급 배제를 위해 경찰서장이 부적당하다고 인정하는 자에 대해서는 영업자에게 그 해고를 명할 수 있는 규정을 마련함.

三. 예기, 작부 및 예기오키야의 단속

1. 예기(기생 포함) 또는 작부 및 예기오키야 영업을 하려는 자는 경찰서장의 허가를 받아야 한다.
2. 예기와 작부의 구별은 다음의 제한에 따라 나눌 수 있다.
   가. 업태에 관한 제한 : 작부는 객석에서 무용하고 음곡을 연주하는 것을 금한다. 예기는 이 제한이 없고 그 예(藝)를 업태로 본다.
   나. 기거하는 곳(寄寓所)에 관한 제한 : 예기는 숙박업소 또는 요리옥에, 작부는 숙박업소 또는 음식점에 기거하는 것이 금지됨에 따라, 작부는 요리옥에 기거할 수 있고 예기는 오키야에 기거하거나 자택에 거주한다는 구별이 있다.

   이들 단속법규 안에서 '고용녀(雇女)'라 칭한 것은 가시자시키, 요리옥, 음식점 등의 영업주에게 고용된 자이면서, 창기, 예기, 작부 등처럼 일개의 독립된 영업 주체가 아니고, 또한 명칭도 한결같지 않아서 '야리테',[5] 신조(新造), 나카이(仲居), 기타 각 지방에 따라 호칭

---

5 やりて(遣手)'는 본래 '수완가'를 의미하는 일반명사이나 유곽에서 여자들을 감독하고 여러 일을 처리하거나 손님에게 주

을 달리 한다.
3. 예기오키야는 예기를 기거시키는 업태다. 예기는 통상 오카야에 기거하지만 자택을 마련해 두는 자도 없지는 않다. 오키야와 예기의 법률 관계는 전적으로 계약에 의거한다. 예기 생업(稼業)과 관련해 검번(檢番)이라는 것이 있다. 이는 요리옥과 예기 또는 오키야 사이에 개재하여 예기 생업의 거래를 업태로 삼는다.
4. 영업지역의 제한 : 도지사는 풍속 단속에서 필요하다고 인정할 때는 예기 또는 작부의 거주나 오키야의 위치에 대해 일정한 지역을 제한할 수 있다. 혹시라도 이들의 업태가 풍속 차원에서 엄중한 단속이 필요한 경우에 그렇다.

四. 가시자시키와 창기의 단속[6]

매소부에 관한 경찰 단속은 일면 이를 절대적으로 금지하는 것이 실제로 불가능하고, 또한 이를 자연 상태로 방임하면 오로지 풍속 면에서만이 아니라 위생 면에서도 지대한 위험이 있기 때문에, 현행 경찰 단속은 한편에서 밀매음을 금지하고, 한편에서는 창기를 인정하여 공공연하게 경찰 허가를 받게 하여 경찰 감독 아래 둠으로써 그 위해를 최소한으로 방지하려 하고 있다. 가시자시키업이란 창기를 기거하게 하여 창기 생업을 시키는 업태를 말한다. 가시자시키 영업은 경찰서장의 허가를 필요로 하고, 도지사가 지정한 지역 내(유곽)가 아니면 할 수 없다.

창기란 경찰 허가를 받고 창기 일(稼)을 하는 부녀를 말한다. 창기 일이란 매음행위를 업으로 삼는 업태를 말한다. 창기와 가시자시키 업자의 법률 관계는 전적으로 계약에 의거한다. 다만 창기에 관해서는 풍속과 위생의 단속뿐 아니라 공안과 기타 본인의 보호에 관한 규정이 존재한다. 행여 있을 부녀의 타락 또는 유괴 등을 방지하기 위해서다.

제3절 기타 풍속을 해칠 우려가 있는 행위

이상에서 서술한 것 외에 풍속을 해칠 우려가 있는 행위에 관한 일반적 법규로서는 경찰범처벌규칙 안에 규정한 것들을 주축으로 하면서 기타 각 경찰단속법규에서 규정한 것도 적지 않다. 예

　　선하는 일을 하는 여자를 속칭하는 말이기도 하다.
6　원문에는 三으로 기재되었으나 三의 중복 오류로 판단되므로, 번역문에서 四로 바로잡는다.

를 들어 도로단속규칙, 숙박업소영업단속규칙 등에서 이를 발견할 수 있다. 경찰범처벌규칙 안에 있는 주된 것들은 다음과 같다.

가. 밀매음을 하거나 이의 매합(媒合) 또는 용지(容止)를 하는 자 (제1조 제3호)

나. 제사(祭事), 장례식(葬儀), 혼례식(祝儀) 또는 그 행렬에 대하여 못된 장난이나 방해를 하는 자 (제1조 제36호)

다. 공중이 자유롭게 교통할 수 있는 장소에서 (…) 만취해서 배회하는 자 (제1조 제39호)

라. 투견(鬪犬) 또는 투계(鬪鷄)를 시키는 자 (제1조 제53호)

마. 공중의 눈에 띄는 장소에서 상반신을 드러내거나 둔부, 복부를 노출하거나 기타 추태를 부리는 자 (제1조 제56호)

바. 길거리에서 대소변을 보거나 보게 하는 자 (제1조 제57호)

사. 신사(神祠), 불당, 예배소, 묘소, 비표(碑表), 형상, 기타 이와 유사한 것을 욕되게 더럽히는 자 (제1조 제66호)

아. 자기가 점유한 장소 내에 노인과 어린아이, 불구 또는 질병 때문에 구조가 필요한 자, 또는 사람의 시체, 죽은 태아가 있는 것을 알고도 신속하게 경찰 관리에게 신고하지 않는 자 (제1조 제74호)

자. 자기 또는 타인의 신체에 문신(刺文)을 한 자 (제1조 제81호)

9. 조선총독부, 도 경찰부장회의 자문사항 답신서(1935. 4.)

조선총독부, 도 경찰부장회의 자문사항 답신서
㊙ 朝鮮総督府,「道 警察部長會議 諮問事項 答申書」, 1935. 4.[7]

경기도

一. 풍기 단속(振肅)에 관한 경찰의 대책 상황

一. 서론

국가멸망의 원인에 대하여 이를 내부적으로 검토하면, 위정자에 대한 반항과 민풍(民風) 이완으로 인한 민족의 자멸 두 가지다. 전자는 위험 사상의 발흥에 의한 국가의 개혁 또는 혁명이며, 후자는 국민풍속의 폐퇴(廢頹)로 인한 민족의 자멸이다.

두 조류에 대한 우리나라의 오래 전 연혁은 잠시 두기로 하고, 최근 현저한 동향은 유럽대전 후에 있다고 하지 않을 수 없다. 대전 후 사상의 변조(変調)와 경제계의 대혁명에 더하여 1923년의 관동대지진 재해의 영향은 현저하게 국민사상을 동요시켜 일본 고유의 윤리 도덕은 해가 갈수록 존재감이 옅어졌고 변조된 자본주의 경제기구는 유물사상의 발흥으로 나타났다. 그사이 교묘하게 잠재하여 국가기구 내지 변조된 자본주의 경제기구의 급격한 개혁을 목적으로 하는 혁명론자, 즉 공산주의 사상 보유자(抱持者)의 불온한 계획은 날로 증가하였다. 이에 반해 변조된 자본주

---

[7] 이 자료는 한국 국가기록원에 소장되어 있으며 원문 서비스도 이용할 수 있다. 분류는 총독부 기록물이고 관리번호는 CJA0002451이다. 이 자료는 야마시타 영애(山下英愛)가 조선의 공창제도 관계 자료로서 발췌, 탈초하여 2006년에 발간된 자료집에 수록한 바 있다(鈴木裕子, 山下英愛, 外村大,『日本軍「慰安婦」関係資料集成〈上〉』, 明石書店, 2006, 703-729쪽). 여기에서는 야마시타 영애가 발췌, 탈초한 내용을 기초로 번역하되, 국가기록원에 소장된 원문과 대조하여 자료 내용을 확인하고 보완하였다.

의 경제조직 강조에 수반하여 희망을 잃은 이른바 모던보이, 모던걸과 같은 이들이 출현하여 퇴폐적 향락적 풍조로 우리나라의 순풍미속(淳風美俗)을 파괴하고 마치 병균처럼 무서운 전파력을 지니고 국가사회에 만연하였다. 이에 대해 종래의 우리나라 경찰 대책은 위험 사상 보유자에 대해서는 특별고등(특고)경찰의 충실화를 통해 철저한 검거 탄압정책애 임했으므로 점차 그 효과를 보았고, 덧붙여 만주사변 발발의 현저한 반향으로서 위험 사상 보유자가 사상전향을 하는 일대 계기도 있었다. 현재는 이미 검거 탄압의 영역을 넘어 그야말로 이들에 대한 선도 내지 지도에 주력해야 하는 시기에 이르는 상황으로 이행하고 있다. 이에 반해 개인주의 문화의 성숙(爛熟)을 구가하고 우리나라의 오랜 순풍미속의 파괴자가 만연하는 것은 지금도 여전히 국가사회를 해치며 횡행한다. 결국 요즘처럼 일반 국민 사이에 경박한(輕佻浮薄) 풍조가 침투확산(浸潤瀰漫)되고 있으니, 지금 이를 교정하는 데 최선의 방도를 강구하지 않으면 천추의 한을 품고 광휘로운 국가의 미래에 어두운 그림자를 드리우게 될 것이다. 이 대책은 위험 사상 보유자 이상의 국가적 대문제로서 (신분이) 높고 낮은 이들 모두가 크게 우려하는 바다. 그리고 종래 이러한 자들에 대한 우리 경찰 대책을 개관할 때, 전자 곧 사상 방향에 대한 방책은 세밀하게 철저한 단속을 가하여 지금은 점차 선도의 영역까지 도달한 매우 좋은 대책이었다고 할 수 있다 하더라도, 양자를 함께 살펴볼 때는 풍기 대책 사이에 틈새를 만드는 듯 하는 감이 있다. 사상 문제든 풍속 문제든 모두 항상 국가 내부의 대립적 문제인데 이들에 대한 대책은 양자를 평등하게 병행했을 때 비로소 그 목적이 달성될 수 있다는 의미에서 진정한 중용 정책이라 하지 않을 수 없다. 이하에 이들 방책에 대해 서술한다.

二. 각론

1. 출판물(軟文學)에 대한 단속 (…)
2. 활동사진 여러 흥행 라디오 등의 단속 (…)
3. 미성년자 금연금주법의 시행 (…)

4. 풍속 단속 영업에 대한 단속의 개선

    요리옥, 음식점, 예기, 작부 등 풍속 단속 영업이 사회풍속(風敎)에 미치는 폐해에 대해서는 최대한 이를 배제하고자 힘쓰고 있기는 해도 단속의 틈을 타고 사회에 미치는 악영향은 이루 헤아릴 수 없다. 그중에서도 요리옥 영업에는 예기, 작부와 같은 매소(売笑)적 행위를 하는 자가 개재하고 있어 사회풍속에 미치는 영향이 참으로 크다. 이들에 대한 영업시간의 일반적 제한을 가하는 동시에 한편에서는 예창기, 작부 등이 사회적 상식을 향상시킬 수 있는 기회를 주어 그들의 자각을 기다릴 필요가 있다. 또한 차제에 일반 음식점에 대해서도 영업시간을 제한할 필요가 있음은 말할 것도 없다.

그리고 종래 이들 영업에 대한 단속은 완만하지 않았다고 할 수 없으니 앞으로는 각각 단속법규를 활용해 엄중 단속주의로 임할 필요가 있다고 생각된다.

5. 공창 폐지 문제

공창 폐지 문제는 풍기 단속(振肅)에 기여하는 바가 지극히 적지 않지만, 그 존재 가부와 관련해 유래와 현재 정황 등을 깊이 탐구해 보면, 경솔하게 폐지해야 한다고 단정할 수 없는 면이 있다. 그러나 시대의 대세는 국가의 체면 문제로서 폐지 기운이 더욱 조성되고 있으므로, 폐지는 시류에 의해 어쩔 수 없는 처치가 될 것이라 생각된다. 그럼에도 폐지에 따라 사회풍속에 미치게 될 영향을 고려하면 참으로 우려하지 않을 수 없다. 그러므로 대책으로서 변태적 사창의 집창 제도와 같은 존재를 시인하는 동시에 화류병예방법을 시행함으로써 엄중한 단속과 강제 매독검사(檢黴)제도를 실시해 폐해를 최소한도에 그치게 하고, 일면에서는 또한 사창의 연령인상 또는 교양 및 연기고용계약(年期抱契約)의 개선 등을 단행하여 함께 개선을 도모하여 사회풍속 상 유감이 없도록 기할 필요가 있다고 생각된다.

6. 청소년 학생 보호 단속의 시설 (…)
7. 사회교화운동에 대한 적극적 경찰 원조 (…)

三. 결론 (…)

충청북도

풍기 단속(振肅)은 일반 국민의 품성을 유지시키기 위해 선량한 풍속 습관을 문란하게 만드는 행위를 방지하는 데에 있다. 즉 빈둥거리며 음란을 일삼아(遊惰淫逸) 견실한 국민사상을 퇴폐하게 하는 부덕한 윤리 문란 행위를 방지 제지하지 않으면 풍기 단속을 기할 수 없다.

본래 조선은 이조 500년의 악정(秕政)을 당하여 그 귀추는 실로 한심한 과정을 밟고 있던 바 1910년 한일병합을 이루어 차츰 오늘날의 기초를 확립했다. 하지만 이 악정은 인민을 결국 자포자기에 빠지게 하고 이른바 빈둥거리며 음란을 일삼는(遊惰淫逸) 악습(弊風)을 부지불식간에 침투시켜 근로를 사랑하는 미풍을 떨쳐 버리고 민간풍습 일반에서 축소퇴행(矮微退嬰)시켰으며 경제기구 및 산업교육, 종교 등의 사회현상은 부진함이 심히 극에 달하여 구태의연한 면이 있다. 그리고 또한 조선(鮮[8]) 내의 기후는 대륙적이어서 혹한의 시기가 길기 때문에 의식주 등 모두가 방한(防寒)적이고 그중에서도 음주는 관혼상제는 물론 각종 기회에 이용하는 상태다. 또한 조선(鮮) 전역의 경제기구인 장날은 여전히 열흘에 두 번 서고 이 때문에 장날에 장에 나가는 자의 음주는 일상(平常) 다반사에 속한다. 그뿐만 아니라 적당한 오락기관이 부족한 관계로 일상적으로 요리옥, 음식점 등에 출입하는 것이 딱히 아무런 거리낌이 없음은 물론 이들 장소를 일종의 집회소처럼 여기는 관념이 있어 각별히 용건이 없음에도 불구하고 다수가 집합하는 경우가 만연하여 귀중한 시간을 허비하고 때로는 술자리를 마련해 결국은 도박쟁투를 하는 등 악습이 없지 않다. 게다가 전술한 내지(內地)의 문화와 서양문명의 급격한 수입이 풍기 차원에서도 각종 악풍을 전파하여, 그렇지 않아도 빈축을 사는 상태인 사회풍습에 한층 악습을 증가시켰다. 그러나 최근 대외관계나 국민사상과 경제정세에 따른 세태의 변천으로 비상시국의 타개 극복이 주창되어 1932년 이래 정신작흥(作興), 자력갱생, 농촌진흥 운동 등이 대두하였다. 풍기 단속 또한 여러 운동에 자극받아 그 실적에 반영되는 바가 적지 않게 되었다.

  풍기의 단속은 교육, 종교, 경제, 사회적 시설 등 각 방면과 연락 협조하여 서로 제휴하지 않으면 소기의 목적을 달성할 수 없다고 하나, 지금 경찰의 대책을 서술하자면 대략 다음과 같다.

一. 경찰상의 단속

1. 풍속경찰에 대한 각종 영업자의 단속

  풍기 단속(振肅)에서 가장 유의해야 하는 것은 풍속경찰에 의한 각종 영업자 단속이다. 즉 가시자시키, 창기, 예기, 작부, 요리옥, 음식점 등이다. 물론 지방, 농촌, 산촌의 풍기 단속 대상은 여러 업종이 있겠으나 요리옥, 음식점, 숙박업소(宿屋) 등이 주요하다.

---

8 '朝鮮'(조선)이 아닌 '鮮'(선)은 차별적 표현으로 현재는 공개 영역에서 사용이 금지돼 있다.

지방의 요리옥은 예기오키야 영업 또는 가시자시키 영업을 허가하는 수준에 달하지 않는 관계상 풍기 단속을 한층 엄하게 할 필요가 있다. 특히 예기, 작부의 복장 용모가 상당히 도발적이므로 풍속을 문란하게 하는 경우가 없도록 기하는 동시에 예의범절을 지도하여 간접적으로 풍기 단속의 결실을 거둘 필요가 있다. 그리고 요리옥은 사회기구의 하나로서 우리가 지금 폐지할 수는 없는 실정이니, 이를 허가할 때에는 지방의 사정을 고려하여 각지에 산재하는 것을 막고, 상당한 도읍지에만 집중하여 허가할 필요가 있다.

음식점은 조선의 경제기구 내지는 풍습에 따라 서울과 시골을 불문하고 각지에 산재하며 또한 대중적이므로 지방, 농촌, 산촌에서 풍기 문란의 근원을 이룬다고 말해도 감히 과언이 아니다. 최근 고용녀(雇女)의 이름을 빌려 묘령의 부녀를 고용하여 술자리(酒間)를 알선하고 마치 작부와 같은 유사행위를 시킴으로써 순박한 농촌, 산촌의 민중으로 하여금 나태하고 음란한(遊惰淫逸) 악풍에 길들여지게 하는 경우도 적지 않으니, 이들에 대해서는 카페 여급의 단속과 함께 그 고용 및 업태에 관해 일정한 제한을 두고 단속할 필요가 있다.

숙박업소는 가시자시키, 요리옥 등과 달리 필요불가결한 것이라고는 하나, 조선인이 경영하는 숙박업소에서는 종래의 관습상 음식점 영업과 아무런 큰 차가 없는 것 같은 상태이니, 풍기 단속의 장래에는 그 업태를 뚜렷하게 구별해 단속할 필요가 있다.

그리고 음식점 숙박업소를 허가할 때는 이들의 분포와 토지의 상황 등을 고찰하여 농촌에 미치는 영향 등도 탐색 연구하여 허가를 남발하는 폐해를 피해야 한다.

2. 밀매음의 단속

요리옥, 음식점 등의 단속과 서로 관련해 필요한 것은 밀매음의 단속이다. 음식점, 숙박업소 등의 고용녀는 지방 민중의 유흥 기풍을 유발할 뿐만 아니라 교묘하게 경찰 단속의 틈을 타서 매음 행위를 감행해 풍기를 해치는 경우도 심히 있으므로 이를 엄하게 단속함과 동시에 밀매음을 감행하는 자에 대해서는 엄벌주의로 임하고 또한 조츄(女中), 여급, 기타 고용녀의 계약 개선과 감독을 엄하게 할 필요가 있다.

또한 가시자시키, 요리옥 등에는 미성년자 학생의 출입 유흥을 엄중히 금지해 단속해야 한다.

3. 간행물, 축음기 레코드 등의 단속 (…)
4. 활동사진, 각종 흥행 광고물, 간판 등의 단속 (…)

5. 사행행위의 단속 (…)

6. 풍기 단속 전문원의 배치

봄에 놀러다닐 때 또는 여름 피서의 때 등 계절에는 야외 각지에서 풍기 문란이 일어나는 것도 적지 않음으로 이러한 계절에는 일반 외부 집행자가 단속하는 것은 물론 전문원을 배치하여 철저하게 단속할 필요가 있다.

二. 지도(指導) (…)
1. 소방조와 자경조합의 지도
2. 청소년의 지도
3. 농촌진흥운동의 원조

三. 기타 (…)

충청남도

국가의 성쇠가 풍기의 진흥 여부(振否)와 관련됨은 두말할 필요가 없다. 그러나 풍기의 퇴폐는 내심(內心)의 일이며 게다가 지극히 완만하게 부지불식간 민심에 침투해 점차 도의를 어지럽히고 지조를 꺾어 부화방종(浮華放縱) 끝에 깊이 전 국민을 독으로 물들이기에 이르게 되니, 마치 그 아편이 부지불식간 전 신체를 독으로써 폐물(廢物)로 만드는 것과 다르지 않다. 즉 악풍의 침투는 급격하지 않아도 만성적이니 따라서 자칫하면 처음에는 방임되었다가 점차 안에서 고양돼 그것이 현저해졌을 때야 비로소 관심 갖는 바가 됨을 예로 들 수 있다.

본 반도의 경우 아직 심한 상태에 이르기에 앞서 경찰력을 통해 선량한 풍속을 유지하고 퇴폐를 방지하는 것이 가장 긴요한 일이라 생각된다.

특히 지금은 국가 안팎으로 지극히 일이 많아 이를 타개하는 데 국민정신의 경장(更張)을 요하는 가을에 즈음하니 한층 필요가 통감된다.

대책으로는 一. 단속을 주축으로 하는 소극적 방면, 二. 개과선도를 주로 하는 적극적 방면에 걸쳐 고찰하고 연구해야 한다.

一. **단속을 주축으로 하는 소극적 방면은 선량한 국민의 품성 풍속을 유지하기 위해 이를 해하는 행위와 그 원인이 되는 사상(事象)들을 제거하는 것이며, 그 대상으로 생각할 수 있는 범위로는**

1. 풍속 단속을 요하는 업태
2. 풍속 단속을 요하는 문서, 그림, 기타의 것
3. 기타 풍속 단속을 요하는 행위

세 가지로 나눌 수 있으며 대책 의견을 서술하면 다음과 같다.

1. 풍속 단속을 요하는 업태

풍속 단속을 요하는 업태는 가시자시키, 마치아이(待合), 요리옥, 음식점, 숙박업소, 카페, 바, 댄스홀, 유기장(遊技場), 흥행장(興行場), 활동사진관, 대중연예흥행장(寄席), 소개업, 대중목욕탕(湯屋), 창기, 예기, 작부, 여급, 댄서 등 다종다양하다. 직접 오늘날 단속에서 가장 대책을 강구해야 하는 것은 가시자시키, 요리옥, 카페, 바, 음식점, 여인숙, 창기, 예기, 작부, 여급, 고용녀(雇婦女)다.

가. 가시자시키, 요리옥, 카페, 바, 음식점, 여인숙은 원칙적으로는 현재 수를 최고 한도로 두고 장래 토지의 발전과 기타 사정에 의해 이 수를 초과하여 허가하고자 하는 경우는 미리 경찰서장이 도지사의 승인을 받게 한다.

나. 현재의 수라 하더라도 도지사는 그 지방의 상황과 기타 풍기에서 필요한 경우에는 경찰서장으로 하여금 점차 그 수를 감소시키게 할 것.

다. 조선에서 마치아이, 댄스홀은 예전부터 절대 금지하기로 했고 앞으로도 그 방침을 변경하지 않을 것.

라. 고용주가 창기와 예기로서 양녀로 삼아 그 자유를 구속하는 듯한 일은 허가하지 않을 것.

마. 창기에 관해서는 목하 이른바 '공창폐지'의 문제로서 논의되고 있지만, 창기 혹은 또 사실상 매음을 인정한 사창을 불문하고 사회생활에서 일정한 범위에서는 용인하지 않을 수 없는 사정이 있으므로, 그 단속에 관해서는 앞으로 한층 생업자(稼業者)의 신체 자유와 민사상 채무를 별도로 취급하는 방침을 취할 필요가 있다고 인정한다.

바. 고용녀는 고용인(雇人) 신고로 충분하기는 해도 고용주의 업태 정도에 따라 정원제(定数制)

를 마련할 필요가 있다.

사. 밀매음, 기타 풍속의 철저한 단속을 위해 영업 감사, 불시 현장 조사(臨檢) 특히 야간 임검에 힘쓸 것.

2. 풍속 단속을 요하는 문서, 그림, 기타의 것 (…)

3. 기타 풍속 단속을 요하는 행위

기타 풍속 단속을 요하는 행위란 형법의 외설행위에 이르지 않는 일체의 행위를 말하며, 당연히 언어, 형용, 기타의 작위를 포함한다. 그러나 일반인에 대하여 이들 행위 중 사행(射倖)행위 또는 밀매음과 이의 매합(媒合), 객지(客止), 공중의 눈에 접하는 장소에서 옷을 벗는 행위(袒裼裸裎) 등 두세 가지 행위는 법령으로 금하고 있는 바이지만, 기타 풍속을 해할 우려가 있는 행위를 경찰관이 금지하는 법규가 없으므로 풍속을 해하는 시가를 낭송 방음하거나 기타 언어와 형용을 단속할 수 없다. 이것들을 단속할 수 있는 법령을 제정하는 것은 현재 풍기 단속(振肅) 차원에서 유효한 대책이 될 것이라 믿는다.

또한 밀매음은 밀매음자에 대해서는 처벌하더라도 매수자(買者)는 방임했다. 물론 정조를 파는 일은 엄하게 응징해야 하지만 역시 이를 사는 자도 방치하지 않아야 한다고 인정된다. 적절히 양자를 처벌함이 지당하고 또한 그렇게 함으로써 비로소 악풍을 배제하여 풍기 단속을 꾀할 수 있다. 그러므로 이 둘을 처벌할 수 있도록 법령 개정이 필요함을 인정한다.

미성년자의 음주, 흡연을 금지하는 것은 보건상 그리고 또한 풍기상 지극히 의의가 있는 일이다. 내지에서는 일찍이 법령이 있고 조선에서는 예로부터 연장자의 면전에서 음주, 흡연을 삼가는 미풍이 있음에도 최근 시대의 악습에 휩쓸려 이 미풍이 퇴폐하고 있음은 유감스럽다.

그리고 음주는 반드시 주색이 있는 항간에 출입하는 결과를 초래하여 건전한 청소년을 내몰아 결국은 풍속의 파괴자로 만든다. 현재 서울이나 시골 전반에서 음주에 유래하여 풍기를 문란하게 하는 불량청소년이 얼마나 많은지를 볼 때, 조속히 미성년자에 대한 금주 금연의 유효한 법령 제정이 긴요함을 통감하니, 이 법규의 제정은 초미의 급선무임이 인정된다.

二. 개과선도를 주로 하는 적극적 방면 (…)

전라북도

　자고로 국가흥망의 원인은 국민정신의 이완긴장(弛張) 여부에서 찾을 수 있고 국민정신 퇴폐의 바탕이 풍기문란에서 발원한다는 것은 내외 역사가 여실히 말해 주는 바다. 그러므로 국민정신의 작흥(作興) 내지 국가 번성을 간절히 바란다면 각 시대에 맞게 사회 각층에 대해 확연한 풍기를 유지하는 것을 잠시라도 소홀히 할 수 없다는 것은 말할 것도 없다. 그리고 풍기 확보는 오직 경찰력을 통해서만 완벽할 수는 없는 바이므로 종교, 도덕 등의 힘에 의지해야 함은 물론이지만, 현재 우리나라의 풍기 상태를 구체적으로 관찰할 때, 이른바 자유주의, 문화주의 혹은 예술지상주의 등의 미명에 휩쓸려서인지 구미 심취주의의 물결이 오랜 순풍미속을 마침내 쓸어 버리려 하고 있고 도의적 관념이 옅은 인륜 퇴폐의 악풍(弊風)이 팽배하여 침투했음이 현저하다. 음탕한 기분을 고조시켜 부지불식간에 민심을 그러한 경지에 빠지게 하고 있으니 지금 이를 바로잡아 구할(匡救) 방도를 강구하지 않으면 더욱 문란의 정도가 심화되어 장래 수습할 수 없는 상태를 초래할 우려가 없다 하지 않을 수 없다. 그러나 경찰 단속의 엄격한 실행은 자칫하면 비문화적이라거나 몰상식하다는 비방을 받게 될 우려가 있어서인지 종래 만반에 걸쳐 단속이 느슨해진 것이 아닌지 의심이 없지 않다. 물론 경찰권은 무턱대고 인민의 사생활에 간섭하지 않는 것을 원칙으로 함이 물론이지만, 개인 생활의 풍기 퇴폐가 점차 일반에게 그 해독을 감염시키게 되었으므로, 경찰은 문화주의나 구미 심취주의 또는 예술지상주의 같은 사상에 사로잡히지 말고 우리나라의 국정(国情)과 풍속을 확인하여, 이와 걸맞지 않는 사상(事象)에 대해서는 이탈리아나 독일의 경찰권처럼 어느 정도까지의 사생활 간섭을 인정하도록 경찰상의 근본 관념을 바로잡을 필요가 있다고 인정된다. 이러한 근본 문제를 건드리지 않는 단속은 모두 곁가지 말단에 속하니 도저히 발본색원의 결과를 기하는 것이 지난해진다. 그럼에도 지금 이 점을 떨어뜨려 놓고 풍기 단속(振肅)에 관해 가장 비근한 대책을 논해야 한다. 다른 사항과 마찬가지로 풍기 문제에 대해서도 도시와 농촌의 상태가 전혀 같지 않으므로 풍기 단속 대책을 강구할 때도 양자를 구별하여 이야기하는 것이 타당하다고 인정한다.

一. 도시에서의 풍기 단속(振肅) 대책

1. 요리옥, 음식점, 카페, 바 등에 대한 단속(取締)

가. 지역의 제한

이 종류의 영업은 예작부, 여급, 기타 다수의 고용녀(雇女)를 필요로 하는 관계상 일반사회의 풍기문란이 이들 영업자에 의해 조성되기 일쑤임에도 불구하고 현재는 그 지역에 아무런 제한을 가하지 않기 때문에 곳곳에 업자가 산재하여 풍기 유지에 커다란 지장이 있다. 그러므로 일정한 지역을 제한하고 그외 지역에는 원칙적으로 영업을 못 하게 하는 방침을 취하며, 제한지구 내의 영업자에 대해서는 어느 정도까지 영업시간과 서비스 등에 대해서도 자유로운 영업을 허용함과 동시에 보통 지역 내에 허가한 경우에는 대단히 엄중한 단속 감독을 할 필요가 있다.

나. 고용녀의 제한

숙박업소, 음식점 영업자는 항상 많은 고용인을 고용하여 손님 접대란 이름을 빌려 풍기문란에 이르게 하므로, 본 도(道)에서는 특히 고용녀의 수를 제한함과 동시에 고정급(定給) 지급 제도를 취하고 각 경찰서장으로 하여금 토지 상황에 따라 영업자에 대한 단속과 고용녀의 보호 단속에 힘쓰게 하고 있는데, 역시 장래에도 이를 한층 철저히 기하고자 한다.

다. 예기, 작부의 단속

요리옥, 음식점의 예작부는 자칫하면 사창의 대표처럼 간주되어 그 단속을 느슨하게 하려 하거나 풍기 유지에서 한심한 폐해를 조성한다. 그러므로 이들에 대해서는 경찰서장으로 하여금 수시로 현장 조사(臨檢)를 실시하게 하여 단속의 철저를 기하고자 한다. 그리고 이들 예작부가 매음행위를 하는 데에 이르는 책임의 태반은 고용주와 유객에게 있어, 그 제재를 홀로 예작부에게만 과하는 현행제도는 가혹하기 짝이 없고 매우 편파적인 처치이므로, 장차 이를 감소시키고자 한다면 유객도 마찬가지로 처벌하기 시작하여 그 효과를 거둘 수 있게 해야 하기에 그 처벌 규정을 정할 필요가 있음을 인정한다.

라. 전차와 고용계약의 적정을 기할 것

예작부, 창기의 전차 및 기타 고용인의 고용계약이 가혹하기 짝이 없을 때는 그들에게 매음행위를 종용하는 결과를 초래하게 되어 사회풍속에 미치는 영향이 크므로, 전차금과 추가빚, 기타 고용계약의 적정을 기하기 위해 세심한 주의와 단속의 엄격한 실행이 필요하다.

마. 카페, 바 출입자 제한

　　카페, 바 등은 시대의 추세를 따라 생겨나면서 그 설비구조와 영업 방법, 기타 비용 등의 점에서 특히 대중을 끌어들이고 출입이 쉬워서 학생, 생도, 기타 일반청소년도 출입하고 있는데, 생각이 아직 바로잡히지 않고 감격과 모방성이 풍부하고 게다가 사상이 불건전한 학생, 생도, 기타 청소년이 한 번 그 분위기에 접촉하면 곧 악풍에 감염되어 폐해가 실로 가공할 만큼 큰 것이다. 그러므로 특히 이들 출입자에 대한 제한 단속을 엄하게 할 필요가 있다.

바. 화류병예방법의 시행

　　화류병예방법은 당장 풍기 단속(振肅)의 효과를 거둘 수는 없는 것처럼 여겨지지만 매음행위로 발생하는 화류병은 국민의 보건 차원에서 중대한 문제이므로, 이 법의 시행은 국민보건으로 보나, 혹은 또한 풍기 유지 일반에 대해 간접적 위협을 주는 매음행위의 감소를 꾀한다는 점으로 보나, 상당한 효과가 있다고 인정된다. 이에 이 법을 신속하게 시행할 필요가 있다.

二. 농촌의 풍기 단속 대책 (…)

전라남도

풍기 단속(振肅)은 국민교육과 일반 사회적 교화의 힘과 경찰 단속의 철저가 맞물려 완전한 효과가 기해져야 하는 것이지만, 경찰의 대책으로는 다음 여러 점에서 현재의 정도보다 더욱 단속을 진전시켜 철저히 함으로써 풍기의 유지개선을 꾀할 필요가 있다고 인정된다.

一. 풍기문란의 동기가 되는 사항에 관한 대책

1. 출판물 (…)
2. 영화 (…)
3. 축음기 레코드와 가요 (…)
4. 회화조각 종류 (…)

5. 흥행 (…)

6. 풍속 영업

요리옥, 음식점, 카페, 기타 풍속에 관한 영업과 그곳에 종사하는 자에 대해서는 더욱 일반 단속을 가할 필요가 있다. 이중에서도 카페 영업은 가장 대중적이라는 점에서 특히 단속을 엄하게 하고 그 설비와 종사자에 대하여 상당한 제한을 가하는 것이 현재의 급선무라 인정된다.

7. 사행행위와 광고물 (…)
8. 미성년자와 학생에 대한 보호 (…)

二. 풍속을 해치는 행위에 대한 대책

1. 매음행위 공허(公許) 폐지

현재의 이른바 공창제도의 존폐에 관해서는 어느 쪽에도 상당한 논거가 있다 할지라도 적어도 국가가 매음행위와 이에 수반되는 인신매매와 다름없는 행위를 공인하는 듯 하는 것은 국가의 풍교를 유지 개선한다는 견지에서 정상이라고는 인정하기 어렵다. 그러므로 그 대책을 강구함과 동시에 조속히 이를 공허(公許)하는 행정적 처치를 폐지할 것.

2. 매음행위에 의한 수익을 목적으로 하는 영업 공허의 폐지

부녀의 매음행위에 의한 수익을 목적으로 하는 가시자시키 영업 같은 것에 대해 이를 공허하는 행정적 처치를 폐지할 것.

三. 경찰의 인적 설비 (…)

경상북도

풍기 단속(振肅)에 대한 경찰상의 대책은 다음과 같다.

一. 풍속 영업에 대한 단속(取締)

1. 카페 영업 단속

카페 영업의 단속에 관해서는 앞서 본 부(府)에서 제정한 카페단속내규에 따라 영업의 장소, 구조설비 및 영업 방법과 여급에 관한 사항 등에 대해 상세하게 제한함으로써 종래 단속의 미비점을 보완한다. 동시에 영업의 신규 허가 때는 다음의 사항을 유의함으로써, 업무가 생겨나고 상호경쟁 유발로 저속하고 나쁜 '서비스'로 흘러가 풍기를 어지럽히는 일이 없도록 할 필요가 있다.

가. 영업자 분포의 적절성을 기하기 위해 신규 허가는 부근 영업자에게 중대한 영향을 미칠 우려가 없고, 또한 개업 후에 지리적 상황이나 기타 상황으로 미루어 경영을 내다볼 수 있는 경우에 대해서만 내줄 것.

나. 영업자의 정리 개선에 힘쓰고 영업자 중 업적이 부진하여 경영이 곤란한 자와 풍기를 어지럽히고 개선의 전망이 없는 자 등의 정리를 단행할 것.

2. 음식점 영업의 단속

최근 음식점이면서 카페를 모방해 다수의 고용녀를 사용하여 풍기를 어지럽히는 곳이 있고 그 폐해가 오히려 전자보다 더한 경우도 있으므로, 다음의 방법으로 철저하게 단속할 필요가 있다.

가. 카페 영업자와 마찬가지로 영업자의 보호 통제를 꾀하여 동업자가 생겨나는 것을 방지하고 영업이 정상적으로 이루어지게 할 것.

나. 객실은 될 수 있는 대로 1객 1실을 피하고 혼석으로 할 것.

다. 고용녀를 최소한 수로 제한하고 카페단속내규에 준하여 단속을 엄하게 실행할 것.

3. 요리점의 단속

최근 카페 등이 생겨남으로써 일반대중은 간이 경제적으로부터 효과적으로 향락 기분을 욕구하는 경향이 현저해 요리옥은 점차 손님을 잃어가는 경향이 있다. 이를 만회하기 위한 방책으로, 혹은 예기, 나카이(仲居), 조츄(女中)로 하여금 풍기문란 행위로 나서게 하는 자가 있어, 다음과 같은 사항에 유의하며 단속할 필요가 있다.

가. 카페 영업, 음식점 등과 함께 통제하고 영업을 보호하는 반면 단속을 엄하게 할 것.

나. 나카이, 조츄 수를 제한하고 기타 카페단속내규의 요령에 준하여 엄하게 단속하여 풍기 유

지에 힘쓸 것.

4. 가시자시키 영업 및 창기의 보호 단속

최근 저잣거리에서 카페 및 요리옥 등의 여급(女給)과 고용녀가 발호함에 따라 해마다 유곽은 쇠퇴해 가고 있는데, 특정 지역 내의 가시자시키에서 영업하는 공창은 카페 등의 그것에 비해 사회 풍교에 미치는 영향이 적다. 그러므로 저잣거리의 카페 등에 대해 엄하게 단속하는 한편 공창에 대해 적절한 보호 단속을 가하여 밀매음 근절을 기함으로써 숙정을 꾀할 수 있을 것이다. 이에 다음과 같이 보호 대책을 강구할 필요가 있다.

가. 사회인으로부터 지탄받는 유곽, 가시자시키 및 창기(娼妓)[조로(女郎)] 등의 명칭을 바꾸어 이를 요리옥으로 만들고, 영업 지역을 지정하여 일반 요리옥에 대한 단속과 구별하되 대외적으로는 아무런 차별을 두지 않고 민중이 이른바 '조로야(女郎屋)'라는 나쁜 인상을 제거하게 할 것.

나. 창기제도를 고치고 예(芸)의 유무에 따라 예기 혹은 작부의 허가를 주어 창기의 향상을 꾀하고, 건강진단을 장려해 종래의 예기, 작부와 구별하여 단속의 목적을 달성할 것.

二. **일반 풍기의 단속** (…)
三. **풍기문란의 우려가 있는 풍속 습관의 개선에 대한 원조협력** (…)

경상남도

풍기의 퇴폐가 사회국가를 쇠락으로 이끈다는 것은 의심의 여지가 없는 현상이니, 풍기의 유지 숙정은 사회국가에서 참으로 중요한 문제다. 무릇 풍기 문제는 국가통치의 최고 이상과 지도 원칙에 서서 인간 생활을 비판하는 윤리관인 법률, 도덕 등과 마찬가지의 사회적 규범이다. 따라서 풍기는 인간의 양심과 도덕심에 근저를 지니며 이의 구현은 인간의 생활 양태로 나타나므로 물심 두 방면에 관련이 있다. 따라서 사회공공의 안녕질서를 유지하고 여기에 장애가 되는 행위를 배제시키는 경찰이 관여할 바도 역시 크다. 곧 풍기를 해하는 행위는 물론 직접 풍기를 해치지는 않는다 해도, 적어도 그 동기가 되는 행위를 단속하는 것도 경찰관의 주된 작용이며 이른바 풍속경찰의 존재 이유가 여기에 있다고 하겠다. 국가는 교화(敎化) 행정 아래 교풍(矯風) 사업 정신교육의 보급 발달 등 교화 공작에 힘써 마음 본바탕의 개발을 촉진하고, 한편에서는 경찰행정 아래 풍기를 문란하게 할 우려가 있는 행위를 제한하거나 금지함으로써 풍기 단속(振肅)을 꾀하고 있지만, 경찰의 대책으로서는 소극적으로 풍기를 문란하게 하는 우려가 있는 행위를 단속하는 것, 바꿔 말하면 풍속경찰의 엄정에 기대하지 않을 수 없다. 곧,

  가. 풍속 영업의 행위
  나. 사행적 행위
  다. 출판, 흥행, 광고 등의 행위

등은 그 자체가 국법의 승인 아래 있어 곧바로 풍기를 어지럽히지는 않지만, 이를 방임할 경우 풍기를 어지럽힐 동기가 되기 때문에 적절하게 단속하여 사회 일반의 풍조를 건실하게 만듦으로 풍기 곽청(廓淸)의 결실을 거두며, 특히 다음 각 항에 유의하여 대책을 강구하고자 한다.

一. 공창제도의 폐지

집창제도 아래 추업부가 하나의 유곽(廓)이 되어 공공연히 사회에 그 전모를 드러내는 것은 사회 풍교 차원에서 좋지 않은 문제다. 또한 일면 창기제도는 사실상 일종의 인신매매니 인도 차원은 물론 문명국가의 체면 차원에서 가장 꺼림칙한 존재이기 때문에 국가가 이를 시인하는 것을 절대 배격하지 않으면 안 된다. 그런데 폐창을 하면 사창의 발호와 화류병의 만연을 초래하여 풍기 위생에 미치는 악영향이 공창에 비할 바가 아니라고들 이야기하지만, 공창제도가 존재한다고 해서 사창과 화류병의 감소를 가져오는 일은 없다. 요컨대 폐창 문제는 이미 논의가 충분히 이루어져 이제는 실현의 시기와 방법이 남은 문제이니, 우리는 가급적 신속하게 가시자시키 영업을 폐지하여 이를 요리옥이나 음식점으로 만드는 한편 창기는 작부로 하여 자유 영업으로 바꾸고, 동시에 국민보건의 입장에서 건강 조합을 조직케 하여 임의로 매독검사(檢黴)를 실시하게 한다는 것이 풍기 숙정의 하나의 시책이라 생각한다.

二. 밀매음의 단속

밀매음이 반도덕적 행위일 뿐만 아니라 우리나라의 제도에서 명백히 국가가 금지하는 바이지만, 이를 상습적으로 행하는 사창이 혹 집단이 되기도 하고 혹은 점으로 존재하면서 사회에 해독을 유포하여 일반 풍기를 어지럽히고 있다. 이러한 사창의 절멸은 매우 어려운 일이기에 현재는 이

들 단속의 대책으로 다음을 취한다.

1. 현장 조사(臨檢), 기타의 단속

임검을 반복하여 밀매음 검거에 힘쓰고 그에 대한 처벌을 엄중히 함으로써 불량 패거리(徒輩)의 사찰을 엄하게 한다. 또한 집단 사창 등에 대해서는 경우에 따라서 임시파출소 등을 마련하여 제복 순사를 배치하고 출입하는 자에 대해서는 일일이 불심신문을 실시하여 수상한 자는 검속하거나 구류하는 등 온갖 방법으로 탄압을 가해 맹아 단계일 때 그 싹을 잘라 버리도록 힘쓸 것.

2. 고용 부녀의 제한

음식점 영업자 등이면서 그 업태가 소규모인 데 비해, 고용녀를 다수 사용하는 자는 밀매음을 할 우려가 있다. 이들 영업자에 대해서는 토지와 설비 상황 등을 고려해 고용을 제한 또는 금지함으로써 예방을 강구할 것.

3. 접객업자의 검진

업태 차원의 사창에 대한 위생 문제가 풍기 단속에서 몹시 중요해도 사실 그 검진에 관해서는 등한시하고 있거나 느끼지 못하고 있다. 예기, 작부, 여급, 고용녀에 대해서는 조합, 기타의 것으로 1개월에 3회 이상 임의로 정기 건강진단을 힘써 행하게 하여 병독의 전파를 방지함과 함께 사회 일반의 풍기 위생의 단속을 엄하게 할 것.

4. 출판, 흥행 기타의 단속 (…)
5. 주류판매업자의 단속 (…)
6. 주류판매영업자 수 (…)

여러 영업자 수, 연도별 표

종별 \ 연별	1930년	1931년	1932년	1933년	1934년
숙박업소	2,938	2,828	2,847	2,952	2,760
전당포(質屋)	243	197	200	170	221
고물상	1,636	1,344	1,430	1,283	1,750
대서업	462	470	473	446	453
소개업	233	245	213	186	202
계	5,512	5,084	5,163	5,037	5,386

풍속 단속 영업자, 연도별 표[주]

종별 \ 연별	1930년	1931년	1932년	1933년	1934년
요리옥	239	231	223	199	200
음식점	6,181	5,748	5,426	4,980	5,187
가시자시키	114	109	98	85	84
예기오키야	55	58	54	55	50
계	6,589	6,146	5,801	5,319	5,521
예기	485	607	600	531	538
작부	47	70	113	67	45
창기	717	701	604	485	475
계	1,149	1,378	1,317	1,083	1,058

비고 : 1934년도 음식점 영업자 중 카페 68인(내지인 56, 조선 810, 지나인 2)으로 여급 308(내지인 276, 조선인 32)을 포함함.
주 : 통계 합산이 맞지 않는 경우도 있으나 원문에 따른다.

풍속사범처분표 (…)

황해도

본건 경찰 대책을 논하는 데는 현재의 사회 구성이나 제도와 정세를 올바르게 인식하여 과연 풍기 차원에서 우려할 만한 경향이 있는지, 있다면 그 화근이 어디에 배태되는지 밝히고, 이를 시정하기 위해 어떠한 대책으로 임해야 하는가를 탐구해야 한다.

현재 사회에 풍기 차원에서 우려할 만한 경향이 있는가라는 문제에 관해서는 도시의 가두에서 사창의 발호, 일반 부인의 정조관념 저하, 학생 청년의 타락 등을 들 수 있다.

또한 현재 사회는 도시와 농촌으로 구성되는데 양자 사이에는 자연히 사회 환경에 현저한 차이가 있다. 곧 도시가 농촌에 비해 매우 우월한 문화적 환경(정치, 경제, 교통, 교육, 문물 등)을 지닌 반면 극단적인 향락적 퇴폐적 환경(유곽, 창기, 카페, 사창의 발호 등)도 지닌다. 문화는 도회지에서 나온다는 말이 진리라 하지만 동시에 풍기의 퇴폐도 역시 도회지에서 나온다는 말이 진리라 하지 않을 수 없다. 이에 반해 농촌에는 도시와 같은 문화적 조직이 없는 반면 가장 바람직한 자연적 천혜의 환경이 있다. 또한 도시인의 사상 기풍이 대체로 경박(輕佻), 과격(詭激), 오만, 유약, 방탕(遊蕩) 등 정신적으로 많은 단점을 지니는 것에 비해 농촌인은 온순, 겸양, 온건, 친절, 근검, 소박(質朴), 강건 등 훨씬 우아하고 아름다운 개성을 지닌다. 따라서 본 문제의 대책에서도 이들의 환경과 개성에 적응하는 바의 대책으로 임하지 않으면 그 효과가 빈약할 것이란 점은 말할 나위 없다.

위의 서술한 바를 통해 풍기 퇴폐의 근원이 주로 도시에서 배태된다는 것을 수긍할 수 있다. 따라서 본 건 대책의 기조를 도시에 두고 현행 경찰법규의 미비한 결함을 개정함으로써 사회 환경의 정화를 꾀하고, 농촌에 대해서는 적극적으로 정신 작흥 운동을 통해 민풍의 순화(醇化)와 향상을 촉진해야 할 것으로 인정된다. 그 구체적 대책은 대략 다음과 같다.

一. 도회에 대한 대책

1. 요리옥, 음식점 영업의 단속법규 개정과 가시자시키단속규칙의 폐지

공창 폐지는 시급한 문제다. 또한 카페, 바에서 일하는 여급의 가두 진출과 사창의 발호에 대한 단속은 모두 현재의 중대한 사회 문제다. 이들이 흘리는 해독이 심대하므로, 조속히 규칙을 개정하여 단속을 엄중하게 할 필요가 있다.

가. 폐해의 개황

A. 카페, 바 등

현재 도회지에서 풍기에 대한 사회 환경을 악화시키는 가장 큰 요인은 카페 영업이다. 그 영업 설비, 영업 방법, 여급의 자태 등 모두가 향락적, 퇴폐적, 방탕적일 뿐만 아니라 이들의 영업은 장소가 어디인지를 불문하고 자유롭게 진출하여 직접 대중과 접촉한다. 이 때문에 사회에 미치

는 악영향은 유곽이나 창기 등에 비할 바가 아니다. 시대의 추세는 어쩔 수 없다 하고 일시적으로 미봉하고 방임하면 종국에는 수습할 수 없는 결과를 초래할 것이다.

B. 불량 요리옥[애매옥(曖昧屋),[9] 마치아이(待合) 등]

도시의 카페에 나쁜 폐해를 가져오는 것은 이러한 종류의 영업자다. 이들은 겉으로는 요리옥이라는 간판을 내걸고 이면에서는 사창을 데리고 부정을 감행하는 자다. 현재 대도시에서는 경찰이 손을 쓸 도리가 없는 경향마저 있다고 한다. 그리고 이들은 무산계급인 불량영업자의 간책과 하층계급의 요구에 의해 발생하는 탈법 영업이어서 그 폐해를 헤아리기조차 어렵다고 한다. 그러나 실제 문제로서 현행법제로는 단속이 곤란하기 때문에 근본적 대책을 강구할 필요가 있다.

C. 가시자시키 창기의 단속

앞서 내지의 일부 부현(府縣)에서는 이미 공창이 폐지되어 내무성에서는 올해 4월 1일을 기해 전면 폐지를 단행한다는 보도가 있었다. 이의 이해득실에 관해서는 논의가 갈라지는 바가 있기는 하지만 조선에서도 결국은 시기의 문제여서 폐지는 필연적인 추세라 인정된다. 다만 폐지 후의 단속을 어떻게 선처하는가의 문제를 보자면, 공창 폐지의 이유는 경찰 단속이 필요가 없다는 의미가 아니라 도덕과 윤리 차원에서 국가 체면을 주로 문제 삼은 것이기 때문에 유곽과 창기를 대신하여 요리옥과 작부의 명칭을 부여해 종래와 마찬가지의 영업을 인정하고, 따라서 그에 대한 단속도 실질적으로는 현행대로 할 필요가 있다.

D. 요리옥(마치아이, 기타 불량 요리옥을 제외함)

현행 단속으로 폐해가 발생할 우려 없음.

E. 음식점[일반음식점, 식당, 바느질집(仕立屋) 등을 포함함]

전 호와 동일.

나. 단속규칙 개정 요지

A. 요리옥을 갑을 2종으로 구분함.

- 갑종 : 순수한 현재 요리옥으로 단속도 현행대로 함.
- 을종 : 현 제도의 유곽, 카페, 바, 마치아이, 현재의 불량 요리옥의 종류를 포함시켜 영업 지역을 제한함.

B. 단속(取締) 요지

---

[9] 요리옥이나 찻집, 여관 등 다른 업태를 가장하고 성매매를 하던 곳. 그곳에서 일하는 여성은 '애매녀(曖昧女)'라 했다.

- 갑종 요리옥에는 예기의 출입만 인정하고 작부의 출입을 인정하지 않음.
- 을종 요리옥에서 생업하는 작부와 여급에 대해서는 매음행위를 묵인함과 동시에 행정집행령에 따라 상당하는 검진을 실시할 것(창기를 폐하고 작부라 함).

2. 댄스홀 류의 단속

최근 지식계급 상층계급, 등 사회의 상당한 지위에 있는 부인 사이에 정조 관계를 꺼림직해하는 사건이 자주 나타나는 경향이 있음은 사회 풍교에 미치는 영향이 막대하다. 이에 관해 점차 식자의 주의를 야기하여 사회적 원인에 기초하여 일반적 현상으로서 여론의 대두가 있는 바다. 이러한 것은 필경 댄스홀이라는 사회 환경의 소산으로 이의 단속에 관해서는 강압적 태도로써 상당히 갖춰 두는 것을 요한다.

3. 활동사진 흥행 단속의 단행법규 제정 (…)
4. 출판물 단속을 엄하게 할 것 (…)
5. 축음기 레코드의 단속 (…)
6. 유행가의 단속 (…)
7. 미성년자 흡연, 음주 금지의 단속법규 제정 (…)

二. 농촌에 대한 대책

농촌은 도시에 비해 문화적 환경의 혜택이 없다는 단점이 있지만 풍기 면에서는 훨씬 선량한 사회 환경을 지닌다. 그저 환경의 혜택이 있다는 것에 그치지 않고 우월하고도 숭고한 여러 정신적 개성을 지닌다. 따라서 농촌에 대해서는 경찰 단속을 가해야 할 여지는 비교적 적으므로 정신적 지도를 통해 한층 풍기를 진작하고 악풍에 감화되는 것을 방지하는 것이 크게 필요하다.

1. 정신작흥운동

가. (…)

나. 풍기진흥에 관한 좌담회의 개최

경찰단속 영업자, 기타 일반 민중을 망라해 본 건 좌담회를 개최하여 상호의견을 교환하고 본건에 대한 주의를 환기하여 자각과 반성을 촉구한다.

다. 부인교화단체의 조직

흥풍회(興風会)에 속하는 부인에 대하여 부인교화단체를 조직해 도의심의 환기에 힘쓰고 점차 일반에게 보급토록 한다.

(…)

2. 단속

가. 요리옥, 음식점 영업 등의 단속

대체로 꼼꼼하게 단속하여 유감이 없도록 기하고 있지만 점차 도시의 악풍이 침투되는 경향이 있다. 특히 농촌의 호경기에 편승할 우려가 있으므로 도시에 준해서 적절한 때 단속한다.

(…)

평안남도

一. 현행 법규의 개정에 기대해야 할 사항

1. 현재의 여러 풍속 영업 중 가장 풍기를 문란하게 할 우려가 있는 것으로 인정되는 것은 카페와 하급 음식점이다.

   카페 단속에 관해서는 종래 이를 음식점으로 간주해 단속하고 있지만 보통 음식점과 현저히 업태를 달리하기 때문에 현행 법규로는 충분한 단속이 불가능하여 지난번 이에 대한 단속내규표준이 제시되었다. 하지만 이 같은 것은 일시적 편법에 지나지 않아 이를 통해 철저하게 단속하기는 어려울 뿐만 아니라, 그 업의 전성을 본 지도 이미 수년이 경과한 오늘날 보통 음식점과 별개의 업태로서 엄중한 단속규칙을 제정하여 단호히 폐해 제거에 힘쓸 필요가 있다.

2. 음식점은 원래 손님에게 음식물을 판매하는 영업임에도 불구하고 근래 카페의 여급처럼 다수의 수상쩍은 부녀를 고용해 순연한 작부 행위를 감행시켜 일종의 유흥기관화한 조선인(鮮人) 주막이 조선(鮮) 전역 도처에 속출하여 풍기를 문란하게 하는 경우가 적지 않다. 그렇지만 일면 이들은 농촌, 산촌, 어촌에서 유일한 위안이자 향락 기관이라는 현실이 있으므로 무턱

대고 박멸함은 시대의 욕구와 맞지 않는 바가 있다는 지극히 어려운 사정이 있다. 따라서 예기작부단속규칙을 개정하여 카페의 여급과 함께 인가 제도를 채용하고 이에 대해 철저하게 단속할 필요가 있다.

3. 현재 카페 외의 여러 풍속 영업이면서 영업시간을 제한받는 대상이 없기는 하나, 시간적으로 보아 이들 영업자가 풍기를 어지럽힐 우려가 있는 경우는 대략 오전 0시 이후임을 감안해 가시자시키 같은 특수영업지역과 정거장 부근의 순수한 음식점 이외에는 일률적으로 영업시간을 제한할 필요가 있다.

4. 풍기의 퇴폐는 아직 생각이 얕은 미성년 때의 나쁜 감화에 기인하는 바가 적지 않다. 따라서 특수한 경우를 제외하고 학생의 요리옥, 카페, 가시자시키 등의 출입을 금하여 풍기 퇴폐의 근본 원인을 방지해야 한다.

5. 흥행물은 자고로 권선징악을 골자로 삼은 것이 많지만, 최근 리뷰, 만세 등이 유행하여 특히 저속하고 기이(俗惡奇異)함으로 꺼려지는 것이 많고 그중에는 풍기 차원에서 문제적인 것이 있음에도 실연 전에 제한할 방법이 없어 단속이 불편하다. 이에 연극이나 활동사진 등처럼 사전검열을 하여 폐해를 제거할 방책을 강구해야 한다. 그리고 현재의 흥행 단속에 관해서는 도(道)에서 규칙을 규정하고 있지만, 흥행 단속은 조선(鮮) 전체에 공통적인 점이 많으므로 본부(府)에서 통일된 규칙을 제정하는 것이 좋을 것이라 생각된다.

6. 예기, 작부, 여급 등 접객 부녀가 풍기를 어지럽히는 일이 많은데, 이들에 대한 대우가 희박하다 보니 고용주에게서 지급되는 보수만 가지고는 생활이 어려운 탓에 자연히 풍기를 어지럽히는 행위에 나서는 경우가 많다. 이 때문에 경찰로서는 항상 적극적으로 이들의 대우 개선에 힘쓰고 동시에 이들이 조달에 가장 고심하는 의상과 신변 용품 등에 일종의 제한을 가해 지출을 적게 하는 것은 간접적으로 풍기 단속(振肅) 차원에서 기여하는 바가 있다고 믿는다.

二. 장래 발생이 예상되는 현상에 대한 조치

1. 공창제도의 폐지는 현재 내지에서 실시하였고, 조선(鮮) 내에서도 지방에 따라서는 이미 그러한 목소리가 있어 그저 시기의 문제로서 조만간 실시될 것으로 추측된다. 하지만 실시된 후에는 필연적으로 사창의 발호를 볼 것이다. 그리고 풍기 유지에서 이른바 사창이 공창에 비해 폐해가 크다는 것은 실제로 내지 대도시에 있는 사창굴을 볼 때 분명하지만, 현대 사회제도 아래에서 매소부를 근절한다는 것이 절대 불가능하다면 어느 정도로 사창을 인정해야 하

는가는 앞으로 풍기 단속(振肅)상 중대한 문제가 된다. 그리고 현재 내지의 몇 개 도시에서 실시하거나 실시하려는 바인, 매음행위의 묵인을 조건으로 하는 공창 폐지 같은 것은 그저 단순히 매음 공허의 오명에 대하여 국제적 체면을 유지하는 이외에 거의 실익이 없고 오히려 풍기를 어지럽히는 근본 원인이 되어 단속의 어려움이 될 것이므로, 조선에서 장차 공창제도를 폐지하고자 할 때는 단순히 잠행적 매음행위만을 묵인하는 것에 그치고 원칙적으로 매음행위는 이를 인정하지 않는 방침을 통해 실시대책을 강구할 필요가 있다.

2. 사교댄스는 지금으로서는 화류계를 제외하고 일반적으로는 행해지고 있지 않으나 시대의 흐름을 타고 점차 일반에도 보급되는 경향이 있다. 그렇지만 단속에 관해서는 아직 아무것도 규정된 바가 없이 그저 댄스홀 등 개설에 대해서는 유기장(遊技場)단속규칙[도령(道令)]을 적용하기로 하고 일체 허가하지 않는 방침을 취하고 있다. 하지만 이로써 만전을 기할 수는 없으므로 악풍의 만연(瀰漫)에 앞서 지금부터 단속 대책을 강구할 필요가 있다.

이상 서술한 바는 경찰 본래의 목적이지만 조선에서 현재 상황은 내무 행정에 속하는 여러 시설에서도 경찰의 원조를 기대해야 하는 것이 적지 않음을 감안해 민풍 작흥, 농촌진흥, 자력갱생 등의 민풍 강화 운동을 원조하고, 이들에 관계가 있는 여러 단체를 통해 지방 청년을 지도훈련함으로써 진지하고 강건한(質實剛健) 기풍의 함양에 힘써야 하리라 믿는다.

평안북도

최근 문화의 진전, 사회생활의 향상 진화에 따른 일반 사회적 경향으로서 풍기의 퇴폐가 차츰 심해지고 있다는 것이 현실임은 참으로 우려하지 않을 수 없으며, 이를 숙정하는 것은 현재 일본의 가장 중요한 문제라 인식된다. 그리고 이러한 경향은 시대의 변천, 사상의 변화, 사회생활의 곤궁(窮迫) 등에 기인하는 자연스런 풍조여서 그 원인의 해결을 꾀하지 않으면 대책 또한 도저히 지난한 일에 속한다고 생각되지만, 경찰의 대책으로는 다음의 줄거리를 실행하는 것이 적당하다고 인정된다.

기(記)

1. 자력갱생운동에 일층 협력할 것 (…)
2. 도박행위와 사행행위를 엄중 단속할 것 (…)
3. 신문지와 출판물의 단속에 철저를 기할 것 (…)
4. 요리옥, 음식점 영업, 예창기, 작부 등 풍속의 단속을 요하는 것의 현행 법령을 현대에 적응하도록 개폐할 것.

　현재의 풍속경찰에 속하는 각종 영업의 단속법령은 모두 1916년경에 제정되었다. 이래로 문화의 향상과 사회기구의 현저한 변천을 보기에 이르렀기 때문에 일반적 규칙 같은 것을 규정해 이들 법령을 보완하여 단속하고 있기는 하지만, 완벽을 기할 수 없는 감이 있으므로 풍기 단속 대책에 상당한 고려가 필요하다.

강원도

　한 나라의 풍기는 국내 사회생활의 실상을 표현하는 것으로, 풍기의 이완 긴장 여부가 국민정신에 미치는 바가 국력의 성쇠에 지대한 관계를 가지고 온다는 것은 말할 것도 없다. 즉 오랜 국가의 흥망성쇠의 자취를 살펴볼 때 풍기가 이완해 향락음탕의 기운이 일세를 풍미할 때는 국가가 쇠하는 기운을 가져오고 민족 몰락의 과정으로 들어선다는 것은 많은 실제 사례에 비추어 명백하다.
　유럽대전에 기인하는 경제계 호황은 우리 국민 사이에 부화경박(浮華輕佻)한 기풍을 싹 트게 만들었고, 그 후 세월의 경과와 더불어 향락적 풍조는 더욱 강한 정도의 자극을 요구하였다. 곧바로 간이 경제적이고도 효과적인 접객 업태를 욕구한 결과, 도시와 그외에서 카페, 바 등이 범람하여 그 폐해가 점차 증대하고 있다. 지금은 전 국민이 모두 긴장하고 분기해야 하는 비상시국에 직면하여 조속히 이를 구제할 대책을 강구하지 않으면 장차 커다란 화근을 낳게 될 것이 분명하다. 그리고 풍기 단속의 대상에 대해 경찰의 필요한 제한을 가해서 교정에 힘써야 함은 물론이지만, 일국의 풍기 정화 단속은 단순히 탄압주의로 일관하는 것만으로는 충분히 이룰 수 없다.
　곧 적절한 경찰권의 행사와 국민의 자각과 자제에 의거하고 이것이 서로 맞물렸을 때 비로소 목적을 달성할 수 있다. 이에 그 대책으로서 우선

一. 국민적 자각 촉진의 대책을 논하며,

1. 여성의 선도(善導)와 국민의 자각 자제

근대 여성의 풍조는 노동적 직업을 싫어하고 향락적 직업을 애호하며 정조관념이 날이 갈수록 옅어지면서 그런 종류의 직업 부인을 동경하여 묘령의 부녀가 전원을 버리고 도시로 달려가 일생을 그르치는 자가 적지 않으니, 이를 구제하고 교정함은 풍기 개선의 근본이다. 곧 이들에 대해서는 각종 사회교화 단체로 하여금 고상한 정조를 함양하여 부인의 본분으로 복귀시키는 시책을 강구하고 순풍미속의 조장을 꾀함과 동시에 일반 국민의 자각, 자제의 전면적 확대를 촉진해야 한다.

2. 지도계급의 자각 시범

근래 봉급생활자 등이면서 요리점이나 카페 등을 공사(公私) 회합에 이용하는 자가 점차 증가하는 추세에 있으나 이들 관공리(官公吏)의 일거일동은 곧바로 일반 민중에게 반영되는 바가 지극히 크다. 자력갱생운동이 제창되고 있는 오늘날 지도적 지위에 있는 관공리는 자주적으로 깊이 반성해 솔선 생활의 개선 긴축을 꾀하는 것이 가장 긴요함은 새삼 말할 것도 없다. 특히 선량한 풍기를 유지해야 하는 직제에 있는 경찰관은 몸소 행하도록 힘쓰고 더욱 지조를 공고히 하여 민중에게 모범을 드리워 진지하고 강건한(質実剛健) 민풍 작흥에 기여할 필요가 있다.

二. 다음으로 풍기 단속(振肅)에 관한 경찰상의 대책으로서,

1. 접객업자의 단속과 여급, 고용녀 등의 품위 향상

가. 근래 특히 도회인의 심리에 영합하기 위해 새롭고 기발한 영업 설비를 겨루고 심지어는 몰래 추하고 난잡한(醜陋卑猥) 접대에 나서는 카페, 바 등이라 칭하는 접객업자가 속출하고 있다. 여급(女給)은 고객의 환락적 도취 기분을 농후하게 만들기 위해 아름답고 얇은 비단 의복과 두터운 화장으로 꾸미고 어리석은 교태를 한껏 부려 손님을 유인하는 데에 수단을 가리지 않는 경향을 보인다. 이러한 정세를 감안하여 필요 한도에 따라 여급 정원제를 채용함과 동시에 영업 장소, 설비, 연주 악기, 여급의 복장 등에 제한을 가하는 한편 여급, 고용녀 등의 품위 향상에 기여하기 위해 수업(修業)과 종교에 관한 서적 구독을 장려하고, 때때로 교화적 강연회(講話会)를 개최해 전적으로 정조관념 내지 도의심의 앙양을 꾀할 필요가 있다.

나. 음식점 영업자의 난립은 필연적으로 동업자 사이 경쟁을 유치하여 필요 이상으로 고용녀를 고용해서 고용녀로 하여금 작부 또는 예기와 유사한 행위를 하게 만드는 등 인도와 풍기 차원에서 나쁜 결과를 초래할 우려가 있다. 그러므로 식탁 수 또는 객실 수에 대해 고용녀의 수를 제한하고 계속 접대로 발생하는 폐해를 방지해야 한다. 또한 이와 함께 조선(鮮) 내 각지에 유랑하는 이동적 술 파는 여자(酒売女)(실은 밀매음부)는 지방의 풍기를 해치는 바가 크므로 조선(鮮) 전역에 동일 보조를 취함으로써 매우 엄한 단속을 하도록 힘써 근절을 기할 필요가 있다.

2. 축음기 레코드의 단속 (…)

3. 주선업자의 단속

추업부 대다수의 생업(稼業) 경로가 주선업의 중개에 의한다는 것은 통계가 제시한 바와 같다. 그리고 이들 업자 중에는 왕왕 의뢰인의 의사에 반하여 주선하고 심지어는 묘령의 부녀를 유괴하거나 혹은 강제로 추업(醜業) 영업을 하는 쪽으로 중개하여 사욕을 채우는 등의 폐해가 적지 않다. 이들에 대해서는 현재 각 지방청에서 법규를 마련해 단속하고 있기는 해도 여러 불편이 있으므로 조선(鮮) 전역을 통일하는 법규의 제정 실시에 의해 완벽하게 단속하는 동시에 음행의 상습이 없는 부녀를 영리 목적으로 권유하여 간음하게 하거나 혹은 약취 또는 유괴하는 등의 불량자에 대해서는 매우 엄한 단속을 하도록 힘쓰고, 불법 사실이 발견됐을 때는 엄벌주의로 임할 필요가 있다. 특히 그런 종류의 중개업은 될 수 있는 대로 상당히 신속하게 국가 또는 공공단체, 직업 소개 사업의 시설로 옮겨 부정 중개 또는 유괴 등의 근절을 기함으로써 풍속 교정에 일조하도록 해야 한다고 인정한다.

4. 흥행 단속 (…)
5. 간행물의 단속 (…)
6. 학생의 풍기 단속 (…)

함경남도

一. 미성년자에 대한 음주흡연을 단속할 것 (…)
二. 출판물의 단속을 엄하게 할 것 (…)

三. 주요 각 경찰서에 풍기 담당을 둘 것
각종 출판물 풍속 관계 단속 영업 여러 흥업(諸興業) 및 활동사진, 기타 풍기문란의 대상물이 되어야 하는 것의 단속을 엄하게 실시하기 위해 주요 각 경찰서에 풍기 단속 담당을 설치할 것.

四. 성구류(性具類)의 판매를 단속할 것
종래 매약(売薬)업자(드럭 같은 것)의 점포에 공공연히 성구의 광고물을 진열하고 또한 근래 아카센(赤船) 등의 이름으로 성구를 전문으로 하는 영업이 출현하였는데 이러한 영업은 단연히 금지할 것.

함경북도

최근 시대가 변천함에 따라 도회지의 향락 퇴폐적 기분이 점차 농촌, 산촌, 어촌에 미치면서 더욱 침투하는 경향이 있다는 것은 사회 풍교 차원에서 참으로 유감스럽다. 현재 자력갱생, 농촌진흥을 높이 외치며 국민정신의 작흥을 꾀하고 생활개선의 과정에 있는 이때 이를 교정하고 배제하는 것이 가장 급선무다. 풍기의 퇴폐는 여러 가지에서 기인하겠지만 최근 외래문화의 감염에 의한 국민 고유 도덕의 퇴폐에 있다는 것은 다툼의 여지가 없는 사실이다. 또한 오락적 관계에 말미암은 것, 에로, 풍속 영업 관계에 말미암은 것, 관습, 기타에 말미암은 것의 3개 항목을 열거할 수 있을 것이다. 지금 그 각각의 추이에 관해 검토하여 단속의 대책을 다음과 같이 기술하고자 한다.

一. 국민의 자제 자각을 촉구할 것 (…)
二. 오락 관계로 인한 것 (…)

三. 풍속 영업 관계에 의한 것

1. 요리옥, 음식점 및 카페

요리옥, 음식점, 카페는 접객업자 중 풍기의 중심을 이루는 것으로, 이들은 항상 대중의 동향을 알아채고 치열한 자극을 요구하는 고객의 심리를 포착해 이를 더욱 조장하는 설비를 제공하고, 걸핏하면 여급에게 매음행위를 강요하거나, 또는 기타 일반의 풍기를 어지럽히는 거동을 할 우려가 있다.

특히 조선인 음식점은 대부분 두세 명의 고용녀를 두고 이들에 대하여 항상 매음을 하게 하거나 혹은 이들의 매매를 전전하여 부정한 이익을 꾀하는 등 풍기 차원은 물론 인도 차원에서도 실로 간과할 수 없는 부분이 있다. 그러므로 차제에 이런 종의 부녀자 고용을 엄히 금지할 필요가 인정된다. 그러나 조선의 오랜 관습도 있다 보니 지금 곧바로 정리하는 것은 불가능한 실정이다. 그러므로 전제로서 지난번 제정된 카페 단속 정도의 규정을 마련해 악풍 조장을 저지함과 동시에 고용녀의 보호와 함께 사회풍교 차원에서 단속을 개선할 필요가 있다.

2. 예창기, 작부

예창기, 작부도 여급, 고용녀와 마찬가지로 사회 풍기의 중심을 이루는 것이기는 하나, 이들은 모두 규칙에 의해 제한을 받고 특히 창기는 그 일하는 곳이 하나의 유곽으로 한정되어 있다. 그러므로 비교적 일반에 미치는 영향이 적다. 하지만 지난번에 해제된 외출의 자유에 의해 자칫하면 허가 이외의 장소에서 생업 행위를 감행하여 풍기를 어지럽힐 우려가 없다고는 할 수 없으니, 이 점에 특히 주의를 요한다.

3. 카페 여급 및 요리옥, 음식점 고용녀

도시와 시골 구별 없이 현재 풍기의 중심이 되는 것은 카페 여급 및 요리옥, 음식점 고용녀. 이들은 예창기, 작부와 같이 공허를 받은 자보다 오히려 추잡한 행동거지에 나선다. 특히 조선인 음식점의 고용녀는 농촌, 산촌, 어촌의 어떤 벽지에도 진출하여 소박한 부락민을 타락으로 이끄는 등 사회 풍기를 어지럽히기로는 실로 대표적이고도 첨단적인 자들이다. 그러므로 이들 여급 및 고용녀 등에 대해서는 관련 방면의 단속에 한층 노력을 경주함과 동시에 취업시간의 제한, 손님과 외출 금지, 급료의 지급 방법 등을 개선하고, 업태의 제한, 즉 접객업자로서 하는 일의 범위를 벗어나지 않도록 제한하는 것이 절실하게 필요하다.

또한 밀매음 행위의 밀매음은 풍기는 물론 국민보건 차원에서 가장 꺼려야 하는 행위이지만 현행법규로는 파는 자(売淫者)만을 벌하고, 사는 자(買淫者)를 벌하지 않기 때문에 여전히 그 자취를 끊지 못할 뿐만 아니라 오히려 증가 우려가 있는 것으로 보인다. 이러한 현재 세상을 감안하면서 박멸을 기하는 의미에서 사는 매음자도 공범으로 처벌하는 규칙 개정이 절실하게 필요하다.

四. 관습, 기타에 의한 것 (…)
1. 조혼과 축첩 (…)
2. 미청년자 흡연, 음주의 금지 (…)
3. 속요의 단속 (…)

10. 조선총독부 경무국, 『조선경찰개요』, 선광인쇄주식회사, 1938.

조선총독부 경무국, 조선경찰개요
朝鮮總督府 警務局, 『朝鮮警察槪要』, 鮮光印刷株式會社, 1938.

서언
제1장 조선경찰제도의 연혁
제2장 경찰기관
제3장 경비관할
제4장 경비시설
제5장 경찰비
제6장 경찰직원
제7장 경찰관의 교양
제8장 진퇴상벌
제9장 근무와 생활
제10장 경찰관의 급여
제11장 치안 상황
제12장 국경경비
제13장 범죄 상황
제14장 다중운동
제15장 재외 조선인
제16장 내지 재주 조선인 노동자

제17장 신문잡지출판물과 활동사진 '필름' 및 축음기 '레코드' 단속
제18장 여러 영업 기타 단속

(…)

七. 숙박업소 단속

종래 조선에는 객주, 여각(모두 여관 같은 것), 주막(하숙옥, 요리옥, 음식점을 겸한 것 같은 것)이라는 것이 있어 숙박업 영업을 하였는데 이들에 대한 단속법규가 없어 전적으로 자유 영업으로 방임했다. 따라서 객실, 요리장 등이 일반적으로 불결하고 영업 설비는 보잘 것 없어 위생과 공안 풍속 면에서 폐해가 있었다. 또한 내지인은 내지와 마찬가지로 여인숙, 하숙옥 등을 경영하고, 이에 대해서는 영사관령 또는 이사청령으로 단속해 왔는데, 설비, 기타가 불완전하고 시대 추세가 변화함에 따라 영업용 가옥과 기타 영업 설비를 적당히 개선할 필요가 있었기 때문에 병합 후에 지방경찰부령을 공포하여 상당한 단속을 해왔다. 그럼에도 여전히 불비한 점이 많고 또한 규정 사항도 각지마다 제각각이다 보니 관대함과 엄격함(寬厳)을 적절히 구사하지 못한 감이 있었고, 또한 조선 전체에서 동일한 법령 아래 내지인과 조선인을 통일적으로 단속할 필요가 인정되었기 때문에, 1916년 3월, 경무총감부령을 통해 숙박업소영업단속규칙을 공포하고 같은 해 5월부터 시행한 결과 일반적으로 양호한 성적을 거두었고, 특히 시가지의 조선인 숙박업소의 영업 상태는 종래의 모습을 일신하였다. 그러나 시가지 외에서는 지금도 영업 설비가 여전히 구태를 벗어나지 못한 것들이 있으므로, 지역과 기타 상태에 적응하도록 점차 개선시킨다는 방침으로 단속하고 있다. (제44표 참조)

八. 요리옥, 음식점, 예기오키야, 가시자시키, 예기, 창기, 작부의 단속

종래 조선에는 요리옥, 음식점에 대한 업명이 없어 모두 숙박업소와 마찬가지로 주막이라 칭하고, 또한 작부 및 예기오키야에 대해서도 아무런 연혁 없이 가시자시키, 창가, 창부라고 칭했지만, 병합 전 경성에만 시행되는 창기단속령을 공포하여 창부의 명칭을 창기로 고쳤다. 또한 거주 내지인 사이에서는 가시자시키를 을종 요리점 또는 제2종 요리점, 창기를 을종 예기 또는 제2종 예기라 칭하고, 예기오키야에 대해서는 형식상의 명칭 없이 영사관령이나 이사청령을 통해 단속했다. 그리고 병합 후에는 지방이 발전함에 따라 단속에 커다란 불편을 느꼈기 때문에 모든 도의 내지인

과 조선인을 통일해서 단속할 필요를 인정하고 1916년 3월 경무총감부령을 통해 요리옥음식점영업단속규칙, 예기작부예기오키야영업단속규칙과, 가시자시키창기단속규칙을 공포하고 같은 해 5월부터 이를 시행했다. 이 규칙의 주된 규정 사항은 풍속 차원에서 특히 단속이 필요한 가시자시키 및 창기의 영업자를 일정한 지역에 국한시키고, 요리옥은 예기의 초빙, 작부의 기거를 인정하고, 음식점은 먹고 마시는 이외의 유흥을 금지하고, 예기오키야는 예기가 기거하는 것 외에 손님을 받는 것을 금하고, 기타 예기, 작부, 창기의 생업에 관한 사항, 영업용 건물의 구조설비에 관한 사항 등으로, 시행 후에는 일반적으로 양호한 효과를 거두고 있다. 그러나 최근 사회의 요구에 따라 '카페', '바', '레스토랑' 등의 양식 요리옥, 음식점이 시가지 곳곳에 발전하여 더욱 증가하는 경향이 있어 이들의 구조설비와 기타에 대하여 단속하기 어려운 사정이 있었기에 1934년 9월 카페 영업단속 내규표준을 마련하여 각 도에서 빠짐없이 단속하고 있다. 또한 종래의 조선인 요리옥과 음식점의 구조설비에 대해서는 아직 엄격하게 단속하기 적당하지 않은 사정이 있었으므로 영업 상태와 지역 상황에 따라 규칙의 규정 사항을 참작하여 업태와 지방 실정에 적응시키도록 힘쓰고 있다. 또한 시가지 외의 음식점 영업자에 대해서는 점등과 변소, 기타의 방취제 비치 규정 등이 지나치게 엄격해 실행하기 어려운 경향이 있어 실제로 현재의 실상에 적합하지 않은 점도 있기 때문에 풍기 국책에 순응하여 각기 이들의 개정에 대해 연구 중이다. (제44표 참조)

九. 사창 단속

매소부에 대해서는 종래 아무런 단속 규정이 없었던 탓에 곳곳에 이들이 출몰하여 풍속과 위생 차원에서 간과할 수 없는 상황이었다. 이에 1912년 경찰범처벌규칙 안에 사창 처벌 규정을 마련하고, 그 후 1916년에 요리옥, 음식점, 예기, 작부, 가시자시키, 창기 등의 단속규칙을 공포하여 사창의 단속을 한층 엄밀하게 했다. 그러나 오랜 인습과 생활난과 기타 각종 사회적 결함으로 말미암아 즉시 이를 소멸시키기 어려웠을 뿐 아니라, 이들이 교묘하게 단속 관헌의 시선을 피해 여전히 매춘행위를 몰래 행하고 있는 상태여서 참으로 유감스럽다. 특히 최근 '카페', '바' 등이 산발적으로 생기고 폐창 문제 등이 강하게 주장됨에 따라 사창의 단속이 더욱 어려워지고, 기존의 영업 감사, 호구조사, 순찰, 기타의 기회에 실시하는 현장 조사 등의 단속 방법으로는 도저히 소기의 목적을 달성할 수 없어서, 추가적으로 사창의 폐해에 빠지기 쉬운 접객업자에 대해서는 필요에 따라 고용녀의 수를 제한하거나 혹은 고용 당초의 실정을 조사해 혹여 고용 후에 매음행위를 통해 전차금을 지불하게 한다거나 거액의 전차금을 계약 내용으로 삼는 경우 등이 있으면 이를 절대로 허가하지 않는다는 방침으로 철저히 단속하고 있다. 그러나 현재 상황으로 볼 때 한층 더 바로잡기 위한 단속이 필요하다고 느끼는 상태다.

제44표 경찰 여러 영업 단속표[10 주)]

(1937년 중)

도별 종별	경기	충북	충남	전북	전남	경북	경남	황해	평남	평북	강원도	함남	함북	합계
여인숙	1,863	1,594	1,621	1,285	1,354	3,512	2,332	1,710	1,074	2,090	3,507	2,203	932	26,077
하숙옥	474	25	24	32	35	74	102	38	109	130	3	63	117	1,226
요리옥	244	57	90	82	134	117	194	282	147	264	91	106	95	1,903
음식점	7,120	1,686	2,397	1,297	2,799	4,511	4,425	3,969	2,124	2,369	2,106	4,008	2,132	40,943
예기오키야	131	-	5	6	1	13	51	39	19	17	-	24	5	308
가시자시키	193	-	10	26	11	16	77	11	75	-	-	20	32	472
예기	2,026	247	273	222	295	497	613	697	723	506	265	406	294	7,164
창기	1,339	-	70	200	135	141	556	38	452	42	-	251	370	2,594
작부	86	26	26	64	156	162	51	187	86	379	68	245	198	1,734
유예종사자	21	-	3	-	12	-	-	1	-	-	-	-	-	37
중개업	1,281	28	31	41	14	196	171	286	353	330	185	150	134	3,399
고용소개업 (雇入口入業)	66	-	2	10	6	17	57	2	32	35	-	24	18	269
카페와 바	204	15	31	28	101	48	59	18	22	44	18	51	49	688
카페와 바 여급	1,752	51	122	142	268	226	333	116	212	202	56	485	337	4,292

주 : 통계 합산이 맞지 않는 경우도 있으나 원문에 따른다.

---

10 이 표는 전당포, 고물상 영업 등에 대한 통계도 포함하고 있는 것이지만, 여기에는 관련 영업만 발췌하여 기재한다.

11. 조선총독부 경무국, 『조선경찰개요』, 출판사 미상, 1939.

조선총독부 경무국, 조선경찰개요
朝鮮總督府 警務局, 『朝鮮警察槪要』, 출판사 미상, 1939.

서언
제1장 조선경찰제도의 연혁
제2장 경찰기관
제3장 경비관할
제4장 경비시설
제5장 경찰비
제6장 경찰직원
제7장 경찰관의 교양
제8장 진퇴상벌
제9장 근무와 생활
제10장 경찰관의 급여
제11장 치안 상황
제12장 국경경비
제13장 범죄 상황
제14장 다중운동
제15장 재외 조선인
제16장 내지 재주 조선인 노동자
제17장 신문잡지출판물과 활동사진 '필름' 및 축음기 '레코드' 단속

제18장 여러 영업 기타 단속

(…)

七. 숙박업소 단속

　종래 조선에는 객주, 여각(모두 여관 같은 것), 주막(하숙옥, 요리옥, 음식점을 겸한 것 같은 것)이라는 것이 있어 숙박업 영업을 하였는데 이들에 대한 단속법규가 없어 전적으로 자유 영업으로 방임했다. 따라서 객실, 요리장 등이 일반적으로 불결하고 영업 설비는 보잘 것 없어 위생과 공안 풍속 면에서 폐해가 있었다. 또한 내지인은 내지와 마찬가지로 여인숙, 하숙옥 등을 경영하고, 이에 대해서 영사관령 또는 이사청령으로 단속해 왔는데, 설비, 기타가 불완전하고 시대 추세가 변화함에 따라 영업용 가옥과 기타 영업 설비를 적당히 개선할 필요가 있었으므로 병합 후에 지방 경찰부령을 공포하여 상당한 단속을 해왔다. 그럼에도 여전히 불비한 점이 많고 또한 규정 사항도 각지에서 제각각이다 보니 관대함과 엄격함(寬嚴)을 적절히 구사하지 못한 감이 있었고, 또한 조선 전체에서 동일한 법령 아래 내지인과 조선인을 통일적으로 단속할 필요가 인정되었기 때문에, 1916년 3월, 경무총감부령을 통해 숙박업소영업단속규칙을 공포하고 같은 해 5월부터 시행한 결과 일반적으로 양호한 성적을 거두었고, 특히 시가지의 조선인 숙박업소의 영업 상태는 종래의 모습을 일신하였다. 그러나 시가지 외에서는 지금도 영업 설비가 여전히 구태를 벗어나지 못한 것들이 있으므로, 지역과 기타 상태에 적응하도록 점차 개선한다는 방침 아래 단속하고 있다. (제44표 참조)

八. 요리옥, 음식점, 예기오키야, 가시자시키, 예기, 창기, 작부의 단속

　종래 조선에는 요리옥, 음식점에 대한 업명이 없어 모두 숙박업소와 마찬가지로 주막이라 칭하고, 또한 작부 및 예기오키야에 대해서도 아무런 연혁 없이 가시자시키, 창가, 창부라고 칭했는데, 병합 전 경성에만 시행되는 창기단속령을 공포하여 창부의 명칭을 창기로 고쳤다. 또한 거주 내지인 사이에는 가시자시키를 을종 요리점 또는 제2종 요리점, 창기를 을종 예기 또는 제2종 예기라 칭하고, 예기오키야에 대해서는 형식상의 명칭 없이 영사관령이나 이사청령을 통해 단속했다. 그리고 병합 후에는 지방이 발전함에 따라 단속에 커다란 불편을 느꼈기 때문에 모든 도의 내지인과 조선인을 통일해서 단속할 필요를 인정하고 1916년 3월 경무총감부령을 통해 요리옥음식점영업단속규칙, 예기작부예기오키야영업단속규칙과, 가시자시키창기단속규칙을 공포하고 같은 해 5월부터 시행하였다. 이 규칙의 주된 규정사항은 풍속 차원에서 특히 단속이 필요한 가시자시키 및 창기 영업자를 일정한 지역에 제한시키고, 요리옥은 예기의 초빙, 작부의 기거를 인정하고, 음식점은 먹고 마시는 이외의 유흥을 금지하고, 예기오키야는 예기가 기거하는 것 외에 손님을 받는 것을 금하고, 기타 예기, 작부, 창기의 생업에 관한 사항, 영업용 건물의 구조설비에 관한 사항 등으로, 시행 후에는 일반적으로 양호한 효과를 거두고 있다. 그러나 최근 사회의 요구에 따라 '카페', '바', '레스토랑' 등의 양식 요리옥, 음식점이 시가지 곳곳에 발전하여 더욱 증가하는 경향이 있어 이들의 구조설비와 기타에 대하여 단속하기 어려운 사정이 있었기 때문에 1934년 9월 카페 영업단속내규 표준을 마련하여 각 도에서 빠짐없이 단속하고 있다. 또한 종래의 조선인 요리옥과 음식점의 구조설비에 대해서는 아직 엄격하게 단속하기 적당하지 않은 사정이 있었기 때문에 영업상태와 지역 상황에 따라 규칙의 규정 사항을 참작하여 업태와 지방 실정에 적응시키도록 힘쓰고 있다. 또한 시가지 외의 음식점 영업자에 대해서는 점등과 변소, 기타의 방취제 비치 규정 등이 지나치게 엄격해 실행하기 어려운 경향이 있어 실제로 현재 실상에 적합하지 않은 점도 있었으므로 풍기 국책에 순응하여 각기 이들의 개정에 대해 연구 중이다. (제44표 참조)

九. 사창 단속

매소부에 대해서는 종래 아무런 단속 규정이 없었던 탓에 곳곳에 이들이 출몰하여 풍속과 위생 차원에서 간과할 수 없는 상황이었다. 이에 1912년 경찰범처벌규칙 안에 사창 처벌의 규정을 마련하고, 1916년에 요리옥, 음식점, 예기, 작부, 가시자시키, 창기 등의 단속규칙을 공포하여 사창 단속을 한층 엄밀하게 했다. 그러나 오랜 인습과 생활난과 기타 각종 사회적 결함으로 말미암아 즉시 소멸시키기 어려웠을 뿐 아니라, 이들이 교묘하게 단속 관헌의 시선을 피해 여전히 매춘행위를 몰래 행하고 있는 상태여서 참으로 유감스럽다. 특히 최근 '카페', '바' 등이 산발적으로 생기고 폐창 문제 등이 강하게 주장됨에 따라 사창 단속이 더욱 어려워지고, 기존의 영업 감사, 호구조사, 순찰, 기타 기회에 실시하는 현장 조사 등의 단속 방법으로는 도저히 소기의 목적을 달성할 수 없어서, 추가적으로 사창의 폐해에 빠지기 쉬운 접객업자에 대해서는 필요에 따라 고용녀 수를 제한하거나 혹은 고용 당초의 실정을 조사해 혹여 고용 후에 매음행위를 통해 전차금을 지불하게 한다거나 거액의 전차금을 계약 내용으로 삼는 경우 등이 있으면 절대로 이를 허가하지 않는다는 방침으로 철저히 단속하고 있다. 그러나 현재 상황으로 볼 때 한층 더 바로잡기 위한 단속이 필요하다고 느끼는 상태다.

제44표 경찰 여러 영업 단속표[11 주)]

(1938년 중 조사)

도별/종별	경기	충북	충남	전북	전남	경북	경남	황해	평남	평북	강원도	함남	함북	합계
여인숙	1,787	1,588	1,601	1,221	2,085	3,536	2,231	1,559	1,093	1,886	3,516	1,910	941	24,954
하숙옥	488	16	30	46	38	85	109	20	132	100	5	70	121	1,270
요리옥	222	45	34	81	124	100	202	280	148	259	85	120	101	851
음식점	6,684	1,459	2,284	1,235	2,812	4,394	4,371	2,739	2,110	2,355	1,948	4,130	2,247	38,770
예기오키야	126	-	6	8	-	14	58	31	18	23	-	25	9	368
가시자시키	193	-	10	26	11	16	76	11	74	-	-	20	33	470
예기	2,011	235	390	251	278	463	562	704	793	543	370	475	302	7,377
창기	1,370	-	66	194	121	153	500	23	514	35	-	253	393	3,627
작부	140	26	31	58	152	140	64	152	81	360	48	284	226	1,762
유예종사자	10	-	7	-	14	-	-	5	1	2	-	-	-	39
중개업	1,299	45	34	38	11	138	209	420	407	347	180	220	111	3,480
고용소개업 (雇入口入業)	76	-	1	12	4	22	49	12	30	43	-	25	43	317
카페와 바	197	13	29	24	69	47	65	18	22	36	23	52	44	639
카페와 바 여급	1,696	45	86	128	318	185	341	119	220	186	86	523	324	4,255

주 : 통계 합산이 맞지 않는 경우도 있으나 원문에 따른다.

---

11   이 표는 전당포, 고물상 영업 등에 대한 통계도 포함하고 있는 것이지만, 여기에는 관련 영업만 발췌하여 기재한다.

12. 조선총독부 경무국, 『조선경찰의 개요』, 출판사 미상, 1940.

조선총독부 경무국, 『조선경찰의 개요』
朝鮮總督府 警務局, 『朝鮮警察之槪要』, 출판사 미상, 1940.

서언
제1장 조선경찰제도의 연혁
제2장 경찰기관
제3장 경비관할
제4장 경비시설
제5장 경찰비
제6장 경찰직원
제7장 경찰관의 교양
제8장 진퇴상벌
제9장 근무와 생활
제10장 경찰관의 급여
제11장 치안 상황
제12장 국경경비
제13장 범죄 상황
제14장 다중운동
제15장 재외 조선인
제16장 내지 재주 조선인 노동자
제17장 신문잡지출판물과 활동사진 '필름' 및 축음기 '레코드' 단속

제18장 여러 영업 기타 단속

(…)

七. 숙박업소 단속

종래 조선에는 객주, 여각(모두 여관 같은 것), 주막(하숙옥, 요리옥, 음식점을 겸한 것 같은 것)이라는 것이 있어 숙박업 영업을 하였는데 이들에 대한 단속법규가 없어 전적으로 자유 영업으로 방임했다. 따라서 객실, 요리장 등이 일반적으로 불결하고 영업 설비는 보잘 것 없어 위생과 공안 풍속 면에서 많은 폐해가 있었다. 또한 내지인은 내지와 마찬가지로 여인숙, 하숙옥 등을 경영하고, 이에 대해서 영사관령 또는 이사청령으로 단속하고 있었는데, 설비와 기타가 불완전하고 시대 추세가 변화함에 따라 영업용 가옥과 기타 영업 설비를 적당히 개선할 필요가 있었기 때문에 병합 후에 지방경찰부령을 공포하여 상당한 단속을 가해 왔다. 그럼에도 여전히 불비한 점이 많고 또한 규정 사항도 각지에서 제각각이다 보니 관대함과 엄격함을 적절히 구사하지 못한 감이 있었고, 또한 조선 전체에서 동일한 법령 아래 내지인과 조선인을 통일적으로 단속할 필요가 인정되었기 때문에, 1916년 3월, 경무총감부령을 통해 숙박업소영업단속규칙을 공포하고 같은 해 5월부터 시행한 결과 일반적으로 양호한 성적을 거두었고, 특히 시가지의 조선인 숙박업소의 영업 상태는 종래의 모습을 일신하였다. 그러나 시가지 외에서는 지금도 영업 설비가 여전히 구태를 벗어나지 못한 것들이 있으므로, 지역과 기타 상태에 적응하도록 점차 개선시킨다는 방침 아래 단속하고 있다. (제44 표 참조)

八. 요리옥, 음식점, 예기오키야, 가시자시키, 예기, 창기, 작부의 단속

종래 조선에서는 요리옥, 음식점에 대한 업명이 없어 모두 숙박업소와 마찬가지로 주막이라 칭하고, 또한 작부 및 예기오키야에 대해서도 아무런 연혁 없이 가시자시키, 창가, 창부라고 칭했다. 그런데 병합 전 경성에만 시행되는 창기단속령을 공포하여 창부의 명칭을 창기로 고쳤다. 또한 거주 내지인 사이에서는 가시자시키를 을종 요리점 또는 제2종 요리점, 창기를 을종 예기 또는 제2종 예기라 칭하고, 예기오키야에 대해서는 형식상의 명칭 없이 영사관령이나 이사청령으로 이들을 단속했다. 그리고 병합 후에는 지방이 발전함에 따라 단속에 커다란 불편을 느껴서 모든 도의 내지인과 조선인을 통일해서 단속할 필요를 인정하고 1916년 3월 경무총감부령을 통해 요리옥음식점영업단속규칙, 예기작부예기오키야영업단속규칙과, 가시자시키창기단속규칙을 공포하고 같은 해 5월부터 시행하였다. 이 규칙의 주된 규정 사항은 풍속 차원에서 특히 단속이 필요한 가시자시키 및 창기의 영업자를 일정한 지역에 제한시키고, 요리옥은 예기의 초빙, 작부의 기거를 인정하고, 음식점은 먹고 마시는 이외의 유흥을 금지하고, 예기오키야는 예기가 기거하는 것 외에 손님을 받는 것을 금하고, 기타 예기, 작부, 창기의 생업에 관한 사항, 영업용 건물의 구조설비에 관한 사항 등으로, 시행 후에는 일반적으로 양호한 효과를 거두었다. 그러나 최근 '카페', '바', '레스토랑' 등의 양식 요리, 음식점이 시가지 곳곳에 발전하여 더욱 증가하는 경향이 있어 이들의 구조설비와 기타에 대하여 단속하기 어려운 사정이 있었기 때문에 1934년 9월 카페 영업 단속내규 표준을 마련하여 각 도에서 빠짐없이 단속하고 있다. 또한 종래의 조선인 요리옥과 음식점의 구조설비에 대해서는 아직 엄격하게 단속하기가 적당하지 않은 사정이 있었기 때문에 영업 상태와 지역 상황에 따라 규칙의 규정 사항을 참작하여 업태와 지방 실정에 적응시키도록 힘쓰고 있다. 또한 지나사변 발생 이래 이들 풍속 여러 영업에 대해서는 상당한 숙청의 필요를 인정하여 영업시간의 제한, 신규영업 및 신규취업의 억제와 기타 향락 방면의 숙청에 힘쓰고 있다. (제44표 참조)

九. 사창 단속

매소부에 대해서는 종래 아무런 단속 규정이 없던 탓에 곳곳에 이들이 출몰하여 풍속과 위생 차원에서 간과할 수 없는 상황이었다. 이에 1912년 경찰범처벌규칙 안에 사창 처벌의 규정을 마련하고, 그 후 1916년에 요리옥, 음식점, 예기, 작부, 가시자시키, 창기 등의 단속규칙을 공포하여 사창의 단속을 한층 엄밀하게 했다. 그러나 오랜 인습과 생활난과 기타 각종 사회적 결함으로 말미암아 즉시 이를 소멸시키기 어려웠을 뿐 아니라, 이들이 교묘하게 단속 관헌의 시선을 피해 여전히 매춘행위를 몰래 행하고 있는 상태여서 참으로 유감스럽다. 특히 최근 '카페', '바' 등이 산발적으로 생기고 폐창 문제 등이 강하게 주장됨에 따라 사창 단속이 더욱 어려워지고, 기존의 영업 감사, 호구조사, 순찰, 기타의 기회에 실시하는 현장 조사 등의 단속 방법으로는 도저히 소기의 목적을 달성할 수 없어서, 추가적으로 사창의 폐해에 빠지기 쉬운 접객업자에 대해서는 필요에 따라 고용녀 수를 제한하거나 혹은 고용 당초의 실정을 조사해 혹여 고용 후에 매음행위를 통해 전차금을 지불하게 한다거나 거액의 전차금을 계약 내용으로 삼는 경우 등이 있으면 이를 절대로 인정하지 않는다는 방침으로 단속하고 있다.

제44표 경찰 여러 영업 단속표[12 주)]

(1939년 말 현재)

종별 \ 도별	경기	충북	충남	전북	전남	경북	경남	황해	평남	평북	강원도	함남	함북	합계
여인숙	2,120	1,567	1,380	1,144	2,150	3,298	2,117	1,575	1,033	1,808	3,237	1,958	954	24,341
하숙옥	460	15	18	41	116	88	113	31	113	121	5	62	142	1,325
요리옥	228	52	81	81	123	94	203	258	148	256	90	115	104	1,833
음식점	6,731	1,429	2,163	1,067	2,680	4,261	3,813	3,378	2,043	2,199	1,922	3,928	2,178	37,892
예기오키야	120	-	5	7	23	13	63	55	19	-	-	26	10	343
가시자시키	193	-	10	23	69	17	77	11	76	-	-	19	44	539
예기	2,563	206	322	275	290	445	673	735	945	582	361	484	467	8,348
창기	1,452	-	49	150	126	151	546	23	514	35	-	253	393	3,627
작부	111	12	41	49	146	131	61	143	93	360	39	318	291	1,796
유예종사자	-	-	5	-	8	-	-	4	5	2	7	-	-	31
중개업	1,430	38	40	38	41	117	148	390	458	383	198	132	128	3,577
고용소개업 (雇入口入業)	108	-	-	12	9	51	41	3	49	22	-	15	25	335
카페와 바	189	13	31	17	179	42	60	17	21	36	24	44	48	721
카페와 바 여급	1,773	42	96	76	297	204	331	108	221	204	99	335	315	4,302

주 : 통계 합산이 맞지 않는 경우도 있으나 원문에 따른다.

---

12 이 표는 전당포, 고물상 영업 등에 대한 통계도 포함하고 있는 것이지만, 여기에는 관련 영업만 발췌하여 기재한다.

13. 조선총독부 경무국, 『1941년 조선경찰의 개요』, 선광인쇄주식회사, 1942.

조선총독부 경무국, 1941년 조선경찰의 개요
朝鮮總督府 警務局, 『昭和16 朝鮮警察之槪要』, 鮮光印刷株式會社, 1942.

서언
제1장 조선경찰제도의 연혁
제2장 경찰기관
제3장 경비관할
제4장 경비시설
제5장 경찰비
제6장 경찰직원
제7장 경찰관의 교양
제8장 진퇴상벌
제9장 근무와 생활
제10장 경찰관의 급여
제11장 치안 상황
제12장 국경경비
제13장 범죄 상황
제14장 다중운동
제15장 재외 조선인
제16장 내지 재주 조선인 노동자

제17장 신문잡지출판물과 활동사진 '필름' 및 축음기 '레코드' 단속
제18장 여러 영업 기타 단속

(…)

七. 숙박업소 단속

종래 조선에는 객주, 여각(모두 여관 같은 것), 주막(하숙옥, 요리옥, 음식점을 겸한 것 같은 것)이라는 것이 있어 숙박업 영업을 하였는데 이들에 대한 단속법규가 없어 전적으로 자유 영업으로 방임했다. 따라서 객실, 요리장 등이 일반적으로 불결하고 영업 설비는 보잘 것 없어 위생과 공안 풍속 면에서 많은 폐해가 있었다. 또한 내지인은 내지와 마찬가지로 여인숙, 하숙옥 등을 경영하고, 이에 대해서 영사관령 또는 이사청령으로 단속하고 있었는데, 설비와 기타가 불완전하고 시대 추세가 변화함에 따라 영업용 가옥과 기타 영업 설비를 적당히 개선할 필요가 있었기 때문에 병합 후에 지방경찰부령을 공포하여 상당한 단속을 가해 왔다. 그럼에도 여전히 불비한 점이 많고 또한 규정 사항도 각지에서 제각각이다 보니 관대함과 엄격함을 적절히 구사하지 못한 감이 있었고, 또한 조선 전체에서 동일한 법령 아래 내지인과 조선인을 통일적으로 단속할 필요가 인정되었기 때문에, 1916년 3월, 경무총감부령을 통해 숙박업소영업단속규칙을 공포하고 같은 해 5월부터 시행한 결과 일반적으로 양호한 성적을 거두었고, 특히 시가지의 조선인 숙박업소의 영업 상태는 종래의 모습을 일신하였다. 그러나 시가지 외에서는 지금도 영업 설비가 여전히 구태를 벗어나지 못한 것들이 있으므로, 토지, 기타 상태에 적응하도록 점차 개선시킨다는 방침 아래 단속하고 있다. (제43표 참조)

八. 요리옥, 음식점, 예기오키야, 가시자시키, 예기, 창기, 작부의 단속

종래 조선에서는 요리옥, 음식점에 대한 업명이 없어 모두 숙박업소와 마찬가지로 주막이라 칭하고, 또한 작부 및 예기오키야에 대해서도 아무런 연혁 없이 가시자시키, 창가, 창부라고 칭했다. 그런데 병합 전 경성에만 시행되는 창기단속령을 공포하여 창부의 명칭을 창기로 고쳤다. 또한 거주 내지인 사이에서는 가시자시키를 을종 요리점 또는 제2종 요리점, 창기를 을종 예기 또는 제2종 예기라 칭하고, 예기오키야에 대해서는 형식상의 명칭 없이 영사관령이나 이사청령으로 이들을

단속했다. 그리고 병합 후에는 지방이 발전함에 따라 단속에 커다란 불편을 느껴서 모든 도의 내지인과 조선인을 통일해서 단속할 필요를 인정하고 1916년 3월 경무총감부령을 통해 요리옥음식점영업단속규칙, 예기작부예기오키야영업단속규칙과, 가시자시키창기단속규칙을 공포하고 같은 해 5월부터 시행하였다. 이 규칙의 주된 규정 사항은 풍속 차원에서 특히 단속이 필요한 가시자시키 및 창기의 영업자를 일정한 지역에 제한시키고, 요리옥은 예기의 초빙, 작부의 기거를 인정하고, 음식점은 먹고 마시는 이외의 유흥을 금지하고, 예기오키야는 예기가 기거하는 것 외에 손님을 받는 것을 금하고, 기타 예기, 작부, 창기의 생업에 관한 사항, 영업용 건물의 구조설비에 관한 사항 등으로, 시행 후에는 일반적으로 양호한 효과를 거두었다. 그러나 최근 '카페', '바', '레스토랑' 등의 양식 요리옥, 음식점이 시가지 곳곳에 발전하여 더욱 증가하는 경향이 있어 이들의 구조설비와 기타에 대하여 단속하기 어려운 사정이 있었기 때문에 1934년 9월 카페 영업 단속내규 표준을 마련하여 각 도에서 빠짐없이 단속하고 있다. 또한 종래의 조선인 요리옥과 음식점의 구조설비에 대해서는 아직 엄격하게 단속하기가 적당하지 않은 사정이 있었기 때문에 영업 상태와 지역 상황에 따라 규칙의 규정 사항을 참작하여 업태와 지방 실정에 적응시키도록 힘쓰고 있다. 또한 지나사변 발생 이래 이들 풍속 여러 영업에 대해서는 상당한 숙청의 필요를 인정하여 영업시간의 제한, 신규영업 및 신규취업의 억제와 기타 향락 방면의 숙청에 힘쓰고 있다.

九. 사창 단속

매소부에 대해서는 종래 아무런 단속 규정이 없던 탓에 곳곳에 이들이 출몰하여 풍속과 위생 차원에서 간과할 수 없는 상황이었다. 이에 1912년 경찰범처벌규칙 안에 사창 처벌의 규정을 마련하고, 그 후 1916년에 요리옥, 음식점, 예기, 작부, 가시자시키, 창기 등의 단속규칙을 공포하여 사창의 단속을 한층 엄밀하게 했다. 그러나 오랜 인습과 생활난과 기타 각종 사회적 결함으로 말미암아 즉시 이를 소멸시키기 어려웠을 뿐 아니라, 이들이 교묘하게 단속 관헌의 시선을 피해 여전히 매춘행위를 몰래 행하고 있는 상태여서 참으로 유감스럽다. 특히 최근 '카페', '바' 등이 산발적으로 생기고 폐창 문제 등이 강하게 주장됨에 따라 사창 단속이 더욱 어려워지고, 기존의 영업 감사, 호구조사, 순찰, 기타의 기회에 실시하는 현장 조사 등의 단속 방법으로는 도저히 소기의 목적을 달성할 수 없어서, 추가적으로 사창의 폐해에 빠지기 쉬운 접객업자에 대해서는 필요에 따라 고용녀 수를 제한하거나 혹은 고용 당초의 실정을 조사해 혹여 고용 후에 매음행위를 통해 전차금을 지불하게 한다거나 거액의 전차금을 계약 내용으로 삼는 경우 등이 있으면 이를 절대로 인정하지 않는다는 방침으로 단속하고 있다.

제43표 경찰 여러 영업 단속표[13 주)]

(1940년 말 현재)

종별\도별	경기	충북	충남	전북	전남	경북	경남	황해	평남	평북	강원도	함남	함북	합계
여인숙	1,792	1,474	1,433	2,092	1,063	3,199	1,961	1,513	1,041	1,728	2,962	1,746	947	22,951
하숙옥	444	14	31	48	35	90	89	28	94	124	3	66	131	1,207
요리옥	217	44	77	125	75	95	185	234	169	241	94	106	116	1,778
음식점	6,495	1,364	2,029	1,543	994	4,032	3,798	2,297	2,025	2,052	1,689	3,816	2,123	36,258
예기오키야	120	-	12	3	8	13	68	47	21	-	-	23	14	319
가시자시키	192	-	9	11	25	18	76	10	76	-	-	20	43	480
예기	2,479	167	265	258	283	494	744	635	987	547	327	478	641	8,305
창기	1,479	-	48	125	187	167	589	59	600	-	7	240	439	3,934
작부	134	16	25	201	30	140	64	144	79	362	61	207	153	1,616
유예종사자	-	-	11	17	-	-	-	4	11	2	-	5	1	51
중개업	1,568	44	26	319	42	103	196	302	336	369	164	187	128	3,781
고용소개업 (雇入口入業)	88	-	20	14	12	47	44	3	19	15	-	15	22	281
카페와 바	193	12	24	61	14	41	59	20	22	36	22	45	60	609
카페와 바 여급	1,854	43	82	240	68	213	404	115	235	207	72	408	410	4,371

주 : 통계 합산이 맞지 않는 경우도 있으나 원문에 따른다.

---

13 이 표는 전당포, 고물상 영업 등에 대한 통계도 포함하고 있는 것이지만, 여기에는 관련 영업만 발췌하여 기재한다.

II. 경무월보

1. 소요리점, 소음식점 단속 방법의 건(1910. 8.)

소요리점, 소음식점 단속 방법의 건
「小料理店小飮食店取締方의 件」, 『警務月報』 2, 1910. 8.

1910(明治 43)년 8월 19일

  본일 남북 양 경찰서 관할 내에 있는 소요리점, 소음식점 영업자의 중요한 자를 당부에 모아 총장(總長)께서 별지 사항에 대해 시달하심에 대하여는 바라건대 귀 서에서 해당 업자에 대해 빠짐없이 본건을 주지케 함과 더불어 제7항과 제8항의 보고를 아무쪼록 신속하게 운용하게 이르도록 시달하심을 바람. 가장 유예기 10개월간은 건강진단을 힘써 행함은 물론이오, 어떠한 분식(粉飾)을 하고 옥외를 배회하며 이와 같은 자를 길거리로부터 훤히 보이는(見透) 것과 같은 설비를 한 자와 손님을 끌어들이는(客引) 데 분망한 행위가 있는 것에 대해서는 엄중하게 단속하심을 바라여 명과 같이 이에 통첩함.
  다시 제8항의 조합에 대해서는 당부에서 직접 관리할 예정이로되 각 서에서도 그 조직과 조합 가입자에 대해 상당히 편의를 주고 또 임원(役員)의 행위를 감독한 후라도 충분히 주의하심을 요함.

  경무총장 시달 요령
  一. 목하 매음(淫賣)의 풍기문란함이 많음으로 이에 대한 단속은 이제부터 힘써 행함.
  二. 소요리점, 소음식점은 자주 밀매음(密淫賣)과 서로 섞여 있는 일이 있어, 단속하기가 곤란함으로 소요리점, 소음식점에서 괴이한 부녀를 고용해들인 자는 이때 일반 경찰서에서 한층 주의를 행할 터이오.
  三. 경성 시내에 산재한 소요리점과 소음식점 중 특히 장곡천정(長谷川町), 미창정(米倉町), 욱정(旭町),

청파(青坡) 등지에는 풍기가 일반 마땅치 못하므로 이제부터 여러 차례 현장 검속(臨檢)할 것.

四. 제2항에 힘껏 행함에 의하여 영업을 해나갈 수 없는 자는 오는 10개월 이내로 다른 업으로 바꾸거나 혹은 제2종 요리점으로 지정지 내에서 영업함이 가함.

五. 지정지는 신정(新町), 도산(桃山) 외 가운데 신지(新地)(현재 이상으로 확장할 수 있음)로 함.

六. 또한 별개로 서소문 밖, 서대문 밖, 독립문, 동대문 부근에서 1개소 약 1만 평 이내에 한정하여 제2종 요리점 영업을 허가함.

七. 현재의 소요리점, 소음식점 영업자 2종 요리점 지정지, 신정, 도산으로 옮기고자 하는 자는 다음 달 15일 내로 이동 희망 지역을 기재하여 현재 관할 경찰서에 보고할 수 있음.

八. 제6항의 신 지정지 내로 옮기고자 하는 자는 현재의 소요리점, 소음식점 영업에 한정하여 이를 계획하여 그 희망자는 다음 달 10일 내로 조합을 설립하고 앞의 항과 같이 보고하는 것이 필요함. 같은 달 말일까지 그 지역을 선정하여 당부(當部) 청원할 수 있음.

九. 앞에 기록한 토지 선정은 다음의 개소를 피할 필요가 있음.

一 학교, 교회, 관아, 외국인의 주택에 근접한 지역

二 대로에 노출된 장소

三 고지(高地)

十. 영업지의 선정 등에 관하여 부정행위 또는 이와 유사한 행위가 있을 때는 혹은 선정 지역을 적당하다고 인정하지 않을 때는 신규 영업지를 인허(認許)치 아니함.

2. 기생단속령 중 개정의 건(1910. 8.)

기생단속령 중 개정의 건
「妓生團束令中改正의 件」, 『警務月報』 2, 1910. 8.

통감부 경무총감부령 제1호
1910년 8월 13일

  1908(隆熙 2)년 경시청령 제5호 기생단속령 제1조 및 제3조 중 '경시청'이라 함을 '관할 경찰서 또는 관할 분서(分署)'로 개정하고 제1조 중 '관할 경찰관서를 거치어'의 10자를 삭제함.

3. 창기단속령 중 개정의 건 (1910. 8.)

창기단속령 중 개정의 건
「娼妓團束令中改正의 件」, 『警務月報』 2, 1910. 8.

1910년 8월 13일
통감부 경무총감부령 제2호

1908(隆熙 2)년 경시청령 제5호 기생단속령 제1조 및 제3조 중 '경시청'이라 함을 '관할 경찰서 또는 관할 분서(分署)'로 개정하고 제1조 중 '관할 경찰관서를 거치어'의 10자를 삭제함.

4. 기생, 창기단속령 중 개정에 대하여 취급 방법의 건(1910. 8.)

기생, 창기단속령 중 개정에 대하여 취급 방법의 건
「妓生, 娼妓團束令中改正에 付하여 取扱方의 件」, 『警務月報』 2, 1910. 8.

1910년 8월 13일
경발(警發) 제114호

  이번 경무총감부령 제1호와 제2호로써 기생단속령과 창기단속령 중 개정(改訂)을 하여 기생과 창기에 대하여는 인증 면허(下付)와 그 업의 금지, 정지 처분을 경찰서장, 경찰분서장의 권한으로 옮긴 바, 그 안에 금지, 정지 처분에 대하여는 해당 업자의 주소, 씨명, 연령과 금지정지 처분이 필요한 이유를 갖춰 문의한(經伺) 후 집행하고, 또 기생, 창기의 개폐(開廢), 사망과 이전(移轉), 기타 이동은 매번 당부(當部)의 경무과장에게 통보하시기로 명을 따라, 이에 통첩함.
  다시 1908(隆熙 2)년 10월 경시청 훈령 갑(甲) 제41호 기생과 창기단속령 시행 주의사항(心得)은 이번 단속령 개정의 취지에 저촉치 않는 범위에서 이후는 함께 이에 근거하기를 요함.

5. 예기단속규칙 중 개정의 건(1910. 8.)

예기단속규칙 중 개정의 건
「藝妓取締規則中改正의 件」, 『警務月報』 2, 1910. 8.

1910년 8월 27일
통감부 경무총감부령 제4호
1910년 경성영사관령 제4호 예기단속규칙 중 다음과 같이 개정함.

제6조에 이어 다음의 4조를 추가함.
제6조의 2. 예기 주소, 씨명, 예명을 변경하거나 또는 폐업한 때 5월 이내로 관할 경찰서(또는 분서, 이하 같음)에 신고할 수 있음.
제6조의 3. 예기부(藝妓夫)는 각 예기마다 대차계산부[하나의 장부 안에 기장(記帳)한 경우는 각 예기 구별을 둘 것]를 두고 일체의 대차 관계를 명기할 수 있음.
앞의 항의 장부는 경찰관리가 필요하다고 인정할 때는 이를 검사할 수도 있음.
제6조의 4. 예기와 기부(夫)는 경찰관서가 단속 차원에서 보통과 다른(別般) 임시의 명령이 있을 때는 이를 준수할 수 있음.
제6조의 5. 예기가 공공의 안녕(公安)이나 또는 풍속을 해칠 우려가 있다고 인정할 때는 영업허가를 취소(繳消, 작소)하거나 또는 영업정지를 하게 할 수 있음.

6. 요리점단속규칙 중 개정의 건(1910. 8.)

요리점단속규칙 중 개정의 건
「料理店取締規則中改正의 件」, 『警務月報』 2, 1910. 8.

1910년 8월 27일
통감부 경무총감부령 제5호

1910년 경성영사관령 제3호 요리점단속규칙 중 다음과 같이 개정함.

제22조에 이어 다음의 1조를 추가함.

제22조의 2. 요리점 영업자는 경찰관서의 단속 차원에서 보통과 다른(別般) 임시의 명령이 있을 때는 이를 준수할 수 있음.

7. 마치아이 영업을 허가치 아니하는 건(1910. 8.)

마치아이 영업을 허가치 아니하는 건
「待合營業을 許可치 아니하는 件」, 『警務月報』 2, 1910. 8.

1910년 8월 27일
통감부 경무총감부령 제6호

  마치아이 영업은 이제부터 개업을 허가치 아니하고 종래의 영업자는 1911(明治 44)년 7월 1일 이후 영업할 수 없음.
  1909(明治 42)년 경성이사청령 제2호 마치아이영업단속규칙은 1911년 6월 30일을 한정하여 이를 폐지함.

8. 기생, 창기의 개폐업, 이동 보고 취급 방법의 건(1910. 9.)

기생, 창기의 개폐업, 이동 보고 취급 방법의 건
「妓生, 娼妓ノ開廢業異動報告取扱方ノ件」, 『警務月報』 3, 1910. 9.

1910년 9월 22일
경발(警發) 제212호

본년 8월 13일 경발 제114호 통첩에 따라 기생과 창기의 개폐업, 기타 이동 통첩 방법은 각서 구역마다 이르러 취급하는 데 불편함이 적지 않으므로 이제부터 다음의 양식에 따를 것을 통첩하오니 명에 따라 통첩드립니다.

추신. 해당 통첩은 1주일마다 한데 정리하여 제출하시는 것도 지장이 없을 것을 아룁니다.

- 다음 -

년   월   일

어디 경찰서장(분서장)

경무과장에게

기생(창기) 개업 통보

인가증 허가 연월일	인가증 번호	현주소	기명	기명과 연령

기생(창기) 폐업(사망) 통보

인증 번호	폐업 사망 연월일	현주소	기명	성명

기생(창기) 전출(轉出) 통보

인가증 번호	전출 연월일	현주소	기명	성명

비고 : 기생(창기) 전입(轉入) 통보

인가증 허가 연월일	인가증 번호	구 인가증 번호	현주소	기명	기명과 연령

비고 (주의) 전입전출의 비고란에는 그 사유를 기입할 것.

Ⅲ. 경무휘보

1. 경남의 매소부 단속 상황(1913. 1.)

경남의 매소부 단속 상황
「慶南に於ける売笑婦取締の状況」, 『警務彙報』 40, 1913. 1.

경상남도에서는 최근 조선인 사이에서 화류병이 눈에 띄게 만연하고 또한 풍속 차원으로도 폐해가 적지 않기 때문에, 장래 일정 정도의 법규를 제정하기까지 당분간 매소부(賣笑婦)에 대해 다음의 방법에 따라 일제 단속을 장려한다는 내용의 보고가 있었음(개요).

一. 각지 기생 또는 이와 유사한 업태를 영업하는 자에 대해서 모두 신청 후 관할 경찰서장(헌병분대장, 같은 분견소장을 포함하며 이하 같음)의 허가를 받도록 할 것.

二. 앞 항의 신청자는 갑종 기생과 을종 기생으로 나누고 노래와 춤, 놀이와 예능(歌舞遊藝)을 주로 하여 객석을 모시는 자를 갑종 예기로 하고, 오로지 매음행위를 목적으로 하는 이른바 중류 이하의 기생과 갈보와 같은 자를 을종이라고 한다.

三. 을종 기생에 대해서는 매월 3회 일정한 날짜와 시간에 건강진단을 하여 병이 있는 자(有毒者)로 인정되는 자에게는 영업을 정지하고 치료를 명한다. 단, 의사가 있지 않은 지방에서는 이를 시행하지 않는다.

四. 건강진단에 관한 비용과 시행 방법은 모두 내지인에 따른다.

五. 갑종 기생을 신청할 때는 엄밀히 조사하여 만약 오로지 매음행위로 영업하는 것을 목적으로 하는 자라고 인정될 때는 을종으로 허가받게 하는 것은 물론, 갑종 기생에 대해서는 때때로 시찰하고 단속(臨檢)하여 혹시 이름을 갑종에 올려두고 그 업태에 해당하는 단속 범위를 벗어나는 등의 일이 없도록 한다.

六. 을종 기생을 허가할 때는 다음 각호에 따른다.
　　가. 연령 만 16세 이상의 자일 것

나. 신체 건강하여 전염성 질환이 없는 자일 것
　　다. 유괴약취, 또는 불법 계약에 기초하여 영업하는 자가 아닐 것

　위 단속의 결과 을종 기생에 대해 건강진단을 장려하기에 이르므로 이를 싫어하여 다른 곳으로 가거나, 또는 표면적으로 폐업을 꾸미는 것을 근심하여 각지의 단속에 차이가 없도록 하고 동시에 폐업자의 시찰을 엄하게 하는 방침을 정하도록 함에 그중에는 비교적 이를 싫어하지 않고 오히려 당연한 조치로 생각하거나, 또는 이를 수치로 여기거나, 또는 외첩(外妾)이라고 주장하거나, 또는 강제로 민적의 혼인 등록을 하여 갑종이기를 도모하며 심한 것은 이번의 조치는 과세의 전조라고 오해가 생겨, 표면으로는 폐업을 계출하고 소재를 숨기거나, 또는 도망하는 자도 적지 않은 고로 관할 각 대서(隊署)에서 그 유시(諭示)에 노력하여 폐업자 또는 갑종을 표방하고 매춘행위를 하는 것으로 의심되는 자에 대해 현장 검사를 하는 일이 있어 그들도 점차 이를 회피하지 않음을 깨달은 이래, 신청자(出願者)가 다수 증가해 가고 있다.

2. 판결례 : 예기 생업과 전차금의 성질(1914. 7.)

판결례 : 예기 생업과 전차금의 성질

「判決例 : 芸妓稼業と前借金の性質」, 『警務彙報』 76, 1914. 7.

1913년 도오코오민 제256호(大正二年 東控民第256號)

　사람은 하고 안 하고의 자유를 가지고 법령의 제한 내에서 자유롭게 제반 계약을 할 수 있어도 만약 그 계약에서 공공의 질서에 어그러지고 선량한 풍속에 반하면 그 계약상, 법률상 유효에 성립하지 않는다. 따라서 계약 기간 동안 신분 변경을 절대로 금하고 그 위반에 대해 위약금을 갚도록 하는 예기 생업과 같은 것은 인신의 자유 구속을 목적으로 하는 것으로써 공공질서, 미풍양속에 반하여 무효한 것임은 물론이다. 이 때문에 예기 생업 계약에 부수하는 소비대차계약은 법률상 효력을 일으키지 않는다.

3. 판결례 : 밀매음 용지에 관한 건(1915. 7.)

판결례 : 밀매음 용지에 관한 건
「判決例 : 密売淫の容止に関する件」, 『警務彙報』 100, 1915. 7.

(판결 이유) 변호인 야마다(山田藏上) 상고취의서 제1점 원판결은 그 이유 중 "운운 1915년 1월 24일 오전 1시경 피고 쪽의 고용녀 사토 즈루(佐藤つる)가 앞에서 합의한 취지에 따라 피고가 미리 매음을 하기 위해 빌려 둔 히라자와 테츠(平澤てつ)의 방에서 타니후지 요시노스케(谷藤由之助)에게 요금 15전을 받고 매음한, 즉 피고는 그 매음의 중계를 한 자로 함"이라고 하고 그 증거로서 채용한 바에 의하면 "운운 사토 즈루 청취서에 동인의 공술로서 자신은 운운 오후 8, 9시경부터 다음 날 아침까지 머물렀다. 손님은 하룻밤 1원씩 옥대(玉代)를 지불했다. 기루 업주로부터 우리는 그 옥대의 1할을 받기로 해 이날 아침의 손님은 55전밖에 소지하지 않았기 때문에 운운. 이 일은 언니(피고)는 취해서 자고 있었기 때문에 알지 못한 셈이다 운운"이라고 함. 사토 즈루가 타니후지 요시노스케에게 매음한 사실은 전연 피고가 알지 못했다는 것을 용인하기에는 자못 명료함으로 원 판결이 피고에 대해서 문의한 바 경찰범처벌령 제1조 제2호에 소위 중계했다는 것이 포괄적 허용의 의미로 해석하여 오히려 개개의 경우에 그것을 용인한 사실이냐 아니냐를 판단해서 그것을 정하는 것이 되면 문자 자체에서 명료할 뿐만 아니라 법문에 "매합용지(媒合容止)"된 문자를 쓰고 있는 것으로 보아 의심의 여지가 없다고 믿어지기 때문에 원 판결이 인정하는 사실에 따라서는 오히려 피고에게 '용지'의 사실을 깨는 것을 면하기 어렵다고 믿어지므로 <u>밀매음의 '용지'를 하는 것은 밀매음의 장소를 공급해서 그것을 돕는다고 하기 때문에</u> 밀매음을 하는 사실을 알고 그 자의 방을 급여하는 행위는 경찰범처벌령 제1조 제2호에 해당된다. 이에 밀매음 용지의 범죄는 성립하고 용지를 하는 자가 개개의 밀매음 행위를 일일이 용인했다는 사실을 필요치 않아도 원 판결이 인정하는 사실에 의하면 피고의 행위가 경찰범처벌령 제1조 제2호의 밀매음 용지에 해당한다고 판단함.

4. 요리옥음식점영업단속규칙(1916. 4.)

요리옥음식점영업단속규칙
「料理屋飮食店營業取締規則」, 『警務彙報』 117, 1916. 4.

1916(大正 5)년 3월 31일
총감부령 제2호

제一조 요리옥 영업 또는 음식점 영업을 하고자 하는 자는 다음 각호를 갖추어서 경찰서장(경찰서의 사무를 취급하는 헌병분대, 헌병분대의 장을 포함하며 이하 동일)에 신청하여 허가를 받아야 한다.
　一. 본적, 주소, 씨명, 생년월일
　二. 옥호가 있는 때는 옥호
　三. 영업소의 위치
앞 항의 신청서에는 영업용 건물의 방 배치, 계단, 요리장, 목욕장, 변서와 오수 배제의 설비 등의 위치를 표시한 평면도를 첨부하고 요리옥 영업에 대해서는 영업소 부근의 견취도 또한 첨부해야 한다.
영업 허가를 신청하는 자가 영업용 건물의 신축, 증축, 개축 또는 대수선을 한 후 영업용으로 제공하고자 할 때에는 신청서에 공사의 착수와 낙성 기한을 적고 또한 구조 사양서를 첨부해야 한다.

제二조 앞 조의 규정은 요리옥 영업자 또는 음식점 영업자가 영업소를 신설하거나 위치를 변경하고자 하는 경우에도 준용한다.
요리옥 영업자 또는 음식점 영업자가 영업용 건물을 증축, 개축 또는 대수선을 하고자 할 때에는 신청서에 공사의 착수와 낙성 기한을 기재하고 앞 조 제二항에 규정한 평면도와 구조 사양서를 첨부하여 경찰서장에게 신청하여 허가를 받아야 한다.

제三조 영업용 건물의 구조는 다음 각호에 따라야 한다.

一. 객실은 환기, 채광과 보온 장치를 하고 외부에 면한 곳에는 문단속을 부착한 덧문 또는 창을 달고, 칸막이에는 벽, 장지문 또는 판자문을 사용할 것

二. 계단은 그 폭의 안쪽 치수 4척 이상, 밟는 면 8촌 이상, 한 칸 높이 6촌 5부 이하로 하고 난간을 설치할 것

三. 2층 이상의 층에 있는 객실이 한 층에 평수가 15평 이상인 때는 각 층마다 계단 2개 이상을 설치할 것

四. 객실을 3층 이상의 층에 두는 때는 건물 출입구는 폭 3칸(間) 이상의 도로 또는 20평 이상의 공터에 면하게 하고, 또 건물에는 적당한 장소에 폭 5척 이상의 비상구를 설치할 것

五. 비상구는 밖으로 열리는 문, 또는 미닫이문으로 하고 잠금은 내부에 설치할 것

六. 변소는 요리장에서 상당한 거리를 유지하고 냄새가 객실에 미치지 않는 위치에 두고, 분뇨를 모아두는 곳과 그 부속장치는 오염액이 스며들게 하지 않도록 축조할 것

제四조 신축, 증축, 개축 또는 대수선을 한 건물은 경찰서장의 검사를 받고 인가를 받지 못하면 영업용으로 사용할 수 없다.

제五조 요리옥 영업자, 음식점 영업자 또는 그 동거 호주 혹은 가족은 고용인 주선업을 할 수 없다. 요리옥 영업자, 음식점 영업자 또는 그 동거 호주 혹은 가족은 동일 가옥 내에서 숙박업소, 가시자시키 또는 예기오키야(기생오키야를 포함, 이하 동일)[1] 영업을 할 수 없다.

제六조 요리옥 영업자 또는 음식점 영업자는 다음 각호를 준수해야 한다.

一. 객실 입구에는 번호 또는 부호를 표시할 것

二. 등불에 석유를 사용할 때는 금속제 기름통을 사용할 것

三. 객실, 요리장, 세면장, 욕장, 세척소와 변소의 청결을 유지할 것

四. 방취제를 갖춰 변소, 기타 냄새를 발산하는 장소에 때때로 살포할 것

五. 손님에게 제공하는 음식기는 청결한 것을 사용할 것

六. 음식물은 먼지나 곤충류가 묻는 것을 방지하기 위해 적당한 장치를 할 것

---

1 『경무휘보』 118, 1916. 65쪽의 정오표에 의하여 추가한다.

七. 손님이 요구하지 않은 음식물을 제공하거나 또는 부당한 요금을 청구하지 않을 것

八. 영업 시간 중에는 문호를 폐쇄하지 말 것

九. 손님에게 면회를 요구하는 자가 있는 때는 이유 없이 이를 감추거나 중개를 거부하지 않을 것

十. 손님을 숙박시키지 않을 것

十一. 손님의 승낙 없이 함부로 타인을 객실에 들이지 않을 것

十二. 예기(기생 포함, 이하 동일), 작부 또는 고용녀로 하여금 외부에서 볼 수 있는 장소에서 화장(粉粧)을 하도록 하거나 또는 가게 앞에 진열하거나 또는 배회하지 않도록 할 것

十三. 전염성 질환이 있는 자로 하여금 손님 시중을 들게 하거나 음식물, 음식기 또는 침구를 취급하게 하지 않을 것

제七조 요리옥 영업자는 다음 각호를 준수해야 한다.

一. 예기를 숙박시키지 않을 것

二. 손님의 요청하지 않은 장소에 예기, 작부를 시중들게 하지 말 것

제八조 음식점 영업자는 다음 각호를 준수해야 한다.

一. 영업의 종류, 옥호와 씨명을 기재한 간판을 걸고 야간 영업 중에는 영업의 종류, 옥호 또는 씨명을 기재한 표 등을 걸 것

二. 손님이 쉽게 볼 수 있는 장소에 음식물의 정가표를 걸 것

三. 예기, 작부 또는 유예종사자(遊藝稼人)를 손님에게 시중들게 하고, 호주, 가족, 동거자 또는 고용인으로 하여금 객석에서 가무음곡을 하지 않도록 할 것

제九조 경찰서장은 필요하다고 인정되는 때는 요리옥 영업자 또는 음식점 영업자에 대해 다음 사항을 명령할 수 있다.

一. 방화벽을 두거나 연돌, 기타 화기에 접근하는 장소에 방화설비를 둘 것

二. 소화기 또는 소화제(消火劑)를 갖추고 적당한 곳에 배치하며 항상 유효하게 그것을 유지할 것

三. 3층 이상의 층에 있는 객실에서 쉽게 건물 밖으로 나갈 수 있는 피난 장치를 설치할 것

四. 비상구에는 '비상구'라는 문자를 적은 표찰을 걸고 야간에는 표등을 켤 것

五. 객실에서 비상구를 통하는 요소에는 비상구 방향을 지시하는 표시를 할 것

제十조 경찰서장은 요리옥 영업자 또는 음식점 영업자에 대해 공중위생, 풍속 단속, 기타 공익 차원에서 필요한 명령을 할 수 있다.

제十一조 경찰관, 헌병은 영업소에 현장 조사하거나 영업용 장부를 검사할 수 있다.

제十二조 다음 각호의 하나에 해당하는 경우에는 요리옥 영업자 또는 음식점 영업자가 10일 내에 경찰서장에 제출해야 한다. 단 제四호 사항은 상속인이 제출해야 한다.

一. 본적, 주소, 씨명 또는 옥호를 변경한 때

二. 영업을 개시할 때

三. 폐업 또는 10일 이상 휴업할 때

四. 영업자가 사망했을 때

五. 상속으로 인해 영업을 계승할 때

제十三조 요리옥 영업자 또는 음식점 영업자는 고용인을 고용해 들이거나 해고할 때는 10일 내에 경찰서장에게 제출해야 한다. 고용인이 아닌 동거자를 영업에 사용할 때도 역시 동일하다.

제十四조 다음 각호의 하나에 해당하는 경우에는 신속하게 경찰관 또는 헌병에게 제출해야 한다.

一. 신분에 맞지 않는 낭비를 하는 자가 있을 때

二. 거동이 수상하다고 인정되는 자가 있을 때

三. 손님의 변사상(變死傷)이 있을 때

四. 손님이 소지금품을 도난당했거나 분실했을 때

제十五조 요리옥 영업자 또는 음식점 영업자는 손님의 소지품을 음식비 또는 유흥비로 지불할 때까지 맡아두거나 그 대가로 수령하고자 할 때 미리 경찰관이나 헌병에게 신고해야 한다.

제十六조 경찰서장은 필요하다고 인정될 때는 요리옥 영업자 또는 음식점 영업자에 대해 본인 또는 그 호주 가족 또는 고용인의 건강진단서의 제출을 명령할 수 있다.

제十七조 영업 허가를 받은 후 3개월 내에 영업을 개시하지 않거나 또는 개업 후 계속해서 3개월 이상 휴업할 때에는 경찰서장이 그 허가를 취소할 수 있다.

제一조 제三항에 규정하는 경우에서 공사착수 기한까지 공사에 착수하지 않았을 때,

낙성 기한을 경과해도 준공하지 않았을 때, 영업용 건물의 건축 구조 사양서와 다르게 영업용에 적당하지 않다고 인정했을 때, 또는 공사 준공 후 3개월 내에 영업을 개시하지 않았을 때 역시 앞의 항과 같다.

제十八조 경찰서장은 요리옥 영업자 또는 음식점 영업자가 다음 각호의 하나에 해당한다고 인정했을 때는 영업을 정지시키거나 그 허가를 취소할 수 있다.

　一. 사기로 인해 허가한 것이 발견되었을 때
　二. 제四조 또는 제五조에 위반되었을 때
　三. 제九조의 명령을 준수하지 않았을 때
　四. 공안을 해치고 풍속을 문란하게 하거나 또는 위생을 해칠 우려가 있다고 인정되었을 때
　五. 타인에게 명의를 빌려준 사실이 있다고 인정되었을 때

제十九조 요리옥 영업자 또는 음식점 영업조합을 설치할 때에는 규약을 만들어 경찰서장의 허가를 받아야 한다. 그 규약을 변경하고자 할 때도 동일하다.

앞 항의 경우에 조합의 구역에 두 개 이상의 경찰서의 관할 구역에 걸쳐 있을 때는 경찰서장의 인가를 받아야 한다.

제二十조 조합의 임원 선임이나 또는 그 변경이 있을 때는 조합을 대표하는 임원이 10월 내에 앞 항 제二항의 경우에는 경무부장에게, 기타의 경우에는 경찰서장에게 제출한다.

제二十一조 조합의 설치를 인가한 경무부장 또는 경찰서장은 조합에 대해 조합규약 또는 임원의 변경, 조합의 해산, 기타 단속 차원에서 필요한 명령을 할 수 있다.

제二十二조 제一조 제二항, 제三항 내지 제四조, 제五조 제一항, 제九조와 제十七조 제二항의 규정은 객실을 두지 않는 음식점에는 이를 적용하지 않는다.

제二十三조 경찰서장은 토지 상황 또는 건물의 구조에 따라 제三조의 규정에 구애받지 않고 제一조 또는 제二조의 허가 또는 제四조의 허가를 하지 않을 수 있다.

제二十四조 다음 각호의 하나에 해당하는 자는 구류 또는 과료에 처한다.

　一. 허가를 받지 않고 요리옥 영업 또는 음식점 영업을 하거나 또는 영업소의 신설 또는 그 위치를 변경했을 때
　二. 제四조 내지 제八조, 제十二조 내지 제十五조 또는 제二十조를 위반했을 때
　三. 제九조, 제十조, 제十六조의 명령 또는 영업정지 명령을 위반했을 때

四. 제十一조의 규정에 따른 현장 조사 또는 검사를 거부했을 때

제二十五조 요리옥 영업자 또는 음식점 영업자는 그 대리인, 호주, 가족, 동거자 또는 고용인, 기타 종업자가 그 영업에 관해 본령 또는 본령의 규정에 따른 명령을 위반했을 때는 자기의 지휘에 나서지 않은 이유로 처벌을 면할 수 없다.

부칙

제二十六조 본령은 1916년 5월 1일부터 시행한다.

제二十七조 본령 시행 전 허가를 받고 현재 요리옥 영업 또는 음식점 영업을 하는 자는 본령에 따라 허가를 받은 자로 간주한다.

본령 시행 전 시행한 영업소의 신설 또는 위치의 변경 또는 영업용 건물의 증축, 개축 또는 대수선의 허가는 본령 시행 전 인가를 받고 현재 존재하는 요리옥 영업조합 또는 음식점 영업조합은 본령에 따라 인가를 받은 것으로 간주한다.

제二十八조 앞 조 제一항의 요리옥 영업자 또는 음식점 영업자는 본령 시행일부터 1개월 내에 제十三조에 준해 신고해야 한다. 다만 이미 신고한 고용인 또는 동거자에 대해서는 이 제한에 있지 않다.

제二十九조 경찰서장은 제二十七조 제一항의 요리옥 영업자 또는 음식점 영업자에 대해 본령 시행 후 2년 동안 제三조의 규정을 적용하지 않을 수 있다.

본령을 시행할 때 현재 숙박업소 또는 예기오키야의 영업을 하는 자 또는 그 호주 또는 가족으로 동일 가옥 내에서[2] 요리옥 영업 또는 음식점 영업을 하는 자는 본령 시행일로부터 1개월 내에 경찰서장에 신고하여 허가받은 경우에 한정하여 본령 시행 후 3년 동안 영업을 계속할 수 있다.

---

2 『경무휘보』 118, 1916. 65쪽의 정오표에 의해 '동일 가옥 내에서' 추가한다.

5. 예기작부예기오키야영업단속규칙(1916. 4.)

예기작부예기오키야영업단속규칙
「藝妓酌婦藝置屋妓營業取締規則」, 『警務彙報』 117, 1916. 4.

1916(大正 5)년 3월 31일
총감부령 제3호

제一조 예기(기생 포함, 이하 동일) 또는 작부 영업을 하고자 하는 자는 본적, 주소, 씨명, 생년월일, 영업지와 예기인 경우 예명을 기재하여 신청서에 다음의 서면을 첨부하고 경찰서장(경찰서의 사무를 다루는 헌병분대, 헌병분견소의 장을 포함, 이하 동일)에게 신청하여 허가받고, 포주가 있는 때는 포주 연명으로 신청해야 한다.

    一. 유부녀는 남편의 승낙서, 그밖의 경우는 부친의 승낙서, 부친을 모르거나 사망했을 때, 가족을 떠난 때 또는 친권을 행사할 수 없는 때는 미성년자인 경우 후견인, 성년자인 경우 호주 또는 부양 의무자의 승낙서 또는 승낙해 주는 자가 없음을 소명하는 서면

    二. 앞 호에 열거한 승낙서의 인감증명서

    三. 호적등본 또는 민적등본

    四. 포주가 있는 경우 영업과 전차금에 관한 계약서 사본

    五. 경력과 예기 또는 작부를 하는 사유를 기재한 서면

    六. 건강진단서

        앞 항 제一호의 승낙에 계부, 계모 또는 적모(嫡母)는 후견인으로 간주한다.

        제一항 제四호 계약을 변경할 때는 포주가 연명하여 경찰서장에게 신고해야 한다.

제二조 다음 각호의 하나에 해당하는 자에 대해서는 경찰서장은 예기 또는 작부의 영업을 허가할 수 없다.
- 一. 전염성 질환이 있을 때
- 二. 풍속을 해칠 우려가 있다고 인정될 때
- 三. 앞 조 제一항 제一호의 승낙이 없을 때 또는 승낙해 주는 자가 없음을 소명할 수 없을 때
- 四. 포주와의 계약이 부당하다고 인정될 때

제三조 예기는 숙박업소, 요리옥 또는 음식점에, 작부는 숙박업소 또는 음식점에 임시로 머물(寄寓) 수 없다.

제四조 예기 또는 작부는 다음 각호를 준수해야 한다.
- 一. 숙박업소 또는 음식점에서 영업할 수 없다는 것
- 二. 취업 중 허가증을 휴대할 것
- 三. 예기오키야 또는 자택에 손님을 끌어들일 수 없다는 것

제五조 작부는 객석에서 무용을 하거나 음곡을 연주할 수 없다.

제六조 예기 또는 작부는 1박 이상의 여행을 해야할 때 또는 1일 이상의 휴업을 해야할 때는 미리 경찰서장에게 신고해야 한다.

제七조 예기 또는 작부는 다음 각호의 하나에 해당할 때는 허가증을 첨부하여 10일 내에 경찰서장에게 신고해야 한다.
- 一. 본적, 주소, 씨명, 예명의 변경이 있을 때
- 二. 폐업할 때

제八조 경찰서장은 예기 또는 작부에 대해 그 지정하는 의사 또는 의생의 검진을 받게 하고 또는 건강진단서 제출을 명령할 수 있다.

제九조 예기오키야 영업을 하고자 하는 자는 다음 각 호를 갖추어 경찰서장에게 신청하여 허가를 얻고 영업소의 위치를 변경할 때도 역시 동일하다.
- 一. 본적, 주소, 씨명, 생년월일
- 二. 옥호가 있을 때는 옥호
- 三. 영업소의 위치
- 四. 임시로 머무는(寄寓) 예기의 수

五. 견물의 견취, 평수와 예기의 방을 표시한 평면도

제十조 예기오키야 영업자 또는 그 동거 호주 또는 가족은 고용인주선업을 할 수 없다.

예기오키야 영업자 또는 동거 호주 또는 가족은 동일 가옥 내에서 숙박업소, 요리옥, 음식점, 가시자시키 또는 유희장의 영업을 할 수 없다.

제十一조 예기오키야 영업자는 다음 각호를 준수해야 한다.

一. 예기로 하여금 외부에서 보이는 장소에서 화장(粉粧)하게 하지 않을 것

二. 예기의 의사에 반하여 계약의 변경 또는 포주의 변경을 강요하는 것[3]

三. 예기를 강요하여 취업시키거나 기타 학대를 하지 말 것

四. 예기로 하여금 함부로 지출하게 하지 않을 것

五. 함부로 예기의 계약, 폐업, 통신, 면접을 방해하거나 타인이 막도록 하지 않을 것

六. 손님을 유인하거나 또는 유흥시키지 않을 것

七. 예기가 질병에 걸린 때는 신속하게 의사나 의생의 치료를 받게 할 것

제十二조 예기오키야 영업자는 예기마다 대차계산부 2책을 만들어 그 한 책을 예기에게 교부하고 매달 3일까지 전월분의 대차에 관한 계산을 상세하게 기록하고 예기와 함께 날인해야 한다. 다만 따로 포주가 있는 예기에 대해서는 이에 한정하지 않는다.

제十三조 예기오키야 영업자는 다음 각호의 하나에 해당하는 경우에는 10일 이내에 경찰서장에게 신고한다. 다만 제二호의 사항은 상속인이 신고해야 한다.

一. 본적, 주소, 씨명 또는 옥호를 변경할 때

二. 영업자가 사망했을 때

三. 폐업했을 때

四. 상속에 따라 영업을 계승했을 때

제十四조 예기오키야 영업자는 예기가 사망, 변고로 상해를 입었거나 도망쳤을 때는 신속하게 경찰관 또는 헌병에게 신고해야 한다.

제十五조 예기권번을 두고자 하는 자는 영업 규정을 정하여 경무부장에게 신청하여 허가를 받아야 한다. 두 사람 이상 공동으로 예기권번을 두고자 할 때는 대표자를 정하여 신청자가 연서한 규약을 모두 첨부하여 신청해야 한다.

---

3   원문에 따른 번역이나 문맥상 '예기의 의사에 반하여 계약의 변경 또는 포주 변환을 강요하지 않을 것'으로 독해해야 한다.

예기권번의 영업규정을 변경하고자 할 때는 앞 항의 규정에 따라 신청해야 한다.

예기권번의 규약 또는 대표자를 변경할 때는 10일 이내에 경무부장에게 신고해야 한다.

제十六조 경찰관 또는 헌병은 필요하다고 인정되는 때는 예기오키야 또는 예기권번에 현장 조사 또는 영업 장부를 검사할 수 있다.

제十七조 경찰서장은 예기, 작부 또는 예기오키야 영업자에 대해 풍속 단속, 기타 공익 차원에서 필요한 명령을 할 수 있다.

경무부장은 예기권번에 대해 영업 규정 또는 대표자의 변경 또는 허가의 취소, 기타 단속 차원에서 필요한 명령을 할 수 있다.

제十八조 경무부장은 풍속 단속 차원에서 필요하다고 인정되는 때는 예기 또는 작부의 거주 또는 예기오키야의 위치에 대해 지역을 제한할 수 있다.

제十九조 경찰서장은 예기, 작부 또는 예기오키야 영업자가 다음 각호의 하나에 해당한다고 인정되는 때는 영업을 정지시키거나 그 허가를 취소할 수 있다.

一. 사기로 인해 허가한 것이 발견되었을 때

二. 제二조 제一호, 제二호 또는 제四호에 해당한다고 인정되는 때

三. 제三조 내지 제五조 또는 제十조의 규정에 위반될 때

四. 제十七조 제一항의 명령 또는 제十八조의 제한에 위반될 때

五. 예기오키야 영업으로 풍속을 문란하게 하거나 타인의 명의를 빌린 사실이 있다고 인정될 때

제二十조 제十조 내지 제十四조, 제十六조, 제十七조 제一항의 규정과 그에 관한 벌칙 규정은 예기오키야 영업자가 아닌 예기의 포주 또는 작부의 포주에게 적용한다.

제二十一조 다음 각호의 하나에 해당하는 자는 구류 또는 과료에 처한다.

一. 허가를 받지 않고 요리옥 영업 또는 음식점 영업을 하거나 또는 영업소의 신설 또는 그 위치를 변경했을 때

二. 제三조 내지 제七조, 제十조 내지 제十四조 또는 제十五조 제三항의 규정을 위반했을 때

三. 제八조, 제十七조의 명령 또는 영업정지 명령을 위반했을 때

四. 허가를 받지 않고 예기권번을 두거나 영업규정을 변경했을 때

　　　　五. 제十六조의 규정에 따른 현장 조사 또는 검사를 거부했을 때
　　　　六. 제十八조의 규정에 따른 제한을 위반했을 때
제二十二조 예기오키야 영업자는 그 대리인, 호주, 가족, 동거자 또는 고용인으로 하여금 그 영업에 관한 본령 또는 본령의 규정에 따른 명령에 위반했을 때는 자기의 지휘에 나서지 않았다는 이유로 처벌을 면할 수 없다.

　　　　　　　　　　　　　부칙

제二十三조 본령은 1916년 5월 1일부터 시행한다.
제二十四조 본령 시행 전 허가를 받고 현재 예기, 작부 또는 예기오키야의 영업을 하는 자 또는 예기권번은 본령에 따라 허가를 받은 자로 간주한다.
제二十五조 본령을 시행할 때 현재 예기를 임시 머물게 하는 요리옥 영업자 또는 그 호주 또는 가족은 본령 시행일로부터 1개월 내에 경찰서장에게 신청하여 허가를 받는 경우에 한정하여 본령 시행 후 3년 동안 예기오키야 영업을 계속할 수 있다.

6. 가시자시키창기단속규칙(1916. 4.)

가시자시키창기단속규칙
「貸座敷娼妓取締規則」, 『警務彙報』 117, 1916. 4.

1916(大正 5)년 3월 31일
총감부령 제4호

제一조 가시자시키 영업을 하고자 하는 자는 다음의 각 호를 갖춰 경찰서장(경찰서의 사무를 다루는 헌병분대, 헌병분견소의 장을 포함, 이하 동일)에게 신청하여 허가받아야 한다.
  一. 본적, 주소, 씨명, 생년월일
  二. 옥호가 있는 때는 옥호
  三. 영업소의 위치
  앞의 항의 원서에는 영업용 건물의 방 배치, 계단, 요리장, 목욕장, 변소, 오수 배제 설비 등의 위치를 표시한 평면도를 첨부해야 한다.
  영업 허가를 신청하는 자가 영업용 건물의 신축, 증축, 개축 또는 대수선한 후 영업용으로 이용하고자 하는 경우에는 원서에 공사의 착수 및 낙성 기한을 기재하고 구조의 사양서를 첨부해야 한다.
제二조 앞의 조의 규정은 가시자시키 영업자가 영업소를 신설하거나 위치를 변경할 때도 준용한다. 가시자시키 영업자가 영업용 건물의 증축, 개축 또는 대수선하고자 할 때는 원서에 공사의 착수 및 낙성 기한을 기재하고 앞의 조 제二항에 규정된 평면도와 구조 사양서를 첨부하여 경찰서장에게 신청하고 허가받아야 한다.
제三조 가시자시키 영업은 경무부장이 지정한 지역 내가 아닌 곳에서는 행할 수 없다.

제四조 영업용 건물의 구조는 다음의 각 호를 따라야 한다.
- 一. 객실은 환기, 채광, 보온 장치를 하고 외부와 면한 곳에는 문단속을 부착한 덧문 또는 창을 달고 칸막이에는 벽, 장지문 또는 판자문을 사용할 것
- 二. 계단은 그 폭의 안쪽 치수 4척 이상, 밟는 면 8촌 이상, 한 칸 높이 6촌 5부 이하로 하고 난간을 설치할 것
- 三. 2층 이상의 층에 있는 객실이 한 층에 평수가 15평 이상인 때는 각 층마다 계단 2개 이상을 설치할 것
- 四. 객실을 3층 이상의 층에 두는 때는 건물 출입구는 폭 3칸(間) 이상의 도로 또는 20평 이상의 공터에 면하게 하고, 또 건물에는 적당한 장소에 폭 5척 이상의 비상구를 설치할 것
- 五. 비상구는 밖으로 열리는 문, 또는 미닫이문으로 하고 잠금은 내부에 설치할 것
- 六. 변소는 요리장에서 상당한 거리를 유지하고 냄새가 객실에 미치지 않는 위치에 두고, 분뇨를 모아두는 곳과 그 부속장치는 오염액이 스며들게 하지 않도록 축조할 것
- 七. 진열 업소(張店)는 도로에서 보이지 않도록 설계하여 만들 것

제五조 신축, 증축, 개축 또는 대수선한 건물은 경찰서장의 검사를 받고 그 인가를 받지 못하면 영업용으로 사용할 수 없다.

제六조 가시자시키 영업자 또는 그와 동거하는 호주 또는 가족은 고용인 주선업을 할 수 없다.
가시자시키 영업자 또는 그와 동거하는 호주 또는 가족은 동일 가옥 내에서 요리옥, 음식점 또는 유희장 영업을 할 수 없다.

제七조 가시자시키 영업자는 다음의 각 호를 준수해야 한다.
- 一. 객실 입구에는 번호 또는 부호를 표시할 것
- 二. 등불에 석유를 사용할 때는 금속제 기름통을 사용할 것
- 三. 객실, 요리장, 세면장, 욕장, 세척소와 변소의 청결을 유지할 것
- 四. 방취제를 갖춰 변소, 기타 냄새를 발산하는 장소에 때때로 살포할 것
- 五. 손님용 침구는 신체에 접촉하는 부분에 청결한 흰 천을 대놓을 것
- 六. 손님에게 제공하는 음식기는 청결한 것을 사용할 것
- 七. 손님이 요구하지 않은 음식물을 제공하거나 또는 부당한 요금을 청구하지 않을 것
- 八. 손님이 요구하지 않은 경우에 예기(기생 포함, 이하 동일), 창기를 대기시키지 않을 것

九. 통행인에게 유흥을 권유하지 않을 것

　　十. 학교 생도인 것을 알고도 유흥하게 하지 않을 것

　　十一. 손님에게 면회를 요구하는 자가 있는 때는 이유 없이 이를 감추거나 중개를 거부하지 않을 것

　　十二. 손님의 승낙 없이 함부로 타인을 객실에 들이지 않을 것

　　十三. 전염성 질환이 있는 자로 하여금 손님 시중을 들게 하거나 음식물, 음식기 또는 침구를 취급하게 하지 않을 것

　　十四. 창기의 의사에 반하여 계약의 변경 또는 포주인 가시자시키 영업자의 변경을 강요하지 않을 것

　　十五. 질병 중 또는 제十八조의 기간 내에 취업시키거나 기타 창기를 학대하지 않을 것

　　十六. 창기로 하여금 함부로 지출하게 하지 않을 것

　　十七. 함부로 창기의 계약, 폐업, 통신, 면접을 방해하거나 타인으로 하여금 방해하게 하지 않을 것

　　十八. 창기가 질병에 걸린 때는 신속하게 의사나 의생(醫生)의 치료를 받게 할 것

제八조 경찰서장은 필요하다고 인정할 때는 가시자시키 영업자에게 다음 사항을 명령할 수 있다.

　　一. 방화벽을 설치하거나 굴뚝, 기타 화기에 접근하는 장소에 방화설비를 할 것

　　二. 소화기 또는 소화제(消火劑)를 갖추고 적당한 장소에 배치하여 항상 유효하게 유지할 것

　　三. 세 개 계단 이상의 층에 있는 객실에서 쉽게 옥외로 나갈 수 있는 피난 장치를 마련할 것

　　四. 비상구에는 '비상구'라는 글씨를 쓴 표찰을 내걸고 야간에는 표시등을 켜놓을 것

　　五. 객실에서 비상구로 통하는 주요 지점(要所)에는 비상구 방향을 가리키는 표시를 해둘 것

　　六. 세척소를 두고 필요한 기기와 약품을 구비할 것

제九조 가시자시키 영업자는 부록의 양식에 따라 유객 명부를 작성하여 사용 전에 경찰서장의 검인을 받고, 유객이 있을 때마다 기재할 것

　　앞의 항의 장부는 사용이 끝난 후 2년간 보존해야 한다.

제十조 가시자시키 영업자는 창기마다 대차계산부 2책을 만들어 그중 1책을 창기에게 교부하고 매달 3일까지 전월 분의 대차에 관한 계산을 상세하게 기재하여 창기와 함께 날인해야 한다.

제十一조 가시자시키 영업자는 다음의 각호 하나에 해당하는 장소인 경우 10일 내에 경찰서장에게 신고해야 한다. 단, 제4호의 사항은 상속인이 신고해야 한다.
　一. 본적, 주소, 이름 또는 옥호를 변경하였을 때
　二. 영업을 개시한 때
　三. 폐업 또는 10일 이상 휴업한 때
　四. 영업자가 사망한 때
　五. 상속으로 영업을 계승한 때

제十二조 가시자시키 영업자가 고용인을 고용했거나 해고하였을 때는 10일 내에 경찰서장에게 신고해야 한다. 고용인이 아닌 동거인을 영업 차원에서 사용할 때도 역시 마찬가지다.

제十三조 다음의 각호 하나에 해당하는 경우 가시자시키 영업자는 신속하게 경찰관 또는 헌병에게 신고해야 한다.
　一. 신분에 어울리지 않는 낭비를 하는 자가 있을 때
　二. 거동이 수상해 보이는 자가 있을 때
　三. 손님의 사망 또는 상해(変死傷)가 있을 때
　四. 손님의 소지 금품의 도난 또는 분실이 있을 때
　五. 창기가 사망하거나 다치거나(變傷) 또는 도망할 때

제十四조 가시자시키 영업자는 손님의 소지품을 유흥비로 지불할 때까지 맡아두거나 대가로 수령하고자 할 때는 미리 경찰관이나 헌병에게 신고해야 한다.

제十五조 경찰서장이 필요하다고 인정할 때는 가시자시키 영업자에 대하여 본인 또는 그의 호주, 가족 또는 고용인의 건강진단서 제출을 명령할 수 있다.

제十六조 창기일(稼)을 하고자 하는 자는 본적, 주소, 씨명, 기명(妓名), 생년월일과 일하는(稼) 장소를 기재하고 또한 가시자시키 영업자가 연서한 원서에 다음의 서면을 첨부하여 스스로 출두하고 경찰서장에게 신청하여 허가받아야 한다.
　一. 아버지의 승낙서, 아버지를 모를 때나 사망한 때 또는 집을 떠난 때나 친권을 행사할 수 없는 때에는 집에 있는 어머니의 승낙서, 어머니도 사망하였거나 집을 떠난

때, 또는 친권을 행사할 수 없는 때는 미성년자라면 후견인, 성년자라면 호주 또는 부양 의무자의 승낙서 또는 승낙할 수 없음을 소명하는 서면

　　二. 앞의 호에 열거한 승낙자의 인감증명서

　　三. 호적등본 또는 민적등본

　　四. 창기일과 전차금에 관한 계약서 사본

　　五. 경력과 창기를 하는 사유를 기재한 서면

　　六. 경찰서장이 지정한 의사 또는 의생이 작성한 건강진단서

　앞의 항 제一호의 승낙에 대해서 계부는 후견인으로 간주한다.

　제一항 제四호의 계약을 갱신할 때는 가시자시키 영업자가 연서하여 경찰서장에게 신고해야 한다.

제十七조 다음의 각호 하나에 해당하는 자에 대해서는 창기 일을 허가할 수 없다.

　　一. 17세 미만인 자

　　二. 전염성 질환이 있는 자

　　三. 앞의 조 제一항 제一호에 열거한 자의 승낙이 없는 때 또는 승낙해 주는 자가 없음을 소명할 수 없는 때

　　四. 창기일 또는 전차금에 관한 계약이 부당하다고 인정되는 때 남편이 있는 부녀는 창기 일을 할 수 없다.

제十八조 임신 6개월 이후 분만 후 2개월에 이르는 기간에는 창기 일을 할 수 없다.

제十九조 가시자시키 내에 있지 않으면 창기 일을 할 수 없다. 창기는 다른 영업을 하지 못한다. 단, 가시자시키 내에서 예기를 하는 것은 이에 한정하지 않는다.

제二十조 창기는 경찰서장의 허가를 받은 경우를 제외하고 그외 제三조에서 지정한 지역 밖으로 나갈 수 없다. 단, 서류 제출을 위해 관할 경찰서에 왕복하는 경우는 이에 한정하지 않는다.

제二十一조 창기는 가시자시키 외에서 임시로 머물거나 숙박할 수 없다. 단, 부모의 간호, 전지(轉地) 요양, 기타 부득이한 사유에 따라 경찰서장의 허가를 받은 경우에는 이에 한정하지 않는다.

제二十二조 창기는 다음의 각 호를 준수해야 한다.

　　一. 취업 중 허가증과 건강진단서를 휴대할 것

二. 통행인에게 유흥을 권유하지 않을 것

三. 객석에서 무용하고 음곡을 연주할 수 없다는 것

제二十三조 창기는 정기 또는 임시로 건강진단을 받아야 한다. 건강진단서, 건강진단의 시행 장소와 정기 건강진단 시행 기일은 경찰서장이 지정한다.

제二十四조 다음의 각호의 하나에 해당하는 경우에 창기는 임시로 건강진단을 받아야 한다. 단, 이전 진단 때부터 차기 정기 건강진단 시행 기일에 이르는 사이에 제1호 또는 제2호에 해당하는 경우는 이에 해당하지 않는다.

一. 창기 허가 후 처음으로 일을 하고자 할 때

二. 휴업 후 다시 일을 하고자 할 때

三. 질병에 걸린 것을 자각하였거나 가시자시키 영업자로부터 주의를 받았을 때

四. 경찰서장의 명령이 있었을 때

제二十五조 앞 조 제一호의 경우 건강진단을 받은 때는 경찰서장으로부터 건강진단서를 교부받아 정기 또는 임시 건강진단 때에 증명 날인을 받아야 한다.

제二十六조 창기가 질병으로 건강진단소에 출두하지 못한 때는 의사의 진단서를 첨부해 경찰서장에게 제출해야 한다. 경찰서장이 필요하다고 인정하는 때에는 가시자시키에서 건강진단을 해야 한다. 제二十一조의 단서에 해당할 경우에는 경찰서장은 건강진단을 실시하지 않을 수 있다.

제二十七조 건강진단에 따라 창기 일을 할 수 없다거나 전염성 질환이 있다고 인정되는 때는 치료 후 건강진단을 받을 상황이 아니라면 일을 할 수 없다.

건강진단에 따라 전염성 질환이 있다고 인정된 창기는 경찰서장의 지시에 따라 치료받아야 한다.

제二十八조 창기는 본적, 주소, 이름 또는 기명(妓名)에 변경이 있을 때는 10일 내에 허가증과 건강진단서를 첨부해 경찰서장에게 신고해야 한다. 허가증 또는 건강진단서가 망실, 훼손되었거나 건강진단서 사용이 끝났을 때는 그 사유를 갖춰 경찰서장에게 재교부 또는 재작성(書換)을 요청해야 한다.

창기는 앞 조의 경우 임신, 분만으로 휴업할 때는 직접 건강진단서를 경찰서장에게 제출해야 한다.

제二十九조 창기는 허가 후 처음으로 일을 하고자 할 때는 미리 경찰서장에게 신고해야 한다.

제二十七조가 규정한 사유 또는 임신, 분만으로 휴업한 후 창기가 다시 일을 하고자 할 때는 경찰서장에게 신고하여 건강진단서를 환급받아야 한다.

창기가 폐업한 때는 곧바로 허가증을 첨부하여 경찰서장에게 신고해야 한다.

제三十조 경찰관 또는 헌병이 필요하다고 인정한 때는 가시자시키를 현장 조사하거나 영업용 장부를 검사할 수 있다.

제三十一조 경찰서장은 가시자시키 영업자 또는 창기에 대해 공중위생, 풍속, 단속, 기타 공익 차원에서 필요한 명령을 내릴 수 있다.

제三十二조 가시자시키 영업 허가를 받은 후 3개월 이상 개업하지 않거나 또는 개업 후 3개월 이상 계속 휴업할 때, 경찰서장은 그 허가를 취소할 수 있다.

제一조 제三항에 규정된 경우, 공사착수 기한까지 공사에 착수하지 않았을 때, 낙성 기한을 경과해도 준공하지 않았을 때, 영업용 건물의 건축 사양서와 달리 영업용으로 적합하지 않다고 인정될 때 또는 공사 준공 후 3개월 내에 영업을 개시하지 않았을 때도 역시 앞 항과 동일하다.

앞의 二항 규정은 가시자시키의 신설 또는 위치 변경을 허가하는 경우에도 준용한다.

제三十三조 경찰서장은 가시자시키 영업자 또는 창기가 다음 각호의 하나에 해당한다고 인정될 때는 그 업을 정지시키거나 허가를 취소할 수 있다.

一. 사기로 인해 허가한 것이 발견되었을 때

二. 제五조, 제六조, 제十八조, 제十九조, 제二十一조, 제二十七조의 규정을 위반하였을 때

三. 제八조 또는 제三十一조의 명령을 위반하였을 때

四. 제十七조 제二호 또는 제四호에 해당한다고 인정될 때

五. 가시자시키 영업자로서 타인에게 명의를 빌려 준 사실이 있다고 인정될 때

제三十四조 가시자시키 영업자 조합을 설치하고자 할 때는 규약을 만들어 경찰서장의 인가를 받아야 한다. 그 규약을 변경하고자 할 때도 역시 마찬가지다.

앞 항의 경우에 조합의 구역이 두 개 이상의 경찰서 관할 구역에 걸칠 때는 경무부장의 인가를 받아야 한다.

제三十五조 조합의 임원 선임이나 변경이 있을 때, 조합을 대표하는 임원은 10일 내에, 앞 조 제

二항의 경우에는 경무부장, 기타 경우에는 경찰서장에게 신고해야 한다.

제三十六조 조합의 설치를 인가한 경무부장 또는 경찰서장은 조합에 대하여 조합규약이나 임원의 변경, 조합의 해산, 기타 단속에 필요한 명령을 할 수 있다.

제三十七조 경찰서장은 건물 구조에 따라, 제四조의 규정에도 불구하고, 제一조나 제二조의 허가 또는 제五조의 인가를 내줄 수 있다.

제三十八조 다음 각호의 하나에 해당하는 자는 구류 또는 과료에 처한다.
　　一. 허가를 받지 않고 가시자시키 영업을 한 때
　　二. 제五조 내지 제七조, 제九조 내지 제十四조, 제十六조 제二항, 제十八조 내지 제二十二조, 제二十三조 제一항, 제二十四조, 제二十五조, 제二十六조 제一항 또는 제二十七조 내지 제二十九조를 위반하였을 때
　　三. 제八조, 제十五조, 제三十一조의 명령 또는 영업정지 명령을 위반하였을 때
　　四. 제三十조의 규정에 따른 현장 조사 또는 검사를 거부하였을 때

제三十九조 가시자시키 영업자는 그 대리인, 호주, 가족, 동거자 또는 고용인이 그의 영업에 관련하여 본령 또는 본령이 규정한 명령을 위반하였을 때는 자기 지휘에 나서지 않았다는 이유로 처벌을 면할 수 없다.

　　　　　　　　　　　　　　부칙

제四十조 본령은 1916년 5월 1일부터 시행한다.

제四十一조 본령을 시행하기 전에 허가를 받아 현재 가시자시키 영업 또는 창기 일을 하는 자는 그 명칭 여하를 불문하고 본령에 따라 가시자시키 영업 또는 창기 허가를 받은 자로 간주한다.

　　앞 항에 규정된 가시자시키 영업자 또는 창기 일을 하는 자는 경무부장이 이를 지정한다.

　　본령 시행 전에 이루어진 영업소의 신설이나 위치 변경, 영업용 건물의 증축, 개축, 대수선의 허가는 본령에 따라 이루어진 허가로 간주한다.

　　경찰서장은 제一항의 가시자시키 영업자에 대하여 당분간 본령 시행 후 제四조의 규정을 적용하지 않을 수 있다.

제四十二조 경무부장은 조선인 창기의 벌이(稼)를 목적으로 하는 가시자시키 영업자에 한해 당

분간 제三조의 규정을 적용하지 않을 수 있다.

앞 항의 경우에 제一조의 신청을 하고자 할 때는 원서에 영업소 부근의 겨냥도(見取図)를 첨부해야 한다.

제一항에 규정된 가시자시키 영업자는 창기로 하여금 외부에서 들여다볼 수 있는 장소에서 화장하거나 점포 앞에 나란히 앉아 있거나 배회하도록 시킬 수 없다.

제四十三조 제二十조의 규정은 앞 조의 가시자시키에서 일을 하는 창기에게 적용하지 않는다.

앞 항에서 규정한 창기는 외부에서 들여다볼 수 있는 장소에서 분장하거나 점포 앞에 나란히 앉아 있거나 배회할 수 없다.

제四十四조 제四十一조의 가시자시키 영업자는 본령 시행일로부터 한 달 내에 제十二조에 준해 신고해야 한다. 단, 이미 신고를 한 고용인 또는 동거자는 이에 해당하지 않는다.

제四十五조 제四十二조 제三항, 제四十三조 제二항 또는 앞 조를 위반한 자는 구류 또는 과료에 처한다.

(부록 양식)

도착 일월시	출발 월일시	인상착의의 특징	초빙된 창기의 기명	유흥비	주소	직업	씨명, 연령

기재 예
一. 외국인은 주소 외 그 난에 국적을 기재할 것
二. 유흥이 하루 밤낮 이상에 이를 때는 하루 밤낮마다 유흥비를 해당 난에 기재할 것

7. 창기건강진단시행수속 (1916. 4.)

창기건강진단시행수속
「娼妓健康診斷施行手續」, 『警務彙報』 118, 1916. 4.

1916(大正 5)년 4월 20일
총감부령 제15호

경찰부
경찰서
(경찰서 사무를 취급하는) 헌병분대
(경찰서 사무를 취급하는) 헌병분견소

제一조 경찰서(경찰서의 사무를 취급하는 헌병분대, 헌병분견소를 포함, 이하 동일)에서 창기 건강진단의(醫), 건강진단 시행의 장소와 정기 건강진단 시행의 기일을 지정할 때는 그 사유를 갖춰 경무부장에게 보고해야 한다.

창기의 건강진단은 어쩔 수 없는 경우 외 가능한 한 공의(公醫), 촉탁 경찰의(警察醫) 또는 경찰의무(醫務)촉탁이 하도록 해야 한다.

제二조 경찰서에서 창기 건강진단을 시행할 때, 경찰관리 또는 헌병을 그 진단소에 파견하여 다음을 주의 감독하도록 해야 한다.
　一. 불참자의 유무
　二. 진단받는 창기 중 사람이 다른지의 유무
　三. 소내(所內)의 질서와 청결의 유지
　四. 앞의 각호 외 필요 사항

제三조 가시자시키창기단속규칙(이하 규칙이라고 함) 제十六조 제一항 제六호의 건강진단서는 제一호 양식에 따라야 한다.

제四조 규칙 제二十五조에 따라 교부하는 건강진단서는 제二호 양식에 따라야 한다.

제五조 창기의 건강진단을 할 때는 다음 구분에 따라 건강진단서에 증인(證印)은 날인해야 한다.

　　一. 건강(건강하다고 인정되는 자)

　　二. 입원(전염성 질병 때문에 격리 치료를 요한다고 인정되는 자)

　　三. 통원(통원 치료를 요한다고 인정되는 자)

　　四. 휴업(전염성이 아닌 질병 또는 임신, 분만 등으로 인해 일을 할 수 없다고 인정되는 자)

　　五. 치유(제二호 또는 제三호의 질병을 치유하고 일을 해도 지장없다고 인정되는 자)

제六조 건강진단의는 창기의 정기 또는 임시 건강진단을 할 때는 그때마다 제三호 양식에 따라 관할 경찰서에 보고해야 한다.

제七조 경찰서는 매월 5일까지 앞 달에 있었던 창기 건강진단의 성적을 제四호 양식에 따라 경무부장에게 보고해야 한다.

제八조 창기 건강진단서에는 다음의 부책(簿冊)을 구비할 것

　　一. 건강진단부　제五호 양식

　　二. 사무일지　제六호 양식

　　三. 건강진단 보고표 묶음(控綴)

　　四. 앞의 각호 외 필요한 보조 장부

제一호 양식

```
                           진단서

                      머무는 곳(寄寓所)
                      창기일 신청자(娼妓稼出願者)              씨
   위 자의 건강(뭐뭐 때문에 일시 불건강) (뭐뭐 때문에 일을 할 수 없는) 자로 인정함.
      다이쇼(大正)    년      월      일
                              의사      씨        명인(名印)
```

제二호 양식

앞면

```
       제

  건
  강    호
  진
  단    머
  서    무
        는
  다    곳
  이         기
  쇼         명
             
   년        년
             
   월        월
             
   일        일    씨
             
  경          생  명
  찰
  서
  장
```

뒷면

월별 횟수	1월	2월	3월	4월	5월	6월	7월	8월	9월	10월	11월	12월	비고
1회													주의 : 임시 건강 진단을 하는 경우에는 비고에 그 월일을 기입하고 제五조의 구분에 따라 증인(證印)을 해야 한다.
2회													
3회													
4회													
5회													
6회													
7회													
8회													

제三호 양식

건강진단의(醫) 씨 명 印	다이쇼 연월일 어떤 곳 창기 건강진단 보고표	종별 \ 기루 명		내지인	조선인	외국인	내지인	조선인	외국인	내지인	조선인	외국인	내지인	조선인	외국인	비고
		현재 인원															一. 진단별 난에는 머무는 곳에서 진단하는 자를 계상(計上)함을 요함. 二. 격리 치료를 요하는 자의 난 중 '기타'의 난에 계상하는 인원은 다시 병별로 통계하고 비고에 기재할 것을 요함. 三. 불참자 중 임신 또는 분만 휴업에 관계된 자는 그 인원을 비고에 기재함을 요함. 四. 격리 치료를 요하는 자는 그 기루 이름, 기명과 병명을 기보에 나란히 기록함을 요함.
			건강자													
			통원 치료를 요하는 자													
			휴업 치료를 요하는 자													
				매독												
				임질												
				연하감												
				횡현												
				기타												
				계												
		불참자														
		격리 치료 중														

제四호 양식

성적 \ 기루 명														비고
			내지인	조선인	외국인	내지인	조선인	외국인	내지인	조선인	외국인	내지인	조선인	외국인	
다이쇼 연월 중 창기 건강 진단 성적표 대서(隊署) 명 印	진단	횟수													주의 : 이 표에는 임시 건강진단에 관계하는 것은 제외하고, 본 표의 구별에 따라 비고에 그 주요 사항을 기재해야 한다.
		연인원													
		건강													
		통원													
		휴업													
	진단 결과	격리	매독												
			임질												
			연하감												
			횡현												
			기타												
			계												

제五호 양식

허가 연월일	월별 횟수	1월	2월	3월	4월	5월	6월	7월	8월	9월	10월	11월	12월	제　호
	1회													비고
기루 명	2회													주의 : 임시진단을 하는 경우는 비고에 그 월일을 기입하고 제五조의 구별에 따라 증인(證印)해야 한다. 입원, 통원, 휴업에 대해서는 병명 또는 임신, 분만의 구별 모두 기입해야 한다.
	3회													
기명	4회													
	5회													
씨명	6회													
	7회													
	8회													

제六호 양식

월 일 (요일)	진단 인원　　명 정시　　명 (건강　　명 유독　　명 보통 질환병 기타　　명) 임시　　명 (건강　　명 유독　　명 보통 질환병 기타　　명)	진단 시간 시　분 오전 또는 오후(午) 시　분 개시 오전 또는 오후(午) 시　분 종료	격리 치료를 명해야 하는 자의 병명, 머무는 곳 명, 기명					비고
			통원 치료를 명해야 하는 자의 병명, 머무는 곳 명, 기명					주의 : 임신, 분만 등에 따라 휴업해야 하는 자가 있을 때는 비고에 그 머무는 곳 명, 기명을 기재해야 한다.
			보통 질병으로 휴업해야 하는 자의 병명, 머무는 곳 명, 기명					

8. 창기건강진단내규에 관한 건(1916. 5.)

창기건강진단내규에 관한 건
「娼妓健康診斷內規ニ關スル件」, 『警務彙報』 119, 1916. 5.

1916(大正 5)년 4월 25일
위발(衛發) 제170호

앞머리 제목 내규의 별지대로 정한 이래 이제 본 내규에 따라 시행함을 통첩드립니다.

창기 건강진단 내규
一. 창기 건강진단은 상부 진단, 하부 진단과 내부 진단의 세 개 종류로 한다.
二. 상부 진단과 하부 진단은 정기 또는 임시 건강진단의 경우에 시행하고, 내부 진단은 매월 1회 또는 필요한 경우 시행한다.
三. 상부 진단의 순서는 다음과 같다.
　가. 얼굴(顏面), 머리(頭部), 목(頸部)을 눈으로 보고 진단(視診)할 것
　나. 안열(眼裂)에 분비물 혹은 안구에 충혈이 있는 것은 특히 주의할 것
　다. 비강(鼻腔) 상하 입술(口脣), 목구멍(咽喉)과 구강 점막을 검사할 것
　라. 상반신을 노출하게 하여 흉부와 뒷목 및 등(項背)을 검사하고 특히 겨드랑이(腋窩)에 주의할 것
四. 하부 진단의 순서는 다음과 같다.
　가. 진찰대 위에서 배꼽(臍部) 이하를 노출시키고 복부, 허벅지 등을 시진할 것
　나. 서혜부(鼠蹊部), 외음부, 항문을 검사할 것

다. 대소 음순 점막, 음핵, 전정(前庭), 발씨선(拔氏腺), 요도구, 질구를 검사할 것

라. 자궁경을 넣어 질내, 자궁질부와 자궁 분비물을 검사하고 다음으로 요도를 압박하여 분비물의 유무를 검사할 것

五. 내부 진단은 오로지 흉부, 복부의 여러 장기를 검사하는 것으로 한다.

9. 예기작부건강진단내규에 관한 건(1916. 5.)

예기작부건강진단내규에 관한 건
「藝妓酌婦健康診斷內規ニ關スル件」, 『警務彙報』 119, 1916. 5.

1916(大正 5)년 4월 30일
경무총감부 위생과장 통첩

가시자시키 영업 지역을 지정하는 경우에 가시자시키창기단속규칙 시행 전부터 검미(檢黴)를 해온 구역, 기타 같은 상태의 장소에서 위생단속 차원에서 필요하다고 인정되는 때는 예기작부예기오키야영업단속규칙 제8조에 따라 예기 또는 작부에 대해 건강진단을 받도록 하는 조치에 지장이 없으므로 그 진단 수속에 관해서는 창기 건강진단 시행수속에 준하는 것으로 하고, 또 미리 요리옥 업자 등에 지시하여 진단소의 시설, 기타 시행의 편의를 도모할 수 있도록 명에 따라 통첩합니다.

10. 요리옥음식점영업단속규칙 취급 수칙(1916. 5.)

요리옥음식점영업단속규칙 취급 수칙
「料理屋飮食店營業取締取扱心得」, 『警務彙報』 119, 1916. 5.

1916(大正 5)년 4월 20일
경무총감부 내훈갑(內訓甲) 제12호

제一조 경찰서장(경찰서 사무를 취급하는 헌병분대, 헌병분견소의 장을 포함, 이하 동일)은 규칙 제一조 제三항 또는 제二조의 신청을 받는 경우에는 커다란 건물 또는 특종 구조를 한 것에 대해 필요하다고 인정되는 때는 정면도, 측면도, 단면도, 기타 각부의 상세도를 제출시킬 것

제二조 규칙 제三조 제四호에 규정하는 20평 이상의 빈터(空地)는 도로에 이어져 있거나 또는 도로에 이어져 있지 않아도 그 사이에 적당한 통로가 있을 때는 반드시 건물의 앞면이 되도록 할 것을 요한다.

제三조 비상구는 가능한 한 밖으로 열리는 문으로 해야 한다. 그 위치 상황에 의해 가능하지 않는 경우에 한하여 안쪽으로 열리는 문을 설치해야 한다.

제四조 경찰서장이 요리옥 영업의 신청을 받을 때는 그 영업소 부근에 있는 관공서, 학교, 사사(社寺), 교회, 병원 등에 대해 거리를 두고, 기타 관계에 대해 지장의 유무를 조사한 후 처리해야 한다.

제五조 규칙 제十三조의 고용인에 관한 신고에 대해서는 그 고용인의 경우에 해당하는 본적, 주소, 씨명, 연령과 고용된 연월일, 그 해고의 경우는 씨명과 해고된 연월일을 기재하고 고용인이 아닌 동거자를 영업에 사용할 때에도 역시 이에 준한다.

제六조 규칙 제十六조에 따른 명령은 예기, 작부에 대한 것이라는 것은 그 내용을 달리 하지만, 따라서 일반에 시행하는 것과 같은 것은 가능한 한 피하고 각개의 경우에서도 특히 그 자의 건강 상태를 인지할 필요가 있을 때는 이를 행해야 한다.

제七조 규칙 제十一조의 영업용 장부는 필요한 경우에 이를 검사해야 한다는 규정에 따라 비치할 것을 명하고 장부가 아닌 것에 대해 함부로 시행하지 않도록 엄하게 주의해야 한다.

제八조 규칙 제二十三조 제一항의 제외 규정에 대해서는 다음의 주의를 해야 한다.

　　一. 규칙 제三조의 구조 제한은 겹치는 시가지의 영업용 건물을 표준으로 삼는 것에 대해 토지 상황에 따라 그 전부 또는 일부를 제외하는 등 적절하게 운용하도록 한다.

　　二. 조선인 영업에 대해서는 당분간 제외규정을 적용하고 점차 개량시킨다는 취지인데 규칙 제三조의 제六호 사항은 이에 가능한 한 여기에 근거하도록 한다.

제九조 규칙 제二十三조 제二항의 제외 규정에 대해서는 다음의 주의를 해야 한다.

　　一. 동일 가옥 내에 요리옥, 숙박업소의 겸업을 허가하는 것은 벽읍(僻邑)에서 영업하는 것으로 하고 그 가옥을 별개로 하는 것은 영업에서 수지타산이 맞지 않는 등 곤란한 사정이 있는 경우 외에는 허가하지 않는 것으로 한다.

　　二. 동일 가옥 내에서 요리옥, 예기(기생 포함, 이하 동일)오키야의 겸업을 허가하는 것은 전업인 예기오키야 없는 토지에 허가하는 것으로 한다.

　　三. 벽읍에 있는 요리옥에 대해서는 예기작부예기오키야영업단속규칙 제二十六조에 따라 예기가 머무는 것을 허가할 수 있다. 이에 따라 허가하는 경우는 특히 예기오키야를 겸업하는 것에 이른다.

　　四. 동일 가옥 내에서 객실을 두는 음식점과 가시자시키 또는 예기오키야의 겸업은 허가하지 않는 방침을 고수할 것

　　五. 조선인 영업에서 동일 가옥 내에서 객실을 두는 음식점과 숙박업소의 겸업은 시가지에서는 가능한 한 허가하지 않는 것으로 하고 벽읍에 있는 것은 허가하는 것도 지장 없을 것

제十조 음식점에서 작부와 같은 행위를 하는 자는 가장 엄중하게 단속해야 한다.

제十一조 경무부장은 경찰서장에 대해 규칙 제二十三조 제二항에 따라 요리옥 영업 또는 음식점 영업의 허가, 불허가에 관해 지시하도록 한다.

　　경무부장은 규칙 제二十九조 제二항에 해당하는 것을 조사하고 각지 상황에 따라 경

찰서장에 대해 계속 영업의 허가, 불허가에 관해 지시하도록 한다.

제十二조 경찰서장은 다음 사항에 대해 처분을 하고자 할 때는 의견을 갖춰 경무부장에게 문의해야 한다.

  一. 규칙 제十조의 규정에 따라 명령으로 일반에 영향을 미치거나 개개의 경우에도 중요하다고 인정되는 때

  二. 규칙 제十七조 또는 제十八조에 따라 영업을 정지하거나 그 허가를 취소시킬 때

  三. 규칙 제十九조 제一항에 따라 영업조합 또는 그 규약을 인가하도록 할 때

  四. 규칙 제二十一조의 규정에 따라 명령을 내리고자 할 때

  앞 항 제一호의 명령으로 긴급한 사정이 있을 때는 직접 결행할 수 있으나 이 경우에는 사후 신속하게 보고해야 한다.

제十三조 경찰서장이 풍속 단속 차원에서 음식점의 고용녀의 인원을 제한할 필요가 있다고 인정되는 때는 그 상황을 갖춰 경무부장에게 문의한 후 규칙 제十조에 따라 집행해야 한다.

제十四조 경찰서장이 규칙 제二十一조의 규정에 따라 경무부장의 명령이 필요하다고 인정되는 때는 그 내용을 갖춰 알려야 한다.

제十五조 규칙 제十九조 제二항 또는 제二十조에 따라 경무부장에게 차출해야 하는 서류는 영업조합사무소 소재지의 관할 경찰서장을 경유하도록 해야 한다.

제十六조 앞 조의 서류를 받은 경찰서장은 관계 경찰서장과 합의하고 의견을 갖춰 전달해야 한다. 단 의견을 달리할 때에는 각각 의견을 부기해야 한다.

11. 예기작부예기오키야영업단속규칙 취급 수칙(1916. 5.)

예기작부예기오키야영업단속규칙 취급 수칙
「藝妓酌婦藝妓置屋營業取締取扱心得」, 『警務彙報』 119, 1916. 5.

1916(大正 5)년 4월 20일
경무총감부 내훈갑(內訓甲) 제13호

제一조 예기(기생 포함, 이하 동일) 또는 작부 영업을 허가할 때는 부록 양식의 허가증을 교부(下付)해야 한다.
제二조 규칙 제一조의 영업지라는 것은 예기 또는 작부가 주로 하는 영업을 하는 땅을 말한다.
제三조 규칙 제五조 해석에서 작부는 객석에서 노래를 부르는 것을 금지한다.
제四조 규칙 제十五조에 따라 권번의 허가를 받는 자는 비록 가입 의사가 없어도 요리옥 또는 예기오키야에 대해 중개를 강요당하지 않도록 한다.
제五조 경무부장은 규칙 제十八조의 규정에 따라 지역의 제한을 하려할 때는 그 필요하다고 인정하는 이유와 제한해야 하는 지역과 그 부근의 견취도를 첨부하여 경무총장에게 제출해야 한다.
제六조 경무부장은 규칙 제二十五조에 해당하는 것을 조사하고 각지의 상황에 따라 경찰서장(경찰서의 사무를 취급하는 헌병분대, 헌병분견소의 장 포함, 이하 동일)에 대해 요리옥과 예기오키야의 겸업을 허가할지 불허가할지에 관해 지시해야 한다. 규칙 제二十六조에 따라 당분간 예기가 요리옥에 머무는 것을 허가 또는 불허가하는 것에 대해서도 역시 동일하다.
제七조 경찰서장은 다음 사항에 대해 처분을 하려고 할 때는 의견을 갖춰 경찰부장에게 문의해야 한다.
一. 규칙 제八조에 따라 예기에 대해 검진을 받게 하거나 또는 건강진단서 제출을 명령

하려고 할 때

二. 규칙 제十七조 제一항의 규정에 따라 명령으로 일반에 영향을 미치거나 개개인의 경우에도 중요하다고 인정될 때

三. 규칙 제十九조에 따라 영업을 정지하거나 그 허가를 취소하고자 할 때

앞 항 제一호의 경우에 건강 차원에서 특히 의심스러운 자에 대해 명령을 할 때나 또는 제二호의 명령으로 긴급 사전이 있을 때는 직접 결행할 수 있다. 이 경우에는 사후 신속하게 보고해야 한다.

제八조 규칙 제十九조의 규정에 따라 예기 또는 작부에 대해 영업 허가를 취소하고자 할 때는 신속하게 허가증을 반납하도록 해야 한다.

제九조 경찰서장이 규칙 제十七조 제二항 또는 제十八조의 규정에 따라 경무부장의 명령이 필요하다고 인정되는 때는 기 내용을 갖춰 알려야 한다.

제十조 규칙 제十五조에 따라 경무부장에게 차출해야 한다는 신고는 권번 소재지의 관할 경찰서장을 경유해야 한다.

(부록 양식)

一. 번호의 머릿자는 해당 관서에서 정하는 것에 따름

二. 허가증의 재료는 종이로 하고 촌법(寸法)은 경무부에서 정하는 것에 따름

12. 가시자시키창기단속규칙 취급 수칙(1916. 5.)

가시자시키창기단속규칙 취급 수칙
「貸座敷娼妓取締取扱心得」, 『警務彙報』 119, 1916. 5.

1916(大正 5)년 4월 20일
경무총감부 내훈갑(內訓甲) 제14호

제一조 경무부장이 가시자키시 영업의 지역을 지정하고자 할 때는 다음 사항과 그 지정할 필요라고 인정되는 이유를 갖춰서 경무총장에게 문의해야 한다.
一. 지정하는 지역의 부, 군 및 면, 정, 동리명
二. 지정지와 그 지정 지역을 드러낸 도면
三. 지정 지역과 관공서 학교, 사사(寺社), 교회, 병원 등과의 관계
四. 제一호의 지역 내에서 영업하는 가시자시키 영업자의 예상 수
앞 항의 사항은 가시자시키 영업 지역의 변경 지정을 하는 경우에도 준용한다.

제二조 경찰서장(경찰서의 사무를 취급하는 헌병분대, 헌병분견대의 장 포함, 이하 동일)은 규칙 제一조 제三항 또는 제二조의 신청을 받은 경우에 대형 건물 또는 특종의 구조를 하는 것에 대해 필요하다고 인정되는 경우는 정면도, 측면도, 단면도, 기타 각부의 상세도를 제출하도록 해야 한다.

제三조 규칙 제四조 제四호에 규정하는 20평 이상의 공터는 도로에 면하거나 도로에 면하지 않아도 그 사이에 적당한 통로가 있을 때는 반드시 건물의 앞면으로 할 것을 필요로 한다.

제四조 비상구는 가능한 한 밖으로 여는 문으로 하도록 하고 그 위치 상황에서 가능하지 않은 경우에 한해서 안으로 여는 문을 두도록 해야 한다.
비상구에 있는 문고리는 간이한 장치로 하여 그 개방을 쉽게 하도록 해야 한다.

제五조 창기 방을 정할 때는 그 입구에 기명을 게시하도록 하며 이 경우에는 규칙 제七조 제一호의 부호 표시로 간주할 수 있다.

제六조 규칙 제十二조의 고용인에 관한 신고에 대해서는 그 고용인의 경우에 해당하는 본적, 주소, 씨명, 연령과 고용된 연월일, 그 해고 경우에 해당하는 씨명과 해고된 연월일을 기재해야 한다.

제七조 규칙 제九조의 유객명부에 찍는 검인(檢印)은 관서의 인을 날인해야 한다.

제八조 규칙 제十五조에 따른 명령은 영업자 또는 그 호주, 가족 또는 고용인에 대해 행사하는 것은 일반에 대해 이를 시행하는 것과 같은 것은 가능한 한 피하고, 각개의 장소에도 특히 그 자의 건강진단을 인지할 필요가 있을 때는 이를 시행해야 한다.

제九조 창기일의 허가를 할 때는 부록 양식의 허가증을 교부(下付)해야 한다.

제十조 규칙 제三十三조의 규정에 따라 창기에 대해 그 허가를 취소할 때는 신속하게 허가증을 반납하도록 해야 한다.

제十一조 규칙 제二十二조 제三호의 해석에서 창기는 객석에서 노래를 부르는 것을 금지한다.

제十二조 규칙 제四十一조 제一항에 해당하는 조선인 창기는 제十七조 제一항 제一호 연령에 구속되지 않고 계속해서 일하는 것을 금지한다.

제十三조 창기가 예기 겸업을 허가받는 경우에 창기에 관한 규정 또는 예기에 관한 규정에 대해서 동일 사항이 있을 때 창기에 관한 규정에 따라 하도록 한다.

제十四조 예기를 임시 머물게 하는 가시자시키 영업자에게는 예기오키야 영업의 허가를 받도록 해야 한다.

제十五조 동일 가옥 내에서 가시자시키와 숙박업소의 겸업은 당연히 허가하지 않도록 한다.

제十六조 규칙 제三十七조의 제외 규정에 대해서는 다음 주의를 하도록 한다.

  一. 규칙 제四조의 구조 제한은 겹치는 시가지에서 영업용 건물을 표준으로 삼는 것에 대해 토지의 상황에 따라 그 전부 또는 일부를 제외하는 등 운용을 적절하게 하도록 한다.

  二. 조선인의 영업에 대해서는 당분간 제외 규정을 적용하고 점차 개량하도록 한다는 취지인데, 규칙 제四조 제六호와 제七호의 사항은 이때 가능한 한 여기에 근거하도록 할 것

제十七조 경무부장은 규칙 시행 전 지정되고 아니고에 구애받지 않고 규칙 제三조에 따라 가시

자시키 영업 지역을 지정해야 한다. 규칙 제四十一조 제二항의 기정은 앞 조의 지정과 함께 하도록 해야 한다.

제十八조 규칙 제四十一조에 따라 조선인의 가시자시키 영업자에 대해서는 규칙 제三조의 규정은 당분간 이에 적용하지 않을 수 있으나 가능한 한 신속하게 하나의 지역에 집합하는 방법을 고수할 것

제十九조 경찰서장은 다음 사항에 대해 처분을 하고자 할 때는 의견을 갖춰 경무부장에게 문의해야 한다.

    一. 규칙 제三十一조의 규정에 따른 명령으로 일반에 영향을 미치거나 개개의 경우에도 중요하다고 인정되는 때

    二. 규칙 제三十二조 또는 제三十三조에 따라 영업을 정지시키거나 또는 그 허가를 취소하도록 할 때

    三. 규칙 제三十四조 제一항에 따라 영업조합 또는 그 규약을 허가하도록 할 때

    四. 규칙 제三十六조의 규정에 따라 명령을 내리고자 할 때

    앞 항 제一호의 명령으로 긴급한 사정이 있을 때는 직접 결행할 수 있다. 이 경우에는 사후 신속하게 보고해야 한다.

제二十조 경찰서장이 규칙 제三조의 규정에 따라 지역의 지정 또는 그 변경 또는 규칙 제三十六조의 규정에 따라 경무부장의 명령이 필요하다고 인정되는 때는 그 내용을 갖춰 알려야 한다.

제二十一조 규칙 제三十四조 제二항 또는 규칙 제三十五조에 따라 경무부장에게 차출해야 하는 서류는 영업조합사무소 소재지의 관할 경찰서장을 경유하도록 해야 한다.

제二十二조 앞 조의 서류를 받은 경찰서장은 관계 경찰서장과 합의하고 의견을 갖춰 전달해야 한다. 단 의견을 달리할 때는 각각 의견을 부기해야 한다.

(부록 양식)

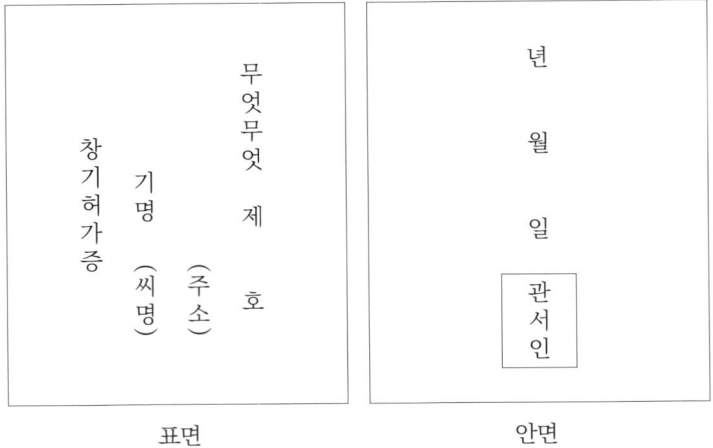

표면　　　　　안면

一. 번호의 머릿자는 해당 관서에서 정하는 것에 따름

二. 허가증의 재료는 종이로 하고 촌법(寸法)은 경무부에서 정하는 것에 따름

13. 창기건강진단에 관한 건(1916. 5.)

창기건강진단에 관한 건
「娼妓健康診斷內規ニ關スル件」, 『警務彙報』 119, 1916. 5.

1916(大正 5)년 5월 4일
위생과장 통첩

창기건강진단시행수속 제三호 양식 제목 중 '월(中)'은 '월(日)'의 오식. 같은 양식 기루 명의 행 마지막 란에 '계(計)'를 탈락하오니 아시기를 바라오며 통첩합니다.

14. 나가노 기요시, 풍속경찰에 대하여(1916.)

법학사 나가노 기요시, 풍속경찰에 대하여
永野淸,「風俗警察ニ就テ」,『警務彙報』120, 1916. 5.

제一절 개론

　일국 풍속의 좋고 나쁨은 국민의 품성에 영향을 주고 국민의 품성 여하는 국운의 진전에 커다란 영향을 준다. 위정자는 미풍양속을 해치는 원동력의 발생을 방지하고 나아가 미풍양속을 순치해야 한다. 선량한 풍속을 해치는 원동력은 인생 욕망의 노골적인 발견에 있다. 원래 인간의 욕망이 천차만별이라 하더라도 정욕(情欲), 이욕(利慾)으로 가장 심하다고 할 수 있는 정욕, 이욕의 내용에는 대개 부녀자를 점철하여 색채하는 것을 일반으로 한다. 이를 아는 풍속경찰의 목적은 외설, 음일(淫逸), 나태(遊惰) 등 무릇 국민의 품성을 타락시키고 선량한 풍속을 문란하게 하는(腐亂) 부덕, 비윤리 행위를 방지하는 것이다. 다시 말하면, 풍속경찰은 국민 일반의 품성을 유지하여 선량한 풍습을 괴란하는 행위를 방지하는 작용을 하는 것을 말한다.

　원래 우리나라의 풍속경찰은 중앙 통일주의에 의하지 않고 지방 분속주의를 채용하여 지방경찰령을 하여 이에 규정받는 것이 자못 많았다. 실질적 제재 등이 구석구석 미치는 것이 반드시 같지 않아 토지 상황에 따라 단속하는 것이 필요했기 때문이다. 비록 금일과 같이 이미 교통기관의 발달이 현저한 때에는 적어도 경찰 단속의 개요는 중앙관청에서 통일적으로 규정을 둔다 해도 완전한 단속은 기대할 수 없었다. 조선에서도 종래 분속주의를 채용하여 풍속경찰에 관하여 중앙경찰 명령을 두고 각 도에 단속 방침을 하나로 하지 않았을 뿐만 아니라 이것이 제재의 관대함과 엄격함이 반드시 적당하지 않음으로 올해 3월 31일 경무총감부령으로 요리점, 음식점, 예기, 작부, 예기오키야 영업, 가시자시키창기단속규칙을 발포하고 앞서의 폐해를 없애고 각 도에 획일적으로 그 단속을 한다 해도 이는 단지 일부분에 그치고 각종 풍속경찰이 단속해야 하는 것도 있고 또는 아직 규정을 두지 않기도 했으며, 두었다 해도 규정의 불비가 적지 않아서 다음에 이러한 각종 단속규칙 및 매음, 유흥장, 사행행위, 동물학대 등의 단속, 기타에 대해 설명할 수가 없다. 오로지 주의해야 할 것은 형법에서 외설 간음에 관한 죄, 도박 및 복권에 관한 죄, 예배소 및 분묘에 관한 죄를 두어 신문지규칙, 출판규칙에서는 풍속을 괴란하는 사항을 게재하는 죄를 두고 경찰범, 기타의 법규에서 풍속 유지를 위해 여러 벌칙을 두고 제재하는 것은 매번 거론할 겨를이 없는 것, 이것이다.

제二절 밀매음

밀매음이라는 것은 공식 허가(公許)를 받지 않고 여자가 금전 또는 물품 등의 보수를 받고 몰래 남자와 교접하는 행위를 말한다. 위생을 해하고 사회풍속을 문란케 하는 점에서 몰래 행해지는 관계에서 일찍이 창기를 두어 이를 방지하려는 수단에 이르렀다. 세상 사람들이 도저히 할 수 없다는 절규를 할 정도로 어려운 일(業)에 속한다. 특히 최근의 사회 진보에 따라 생활상 곤란과 허영심의 유혹은 더욱 매음의 폐풍을 증가시키는 경향이 있다. 방지에 대해 종종의 방면에서 연구한다 해도 아직 적확하게 해결하지 못한 오늘날 그것을 완전히 금지하는 것은 오히려 불리하기 때문에 사회에서 필요한 최소한도에서 그치도록 제한하는 효과를 생각하기에 이르렀다. 대개 옛날에 매음은 절대로 금지하는 것이어야 한다는 주의가 행해져 금일 종교가와 교육가가 이를 주장해도 실제 사회에서 이러한 주의는 불가능한 공론이라는 것은 사실로 증명된 바다. 그에 반해 자유주의 입장에서 매음은 완전 자유이고 방임으로 돌아보지 않고 대개 개인의 신체는 자유이고 국가는 여기에 참견할 권한이 없을 뿐만 아니라, 한편 그 단속이 불가능함으로 자유롭게 방임해야 한다 해도 자치 위생이 완전하게 발달하지 않은 국가에서는 많은 폐해가 생길 것이 분명해서 채용하기 충분치 않다. 매음을 어느 정도의 범위로 제한해서 묵인하는 제한주의가 생긴즉 일반의 풍교 및 위생 차원에서 그 제한을 하지 않음으로써 자유방임으로부터 생기는 해악을 최소한도로 제거하게 하였다. 금일 일반에 행하는 주의로서 조선의 법제는 밀매음에 대한 제재를 행정집행령에 의해 건강진단 및 입원 치료를 강제함으로써 위생적 단속을 하고, 다시 경찰범처벌규칙으로 밀매음을 하거나, 또는 매개 방임하는 자는 구류 과료에 처해야 한다는 내용을 규정해서 풍속 단속으로 엄중히 하여 장래를 경계한다.

이제 경찰범처벌규칙이 정한 밀매음에 관한 규정에 대해 조금 설명하겠다.

밀매음을 하여 경찰범처벌규칙에 따라 처벌하는 것은 제1 밀매음을 지칭하는 것으로 단지 외설 행동을 함에 그치는 것은 이 범위에 들어가지 않고 음란한 일을 하는 것을 필요로 하여 그 대상

에게 대가를 받는 일을 요한다. 가령 음란한 일을 해서 대가를 받지 않는다면 밀매음으로 벌하지 않는다. 물론 대가는 금전도 되고 물품도 된다. 노무를 대가로 하든가의 경우는 자못 문제가 된다 해도 보통의 관념으로 판단해서 밀매음으로 취급하지 않고 일찍이 "몰래"라는 문자로 면허를 받지 않은 것을 필요로 하는 것은 물론이고 면허를 받고 음란한 일을 하는 것이 창기다. 다음으로 밀매음의 매합(媒合)을 하는 것은 '매개'와 같은 의미인즉 음을 파는 여자와 그것을 사는 남자를 결합하는 행위다. 어떤 의뢰를 받고 또는 자진하여 매합하는 것은 물론이고, 보수 여부도 관계없이 오직 밀매음하는 것을 알았다는 것을 필요로 한다. 밀매를 실행했든 아니든 상관없이 내연의 부부임을 믿고 또는 연애 관계로 결합하는 남녀라고 생각되는 때는 벌하지 않는다. 또한 밀매음을 용지(容止)[4]하는 것은 매음의 '나카야도(なかやど)'를 말하는 것인데, 역시 의뢰를 받고 자진해서 보수 유무와 상관없이 오로지 밀매음하는 일이라는 것을 알고도 그들을 머물게 한다면 충분하다. 경찰범처벌규칙에는 영업에 대한 규정이 없기 때문에 단지 한 번의 밀매매 또는 그 제공과 매개를 했다면 충분하며, 밀매음은 통상 여자가 대가를 얻는 경우를 말하는 것으로 남자가 대가를 얻는 경우는 포함하지 않는다. 무릇 밀매음이라는 말은 통상 여자를 사용해서 남자에게 사용하게 하는 것만으로 매음부의 상대방인 남자는 교사자 또는 방조자라 칭할 수 없기 때문에 처벌할 수 없어도 간간이 매음자 또는 매합용지자(媒合容止者)로 하여 정식재판을 기대할 수 없는 것도 아니다. 이 경우 충분한 증거를 제공할 필요에서 상대방 남자의 주소와 씨명을 조사해야 한다. 매합용지 모두 독립한 하나의 죄로 해도, 매합하고 용지하는 자는 두 개의 죄로서 논하지 않고 통상 하나의 죄로 논해야 한다. 특히 주의해야 하는 것은 요리옥, 음식점에서 음주 중에 대가를 허락함으로써 죄를 면하는 것이다. 이와 같은 경우 밀매음의 대가가 음주 중에 포함된다는 것이 입증되는 이상은 직접적 대가를 지급하지 않아도, 대가를 얻고 밀매음한 것으로 처벌해야 한다.

   마지막으로 형법 제177조 및 제182조와 밀매음의 관계를 보아야 한다. 형법 제177조에는 13세 미만인 여자를 간음한 경우는 2년 이상의 유기징역에 처하고 이 경우 가령 여자에게 대가를 지불하고 여자가 그 대가를 받은 경우라 하더라도 남자는 무죄라 할 수 없이 반드시 제177조의 지배를 받는다. 따라서 그 매합한 자는 제177조의 교사범이 되고 용지한 자는 방조범이 되어 여자는 제177조의 피해자인 동시에 밀매음에 다름없다 해도, 13세 미만으로서 책임 능력을 결한 이유로 무죄라고 해야 한다. 형법 제182조는 영리를 목적으로 음행의 상습이 없는 부녀를 권유하여 간음

---

[4] 원문에는 '객지(客地)'라고 표기되어 있으나 문맥을 생각할 때 '용지(容止)'의 잘못 기입으로 보인다.

한 자는 3년 이하의 징역 또는 500원 이하의 벌금에 처한다. 어떠한 대가를 얻고 음행의 상습이 없는 부녀를 매합하고 밀매음을 시키는 자는 경찰범처벌규칙에 의하지 않고 형법의 지배를 받는 것으로 한다. 형법의 지배를 받는 경우라도 여자가 대가를 받을 때는 형법의 피해자인 동시에 경찰범처벌규칙의 지배를 받는 것으로 한다.

이상 경찰범처벌규칙으로 밀매음에 관한 벌칙을 두고 이를 미연에 엄격하게 하더라도 처벌이 매우 가벼워 도저히 그 목적을 이루는 일이 곤란하다. 하층사회의 사람으로 매독(黴毒)에 감염된 자가 많음은 매우 유감이다. 경찰관은 매음부를 사는 남자에 대해서 상당한 주의를 줄 필요가 있다. 그렇다 하더라도 오늘날의 사회 상태로는 도저히 매음부의 근절을 도모하기 불가능하다. 오히려 매독의 전파를 방지하는 수단을 찾아 행정집행령 제3조에 규정을 두고 밀매음범자 또는 그 전과자로서 밀매음 상습인 자에 대해 그 건강을 진단하고 또는 지정하는 의사의 검사를 받게 하여 전염성 질환에 감염될 필요가 있다고 인정되는 때는 병원에 가서 또는 지정하는 의사의 치료를 받게 하여 치료하게 하고 지정하는 장소에 거주하게 하며 그 외출을 금지하는 것으로 규정을 둔다. 이 요양의 비용은 본인 또는 매합자의 부담으로 하고 본인 또는 매합자가 비용을 부담할 능력이 없다고 인정되는 경우는 국고에서 지불하는 것으로 한다. 이 점에 대해서는 1915년 5월 15일 발행한 『경무휘보』 제95호에 상세하게 설명한 바이기 때문에 여기에는 생략한다. (계속)

15. 와키노 요시오, 유곽에 대한 감상과 밀매음에 대하여(1916.)

와키노 요시오,[5] 유곽에 대한 감상과 밀매음에 대하여
脇野義雄,「遊廓に對する感念と密賣淫に付て」,『警務彙報』123, 1916. 7.

최근 유곽에 대한 세인들의 감상을 살펴보면 유곽에 대해서 사회조직 차원에서 당연히 존재하게 해서는 안 되는 하나의 요소인 것처럼 사유할 뿐만 아니라, 혹은 지방 경무당국은 그래도 역시 그러한 사조의 저주에 사로잡히고 있지는 않다 보니 종종 설비 같은 것에 너무 많은 것을 바라는 것인가 의문이 드는 일이 없지 않다. 원래 공창제도를 인정한 목적은 주로 거리에 산재하는 밀매음을 방지하고 위생풍속에서 참혹한 해를 막고자 하는 것에 부득이한 하나의 방편에 다름 아니다. **그러므로 관련하여 불길한 기관을 존립시키지 않고도 그것이 지닌 결함을 치유할 수 있다면 국가의 경사로서 그보다 더 큰 일은 없을 것이다.**

또한 **유곽의 고객은 대부분이 중류 이하의 계급자임**에도 불구하고 마치 공공의 낙원(公樂園)이라도 되는 것처럼 꽤나 설비의 완비를 촉진하는 바람에 고정자본이 방대해지는 결과로 유흥비를 높이는 추세가 되어서 결국은 공창을 인정했던 진정한 목적을 달성하지 못한 채로 밀매음이 여전히 근절되지 않았을 뿐만 아니라 **오히려 중류 이상의 사회풍속에 악영향을 미치는 경향이 있다.** 최근 여론에서 선전하는 것처럼 원래 주로 독신자의 생리적 요구를 충족시키는 것으로 충분하다는 소극적 목적을 위해서 존재해야 하는 유곽이 지금은 홈을 이루는 패거리들의 도락(道樂)의 장으로 변화되어 가고 있다고 한 일설은 생각건대 일부 진상을 꿰뚫어 보지 못한 것은 아니다. 개략적 상황이 그러하니 아직 창시의 시대에 놓인 조선 같은 곳에서는 이때에 이들 결함을 구제하는 데 특별한 하등의 획책이 있어야 한다. 이에 지금 우선 당국자가 취해야 하는 가장 가까운 한 방편으로서 다음과 같은 각 항을 손꼽는 데 주저할 바가 아니라 하겠다.

---

5   경무총감부 보안과 경시(警視).

(가) 영업용 건물은 3층 이상의 것을 허용하지 않는다(법규상에서 특별히 제한을 두는 것은 이론 차원에서 온당치 않다고 할지라도 이러한 생각을 가지고 촉진하도록 할 것). 따라서 설비 같은 것도 꽤 위생이나 풍속으로 보아 실질적인 해가 없고 법규상 허용되는 범위에서 될 수 있는 대로 간이로 만들어서 고정자본을 낮추도록 도모할 것.

이것은 그저 유흥비를 저렴하게 만드는 목적뿐만 아니라 사회정책 차원에서 오히려 도리에 맞는 조치라고 사료된다. 왜냐하면 경제적으로 빈약한 조선 같은 곳에서는 국가의 불상사로 보는 유곽 건물을 대중의 눈을 끌 만큼 높고 화려하게 만드는 것은 동화정책에서 볼 때 조선인에게 나쁜 감정을 일으키게 되어 모양새로도 역시 심히 좋지 않다. 아울러 경제 상태가 매우 발전해서 지가가 폭등하는 등의 관계를 보아 일반 시가지의 체재에서 고층이 즐비하게 되는 것과는 별개의 다른 것에 속한다. 요는 일반 시가지에 비해 대중의 시선을 끌 만한 체재는 피해야 한다.

(나) 지정 유곽지를 시가에서 많이 격리하게 하거나, 또는 특히 외지고 멀리 떨어진 곳을 선택하는 것은 적당하지 않은 추세가 아닌가.

종래 멀리 외진 곳에 둬야 한다는 격리주의는 대부분 예를 들면 유흥을 하는 자들이 그런 원격지에 발걸음 하는 것을 피하면 그만큼 풍기 면에서 이로운 것처럼 주장하지만 인정의 기미라는 것이 그리 단순한 것만은 아니다. 만일 일단은 이를 안 하겠다고 마음을 먹었다 해도 이들은 거의 대부분 시가지에 산재하는 하등(下等)음식점 애매옥(曖昧屋) 같은 곳에서 낚이듯 하는 무리가 없지 않으니 앞과 같은 생각을 지닌 자들이 실패의 역사를 만들어 온 것은 이 때문이다. 만일 시가지 안에서나 또는 이에 접속하고자 하더라도 그 주위의 상황에 충분한 고려를 해서 구역을 구획하고 엄격한 단속을 한다면 비교적 폐해가 없을 뿐 아니라, 외지고 먼 곳에 두게 되는 이유로 교통이나 경제를 특별하게 해야 하는 등의 관계로 영업비를 상승시키는 식의 폐해를 제거할 수 있다는 이점이 있다.

(다) 밀매음에 대한 징계는 차제에 특히 엄하게 할 필요가 있다.

최근 밀매음에 대한 형량의 개략적 상황을 보면 대부분 초범으로 50전, 재범이라 하더라도 3원을 웃돌지 않으니, 재산형(財産刑)으로 가볍게 지나치는 감이 있다. 원래 그들 무리 같은 성질의 부류에 대해서는 형량의 범위가 허용하는 한 중형을 통해 그리고 체형(体刑)을 부과하지 않으면 형벌의 위험을 유지하여 단속의 목적을 달성하는 것이 어렵다.

또한 밀매음을 찾아다니는 무리에 대해서는 현행 법규상 제재가 없고 그저 도덕상의 문제에 맡기고 있으므로, 이와 관련한 **실질적인 공범자인 남자에 대해서는 적절하게 도덕적 사회 제재를 가해야 하는 것이 그야말로 당연한 결과라고 말하지 않을 수 없다.** 그럼에도 종래부터 이들 무리에 대한 지방 당국의 취급 양상은 지위, 명망, 기타 관계상 당연히 해야 하는바 증인으로서 참조하는 것조차도 기피하고 있고, 더욱이 신문 지면에 발표하는 것도 남자의 이름은 특히 이를 금지하는 등의 실상이 아니다. 물론 타인의 도덕적인 비행을 적발 노출시키는 식의 일은 능사가 아닐 뿐 아니라 크게 응징할 일이라면 남자의 이름 등도 당국이 자발적으로 신문 지면 등에 발표할 필요는 없다 하겠지만, 그렇다고 무턱대고 이를 금하거나 수사에 당연히 필요한 증인이나 참고인으로 대조하는 것까지 피하는 일은 정책적으로 그렇게 한다 해도 오히려 도리에 맞지 않는다고 사료된다. 요컨대 이론적 부분은 별개로 하고 이번에 신규칙이 실시되는 것을 기회로 삼아 법규가 허용하는 범위 내에서 특히 이때에 준엄하게 하는 것이 시의적절하다고 믿는다.

(라) 직접 단속자가 되는 사람의 선택에 한층 유의를 요할 것.

작은 요리옥이나 음식점의 개혁 또는 밀매음 단속 같은 것은 전혀 불가능한 일이라며 팽개쳐 버리는 자는 대부분 직접 집행하는 사람을 얻지 않고는 이를 이룰 수 없을 것이다. 흔히 법의 활용은 사람에 있다고들 하는데 이런 사례에 그야말로 절실한 격언이라고 하지 않을 수 없다. 지금 폐해를 조성하고 있는 사례에 대해서는 잠시 두고 해당 업무 관서의 장(長)은 그 인선(人選)에 관해 한층 더 유의할 것을 바라마지 않는다.

최근 이루어지는 주장에서 말하기를 "밀매음의 발호는 사회조직의 불완전에서 배태되는데 어떻게 단순히 경찰력으로 극복하고 제압할 수 있겠는가"라 한다. 그런 말에 대해서는 굳이 배척할 이유야 없다 하더라도 그런 것은 입법론 또는 대도회 지역에 해당하니 입을 닫아야 할 일에 속한다. 조선 같은 곳, 가령 경성이나 부산에서도 여전히 이런 주장에 귀를 기울여 단속의 칼끝을 무디게 하는 일은 심히 안 되는 일이다. 만일 혹시라도 그러한 오류자가 있다면 마치 죄를 형식에 맡긴다는 비난을 면할 수 없을 뿐만 아니라 자기 직책을 가리지 못하는 불충실한 자라 하지 않을 수 없다.

이상을 요약하면 모두에서 서술하였듯이 유곽을 인정하는 목적이 과연 밀매음의 폐해를 제거하고자 하는 데 있다면 무엇보다도 앞에서 말한 각 항과 같은 생각의 실행을 시도하고, 우선은 마치 기반처럼 이에 관한 단속규칙이 발포된 것을 계기로 삼아 차제에 특히 혼신의 노력으로 엄밀한 단속에 힘쓴다면 밀매음의 퇴산(退散) 같은 것도 감히 어려운 일이 아니게 될 것이라 믿는다. **하물며 아직 사회조직도 그다지 복잡하지 않은 조선이니 말이다.**

16. 와키노 요시오, 예기, 창기 또는 작부와 그 포주 간의 계약에 대하여(1916. 9.~10.)

와키노 요시오, 예기, 창기 또는 작부와 그 포주 간의 계약에 대하여[6]
脇野義雄, 「藝妓, 娼妓又ハ酌婦ト其抱主間ニ於ケル契約ニ付テ」,
『警務彙報』125, 1916. 9.

이번에 발포된 예기작부단속규칙(제2조 제4호) 및 창기단속규칙(제7조 제4호)은 예창기, 작부 및 포주 간의 계약에서 부당하다고 인정하는 경우, 경찰서장은 허가할 수 없는 절대적인 명문 규정을 두게 된 것에서 일찍이 그 예를 본 적이 없는 이채를 띠고 있다고 해야 할 것이다. 생각건대 이들 규정은 지금도 노예제도를 인정하고 있는 것처럼 아무렇게나 함부로 내뱉는 비평을 하려는 호사가들이 범하는 오류를 피함과 동시에 자칫하면 약육강식의 우려가 있는 폐해를 바로잡으려는 등의 취지가 아닌가. 과연 그렇다고 하면 이 분야에서 풍기 확청(廓淸)이 기세가 높아져서 일대 진보임과 동시에 허가 관청으로서는 지금까지보다 책임이 더욱 무거워졌다고 말하지 않을 수 없다. 이 양자 간의 계약에 대해 허가 관청은 과연 어느 정도의 수준에서 부당하다고 할 것인가를 인정하는 것은 필시 어려운 중에서도 어려운 일임을 믿어 의심치 않는다.

나는 때마침 이 단속규칙이 발포된 후 며칠 되지 않아 특별히 남선 지방 시찰을 함에 즈음하여 이 건에 관해 배울 수 있었던 실제 상황을 줄거리만 대강 말하고자 한다. 혹시 실무 담당자 여러분이 참고하는 데 일조가 될 수 있다면 바라는 것 이상의 행복한 일이다. 이 실제 상황을 진술함에 즈음하여 순서상 먼저 줄거리를 대강 말하지 않을 수 없는 것은 민법의 이른바 계약 그 자체의 개념이 바로 이것이기 때문이다.

---

[6] 1916년 9월과 10월에 걸쳐 연재된 기사다. 10월호 기사에는 (하)가 붙은 반면 9월호 기사에는 (상)이 붙어 있지 않다. 원문에 따른다.

무릇 계약이라는 것이 2인 이상 사이에서 의사표시를 합치하여 사법(私法)의 효과를 발생시키는 것을 목적으로 삼는 데 있다는 것은 구태여 수다스럽게 말할 필요가 없을 것이다. 그 성립 요건으로는 (1) 유효한 의사 표시가 있을 것, (2) 그 의사표시가 상호 합치할 것, (3) 표의자(表意者)에게 능력이 있을 것, (4) 그 내용은 적법하고도 가능하면서 확정하거나 확정할 수 있는 것 등이면서도 그 강행 법규에 어긋나고 공적 질서나 선량한 풍속에 반하는 사항이어서는 안 되는 것은 또한 논할 여지도 없다. 그리고 계약은 원래부터 법률 행위의 하나이므로 그 의사표시도 또한 완전하지 않을 수 없다. 지금 하자 있는 의사표시에 관해 사족을 붙인다면, 대강의 요지는 다음과 같다.

결함이 있는 의사표시				
표의자가 그 의사와 표시의 일치를 알고 한 경우		표의자가 그 의사와 표시의 일치를 모르고 한 경우	의사와 표시가 일치하지 않아도 그 의사, 즉 결의에 이른 연유가 타인의 간섭이 있는 경우	
의중의 유보	허위의 표시	착오	사기	강박
진의가 아닌 의사표시	제3자를 기망하기 위해 상대방과 한 가상의 의사표시	뜻밖에 한 진의가 아닌 의사표시	고의로 타인으로 하여금 허위의 사실을 오인하게 한 것	타인에게 불법으로 해악을 통고하고 두려움과 공포를 느끼게 함
유효 단 예외 있음	무효	사유는 유효 요소는 무효	취소할 수 있음	취소할 수 있음

그리고 착오, 사기 또는 강박에 의한 의사표시와 같은 것은 계약의 상대방인 예창기 및 작부의 대부분이 교육 정도 내지는 현재 처한 처지 등의 관계상 왕왕 빠지기 쉬운 폐해로서 꼽거나, 게다가 이를 취소해야 한다고 생각한다. 하지만 대부분은 그 권리를 주장할 수 없어서 허무하게 약자의 위치를 감수하는 불행한 처지에 있는 것은 우리 견해로는 매우 유감으로 생각하는 바이므로 당국자가 허락 여부를 결정함에 즈음하여 먼저 착안하지 않을 수 없는 요점이라 생각한다. 더구나 이 계약에 관한 법리상의 문제에 대해서는 법학사 후지누마 다케오(藤沼武男) 씨가 목하 집필 중이므로 머지않아 본지의 지면을 장식하여 우리에게 제공하는 바가 매우 클 것이라 기대한다. 따라서 그다지 자신이 없는 이론과 같은 것은 당분간 제쳐놓고 바로 본제로 들어가고자 한다.

현재 남선 지방에서 시행되고 있는 계약은 대체로 두 가지로 구별할 수 있다. 그 하나는 고가이

(妓飼)[7]라고 하거나 연기(年期) 계약이라 말하고, 을(예창기, 작부에 대한 편의상의 가칭으로 삼음, 이하 같음)은 갑(포주를 가리킴, 이하 모두 같음) 편에 얼마간의 채무를 설정하고 일정기간 동안 갑 편에서 영업하고 그 기한이 다 됨과 동시에 이전에 설정한 채무는 이행한 것으로 간주하는 방법이다. 다른 하나는 통상적으로 지마에(自前)[8]라 말하거나 벌이비율나눔(稼分) 계약이라 칭하고, 을이 갑 편에서 영업하고 합의에 따라 그 수입을 서로 비율하여 나누는 것 등을 약속하는 것인데, 대개 을은 채무를 설정하는 것을 관례로 삼는다. 그리고 이들의 계약 기간 중에는 쌍방이 함께 폐해를 동반하는 것이 적지 않다고 하더라도 여기서는 주로 우선 후자에 관해서만 말하고자 한다.

一. 작성한 계약서 2통 중 1통은 갑 편에, 다른 1통은 관할 경찰관서에 보관하는 경향이 있지만 이것들은 전혀 이유 없고 매우 온당하지 않은 조치라고 말하지 않을 수 없다. 상대자인 갑, 을이 각각 1통씩 보관해야 하는 것으로 경찰관서에 보관하는 것은 그 사본으로 충분하다.

二. 계약 사항에 관해 소송이 필요한 경우에 대부분은 갑이 지정하는 재판소에서 해야 함을 약속하고 있었다고 하더라도 이것들은 양자 관계, 특히 을 자신의 당시 처지상 어쩔 수 없었을 것으로 사료된다.

三. 갑의 사정에 따라 어느 지방이나 사람에 대해서도 영업하고 마치 갑에 대하는 것과 똑같은 의무를 다해야 함을 계약한 것이 많다. 그런데 어떤 면에서는 승낙서는 어느 곳, 몇 번지, 갑에게 어떤 영업을 할 것을 승낙하는 취지를 구체적으로 명시하고 있고, 게다가 승낙서는 갑을 양자 간의 계약 내용에 간여하고 있지 않다. 그러므로 이 경우에는 승낙자가 그 장소에 대해 추인하지 않는 한 그 계약은 원만하게 수행하기 어려운 결과가 될 것이다.

四. 승낙서에는 영업 장소를 명기하지 않은 것과 번지까지도 명시한 것이 있다. 허가 관청에서는 이것들의 효용 범위에 대해서 매우 구구한 취급을 하고 있다. 즉 전자에 대해서도 피승낙자가 당시 해당 경찰서 관내에 있지 않았다는 등의 이유로 이를 무효로 하는 것 같고, 또 후자에 대해서는 적어도 승낙자에게 그 영업을 인정한 이상 영업소가 어디인지는 문제 삼는 바가 아니라고 하며 승낙서의 지정지 이외에서도 효력을 인정한다는 등이 바로 이것이다. 이 경우에 이론상에서 본다면 전단의 경우는 장소가 어디인지는 조건이 아니므로 어디에서 영

---

7 어릴 때부터 맡아서 성장시키는 것.
8 독립해서 영업한다.

업해도 유효할 것이며, 후단의 경우에서는 적어도 명시한 이외의 장소에 대해서는 무효라고 해석해야 하는 것과 같다고 하더라도 실제는 적어도 조선 재주자에 대해 영업하는 것을 승낙한 이상은 적어도 조선 반도 내의 어느 곳에서 영업해도 승낙한 것으로 간주할 것이고 또 영업하는 장소 혹은 포주의 지정을 조건으로 하는 승낙서에서도 피승낙자, 승낙자 다 같이 진의가 아니다 등 착오의 경우가 많으므로 다시 이를 확인하게 하거나 그렇지 않으면 양자에 대해 미리 이 취지를 회독(會讀)하게 하는 방법을 강구하는 편의를 꾀해야 한다.

五. 을은 갑 편에서 영업 중에 조합 규약 및 갑의 가풍(家風)은 어떤 사항까지도 준수해야 한다는 취지를 계약한 것이 있다. 무릇 동업조합 규약이란 것은 대체로 동업자 공동의 이익을 목적으로 한 것으로 엄혹한 것은 예창기 또는 작부 등을 구속하는 것과 같은 조항이 있는 것이 있다. 이와 같은 규약으로 구성된 조합은 적어도 새 단속규칙이 실시된 후에는 당연히 인가해서는 안 되는 성질에 속할 뿐만이 아니라, 만일 새 규칙을 실시하기 전에 성립한 것이라 하더라도 이번 기회에 신속히 바로잡아 고치게 하는 것은 그다지 온당하지 않은 조치는 아닐 것이다. 따라서 갑을 간의 계약에서 조합 계약을 준수해야 함을 인정하는 것과 같은 일은 온당하지 않은 경우가 많을 것이라 믿는다. 다음으로 갑 편의 가풍을 지키도록 운운하는 기술에 대해서는 적어도 선량한 풍속에 반하는 것과 같은 가풍은 처음부터 이를 인정해야 할 것이 아니라면 이론상 그다지 나쁜 것도 없는 것 같이 보이더라도 이 사회에서는 왕왕 좋지 않은 관습을 가풍으로 삼고 그 준수를 강요하는 경향이 없지 아니하므로 만일 이를 필요로 한다면 오히려 준수 사항을 구체적으로 열거하게 하는 것이 좋다고 판정해야 한다.

더욱이 새 단속규칙상 계약의 상대방인 요리옥(料理屋), 가시자시키업소(貸座敷屋) 및 예창기오키야(藝娼妓置屋)에 대해서는 각각 조합을 인정한다고 하더라도 한편 예창기 및 작부 등에 대해서는 인정하지 않는다. 그러므로 이들을 직접 단속해야 하는 관청에서는 특히 이 점에 관하여 보호 단속 차원에서 심심한 고려가 필요하다.

六. 을의 갑 편에서 하는 영업 기간은 짧게는 6개월, 길게는 5개년에 걸친 것이 있다. 이른바 고가이(妓飼)는 오랜 양성 기관을 필요로 하는 등 어쩔 수 없다고 생각하지만, 벌이비율나눔 계약에서는 5개년의 기한을 정하고 채우는 것은 좀 지나치게 긴 경향이 있다. 단속의 관점에서 본다면 되도록 기간이 짧은 것을 바라 마지않을 수 없을 뿐만 아니라, 영업 기간과 같은 것은 오히려 주요 조건이 아닐 것이라고 사료된다. 만일 갑이 수년간을 예기하고 새로 고용했지만 몇 개월도 되지 않아서 을이 폐업에 이르게 되면 새로 고용한 당시에 지출한 실비조차도 취득할 수 없는 경우를 고려하는 데 있다고 한다면 을이 몇 개월 이내에 폐업하는 경우는 당시의 실비 몇 엔의 배상을 약속한다면 충분할 것이다.

七. 계약 기간 내에 을이 임의 폐업을 하려고 할 때는 바로 남은 채무의 원리금 전부를 이행해야 하는 것은 물론, 손해배상으로 현존 채무의 10분의 1 이상이 되거나 10분의 1에 상당하는 금액을 지불하고 다시 새로 고용한 당시에 필요로 했던 실비를 지불해야 하는 취지를 약속하고도 그 금액을 명기하고 있지 않은 것이 많다. 그런데 이 조항에서 을의 의무 중에 가장 과중하다고 인정해야 하는 것은 현재 채무의 10분의 1보다 적지 않거나 10분의 1에 상당하는 금액의 손해배상이 이것이다. 예기 기간 내에서 을이 임의 폐업으로 실제 갑이 입어야 하는 손해는 새로 고용하기 위해 소비한 금액 중의 한 부분에 지나지 않을 것이다. 그러므로 을이 이 부담을 지는 이상 다시 손해배상의 책임을 지게 되는 것은 결국 을의 폐업의 자유를 방해하게 될 우려가 있다.

원래 영업 기간의 계약 중의 요소로 삼는 것이 온당하지 않은 것은 전항에서 이미 말한 바와 같다. 만일 이를 필요로 하지만 그것과 채무 이행을 연결시키는 것은 자칫하면 자유 구속의 폐에 빠지기 쉽거나 도의상의 관점에서 본다면 이 양자를 분할하여 전혀 연결시키지 않는 것을 이상으로 삼는다고 하더라도 실제 대부분의 지방에서는 이 희망과 양립하지 않는 사정이 있으므로 이렇게 이상을 실현시키는 것은 아마도 지난한 일일 것이다.

八. 전항과 같이 계약 기간 중에 을이 임의 폐업하고자 할 때에는 엄혹한 조건을 붙인다고 해도 만일 갑이 임의로 폐업 또는 을의 영업소를 다른 데로 이전시키고자 할 경우에는 대부분 하등의 조건을 붙이지 않는다. 그러므로 균형상에서 이 경우라 하더라도 적어도 을이 예기하지 않은 영업 장소의 변환으로 인해 발생한 손해는 갑에게 변상해야 하는 조항을 설치할 필요가 있다고 사료된다.

九. 을의 갑에 대한 채무이율이 비싼 것은 월 3보(연리 3할 6보), 싼 것이라 해도 월 2보 이상의 것이 많다. 또 왕왕 허가 관청의 주의에 따라 무이자인 것이 있다. 그리고 무이자로 하고자 하는 이유는 갑이 이미 을에 대해 채권을 가지고 있기 때문에 을의 영업으로 인한 소득 대부분을 탐하고 있다. 어찌 감히 이자 붙이는 것을 필요로 했으랴고 말하는 바와 같다. 그렇지만 갑은 벌이비율나눔을 취득하기 위해 채권에 대한 이식을 붙이는 것을 부당하다고 하는 것은 조금 그 논거가 명확하지 않다. 원래 을에 대한 갑의 채권은 어디까지나 이를 존중하지 않을 수 없음과 동시에 갑은 또한 을의 자유를 구속해서 안 되는 주의 실현에 노력하지 않을 수 없는 것은 이미 전술한 바와 같다. 그러므로 채권에 대해서는 그 지방 금융계의 이자율에 비해 고율이 되지 않을 정도의 이자를 붙이는 것은 오히려 당연하다고 간주하며 영업 수입 나누기 비율에서 균형을 얻게 함으로써 실제 양자 간의 편의에서 하는 것도 또 정책상에서 하는 것도 지당해야 한다고 믿는다. 그렇지만 대부분 월 2보의 비율을 넘는 것은 약간 과중한 감이 없지 않다.

와키노 요시오, 예기, 창기 또는 작부와 그 포주 간의 계약에 대하여 (하)
脇野義雄,「藝妓, 娼妓又ハ酌婦ト其抱主間ニ於ケル契約ニ付テ (下)」,
『警務彙報』126, 1916. 10.

十. 을이 갑에 대한 채무를 이행하기까지는 을의 소유에 속하는 피복, 기타 물품은 갑의 승인을 얻지 않는다면 처분하지 않을 것, 또 도주한 경우는 갑이 수의로 처분하고 채권의 변제에 충당해도 이의 없음을 약속한 것으로 허가 관청의 주의에 따라 이를 삭제한 것이 있다. 이것들은 덕의(德義) 문제로서는 원래 바람직하지 않다고 해도 계절에 따른 한 벌의 피복과 일상에 불가결한 성질의 물건을 제외하는 것 이외는 갑이 채권 확보의 한 수단으로서 합의상의 유보는 그다지 부당하지 않을 뿐만 아니라 쌍방의 타성을 바로잡고 경제적 지기(志氣)를 바싹 죄게 하는 등 필요 차원에서 오히려 유익한 한 방편이 아닌가.

十一. 매월 을이 영업으로 벌어들인 수입(화대, 花代)의 몫은 갑은 6분 내지 5분을, 을은 4분 내지 5분을 각 소득으로 하고 또 을이 얻은 임시수입[통칭 팁(ボチ) 또는 사례(心付)라고 칭하며 임시 손님이 베풀어 준(惠與) 금품을 말함]은 전부 을의 소득이 된 것과 갑을이 절반으로 나눈 것이 있다. 그리고 갑의 소득은 통상 자시기료(座敷料), 기타 을을 거주시키기 위해 필요한 여러 비용에 충당하고 또 을의 소득은, 즉 자기 노임까지 다 합쳐서 간주해야 할 수익이라 해도 실제 그 전부는 매월 갑에 대한 채무의 월부 상환으로 변하고 있으므로 매월 결산에 즈음하여 을이 현금을 취득하는 것은 거의 전혀 없는(絶無) 상황이다. 또 어느 면에서는 당월분의 시차(時借 : 매일 을이 필요로 하는 잡비는 그때마다 갑에게서 임시 차용하고 있는 것) 금액이 을의 소득보다 초과한 경우는 그 부분은 원래 채권에 이월하고 통상적으로 그 다음 달부터 이자를 붙인다. 특히 심한 것은 시차에 대해 그 당월분의 이자를 탐하는 경우가 있다. 그

러므로 매월 을의 소득은 이름은 월부 상환이지만 실은 매월 시차가 그 소득을 초과하고 달을 거듭함과 동시에 도리어 채무는 점점 많아지고 있는 것을 예로 드는 실제 상황에 있다. 이것이 단적으로 말해 일단 이 사회에 몸을 던진 무리는 다시 사회에 진출할 수 없게 되는 주된 원인이 아니겠는가. 실정은 이와 같다고 해도 영업 수입 나누기 비율은 지방의 상황, 을의 기능 등의 우열, 지출 부담 구분의 다과 및 기타, 갑의 을에 대한 대우 방법에 따라 억지로 시비(是非)를 추론할 수 없다고 해도 대체로 갑의 몫 5분을 초과하는 것은 균형을 잃었구나 하는 혐의가 있다. 또 시차에 대해 당월분의 이자를 붙이는 것은 매우 과혹하다고 말하지 않을 수 없다.

十二. 매월 여러 비용 지출 구분은 대부분 갑은 을에게 필요한 거주, 식비, 침구 및 목욕비를, 을은 피복, 돌림 경대, 기타 직접 자기가 소비해야 할 잡비를 부담하는 것을 관례로 한다고 해도 왕왕 을로 하여금 등화, 채난용 신탄, 목욕, 침구 및 장롱, 화로, 다기 등 객실 겸 자기 거실용 장식품과 비슷한 기물 구입비의 부담까지도 강요한 적이 있다. 이는 또한 전항과 같이 영업 수입 나누기 비율과 대조 고구해야 할 문제로서 바로 그 다과를 논할 수 없다 해도 을로 하여금 등화, 신탄, 침구류와 같은 것 또는 장롱, 화로, 다기와 같은 것, 을을 위해 오히려 장식품과 비슷한 기물의 구입비를 부담하게 하는 것은 대부분의 경우 매우 과중한 부담이라고 말할 수 있고 또 갑은 을의 자유 견제 수단으로 농락하는 것이 아닌가 하고 의심케 하는 점이 없지 않다.

十三. 영업 중 을이 걸린 질병의 경우에서 입원 또는 치료비로서 현재 많이 행해지고 있는 부담 방법은 대체로 아래와 같이 구별할 수 있다.

(가) 식비는 갑이, 약값 등 치료비는 을이 부담하게 할 것

(나) 질병은 6일 이내는 그 전부를 갑에게, 7일을 넘기면 그 전부를 을에게 부담하게 할 것

(다) 직접 영업에 원인이 있는 병증에서는 갑이, 기타 병증에서는 을이 부담하게 할 것

(라) 병증의 여하 또는 그 일수의 길고 짧음에 관계없이 전부 을이 부담하게 할 것

이와 같은 부담 방법은 가장 중요한 사항이거나 혹은 일종의 사회적인 문제의 자료라도 될 것이며 세밀한 주의와 심원한 연구가 필요하다. 그런데 전술한 바와 같이 현재 행해지고 있는 방법은 유감이지만 어느 것이나 연구의 여지가 매우 적지 않은 것 같다. 원래 그들의 업태 및 많은 경우 약자의 위치에 빠진 을을 보호하는 취지에서 했더라면 혹은 전부를 갑이 부담함으로써 일단 지당한 것처럼 사료되어야 한다고 해도 이리하여 방종하면서

또 덕의심이 결여한 을에 대해 이런 은혜적 대우로써 하는 것은 어쩌면 자치 섭생 등을 느끼는 생각을 촉진하게 한 결과에서 도리어 불량한 성적을 양생하기에 이르렀는지를 깊이 생각한다. 그러므로 직접 영업에 원인이 있는 병증에는 일수의 길고 짧음에 관계없이 비용 전부를 갑이 부담하는 것이 지당하다고 할 것이고 또 병증이 직접 영업에 원인이 없는 것에는 거주, 침구, 식비, 목욕 등 평소 갑의 부담에 속해야 하는 것은 갑이 이를 부담하고 기다 치료비는 을이 부담함으로써 대강 균형을 얻은 것으로 사료된다. 그리고 병증의 인정은 공공의사나 경찰 촉탁 의사로 하여금 하게 함으로써 적당하다고 해야 함은 물론이다.

十四. 유흥비 회수 불능으로 발생한 결손은 왕왕 전부 또는 그 일부를 을에게 부담하게 하는 것이 있다. 이것들은 예령(例令)의 일부분이라 해도 을에게 부담하게 하는 것은 매우 부당하다. 왜냐하면 현재 대부분의 영업 상황에 이르러서는 손님의 유흥을 재촉하고 혹은 이를 거부하는 등의 권능은 전적으로 갑에게만 존재하고 굳이 을에게 이의 간여를 허락하지 않는 상황이기 때문이다. 만일 일부 지방에서 관습 등에 의해 이를 인정한다고 하면 필경 일종의 폐풍으로 간주할 것이고 이번 기회에 신속히 타파함으로써 정당하다고 믿을 뿐만 아니라 을에게 전적으로 부담하게 하는 것은 오히려 갑이 을의 방자함을 제어하는 데 있어서 편리하게 될 터다.

十五. 을이 질병 이외로 어쩔 수 없이 휴업할 경우 일당을 계산하여 식비 등을 변상하게 하거나 예상한 일정한 영업 수입을 부담하게 한다. 이것들은 일수의 장단이나 그 사정에 의해 구태여 옳고 그름을 단정하기 어렵다고 해도 존속 숭배 또는 도의상에서 느끼는 감정을 고양시키는 방편에서 하지만 부모의 기일은 무조건 휴업을 인정하는 것을 좋다고 판정해야 할 뿐만 아니다. 그렇지 않으면 1개월 개근자에 대해 며칠간의 위로 차원의 휴업을 허용하는 것도 양자 간의 융화에서 보책(保策)이 될 것이다.

十六. 앞의 각 항 이외, 을은 스스로 보관해야 하는 계약서 및 대차계산부를 소지하지 않고 갑 또는 조바 등에게 맡겨 보관하는 경우가 있다. 따라서 그 계약 내용의 여하 또는 현재의 대차 관계조차도 알지 못하는 경우가 많다. 지금 그 사유를 고찰하건대, 전적으로 무교육 혹은 무관심으로 인해 그런 것과 또 갑의 어떤 작용에 의해 이런 상황을 어쩔 수 없이 하게 된 것에 기인하는 것의 두 가지가 있다. 이들은 대부분 이 글의 첫머리에서 말한 이른바 착오에 빠지기 쉬운 소질이 있어서 부지불식간에 천태만상의 폐해를 수반하고 있는 사례는 아마도 너무 많아서 셀 수 없는 상황일 것이다. 생각건대 새 단속규칙에서 특히 대차계산부에 매월의 수지 계산을 명기하고 양자가 날인한 다음 1통을 을에게 보관하도록 한 것을 강제한 것도 이상과 같은 폐를 교정하려고 한 취지가 아닌가. 본 항은 처음부터 계약 그 자체의 내용이 아닌 것도 특별히 기록해서 대조의 편의를 제공하려고 할 뿐이다.

이상에서 자세하게 진술한 바와 같이 각 항의 말미에서 각각 비견을 붙여 시도해 보았다고 해도 이것들은 대부분 이론상에서 본다면 자유를 원칙으로 삼아야 하는 계약의 내용에 속하고 구태여 간섭을 허용하지 않는 성질의 것이다. 또 일면에서는 그 계약에 관해 전체를 통람하고 이것저것 참조 대비해 보면 예령(例슈)의 영업 수입 나누기 비율에서는 갑의 몫이 과다하다고 하지만, 한편 을이 지출해야 할 경비의 부담은 과소한 것 같다. 또 어쩌면 어떤 사항은 수긍해야 하지만 어떤 사항은 이를 부정할 수 없는 경우가 있는 등 반드시 맞힐 수 없는 것이 없지 않을 것이다. 하물며 이와 같은 일에 서랴. 그 사람, 그때, 그 장소, 또는 그 상황 등 개개의 경우에 따라 변화무쌍하게 도저히 일정 불변적 규칙으로써 거느릴 수 없는 성질에 속해야 할 때에서야.

더구나 이에 각필함에 즈음하여 특히 부언해야 하는 것은 새 단속규칙의 이른바 허가 관청은
(1) 양자 간의 계약 내용에 대해 강행 법규를 어기는 공적 질서나 선량한 풍속에 반하는 사항 외, 다시 영업 수입 나누기 비율, 경비의 부담 구분 등 순연한 사법상의 관계로써 허락 여부를 결정하는 자료로 삼을 수 있는지 여부
(2) 만일 전항 후단의 경우라 해도 여전히 허락 여부를 결정하는 자료로 삼을 수 있다고 하면 다시 나아가 그 내용이어야 할 양자 간의 수지 등에 대해 이를 증감시키는 등 보수 정정을 명령하는 권능이 있는지 여부

이것이다. 이 문제에 관해서도 또한 가는 곳마다 구구한 해석을 시도하고 있는 바와 같이 그 결과 이론의 여지가 매우 많을 것이라고 해도 지금 이 문제에 대해 맹단적(盲斷的) 해석을 시도한다면 제一의 경우에는 오히려 긍정설을 주장하고자 한다. 만일 전단과 같이 강행 법규에 어긋나고 공적 질서나 선량한 풍속에 반하는 사항이 계약 속에 포함되는 경우는 허가 관청은 적당하게 활용하여 이를 교정하거나 부인하기 위해 억지로 '부당하다고 인정하는 경우는 허가할 수 없다'는 명문을 기다릴 필요가 없는 것과 같다. 그런데도 특히 이러한 명문을 두게 된 취지를 이 규칙 전체에서 통람하고 이른바 논리 해석상 거의 의심의 여지를 인정하지 않는 것처럼 각별히 '부당'이란 말로 하여금 단지 문자상 해석에만 따른다고 하지만 전단의 경우에 대한 통례의 용어가 아니기 때문이다.

제二의 경우에 부정설을 채택하지 않을 수 없다. 원래 자유를 원칙으로 삼는 사법상의 계약 내용에 대해 허가 관청에서는 이의 변경을 명령하는 등 간섭은 매우 온당하지 않고 또 일부 명령으로 제한을 붙여야 할 성질의 것이 아님을 믿는다. 그러므로 허가 관청은 부당하다고 인정하여 허가하지 않거나, 또는 상당하다고 인정하여 허가해야 하는 양자 중 하나를 택할 권능을 가지고 있을 뿐이다. 그 결과 부당하다고 인정되는 부분에 대해 다시 바로잡는 것을 명하는 것은 스스로 그 권한 바깥에 속한다. 다만 신청자에 대해 후의를 가지고 관기(官紀) 차원에서 차질(差闊) 없는 정도의 의견을 교시하는 것은 자기의 특별히 다른 문제에 속한다.

이상의 해석은 말할 필요도 없이 사견이며 또 그 이유가 지나치게 간략하여 진력하지 못한 점이 적지 않다. 바라건대 여러분은 충심으로 가르침을 아끼지 말지어다.

17. 마쓰이 신조, 조선의 은군자와 기생의 유래 (1916. 10.)

경시 마쓰이 신조, 조선의 은군자와 기생의 유래
警視 松井新助,「朝鮮ニ於ける隱君子ト妓生ノ由來」,『警務彙報』126, 1916. 10.

조선에서 은군자, 곧 밀매매는 그 유래하는 바 자못 오래되고 그 폐해는 지금도 옛날과 똑같이 개인에게는 재산을 파괴하고 몸을 해치며 사회에서도 미풍양속을 해치는 음란한 폐풍을 높여 그 여독은 이어져 국민의 건강을 저해하고 생산력을 감소시키고 경제에 미치는 영향 또한 결코 적지 않다. 따라서 그 단속을 강구하는 방법으로 우선 그 원인인 기생의 연혁을 알 필요가 있으므로 다음에 이를 간략히 서술하는 바다.

조선에 기생은 지금으로부터 500여 년, 곧 이조(李朝) 초에 지나(支那)의 풍속을 수입하기 시작하여 궁중에 관기를 둔 것인데, 역대 제왕 역시 이를 계승하여 500년을 이어 금일에 이르렀다. 이제 이태왕 시대의 기생의 상태를 조사함에 기생은 일, 이, 삼패가 있어 일패를 관기라 칭하고 이를 다시 구분하여 궁중의 약방에 21인, 상방(裳房)에 20인을 두고 기생 면허장을 교부하여 한 사람에 대해 그 지위 계급에 응하여 1개월에 백미 2두(斗) 내지 1석(石)과 현금 이량(兩)씩 급여하였다. 약방기생은 매일 2명씩 교대하여 궁중 약방에 봉사하여 왕의 의약에 관한 사무를 보조하고, 상방기생은 왕의 의관 제작의 사업을 보좌하도록 하였다.

관기는 위의 인원 외에 또한 예비로서 현재 황금정(黃金町) 소방수 대기소(消防手詰所)에 있는 혜민원에 30여 명, 체신국 소재지에 있는 공조(工曹)에 7명을 두고 혜민원의 관계는 약방, 공조의 관기는 상방의 결원을 보충하도록 했다. 약방의 관기는 옛날부터 존속해 왔지만, 상방의 관기는 지금으로부터 50여 년 전, 곧 대원군 시대 초에 설치되어 이들 관기 중에는 유부기, 무부기가 있어 현재와 조금도 다르지 않았다.

이패, 삼패는 지금 창기에 해당하는 것인데 관기와 같이 일정하게 면허를 가지지 않고 포주가 근무시키는 관아 또는 각 궁가(宮家)에만 인정될 뿐, 당시의 일패 이하의 포주 및 그 관계가 있는 관아 또는 궁가를 들면 다음과 같다.

　일패의 포주는 첫째 별감(別監)이라고 칭하여 왕을 모시는 신하이고, 둘째는 포교(捕校), 곧 지금의 형사, 순사에 상당하는 자이며, 셋째는 각 궁가의 청지기라고 칭하는 왕가의 급사와 같은 지위에 상당하는 자다. 또한 당시의 궁가는 운현궁, 곧 이준공가(李埈公家), 대궁(大宮), 남작 이재극(李載克)가, 계동궁, 후작 이해승(李海昇)가, 완평군, 후작 이재각(李載覺)가, 옥동궁, 곧 이태왕의 조모가로서 기타는 형조서리, 곧 현재의 경찰관, 승정원 사령, 곧 왕 근시의 중개역(取次役), 의금부 나장이, 곧 국사범을 취급하는 관아의 소사에 상당하는 자라고 한다.

　이패의 포주는 계방(桂房) 사령(使令), 곧 왕의 서방(書房)에 봉사하는 소사, 우사포교(右使捕校), 곧 현재의 형사, 규장각 사령, 곧 역사를 관리하는 관아의 소사, 의정부 사령, 곧 내각의 소사에 해당하는 자다.

　삼패의 포주는 형사사령, 곧 경찰서의 소사에 해당하는 자다.

　기생의 포주는 이와 같이 포주에 따라 그 지위계급을 달리한다고는 해도, 늘 서로 왕래하여 표면적으로 교제하는데, 이면에 각자 경쟁이 자못 맹렬하여 서로 결점을 지적하고 논란 공격에 힘써 배제를 일로 하고, 이로써 때로 그들 사이에 대분쟁을 야기시키고 심할 때는 생명에 관한 상해사건을 일으키는 일도 적지 않다. 이 경우에 관헌은 이를 제지할 수 없는데, 대기 그 포주는 궁가 또는 유력한 관아에 후원을 받고 있기 때문에 쉽게 손 쓸 수 없기 때문이다.

　기생의 신분은 처음부터 일정하지 않아 상당한 가정에서 태어난 자가 없지 않았지만, 그 다수는 잡배의 자녀로 기생이 되는 원인 동기는, 대개 생활곤란의 결과 그 부모 또는 친족으로부터 팔아 버렸기 때문인데 때로는 자루 악한에 유혹된 결과 여기에 이르는 것도 적지 않다.

　기생의 공여지는 평양을 첫째로 하고, 경상도를 둘째로 한다. 평양에서는 예부터 아들보다 딸 낳기를 중히 여긴다(不重生男, 重生女)라 말하는 속언이 있어 지금에 이르러 이들의 관념은 평양 인심을 지배한다고 한다.

　이패, 삼패는 물론 옛날부터 궁중에 봉사하는 관기를 시작으로 단순히 가무를 연주하고 그 보수로 먹고 입음에 그치지 않고, 하룻밤 4, 5원의 보수로 음(淫)을 팔고, 공공연하게 이를 행하기를 꺼리지 않는다. 이 관습이 이제 또한 의연하게 그 흔적을 끊을 수 없어 기생의 직업은 앞글과 같이 지위 여하에도 불구하고 매음으로 그 부업으로 삼는 연혁이 있음으로 저들이 그 신분을 벗고 사람의 처첩이 되어도 그 습관의 힘(惰力)은 결코 변경되지 않고 이에 소위 은군자라는 것을 만들기에 이르렀다.

은군자는 두 가지로 구별한다. 하나는 기생을 폐하고 사람의 처첩이 되어 생활의 곤란이 없어도 자기의 허영적 욕망을 만족시키기 위해 매음(賣淫)하는 자이고 하나는 생활곤란 때문에 그만두지 못하고 여기에 종사하는 자로서 사람의 처첩이 되는 것과 단독으로 하는 것으로 구별할 수 있다. 이들 은군자가 하는 매음의 방법은 매개자를 방문케 하여 사람의 처첩이 될 것을 의뢰하고 매개자는 상당한 수수료를 얻어 이를 주선하여 남녀간에 영원할 것을 맹세하고 1, 2개월간 표면으로는 부부와 같은 상태를 지속하는 사이에 은군자는 종종 악랄한 수단을 사용하여 금전 또는 물품을 탐하고 남자의 재력이 다하는 것을 보고 결국 이별하는 방법을 채택한다. 갑을이 바뀌어 그것을 멈추게 하는 바를 알지 못한다.

조선에는 예부터 상하를 통함에도 불구하고 사정이 허락하지 않으면 술과 음식을 주어 무상의 오락을 하는 폐풍이 있는데 이들 호색한은 공공연하게 금력으로 자유롭게 얻는 기생을 함부로 하는데, 아직 자신의 욕망을 만족시키지 못하게 되면 사람의 처첩에 대해 비밀리에 정을 통하기에 부심하고 처첩도 역시 본부 몰래 정부를 만들어 금품을 탈취하려고 기도하며 색마의 유혹을 기대하여 서로 호응하려 애쓴다. 결국 이른바 정의 약속(情約)을 금세 성립하고 은군자는 금고(弗箱, 도루바코)를 획득하는 것으로 몰래 기뻐하고, 색마는 사람의 처첩을 횡령하여 본부의 질투를 일으키는 것을 무상의 명예로 하여 지인에게 말하여 수완이 좋을 것을 자랑하고 부지불식간에 막대한 금품을 빼앗기는 경우도 적지 않은 것은 세상 사람들이 잘 알고 있는 바다.

위와 같이 기생과 은군자의 연혁과 현상을 개관했지만 이들이 예부터 금전을 위해 음(淫)을 팔고 절조를 파는 사실은 의연하게 계속되고 있다. 단, 이에 주의를 요하는 점은 한국 시대에는 사람의 처첩이 되는 자로서 타인과 정을 통하는 경우에는 참수의 극형에 처한, 즉 이제 현시에 이러한 형벌이 없는 것을 기회로 하여 처첩의 신분이 있는 자가 도도히 잇달아 은군자가 되는 일이 많은 현상에 따라 생활난은 더욱 이러한 매음부를 증가시키고 있어도 매음의 방법은 이미 서술한 바와 같이 내지인과 달리 일단 처첩인 관계를 만들고 저들이 수수하는 금품은 정부에게 임의로 맡겨두는 형식으로 그 단속은 보통과 같은 수단으로는 도저히 그 목적을 괄철할 수 없다. 이것이 조선인의 밀매음 검거가 곤란한 이유다.

18. 사창 단속에 대하여(1917. 1.)

사창 단속에 대하여
「私娼取締に就て」, 『警務彙報』 137, 1917. 1.

　사창(밀매음)은 어느 사회 어느 시대에도 존재하지 않는 경우가 없고 사회의 진보와 도시의 팽창은 한층 그것의 폐해를 조장한다며 마치 문명이 낳은 것인 양 기이한 시각을 보이는 경우가 많다. 하지만 사창의 발호는 사회의 음란하고 저속한 풍속을 가져오고 그로 인한 나쁜 감화의 영향은 이루 헤아릴 수 없을 만큼 있기 때문에 당국은 가차 없이 엄중한 단속을 가해야 한다.

　공창은 생업(稼業)을 하는 장소에 대해서나 또는 여행, 외박 등에 관해 제한을 가하고 있는데 그 때문에 그것이 풍기에 미치는 해악을 최소한도로 그치게 할 수 있다. 그러나 사창은 이에 반해 그 폐해가 심하다. 이를 내지인(內地人)에서 살펴보면 예기, 작부, 또는 요리옥, 음식점, 유희장 등에 고용된 여자 또는 부녀 등 사이에서 이루어지고 있고 특히 음식점의 고용녀 중에 많다. 기타 값싼 숙박소 또는 뒷골목주택(裏長屋) 등에 숨어서 돈을 벌러 나가는 식의 방법으로 음란을 행하는 자가 있다. 또한 조선인의 경우 그들은 기생 같은 이전 관기라 칭하던 때와 달리 쉽게 음란을 행하는 것을 꺼리지 않는 일도 최근 심하게 있다. 또한 객주(客主) 또는 주막이라 칭하는 숙박소나 음식점 또는 주점에 해당하는 영업을 하는 주부는 대체로 사람의 첩으로서 매음행위를 그의 부업처럼 삼는 것도 꺼리지 않는다. 그러한 관행은 첩의 남편인 자도 역시 이를 굳이 수상쩍게 여기지 않는 듯하다. 또한 통칭 은군자(隱君子)라 부르는 것이 있는데 이는 조선인의 고등 매음부로서 대체로 기생인 자가 누군가의 첩이 된 후에도 종래의 방종한 생활에 익숙해 있는 탓에 생업을 기피하거나, 또는 그의 허영심에 기초한 욕망을 충족시키기 위해, 또는 단독생활을 하면서 생계의 곤란에 빠지는 등의 이유로 인해 추업을 하기에 이르는 자가 그 다수를 점한다. 그렇듯 주막 등의 주부가 매음하는 행위는 적은 보수를 받고 이를 행하는 데 지나지 않는다 하더라도, 이 은군자는 온갖 악랄한 수단을 구사해서 부호의 자제를 유혹하여 금전, 물품을 참하여 자산을 탕진하게 만들기 일쑤이니, 그 폐해는 참으로 우려할 일이다.

종전에 조선에서는 지방개발 측면에서 풍기 단속과 관련해 다소 엉성하게 처리해 온 면이 없지 않다. 총독부 정치가 시작되는 전후 당시의 상태를 추억해 보면 경성과 각 개항지, 기타 중요한 시가지에는 작은 요리옥과 음식점 등 도처에 산재하여 고용한 부녀로 하여금 분칠을 하게 하여 공인 가시자시키를 가장하는 듯하는 것을 볼 수 있었다. 1910(메이지 43)년 7월에 구 한국 경찰권이 위임된 후 일반 풍기 긴축의 목적을 가지고 대략의 방침을 정하고 중요한 시가지에서 풍속상 특별히 단속할 필요가 있는 업을 영위하는 자는 일정한 지역(유곽)을 정하여 그곳으로 이전해 영업하도록 했다. 그리고 이에 이어 작은 시가지에서는 엄격한 의미의 유곽을 설치하는 것이 어렵기는 해도 한 개의 정(町) 또는 한 지역을 한정해 후일 지역의 발달에 따라 유곽을 설치할 수 있게 될 때까지 영업하게 하는 방법을 취함으로써 다른 상가 등과 잡거 상태에서 넓은 지역에 한해 허용했다. 종종 어떤 도에서는 전술한 방법에 대하여 추가로 예외를 인정하여 산간지의 숙소 역 또는 벽지 등 적막한 지방에서 부득이 한 경우에는 완전히 지역 없이 영업할 수 있게 하는 경우도 없지는 않지만 대체로 전술한 제한 방침에 의한다. 그와 같이 시중에 잔존하는 영업자에 대해서는 보통의 요리옥이나 음식점으로서 영업하는 외의 매음행위는 이를 엄하게 금지하는 방침을 통해 그 단속에 힘쓰고 있으므로 이래로 해가 갈수록 풍기의 확청(廓淸)을 보기에 이르렀다.

당국은 또한 누차 연구를 거듭하여 특히 조선인의 업체에 대해서는 그 내용과 관행 또는 그에 수반하는 폐해들에 관하여 신중한 조사함으로써 단속을 하는 데 가장 적당한 법규를 제정할 것을 계획하였다. 이들 매음행위는 시대의 여하와 상관없이 그 존재가 보이지 않는 것은 아니며, 종교가와 교육가가 창도하는 것처럼 절멸주의를 취하고 법령을 통해 이를 엄하게 금지하여도 사실상 그 흔적을 끊는 것이 아마도 불가능하다. 그리고 또한 죄악이라 하더라도 무턱대고 중형을 부과하는 죄질도 아니어서 이것을 없애는 것은 무릇 쉬운 일이 아니다. 그렇다면 오히려 이를 자유에 위임하여 아무런 제한 없이 암암리에 사창을 행하게 하고 일면에서는 건강진단에 힘써 병독의 전파를 방지하는 방법에 의하지 않고 유곽에서는 밖으로는 매음행위를 표방하는 공창을 피하려는 풍조를 조성하기 위해서 다시 1910년 이전의 구태로 돌아가 사창이 시중의 도처에 무한히 증가하는 결과를 낳으려 이에 촉발되어 빈둥거리는 자들이나 부랑자, 범죄자 또는 불량소년이 늘어나고 또는 화류병으로 인해 신체가 박약한 자를 내는 등 그 폐해가 속출하기에 이르렀다. 따라서 조선의 현재 상황을 감안하여 사창의 단속은 차제에 절대적으로 엄하게 금지하는 방침을 취하기로 하고 이러한 취지에 따라서 작년 3월에 경무총감부령 제2호 내지 제4호를 통해 요리옥음식점영업단속규칙, 예기작부예기오키야영업단속규칙 및 가시자시키창기단속규칙을 발포하고 5월 1일부터 이를 실시하였다. 그중에서도 요리옥, 음식점, 예기, 작부 또는 예기오키야에 관한 단속규칙은 밀매음 행위에 대해 엄밀한 규정을 마련하고 고용 부녀 또는 가족까지도 단속의 범위 안에 추가하였다. 또는 폐해가 발생하기 쉬운 숙박소의 겸업을 금하고 또는 단속상 필요하다고 인정되는 경우에는 이들 영업자에 대한 영업 지역의 한정이나 고용 부녀의 인원의 제한 등을 할 수 있도록 기타 적절한 사항을 규정하여 남음이 없다.

19. 판결례 : 밀매음매합죄와 그 구성(1917. 2.)

판결례 : 밀매음매합죄와 그 구성

「密賣淫媒合罪ト其構成」, 『警務彙報』 138, 1917. 2.

1916(大正 5)년 레(れ) 제2749호
1917년 1월 22일 선고

밀매음 행위에 대해 당사자의 쌍방 또는 일방은 미리 밀매음을 하거나 또는 그 상대방과 할 의사가 있거나 없거나를 상관하지 않는다. 또 당사자인 쌍방 또는 일방에 대해 음사(淫事)의 매매에 관한 권유를 했는지 하지 않았는지 상관하지 않는다. 또 당사자인 쌍방 또는 일방과 서로 모의하거나 그 위탁을 받은 경우 또는 그렇지 않은 경우에 따라 구별하지 않고 모두 당사자 사이에 개재하여 쌍방 또는 일방의 의사를 전하여 밀매음에 관한 뜻을 합치시키는 행위는 밀매음매합죄를 구성하는 것으로 한다.

20. 판결례 : 밀매음방조죄와 그 구성(1917. 2.)

판결례 : 밀매음방조죄와 그 구성
「密賣淫幇助罪ト其構成」, 『警務彙報』 138, 1917. 2.

1916(大正 5)년 레(れ) 제2749호
1917년 1월 22일 선고

　　타인 사이에 밀매행위가 있을 경우에 방조자가 당사자 일방의 매음을 하는 사정을 알고, 단지 상대방이 되는 자에 대해 밀매음 유흥을 권유하는 행위는 의사(意思) 합치에 관한 매개를 하는 것은 아님으로 방조죄를 구성하는 것으로 한다.

　　[판결 이유] 경찰범처벌령 제1조 제2호에는 밀매음을 하거나 그 매합 또는 용지를 한 자라고 규정하여 밀매음매합죄를 성립하는 것은 (一) 타인 사이에 면허를 얻어 하는 매음행위를 하는 것 및 (二) 그 매음을 할 의사를 합치함에 대하여 매개를 하는 것을 요함에 따라 매음을 할 의사의 합치에 관해 매개하는 방법에 따른다. 다른 방법으로 방조하는 행위는 혹은 밀매음용지죄를 구성하거나 또는 경찰범처벌령 제4호에 따라 해당 령(令) 법류위반행위의 방조죄를 구성하는 것이지만, 앞의 밀매음매합죄를 구성하는 것은 아닌 것이다. 따라서 밀매음 행위에 대해 당사자 쌍방 또는 일방에 이미 밀매음을 하거나 그 상대방과 할 의사가 있거나 없거나 상관하지 않는다. 또 당사자 쌍방 또는 일방이 모의하거나 그 위탁을 받는 경우나 그러지 않은 경우에 따라 구별하지 않고 모두 당사자 사이에 개재하여 쌍방 또는 일방의 의사를 전하여 밀매음을 관한 의사를 합치시키는 행위는 밀매음매합죄를 구성하는 것에 의심이 없지만, 타인 사이의 밀매음 행위를 권유하는 행위는 의사의 합치에 관해 매개를 하는 것이 있지 않음으로 경찰범처벌령 제4조의 방조죄를 구성하는 것으로 한다. 원 판결의 판시 사실은 피고 치요(チヨ)의 행위로써 공동 피고인 야스(ヤス)의 밀매음을

하는 사정을 알고 기구치 구마타로(菊地熊太郎)에 대해 밀매음 유흥을 권유하는 데 그쳐 야스 및 구마타로는 직접 밀매음에 관한 의사를 합치시켰음을 인정할 수밖에 없다. 따라서 원심이 이를 해당 령 제4조의 방조죄로 처벌한 것은 정당하다는 논지는 이유 없다.

21. 스가 시게오, 창기를 구제하라(1922. 9.)

함남경찰부 스가 시게오, 창기를 구제하라
咸南警察部 菅繁雄,「娼妓を救濟せよ」,『警務彙報』208, 1922. 9.

인생에서 비참한 일로 정조 유린보다 심한 것은 없다. 지금 창기의 구제는 가장 급한 용무이며 인도 차원에서 하루도 간과할 수 없는 바다.

이 때문에 내지의 각 부현은 그 일이 급한 용무임을 느끼고 벌써부터 그 일에 착수하여 순조롭게 실적을 올리고 있다고 할지라도 조선에서는 구제의 실적이 극히 작아서 볼 만한 것이 적다. 이는 1919년 소요 사건 이후 조선 내의 인심이 진정되지 않고 경찰의 주력은 오로지 고등 방면에 집중되어서 보안 사무나 위생 사무 같은 것도 콜레라 등의 기타 방역 사무 이외는 의사 보건 사무 등을 돌볼 수 없는 상황에 있다고 하지만 참으로 유감을 금할 수 없는 바이나 필요상 부득이한 것이었다.

바야흐로 반도는 차츰 평정으로 돌아가고 불령 도배의 출몰이 적은 때에 즈음하여 이들 사무 개선에 한층 더 노력을 다하는 것은 문화 정치의 열매를 더욱 발전시키는 방도다. 이것이야말로 지난한 일에 속하여 갑자기 만전을 기하기 어렵더라도 다만 그 국면에 있으나 누구도 정복하지 않고서는 멈추지 않는 단호한 정신으로 임함에는 반드시 머지않아 그들을 곤경에서 구제할 수 있을 것이라 믿는다. 용기를 북돋아 신속하게 구제하지 않고서는 가능하겠는가.

지금 각지에서 이들 사회의 실황을 보건대, 전차금 수백 원의 창기가 생업 4년의 현재 전차금을 상환할 수 없을 뿐만 아니라 게다가 수백 원의 빚을 얻어 언젠가 폐업할 것을 염려하는 자 그 수를 모른다. 평소 행실이 좋고 연기(年妓)도 4, 5년 하여 전차금의 얼마간을 상환하는 자는 양호한 자로서 이 기간에 전부 변제할 수 있어서 폐업함에 이르러서는 거의 손꼽을 만큼 드물고 포주의 위압도 들게 되면 실로 너무 많아서 일일이 셀 수 없다.

반대로 포주 측을 관찰하건대, 개업 몇 년 만에 엄청난 부를 축적한 자가 적지 않고 그 생활 태도는 귀족 이상으로 정도가 큰 자다. 이는 도대체 어떤 콘트라스트인가. 부모 또는 자식으로 부르는 관계에서 그 경우의 천양지차는 대단하다. 세상 사람들은 포주에 대해 말하건대, "창기를 매물로 삼아 고혈을 짜서 마시는 동물과 같은 것이다"라고 했는데, 참으로 급소를 찔렀다고 해야 하겠다.

나는 이 같은 의견을 품은 지가 오래되지만 여태까지 그 기회를 얻지 못하다. 우연히 느끼는 바가 있어서 이 원고를 쓴다. 다행히 찬동한다면 전 조선 3,600명의 창기를 구제하기 위해 기꺼이 조력해 주기 바란다.

그들 중에는 낫 놓고 기역 자도 모르는 자가 많고 보통 교육을 받은 자는 적고 문맹이므로 포주의 대차부(貸借簿)를 보여 줘도 보이지 않는다. 대장에 날인을 강요당해도 문자를 모르므로 어떤 내용이 쓰여 있는지를 모른다. 문자를 이해하는 것으로 빚의 현재 액을 구하지만 말을 좌우에 부탁하여 장부를 보지 못하기 때문에 언제 자유의 몸이 되는지를 알 수 없어서 그들로 하여금 점점 더 자포자기에 빠지게 하는 사실은 자주 신문에서 산견되고 실제로 6월 7일자 경성일보도 이 같은 기사를 보도하였다. 3,600명의 창기는 대개 이와 같다. 그런데도 타인으로부터 구제되지 않기 때문에 스스로 창기의 처지를 탈출할 수 있는 힘이 없다. 타인이란 누구인가, 위정자를 두고 또 있어야 하는가. 우리 위정자는 인도 차원에서 그들을 구제할 의무를 통감하는 자다.

지난 달 모일에 바쁜 근무를 할애하여 어떤 지방에 있는 각 기루에서 창기가 먹는 음식물 조사를 하였는데 그 초라한 식사는 상상 밖으로 아연실색하여 말할 바를 몰랐다. 들은 바에 따르면 그들은 1일 2식, 게다가 대개는 쌀과 보리를 썪은 것이거나 혹은 매일 죽만 제공되고 반찬으로는 무 절임, 된장국의 한 상, 한 종류, 한 접시(一膳一種一皿)이며 어육류 조각을 첨가하는 것은 1개월에 몇 번밖에 나오지 않는다. 매우 초라한 식사라 하더라도 다량으로 취한다면 배를 채울 수 있겠지만 매번 많이 제공되지 않은 데다 무절임 한 접시 정도만으로 어떻게든 상을 향해 젓가락을 들 용기가 있겠는가. 나머지는 듣는 것만으로도 가련하여 동정의 눈물을 금할 수 없다고 한다. 장년인 사람은 어떻게 이런 초라한 소식으로 만족할 것이며 조금도 보충하는 것 없이 어찌 살 것을 얻을 것인가. 부득이하여 보급은 음식점에 의존하여 밀국수와 경단 값과 메밀 값이 수십 원으로 불어난 것은 이것 때문이다. 이리하여 빚은 점점 더 늘어서 전차금을 내지 않고 도망칠 수 없는 처지에 빠질 뿐이다. 창기가 손님에게 음식을 조르는 것은 당연하다. 그들은 마음에 불만을 품지만 호소할 데가 없다. 더 좋은 음식을 제공받고 싶다는 따위의 주장을 한다면 창기 주제에 분수가 있지 라고 금세 포주의 노여움을 사고 위압을 받는 것 일이 불을 보듯 분명하고 뻔하기 때문에 이를 두려워하여 인종할 뿐이다. 포주 대 창기의 참된 융화도 바랄 수 없는 것이다.

몸에 화장을 하고 객석의 손님 가까이에서 모시어 섬긴다. 세상의 경박한 물정에 빠진 계집의 입장에서 이를 보면 창기의 처지는 선망을 금할 수 없는 법이 없지 않지만, 하루아침에 그 내막을 보면 어떤 것도 빈축을 사서 하루벌이에 종사하는 것도 바랄 수 없을 것이다.

1년 365일 하루의 휴일도 없이 밤낮을 가리지 않고 오월의 손님을 택하고 육체를 판다. 어떤 때는 비위를 맞추려고 나쁘다고 말하여 철권을 먹게 된다. 또는 쟁반이 나는 일이 없음을 보장하지 못한다. 어떤 때는 병으로 견딜 수 없지만 무정한 포주의 체면과 환고를 참고 손님을 받지 않을 수 없고 기루에서 노는 손님은 미남, 추남 장년, 노년, 관공리, 병사, 회사원, 농공상 노동자 등 인종 여하, 동서양을 가리지 않는다. 더군다나 손님의 대부분은 주기를 띠고 있기 때문에 교접 시간이 오래 계속되는 고통을 참는 일이 있다.

무릇 국가가 법규를 제정하는 이유는 사회 질서를 유지하고 인민의 복리를 증진하는 데 있다. 그리하여 법의 대상인 법익의 경중은 생명을 제일로 삼고 신체, 명예, 재산의 순위다. 그러므로 부인의 정조는 법이 중히 보호하는 바다. 당연한 일이지만 정조는 여자의 생명보다도 귀중한 것이기 때문이다. 그런데 창기는 정조를 파는 일을 공허(公許) 받아 이성을 위해 금전의 희생이 되어 음탕함을 팔면서도 법이 금하는 인신매매라고 하여 감히 조금도 택할 바가 아니다. 그와 같은 계약 기간 내에 변제 종료까지 매음을 위해 피도 눈물도 없는 주선업자의 손으로 피를 빠는 귀신과 같은 포주 밑으로 팔렸다.

법은 어째서 인신매매를 금지하며 창기 생업을 금지하지 않고, 오히려 공허하는가. 이는 최근에 세계 문제가 되어 부인 식자들이 열심히 폐창을 소리 높여 주장하는 바 구세군의 자유 폐업을 선전하는 이유 또한 여기에 있다. 도덕에 어찌 갑자기 함께 붙일 수 있겠느냐.

창기는 현실적으로 풍기 단속 차원에서 일종의 감금된 자다. 허가를 받은 자가 아니라면 경찰에 출두하는 것 이외는 유곽 구역 밖에서 한 걸음도 내디딜 수 없다. 밖으로 나오면 바로 법의 제재를 받는다. 이와 같이 안에서는 물질적 및 정신적으로, 밖에서는 더욱더 심한 법의 위압이 있다. 게다가 안팎에서 위안을 제공받을 수 없고 수 연월일 무휴에는 남성의 희생물로 자임한다. 사회에서 고양이와 말과 같이 싫어하여 아주 물리쳐 버림받지만, 조롱하는 손님의 매도를 당하는 것도 굳이 이를 참는다. 그 실정을 그렇게 느끼면 하루도 강 건너 불 보듯이 할 수 없다. 하물며 인민 보호의 중임을 맡은 자는 어찌 이를 구제하는 데 주저할 수 있는가.

창기가 이 사회에 몸을 던지는 것은 대개 부모의 빚으로 인한 자가 많다. 또는 계모에게 학대당해 가출한 자도 있다. 탐욕스런 부모의 술값 또는 축첩의 희생이 되어 몸을 던지는 자도 있다. 어찌 기꺼이 스스로 홍등가에 몸을 던지는 자가 있겠는가. 창기로 전락하게 된 이유는 이미 말한 대로와 같다. 일단 이와 같이 해서 생업에 종사하면 다시 떠오를 수 없는 것은 진흙이 많은 연지(蓮池)에 몸이 묶여서 던져지는 것과 같다. 어찌 벼랑에 서서 이를 방관할 수 있겠는가. 더구나 사람은 모두 이상의 부군을 찾는 데 급급한 청춘의 시대에 연못에 빠져도 구세주가 없기 때문에 애석하게도 이 호기를 잃고 색 바랜 중년 여인이 아니고는 떠오르지 않는 그들의 슬픈 지경을 생각하면 알 수 있다. 기루에 놀러가서 그들을 희롱하는 일이 있으면 시험 삼아 그들의 실제 사정을 들어보기를 바란다.

    태양은 찬연히 만물을 비춘다. 법도 또한 귀천 빈부 노약 남녀를 논하지 않는다. 이를 보호한다. 7천만 명의 제국 신민 모두 형제자매다. 곤경에 빠지고 쇠락하는 우리 동포를 속히 구하라. 하루라도 빨리 보안에 직을 둔 자는 계약의 불확실 상태를 개선하고 빚의 하루 분이라도 빨리 줄이는 것을 강구하고 공휴일을 제공하는 등 위안의 길을 강구하고 아울러 그들의 자각심을 환기하라. 그대가 위생직에 종사하고 있다면 밀매음자의 건강진단을 엄격히 실행하고 그들을 주막에서 일소하고 창기를 괴로운 처지에서 구할 것이다. 손님에게 제공하는 침구, 음식 기구 등의 청결과 불결을 논하는 것은 애초에 이는 지엽적인 문제일 뿐이다. 어째서 눈을 크게 뜨고 사회의 표리를 투시하고 노예와 같은 비참한 지경에 빠진 그들의 실정을 통찰하지 않는가. 그들을 구제하는 것은 오로지 우리의 두 어깨에 있다. 단호하게 실행한다면 귀신도 피할 것이다. 그러므로 우리는 일치 협력하여 그들을 구제하는 방책을 강구한다면 반드시 목적을 달성할 수 있을 것이다. 인민 보호의 칼을 차는 자는 어째서 이 노고를 아끼지 않는가. (7월 19일 밤에 기초하다)

22. 무라야마 쇼이치로, 경찰 단속과 그 사회적 고찰 (1)~(2)
(1926. 1.~2.)

경상남도 경찰부장 무라야마 쇼이치로,[9] 경찰 단속과 그 사회적 고찰 (1)
慶尙南道警察部長 村山沼一郎,「警察取締と其の社会的考察(其の一)」,
『警務彙報』237, 1926. 1.

> 본고는 내가 매월 부원을 대상으로 하는 실무 강연의 최근 분량으로 본지 본호 부록 경상남도판에 게재한 것이다.

경찰은 그 업무의 특성상 사람의 권리를 제한하거나 또는 자유를 구속하는 일이 많기 때문에 추상적으로 경찰권에는 일정한 한계가 있으며, 이를 발동하는 데는 각 법규의 근거를 요한다고 배웠다. 그것은 법치 조직의 행정 작용으로서 당연한 것이라 굳이 이의를 제기할 여지가 없다. 그러나 기존의 경찰에 관한 설명이나 연구는 대체로 법률에만 치우치고, 법률적 고찰하에 너무 법률적으로 고조되었기 때문에 경찰 업무라고 하면 두말할 것 없이 법률 현상이라고 생각해서 법률의 집행 적용 말고는 경찰의 일이 아니며, 법률 지식이 없으면 하루도 그 직무를 행할 수 없는 것처럼 여기고, 현저하게 법률 편중 사상에 휩싸여 법률 지상주의로 기울어 가고 있다. 물론 법률을 연구해야 할 필요성이 경찰관에게는 절박하고 긴요하며 이를 연구하는 것에 반대하는 것은 아니다. 우리는 법률에 관한 지식이 많으면 많을수록 직무 집행에 편의가 많아져서 유익하고, 법률 지식을

---

[9] 1882~사망년 미상. 니가타현 출생으로 1907년 도쿄고등사범학교 본과 수학물리화학부를 졸업했다. 중학교 등 교유(教諭) 생활을 거쳐 1914년 문관고등시험 행정과에 합격했다. 도치키현 시학 등을 거쳐 조선총독부 참사관, 경상남도 경찰부장, 경무국 위생과장, 함경남도 내무부장을 역임했다. 1930년 요코하마시로 돌아와 이사, 중앙시장장 등을 역임하고 1935년에 퇴임했다(秦郁彦編『日本官僚制総合事典1868-2000』, 東京大学出版会, 2007. 210쪽: https://ja.wikipedia.org/wiki/).

다분히 가지고 있다는 것은 우량 경찰관이 되는 하나의 요건이긴 하다. 이런 법률 편중, 법률 지상주의는 결국 우리의 사회생활 공사(公私) 양쪽에 걸쳐 모든 것을 법률 현상으로 파악하거나 단순히 법률적으로 고찰하기만을 잘하고, 다른 것들을 전혀 돌아보지 않는 폐단에 빠지게 한다. 이러한 경향은 단지 경찰관뿐만 아니라 오늘날 일반 행정관 역시 마찬가지인데, 법률 편중 사상을 품고 법률 지상주의로 기울어 법률의 힘을 과신하고 또 사회 일반 사람들도 법률에 지나치게 의지하는 것처럼 관찰된다.

우리 일상의 공사 생활을 관찰하는데 법률을 편중하는 사람들이 믿는 바와 같이, 물론 법률상의 행위도 있지만, 그 대부분은 법률에 관계없이 이루어져서 법률이 문제가 되지 않는 사실 행위가 매우 많다. 물론 법률 관계가 많다고 생각되는 우리의 직무 행위에서도 법률과 관련이 있는 법률 문제로 보아야 하는 일은 의외로 적다. 또 법률과 관련 있는 일이라도 그것을 법률 현상이라고 간주하고 법률적으로 해석하고 그 법률적 효과 등을 하나하나 염두에 두고 상대방도 역시 그러한 생각으로 일상 행위를 하는 것 같은 경우는 어지간히 이론만 좋아하는 사람이 아닌 한 매우 적다. 예를 들면 시키시마(敷島) 1개를 구하고자 하는 매매는 계약의 일종으로 민법에 규정된 법률 행위이기 때문에 유선 계약 신청을 하여 의지표시의 합치 결과 매매라는 계약이 성립해서, 매수하는 나는 15전을 지불하고 매도하는 담배 장사가 시키시마 1개의 소유권을 나에게 이전했다고 생각하고 담뱃가게에 들러 담배를 사는 느긋한 사람도 없을 것이다. 보통 사람은 고작 15전과 시키시마 1개를 교환했다는 경제 현상이 있었던 것에 지나지 않는다고 볼 것이다. 또 전차를 운전하고 있는 것을 보고 전차가 운송 계약 신청을 모아서 달리고 있다고 생각하거나 자신이 전차에 뛰어오르면 그 순간부터 운송 계약이 성립되어 채권·채무 관계가 성립된다는 식으로 생각했다면 어떨까? 일상생활이 너무 번거로워서 도저히 참을 수 없지 않을까? 우리가 경찰관으로서의 공적 생활에서나 진정한 의미에서나 법률적 행위를 하고 있는 경우 또한 마찬가지로 매우 드물다. 가장 법률과 관련이 깊은 범죄 수사와 같은 경우도 그 근본적 규정은 형사소송법에 규정되어는 있지만, 형사 활동의 대부분은 법률과는 관련 없는 사실 행위다. 형사소송법에 정통한 것이 가장 범죄 수사에 뛰어나다고는 할 수 없을 것이다. 형사소송법을 아무리 연구한다 한들 범인을 잡지 못할 것이다. 기타 일상 경찰관으로서 하는 직무 행위도 법률과 관계없는 사실 행위가 대부분을 차지하고 있다고 하는 것은 서로 일상에서 직면하고 경험을 계속하고 있는 사실이다. 결론적으로 우리 사회적 생활은 법률에 따라서 규율된 법률 현상뿐만이 아니며, 그것은 아주 적은 일부분이며 모든 것은 단순 또는 복잡한 사실적 현상 또는 활동의 연속에 지나지 않는 것이다. 그중에서 아주 작은 부분에 사유의 과정에 법률적 고찰을 더해 사색에 수단으로 삼는 것에 지나지 않는 것이다.

이처럼 경찰관이 법률 편중, 법률 만능, 법률 지상의 폐해에 빠지거나 사회의 사건을 너무 법률적으로 취급하거나 그것을 법률적으로 관찰하려고 하는 경향은 단지 현재의 경찰관 개인의 책임으로만 돌리는 것은 무리일 것이다. 종래 일반적으로 경찰관 교습소에서의 교수(敎授)의 주요 교과목은 말할 것도 없이 전부 법률이며, 적어도 법률과 관련 있는 것들로 법률적 지식 주입에 주안점을 두고 있다. 겨우 3개월이라는 단기간에, 게다가 경찰관의 실무와는 그다지 관계가 없는 법학통론이나 육법전서의 축약본과 같은 교수 요목(要目)을 통해 교양 수업을 받은 경찰관의 법률적 지식 수준은 미루어 짐작할 만하다. 순사부장 채용 시험이나 경부고시(警部考試) 시험 등에서도 그 과목이나 시험 문제를 볼 때 대부분은 역시 법률에 관련된 법률 중심의 관(觀)이 있다. 이러한 제도하에 오랫동안 교양 수업을 받은 경찰관이 전통적으로 이러한 경향이나 사상에 길들여지는 것은 어쩌면 도리 없는 일이고, 그 책임의 절반은 제도 그 자체에 있다고 해야 한다. 원래 이러한 전통적 교양 시험 방침을 개선해서 점차 실무 본의로 나가게 하려고 노력하려 해도 아직 일반적으로 제도로서 인용(認容)하는 경지에 달하지 않는 것을 유감으로 생각한다. 이러한 면은 단순히 경찰관뿐만 아니라 일반 행정관 채용 시험 같은 경우에도 마찬가지로, 법과 중심, 법률 편중의 흔적이 역력하다. 물론 경찰관은 법률 집행을 중대한 임무의 하나로 하고 있다. 하지만 법률 규칙의 집행 그 자체가 경찰관 임무의 전부가 아닐 뿐만 아니라, 법률 규칙의 해석 적용이라고 해도 사법관이 법률을 해석하고 범죄인에게 판결을 언도하는 것처럼 결코 그리 간단한 일이 아니다. 다만 문리와 논리의 형식적 해석을 통해서만 그것을 집행하고 만족할 수 있는 것이 아니다. 법규의 표면에 드러나는 문구의 하찮은 부분에 파악할 수 있는 문자 해석 내지 형식적 논리 해석에 필요 이상으로 집착하는 것만이 진짜 법규라고 생각하지 말아야 한다. 법률의 문화적 가치와 사회적 사명을 측정 비판한 다음 그것이 합리적으로 해석 적용을 하는 총명함을 가지고 있어야 한다.

원래 법률 규칙도 역시 여러 사회 현상과 함께 하나의 사회 현상이다. 이 문화 현상으로서의 법률 규칙은 일반 문화와 함께 과거로부터 현재에 각 문화 시대의 특징을 부하(負荷)하면서 변천해 온 것이며 또 다가올 미래에도 그 시대에 순응하면서 새로운 경향을 띠려고 하고 있는 것이다. 법률은 다른 문화 현상과 비교하면 가장 보수적이다. 아마도 그 안정성과 그 자신의 생명으로서 있기 때문이다. 하나의 문화시대로부터 다른 문화시대로 이행하는 과도기에는 법률 규칙은 가장 뒤떨어져서 추이 변화한다. 그러나 법률의 보수성이 아무리 완고하게 전통적 법리를 유지하고자 하더라도 시대의 사회생활 요구는 그 자신 안에 수많은 예외적 법리를 키워서 새로운 법리의 구성을 촉진한다. 결국에는 예외가 원칙이 되어서 거기에서 새로운 법률 문화시대가 도래하게 하는 것이다. 법률은 어느 시대에나 정의를 생명으로 한다. 후대에 보면 아무리 불합리하게 보이더라도 그 시대에서는 그 사회가 정의로서 요구한 것이라면 그 시대에서는 올바르고 조리에 맞는 법률이라고 해야 한다. 시대가 19세기에서 20세기로 바뀌면서 사회생활의 사상(事象)은 점점 더 복잡하고 다양해졌다. 기계 문명의 부단한 진보와 인구의 한 없는 증가가 20세기 인류로 하여금 생활고를 더욱 느끼게 할 수밖에 없다. 특히 대전 후 사상에 일대 변화와 진화를 가져왔다. 사상적으로나 경제적으로나 혼란 정체가 계속되고 있는 현대에는 한층 그 생활고를 통감할 수밖에 없게 되었다. 이처럼 생활고는 현대사회로서 정의라고 하는 바의 내용으로 점차 변천을 가져올 수밖에 없다. 여기에 사회적 정의관념의 변화 진전이 눈에 띈다. 따라서 기존에 자기의 훈도(薰陶)된 정의만을 가지고 유일한 정의라고 믿고, 자기가 배운 법률 사상을 가지고 유일한 진리라고 간주하여 기존의 법률 규칙을 현대사회 사정에 그대로 적용하려는 자세, 거기에 무리와 모순이 생겨서, 현대의 정의는 결국 그 존재가 희미해지고, 소위 법망이 결국 촘촘해져서 부정(不正)이 발호가 심해지지 않을까 우려되는 면이 있다.

　법률의 규범과 사회의 실제가 바르게 일치하는 것이 가장 바람직하다. 사회 사정이나 경제 사정에 순응해서 법률 규범의 내용도 역시 스스로 변화해야 한다. 그런데 오늘날 사회의 진전 방식, 혹은 움직임은 좀처럼 일진월보(日進月步)하지 않는다. 그 진화 변천은 실로 급격하며, 새로운 사회상이나 사실이 줄줄이 출현하는 현대에서 아무리 바람직하다고 해도 법규의 내용과 사회의 실제를 일치시켜 가는 것은 매우 어렵다. 따라서 오늘날의 양법(良法)이 반드시 내일의 양법이라고 하기 어렵다. 즉 사회의 실정과 법률 규범의 내용은 그에 상당한 거리가 발생하게 되는 것은 참으로 싫은 일이지만, 피하기 어려운 흐름이라고 할 수밖에 없다. 특히 법규는 개인을 대상으로 해서 제정되는 것이 아니라, 1개 도(道)나 조선 전체나 1개 부군의 식으로 넓은 일정 구역에 있는 민중을 상대로 하기 때문에 필연적으로 통일적·획일적 성질을 띠게 되는 데 반해서, 우리의 생활이나 개성은 천차만별이다. 그를 통일된 규칙으로 일률적으로 구속하려면 이것의 집행을 담당하는 사람이 어지간히 총명하고 구체적 타당성이라는 것을 염두에 두고 행한다 하더라도 어딘가에서는 무리가 따른다는 것은 어쩌면 도리가 없는 일일 것이다. 또 근대와 같이 사회의 급격한 변화가 각 방면에서 속출하고 진행되어 감에 따라 그에 상응해서 모든 사회 현상을 모조리 법규를 가지고 규율해 가는 것은 아무리 법치국이라고 해도 도저히 가능한 일이 아니라고 생각될 뿐 아니라, 이렇게 모든 사회 현상을 법을 갖고 규율하는 것이 과연 옳은 일인지에 대해서는 상당히 의문이 든다.

사회 현상은 법규를 가지고 규율 가능한 일과 규율 불가능한 일이 있으며, 뭐든지 법규로서 규율하고 법률 현상화시키는 것은 결코 옳은 일이라고 생각되지 않는다. 또 법규는 앞에서도 말한 대로 보수적 경향을 띠는 것으로서 자연히 어느 정도 만들어진 법령을 가지고 발전하는 시대 사회를 규율한다는 것은 법규 본래의 성질로 보면 당연한 일라고도 할 수 있다. 또, 하나의 제정 발포된 법령은 시대 흐름의 변화에 순응해서 개정과 폐지를 한다고 해도 입헌 정체(政體)로서 각각 기관이 분설되어 있는 현대의 정치조직에서는 그처럼 간단하게 움직이기 어려운 사정에 놓여 있다. 이처럼 쉽게 개정과 폐지를 할 수 없다는 것이 현대 행정 조직의 특이점이며, 또 법률의 사회적 사용(使用)의 하나라고도 생각할 수 있다. 이렇게 보면 사회의 실정과 법률 규범 간에 상당한 간격 거리가 있다는 것은 어느 정도까지는 인용(認容)하지 않을 수 없을 것이다. 원래 위정자로서는 실제 사회와 법규의 내용을 될 수 있는 한 가까이 접근시키려고 노력해야 하는 것이 당연한 일인데, 아무리 노력해도 도저히 접근시키기 어려운 최소한도의 거리가 있는 것은 포기할 수밖에 없다. 과연 그렇다면 무엇보다 이러한 피할 수 없는 불비(不備) 결함이라고 한다면 법규의 해석 적용에서 그 조절점을 찾아내는 것 말고 어디에서 그것을 인정해야 할까? 여기에 법규에 집행할 임무를 가진 사람들이 많이 고려하고 활동해야 할 책임과 무대가 있다. "법은 사물(死物)이고, 그것을 적용하는 것은 인간에게 있다"라고 사람들이 흔히 말하는데, 실로 이러한 법의 활용이라는 것이 사회적으로 보아서 매우 중요한 의의를 갖는다. 그러지 않는 한 법률의 세계와 사회의 실제와는 상당히 벌어지게 되며, 법률은 결국 사회의 실제에 적합하지 않게 되고, 그 생명과 같은 정의의 옹호와 같은 것도 어느 새인가 어딘가로 자취를 감추고 정의를 물리치고 부정한 무리가 발호하는 결과로 이어져, 일반 세상 사람들로 하여금 법률을 진심으로 싫어하게 만들고, 법률을 이용한다는 것은 도의적 관념이 매우 희박한 사람들이 하는 것으로 법률과 도의는 완전히 별개의 것이며, 사회적 정의와 법률은 도무지 일치하지 않는다는 편견을 갖게 하고, 그것이 종국에는 여러 가지 사회악의 근원을 없애는 것을 어렵게 만든다. 이 때문에 현대의 총명한 사람들은 이 사회적 결함에 주목하면서 점차 법리의 전회(轉回)와 함께, 그 활용으로 뜻을 돌리려고 하는 것은 우리 경찰관도 배워야 할 점이다.

위에서 누누이 일반적으로 법률 편중의 폐해와 그 활용의 사회적 문화 가치에 대해 서술했다. 일반 법률보다 경찰법규, 특히 각종 단속법규에서 이런 경향의 결함이 특히 현저하다. 본래 경찰 그 자체가 보수적인 경향을 가지고 있기 때문이며, 치안 유지나 질서를 지키는 것 자체가 현재 상태를 될 수 있는 한 평정 안온하게 유지해 가는 것이 경찰의 사명이다. 급격한 변혁은 일부 사람이 그것을 진보라고 칭하더라도 일반 다수의 사람들은 오히려 불행해지는 결과로 이어지는 경우에 대해 경찰관은 어디까지나 국가의 권력으로 방지(防遏)해야 한다. 그러나 아무리 안온평정을 바라고 그것을 유지해 간다고 해도 사회의 순조로운 진보에는 순응해야 한다. 그리고 사회의 평정한 움직임에 순응해서 경찰 또한 나아가는 이상, 경찰은 대개의 경우 사회보다 항상 한걸음 늦게 나간다고 하는 것은 아무래도 어쩔 수 없는 것이다. 경찰의 이러한 특질을 충분히 이해하면서 이 시대의 추이 변천의 움직임에 특히 고려하면서 무리하게 평온한 사회의 진보를 저해하는 일이 없도록 유의하면서, 오히려 이러한 평온한 진보를 조장하도록 노력해야 하는 것이 현대에 순응할 수 있는 경찰관이 취해야 할 태도다. 이렇게 하려면 기존처럼 법률 편중 사상이나 법문의 글자 하나하나에 세세하게 구애되어서 문리 해석하거나, 형식적 논리 해석으로 무리하게 실제 사회를 법률에 끼워맞추려고 해서는 도저히 그것은 실현되기 어렵다. 경찰 본래의 성질로 돌아가서 경찰의 사회적 임무를 충분히 이해하고 사회적 정의 요구에 합치하도록 합리적으로 법령을 활용하려는 태도로 나가지 않으면 도저히 이루어질 가능성이 없다.

경찰의 작용은 그것을 사회적으로 고찰한다면 사회에 실재하는 사실(사람의 행위 불행위도 포함) 그 자체가 반사회성을 띠고 공안, 공익을 해하여 사회적 정의 조리에 위반하거나 하려고 한 경우에 그것을 억압 배제하려는 국가의 권력적 작용이라고 해석한다. 그렇기에 사회의 진보에 따라 여러 가지 사회생활이나 사회 현상도 점차 법규를 가지고 규율하게 되고, 개개의 사회적 현상에 대응해서 각각 단속법규의 제정을 보기에 이르러, 점차 사실상 단속의 영역을 벗어나 점차 법률 규범 내용으로서 하나하나 법규에 근거 있는 법규상의 단속으로 변이하고 있다. 그러나 그러기 위해서 경찰 작용도 사회적 고찰을 벗어나서 점차 법률적으로만 고찰하게 되고, 경찰 작용도 또한 법률 현상으로서 취급하려 하고, 법률 편중, 법률 지상의 폐해를 한층 조장하고, 부지불식간에 개개의 단속법규로 단속하는 이외의 반사회적 현상은 완전히 경찰 단속의 범위 밖이 된다는 소극적 견해를 갖게 되면, 우리는 간과할 수 없다. 애초에 현재 개개의 단속법규에 열거된 사실 이외에 대해서는 아무리 공안, 공익을 해하는 반사회적 사실이라고 할지라도 우리 경찰관은 그 당연한 직권을 가지고 단속하지 못할까? 또는 단속을 필요로 하는 반사회적 부정은 일일이 단속법규를 가지고 열거하고 그 이외의 부정은 단속이 필요하지 않다고 하는 것이 현재 경찰 법규 전체를 관통한 근본적 법의(法意)이며, 어떤어떤 반사회적 부정행위는 어떤 법규로 단속하고 있지 않기 때문에… 어떠한 부정행위는 처벌 규정이 없고, 그것을 처벌할 수 없기 때문에… 하는 수 없이 불문에 부치고 있는 것은 종종 유감스러운 사례다. 이런 것들은 '단속한다는 것은 처벌한다는 것', '단속한다는 것은 처벌을 가지고 위협한다는 것이다'라는 오해에 기반한 것이다. 이는 단속 규정 위반 사실만으로 경찰 단속 대상으로 삼고, 그 범위를 결정하려는 견해다. 처벌하기 위해서 일일이 법규의 근거가 필요하다는 것은 옳다. 처벌 법규에 열거된 이외의 행위는 처벌할 수 없다는 것은 옳다. 그러나 반사회적 부정 사실을 사회에서 배제하려고 하는 경찰 작용을 개개의 구체적인 법규가 없기 때문이라고 해서, 그것을 부정하려고 하는 견해는 바로 수긍하기 어렵다. 이처럼 경찰 작용은 일반적으로 경찰 법규를 통해 개괄적으로 인용된 당연한 직무 행위라고 간주하는 것이 타당한 견해라고 해야 할 것이다. (미완)

무라야마 경찰부장, 경찰 단속과 그 사회적 고찰 (2)
村山警察部長,「警察取締と其の社會的考察(其の二)」,『警務彙報』238, 1926. 2.

경찰 단속의 범위 내에 들어가야 할 사실은 크게 두 가지로 나눌 수 있다.

一. 단속법규의 유무와 상관없이 사회악으로서 실재하는 반사회적 사실
二. 단속법규를 위반한 위법 사실

일반사회적 사실 그 자체의 존재를 허용할 것인지 여부는 그 시대의 사회적 도의 관념이나 관습 행위, 기타 일반적인 사회통념에 따라 본질적으로 규정되어야 하는 것이며, 위법이라고 하는 사실이 사회적으로도 부정하다고 할 수 있는 까닭은 법을 위반했기 때문이다. 법이 없다면 위법이라는 사회악도 존재하지 않는다. 그렇다면 사회적으로 부정하기 때문에 단속을 받는다는 사실과 위법이기 때문에 단속받는다는 사실은 엄연히 구별해야 한다. 다시 말해 위법이라고 하려면 법의 명문을 전제로 해야 하든가, 사회적 부정은 굳이 법을 기대해서 부정이라고 할 것이 아니라, 사실의 본질에서 사회적 해악으로 보는 것이다. 때문에 사회 일반이 그 존속을 부정함에도 불구하고 경찰이 그 존재를 허용하는 것처럼, 또는 적극적으로는 그 존재를 허용하지 않는다고 해도 묵인 또는 방임하는 것과 같은 것은 원만한 사회생활을 유지한다는 경찰의 사회적 견지에서 봐서 곧바로 찬동하기 어려운 점이다. 경찰의 임무는 법률적으로는 안녕질서를 유지한다고 하지만, 사회적으로는

사회 정의 유지자라고 해야 한다.

　좌측통행과 같은 일에 대해서도 시민 일반이 좌측통행을 장려하고 있고, 또 이렇게 하는 것이 서로의 교통 도덕상 옳은 것이라고 일반 시민이 관념을 갖는다면, 우측통행을 금지한다든가, 좌측으로 통행해야 한다든가 하는 경찰 법규가 없다고 해도 좌측통행을 하지 않아서 교통을 어지럽히는 것은 하나의 반사회적 사실로 보고 그것을 단속하고, 경찰관은 일반 시민에 대해서 좌측통행을 강제해도 오히려 지장 없다. 좌측통행을 강제하는 법규가 없다고 해도 일반 시민이 좌측통행을 독려하고 있음에도 불구하고 그것을 어지럽히는 데 대해서 어떤 단속을 가하지 않는 것 같은 것은 경찰관으로서 옳은 일이 아니다. 어디까지나 그것을 배제하는 노력을 해야 한다. 게다가 그에 대해서 자유의 구속이라든가 인권 유린이라든가 하는 비사회적 법리를 가지고 경찰관을 비난하는 이러한 몰지각한 사람은 매우 적을 것이다. 있다 해도 경찰의 실력으로 그것을 배제하는 것은 어려운 일이 아닐 것이다. 또 엄동설한에 도로 표면에 물을 뿌리면 노면이 얼어서 교통상 위험해질 우려가 있을 때는 경찰관은 물 뿌리는 것을 금지할 수 있다. 이럴 경우 노면에 물 뿌리기를 금지하는 법규가 없다고 해서 그것을 방임한다면 오히려 몰지각하다고 세상 사람들은 경찰의 몰상식을 비웃는 데 그치지 않고, 공격할 것이다.

　부정 금융업자의 단속 같은 경우도 그 조합원 모집 수단에 부정이 있어, 금융업 그 자체에 부정이 존재한다고 인정된다면, 직접적으로 금융업을 단속할 법규가 존재하지 않더라도 부정은 역시 부정이며, 당연히 경찰은 단속해야 한다. 그런데도 우리가 조선에 이러한 금융업을 단속할 개개의 구체적인 법규가 존재하지 않다고 해서 경찰이 그들을 간섭 단속할 근거가 없다고 주장하는 영업자도 있다. 또 이런 견해를 가진 경찰관도 없지 않아 있었다. 본 도에서는 특히 이런 점에 유의해서 이런 부정 금융업자에 대해서는 충분한 단속을 하고 엄중히 경고해서 일소하는 데 노력해 왔는데, 당시 그러한 영업자들은 자신들은 결코 부정을 목적으로 하지 않았을 뿐더러 부정한 언동도 없다, 경찰은 어떠한 법규의 근거로 우리를 단속하는가 등 역습을 시도하는 자도 있는데, 나는 단호히 그 부정을 지적하고 심한 경우에 대해서는 영업을 금지하거나 혹은 영업 방침을 바꾸게 해서 부정 금융업을 일소한 것도 모두 이러한 견해에 기반한 것이다.

　물건을 소유한다는 것은 그것을 악용하지 않는 한, 또는 악용 의지가 없는 한, 각자의 자유다. 굳이 경찰이 간섭할 성질의 것이 아니다. 그러나 총기나 화약, 극약처럼 특정한 것은 어쨌든 범죄나 부정을 저지르는 수단으로 제공되기 쉽기 때문에 이러한 것들을 소유하고자 한다면 단속법규에 따라서 경찰관청에 신고 내지 허가를 받게 되어 있기 때문에, 그것을 악용하려는 의지가 없고 오히려 선용(善用)하려고 해서 사회적으로 어떤 위험성을 가지지 않은 선인(善人)이라고 할지라도, 무허가로 그것을 소지, 소유하면 이에 위법이 되어 경찰 단속을 받아야 한다.

영업이라고 하는 것도 원래는 자유로울 것이 원칙이다. 어떠한 업태를 갖는다 해도 그것이 사회의 공안, 공익을 해하지 않는 한 자유로워야 하며, 또 공공연하게 부정을 목적으로 하는 영업이라는 것은 관념상 생각할 수 없다. 영업 그 자체는 개인의 정당한 생활을 위해서 이루어지는 한 본래 사회적으로 부정한 것이라고 생각할 수 없는데, 보안경찰의 견지에서 특정 영업은 일반적으로 그것을 금지하고 특정 개인에 국한해서 일일이 허가하려고 하는 단속법규 때문에 허가 없이 영업하는 것은 그것을 부정을 저지르는 수단으로 제공하려고 하는 악인도, 역시 사회 공공을 위해서, 또는 자기의 올바른 생활을 위해서 하고자 하는 선인도 동등하게 위법 사실로서 경찰 단속을 받아야 하는 것이다.

이처럼 소유 또는 영업이라는 사실에는 본질적으로 옳고 그름이 없지만, 단속법규를 통해서 위법한 경우에는 위법이기 때문에 우리는 그것을 하나의 사회악이라고 보는 것이다. 원래 설령 허가 받았다고 해도 공서양속(公序良俗)을 해치더라도 괜찮다는 것은 아니다. 만일 공안, 공익을 저해하는 행위라면 단속법규의 유무에 상관없이 반사회적 행위가 됨은 물론이다.

이 양자에 대한 견해를 잘못해서 그 분계를 명확하게 하지 못하게 때문에 우리 일반의 사회적 정의 관념 내지 일반적 조리의 관점에서 보면 그 존재를 허용하지 못하게 하는 일체의 사회악을 단속법규가 존재하지 않는다는 이유 하나로 그것을 시인하려고 하거나 처벌 규정 없으므로 처벌할 수 없다는 이유를 들어서 그것을 방임하려는 견해를 갖는 사람이 있다. 즉 개개 단속법규에 열거된 이외의 것에 대해서는 경찰관은 간섭하지 못한다고 하면서, 적어도 방관하는 것이 입헌 치하의 경찰관으로서 취해야 할 입헌적 태도로 보고 있는 것은 명백하게 또는 일종의 편협한 법률 편중, 법률 만능, 법률 지상주의적 논리적 법률 해석으로서 자기 유일의 신조라고 내세우는 것이 그 근본의 전승적 신조 사상을 시대에 순화(淳化) 순응시키지 못하는 한 당연히 도달하는 결론이다.

종래 일부 경찰관은 법률 편중 사상에 사로잡혀서 부지불식간에 한 가지 오해에 빠져 있는 것 같다. 즉 경찰이 단속한다는 것은 부정한 무리를 검거 처벌하는 것이라고 보는 견해다. 이러한 견해를 진리로 생각하고 있기 때문에 경찰이 단속하기 위해서는 개개 구체적으로 법규의 근거가 필요하다는 결론에 도달하지 않을 수 없는 것이다. 따라서 법이 없으니 단속하지 않는다는 것은 아니기 때문에 그 전제에 오진(誤診)이 있으며, 명백히 하나의 법률적 착오다. 처벌하기 위해서 법규의 근거가 필요하다는 것을 옳다. 그러나 '처벌한다'는 것, '단속한다'는 것을 혼동하는 것은 옳지 않다. 처벌은 단속의 한 가지 방책이다. 처벌을 벗어나는 단속이 있어도 전혀 지장 없다. 처벌이나 형벌로 일반 민중을 대하는 것은 결코 좋지 않다. 이는 어쩌면 악성을 띠는 무리들에 대한 어쩔 수 없는 하나의 방책이라고 봐야 한다. 경찰 단속의 목적은 반사회적 부정을 이 사회로부터 없애는 것이다. 그것을 처벌하는 것이 목적이 아니다.

그러나 우리 경찰관이 단순히 단속 집행자라는 입장에서 말한다면, 충분히 경찰 기능을 발휘해야 사회 각 분야의 일들에 대해서 법규를 가지고 하나하나 그 단속 범위 및 방법을 규정하고, 게다가 그 단속법규 중에 위반 행위는 그것을 처벌한다는 처벌 규정을 추가하는 것은 매우 바람직한 일이다. 그러나 현대와 같은 급격한 사회의 변천 진보에 대해서 각각 적정하게 순응한 개개의 단속법규를 제정하는 것은 과연 바람직한 일일까? 또 이같이 하는 것이 가능하다고 해도 모든 사회적 현상을 모조리 세세히 빠짐없이 단속법규 안에 집어넣어 어떤 부정에 대해서라도 모조리 처벌한다고 협박하여 경찰 단속이 능사로 만드는 것과 같은 일은 결코 사회를 선도(善導)하는 방법이 아닐 것이다.

원래 단속법규라는 것은 대개 사실보다 뒤처져서 사후에 제정되는 것이 보통이다. 사실상의 단속으로는 이미 충분하지 않거나, 또는 단순히 안녕질서를 어지럽힌다고 하는 추상적인 명목으로는 단속의 위력이 불충분하다고 하는 것처럼 절박한 사정에 이르러서야 차차 단속법규가 제정되는 것이 보통이다. 앞으로의 변천 발생을 예상하고 아직 필요가 없는데 단속법규를 제정하는 것과 같은 일은 참으로 그 예를 찾기 힘들다. 치안유지법 제정 같은 것도 이러한 이치를 여실히 보여주는 것이다. 치안유지법 제정 이전에는 이 법에 열거되어 있는 사실에 대해 우리 경찰관은 단속 규정이 없다는 이유로 그것을 그냥 방임하지 않고, 기존에도 이런 방면의 단속은 가장 주도면밀하게 경찰 기능을 활용해 왔다는 사실은 우리가 자세히 체험한 바다. 국체의 변혁을 도모하고, 사유재산제를 부인하려는 사회주의 내지 공산주의 운동은 형법, 기타 기존 법규에 저촉하는 자는 그에 따르고, 그러지 않는 자는 소위 사회의 안녕질서를 어지럽히는 자로서 경찰관의 당연한 직권으로 사실상 단속해 오지 않았는가? 또 목하 정부의 손으로 고안 중이라고 듣고 있는 폭위(暴威) 단속 법안 같은 것도 바로 그것이다. 소위 반동단체 폭력단체처럼 새로운 범주의 반사회적 해악은 최근에 매우 노골적으로 바뀌어 이른바 강한 자를 누르고 약자를 돕는다고 내세우는 그들이 오히려 약자를 벌하고 강담강박(强談强迫)을 하는 사례는 도처에 널렸다. 노동쟁의나 주의자의 운동은 어떻든 하나의 주의에 따라 움직이고 있는데, 이는 이러한 목적도 없이 단순히 이익에 따라서만 움직인다고 하지 않을 수 없다. 그리고 특히 이 법안을 필요로 하는 까닭은 국체의 위력에 착안해서 국체의 힘을 악용하려는 것을 막는 데 있어서 결코 기존에 단속하지 못했던 것을 이 법안 제정으로 단속을 시작하자는 의미가 아니며, 또 기존에 그것이 단속이 미온적이라고 하는 이유도 아닐 것이다. 이제는 사실상의 단속이나 단순히 안녕질서를 해하는 추상적인 명목하에서 단속하기에는 그들은 너무 횡포를 부리고 사회적으로 뿌리 깊은 세력을 갖고 있어 도저히 사실상의 경찰 단속이나 혹은 기존의 법규에 기반한 간접 단속만으로는 그들을 배제 진압하는 것은 불충분하기 때문에 직접 법규의 명문으로 폭위 그 자체를 단속하는 것이라고 해석하는 것이다.

이처럼 고찰해 보면 구체적인 단속법규의 존재 위치라는 것이 얼마나 박약한 것인지, 또 그 필요도 없어 보이는 것처럼 이해된다. 다만 일반적으로 추상적으로 경찰관에게 직권을 주는 것만으로 충분하지 않다는 것과 같은 논의도 있으나, 결코 그렇지 않으면 단속법규의 문화적 사회적 또 법률적 가치에 대해서는 충분히 그것을 인정하는 것이다.

一. 경찰관으로서 가장 중요한 것은 공평한 것이다. 갑이라는 사람에 허용되지 않는 행위는 을, 병에게도 역시 허용되지 않아야 한다. 한 명의 경찰이 불가하다고 한 것은 다른 경찰관도 그것은 안 된다고 해야 한다. 어떤 때 불가했던 것은 사회적 사정의 변화가 없는 한, 역시 다른 때에도 불가해야 한다. 그러나 경찰관도 사람이다. 사람이 갖는 결점이나 약점은 다분히 가지고 있다. 현재의 경찰관을 향해서 절대로 공평무사라고 하는 것은 상당히 곤란한 요구일 뿐 아니라, 오히려 어느 정도 이상은 바랄 수 없는 요구일지도 모른다. 그러나 이처럼 말하는 것이 불공평해도 된다는 것이 아니라, 아무리 성의 있고 공평무사하다고 믿었던 일도 세간 일반의 입장에서 보면 때때로 불공평하다고 생각되는 일도 있을 수 있다. 개개의 사회적 사실의 반사회성의 정도를 하나하나 판단하고 인정하면서 매우 공평하게 단속하는 것은 단순한 원시적인 사회라면 어떨지 모르겠으나, 복잡 다면한 사회상을 갖는 변화무쌍한 현대에는 상당히 어려운 일이다. 그런 고로 그 시대에 필요한 개개의 단속법규를 제정하고 어떤 행위는 그것을 금지하고 또 어떤 행위는 이러저러해야 한다고 일반적으로 규정하는 것은 한편으로 민중을 규율하는 동시에 다른 한편으로 경찰관에 대한 단속 규구준승(規矩準繩)이 되고, 따라서 이로써 단속의 공평함을 기할 수 있다. 그러나 이 공평을 유지하기 위해서 법규를 제정했다고 해도 여전히 경찰관의 창조적 상식과 인정(認定)에 맡겨야 할 재량적인 부분이 남아 있는 것은 말할 것도 없다.

二. 금지해야 할 사회적 부정을 열거 명시하는 것은 한편으로 그 사회적 부정을 미연에 방지한다. 민중에 대해 기습하지 않는다는 현대 민중 정치의 요체(要諦)이며, 또 요구다. 어떤 행위는 금지해서, 즉 경찰 법규로 금지함으로써 그 행위를 하지 않게 되는 민중은 상당히 많다. 일반 민중이 단속법의 엄존으로 인해 타율적으로 자신의 언동을 계속 규율 제한하는 것은 명백한 사실이다.

三. 사회적 부정의 반사회성이 매우 혐오해야 할 것이라는 점에 대해서는 처벌하지 않으면 그 목적을 달성하기 어려운 것이 있다. 그러나 아무리 악성 행위라고 하더라도 그것을 처벌하려고 하면 반드시 법규에서 구체적으로 그 근거를 찾아내야 한다. 그런데 단속법규 중에 처벌 규정이 있다 해도 처벌하는 것 그 자체가 목적이 아니다. 일반적으로 사회를 경계하고 이러한 반사회적 행위를 사회에서 없애는 것이 진정한 목적이라는 것을 잊지 말아야 한다. 경미한 반사회적 행위는 경찰관이 사실상 제지를 통해 충분히 그 목적을 달성할 수 있을 것이다. 그러나 집요한 반사회성을 가진 자는 소위 처벌의 위력을 가지고 하지 않으면 그것을 금지(禁遏)해서 목적을 달성하는 것이 어려울 것이다. 이러한 경우 경찰의 처벌 법규가 사회적으로 가장 그 위력을 발휘하게 되는 것이다.

종래의 경찰 단속의 실제를 관찰하는데 단속법규 그 자체를 위해서 경찰관은 단속하고 있는 것이 아닌가 하는 관점이 있다. 즉 어떤 구체적인 사실 혹은 행위, 불행위에 대해서는 정면으로 그 단속 법역(法域) 내의 것이나 법역 외의 것이라고 한다면, 우리는 상관없이 법역 내의 것이라고 하고, 그 규정에 위반하자마자 단순히 법률적 고찰에 집착해서 사회적 고찰을 잊는다. 게다가 법률의 울타리는 고정불변의 것이라고 보고 이 인위적 울타리에 진화 발전해 가는 새로운 사실 그 자체를 오래된 틀에 끼워맞추려고 하는 것처럼 전승적으로 경화(硬化)한 사상을 고집하고 있는 것 같다. 물론 적어도 법이 현존하는 한, 법을 무시하는 것은 옳지 않다. 어떤 경우에는 경찰관은 법의 권위를 옹호하기 위해 법을 집행해야 할 때도 있을 것이다. 그러나 법률이 내용으로 하는 바는 제정 당시의 사회 사정이 변화해 가는 한, 그와 함께 그 내용과 범위도 변화하고 신축하는 것을 인정해야만 사회적 정의와 논리의 요구에 합치할 수 있고, 이때 비로소 법률이 사회적 정의를 옹호할 임무를 완수할 수 있다. 치경(治警) 제17조 존폐에 관한 논의 같은 명확하게 그간의 소식을 여실히 말해 주는 것이다.

우리는 사회적으로 실재하는 사회적 부정은 그것을 법률적 '프리즘'을 통해서 법률적 고찰을 가하기에 앞서 사회적 정의라는 견지에서 그 옳고 그름을 판단하고 적어도 사회가 원만하게 발달하기 위해서 그 존속을 허용하지 못한다고 한다면, 여기에 법률적 고찰을 가해서 이러한 사실을 단속하는 법규가 생기자마자, 만약 그 단속 법역 내의 것으로 보면 법규가 제시한 바에 따라, 그것을 단속할 수 있도록 하고, 직접 단속할 법규가 없다고 하면 기존의 법을 사용해서 간접적으로라도 또는 경찰관 당연한 직무 행위로서도 사회에서 이러한 부정을 사장시키기 위해 전력을 다해야 한다. 경찰범처벌규칙 같은 광범한 범위에 걸쳐 사회의 모든 부정을 규율할 수 있는 단속법이 존재하지 않으며, 검거 처벌이라는 것도 두 번째로 해서 부정을 배재하겠다는 목적을 위해서는 충분한 활력을 갖지 않을까?

검거 처벌은 단속의 전부가 아니다. 보통 사람에게는 경찰관의 제지 한마디로 그 단속 목적을 잘 달성할 수 있어야 한다. 경찰관의 소환 설유(說諭)는 부정한 무리의 부정을 잘 방지할 수 있어야 한다. 형사의 추적과 부단한 감시는 집요한 불량한 무리로 하여금 부정을 저지를 틈을 주지 않기에 충분하다. 처벌을 성명(聲明)하고 처벌하지 않는 바, 집안대대로 내려오는 보검을 뽑으려고 해서 빠지지 않는 데에 무한한 위력이 있으며, 가슴 깊이 일념을 감춘 불량한 무리는 야간 파출소 앞에 말없이 정립(停立)한 경찰관을 보아도 일종의 위압을 느끼는 것이 아닐까? 이렇게 해서 강렬한 국가 공권을 배경으로 하는 우리 경찰관의 일거수일투족이 모두 국가권력의 번뜩임이며, 우리 경찰관은 국가권력의 표현 그 자체라고 사회 일반이 관념하고 있다는 것을 잊지 말아야 한다.

요컨대 우리 경찰관의 임무는 그 법률적 견지에서 말하면 사회 공공의 안녕질서를 유지하고 범죄를 검거하여 위법을 규탄하는 데 있다고도 할 수 있겠다. 그러나 그것을 사회적 견지에서 말한다면 우리의 공동생활을 위협하고 사회의 평온한 생활을 교란시키는 부정을 사회에서 배제하는 데 있다고 할 수 있겠다. 우리는 너무나 경찰의 작용을 법률의 울타리에 끼워맞추고 있지는 않은가? 세상의 모든 현상이 법률에 따라 규율된 법률 현상이라고 과신하고 있지는 않은가? 우리 경찰관이 취급하는 일에는 법률과는 그다지 관계가 없는 실재 사회현상이 그 대부분이라는 점을 잊지 말고, 우리의 임무를 법률적으로 고찰함에 앞서 먼저 사회적으로 고찰하고 그것을 집행하는 데 임하는 총명함이 중요하다는 것을 절감하지 않을 수 없다. (끝)

23. 니시카메 산케이, 공창제도 존폐론 (1)~(2) (1926. 10.; 1927. 6.)

니시카메 산케이,[10] 공창제도 존폐론 (1)
西龜三圭, 「公娼制度存廢論(一)」, 『警務彙報』 246, 1926. 10.

공창제도의 가부를 운운하는 것은 이미 때가 지나간 감이 있다. 그러나 조선 각지에서 창기의 대우 개선에 대해서 여러 가지 강구하고 있으며, 또 한편으로는 공창제도의 존폐에 대해서 의견 교환이 계속 이루어지고 있기 때문에 본인도 조금 의견을 서술해 보겠다.

기존에 이 문제에 대해서 주장되고 있는 바를 살펴보면, 혹자는 단순히 표면적인 체면이나 도덕 내지는 이상론으로 흘러서 사회의 실상과 거리가 먼 것처럼 보이는 점도 있고, 또 너무나도 실상에만 사로잡혀서 이 제도를 유도 개선하려고 하는 노력이 부족한 듯한 아쉬움이 있다. 애당초 이 문제로 시끄러워진 것은 이미 먼 옛날의 일인데, 그럼에도 불구하고 지금에 이르기까지 아직 존폐 양론의 시비가 결론이 나지 않은 데는 이유가 있다. 물론 인신매매나 노예적 대우나 성욕의 절매(切賣)가 도덕적으로 보아서 옳지 않다는 것은 누구나 인정하지 않을 사람이 있을 리가 없다. 하지만 원래 공창이라는 제도가 사창의 증가로 인해 발생하는 사회에서의 나쁜 현상을 방지할 목적으로 설치된 것이기 때문에, 공창이 폐지되는 날에는 그것이 사회적으로 어떤 영향을 미칠 것인가에 대해 신중하게 고려할 필요가 있다. 그런데 이런 점에 관해서 존폐 양론자의 견해가 완전히 정반대다. 이런 점이 토론을 종결짓지 못하는 주요 원인이라고 생각한다. 예를 들면 공창론자는

一. 인신매매나 금전으로 성욕을 충족시키는 것을 국가가 공인하는 것은 문명국으로서 있을 수 없는 것이다. 이러한 제도는 신속하게 폐지해야 한다. 어떤 일이라도 개정되고 폐지된 직후에 일어나는 결점은 일시적이며, 점차 시간이 지나면 개선되기 마련이다.

二. 공창은 최악의 노예제도다. 어떠한 매음제도도 불가하다는 것은 물론이거니와, 지금 설사

---

10 조선총독부 기사 및 경무국 위생과장, 소록도 갱생원장.

그것을 필요불가결한 것이라고 본다면, 그것을 자유 영업으로 하게 하고 자신의 의지에 따라서 업으로 삼고 언제라도 폐업할 수 있도록 하라.

三. 공창과 사창은 다르다. 사창은 스스로 추락해서 사회의 암흑세계에 빠지는 것으로 자신의 죄에 대한 대가다. 그렇지만 공창은 사회의 습관과 그릇된 윤리적 관념의 두 가지로 인해 친형제에게 몸을 매매 당해서 그곳에 빠지는 것이다. 또 사창은 회개하고 행동을 고치려고 하면 즉시 그 일을 그만두고 자유를 얻을 수 있지만, 공창은 완전히 구속되어서 꼼짝못하는 노예적인 처지에 있다. 이 같은 폐덕적(悖德的) 행위를 국가가 허용해서는 안 된다.

四. 공창이 폐지되는 날에는 사창의 수가 늘어난다고 말하지만, 사창은 오히려 공창 소재지에서만 번창한다. 공공연히 매음하는 곳이 있기 때문에 음풍(淫風)을 부채질하여 그 부근에 사창이 발호하는 것이다. 공창 폐지로 인해 사창의 수가 늘어나게 된다는 것은 아직 실제를 모르고 하는 논의다.

五. 공창 폐지로 인해 설령 사창이 늘어나서 화류병이 만연한다고 해도 그것은 자기가 초래한 죄다. 그런데 공창은 국가나 친형제가 시인한 비인격적 행위다. 국가가 인신매매를 시인하는 것은 사리에 맞지 않다. 친형제는 아가씨를 팔아서 꺼림직한 생활을 하기보다 오히려 아사하는 게 더 낫다.

六. 각국에서 다소 매음의 존재는 피할 수 없다, 아울러 존창론자가 말하는 것처럼 공창은 소위 검진받기 때문에 병독 전염의 위험이 적다, 때문에 매음을 피하기 어렵다면 정기적으로 검진을 하는 이런 종류의 제도를 두는 것이 오히려 이익이라고 하는 것은 틀린 말이며, 현재와 같은 단순한 검진은 거의 효과가 없다.

七. 남자가 정조가 없기 때문에 공창을 발생시킨 것이다. 존창론자는 성욕 문제를 운운하는데 그것은 오로지 남성만의 일이 아니다. 일반 여자들이 인내해서 정조를 지키는 것을 배워야 한다.

八. 남성 본위의 구시대에는 공창의 존치도 이유가 있었지만, 부인을 수평적 위치로 인정한 오늘날 이와 같은 제도의 존재를 허락해서는 안 된다.

九. 공창의 폐지는 오히려 풍의(風儀)를 개선하고 화류병 환자를 감소시킨다. 검진은 다소 효력은 있으나, 아울러 그 때문에 오히려 탕아(遊冶郎)의 두려운 마음을 사라지게 해서 감염 기회가 많아지게 한다고 주장한다.

그에 반해 존창론자는
一. 현재의 사회 상태에서는 공창이든 사창이든 둘 중 하나는 필요하다. 공창 폐지의 결과 사창이 증가하는 것은 필연적이다. 사회의 독이 되는 것은 오히려 공창 폐지다. 때문에 사창을 단속하고 공창제도를 개선하는 것이 적당하다.
二. 공창은 지역과 위생을 단속하기 때문에 풍속, 위생이라는 점에서 사창보다 낫다. 현재 제도 중 창부의 노예적 입장, 생리적 기능의 문제, 영업 방법에서 비난받아야 할 점은 많이 있지만, 그것은 개선의 여지가 있다. 그것을 공창 폐지의 근거로 하는 것은 잘못이다. 국가의 표면적 체재(體裁)보다도 실제적인 풍의, 국민의 위생에 무게를 두어야 한다. 성욕의 매매는 죄악임에 틀림없지만, 그것을 근절하기가 불가능하다는 것은 과거 역사가 보여 주는 바다. 단조로운 이상론이나 종교론은 이러한 실제 문제를 해결하는데 권위는 없다.
三. 사창이 진보한 것이 공창이다. 따라서 사창은 어쩔 수 없는 경우 외에 묵인해서는 안 된다. 공창을 인정하고 그 대우 및 위생 부분을 개선하려는 것이 적당하다.
四. 공창은 다른 일반 부인들의 정조를 위해서 몸을 제공하고 그 방어를 담당하고 있었다고 할 수 있다. 큰 이익을 위해서 작은 희생은 어쩔 수 없다.
五. 현재와 같은 자극 많은 도회 생활에서 성 도덕이 향상되지 않은 의지박약한 자들이 많은 경우에 공창의 존재는 피할 수 없다.
고 주장하고 있다. (계속)

니시카메 산케이, 공창제도 존폐론 (2)
西龜三圭, 「公娼制度存廢論(二)」, 『警務彙報』 254, 1927. 6.

존폐 양론의 주장은 대체로 이미 서술한 대로인데, 그것을 대조해 보면 인신매매가 불가하다는 것, 창기의 대우를 개선해야 한다는 것에는 양자의 의견이 일치하는 것은 당연하다. 그러나 갑은 그렇기 때문에 이 제도를 폐지해야 한다고 하는 것으로, 즉 창기 개인의 인격이나 자유를 주장하고, 초점을 두고 있는 데 반해, 을은 도덕상 이러한 제도가 불가하다는 것에는 반대할 이유가 없지만, 그런 점들에는 개선의 여지가 있을 뿐 아니라, 그것을 폐지하면 사창의 증가를 초래해서 오히려 사회상의 풍의(風儀)나 보건상의 악영향을 미치기 때문에 그것을 존치해야 한다고 하는 것이다. 즉 창기 이외의 일반 사회를 논의의 목표로 하는 점에서 근본적 의견의 차이가 있다. 다른 점에서는 갑은 성욕은 생리상 실로 주체가 안 되는 것이라는 점은 인정하지만, 그것에는 정도가 있다. 갑은 공창이 있기 때문에 그에 접하는 자가 많아질 뿐만 아니라, 성욕은 오직 남자에게 국한된 것이 아니라고 하고, 을은 성욕은 도저히 피하기 어려운 것으로 이런 제도를 폐지하면 어디선가 다른 상대를 구하게 된다고 한다. 갑은 공창의 존재가 오히려 사창의 발호를 가져온다고 하고, 을은 폐지로 인해 더욱더 사창의 수가 늘어난다고 한다. 갑은 현재의 검진은 효과가 없고, 게다가 그것이 있기 때문에 탕아를 유혹해서 병독에 감염시킨다고 하고, 을은 이 방법이 병독 전파 방지에 상당히 효과가 있다고 하고 있는 것처럼 동일한 사실에 대해서 전혀 반대의 견해를 갖고 있다. 즉 양론의 가부가 쉽게 결정나지 않는 이유에 있다. 그러나 그것은 양자 주장의 근거가 되는 사실이 각각의 경우에 따라서, 또 때와 장소에 따라서 큰 차이가 있어서, 결코 한결 같지 않은 상대적이고 정도의 차가 있기 때문이다. 따라서 관점에 따라서는 갑의 주장에 일치하는 면이 있는가 하면, 또 을이 의견에 합치되는 면도 있다. 그런데도 그런 상대적 사실들을 근거로 해서 그것을 총괄적으로 논하기 때문에 완전히 반대의 주장이나 제각각인 의견이 나오는 것은 오히려 당연한 일이라고 보아야 한다. 하물며 최근처럼 실제 상황을 모르고 겨우 일부 의견을 듣고 부화뇌동하는 사람들이 많을 때는 더 그렇다. 그렇기에 이러한 의견을 교환하면서 절대적인 근거를 가지고 양자의 가부를 결정하려고 하면 그것은 백년하청을 기다려야 할 것이다. 같은 말을 반복하게 되지만, 최근에 어느 폐창론자는 성욕은 하늘이 준 인간의 본능이다. 하지만 본능이기 때문에 한이 없는 것이 아니다. 피하기 어려운 것이기는 하지만 스스로 한도가 있다. 즉 성욕은 종족 번식을 한도로 하는 욕구여야 한다. 이 한도에서의 것을 상태적(常態的) 욕구라고 하고, 이 한도를 넘는 것을 변태적 욕구라고 한다. 그리고 이 변태적 욕구를 억제하는 것이 인간이 인간다운 이유다. 그런데도 그에 대비하려고 공창제도를 두는 것은 인간을 동물 취급하는 것이라고 말하고 있는데, 또 다른 한편으로 한 존창론자는 성욕은 생리적인 것이지만 다른 면에서 보면 일종의 질병이다. 그리고 그 치료는 욕구를 제어하는 것 말고는 없는데, 그러기에는 그것을 행하는 만큼의 정신적 능력을 필요로 하다. 그러나 오늘날의 사회 상태에서는 그같은 욕구 제어를 할 수 있는 경우가 훨씬 적어서 결국 창부를 접하게 되는 것이다. 그렇기 때문에 그에 대해서는 무언가 적당한 방법을 만들어 둘 필요가 있다고 하고 있다. 즉 전자의 주장은 논의로서는 옳지만, 이상론이다. 후자의 주장은 실제론이라는 것은 명확하다.

다음으로 공창제도의 존재와 창부의 실재는 별개의 문제라는 것을 생각해야 한다. 공창 폐지국에는 사창이 적다고 하는 것이 아니라, 영국, 미국, 덴마크, 스웨덴, 노르웨이, 인도 등의 공창 폐지국이라 하더라도 사실은 다수의 사창이 집단을 이루고 또는 댄싱 홀 등에 왕성하게 출입하고 있는데, 이러한 것들은 공창이라는 명칭은 아니지만, 모두 다 등록제도에 따라 경찰 단속 아래에 놓여 있다는 것이다.

세 번째로 폐지론 중에는 현재의 유곽 그 자체가 불가하다고 하는 이유로 폐창설을 주장하는 자가 있는데, 그의 매재(賣哉) 간판의 유곽이 불가하여 그것을 고칠 필요가 있다는 것은 존창론자도 역시 그것을 인정하고 있다. 다만 우리나라의 현재 시가지나 건물 상태로는 집창, 산창 중에 어느 것이 가능할지는 깊이 연구해야 할 필요가 있는 점이다.

네 번째로 검진에 대해서는 이 제도가 상당히 효과가 있는 것은 확실하며 또 그 방법에 따라 눈에 띄는 성적의 차이가 있다는 것도 사실이기 때문에 상당히 개선을 요하는 것이라고 믿지만, 이 점은 다른 기회에 서술하기로 하겠다.

원래 폐창론자의 대부분은 종교가나 교육가이며 따라서 그 주장은 이상론이나 표면적 체면론이나 도덕론으로 너무 치우쳐서 실제 문제를 살피지 못하는 경향이 있고, 존창론자는 주로 일부 행정가가 공중보건과 관련 있는 위생가이며, 따라서 그 의견이 너무나도 현재의 상황에 사로잡혀 이상에 접근시키고자 하는 노력이 부족한 아쉬움이 없지 않다.

이상 기술한 양자의 주장의 여러 가지 점들을 총괄해서 이 문제의 향후 경과를 생각할 때 대체로 다음과 같은 결론에 도달하지 않을까?

一. 가령 공창제도를 존치한다고 해도 인신매매는 금지해야 한다. 제도상으로는 인정하지 않는다 해도 사실로 존재하는 이상은 이를 금지할 방법과 대우 개선 방법을 단행해야 한다.

二. 공창을 존치한다고 해도 현재 유곽의 건물이나 창기와 같은 매재식(賣哉式) 간판을 고쳐야 한다.

三. 인신매매의 금지와 대우 개선이 이루어진다고 해도 현재 사회 상태, 지식의 정도에서는 그것을 일정한 단속 아래 둘 필요가 있다.

四. 그 수의 증감은 별개의 문제로 보고, 창부의 실재를 피할 수 없는 것이라고 할 때, 폐창은 시대의 대세이기 때문에 국가의 체면이라는 입장에서 보더라도 제도상 공창을 인정하는 것이 불합리하다. 가령 냄새나는 것에 뚜껑을 덮는 방식이라고 하더라도, 이러한 제도를 폐지하라고 하는 논리라면 존치에 애쓸 이유는 없을 것이다. 폐창처럼 사창이 경찰 단속하에 놓이게 된다면 그리하여 인신매매가 없어지고 대우가 개선된다면 명칭은 공창으로 하나 사창으로 하나 사실은 거의 동일하기 때문이다.

五. 유객의 마음가짐은 집창에서 벗어나서 산창(散娼)으로, 공창에서 벗어나서 사창으로 향하는 경향이 있는 것은 사실이다. 이 때문에 현재와 같은 공창 조직은 자연적으로 점차 변화할 것이라고 생각한다.

六. 이런 번잡한 문제는 모든 부인들이 진심으로 각성하거나, 또는 모든 남자가 소위 변태적 욕구를 제어할 수 있게 되는가로 저절로 해결될 것인데, 과연 언제 그런 시기가 올 것인가?

24. 와다 헤이이치, 공창제도 존폐에 대하여(1927. 12.)

통영경찰서 와다 헤이이치, 공창제도 존폐에 대하여
統營署 和田平一, 「公娼制度存癈に就て」, 『警務彙報』 260, 1927. 12.

공창제도의 시비 문제는 사회 여러 방면에서 관찰해도 해결되지 않는 문제로서 근래 식자의 논의가 다양해진 것은 실로 반가운 현상이라고 할 수 있습니다.

공창에 대해서는 그 인도적 방면에서 관찰 연구할 때 찬성과 반대 어떤 논자를 막론하고 매음은 죄악이다라고 동의하면서도 그 정책적 입장에서 관찰, 고려할 때는 지금 폐지할 수는 없는 사정이 있는 것으로서 공창은 그것을 존치하고 또는 정도의 개선을 해야 한다는 주장이 세력을 점하고 있는 모양입니다. 또한 이러한 주장을 하는 자는 정치가, 행정가 등의 실제가 많고 공창의 존치는 체면상·인도상에서 속히 철폐해야 한다는 주장을 하는 것은 종교가, 교육가 등이 많습니다. 이론상에서 말하면 철폐론은 정당한 것이기 때문에 결국은 폐지될 운명이라고 생각하고 있습니다만 당국은 현재의 제도 내에서 가장 비난받는 불합리한 점을 개선하고 조금 시간을 기다려야 하지 않을까라고 생각하고 있는 것으로 볼 수 있습니다. 즉 절대의 존창론자는 적고 시기상조라는 입장에서 존창론자가 비교적 다수인 모양입니다.

사회 문제라고 말하는 것은 불합리한 사회진화의 과정을 합리화시켜야 한다는 것을 주장하는 것으로서 현시의 노동 문제 등은 이 사회 문제의 커다란 부분으로 그들은 생산의 공유, 분배의 공평을 제시하면 자본가에 대항하고 있습니다. 누구든 무산자 특히 근육노동자에 대해서는 일종의 동정을 가지고 있을 것입니다. 이는 마르크스나 엥겔스에 말에 의할 것도 없이 이들 노동자의 생활이 진실로 가련하고도 비참하기 때문입니다. 다시 말하면 그들은 사회상 생활상 약자라고 말하는 점에서 동정하는 것입니다. 그러나 무엇보다도 약하고 비참한 처지에 놓여 있는 자는 공창 말고는 생각할 수 없습니다. 그들에게는 노동자와 같이 단결권도 역시 동맹파업권도 부여되지 않고 또 부여된다 하더라도 처리할 수도 없습니다. 이유도 없이 어둠에서 어둠으로 육체에 주린 남성의 대조로서 가장 밑바닥 생활을 보낼 수밖에 없습니다. 지금 만약 마르크스의 "노동은 상품이다"는 문구를 빌려 말할 때는 "정조는 상품"이고 이를 매매해서 생존해 간다고 하는 것도 참으로 무슨 일입니까. 특히 이 상품은 유곽이라는 인육(人肉)의 시장에서 지분을 바르고 유의무의(有意無意)한 남성을 재촉해서 염치 없이 매매하는 것이어서 실로 비참하기 이를 데 없습니다.

일체 성욕의 문제는 단지 동물적 욕구로서 일소에 부칠 일만은 아니고 가장 신중하게 고려해야 할 인류사회의 중대 문제로 인간으로서 절대로 그것을 부정할 수는 없기 때문에 요즘 기미를 살피면 매음적 행위자는 날로 증가하는 것은 맹백합니다. 따라서 엄중하게 단속해서 박멸하는 것은 어려운 일이기 때문에 공창제도를 폐지할 수는 없다고 하는 것이 폐창론자가 주장하는 것입니다.

공창철폐 후의 사창의 발호, 화류병의 만연 등 존창론자가 우려하는 것인데 일보 진전해서 생각해 보아도 공창의 존치는 사창의 증가를 억제하다고 하는 것에 결코 그렇지 않습니다. 사창은 공창의 존부에 상관없이 매년 증가해 가고 있어서 또는 다소의 영향을 주는 것은 있어도 결코 사창은 감소하지는 않습니다. 특히 현대인의 대다수는 이미 적어도 공창에 대해서 호기심을 잃고 오히려 사창을 좋아하는 경향이 싹터 오고 있지 않습니까. 지금 숫자로 관찰해도 1913년의 내지에서 창기 총수 5만 1천 명이 1923년에는 4만 8천 명으로 감소했습니다. 곧 10년에 약 3천 명이 감소했습니다. 만약 공창이 사회의 기관으로 필요한 것이면 점점 증가 추세를 보여야 함에도 오히려 감소하는 것은 어떻게 얘기할 수 있겠습니까. 인지 발달에 의한 것일까, 사창 발호에 의한 것일까 어느 것도 다소의 원인이 있을 테지만 세상 사람들의 마음이 기왕의 공창에서 떠난 것으로 보입니다. 또는 존창론자가 주장하는 바와 같이 "사회의 진보에 따라 현재의 사회 조직에서는 무산계급으로 처를 둘 능력이 없는 남성의 성의 해결 기관이기 때문에 소수의 여성을 희생하는 것은 할 수 없는 일이다"라고 말해도 나는 비판하려는 것이 아닙니다. 그러나 지금의 공창제도는 결코 무산계급자와 독신자를 위한 생긴 것이 아니라 사회 일반의 요구를 충실히 하기 위해 두어졌다고 한다면 일종의 사회 보전의 기관입니다.

그러니까 화류병 예방의 방면에서 공창이 필요하다고 말하는 것에 대해 나는 큰 의문을 가지고 있습니다. 공창은 끊임없이 소정의 검진을 받는 제도입니다만 단시간의 국부 검사로는 완전할 수 없어 유독자를 발견한다는 것은 실로 어렵습니다. 특히 난치인 성병 환자를 겨우 1개월 정도의 입원시켜 치료함으로써 일을 하게 해서 위험은 없는 셈인 공창에 의해 병독이 감염되는 일도 적지 않기 때문에 결코 완전한 제도라고 불 수 없습니다. 이러한 미온적 검진제도는 공창뿐만 아니라 사창에 대해 연구에 의해서는 현재 규칙의 허용함에서도 상당히 철저할 수 있기 때문에 공창을 존치하기 때문에 화류병이 만연하지 않는다고 하는 것은 과거 위생사상의 진보가 없는 시대에서도 사창에 의해서는 화류병의 전파가 심했기 때문에 이제 그 관념이 없어지지 않는다고 생각합니다. 현대에서는 이미 이유는 존재하지 않는 셈입니다.

풍기 방면에서 관찰할 때 존창론자가 염려하는 것과 같이 풍기의 퇴폐가 온다는 것은 애매하다고 생각합니다. 물론 파는 식의 공창제도로 풍기가 좋아질 수도 없고 오히려 매음의 공허를 하기 때문에 민중의 정조관념을 오염시켜 누구도 진열식의 집창을 목격하면 즉시 유탕적 기분을 불러일으켜 독신자인지 처가 있는 자인지 상관없이 성욕의 충동이 심해져서 결국 등루해서 하룻밤 봄을 구입하기에 이르는 것입니다. 이와 같이 실물교육에 의해서도 남녀의 구별없는 정조관념이 낮아져서 사창이 도량하는 모양이고 공창제도는 일종의 매음 조장을 기관으로 기묘한 광경을 보이는 데 이르게 되는 것입니다.

이상 나의 논의는 폐창론자의 입장에서 관찰 검토해 온 것이지만 한발 물러나 생각해도 반드시 다음과 같이 간단하게 조급히 그것을 폐지할 수는 없다고 생각합니다. 철폐의 결과는 미지수여서 이 때문에 사회의 안전이 보장될 수 없기 때문에 존창이 필요하다는 말에 기대 보아도 현재의 공창제도가 불합리하기 때문에 몇몇의 개선을 하지 않으면 안 됩니다. 그러면 그 개선을 필요한 불합리한 점은 어디에 있을까. 이에 대하여 식자의 의견을 소개해 보면 "사회 문제는 경제적 사정을 떠나는 것은 존립할 가치가 없다"는 말에 기반하여 공창 문제도 역시 경제적 관계를 다분히 가지고 있습니다. 첫째, 전차금의 문제입니다. 이것이 공창 시비를 논하는 근본이 되고 있어서 이 문제에 손을 대지 않고 여러 가지 개선하면 모두 지엽적인 것이어서 명목이 아무리 좋아도 실효가 따르지 않습니다. 포주와 창기의 대차 계약을 부인하는 것에 있습니다. 그러나 공창을 존치하는 이상 도저히 어려울 것이기 때문에 일정한 기간을 두어 전차고의 여하에 상관없이 그 연한이 경과하면 등록갱신을 절대로 허가하지 않고 또한 그 기간 내에 차금을 갚을 때는 언제라도 폐업할 수 있게 하여 기타 벌이, 이익의 분배 방법, 의상대, 병의 치료비의 지불 방법 등 여러 가지 있습니다만 이러한 것들을 이미 개선을 시행하고 있는 것이기 때문에 여기에서는 생략하겠습니다.

둘째, 자유의지의 존중입니다. 즉 자유 폐업을 간소하게 취급하는 것입니다. 법규상 자유 폐업은 인정하고 있는 것으로서 이에 대해서 경찰은 공연히 간섭할 이유가 없는 것이지만, 종래 창기는 자유 폐업을 생각하고 유곽을 벗어나고자 해도 경찰관이 그를 잡아서 포주에게 인도한 사례가 많았습니다. 이는 완전히 쓸데없는 일로 형사상의 문제라면 어쨌든 민사 관계에 있는 이상 경찰관이 모든 일을 할 필요가 없을 것으로 생각합니다. 그러니까 외출의 자유, 손님 선택의 자유가 있습니다. 따라서 현재의 나카이를 폐지함으로써 이들의 수입을 증가시키는 것도 필요합니다.

셋째, 창기의 최저연령을 20세로 올리는 것입니다. 여기에는 논의가 많아서 제51회의에서 부인 아동의 매매금지에 관한 조약에 대해 제외례를 인정한 사항에 대해서 통렬한 비난을 받고 있습니다. 정부는 이에 대해서 일본 부인이 조숙한 이유에서 보류했다고 변명하고 있습니다만 어쨌든 심신 발육에서 20세 이상의 연령으로 올리는 것에 대해서는 대다수가 찬성하고 있는 모양입니다.

넷째, 집창제도의 철폐입니다. 이 점에 대해서는 경무휘보에서 본부의 니시카메(西龜)의 기사가 발표하고 있습니다만 풍교에서 마땅히 좋지 않기 때문에 가능한 눈에 띄지 않게 운영하는 것이 폐해가 적다는 것에서 산창제도로 하여 민중의 유탕적 기분을 돋우지 않도록 해야 한다는 것이 대다수의 의견입니다.

기타 주선업자와의 관계 또는 음식과 유흥의 관계 또는 속으로 말해 회전제도(廻し制度)의 여러 가지 개선사항이 있지만 대체로 이상과 같은 것에서 사회의 필요기관으로서 잠깐 그 존재를 인정해야 한다고 생각한다. 마지막으로 주의해야 할 것은 내지와 조선을 합해 공창 6만여 명 대부분이 무지하다고 할 수 있어서 이들에 대한 구제 개선의 실적을 보려면 이들의 교육 정도를 높이고 도덕적 의식을 향상시키는 것도 역시 긴급하고 절박하다고 생각한다.

25. 미야모토 하지메, 법률로 본 매음 : 매음은 범죄성을 가질까 아니면 갖지 않을까 (1)~(3)(1928. 10.~12.)

고등법원 판사 미야모토 하지메,[11] 법률로 본 매음 :
매음은 범죄성을 가질까 아니면 갖지 않을까 (1)
高等法院 判事 宮本元, 「法律上より觀たる売淫 :
売淫は犯罪性を有するか将有せざるか」, 『警務彙報』 270, 1928. 10.

一.

　매음이라는 것은 남녀의 한쪽이 다른 한쪽에서 지불할 재산적 이익에 대해서 자기의 성을 제공함에 따라서 행해지는 성교, 즉 재산적 이익의 대가 관계에서 이루어지는, 남녀 간의 성교이며, 그 성을 제공하는 자가 남자인지 여자인지를 논하지 않으며, 또 영업적으로 그것을 하는지 여부를 불문하는데, 예로는 그리스 시대부터 오늘에 이르기까지 세계 어느 나라의 국민 사이에서나 이루어졌으며, 또 지금도 이루어지고 있는, 하나의 괴이한 사회사상(事象)이다.

　지금 이것을 순전히 도덕적 입장에서 보면, 사람은 필연적으로 낳는 것을 목적으로 하는 성교를 위해서, 자유의사에 입각해서 전폭적인 애정을 드러내고, 전인격으로서 성을 제공해야 하는데, 매음에서는 성교를 일시적인 단순한 향락 수단으로만 생각하고, 재산적 이익을 위해서 성교의 자유의사를 억제하고 자타가 공히 성을 물질로 보고, 상품으로 보는 것이기 때문에, 그 자체가 천리(天理) 도덕에 반하는 것이라는 것은 논할 필요도 없다.

　그러나 그것을 사람의 생물학적인 본질이라는 관점에서 보면, 성욕은 사람의 본능이며, 천부 자연의 행동이기 때문에, 사람은 성숙기에 그에 대한 만족을 주는 것이 당연하며, 이러한 자연스러운 행동을 억압하는 것은, 루텔이 말한 바와 같이 자연으로 하여금 자연스럽지 못하게 하는 것이

11　https://ja.wikipedia.org/wiki/%E5%AE%AE%E6%9C%AC%E5%85%83.

며, 불을 가지고 태우지 않으며, 물을 가지고 적시지 않고, 사람으로 하여금 음식 수면을 하지 못하게 하는 것과 마찬가지다. 또 성욕은 식욕과 함께 살고자 하는 의사의 가장 완전한 표현으로 보고, 가장 치열한 것이며 부처가 주장한 것처럼 야생 코끼리를 길들이는 뾰족한 침보다 예리하고, 불꽃보다 뜨거운, 마치 인간의 혼에 쏘아 박는 화살과 같은 것이다. 게다가 국가적 제도인 혼인은 여러 가지 원인으로 방해받는 것이 있다. 남녀 인구의 비율은 차치하고라도, 혹은 관습, 사회적 지위, 처지 등의 관계로 인해 배우자를 선택할 기회가 적거나, 또는 국가가 정한 조건을 구비하기 못해서 혼인 허가를 얻지 못하거나, 혼인 생활을 유지하기에 충분한 자산 수입이 없거나, 혹은 특수한 가정적 또는 유전적 사정으로 저지당하거나, 혹은 말로 못할 전통적 또는 미신적 사정이 장애를 만드는 경우가 있다. 특히 성욕의 발동기는 기후, 생활 상태, 환경 또는 직업 등에 따라 똑같지 않은 것이 당연한데, 국가는 이러한 자연스러움과 상관없이 혼인 연령을 일률적으로 정하고, 그 연령에 달하지 않는 자의 혼인은 인정하지 않는다. 또 혼인 외의 사통 관계를 맺는 것에 대해서도 장해가 많이 존재한다. 그 때문에 성숙기에 달한 이러한 장해 아래 놓이는 남녀가 사회생활에서 이 생명에 딱 맞는, 치열한, 자연의 욕구인 성욕을 만족시키는 하나의 수단으로서, 매음은 일반적으로 중대한 사회적 의의를 갖는 것이라고 할 수 있게 된다.

그렇다면 국가 사회는 그 목적인 개인의 진보 발전을 위해서 법률상 매음을 어떻게 관찰해야 할 것인가? 물론 근본부터 도덕을 무시하는 법률은 불법일까, 또 사회 통상인에게 바랄 수 없는 이상, 있을 수 없는 상태를 요구하는 법률은 실효가 없기 때문에 없는 것이나 마찬가지다. 다시 물어본다. 매음은 사회 질서라는 입장에서 어떻게 취급해야 할 것인가?

二.

우선 매음에 관한 유럽 국가들의 법제를 개관하는데, 대체로 실제상 가장 문제가 되는 부녀의 영업적 매음에 착안하고 있는데, 아주 제각각이거나, 혹은 (1) 형법상 범죄가 되거나, 혹은 반대로 (3) 어떤 제재도 가하지 않는 것으로 하거나, 혹은 절충적으로 (2) 매음 그 자체를 범죄로 보지 않는 경우도 경찰 등의 감독을 받도록 하고, 그 단속규칙 위반을 처벌하고, 또는 매음에 관한 특별한 행위만을 처벌하는 것으로 하고, 또 동일 국가라 해도 앞뒤로 그 주의를 바꾸는 경우도 적지 않은 상태다. 즉

(一) 스위스의 바젤, 갈렌, 루체른 등 여러 주에서는 현재 매음을 형법상 범죄로 보고, 일반적으로 형벌로 위협하고 있다.

(二) 잉글랜드에서는 예로부터 매음을 형법상 범죄로 보지 않을 뿐 아니라 1886년 이래 특별히 경찰의 감독하에도 두지 않고, 또 다소 지방에 따라 예외는 있지만, 위생상 감독하에도 두지 않는다.

(三) 一. 독일에서는 현재 매음 그 자체는 묵인하면서, 다만 그것을 업으로 하는 부녀는 경찰의 명부에 등록하고 경찰의 감독에 따르게 하고, 건강, 질서, 풍속의 보전을 위해서 마련된 경찰 규칙을 준수해야 하며, 이러한 경찰 규칙에 위반할 때는 위경죄로서 구류에 처한다고 되어 있다. 또 경찰의 감독에 따르지 않고 매음을 업으로 하는 부녀는 마찬가지로 처분받도록 하고 있다. 게다가 경찰의 감독에 따르는 매음부에 대해서 통상의 임대료만으로 주거를 제공하는 자에 대해서도 음행매개죄에 따라 처벌받아야 하는 것으로 하고 있다.

그런데도 1925년 독일 형법 초안에서는 매음으로 업으로 하는 부녀에 대한 현재의 경찰 감독의 제도를 폐지하고, 영업적 매음행위 그 자체는 완전 무죄라고 하였고, 다만 공공연하게 풍속 혹은 관습에 반하는 방법, 혹은 타인을 번거롭게 하는 방법으로 자신을 제공한 자를 금고에 처하는 것을 규정하는 것 외에, 위경죄로 하고, 영리 목적으로 사원, 학교, 기타 아동, 소년들이 와서 모이는 곳으로 정해진 장소 근방, 또는 4세에서 18세의 소년 남녀가 거주하는 주거 등에서 매음을 하는 것을 업으로 하는 자는 노역소에 인도되도록 하며, 또 영리 목적으로 매음을 하는 것을 업으로 하는 자가 앞에서 기술한 자기 제공 등의 죄에 따라서 처벌받은 것이 3회 이상에 달한 경우에는 노역소에 인도되도록 규정하고 있다. 그러나 만 18세 이상의 매음부에 대해서 임대료를 받고 거주를 제공하더라도 매음 그 자체에 관해서 특별한 이익을 수수하지 않고, 또는 음행을 위한 강박 역류가 있지 않은 경우에는 음행매개죄가 성립되지 않는다고 해서 오히려 영업적 매음행위 그 자체는 보호하고 있다.

二. 오스트리아에서는 완전히 형법에 준거한 1885년의 법률에 따라서 매음의 처벌을 보안 관청에 맡기고, 표면적으로는 매음을 일반적으로 처벌해야 하는 것이라고 칭하고 있지만, 실제는 경찰이 묵인하는 면이 있으며, 다만 경찰 규칙을 위반한 자만을 처벌하고 있다.

三. 프랑스에서는 매음을 공인하고, 경찰의 감독하에 두고, 다만 특히 오래된 심하게 이상한 1778년의 규칙 등에 의해서만 처벌하고 있다.

四. 이탈리아에서는 매음에 대해서 1860년 이래 완전히 프랑스와 똑같은 방침을 채택했는데, 1888년 이후에는 매음부의 등록도 제재도 없고, 다만 공공연한 매음부, 특히 전과가 있는 자 및 질병이 있는 자 및 기루(妓樓) 및 매음부의 주거 감독만을 하도록 되어 있다.

五. 스위스의 취리히, 겜프 등 23개 중에서는 매음 그 자체를 형법상의 범죄로 보지 않고, 공연 매음을 요구하는 행위, 공연 매음을 위해 유인하는 행위 등만을 경찰 규칙에 따라 처벌하고 있다.

그리고 1903년 스위스 형법 예비 초안에서는 매음 그 자체를 처벌하지 않는 것으로 하고, 다만 그로 인해 타인을 번거롭게 하는 행위, 공공연한 매음을 위해 자기를 제공하는 행위 및 부녀에 대해서 공연 매음의 요구를 하는 행위를 처벌하도록 하고 있다.

六. 벨기에에서는 1900년 매음에 대한 경찰 규칙을 폐지하고 기루를 금지하고, 공공연하게 사람을 번거롭게 하는 매음부를 부랑자로서 단속하도록 하고 있다.

七. 네덜란드에서는 매음에 대해서 형법은 어떤 규정도 하지 않는데, 완전 무죄라고는 해석하지 않고 모든 지방적 규칙에 맡겨서 그 규칙은 지방에 따라 다르며, 여러 가지로 잡다한데 전부 벌칙을 마련하고 있다.

八. 스웨덴은 형법상 기루에서 일어나는 매음만을 범죄로 하고 있다. 1847년 이래 매음은 법률에 입각하지 않은 통제 아래 두고, 또 1885년의 부랑자 법에 따라 처벌하고 있다.

九. 노르웨이에서는 구키 씨에 따르면 종전에 매음은 일반적으로 범죄로 여겨졌는데, 23개의 도시는 매음을 경찰 규칙에 따라서 단속하고, 공연의 기루는 법률상 실제적으로 금지되어 있었는데, 그러나 현재는 형법상 매음의 목적을 가지고 공공연하게 사람들을 번거롭게 하는 행위만을 범죄로 하고 있다.

一〇. 핀란드는 형법에서 기루에서 하는 매음, 기타 공연 매음만을 범죄로 하고 있다.

一一. 덴마크에서는 1906년 3월 30일의 법률에 따라 매음에 대한 경찰 규칙을 폐지하고 매음자에게 게으른자법(怠惰者法)을 적용하기로 했는데, 또 이전의 감독을 계속하기로 하고, 종래의 형법 등의 규정을 폐지했다. 그리고 다만 풍속을 해하고, 공공연히 사람을 괴롭히거나 또는 이웃 사람을 번거롭게 하는 방법으로 매음으로 유인하는 자, 성년 남녀 및 2세 이상의 미성년자와 동거하거나 또는 18세 이하의 손님을 접대하는 매음부만을 처벌하고, 또 기루를 금지하는 제도를 채용했다.

一二. 체코슬로바키아 형법 초안은 매음 그 자체를 범죄로 하지 않고, 따라서 주거의 제공은 음행의 이익을 착취가 있을 경우 외에는 처벌하지 않는다. 다만 기루를 설치하거나 그것을 경영한 자를 영업적 음행의 비호죄로 하고, 또 공연 음행을 위해서 자기를 제공하거나 또는 음행을 위해서 도발을 하여 일반의 감정을 자극하거나 현저히 수치스러운 감정을 상하게 하는 행위를 한 자를 위경죄로 하고 있다.

뒤집어서 우리나라의 법제를 살펴보면, 멀게는 게이초(慶長) 연간에 이미 부녀의 영업적 매음을 공허하고, 1618(元和 4)년 유곽제도를 정한 이래, 여러 변천을 거쳐서 메이지 33년에 이르러서, 내무성령 제44호로 창기단속규칙을 마련하였고, 동 규칙에 따라서 창기 명부에 등록한 영업적 매음부는 창기라고 칭하고 거주 이전의 자유가 제한되며, 엄중한 감독 단속을 받고, 위의 규칙을 위반하는 창기는 처벌받도록 하였으며, 소위 공창제도를 채용하고 있다. 그런데 일면 예로부터 창기가 아닌 부녀로 하여금 몰래 매음을 하는 것을 업으로 하는 자, 즉 소위 사창이 있었고, 그 수가 점차 많아지기에 이르렀기에 도쿠가와(德川) 시대에 그것을 엄벌에 처한 이래 절대 처벌주의를 채용해 와서, 현재는 1908(明治 41)년 9월 내무성령 제16호 경찰범처벌령 제1조 제2호에 따라 만일 밀매음을 한 자는 모두 30일 미만의 구류에 처하도록 되어 있다[조선에서는 1912(明治 45)년 3월 조선총독부령 제40호 경찰범처벌규칙 제1조 제3호에 의거해서 구류 또는 과료에 처한다].

그런데 이러한 법제하에 있는 여러 국가들의 사회풍속의 실상은 어떠할까? 매음을 전혀 국가 통제하에 두지 않는 나라는 물론, 그것을 범죄로 보거나 또는 단속규칙에 따라서 제재를 가하고 있는 나라에서도 완전히 법률 규칙을 무시하고 매음을 업으로 사는 부녀가 날로 늘어나고 있으며, 사회의 위아래가 병에 걸려(風痱) 있고 그로 인해 방탕하고 음란한(遊蕩荒淫) 무리가 속출하며, 남자는 마치 자기의 성적 행동을 위해서 여자를 희생양으로 삼을 권리가 있는 것처럼 사유하는 것이 이상하지 않고, 특히 순진무구한 청년 남자의 도덕심을 마비시키고 악화시키는 데 이르렀으며, 인생의 향락으로 말하자면 성적 관계 말고는 다른 것이 없다는 식으로 음풍세(淫風世)를 씌우기에 이르고 있다. 우리나라의 실상 역시 마찬가지이며, 소위 사창은 대도시 또는 신개발지에서 거의 묵인되는 것처럼 집합적으로 주거를 마련하여 일견 소위 마굴이라고 인정할 수 있는 상태의 것이 있다. 그외 예기작부, 카페 여급 기타로 하여금 몰래 매음을 행하게 하는 자가 점점 늘고 있으며, 가끔씩 대소탕을 해도 마굴은 홀연히 장소를 바꾸어 가면을 쓰고 나타난다. 예기 같은 경우에는 그 이름을 앞세우고 매음을 업으로 하는 자가 많기 때문에 원래 그 행위를 개선 할 리가 없다. 그 외 앞에서 언급한 부녀에 대한 검거 효과는 일시적일 뿐이며, 끊임없이 반복 감행한다. 국가는 사창을 박멸하는 일에 대해서 손을 놓은 것인지 의심스러운 상황이다. 그리고 공창 유곽의 존재는 그 자체로 남자의 성적 도덕심을 마비시키고 창기를 접하는 것은 흡사 국가로부터 부여된 남자의 특권인 것처럼 착각하는 사회사상을 만들어 내고, 특히 청년 남자처럼 하등 성적 행동에 구애되지 않고, 단순히 호기심으로 유곽에 발을 들이는 자도 부지불식간에 성적 감정이 자극되어서 창부를 접하기에 이르는 일이 적지 않은 상태다.

그리고 현재 화류병이 맹렬한 기세를 가지고 이상의 여러 국가에 전파되고, 국민건강 상태는 점차 저하되어 가고 있으며, 매음이 그 전파의 주요 원천이 되고 있는 것은 또한 결코 간과해서는 안 되는 사실이지만, 이는 매음 그 자체의 본질에서 생겨나는 필연적인 결과가 아니라, 그 화류병 전파에 대한 관계는 이론상 매음 이외의 성교에서도 마찬가지이기 때문에 이러한 점은 본론의 범위 외로 두기로 한다.

고등법원 판사 미야모토 하지메, 법률로 본 매음 : 매음은 범죄성을 가질까 아니면 갖지 않을까 (2)
高等法院 判事 宮本元, 「法律上より觀たる売淫 : 売淫は犯罪性を有するか将有せ ざるか(承前)」, 『警務彙報』271, 1928. 11.

三.

이처럼 유럽의 여러 나라 내지 우리나라에서 매음에 관한 법제가 설령 그 주의에서 다른 점이 있다고는 해도, 여하튼 엄연히 존재함에도 불구하고, 영업적 매음의 폐풍(弊風) 사회를 억압하고, 해독을 퍼뜨리는 정도가 심한 것은 애초에 무엇 때문일까? 원래 그 소인(素因)은 복잡하기도 하고, 여러 나라의 인정 풍속 등 여러 종류의 사회 사정은 같은 성 문제에 관해서도 미묘한 점에서 다르기 때문에, 일률적으로 단정할 수는 없겠지만, 그 주요 근원은 그 법제가 타당하지 않다는 점에 있다고 생각한다. 그리고 그 법제가 타당하지 않은 점은 필경 매음에 관한 법률상의 근본 관념에 애매하고 불철저한 것이 있든가, 그렇지 않으면 오진(誤診)이 있는 데에 기인하는 것이 아닌가 생각한다.

법률은 사회생활의 실제에 입각한 것이어야 하는 것은 물론이지만, 그러나 반드시 현실의 사회

현상에만 주안점을 두어서, 그것을 시인하고 그에 이끌려서만 만들어지는 것이 아니다. 항상 사회가 진보 발달하기 때문에 도리에 맞는 이상(理想)을 가지고 국민의 사회생활을 지도하고 교정(匡正)하는 것을 주요 사명으로 하는 것이어야 한다. 따라서 이러한 이상이 확립되지 않고, 끝없이 변화하는 사회 현상마다 동요하고, 또는 이런 이상을 잊고 법률 운용이 기계적으로 빠져들었을 때는 실효를 거두지 못하고 그 위력이 땅에 떨어져서 국민이 준법심을 읽게 되는 것은 필연적이다. 그렇기 때문에 매음 같은 사회 현상에 대한 법제에 대해서도 그 이상으로 삼는 법률상의 근본 관념을 확립하는 것은 실로 입법의 적정을 확보하고, 법의 위력을 철저하게 만드는 근저를 이루는 것이라고 해야 한다.

혹자는 말할지도 모른다. "이론이 아무리 정해져도, 이 뿌리 깊은 실제를 어떻게 하나? 이론과 실제는 꼭 일치하지는 않는다"고. 그러나 그것은 잘못이다. 사회생활의 목적에서 보면, 정당한 이론과 정당한 실제는 반드시 일치한다. 만약 이론과 실제가 일치하지 않는다면, 그중 어느 하나가 정당하지 않은 것이다. 정당한 실제에 반하는 이론이라면, 그 이론이 부당한 것이며, 정당한 이론에 반하는 실제가 있다면, 그 실제가 부당한 것이다. 바꿔 말하자면 현존하는 실제에 직면할 때는 먼저 그 사회생활상 정당한지 아닌지를 비판해야 하며, 그것을 비판하는 데는 정당한 이론에 기대해야 한다. 여기에 사회생활의 목적에 입각한 정당한 이론의 연구는 가장 중요한 가치를 갖는 것이라고 해야 한다.

그렇다면 법률에서 매음을 어떻게 관찰해야 하는가는 매우 어려운 문제로, 유럽 국가들에서나 우리나라에서나 그것을 논정(論定)하고 있는 학자는 매우 적다. 완전히 매음은 예로부터 우리에게 풀기 어려운 수수께끼를 주고 있는 스핑크스다. 그러나 이 수수께끼를 풀지 않는 한, 매음에 대한 국가의 입법 정책은 암중모색과 같으며, 만약 그 답을 얻지 못하면 결국에는 사회의 쇠퇴를 초래하게 되고, 또 만약 대체로 잘못이 없다고 하더라도 그것이 철저하지 못하면 그 적정(適正)을 얻지 못해서 사회의 진보 발전을 저해하게 될 것이다. 매음의 문제는 참으로 하루라도 빨리 풀어야만 하는 수수께끼다.

따라서 나는 이러한 중대한 문제에 직면해서 그것을 해결하는 데에 너무나도 힘이 없다는 것을 자각하는 사람인데, 그것을 좌시할 수 없기에 여기에 소견을 밝히고, 결국에는 하나의 의문점으로 제공해서 식자들이 해결해 주길 바라는 바다.

우선 앞에 기술한 여러 나라의 법제를 총괄 개관하고, 오늘날 매음에 대한 법률관(法律觀) 대세의 추이를 고찰하겠다. 비영업적 매음은 실제적인 문제로 하는 데 부족하다고 보고, 영업적 매음도 대부분 여자의 경우에 주안점을 두고 있으며, 그 영업적 매음을 일반적으로 형법상의 범죄로 보는 견해나, 또 영업적 매음 그 자체 및 그에 관련된 행위를 형법상 무죄로 보고, 전혀 국가 감독하에 두지 않고 방임하는 주의도 폐절되었고, 대세는 영업적 매음을 가지고, 풍속을 해하는 우려가 있다고 보고, 국가 감독하에 둔다는 주의에서, 영업적 매음 그 자체는 풍속을 해하고, 또는 해할 우려가 없다고 보고, 완전히 무죄라고 하며, 어떠한 국가 감독하에 두지 않고, 다만 공연 매음을 위해서 자기를 제공하는 등 매음에 관한 겉으로 드러나는 행위만을 풍속에 반하는 것이라고 하여 형법상 처벌하는 주의로 방향이 바뀌어 가고 있다는 것을 말할 수 있다. 그리고 이러한 주의는 현재 적어도 유럽 국가들을 풍비시키는 추세에 있다고 해도 된다고 생각한다.

그렇다면 그 이유가 되는 근본 관념은 매음을 어떻게 보고 있는 것일까? 그에 대해서 독일 학자가 주장하는 바는 대체로 이러하다. "매음은 그 본질로 보아 도덕상, 종교상의 죄악이며 또 사회적으로 위험한 것임은 물론이지만, 그것을 일반적으로 형벌을 가지고 절대 금지시키는 것은 이제는 낡은 법률 사상이다. 이런 사상은 사실상 실행 불능이라는 것은 과거 및 현재에서의 경험을 통해 우리가 확신하는 바이며, 형법상 매음을 절대적으로 추구할 때는 오히려 그것을 어떤 감독 없이 한층 추악한 상태를 가져오게 하는 숨겨진 집(隱家)으로 몰아넣게 된다. 그리고 일면 죄악은 모두 형벌로 박멸할 수 있어야 하는 것, 형법은 모든 죄악에 대해서 효력이 있는 것으로 여기는 것은 그릇된 생각이다. 매음은 일반적으로 도덕에 반하는 죄악이지만, 법률상은 모두 그것을 범죄로 관념하고, 형벌로써 다루어야 할 것으로 보지 않고, 매음에 관해서 외부로 드러난 행위, 즉 외부에서 성적 감정을 자극하거나 또는 도덕을 위태롭게 하는 행위가 인정되는 경우에만 이러한 이유로 인해서 범죄가 되는 것이므로, 이러한 외견적 행위가 따르지 않는 매음 그 자체는 범죄가 아니라고 보아야 한다. 때문에 오늘날 형법의 입법상 매음은 그것을 박멸하는 것을 목적으로 하는 것으로 보지 않고, 다만 제한해서 가장 위험이 적은 형식으로 만들어 가는 것을 기도(企圖)해야 하는 것이다."라고(Vergleichende Darstellnng des Deutseben und Ausländischen Strafrechts. Besonderer Teil. W. Band).

생각건대 그 주장하는 바가 반드시 명료하지는 않지만, 요컨대 종래의 법제상 매음의 절대 금지는 실행이 불가능하기 때문에 그것이 법률상의 취급을 별도로 할 필요가 있는 것을 전제로 하고, 매음 그 자체는 공중의 성적 감성을 자극하지 않고 공공연하게 사회도덕을 위협하는 것이 아니라고 하는 것을 근본 관념으로 하는 취지라고 해석하는 수밖에 없다고 생각한다.

그렇지만 매음의 절대 금지가 실행 불가능하다고 할지라도 결코 그것이 곧 매음 그 자체의 합법성을 의미할 리는 없다. 세상에 도둑의 씨가 마르지 않는다고 해서 누군가 절도를 범죄성이 없는 것으로 생각할 것인가? 그 때문에 단순히 매음의 절대 금지가 실행 불가능하다고 말하는 것만으로는 조금도 매음 그 자체가 합법성을 갖는 이유의 근본 관념을 설명한 것이라고는 말할 수 없다. 만약 그 절대 금지가 실행 불가능이라고 한다면 이 사실에 비추어 사람의 성생활이 어떠한 것인가, 그 성생활은 현대 사회생활상 어떻게 질서가 서야 하는가, 매음 그 자체는 왜 그 사회질서에 어긋나지 않는 것인가, 사회규범이 인정하는 것인가를 고찰해서 사회 통념상, 합리적인 근본 관념을 탐구해야 한다. 그리고 만약 적극적인 근본 관념을 도출했다면, 매음은 이러한 관념에 비추어서 합법성을 갖는 것이라고 말할 수 있지만, 만약 소극적인 근본 관념을 도출했다면, 매음은 이러한 관념에 비추어서 범죄성을 갖는 것으로, 설령 그 절대 금지가 실행 불가능하다고 하더라도 국가는 가급적 금지 실행의 수단 방법을 강구하고, 그렇게 하기 위해 노력해야 하는 것이며, 절대 금지의 실행이 불가능하다고 해서 그 때문에 범죄성이 소멸되어 합법성을 갖게 될 리가 없다.

또 "매음은 그 본질로 보아 도덕상의 죄악이며 또 사회적으로 위험한 것이다"라고 해서, "죄악은 모두 형벌로 박멸할 수 있다고 생각하는 것은 그릇된 견해다"라고 하는데, 도덕에 반하고 사회적으로 위험한 것을 왜 형벌로 박멸해야 하는 것이 아니라고 하는 것일까? 원래부터 도덕에 반하는 행위를 모두 법률 질서에 어긋나는 것이라고 할 수는 없지만, 매음은 왜 법률의 범위 밖에 있는 순전한 도덕상의 문제에 지나지 않는다고 하는 것인가? 앞에서 서술한 설명만으로는 나는 이해할 수 없다.

그리고 절대 금지의 실행 불가능이라고 여겨지고 있는 매음은 실제로 재산적 이익을 대가로 해서 성을 제공하는 자는 여자인 경우가 대다수를 차지하고 있고, 법제의 대부분은 이런 경우에만 주안을 두고 만들어지고 있기 때문에, 이러한 재산적 이익을 대가로 해서 성의 제공을 요구하는 자는 대다수가 남자라고 하는 것으로 귀착되는데, 이 일면적인 사회 사상 그 자체를 응시(凝視)해서, 그 사회생활상 불합리하지 않은 것을 설명할 수 없으면, 앞서 말한 신주의는 아직 수긍할 수 없다. 남자가 재산적 이익을 대가로 해서 여자의 자유의사를 제압하고, 그 성을 상품시하고 그것을 제공하게 하는 것, 다시 말해 여자의 몸을 남자에게 희생되도록 방치하는 것은 사회생활의 어떤 이유로 인해서 정당한 것일까? 여기에 여자와 다른 합리적인 것이 존재하는 것일까? 매음 금지에 적극 나서지 않는 것도 일찍이 남자가 사실상 여자보다 우월한 지위를 점한 시대부터 내려온 전통적 사상에 맹종하거나 또는 그것을 기화(奇貨)로 해서, 남자의 전횡을 간과하는 것이 하나의 요인을 이루고 있는 것이 아닐까?

그것을 요컨대 매음 그 자체는 범죄성을 갖지 않는다고 하는 유럽 국가들의 최근의 법률 사상은 물론 심원한 이론적 근거를 갖는 것이겠지만, 나의 빈약한 자료에 따르면 아직 그 근본 관념을 이해할 수 없는 것을 유감으로 생각한다. (미완)

고등법원 판사 미야모토 하지메, 법률로 본 매음 : 매음은 범죄성을 가질까 아니면 갖지 않을까 (3)
高等法院 判事 宮本元, 「法律上より観たる売淫 : 売淫は犯罪性を有するか将有せざるか(承前)」, 『警務彙報』 272, 1928. 12.

四.

一. 내가 생각하는 바에 따르면 사람의 성욕은 그 생물로서의 본능이다. 사람인 생물로서 자손의 영속을 꾀하고 자아를 철저히 하기 위해 누리는 천부의 것으로 어떻게 해도 거부하기 어렵다. 어쩔 도리가 없는 자연스러운 행동이기 때문에 사람의 성생활은 그 고유한 목적의 하나라고 할 수 있다. 따라서 각 개인이 그 성생활로부터 자기 자신을 처분하는 자유로움은 순전히 개인적인 견지에서 보면 합목적의 것이라고 해야 한다. 이 때문에 일차적으로는 국가 사회는 가능한 각 개인의 성생활에서의 자유의사를, 존중 보호하는 데 노력해야만 하며, 각 개인은 성생활에서 자기 자신을 자유롭게 처분할 권리를 갖는 것이라고 말할 수 있다.

그렇지만, 일면으로 개인은 필연적으로 국가 사회라는 공동단체를 조직하고, 국가 사회의 견실한 진보 발달을 통해서만 그 생활을 온전히 만들 수 있는 것이며, 국가 사회의 존재는 실로 각 개인의 견실한 진보 발달을 목적으로 하는 것이다. 따라서 국가 사회의 목적은 곧 각 개인의 목적이어야 한다. 국가 사회의 목적에 반하는 것은 필경 각 개인에게 있어서 정당한 목적이 아니라는 것이다. 따라서 각 개인이 자유롭게 그가 원하는 대로 성생활을 하고, 추호도 국가 사회의 목적에 반하지 않는다면, 하등 관계는 없지만, 만약 그렇지 않고 각 개인이 통제 없이 제멋대로 성생활을 하는 것이 국가 사회의 목적에 반한다면, 각 개인의 성생활은 결국 국가 사회의 견실한 진보, 발달을 촉진하거나 또는 적어도 그것을 저해하지 않는 범위 한도에서만 사회생활에서 정당하다고 말해야 한다.

그런데도 각 개인이 자유롭게 자기가 원하는 대로 성생활을 하고, 어떤 통제 없는 상태를 생각할 때는 국가 사회의 진보 발달을 저해하는 것은 물론, 국가 사회 조직을 근본에서 파괴하게 되는 것은, 참으로 당연한 일이라고 생각한다. 따라서 각 개인의 성생활에는 그들이 구성하는 국가 사회의 목적상 넘지 말아야 할 일정한 울타리, 즉 한계가 존재한다고 해야 한다. 그리고 이러한 울타리 내에서의 각 개인의 성생활은 국가 사회가 적극적으로 보호하고, 또는 적어도 소극적으로 방임해야 하는 것이지만, 이러한 울타리를 넘는 울타리 밖에서의 각 개인의 성생활은 국가 사회가 용인하지 못하는 것이다. 이러한 울타리라는 것은 무엇인가? 그것은, 즉 국가 사회의 성적 풍속이라고 하는 공공의 질서다. 그리고 물론 이 성적 풍속은 그 내용상, 도덕상의 성적 풍속의 전부는 아닐까? 국가 사회의 견실한 진보 발전을 달성하기 위해 필요한 범위에서 혹은 도덕상의 성적 풍속이 그대로 공공의 질서가 되는 성적 풍속으로서 인정되는 것은 원래부터 있을 수 있는 일이다.

그리고 공공의 질서가 되는 성적 풍속을 침해하는 행위는 국가 사회의 목적이라는 관점에서 보아 당연히 정법인 사회규범에 위반하는 것이기 때문에, 국가 사회는 특별히 그것을 금지하는 법규를 만드는 것까지는 아니지만, 다만 위반 행위 방지(防遏)에 철저하기 위해 이러한 행위에 대해서 형벌을 가하는 법규를 정하고, 이러한 성적 풍속을 유지 보호하는 것을 당연한 임무로 한다. 그렇기에 오늘날의 문화 국가들에서는 먼저 적극적으로 일부일처의 혼인제도를 두고, 배우자의 성생활을 이러한 성적 풍속에 적합한 모범적인 것으로 인정하고, 법률상 자유로운 것으로 하는 동시에, 간통, 중혼 같은 것을 혼인 관계, 이러한 성적 풍속의 근저를 뒤집는 것으로 인정하고, 당연히 형벌을 가할 범죄라고 보고 있는 것 말고도, 혼인 관계를 침해하는 것이 아니라고 하더라도, 폭행, 협박 기타의 행위로 인해 부녀의 성교에 관한 자유의사를 억압하거나, 또는 그에 하자가 생기게 하거나, 또는 이러한 자유의사의 발달이 불충분하거나, 또는 그에 결함이 있는 상태에 빠지게 하는 간음, 폭행, 협박 등으로 인해, 남녀의 자유의사를 억압하고, 또는 의사 능력이 충분하지 않은 상태에 빠지게 하는 부자연스러운 배덕적 색욕 행위, 문란하게 공중의 성적 감정을 자극하는 겉으로 드러나는 행위 등과 같은 것은 공공의 질서인 성적 풍속을 침해하는 것은 두말할 필요도 없기 때문에, 여러 국가가 모두 이에 대한 형벌을 두고 있으며, 또 외국에서는 남자 간의 외설 행위 및 짐승류에 대한 외설 행위를 형벌로 위협하고 있는 것도 있다.

그러면 다음으로 공공의 질서다운 성적 풍속을 침해하는 것은 어떤 행위일까? 이것은 일률적으로 결정할 수 있는 것이 아니라 성적 풍속의 내용 개개에 대해서 고찰하고, 각 경우에 대해 결정해야 한다. 따라서 그 침해는 반드시 공중의 성적 감정을 자극하는 표면에 드러나는 행위만으로 인해서 이루어지는 것이 아니며, 또 타인의 개인적 이익의 침해를 동반하는 행위만을 통해서 이루어진다고 국한할 이유는 없다. 설령 그러한 행위들이 아니더라도 국민의 성적 품성, 견실한 성생활에 동요를 가져오며, 국가 사회의 진보 발달을 저해하는 행위인 이상, 이러한 성적 풍속을 침해하는 것이라고 해야 한다. 예를 들면 남자 사이, 또는 짐승류에 대한 외설 행위 같은 것은 사람의 천성에 반하며, 천리를 거스르는 것으로, 그 자체가 그 사람의 성적 품성을 타락시킬 뿐만 아니라, 그것이 전파됨에 따라 나아가서 국민의 성적 품성의 타락과 국민 세력의 쇠퇴를 초래하는 것은 필연적이기 때문에, 그러한 외설 행위들은 그 자체가 공공의 질서인 성적 풍속을 침해하는 것으로 보고 당연히 정법인 사회규범을 가지고 금지하고 있는 것이라고 보는 것이 타당하다고 생각한다.

다만 여기에서 유의해야 하는 것은 소위 사통의 문제다. 사통은 물론 법률이 적극적으로 인정하고 있는 것은 아니지만, 그것이 남녀 각각의 자유의사에 입각하여 상호 애정의 표현으로서 이루어지는 것인 한, 공공의 질서인 성적 풍속을 침해하는 것이 아니다. 원래 국가는 혼인제도를 두고 있지만, 이것은 사회생활의 질서라는 관점에서 보면, 이상적 모범적 남녀관계로서 하나의 표준을 제시하고 있는 것이라고 보아야 하며, 소위 내연 관계와 같은 것은 이러한 제도에 적합하지 않은 것이기는 하지만, 결코 도덕상의 성적 풍속조차 침해하는 것이 아니며, 일시적 사통이라고 하더라도 어떤 의미에서의 성도덕에 반하는 것일지도 모르지만, 그로 인해 공공의 질서인 성적 풍속을 침해하는 것은 생각할 수 없다.

二. 이상의 사람의 성생활, 국가 사회의 공공의 질서인 성적 풍속 및 그 침해 행위가 어떠한 것인가를 간략하게 살펴보았는데, 이것은 실제로 본론 법률상 매음을 어떻게 보아야 할 것인가, 매음은 범죄성을 갖는가 아니면 갖지 않는가의 문제를 해결할 기본 관념이라고 해야 한다. 대저 이 문제는 간략하게 말하면, 필경 매음은 공공의 질서인 성적 풍속을 침해하는 것인지, 아니면 그것을 침해하지 않는 것인지의 문제로 귀결되기 때문이다. 만약 그 성적 풍속을 침해하는 것이라면, 매음은 당연히 정법인 사회규범이 금지하는 바이며, 법률상 범죄성을 가지고, 국가는 그 사회의 실상에 비추어서, 필요에 따라 형벌로 위협하고, 방알 하는 것을 당연한 의무로 하는 것이다. 그렇다면 매음은 과연 오늘날 유럽 국가들을 계속 풍비시키고 있는 주의처럼 범죄성을 갖지 않는 것일까?

먼저 매음은 남녀의 한쪽이 재산적 이익을 급부할 것을 약속하고, 다른 한쪽이 그에 대해서 자기의 성을 제공할 것을 약속해서, 이러한 합의를 바탕으로 이루지는 성교이며, 그 합의는 명시적으로 성립했는지, 묵시적으로 성립했는지를 불문하고, 그 재산적 이익이 성교 전에 급부되었는지, 성교 후에 급부되었는지, 또 약속을 위반하여 전혀 급부되지 않았는지도 상관없다. 그리고 매음이라고 하면 재산적 이익과 대사 관계에서 이루어지는 한쪽의 성 제공만을 의미하는 것처럼 생각될 수 있을지도 모르지만,―아니, 오늘날 다음과 같이 생각할 수 있는데―나는 이러한 성교를 전체적으로 관념해서 역시 매음이라고 하고자 생각한다.

1. 원래 사람의 성교는 그 목적 여하는 제쳐두고라도, 남녀가 각 상대방에 대한 자기의 전폭적인 애정의 표현으로서 전인격으로서 어떤 간섭 없는 자유의사를 바탕으로 이루어지는 성의 제공을 통해서 이루어져야 하는 것이라면, 이것은 어떤 사람이라도 조금 진지하게 생각하면 쉽게 수긍할 수 있는 것이라고 생각한다. 따라서 또한 이러한 것은 사회생활상 각 개인이 확신하는 기본적인 도덕상의 성적 풍속이며, 거의 천리에 따르는 것이라고 해도 될 것이라고 생각한다. 그리고 사회의 진보 발달을 도모하기 위해서, 국민으로의 성적 품성을 유지 향상시키는 것이 필요한 것은 말할 필요도 없기 때문에 이러한 도덕상의 기본적 성적 풍속은 그 필요의 정도에서 공공의 질서인 성적 풍속을 이루는 것이라고 하는 것이 가능하다고 생각한다. 그런데 매음에서는 남녀의 한쪽이 재산적 이익을 위해서, 즉 그 급부를 받았기 때문에 또는 그것을 받기 위해서 자유의사를 간섭당하고,―설령 결국은 그 결의했다고는 해도, 적어도 일종의 하자가 있는 의사에 입각해서―애정을 기본으로 하지 않고, 자기의 성을 물질로 보고, 상품으로 보아서 비인격적으로 성을 제공하고, 다시 말하면 자기를 희생하고, 다른 한쪽은 그 대가인 재산적 이익을 급부하고 또는 급부할 것을 약속하고, 상대방으로 하여금 이러한 성의 제공을 하도록 하며, 스스로도 성을 제공해서 양자 성교를 하는 것이기 때문에, 전술한 도덕상의 기본적 성교 풍속을 침해하는 것은 말할 필요도 없는 바다. 그리고 그 국가 사회에 미치는 영향을 생각하는데 매음은 위의 취지에서, 당사자인 남녀 쌍방의 성격 품성을 타락시키는 것은 물론, 그 일방이 생활상 가장 필요한 것 중 하나인 재산적 이익을 얻기 위해서든, 다른 한쪽이 재산적 이익을 가지고 쉽게 향락을 얻기 위해 자연히 전파성을 갖고 있기 때문에 금세 사회의 위아래를 풍미하고, 여기에 국민의 성적 품성을 타락시키고, 결국 국민의 세력을 쇠퇴시키는 것은 필연적이며, 재산적 이익에 대한 성의 제공이 영업적인 경우에는 그 정도가 더욱 심해지는 면이 있다고 생각한다. 따라서 매음은 이러한 취지에서 전술한 공공의

질서인 성적 풍속을 침해한다는 것이 가능하다. 남자들끼리의, 또는 짐승류에 대한 외설 행위와 같은 것은 물론 사람의 도덕상의 성적 풍속을 침해하는 것이 매음에 비할 바가 아니지만, 외국에서 필요에 따라서 그것을 처벌해야 할 것이라고 하는, 앞에서 말한 근본 관념은 그것을 어느 범위에서 매음에 준용할 수 있다고 생각한다.

2. 다음으로 오늘날 세계 어느 나라에서나 가장 널리 행해지고 있는 매음부의 경우에 대해서 생각할 때는 더욱 특별한 사회생활상의 불합리를 발견할 것이다.

예로부터 오늘날에 이르기까지 매음이라고 하면 누구나가 바로 매음부를 떠올릴 정도로 대저 재산적 이익에 대해서 성을 제공하는 자는 그것을 영업으로 하는 여자의 경우이며, 공창이든 사창이든 불문하고 거의 그것이 하나의 사회제도를 조직하고 있다고 해도 좋다. 이러한 여자가 성을 제공하는 것은 비인격적이기 때문에, 곧 남자에 대해 자기를 희생으로 삼는 것인데, 대체 어떤 원인으로 이러한 제도가 생기게 된 것일까? 고대 사회에서도 매음부 제도가 필요한 것이라고 인정하고, 그리스, 로마에서도 국가가 매음부 제도를 조직하고, 중세에도 기독교의 성자라고 불린 사람조차 공창의 존재를 인용했다. 또 근세의 어느 학자는 여자의 매음은 모든 시대, 모든 나라에 존재한 것을 전제로 해서, 그것은 여자의 천성에서 발한 것이며, 남자의 성적 충동에 봉사하는 것이라고까지 말하고 있다. 이리하여 오늘에 이르러서 그 존재는 더욱 뿌리가 깊어지고 국가로부터 사실상 또는 법제상 묵인받거나 혹은 공인받고 있는 상태다. 이렇게 된 데는 원래 여자의 도덕적 타락, 생활상의 궁핍 등 기타 여러 가지 복잡한 직접적 원인도 있겠지만, 나는 이상의 사실로 보아 그 근본적 원인은 남자가 성교의 결과에 대해서 여자와 같은 자연적 책임을 지지 않기 때문에 배양된 무제한적인 음욕을 남자가 여자에 대해서 사실상 우월한 세력을 가졌던 시대에, 원하는 대로 수행하고, 여자의 인격을 무시하고 자기 음욕의 희생으로 삼으며, 그것을 남자의 특권인 양 전횡을 다한 것을 발단으로 해서, 이래 지금까지 그 전통에 지배되어서 여자조차도 그것을 당연시하고, 남자가 가끔 그것을 의식하는 경우가 있어도 오히려 그 전통적 사상을 기화로 음욕을 방종하는 자가 많기 때문이라고 생각한다. 간곡히 말하자면 남자의 음욕에 대한 자기 멋대로의 방종이 그 근원을 이루고 있는 것이다.

이러한 일면적인 매음부제도를 사회생활상 합리적으로 이유를 대는 것이 하나로서 존재할까? 사람의 가치는 그 사람이 국가 사회에 대해서 분담하는 의무의 이행 여하에 따라야 하는 것이며, 남녀가 별개여서 다른 것이 아니라, 사회생활상 남자로서 또는 여자로서는 완전히 평등 대등하며, 또 그 생리상 성욕 행동의 강약에 대해서도 남자라고 해서 여자보다 특별히 훨씬 강렬하다고 하는 것은 인정할 수 없다. 아니 오히려 여자는 부부만의 세계에서 정직하게 드러난다고 하는데, 성욕의 추구가 남자보다도 통렬 집요하다고 하고 있으며, 또 여성의 생애 어느 시기에는 그 충동이 남자보다 강렬하다고 이야기되고 있고, 여자의 성욕 흥분(昂奮)의 기회를 남자보다 많이 갖고 있다고도 이야기되고 있다. 따라서 여자는 하등 남자의 성적 충동에 봉사해야 할 이유도 없고, 또 남자가 여자의 수준에서 성욕의 통제를 하지 못할 생리상의 특질을 갖고 있는 것도 아니다.

여기에 나는 오늘날 매음부가 속출하고 있는 사회사상, 특히 그것을 국가가 묵인하거나 또는 공인하고 있는 제도 그 자체를 사회생활상 불합리한 것이라고 확신한다. 그리고 적어도 국가가 매음부를 인정하고 사실상 또는 법제상, 감독 통제를 하는 것과 같은 것은 반면에 국가가 남자의 방종한 음욕 수행, 음탕한 성생활을 특권으로 보고 보호하는 것이며, 이렇게 되면 불합리도 너무 심하다고 해야 한다.

3. 이상에서 논한 바에 따라 나는 매음은 그 재산적 이익을 대가로 해서 성을 제공하는 자가 남자든 여자든 불문하고, 또 영업적인지 아닌지에 상관없이, 모두 그 성교 자체가 공공의 질서인 성적 풍속을 침해하는 것이며, 정법인 사회 규범을 위반하고, 범죄성을 갖는 것이며, 철저하게 이를 방지하기 위해 형법에 따라 형벌로 위협해야만 하는 것이며, 공창이 잘못된 제도라는 것 역시 절로 명확해진다고 생각한다. 그리고 그 입법 문제에 대해서는 별도로 소견을 갖고 있는데, 그것은 다른 기회에 양보하고자 한다.

마지막으로 한마디를 추가하면, 만약 전술한 이유로 해서 부당하다고 말한다면, 매음 그 자체의 범죄성은 도저히 발견할 수 없을 것이다. 그리고 현행의 경찰범처벌령, 경찰범처벌규칙의 규정처럼, 단순히 "밀매음을 한 자"를 처벌하는 취지를 규정하고, 사실상 형사범처벌의 내용을 갖는 법규는 인권을 유린하는 악법이라는 것을 면하지 못하게 될 것이다. 과연 어떠한가? (끝) (1928년 11월 22일 씀)

26. 구도 다케키, 매소행위의 부인과학적 관찰(1929. 5.)

경성부인병원장 닥터 구도 다케키, 매소행위의 부인과학적 관찰 (1)
京城婦人病院長 ドクトル 工藤武城, 「賣笑行爲の婦人科學的觀察(一)」,
『警務彙報』 277, 1929. 5.

제一. 매소의 정의 및 의의

매소(賣笑)의 정의는 법학자, 윤리학자, 사회학자, 의학자, 철학자, 종교가, 기타 여러 방면에서 각각 그 견해를 달리하여 천차만별인데, 지금 더욱 논쟁이 이어져서 결론이 날 것 같지 않다. 매소 연구의 대가로서 세계적 권위자인 닥터 라비유트 씨조차 이 정의를 확정하는 것은 결국 불가능한가 하고 탄식을 내뱉고 있다.

그레고리 13세 법왕 예수교회접전에는 그 교의에 입각해서

본 남편 이외의 남자를 접하고 아이를 얻으려고 하는 욕망 없이 오직 성적 쾌감을 충족하기 위한 행위를 프로스티투티오(Prostitutio)라고 한다.

라고 정의했다.

지금도 학술상 술어로서 사용되고 있는 이 프로스티투티오(매소)라는 것은 원래 어떤 정의를 가질까? 그 정의를 천명하면, 고대 민족이 매소에 대해서 어떤 견해를 갖고 있었는지를 추측하는 데 일조가 될 것이다.

애당초 프로스티투티오(Prostitutio)는, 프로(Pro) 앞에 스티투티오(stitutio) 두다로 이루어진 두 단어가 합성된 동사 프로스티투에레(Prostituere) 앞에 두다라는 말에서 유도된 명사다. 즉 창가(娼家) 앞에 유녀(遊女)를 두고, 유객(遊客)을 기다리는 것을 의미한다. 로마 전성시대에는 프로스티투

티오 외에 매소를 가리키는 명사로 프로스티불룸(Prostibulum), 프로(Pro) 앞에 스타레(Stare) 서다, 즉 창가 앞에 서서 표객(嫖客)을 맞이하는 여자라는 뜻, 프로세다(Proseda) 프로(Pro) 앞에 세데레(Sedere) 앉다, 창가 앞에 앉는 여자라는 세 가지로 사용되고 있는데, 후자의 두 가지는 점차 없어지고, 지금은 첫 번째의 프로스티투티오만 남아서 라틴족인 이탈리아, 프랑스, 스페인, 포르투갈 등, 앵글로색슨족인 잉글랜드, 북아메리카합중국, 게르만족인 독일, 오스트리아 등에서 물론 발음은 그 나라 말에 따라 다를지라도 모두 사용되고 있다.

조자학(造字學)상으로 '女'라는 문자는 외생식기의 형상이다. '母'는 여기에 좌우 두 개의 점인 유방을 붙이고 다시 바꾸어서 상하로 점 2개를 찍은 것, '妻'는 屮(箒의 고문자) 又(手의 고문자) 및 女의 합성자, 즉 빗자루를 손에 든 여자, 가정 내에서 청소에 종사하는 여자에서 바뀌어서 가정을 관리하는 여자라는 의미로 바꾼 것, '婦'는 帚(箒와 같은 뜻)와 女의 합성자, 즉 妻와 동일한 뜻, '妾'은 辛(罪와 같은 뜻)과 女의 합성자, 옛날 죄인 여자를 시녀로 삼은데서 유래한 문자다. '娼'은 昌이라는 소리 부수와 女의 합성자로서 倡과 같은 뜻, 가무음곡을 즐기는 여자라는 뜻, '妓'는 支의 소리 부수와 女의 합성자로 그 본래 뜻은 여자의 작은 물건, 즉 화장품, 장신구 등 자질구레한 것들을 뜻하는데, 伎를 통해서 여자의 가무라는 뜻으로 바꾼다.

그리고 남성 쪽에서는 '男'은 田과 力의 합성자이고, 밭에 나와서 힘쓰는 일을 한다는 뜻, '夫'는 一과 大의 합성자, 一은 비녀를 의미하고, 大는 사람이 서 있는 자세를 형상, 즉 20세에 관을 쓰고, 비녀를 꽂은 남자라는 뜻.

부부관계를 나타내는 혼인의 '婚'은 昏, 즉 일몰 때와 女의 합성자, 일몰 때에 여자를 겁탈하는 약탈혼의 유물, '姻'은 결혼으로 인해서 여자가 남자를 따르는 것.

즉 어느 문자나 그것을 살펴보면 지금의 소위 매소행위를 가리키고, 또는 이와 구별하는 남녀의 관계를 표시하는 문자를 발견할 수 있다. 생각건대 매소행위가 인문 진화의 과정에서 명료하게 이를 구별한 것은 비교적 근세의 일에 속한다고 해야 할 것이다.

프랑스파의 학자는 레이 씨의 다음과 같은 정의,

매소란 금전으로 인해 공중(公衆)의 쾌락에 자기의 신체를 제공하는 직업을 말한다.
Métier qui consiste ú livrer son corps aux plaisirs du public pour Pargent.

이 나라의 파렌 듀샤텔레 씨는 여기에 더해서

음행, 즉 자기의 육체 제공의 사실을 명백히 하고, 그 행위를 영업적으로 여러 차례 반복하는 경우를 말한다.

즉 레이 씨에 따르면 단 1번의 행위도 매소로 인정하고, 파렌 씨는 매소라고 칭하는 것은 반복이 필요하다고 한다.

영국파는

하천(下賤)한 목적을 위해서 자기의 신체를 사용하는 것
An using of oneself for base purpose.

이라고 정의하고,

독일파는 더 간단하게

직업적인 음행(淫行)
Die gewerbmaessige Unzueht.

이라고 정의한다.

어느 것이나 간단하게 줄였다고 하더라도 명백하게 금전을 위해서라고 표현하는 것은 프랑스 학파뿐이다. 정의가 너무나도 간단해서 모든 방면에 적합하지 않는 경우가 종종 있기에, 지금은 다소 개정해서,

매소란 한정되지 않은 사람에게 보수를 받고 성적 공급을 하는 행위다.
Man versteht unter die Prostitution die gegeg Entgelt stattfindende geschlechtliche Hingabe an einen individuell nicht abgeschlossenen personenkreis.

라고 한다.

이 정의에 따르면 북아메리카합중국에서 무수히 배회하는 성에 굶주린 여자가 금전, 기타 어떤 보수를 요구하지 않고 남성에게 육체적 행위를 강요하는 소위 '자선랑(慈善娘)(Charity girls)'이나, 잉글랜드 중류 부인 사이에 유행하는 이러한 행위를 이르는 '자선부인(Charity madames)'이나, 프

랑스 대혁명 후부터 발생하는 칼 라탄에서의 여학생들이나 혹은 형무소에서 여간수가 남자 죄수에 대해서 성적 기아(飢餓)를 만족시키고 이것을 자선사업이라고 해석하는 시대나, 더 나아가 종교상의 의식으로서, 혹은 귀빈 대우의 목적으로 이성에서 허락하는 행위는 어떤 보수를 요구하지 않기 때문에 물론 이 카테고리에 속한다고 할 수 없다.

로마 유스티니아누스대법전에는 매소를 정의해서
공인된 창가 또는 기타의 장소에서 신체를 무치(無恥)한 방법으로 파는 것을 말하며, 그 조건으로서 한 명 및 다른 사람에게(Uno et Altere) 동 행위를 하는 것을 필요로 한다.

이 정의에 따르면 단지 1명에게만 여러 번의 매소 행위를 한다고 해서 그것을 매음이라고 인정하지 않고, 다만 1번만이라 하더라도 2명 이상에게 동 행위를 했을 때 이를 매소라고 간주한다고 할 수 있다.

로마 판덱텐 대법전에서는
'공적으로(Param)' '선택 없이(Sine Deleetu)' '보수에 대해(Pecnia Accepta)'를 매소의 3대 요건으로 했다.

드플의 정의로는
부도덕한 행위에 신체를 사용하고 보수를 얻는 것을 매소라 한다.

헤르바츠하는
타인의 단순한 쾌락을 위해서 성적 공급을 하고, 이에 대해서 보수를 받는 행위를 매소라 한다.
라고 정의한다.

세비에르느는
불특정한 남자의 성욕을 목적으로 신체를 공급하고 그 생활비의 전부 또는 대부분을 얻는 여자를 매소부라고 칭한다.
라고 정의해서 그 행위를 여자로만 국한한다.

브라뮤코는
매소라는 것은 법률상 본 남편 이외의 남자에게 애정을 원인으로 하지 않고 단순히 보수를 위해서 성적 관계를 하는 여자를 말한다.
라고 정의하고, 이 또한 여자로 국한한다.

프레시 및 비엘트하이마는
사회상의 장애로 인해 법률상의 부부가 되지 못한 여자로 하여금 하나는 생활비를 위해서, 하나는 성적 요구를 만족시키기 위해서 도덕률 낮은 사회의 성교 행위를 말한다.
라고 정의하고, 마찬가지로 여자로만 국한한 행위로 본다.

오늘날 로마법의 흐름이 이어지는 각 법치국에서는 그 골자로서 "한정되지 않은 사람에 대해서" "보수를 요구한다"는 2대 조건을 매소행위를 단정하는 빼놓을 수 없는 것으로 보고 있다.

'妾'은 앞서 말한 것처럼 글자 형성의 원리로 보아도 '辛, 罪'의 고문자와 '女'의 합성자로 죄가 있는 여자를, 그 속죄로서 신체를 제공하는 것으로 하고, 프랑스어의 첩을 나타내는 문자, Concubine은 라틴어의 con(함께) Cubare(눕다)(영어의 Concubine도 같은 어원으로 하고 발음만 다르다)로 해서 본래는 정식 결혼을 하지 않고 부부생활을 하는 남녀 쌍을 말하는 것으로 Concubinage는 오히려 일본의 내연의 부부라고 번역하는 것이 적당할 것이다.

독일어의 첩을 나타내는 문자, Beifrau는 Bei[정(正)]에 대한 부(副), 또는 장(長)에 대한 차(次)에 해당한다 Frau(처), 그렇기 때문에 일본의 권처(權妻)로 번역하는 것이 적당하며, 오늘날 칭하는 첩이란 문자의 의미에 가장 가깝다.

이에 따라 첩은 보수를 얻고 육체를 공급하나, 그 남편인 특정한 상대를 가지고, 로마법류의 한정되지 않는 사람이라는 조건이 결여된다. 이 때문에 이 정의에 끼워 맞추면 매소행위라고 칭할 수 없다.

종교상의 의식으로 지금도 많은 종족 사이에서 이루어지고 있는, 미혼 여자 또는 유부녀가 다수의 남성을 접하는 행위, 혹은 손님 접대의 의미로 남편 이외의 남성을 접하는 것은 앞에서 거론한, "한정되지 않은 남성을 접하는 점에서 매소행위의 한 요건을 갖춘다고 하더라도, 보수를 요구하지 않기 때문에 이것은 또 매소행위로서 헤아릴 수 없다.

여배우, 가기(歌妓), 예기와 같은 그 접하는 남성이 유산 계급의 일정한 범위로 한정되어 있기 때문에 매소가 아니라고 하는 학자도 있는데, 세비에르느의 정의에 따라 그 생활비의 전부 또는 대부분을 얻는 경우에는 매소행위라고 칭하는 것이 온당하다고 하겠다.

매소행위에는 여러 방면에서 하나는 연구의 편의상, 혹은 단속의 구별에 따라 공창 및 사창으로 분류할 수 있다.

1912년 조선총독부령 제40호, 경찰범처벌규칙 중의 '밀매음(密淫賣)'은 이 사창을 지칭하는 것이다.

공창은 경찰의 감독하에 음행(淫行)하기 때문에 이것을 사창과 구별하는 것은 우리 일본과 같은 법령하에 단속하는 나라에만 적용되는 것으로 하고, 학술상 용어로서 널리 세계적으로 사용하는 것은 곤란하다. 왜냐하면 매소행위에 대해서 경찰은 전혀 간섭을 하지 않는 국가가 있기 때문이다.

일본의 현행법에서 공공연하게 외설죄(형법, 제174조)인에 대한 외설죄(형법 제176조, 제107조, 제108조 내지 제182조), 음행권유죄(형법 제182조) 및 경찰범처벌규칙에 규정되는 것은 전부 매음(賣淫)과 직접 또는 간접 관계를 갖는 조항인데, 그 법의 해석을 보면, 밀매음(密賣淫)이란 여자가 공인을 얻지 않고 보수를 얻을 목적으로 남자와 교접을 하는 것을 말하며, 그 보수가 금전이든 물품이든 지금은 수수하든가 단순히 계약만 했든가 불문한다. 매개(媒介)라는 것은 주선, 권유, 기타 모든 방법으로 밀매음의 실행에 대해 기회를 주는 것을 말하며, 용지(容止)라는 것은 사정을 알고 밀매음의 장소를 제공하는 것을 말한다.

위에 대해서 그것을 비춰 보면 마찬가지로 로마법의 흐름에 영향을 받았고 그 해석은 독일학파 및 프랑스학파의 중간에 있다고 할 수 있다. (계속)

경성부인병원장 닥터 구도 다케키, 매소행위의 부인과학적 관찰 (2)
京城婦人病院長 ドクトル 工藤武城,「賣笑行爲の婦人科學的觀察(二)」,
『警務彙報』278, 1929. 6.[12]

---

[12] 국립중앙도서관에 소장된 『경무휘보』 228권에 해당 기사에 대한 목차는 확인할 수 있으나 내용 부분은 누락되어 있다. 따라서 내용 확인이 불가능하다.

27. 스즈키 고조, 성욕 이상과 범죄 관계(1931. 7.)

의학사·법학사 스즈키 고조, 성욕 이상과 범죄 관계
醫學士·法學士 鈴木孔三, 「性慾異常と犯罪關係」, 『警務彙報』 303, 1931. 7.

一. 범죄의 의의

원시시대에는 오늘날 말하는 범죄는 범죄로서 전혀 구성되지 않았다. 범죄라는 하나의 항목으로 성립하는 것은 공존생활에서 타인의 권리를 침해하는 것을 방지하기 위해서 만들어진 인류 상호의 규약이다.

그러나 우리는 일상생활이 이런 인류 상호의 규약하에 영위되고 있지만, 그러한 각자의 잠재의식 위에서 모든 것을 정복할 수는 없다. 다만 우리는 규약하에 억제하고 있음에 지나지 않는다. 따라서 한 번 생활에 어떤 불편, 즉 규약의 존재를 무시하는 것과 같은 의식이 생겨남에 따라 왕왕 범죄를 구성하게 되는 것이다. 만약 이것을 완전하게 억제할 수 있다면 사회에 범죄라는 한 항목은 말소되기에 이르겠으나, 거기에 범죄의 구성이 생겨난다는 것은 명백히 때때로 억제하지 못한다는 잠재의식이 있기 때문이다.

그렇다면 우리 생활에 범죄라는 것은 억제력 여하에 따라서 항상 다소간이라도 배양되고 있다는 것은 부정할 수 없는 점이다. 일례를 들면 우리가 교외를 산책했을 때에 아름다운 화단을 보았다고 하자. 아, 저 꽃을 한 송이 갖고 싶다는 욕망이 반드시 생겨난다. 이때 각자의 억제력 여하에 따라 손을 댈지 말지로 나뉘는 것에 지나지 않는데, 욕망이 생기는 것은 사실이다.

二. 범죄의 원인과 유인(誘因)

그래서 나는 인간의 생활이 여러 가지 이유를 붙일 수 있다고는 하지만, 식욕과 성욕이라는 양면의 생활이기 때문에, 이 방면에서 일어나는 범죄는 해마다 증가하는 것은 필연적인 현상이라고 말하고 싶다. 왜냐하면 경제생활의 핍박도(逼迫度)가 더해지면서 그 욕망을 보다 많이 억제해야 하는 입장에 놓이게 된다. 실례를 들면, 오늘날 만혼 풍조가 번성하는 것은 성욕 발동이 만년에 이르기 때문이 아니라 실제로 경제생활의 핍박에서 어쩔 수 없이 만혼을 하게 되는 것이다.

이것은 생명을 유지하는 데 있어서 제일의 요소인 식욕을 중심으로 해서 성욕을 두 번째로 둘 수밖에 없게 된 경제적 생활 핍박이다. 때문에 이제까지의 어떠한 범죄의 원인 및 유인을 찾더라도 모두 이 두 욕구 중 한 가지나, 혹은 서로 연쇄되어 구성되는 것은 범죄심리학을 연구한 사람이라면 누구나가 긍정할 수 있는 바다.

내가 지금 여기에 서술하려고 하는 것은 주로 성욕 이상으로 인해 구성되는 범죄와의 관계에 대해서다.

三. 성욕 범죄

전항에서도 서술한 바와 같이 식욕과 성욕과의 연쇄에 의한 우리의 생활이기 때문에 둘 중에 하나로 보이는 일이라도 실은 반드시 서로 관련되어 있는 것을 발견하게 되는데, 여기에서는 주로 성욕을 중심으로 일어나는 범죄에 대해서 서술하겠다.

성욕이 원만하게 해결되고 있을 경우에 이것을 중심으로 한 범죄가 구성될 이유는 없는데, 성욕의 이상으로 인해서 범죄가 구성되는 것이다.

성욕 이상이라고 한마디로 말하면, 흡사 변태 성욕처럼 들리지만, 변태 성욕을 가리키는 것이 아니다. 전술한 바와 같이 경제생활의 핍박도가 우리 인류에게 가하는 것으로 인해 이런 종류의 범죄는 증가하는 것은 필연적이다.

왕년에 경제생활이 비교적 느슨했던 시대에는 남자 20세에 배우자를 얻는 식이었다. 그것이 세월이 흐르면서 24~25세가 되었고, 작금에 이르러서는 실제로 30세를 결혼 평균 연령으로 하기에 이르렀다.

이것은 30세라는 연령이 결혼생활에 가장 좋은 시기라는 연구 결과가 나온 것이 아니라, 실제로 경제생활 면에서 도리 없이 이렇게 된 것이다. 그렇다고 해서 그동안 성욕의 충동은 없는가 하면 결코 그렇지 않다. 각 사람의 경우에 따라서는 20세에 결혼하는 사람도 있기 때문에 오직 자기의 경우로 인해 어쩔 수 없이 억제하고 있기 때문에 그만큼 성욕의 고민이 울적하게 된다.

오늘날 의사를 찾는 청장년의 신경쇠약자의 원인을 찾아보면 모두 성욕 억제에 원인이 있다고 해도 과언이 아닐 정도다. 그 울적은 울적대로 두면, 결국 해소되는 것이 아니다. 어떠한 방식으로든 해결해야 비로소 없어진다.

따라서 그것이 결국 범죄로서 해소되는 사람도 있고, 병약으로 육체가 쇠해지는 사람도 있으며, 경제 사정에 따라 적당한 해결 방법을 발견하는 사람도 있을 것이다. 또 그 해결과정에서 범죄를 구성하게 되는 사정에 있는 사람도 있을 것이다.

지금 성욕으로 발생하는 범죄의 종목을 보면 살인·상해·방화·정사(情死)·자살·폭행 등을 열거할 수 있다. 이상은 직접 원인에서 관찰한 것이라는 점을 말해 두겠다.

四. 교육 관계

이상의 범죄를 방지하기 위해 교육을 철저히 하자고 주장하는 사람이 있다. 일단은 진리처럼 들리지만, 교육이라는 것이 사람을 만드는 것으로 이루어지는 교육과 사람의 생활 요소의 수득(收得)상 필요한 교육의 두 가지가 있어서, 전부 다 교육의 힘에만 기대하는 것은 불가능하다.

오늘날 우리가 받는 교육은 주로 사람으로서의 교육이 아니라 물질 수득상 필요한 직업 교육에 치중되어 있다고 해도 지장 없다. 또 사회는 그러한 직업 교육을 마친 사람을 요구하고 있기 때문에 이것은 교육이 그러한 것은 어쩔 수 없는 사정일 것이다. 세간에는 상당한 교육을 받은 사람이라도 저런 범죄를 구성한다고 누구나 말하는 바인데, 어느 정도 억제가, 즉 이성을 가진다는 의미에서 교육의 유무를 문제로 삼는 것이겠지만, 성욕 이상에 빠져 있는 경우에는 작은 이성은 어떤 도움도 되지 않는다.

그것이 억제할 수 있는 정도의 것이라면 그 사람에게는 아직 성욕 이상이 오지 않은 것이다. 성욕 이상이라고 나온 이상은 이미 억제할 수 없는 정도까지 성욕의 울적이 생겨났다는 증좌다. 거기에는 교육 또한 하등의 권위도 갖지 못한다.

五. 사회적 지위

다음으로 상당히 사회적 지위가 있는 사람에 대해서—라는 평어(評語)를 듣는다. 이것은 전항의 교육의 경우와 큰 차이가 없다고 해도 좋다. 오히려 보기에 따라서는 보다 더 이상이 생기기 쉽다고 할 수 있다.

뭔가 하면, 자신의 지위로 인해 다음과 같은 일은 할 수 없다. 거기에 지위에서 오는 이성 때문에 억제할 수 있는 만큼 억제하고 있다. 그만큼 이상의 정도가 억제력이 근소한 사람 이상으로 울적한 정도가 강하다고 할 수 있다.

때문에 교육 받은 사람, 또는 사회적 지위가 있는 사람들의 범죄는 그러한 것들이 없는 사람과 비교해서 여차했을 경우에는 상당히 심각하게 울적함이 폭발한다고 생각해야 한다. 즉 자제할 수 있는 동안은 자제하고 있었기 때문에 그 자제력을 잃었을 때는, 참으로 그 이상으로 울적함을 풀 수 없는 입장까지 내몰렸다는 증거다.

六. 가정적 관계

다음으로는 가정적 관계가 거론된다. 작위가 있는 부인이 자동차 운전수와 동반자살을 한다든가, 귀족 부인이 자기집 하인과 사랑의 도피를 한다든가, 혹은 상류 가정의 영양이 보잘 것 없는 자와 정사·사랑의 도피, 혹은 가출하는 등은 사건은 매일 신문에 전해진다.

엄격한 가정—그것은 형식적인 의미만이 존재하고 있으며, 그 이외에는 아무것도 없다. 요컨대 본능을 억압한다는 의미에서 엄격하다고 하는 것이 의의를 갖기 때문에, 자연스러운 본능에 순응한 해결 방법이 있어서, 비로소 질서를 유지하고 있다고 하는 것은 아니다.

때문에 엄격한 가정일수록 위험하게 폭로하고 있는 것은 아니라고 해도 좋다. 이러한 표면의 게다가 형식적인 사실로부터 관찰해서 가정 문제를 이에 운운할 때는 너무나도 무모한 사태라고 할 수 있다. 결국 가정 이상의 국가의 법률, 사회제도에 의한 억제가 훨씬 억제력으로서는 강해진다고 하면 그 이상 힘을 가정적 억제력에서 구하는 것은 심하게 잘못되었다.

가정이라는 하나의 작은 부분이 억제할 수 있는 것이라면 누가 사회 제재를 받는 일을 하겠는가. 여기에 논거의 빈약한 부분이 있다.

七. 현대의 에로

그래서 이처럼 관찰해 보면 현대의 에로 시대는 실로 전술한 성욕 이상자의 약점에 편승해서 발전한 사회 현상이다.

이것은 연구하지 않고, 그들에게 풍교(風敎) 면에서 운운하고, 엄하게 하는 것은 다른 한편으로 성욕 이상으로 인한 범죄를 조장하는 것도 된다고 할 수 있다. 이러한 관계는 특히 당국자의 충분한 연구를 기대하고 싶다. 다만 미리 말해 두고 싶은 것은 항상 형식만을 관찰하고 내용을 등한시하는 것이 문제의 해결을 저해하는 이유라는 것이다.

28. 고마쓰 간비, 카페 업자와 그 단속(1931. 10.)

경성 본정경찰서 서장 고마쓰 간비, 카페 업자와 그 단속
京城本町署長 小松寬美,[13] 「カフェー業者と其の取締」,
『警務彙報』306, 1931. 10.

　소위 현대식 카페가 일본에 생겨난 것은 1907(明治 40)년 무렵부터다.
　이후 도시 생활자가 향락적 경향을 띠기에 이르러 엄청난 속도로 진전되어, 특히 도쿄에서 대지진 이후의 발흥기에는 기하급수적 증가세를 보여, 완연하게 난립, 군립, 오늘날의 카페 전성시대를 초래한 것이다.
　목하 도쿄 시내에 산재하는 카페는 그 수가 6천 2백여 개, 약 1만 4천 명의 웨이트리스를 고용하고, 오사카시 2천 4백여 개, 9천 6백여 명의 웨이트리스를 보유하고 있다.
　경성에 처음으로 카페가 열린 것은 메이지 44년 남대문로 3가에 타이거 카페의 개업이 그 효시로, 1918년경에는 아직 미미하여 겨우 7개에 지나지 않는 상황이었지만, 그 후 내지 선진 도시에서의 카페업의 발흥에 자극되어 급격한 증가를 나타냈고, 1928년 4월, 내가 혼마치 경찰서장으로 왔을 당시에는 겨우 49호를 헤아리는 데 지나지 않았던 것이다.
　그리고 카페조합에 정식으로 가입한 조합원 49호 이외에 음식점조합에 가입하는 영업자로서, 그 영업 상태가 완전 카페 업자와 하등 구별 없이 오히려 카페로서 단속해야 하는 상태의 것 8호를 가지고 있었다. 그리고 1931년 허가한 것 2호를 합해 현재는 58호의 업자에 이르렀다.
　웨이트리스는 현재 내지인 353명, 조선인 32명 합계 385명으로, 본적별로 구분하면 야마구치(山口)현을 최다로 해서, 나가사키, 후쿠오카, 구마모토, 도쿄, 사가(佐賀) 등의 출신이 가장 많다.
　연령은 20세 미만 1,106명, 25세 미만 187명, 30세 미만 74명, 35세 미만 8명으로서, 20세 이

13　寬美는 간비 외에 히로미로 등으로도 읽을 수 있다. 이 인물의 이름 읽는 법은 확인하지 못했다.

상 25세 미만이 최다를 차지하고 있다.

교육 정도는 무학 10명, 심상 중도 퇴학 13명, 심상 졸업 158명, 고등소학 졸업 145명, 고등여학교 졸업 59명 등이다.

영업 상태는 여러 가지 물가의 하락, 관리 감봉 등의 영향을 받아 현재 불황의 늪에 빠져 있으며, 그에 더해 최근에 미인좌(美人座), 아리랑 등 대자본 경영자의 진출로 인해, 고객은 대부분 대형 카페에 흡수되어, 변두리 소자본 카페에서는 숨이 넘어갈 상태다.

그리고 카페 업자 하루의 매상은 계절의 관계, 장소 관계, 설비, 웨이트리스의 질, 선전의 수준, 투자액 등에 따라 차이가 있지만, 가장 매출이 불량한 것은 하루 전체 수입이 10엔 전후인 가게도 있고, 30, 40엔부터 많게는 150엔을 한도로 하는데, 아리랑, 미인좌 같은 곳은 현재 1일 매상 200엔에서 500엔 정도를 왔다갔다하며, 특히 미인좌 개업 당초에는 1일 매상 1천 엔을 돌파하는 번성을 보였다.

웨이트리스의 수입도 집집마다 고저가 있고 같은 집에서도 본인의 미모, 수완 등에 따라 많은 차이가 있지만, 최저 20엔에서 최고 140~150엔 사이를 오가며, 드물게는 미인좌 개업 당시처럼 1개월에 600엔 이상의 수입을 올린 적도 있었다.

그들 웨이트리스의 생활은 머리 손질 10엔, 신발 5엔, 입욕비 1엔 80센, 화장품대 10엔, 피복료를 합할 때는 적어도 월 40엔 전후를 필요로 하지만, 그녀들은 대부분 무급으로 하고, 팁 수입으로 모든 것을 내고 있는 관계로 전차(前借)가 생겨서, 여급생활을 쉽게 벗어날 수 없는 경우도 있다.

최근 당서에서 시행한 전차 조사에 의하면, 전혀 빚이 없는 사람이 245명, 50엔 미만인 사람이 84명, 100엔 미만이 27명, 300엔 미만인 사람이 29명이라는 내역이다.

웨이트리스의 전직은 무직인 사람이 219명으로 최다를 차지하며, 그외는 예기 2명, 창기 2명, 웨이트리스 74명, 조츄(女中) 6명, 유부녀 53명, 가사 도우미 32명으로 나뉜다.

이상은 경성의 카페 업자 및 웨이트리스에 대한 현황인데, 카페 업자의 급속한 발전은 당연한 귀결로 그곳에 여러 가지 사회적 관계를 야기하기에 이르렀고, 특히 1929년 9월 오사카부 상업회의소가 쏜 카페 공격의 화살은 순식간에 전국적으로 파문을 일으켰다. 경성에서도 한때 유식자 사이에 제법 흥미롭게 받아들여져 하루는 로타리 구락부에 초대되어 경성에서의 카페에 대한 현황에 대해 설명을 요구받았다. 그리고 한편 이것의 단속에 대해서 각 방면으로부터 희망이 있고, 투서가 있어, 상당히 문제시되었으므로, 1929년 3월, 특히 내지 화류계, 그중에서도 카페 단속의 실황 조사를 위해, 도쿄, 오사카, 교토 등에 출장을 명받아 카페 업자의 업태와 그 단속의 실제에 대해 조사 연구했다.

카페 업자 및 웨이트리스의 수에서는 전국을 통틀어 도쿄가 으뜸이고 경영이 대규모다. 영업 방침이 참신한 점에서는 오사카가 훨씬 능가하고 있는 것을 발견했다.

오사카의 대표 카페라고 할 만한 유니온, 아카타마(赤玉), 미인좌 등에서 유니언과 같이 당시에도 여급의 수가 100명을 넘고, 아카타마는 수적으로는 유니언에 미치지 못해도 복장에 특히 신경을 써서, 7 대 3 머리, 귀를 가린 머리, 각종 올림머리에, 단발, 양장, 후리소데 등등 여러 손님의 취향에 맞도록 자태를 꾸미고, 미인좌 역시 스테이지를 만들어서 일본에서 만든 필리핀인 재즈밴드를 내보내고, 저속한 유행가와 스테이지 댄스로 엽기적인 카페 팬의 혼을 빼는데 날이 모자라는 것 같다.

게다가 최근 대자본 카페의 진출에 따라 업자 간의 경쟁이 더욱 심해져서, 영화사와의 제휴를 통해 간접 선전에 노력하고, 혹은 하라 아사오(原阿佐緒), 야마다 준코(山田順子) 등 여성 작가 초빙을 통해 인기 집중에 노력하거나, 혹은 특히 경찰 간섭을 받는 태도로 나와서, 이것을 선전에 활용하는 것과 같은 극단적인 것조차 있으며, 선전제일주의의 카페 업자는 지금 엽기적인 것에 신이 난 카페 팬을 어떻게 잡는가에 몰두하고 있다.

이상과 같이 경영자들은 모조리 손님 흡수에 전력을 기울이고 있는데, 온갖 선전에 투자된 자본은 숨겨서 그대로 음식물에 전가될 뿐만 아니라, 오사카에서의 카페 업자는 그 일부를 여급에게 부담시키고 있다. 즉 규칙이라고 해서, 웨이트리스 1명당 하루에 1엔어치의 테이블 대를 걸고, 또 웨이트리스의 전부가 통근제인 관계상 출근 시각에 지각한 사람에게는 지각벌을 부과하고, 또 결근자는 하루 5엔의 부재벌(不在罰)을 걸는다. 심할 때는 용지 값, 축음기의 바늘 값 등에 이르기까지 웨이트리스에게 걷어가고 있다.

이처럼 자기의 수입 증가에 수단을 가리지 않는 영업자가 나이 어린 여성의 앞날에 대해서 어떠한 고려도 하지 않는 것은 자명한 이치이며, 오히려 업자는 가능한 한 웨이트리스에게 교태를 떨게 하고, 그리고 웨이트리스를 목표로 찾아오는 불량배를 한 사람이라도 더 끌어들이려고 밤낮으로 애태우는 것이다.

그리고 한편 카페 팬은 영업자의 소위 부재벌을 이용하여 하루 돈 5엔을 미리 지불하고 새색시처럼 꾸민 웨이트리스를 데리고, 교외 산책이나 영화 구경에 마음대로 데리고 다니며 웨이트리스를 중심으로 한 풍기 문제는 심각해지고 있다.

원래 카페는 음식물을 제공해야 하는 사명만을 지녀야 하는데, 지금의 카페는 소위 환락장이 되었고, 술 마시는 곳, 웨이트리스에게 접대받으러 가는 곳이 되었다.

이와 같은 도정을 거친 카페는 동업자 간의 격렬한 경쟁을 불러올 수 있는 여파를 음식점, 요정, 유곽 업자에게 미치게 되었고, 그것을 완전히 압도하고, 나아가서 예창기의 영역을 침범하기에 이르렀다.

그리고 이것이 원인이라고 인정되는 것은

一. 시대의 진화는 너무나 교육받지 못한 나머지 노골적인 예창기를 통해 생리적 욕구를 만족하는 사람이 감소하는 것.

二. 현대의 생활은 템포가 빠르고 술을 조금 마시면서 낮게 노래를 부르는(淺酌低唱) 취미는 과거의 것이 되고, 유럽 풍미의 생활화 재즈의 기분이 시대에 적응된 것.

三. 하나하나 신발 보관표를 받고 다다미 위에서 양반다리를 하고 예기가 올 때까지 한두 시간이나 걸리는 여유가 허락되지 않게 된 것.

四. 요리점의 연회비가 너무나 고가여서 중산계급 이하를 만족시킬 수 없는 것.

五. 카페는 날림공사면서 현대건축의 소규모판으로, 광도 조명이 조잡하지만 상당히 시대적 쾌감을 동반하는 것.

이상과 같은 이유들로 진전되어 올 수 있었던 카페는 어차피 청산될 시기에 도달하겠지만, 아직 당분간은 계속해서 상당히 발전하고, 나아가서 창기의 영역을 침투해서 제 것인 양 만들게 되어 예기가 웨이트리스 때문에 완전히 압도당할 시기가 그다지 머지않은 장래일 것이라고 사료된다.

그리고 이런 업자들을 대상으로 하는 단속 방침 및 웨이트리스를 중심으로 한 사회 문제, 그중에서 풍기 문제를 어떻게 처리할 수 있을지는 상당히 어려운 문제라고 생각하게 만든다.

1929년 6월 당서에서 종래 풍기 문제의 진원지라든가 각 카페의 다다미방의 철폐를 단행하기에 이르기까지 경성의 카페는 마치 변두리 음식점과 카페의 겸업이라는 느낌이 있었다. 즉 많은 가게들 앞에는 '전골' 또는 '회, 초무침 있음' 등의 간판이 나와 있었고, 양식과 일식, 홀과 다다미방은 완전히 고객의 자유 선택에 맡겼던 것이다. 따라서 자유분방하게 내달리기 쉬운 청춘남녀가 음탕 타락의 늪에 빠지게 되는 것은 당연한 흐름이었다.

이상의 실황에 비추어서 당서에서는 1929년 5월 각 영업자에게 먼저 일본식 방의 개조를 종용하고 동시에 각 영업자의 테이블 수에 따라 웨이트리스의 수를 제한하며 원칙적으로 웨이트리스의 통근을 금지하고 조명은 16촉광의 광도를 유지하는 것을 원칙으로 하며, 웨이트리스마다 신분

관계를 밝힌 리스트를 제작해서 단속 참고 자료로 삼는 등 영업상에 상당한 단속의 손을 댔다.

그리고 당시 영업자 측에서 일본식 방 철폐에 대한 교환 조건으로써 신규 영업 허가를 인정하지 않을 것을 요청했는데, 나의 각종 사업에 대한 허가 방침은 단속규칙에 저촉되지 않는 한 자유로워야 한다는 취지를 가지고 있으며, 장래에 신규 영업 허가를 보류하고 잠정적인 의미에서 가급적 허가를 받지 않도록 해야 한다는 취지의 답변을 해 두었다.

그 후 2년간 각 영업자의 일본식 방 철폐에 따른 개조 비용 회수를 고려하여, 본의 아니게 신규 영업을 인정하지 않은 결과, 조합 임원 가운데에는 신규 신청을 하지 않을 수 없는 영업자의 이전 건축을 완곡히 거부하거나, 또는 건축 설계에 부당한 제한을 가하거나, 또는 조합원 중 물가 하락의 시대에 순응해서, 맥주 값이나 그외의 가격 인하를 단행하게 하는 것을 조합의 간섭을 통해서 종전가로 인상하게 하고, 또 조합 간부, 그밖의 음식 유흥비를 보전해야 할 흥행을 시도하여, 조합원에게 표 구입을 강제하는 등의 폐해가 점차 많아져서 어떻게든 반성하게 할 필요를 통감하기에 이르렀다.

그리고 반성을 촉구하는 한 가지 수단으로서 마침 경성 진출을 희망하는 신청을 한 카페 미인좌에 대해, 맥주 한 병을 45센으로 판매하는 조건하에 신규 영업을 허가하자, 과연 카페 조합은 강적의 출현에 경악해서, 신문지상에 마치 본정 서장이 신사협약을 위반하는 것과 같은 선전 공격에 나선 것도, 당서로서는 절대 불허가를 언명한 적이 없고, 장래의 신규 허가는 충분히 보류하고 있으며, 한편 미인좌의 허가에 대한 것도 그동안 어떤 특별한 관계가 있어서가 아니라, 조합원의 반성을 촉구하고 일반 고객을 위해 음식 요금의 가격 인하를 도모할 수 있는 것 외에 다른 뜻도 없으며, 경찰서로서 결함이 없다는 것으로 조합의 항의를 일축함과 동시에, 종래에 취해 온 조합 간부의 조치에 대해서, 그런 불법을 적발 규탄하니, 조합은 마침내 태도를 바꾸어서 사정사정하게 되었다.

이와 같이 오랫동안 무릉도원을 꿈꾸고, 고객을 무시하고 약자를 괴롭혀 온 카페조합은 답보 상태가 흐트러져 각 점포가 경쟁적으로 음식 요금 인하를 단행하게 되었다.

그 후 카페 아리랑의 출현은 한층 업자들에게 자극을 주어 각 가게들은 경쟁적으로 선전에, 개조에, 웨이트리스의 서비스 개선에, 영업 방침에 한 걸음 진전을 보게 되었는데, 그 반면 조명 방법, 웨이트리스의 대우, 풍기 문제 등에서 유감인 점이 드러나서 9월 23일 경찰부장으로부터 카페 단속에 대해, 다음과 같은 조건을 종업원에게 명령하도록 지시한 부분이 있었다.

一. 영업소 외부의 장식을 특별히 화려하게 만들어 통행자에게 불쾌감을 안겨주지 않을 것.

二. 영업소 내부는 백색등으로 쉽게 신문을 읽을 수 있는 정도의 밝기를 유지하며 또한 유색 등의 사용은 될 수 있는 한 삼가도록 할 것.

三. 박스의 일부는 광장에서 들여다볼 수 있도록 개방할 것.

四. 혼합석 이외에 특별실을 마련하지 않을 것. 단, 이미 설치된 것에 대해서는 외부에서 쉽게 볼 수 있도록 한쪽을 개방해야 함.

五. 고성(高聲)축음기의 사용은 오후 11시까지로 하고 도로를 향해 틀지 말 것.

六. 영업시간은 특수한 지역을 제외하고, 야간 오전 1시를 넘지 않을 것.

七. 여급을 고용하는 경우는 그 신고서를 본인에게 지참하게 하고 전직 및 여급이 된 동기, 교육 정도, 전차의 유무 등 상세히 청취하여 단속의 참고 자료로 할 것.

八. 여급은 남편, 또는 부모 형제의 집에서 통근하는 자를 제외하고는 영업소 가옥 내에 합숙시킬 것.

九. 여급이 받는 팁(祝儀)은 전부 본인 소득으로 하고 손님의 음식값, 기물 파손 등에 대한 배상 금전, 기타 명의의 여하를 막론하고 여급으로 하여금 금전상의 부담을 지게 말 것.

十. 여급에게 의류 구매를 강제하지 말 것.

十一. 영업 중 홀에서 여급으로 하여금 댄스 및 천박한 행위를 시키지 말 것.

이상 11개 항목 중 2항을 제외하고는 종래에 당서가 취해 온 방침 그대로여서 결국 영업자에 대해서 과중한 부담을 지게 하는 데 이유가 있는 것이 아니며, 종래에는 단순히 영업자의 양심에 호소해서 준수하게 해온 정도로 강제력이 수반되지 않아서 유감스러웠는데, 향후 정식으로 경찰 명령의 발동을 볼 수 있게 됨으로써, 기존에 비해 한층 철저한 단속에 힘쓸 수 있게 된 것이다. 즉 조명의 제한은 카페가 가지는 매혹적 관능적인 분위기를 줄이고, 박스 및 특별실의 설비 제한은 영업소 내에서 키스, 그외 추태를 감소할 수 있도록 하고, 고성축음기 및 영업시간의 제한은 부근 거주자의 숙면 방해를 어느 정도까지 완화할 수 있도록 하고, 리스트 제작은 유괴 도주자의 발견, 고용 조건의 진상 등을 탐지하는 한편, 여급을 감독하는 데 좋은 자료가 될 수 있도록 하고, 통근 제도의 폐지는 앞서 당서가 단행하는 일본식 방의 철폐와 함께 웨이트리스 풍기 문제의 근본 해결에 대한 중대한 조건이 될 수 있도록 하고, 부담의 제한은 웨이트리스에 대한 출전(出錢), 음식대의 선납 등, 업자의 부당이득이 배제되어 의류 구입 강제의 저지 방지책으로서 업자가 사용하는 전차 증가 및 옷감 판매상과 업자 간의 밀약에 의한 부당이득 방지 수단이 될 수 있도록 하며, 홀 내에서의 행위 제한은 댄스, 키스, 터치 서비스, 기타 음란행위를 감소시킬 수 있는 것이다.

단속법규 및 명령은 원래 사물(死物)이며 이것의 주효성의 유무는 오로지 운용의 여하로 연결되는데, 군립 난립 혼란 시대에 경성에서의 카페도 점차 포화 상태에 이른 감이 있으며, 청산 정리할 필요조차 주장된다. 오늘 이상 11개 조의 명령은 오랫동안 고객을 무시하고, 일반 사회의 비난을 무시하고 상당히 심한 횡포를 부려온 업자에 대한 일대 철퇴가 되도록, 그들의 이기주의에 자성을 촉구할 수 있도록 하는 데 상당한 효과가 있을 것으로 사료된다.

29. 기리야마 쇼, 일본의 공창제도(1931. 11.)

총독부 외사과 기리야마 쇼 번역, 일본의 공창제도
總督府 外事課 桐山生 譯, 「日本の公娼制度」, 『警務彙報』 307, 1931. 11.

> 원문은 일본통인 한 외국인 기자가 뉴욕타임스사 발행 잡지 《커런트 히스토리》 9월호에 기고한 것임

　지금부터 60년 전, 곧 1872(明治 5)년에 일본제국 정부는 공창 해방을 선언했다. 그것은 비인도적 인신매매의 금제를 의미한 것인데, 실제로 그것은 일종의 노예제도인 재래의 공창제도를 없애는 데에 어떤 효력도 없었다. 그러나 국가의 체면에서 무언가 해야 하기 때문에 법률상의 명의를 변경해서 몸값을 전차금으로 해서 매매당하고, 가시자시키는 여전히 조로야(女郞屋)를 표기하고 그 안에 갇힌 여성은 역시 그 전처럼 돈벌이를 하고 있었다.

　폐창 운동이 시작된 것은 그로부터 25년이나 후의 일이다. 이 운동은 오늘날 각 방면의 유지단체 지원하에 더욱 유력화하고 있는데, 그에는 여전히 자본주의 계급에 속한 영업주 측의 완고한 반대가 있다. 폐창론자가 문제 삼는 점은 창기의 상업적 매매라는 데 있지 않고, 그들의 아주 딱한 처지다. 그들이 자신의 의지에 반하는 조건하에 법률과 관습의 힘에 몸이 속박당한 것은 일본 헌법에 보장된 신민의 자유를 빼앗긴 것과 마찬가지다.

　메이지 30년경까지는 가련한 창기를 위해 시도된 어떤 조직적 운동이 없었다. 단체로서 그 방면에 먼저 손을 쓴 것은 구세군이다. 구세군이 수년간의 현지 조사 후에 재래의 제도에 대해서 측면 공격을 시작하려고 했을 때 하나의 돌발 사건이 일어났다. 나고야의 미국 선전사(宣傳師) 몰피라는 사람이 우연한 동기로 일본의 공창제도를 연구한 결과, 창기단속법의 시비에 관한 시소(試所)를 제기하고 법정에서 현행 제도의 불합리한 점을 지적해서 신민법 제90조를 방패로 사회의 질

서 양속에 반하는 일체의 행위는 위법이라는 논지를 폈다. 의외로 판결은 원고 승소가 되었고, 법정은 창기 영업을 양속에 반하는 것이라고 단정하고 또 창기는 전차금 변제 계약 유무에 불문하고, 자유롭게 폐업을 할 수 있도록 영업주는 차금 미제를 이유로 본인이 원치 않는 일을 강요할 어떠한 법률적 권한이 없다는 것을 선언했다. 이 승소 결과는 곧바로 구세군이 예정하고 있던 운동이 되었고, 그 운동은 현재까지 성공적으로 이루어지고 있는데, 그러는 동안 상대방인 기루 주인(樓主) 측으로부터 습격당해서 험한 꼴을 당하거나 여자를 보호하는 데 매우 고생하거나 일이 꼬이거나 여론에 호소하는 등 매우 악전고투를 겪었다. 대체로 구세군의 인도적 활동이 학대당하는 약한 여성을 위해 유리한 결과를 가져오는 것은 의심할 여지가 없다. 1900년 10월 전국의 창기 단속을 통일하는 신법령이 나왔다. 그것의 제5조에 다음과 같은 취지의 명문이 있다. 창기는 등록 성명의 삭제를 원하는 경우에는 구두 또는 문서로 경찰서에 신청해야 한다. 단, 그럴 경우 본인이 출두해야 한다. 본인의 신청이 수리되었을 때는 즉시 본인의 성명을 등록에서 삭제해야 한다. 또 제6조에 이르길 창기의 폐업에 대해서는 누구라도 그것을 방해할 수 없다. 이처럼 그들에게 유리한 규정이 있음에도 불구하고, 그들이 여전히 속박에서 벗어나지 못하는 이유는 무엇일까? 균일 단속법의 발포 후, 다수의 창기가 폐업하기를 원한 것은 사실이다. 1889년에는 전국의 창기 수가 52,247명을 헤아렸는데, 1901년에는 40,195명으로 줄었다. 이처럼 12년 동안 1,200명의 여성이 노예적인 처지를 벗어날 수 있었다. 만약 이런 경향이 계속해서 시간이 흐르면서 향상된다면, 유곽은 빠르게 그 문을 닫고 존재가 사라졌을 것이다. 그러나 실제로는 창기 측에도 불합리한 점이 있기 때문에, 그들은 다시 영업주의 손에 완전히 지배당하게 되었다. 어떤 여성은 전차금에 대해서 특히 법률상의 제재가 없다는 것을 알고 계약 이행의 의지가 없다. 즉 빚을 떼어먹는 사람이 있다. 때문에 당국은 계약 위반자에 대해서 기존 방침을 바꾸어서 창기가 자유 폐업을 신청했을 때에는 영업주를 불러서 상담하게 한다. 그 때문에 본인은 결국 자유를 얻을 기회를 잃었다. 여차하면 영업주는 여러 가지 위협 수단을 가지고 본인을 설복시킨다. 본인은 울면서 원래의 자리로 되돌아간다. 모두 젊은 여성이 스스로 좋아서 조로(女郞)가 된 것이 아니며, 또 전차금이라는 것이 자기 손에 쥘 수 있는 것도 아니라는 것은 너무나 명백한 사실이다. 가끔은 예외가 있겠으나, 대개는 친형제를 위해서 희생한 것이다.

그런 까닭으로 개정 단속법 발포 후에 얼마 간은 창기의 해방은 실행되기 어려웠고 즉시 폐업에 관한 수수(手數)는 무효가 되었으며, 또 경찰 측이 영업주를 동정하는 경향도 있어서 합법적 수단을 통한 자유 폐업은 거의 불가능해졌다. 특히 창기의 대부분은 시골 출신의 교육받지 못한 사람들이어서 위로부터 위압을 당하면 바로 입을 다물고 말아 버린다. 자유 폐업을 원하는 여성들은 대체로 이러했을 것이다. "전차금을 변제하지 않는 한 상매를 그만두는 것은 말이 안 된다. 빚을 갚지 않고 나가는 것은 사기와 같은 행위인데, 그것을 알고 있다"며 여기에 영업주 중개인을 비롯해서 관계자 일동을 호출하고 가장 온건한 방법으로 본인을 다시 추업(醜業) 생활로 되돌리도록 한다. 불쌍한 본인을 위해 한마디의 동정적 변호를 하는 사람이 없다.

제도의 개혁을 방해하는 주요 장벽은 관습과 일반의 몰이해적 태도다. 딸을 판다는 것은 돈이 궁한 부형(父兄)의 최후의 수단이다. 복종은 여성의 제일 가는 의무이기에 팔린 사람도 운명이라고 포기하고 희생하게 되면, 세간으로부터도 칭찬받는다. 그것은 효행의 의무와 묵종(默從)을 동양 부인에게 강요하는 유교 도덕의 폐해다. 최근 오사카대학병원을 상대로 오진을 이유로 손해배상을 청구한 사건이 있다. 원고의 진술서를 보면 그 안에 가난에 허덕여 열셋이 되는 자신의 누이를 15엔에 팔았다는 사실이 있다. 그것은 가정에 대한 법정의 동정을 끌기 위해 나온 말이겠지만, 자신의 누이를 팔았다고 말하는 것은 결코 죄악이 아니라는 관습에 따라 긍정된 행위다. 다음은 세간의 무관심이다. 그렇기에 초기의 창기 구제 사업은 매우 비관적이었는데, 결국 일본은 미증유의 대재난을 당하고 국민의 양심이 각성한 덕분에 폐창 운동도 새로운 생명을 얻고 매우 힘을 얻게 되었다. 따라서 일본에서의 공창제도의 존재는 더 이상 수명이 얼마 남지 않았다고 봐도 지장이 없을 것이다. 잊을 수 없는 1923년 9월 1일의 간토대지진은 도쿄시의 3분의 2를 파괴했다. 그때 유명한 신요시와라(新吉原) 유곽에서는 불행한 창기 희생자들이 대량으로 발생했다. 유곽 내에 갇혀 있던 그들은 도망갈 곳을 잃고 다수가 불에 타 숨진 것이다. 그들의 일단은 부근의 연못으로 피했다가 거기에서 쓰러졌는데, 그 주위에서 발견된 사체만도 250구였다고 한다. 이러한 큰 재해가 어이없게 일대 자극이 되어서 지금은 전국의 공공단체가 폐창 운동을 찬조하게 되었고, 진보 사상의 교육가, 신문기자, 정치가 무리(連)는 공창제도를 부인하게 되어 폐창론자에게 많은 힘을 실어 주게 된 것이다.

전국의 공창은 엄중한 단속하에 정부의 수입에 도움이 되고 있는데 그 대강의 통계에 따르면 창기의 수는 해마다 감소하는 것이 보인다. 1920년대에는 51,143명이었는데, 1928년에는 49,058명이 되고, 1930년에는 48,000명이 되었다. 또 내무성의 보고에 따르면 다음과 같다.

	1928년 현재 수	증감	1923년 비교
유곽	1,928	증	10
영업주	11,155	감	535
창기	49,058	감	3,267
유객(遊客)	22,794,200	감	611,167
예기옥(藝妓屋)	21,468	증	2,022
예기	80,806	증	3,705

　이를 보면 창기의 감소는 한편으로는 예기의 증가를 의미한다. 또 폐창연맹의 통계에 따르면 1930년에 창기 수는 4만 8천 명, 등록 유곽 수는 2천만 명 이상에 달하고 창기는 대부분 하룻밤에 많은 손님을 받아야 하는 것을 알 수 있다. 전국 43개 현 중 폐창협회를 조직한 것이 25개 현, 폐창안을 제출한 것이 13개 현, 해당 안이 현회(縣會)를 통과한 것이 8개 현, 유곽 없는 현은 군마(群馬), 사이타마(埼玉)의 2개 현이라고 하고, 창기의 수는 같은 해에 약 4천 명이 감소한 것을 알 수 있다. 시험 삼아 1920년의 산정 표준으로서 보면 같은 해의 통계는 창기 수 51,143명, 유객 수 27,456,053, 소비 금액 118,252,65엔, 평균 창기 1명이 1년에 536명, 1개월에 45명의 손님을 받고, 유객 1명이 쓴 돈은 약 4엔 30센이다. 화대의 절반은 영업주가 갖고, 4분의 1은 식비로 제하고, 그 나머지가 자기 수입인데, 그중에 여러 가지 비용을 빼면 항상 적자가 난다. 따라서 빚은 늘기만 하는데, 창기의 소위 전차금은 보통 1인당 약 1,500엔으로 여성에 따라서 1,000엔 내지 2,000엔이다. 그러나 그중에 주선인의 수수료, 의복·화장 비용, 여비 등을 빼면 실제로 받는 돈은 1,000엔 남짓이다. 그런데 그것을 받는 것은 본인이 아닌데, 빚은 본인이 지게 된다. 이런 빚 때문에 본인은 6년 동안 영업주에게 몸을 속박당한다. 대개는 빚의 무게에서 벗어날 수 없다. 드물게는 남성을 만나 도움을 받는 경우가 있지만, 대개는 괴로움에 스스로 도주를 꾀한다. 작년 12월 오사카와 고베에 이런 종류의 도주자가 2명 있었는데, 둘 다 재판받는 처지가 되었다. 오사카 쪽에서는 제1심에서 기루 주인에 대한 빚을 떼어먹고 도망친 것은 죄악이 아니라고 판결받고, 고베 쪽에서는 그 반대의 판결이 내려졌다. 고베의 유곽에서 도망친 1명의 여성은 3개월 오사카의 부인 시설에 보호되었고, 거기에서 소송을 제기했는데 각하되어, 본인은 유곽으로 돌아가도록 명령받았다. 이처럼 같은 사건에 대해서 재판상의 의견이 다른 것은 일반적이어서 재미없다. 제국의회의 태도도 역시 분명하지 않다. 처음에는 의원들도 폐창안을 일소에 부치고 상대하지 않았는데, 지금은 시대의

진보와 함께 중의원에서도 상당히 찬성자가 있는 듯하다. 1923년도의 제안은 위원 부탁이 되었는데, 공교롭게 불경사건 돌발 때문에 의회가 해산되었고, 이듬해 다시 제안을 시도해서, 향후에는 유곽의 신설을 인정하지 않고, 새로이 창기의 감찰(鑑札)을 내려주지 않도록 청원했다. 해당 안은 의원 77명의 찬성 조인을 얻어서 제출되어 특별위원회에 회부되어 논의되었는데, 결실을 맺지 못하고 불리한 보고가 되어서 기각되었다. 그러나 실패는 열성적인 동지를 실망시킬 수 없다. 과거의 그들의 노력은 충분히 존중되지 못했지만, 지금은 그들이 주장하는 문제가 각 방면에서 진지하게 연구되게 되었다. 따라서 공창 폐지 운동가도 이 기운을 받아서 최후의 승리를 기대하며 끝까지 인도주의, 사회 개량을 위해 분투를 계속할 각오라고 말하고 있다.

30. 이치가와 류에이, 제국의회에 보이는 폐창안의 추세 (1)~(2)
  (1931. 11.~12.)

이치가와 류에이, 제국의회에 보이는 폐창안의 추세 (1)
市川柳影,「帝国議会現れた廢娼案の趨勢(一)」,『警務彙報』307, 1931. 11.

전에는 식자가 그것을 등한시하고 사회 역시 냉소적이었던 폐창운동(종교단체를 맹주로 하는 사회정화)은 이른바 에로 만능의 첨단시대에 점차 그 성과가 드러나는 것은 주목할 만하다.

마침내 의회 계절에 들어가면서 이 문제는 재차 우리의 이목을 끌게 될 것이다. 이 기회로 제국의회에 드러난 폐창안의 추세를 아는 것은 앞으로 어떤 형태로 변해 가야 할지를 공창제도 개폐에 대한 하나의 예비지식이 되지 않을까? 이에 의회를 중심으로 이루어진 운동을 살펴보려는 것이다.

一. 폐창안의 최전초전

1911(明治 44)년까지 28회에 걸친 부인교풍회의 귀중 양원에 제출된 남녀 이중 도덕의 표준을 고쳐서 일부일처를 존중하는 '형법 및 민법 개정 청원'과 '재외국 매음부단속법 제정에 관한 청원'과 나아가 1917년 7월 '오사카 도비타(飛田) 유곽 지정 단속의 청원' 및 위와 같은 질문은 폐창안의 최전이라고 볼 수 있겠다.

당시 의회는 이러한 문제들을 어떻게 취급하고 있었는가? 단지 냉소하면서 묻어 버렸다는 것은 전술한 일부일처 존중의 형법 및 민법 개정의 청원이 그 후 1929년까지 47회, 또 이후에도 계속되고 있는 것으로 알 수 있다.

二. 제1탄은 공창 존폐의 질문

직후, 공창 문제가 의회에 나타난 것은 1919(大正 8)년 제41회 의회가 최초였다.

도쿄부 선출의 고 요코야마 가츠타로(横山勝太郞) 씨가 1월 28일의 중의원 본회의에서 아래와 같은 질문의 설명을 한 것이다.

공창제도의 존폐에 관한 질문 주의서
(제출자 요코야마 가츠타로)

제一. 정부는 현재의 공창제도 및 그 업계의 실상이 국법에 저촉되는 바가 없다고 믿고 있는가? 정부는 메이지유신 초에 일찍이 인신매매의 제도를 부인하고, 전국의 창기를 해방하고, 인권 존중의 뜻을 분명히 한다고 했다. 그러나 여전히 인신매매가 이루어지고, 예로부터의 누습(陋習)이 여전하다. 더욱 상당한 정책이 필요하지 않은가?

제二. 정부는 공창제도로 국민의 활력을 해치고, 국가의 면목을 손괴하는 것으로 인식하고 있지 않은가? 공창제도는 국민의 사치와 유행, 나태(奢侈遊惰)를 이끌고, 그 생산력을 저해하며, 또 문명 군자국의 체면을 저해하는 바가 매우 크다고 믿는다. 정부의 의견은 어떠한가?

제三. 정부는 현재의 공창제도를 존속하고 그 업계의 현상을 시인하는가? 공창제도는 거주 이전의 자유를 갖지 않고, 또 폐업의 자유가 없다. 마치 뇌옥(牢獄)에 던져진 노예와 같다. 그 참상은 말로 하기 어렵다. 이것은 헌정 치하의 일대 괴이한 일이 아닐 수 없다.

제四. 만약 정부로서 공창제도를 폐지할 수 없다면 종래의 밀집제도 영업소, 영업 방법에 관해서는 크게 개선해야 할 것이 있으며, 그것을 방치하는 것은 헌정내각으로서 매우 적절하지 않다고 사료된다. 정부의 의견은 어떠한가?

제五. 만약 공창제도를 폐지한다면 매소행위에 관해 어떠한 정책을 취할 것인가? 매소행위는 부덕하더라도 어느 정도까지 그것을 방임할 필요가 없는가?

이 5개 항목에 대한 정부의 답변서는 너무나도 간단해서, 즉시 두 번째 질문서가 제출되었다.

공창제도의 존폐에 관한 재질문서
(제출자 앞과 같음)

제一. (本員)은 지난 1월 21일, 공창제도의 존폐에 관한 질문주의서를 제출하고, 같은 달 28일의 본회 의장에서 제1부터 제5까지에 달하는 질문주의를 변명(辨明)하여 도코나미(床次) 내무대신의 답변을 요구했는데, 지난 29일에 동 대신은 "공창제도는 현재의 정황에 비추어 또 그것을 존속하지 않을 수 없다는 것을 인정한다. 그리고 그 개선에 대해서는 정부가 항상 유의하고 소홀히 하지 않고 있다"고 답변함에 지나지 않아, 질문주의서의 제1, 제2, 제3, 제4, 제5에 대해서는 어떤 답변도 받지 못한 것은 의원의 발언권을 무시한 것으로서 헌정의 본의에 반하며, 정치 도덕을 심하게 무시한 것으로 믿는다. 정부는 무엇 때문에 그 답변을 하지 않는가? 그 이유는 무엇인가?

제二. 바라건대 공창제도의 존폐는 전국 5만 명의 부인의 인권과 관련되어 있고, 나아가서는 국가의 면목에 관한 중대한 사항으로서 사회 문제로서도 국가 문제로서도, 그것을 해결해야 하는 초미의 급박한 것은 상하(上下)가 일찍부터 인정한 바다. 현 정부가 단순히 "항상 유의하고 소홀히 하지 않고 있다"고 말하는 것은, 현 정부가 표방하는 정당 내각에 적합하지 않은 것이라고 사료된다. 정부는 이러한 점에 관해서 그 품은 바의 정책을 제대로 제시하고, 국민의 여망에 응답할 필요가 있다고 믿는다. 정부의 소견은 어떠한가?

이에 대한 정부의 답변서도 역시 제출자를 만족시키지 못하는 것이어서, 바로 세 번째 질문서가 제출되었다.

공창제도의 존폐에 관한 세 번째 질문 주의서
[제출자 위와 같음, 찬성자 시마다 사부로(島田三郞) 외 30인]

제一. 본원은 1919년 1월 21일 공창제도의 존폐에 관한 질문주의서를 제출하고, 그 주의를 변명했으나, 정부의 답변 요령을 얻지 못했다. 같은 해 1월 31일에 다시 질문 주의서를 제출하고, 지난 2월 25일의 본회의에서 재질문의 주의를 변명했다. 이에 같은 날 정부는 단순히 "지난 1월 21일 질문 제一, 현재 공창제도 및 그의 실상은 국법에 저촉한다고 인정하지 않고, 제二 및 제四는 지난 회의 답변을 통해 그 필요함을 다했다고 인정한다. 제五 매소행위에 관해서는 법령에 따라 상당한 단속을 실행하고 있다"는 답변서를 제출하는 데 그쳤다. 정부가 여전히 질문의 요점에 대해 언급한 답변을 하지 않는 것은 본원이 깊이 유감스러운 바다. 대개 본원이 질문한 주된 점은 헌법 제22조에 따르면 "일본 국민은 법률의 범위 내에서 거주 및 이전의 자유를 갖는다"고 되어 있고, 우리나라 국민은 법률로써 하는 것이 아니라면, 그 이전에 관해서 어떤 제한을 받는 것이 아닌 것은 의심의 여지없이 명백하다. 그런데도 공창에 관한 현행 단속법규를 생각할 때, 1900(明治 33)년 내무성령 제44호에는 "창기는 청부현령(廳府縣令)으로 지정한 지역 외에 주거할 수 없고, 창기는 법령의 규정 또는 관청의 명령에 따라, 또는 경찰관서에 출두하기 위해 외출하는 경우 외에, 경찰관의 허가 없이 외출할 수 없다"고 규정하며, 한편의 행정명령으로 앞서 말한 헌법이 보장한 일본 신민의 거주 및 이전을 제한하는 것은 심각한 위헌이다. 그런데도 정부는 어떤 국법에도 저촉된다고 인정하지 않는다고 답변했다. 그 근거는 어디에 있는가? 더 상세히 답변해 주기를 바란다.

제二. 소위 자유 폐업은 법령이 인정하는 바와 동시에 해당 관헌도 역시 그것을 청허(聽許)하는 경우가 있더라도 그 대부분은 자유 폐업을 하려고 할 경우 채무 변상을 강요하고, 연차인(連借人)에 대해 강제 집행함으로써 위협하고, 기타 사칭 유도로 의사가 약한 창기가 결국 폐업을 단념하고, 다시 추업을 계속하지 않을 수 없게 되는 일이 결코 적지 않다. 창기의 영업 폐업 모두 본인의 자유의사를 존중해야 하는 것은 당연한 일에 속한다. 정부는 이런 비참하고 가련한 실상을 어떻게 구제할 것인가? 종래 관헌의 이 점에 관한 단속은 국민이 만족할 수 없는 바이다. 정부의 의견은 어떠한가?

제三. 최근 전하는 바에 따르면 경시청은 소위 사창 박멸이 도저히 불가능하다는 것을 깨닫고, 그것을 공허(公許)할 방침이라는 곳을 성명했다고 한다. 또 최근 전하는 바에 따르면 내무성 당국은 현재의 유곽제도를 비현대적이라고 해서 산창제도로 바꾸려고(變改) 하며, 또 예기에게 소위 이매감찰(二枚鑑札)을 교부해서 매소행위를 공인하겠다고 한다. 이것이 과연 사실인가?

위에 대한 정부의 답변서

제一. 1900년 내무성 제44호에 따른 제한은 같은 해 법률 제84호 행정집행법에 입각한 것으로 한다.

제二. 단속과 보호 차원에서 평소에 유의하더라도 이후 역시 상당히 감시하도록 한다.

제三. 질문과 같은 사실 없다.

三. 처음 상정된 공창 폐지 건의

앞의 질문에 대한 답변을 통해 "정부는 공창제도를 개선할 필요성은 인정하고 있으나 폐지 의지는 갖고 있지 않다"는 것을 알게 된 요코야마 씨가 "이것을 묵인하는 것은 안 된다. 어떻게든 폐지할 수 없다면, 적어도 그 영업법에 무언가 적당한 개선책을 계획해야 한다"는 취지로 다시 1922년의 제44회 의회에 다음의 건의안을 제출했다.

공창제도 폐지에 관한 건의

제一. 현재의 공창제도는 부인에 대한 일대 능욕으로서 국가의 면목을 손괴하고 사회의 양풍을 괴란(壞亂)하는 것이 심해졌을 뿐 아니라, 인권 옹호의 필요상, 단연 그것을 폐지할 수 있다는 것을 인정한다.

제二. 설령 완전히 공창제도를 폐지할 수 없다면, 현재의 유곽제도는 그것을 철폐해야 하는 것을 인정한다. 그에 따라 정부는 상당한 정책을 채택하길 바란다.

폐창 건의안으로 처음 제출된 것이었는데 일정에 따라서 기노시타 다케타로(木下武太郎) 씨를 위원장으로 하는 치안경찰법 중 개정안 외 3건이 위원 위탁되어 결국 본회의에는 상정되지 않고 종료되었다.

그리고 이 의회에는 국제연맹의 부녀매매금지조약에 기반한 부인교풍회의 '처녀 절조(節操) 보호 법안'이 마찬가지로 요코야마 씨에 의해 중의원에 제출되었지만, 이것은 상정되지 못했다.

四. 지진 소실 유곽 부흥 반대의 건의

소위 지진 부흥 의회인 1923년 제47회 의회에서는 도쿄의 요시와라와 스사키 두 곳의 큰 유곽이 지진으로 소실된 것을 좋은 기회로 삼아 재흥 불허가의 건의가 12월 17일 중의원 의원 마츠야마 츠네지로(松山常次郎), 다가와 다이키치로(田川大吉郎), 요코야마 가츠타로 3명에 의해 제출되었다.

소실 유곽 재흥 불허가에 관한 건의

제국 도시(帝都) 부흥에 관해 소실된 유곽의 재흥을 허가하지 않는 것은 시민 정신 부흥 조장의 일단으로서 중요한 문제라고 믿는다. 따라서 정부는 아무쪼록 이러한 소실 유곽들의 재흥을 허가하지 말아야 한다.

위의 사항을 건의한다.

이유

우리나라에서 유곽이 존재하는 것은 국민 위생상의 견지에서 보아 또 국가 정의의 관념에 비추어서 배척해야 한다. 지금 제국의 도시(帝都)는 미증유의 대지진으로 위아래 모두 그 부흥에 전념할 때다. 요시와라와 스사키 등의 유곽을 재흥시키지 않는 것은 시민정신 부흥을 조장하는 근거로서, 또 장래 공창 폐지의 전제로서 매우 뜻깊은 기회라고 믿는다. 정부는 아무쪼록 이 기회를 놓치지 말고, 먼저 이 소실된 유곽들을 허가하지 않을 방침을 세우고, 향후 공창 폐지의 단행에 대해서 움직이지 않을 수 없는 초석을 만들 것을 바란다. 이것이 본안을 제출하는 까닭이다.

12월 25일 상정, 먼저 마츠야마 씨에 의해서

— 이번 재해 후에 정신 부흥의 여론이 발흥했는데, 부인교풍회는 상당한 운동을 시작했습니다. 여러 곳에서 연설회를 열고, 또는 각지를 방문해서 그 주의를 선전하는 데 철저히 진력하고 있습니다. 그 건의안은 이러한 사람들의 열성의 결정으로, 중의원에서의 각파 합동의 문제가 되어서 실제로 89명이라는 다수의 찬성자들의 서명으로 의장에 나타난 것입니다.

라는 프로세스를 전정(前程)으로 해서 그 취지의 설명이 있고, 나아가 공창의 전차금제도는 인신매매를 인정하는 제도이기 때문에 폐지해야 하고, 창기 1명 300엔으로 해서 5만의 공창에 대해서 정부는 겨우 1500만 엔의 배상으로 그녀들을 해방하는 것이 가능하며, 그 결과 국제관계 면에서도 매우 좋은 영향을 가지게 된다고 말하자, 호시지마(星島) 씨는

— 오늘 이 의안이 유일하게 이 의회에서의 정신적 의미를 포함한 안이며, 저는 그에 찬성하는 것을 영광으로 생각합니다. 저는 공창제도 전폐론자입니다. 공창제도를 전폐하는 방향에서 그 실행 방법으로서 이 안은 참으로 현명한 방법이고, 불탄 터를 허가하지 않는다. 그러한 의미에서 저는 본안에 찬성을 표합니다.

라고 찬성하고 나카노 도라키치(中野寅吉) 씨는

— 마츠야마 군은 지금 조선에 있는데, 당신이 있는 그 조선의 새로운 백성을 구한다고 하는 것과 같은 정신도 이는 제국의 국회의원으로서 필요하다. 이 단상에서 군이 요시와라와 스사키의 이야기를 하기 전에 먼저 조선의 그 노예제도와 다름없는 점을 왜 개혁하지 않는가? 조선의 양반이라고 칭하는 자는 열두 셋의 용모가 좋은 자를 50엔, 60엔의 돈을 내고 아직 성욕을 모르는 여자를 사가지 않는가? 자기 주변부터 깨끗하게 하고, 그리고 나서 이 요시와라의 이야기, 도쿄의 이야기를 하는 것이 저는 맞다고 생각한다. 철저하지 않다.

라고 말하는 분위기로, 공창을 폐지하고 자유자재로 성욕을 각 방면으로 마음대로 하라는 것인가 질문하고, 제출자 마츠야마 씨는 공창제도의 철폐가 목적이고, 절창론(絶娼論)이 아니라고 답변했다. 그리고 결국 '스모 서부 부흥에 관한 건의안 외 2건'의 위원에게 합쳐서 회부되었으나 심의 미

완료 처리되지 못하고 끝나 버렸다. (1931년 10월 29일)

이치가와 류에이, 제국의회에 보이는 폐창안의 추세 (2)
市川柳影,「帝国議会に現れた廢娼案の趨勢(二)」,『警務彙報』308, 1931. 12.

五. 공창제도 제한에 관한 법률안

의원(代議士) 마츠야마(松山), 호시노(星野), 우치가사키(内ヶ崎), 요코야마(横山) 씨가 52명의 찬성자를 얻어서 제50회 의회인 1925년 2월 18일에 제출한 '공창제도 제한 법률안'은 같은 달 24일 본회의에 상정되었다.

공창제도 제한에 관한 법률안
[제출자 마츠야마 츠네지로(松山常次郎)]
누구라도 새롭게 창기가 되거나 또는 창기 생업을 하기 위한 가시자시키(貸座敷) 영업을 할 수 없다.
부칙 본법은 공포일로부터 그것을 시행한다.

마츠야마 씨의 제안 이유의 설명(『확청(廓淸)』제15권 제3호) 후, 의장 지명으로 9명의 위원에게 심의되어 27일 제1회 위원회가 열렸는데, 결국 부결되는 운명이 되었고, 3월 5일 본회의에 다시 상정했을 때, 위원장 시마이(嶋居) 의원의 보고로 시작되었다. 지금 그 요지를 발췌하면

본안의 심의에 찬의 응답이 약 3시간에 걸쳐서 되었는데, 이것을 요약하면 (一) 인도, (二) 풍속, (三) 위생 등 세 가지 견지에서 관찰했다. (一)의 인도 견지에서는 인권 문제로서 국가가 공창을 인정하는 것이 불가한 것에 대해서 정부 위원은, "공인은 도덕적으로 너무나 명예롭지 못하지만, 건강보건 차원에서는 어떤 지장이 생기지 않는다면 즉시 폐지하고 싶지만, 어찌하랴. 현재의 상태는 폐지함에 따라 오히려 해독이 널리 퍼질 우려가 있는 것을 강하게 염려한다. 역시 인권 문제로서도 가능한 한 보호를 하고 있으며, 결코 인신매매도 노예제도도 아니다. 오히려 사창굴이 생기면 당국의 감독은 그런 점에 미치지 못한다고 하는 우려가 있다"고 반박했다.

(二)의 풍속의 관찰은 공창을 인정하는 것은 곧 매음행위를 공허(公許)하는 것이며, 파는 것이 인정되고 있는 이상, 그것을 사는 것도 국가가 인허하고 있는 것이 된다. 따라서 이러한 관념은 덕의(德義)라는 관점에서는 물론 일반 정조관념으로 보아도 심히 유쾌하지 않는 일로 선량한 풍속에 반하는 것이다. 이에 대한 반대론은 공창을 폐지하면 바로 사창이 횡행해서 오히려 사회의 선량한 풍교를 어지럽히고, 화류병을 만연시킬 위험이 있다. 또 경제적으로 상당한 고려를 하지 않고 즉시 공창을 폐지하는 것 같은 일은 불가능하다는 것이다. (三)의 화류병 전파에 관해서 찬반 양자 통계를 가지고 논했는데, 질의응답을 끝내고 토론에 들어갔을 때, 의원 가운데 즉시 토론 종결의 동의(動議)가 있어 채결(採決) 결과 결의에 들어가, 본안은 소수로 부결되었다. (「중의원 속기록 제23호」에 의거)

후루카와(古川) 의원의 질문으로 정부 위원인 가타오카 나오하루(片岡直溫, 내무 정무차관)와 육군 당국으로서 미츠이 세이치로(三井淸一郎) 두 사람이 등단했다. 그 소견은 둘 다 순이론으로는 폐창이 이치에 맞지만, 실제적으로는 풍교를 해치는 것이 오로지 공창만이 아니기 때문에 당국으로서는 폐창에 동의하기 어렵다는 뜻이었다. 그러자 제출자 마츠야마 씨가 분투해서 열변을 토하고, 이어서 나카하라 도쿠타로(中原德太郞) 씨(의학박사)가 이에 반대하여 토론 종결 동의에 따라 제2회 독회(讀會)를 열자마자 무기명 투표가 되었는데, 결국 157 대 53표의 소수로 참패해 버렸다.

六. 부녀매매 금지와 창기단속규칙 개정안

제51회 의회의 폐창운동은 앞의 의회에 상정되었던 공창 폐지안과 같은 직접적인 전략을 그만두고 측면에서 부녀매매 금지 문제로 공창 폐지에 이르게 한다는 교묘한 책전(策戰)으로 했다. 우선 1926년 2월 1일의 중의원 본회의에서 호시시마 니로(星島二郞) 씨는 시험 삼아 다음과 같은 의미의 질문 연설을 했다.

내가 묻고 싶은 것은, 작년 여름 추밀원에서 자문받았던 국제연맹이 체결한 해외에서의 부인아동 매매금지 문제입니다.

1920년의 국제연맹 제1회 총회에서 추업을 목적으로 자국의 여성을 타국에 팔거나, 또는 타국의 여성으로 자국으로 사들이는 것을 금지한 것입니다. 그럼에도 그때까지는 20세였던 것을 21세 이하의 여성은 설령 본인의 승낙이 있더라도 엄벌에 처한다는 연령 제한을 23개국의 동의를 얻어 조약을 성립한 것입니다. 그때 이시이코(石井子)나 하야시 곤스케(林權助) 씨가 수차례에 걸쳐 우리 일본 위원이 되었는데, 마지막에는 하야시 곤스케 씨가 발언하면서, 일본은 18세로 하고, 또 이 조약은 일본의 식민지에는 당분간 제외 예로 하길 바란다고 제안했습니다.

　이것이 겨우 작년에 자문이 구해져서 추밀원의 심의로 옮겨가고, 오히려 역습하여 일본의 명예를 훼손하는 것이 아닌가 하는 혹독한 질문이 나왔기 때문에 정부는 가까운 장래에 반드시 이 두 가지 제외 예를 철폐할 것이라는 조건으로 겨우 자문을 얻었다고 하는데, 그에 대해서 내무대신의 답변을 부탁하고 싶습니다.

　일본이 제도를 만들었다는 것은 현재의 창기단속규칙이 18세 이상으로 되어 있기 때문입니다. 가까운 장래에 이 제한을 철폐한다고 하는 것은 언제의 일인가, 철폐 시기에는 딱한 창기단속규칙을 개정하고, 국제연맹의 조약과 같이 21세로 하는 방침인지 아닌지, 이것은 참으로 일본 국내의 인도 문제로서, 아니, 일본의 국제적인 체면론, 일본의 면목론, 23개국 가운데 제외 예를 요구하고 있는 것은 일본과 태국뿐인 이 제한을 철폐한다는 말씀을 추밀원의 사람들에게 언명하셨다고 하는데, 그것은 확실하게 사실입니까? 그러하고 그럴 방침이라면 언제 몇 일 이 조건을 철폐할 의견입니까? 이 점에 대해서 내무 당국의 변명을 듣고 싶습니다. (『중의원 속기록』 제10호)

이에 대해서 와카츠키(若槻) 수상은 다음과 같은 답변을 했다.

　정부가 연한에 대해서 또 식민지에 대해서 유보하고 있는 것은 호시마 군이 지적하신 대로입니다. 이것은 현재 18세 이상의 자가 참으로 유감스러운 현상이기는 하지만, 추업 관계에서는 허용된다는 사실이 일본에 있기 때문에, 이러한 유보를 하고 있습니다. 그러나 이런 일은 가능한 한 유보 없이 인도에 적합하게 하는 것이 어울립니다. 그러므로 정부는 조속히 이제는 조약대로 21세로 해도 지장이 없다는 것을 인정했다면, 가능한 한 가까운 기회에 이 유보를 철회할 생각입니다. (위와 같음)

이 답변에는 정부는 국내법인 창기단속규칙도 국제연맹의 조약 유보 철폐와 동시에 연령을 올릴지 말지에 대해서 언급하지 않았기 때문에 호시마 씨는 거듭 이 점을 명료하게 해 주길 바란다고 하니, 와카츠키 수상은,

　국제조약에 대해서 유보 철폐를 하려고 생각하고는 있는데, 내지(內地)의 창기규칙의 연령도 고려해야 한다고 생각합니다. 그러나 국제조약의 유보를 철폐함과 동시에 그것을 고친다는 생각은 지금 가지고 있지 않습니다.

라고 답했다.

그러자 폐창 단체는 "의회의 분위기가 아직 공창 전폐에 이르지 못했다고 하면 한발 한발 확실하게 무너뜨리는 방법으로 나가는 것이 가능하다고 믿는다"(「일본폐창운동사」) 찬성자 95명을 얻어 다음의 건의안을 상정했는데, 의회는 소위 '진흙탕 싸움'으로 시종일관하고 결국 상정 심의 기회를 주지 않고 종료되었다.

부인매매금지에 관한 국제조약에 대해 제국 정부의 유보 조건 철폐 및 창기단속규칙 개정에 관한 건의안

[제출자 우치가사키 사쿠지로(內ヶ崎作二郎), 호시시마 니로]

제一. 1921년 9월 30일의 부인 아동의 매매 금지에 관한 국제조약에 관해서 제국 정부는 그 최종 의정서 (나)항에 규정된 연령 제한 21세를 대신해서 18세로 하는 권리를 보류하고, 1925년 10월 20일자 가입 통고를 했다. 위의 유보 조건은 제국의 체면을 손상하는 점이 크다. 그렇기에 정부는 신속히 유보 조건을 철폐해야 한다.

제二. 정부는 신속하게 창기단속규칙 제1조에 "18세 미만"이라는 것을 "21세 미만"으로 개정해야 한다.

이유

위의 국제조약에 유보 조건을 건 나라는 일본과 시암 두 나라뿐이며, 제국의 면목과 인도를 위해서 신속하게 유보 조건을 철폐해야 하는 것은 이미 추밀원에서도 정부에 대해 조건을 달아서 본 조약을 비준시킨 것이라면, 이제 와서 더 말할 필요가 없다. 정부가 유보 조건을 단 주요 이유는 국내 창기단속법규에 "18세 미만"이라고 있는 것에 기인하는 것이라면 시대의 흐름의 진운(進運)과 인도를 위해서 창기단속규칙의 개정을 필요로 하는 까닭이 된다.

한편 귀족원에 대해서는 각 폐창 단체 연명의 청원서가 제출되었다.

부인아동매매금지에 관한 국제조약에 대해 제국 정부의 유보 조건 철폐 청원서

삼가 아룁니다(肅啓). 더욱 다복하신 국가를 위하여 애쓰시는 점 경하드리옵니다. 다름 아니라 1921년 9월 30일의 부인아동매매금지에 관한 국제연맹의 조약에 대해서 제국 정부는 그 최종 의정서 (나)항에 규정된 연령 제한 21세를 대신해서 18세로 한 권리를 유보하고, 1925년 10월 20일자 가입 비준을 마친 바, 위의 유보 조건은 제국의 체면을 더럽히는 점이 크다고 인식되므로 조속히 유보조건을 철폐하도록 귀원에 적절한 조치를 바랍니다. 다음 단체 대표자—연명서(連名書)를 아래와 같은 이유를 들어 이 점 삼가 청원드립니다. 공경으로 말씀 올립니다. (敬白)

청원 이유서

앞의 국제조약은 아직 철이 들지 않은 소녀를 국외로 유괴해서 그 고혈을 짜내려고 하는 식인귀를 제한하고, 가련한 소녀를 보호하려고 하는 높은 인도상의 견지에서 나온 것이라는 말씀을 드릴 필요도 없이 명백하며, 1910년의 백인노예매매금지의 국제회의에서 20세 미만의 부인의 보호를 규정한 것을 계승한 국제연맹이 1921년 더 나아가 1년 연령을 올려서 21세 미만으로 한 것을 보아도, 이를 통해 미성년 부녀의 보호를 철저히 하려고 하는 열국(列國)의 태도를 알 수 있습니다. 그런데도 우리나라가 거꾸로 연령을 18세로 내리고, 희생 소녀의 범위를 크게 만드는 권리를 요구하고, 인도를 깎아 내려서 꺼리는 조건을 다는 것은 참으로 국가의 체면을 오욕하고, 국민 도덕의 저열을 선전하여 보이며, 스스로 국위를 실추시키는 큰일이므로, 국민이 하나같이 개탄하지 않을 수 없는 바, 이리해서 우리 제국이 열국에 대해 인종 무차별을 주장하고, 각종 배일(排日) 문제에 항의하고자 하는 것은 지극히 모순이라고 할 것이며, 향후의 외교상에 커다란 악영향을 끼칠 것으로 믿습니다.

이에 대해서는 신속히 이러한 부인아동금지조약의 연령 유보를 철폐하고, 열국과 보조를 맞추고, 국가가 정의와 인도적 입장에 있다는 것을 명시하고 국민적 오욕을 씻어내고(淸拭), 국위의 실추를 회복할 수 있도록 청원하는 바입니다.

1926년 3월

그리고 가나스기 에이고로(金杉英五郎) 씨에 의뢰하여 3월 3일, 귀족원에서 질문하고 시데하라(幣原) 외상의 답변을 요구했다. 시데하라 외상은 대체로 다음과 같이 답변했다. (『확청』 제16권 제3호)

일본의 법률로는 단순히 부녀에게 추업을 권유했다는 것만으로는 처벌하지 않을 뿐 아니라, 21세라고 하면 이미 의사 능력이 있는 자이기 때문에 실제 문제로서는 전혀 간단하게 되지 않기 때문에, 일본 위원은 이러한 의미에서 연령을 유보한 것이었습니다. 즉 "이 문제는 내버려두어도 괜찮다고 하는 취의(趣意)는 아니었던 것입니다. 조약에 구속되는 대신에, 일본 법령의 해결에 맡기는 것이 좋을 것입니다. (중략)라는 취의였던 것입니다." 그리고 21세까지의 부녀를 유괴하고, 추업을 권유했다는 것만으로 처벌해야 옳다고 하는 "일본의 여론이라면, 물론 그것은 괜찮기 때문에, 그에 대해서 처벌할 규정을 두는 것이 좋을 것입니다. 따라서 유보 같은 것을 말하는 것은 철폐하는 것이 좋겠습니다. 즉시 유보를 철폐하면 이것이 처벌을 만든다. (중략) 법률 개정의 수단을 취할 의무를 정부가 가지고 있습니다. 그만큼의 의무를 가지고 있다고 해도 좋겠다고 이렇게 생각하고 있습니다. 그렇다면 몇 일에 유보를 풀 것인가 하는 질문이었는데, 이것은 가능한 한 빨리 유보를 풀고 싶다고 생각합니다. 그러나 다만 지금 말씀드린 바와 같이 상당히 깊이 들어간 문제이기 때문에 그 후 관계 각 성(省)에서 여러 가지 협의하고 있으므로 이것은 머지않아 해제되겠지만, 오늘 언제가 되면 해제될 것이라고 하는 날짜는 말씀드릴 수 없고, 가능한 한 빨리 해제할 작정이라는 것만을 답변 드리고자 합니다." (「귀족원 속기록」 제20호)

참고로 이러한 것들의 영향 때문인지 다음 해인 1927년 2월 정부는 연령 유보를 철폐했다.

七. 공창제도 제한 및 폐지 법률안

제52의회인 1927년 2월 20일, 폐창 단체는 전국 4만의 청년단, 처녀 회원 등에 배포 서명을 요구한 청원서 1만 6천 통을 중의원에 아사다(淺田), 사카모토(坂本), 호시시마, 마츠야마의 네 명 의원의 손을 거쳐 제출하고, 당 의회의 전단(戰端)을 열었다.

공창제도 폐지 청원서

공창제도는 인격의 존중을 모르고 봉건시대의 유풍(遺風)으로 인도에 반할 뿐만 아니라 세계의 대세 문화의 진운에 따라가지 못하는 유치(幼稚) 유해한 나쁜 정책이라고 생각되는 것에 대해, 신속하게 폐지하기를 바라기에 삼가 청원합니다.

이유

一. 공창제도는 인신매매와 자유 구속의 2대 죄악을 내용으로 하는 사실상의 노예제도다.
一. 공창제도는 정조의 매매를 공인하기 때문에 남녀 도덕의 근저를 파괴하고 음탕을 유발하며, 가정을 파괴하여 사회의 풍기를 문란하게 한다.
一. 공창제도는 화류병의 만연을 방지하지 못하는데, 공창이 적은 지역에 화류병이 적은 것은 전국 통계가 명시하는 바다.
一. 공창제도는 사창의 발생을 촉진하고, 공창이 많은 곳은 사창도 많아 공·사창이 서로 경쟁해서 음풍(淫風)을 선양(煽揚)하는 것 역시 통계가 명시하는 바다. (『확청』 제17권 제2호)

이리하여 3월, 다음의 폐창안이 제출되었다.

공창제도 제한 및 폐지에 관한 법률안

제一조 누구라도 새롭게 창기 생업(稼業)을 위해서 가시자시키(貸座敷) 영업을 할 수 없다. 현재 위의 영업을 하는 자는 본법을 시행할 때 창기의 수를 증가시킬 수 없다.
제二조 누구라도 1932년 5월 1일부터 창기 생업을 할 수 없다. 또 창기 생업을 위해서 가시자시키 영업을 할 수 없다.
제三조 창기 생업을 위한 가시자시키 영업에 대해서는 앞의 조에 따라 위의 영업을 폐지할 때 칙령이 정하는 바에 따라 보상하기로 한다.

부칙
一. 본법은 1932년 5월 1일부터 실시한다.
一. 본법은 제2조 효력 발생과 함께 1900년 내무성령 제44호 창기단속규칙은 폐지한다.

이유
공창제도는 일종의 노예제도로서 인도를 거스르며 풍기 위생 교육 차원에서 유해무익한 나쁜 제도다. 그것이 본안을 제출하는 이유다.

제출자 반도 고타로(坂東幸太郎)
호시시마 니로(星島二郎)
스기우라 다케오(杉浦武雄)

지난 1923년의 지진부흥의회에서 마츠야마 씨가 언급한 보상이 제3조에 명문으로 나타난 것은 주목할 만하다.
한편 전국 가시자시키 업자는 그 대표자를 도쿄에 보내서 신요시와라(新吉原)에 회합, 협의, 시위하는 등 서로 격전을 벌였는데, 의안은 2회 일정에 올라갔지만, 본 회의 역시 진흙탕 싸움으로 소란하다가 의회가 종료되었기 때문에, 상정 심의를 보지 못하고 끝났다. 그러나 공창 문제가 점차 유력하게 진보해 나가는 것은 간과할 수 없는 사실이었다. (1931년 11월 28일 씀)

31. 마스다 미치요시, 공창제도 및 예창기 자유 폐업에 관한 약간의 고찰자료 (1)~(9) (1933. 7.~1934. 11.)

경찰관강습소 교수 마스다 미치요시,[14]
공창제도 및 예창기 자유 폐업에 관한 약간의 고찰자료 (1)
警察官講習所 敎授 增田道義,「公娼制度並に芸娼妓自由廢業に関する若干の
考察資料」,『警務彙報』327, 1933. 7.

들어가며

필자는 화류(花柳) 방면에 정통하지 못하기 때문에, 공창제도를 논할 때, 여러 번 그 그릇에 어울리지 않는다는 핀잔을 듣는다. 하지만 예전에 후쿠자와 유키치 선생님은 매진해서 요시와라(吉

---

14 마스다 미치요시(增田道義). 1902년 에이메(愛媛)현에서 출생했다. 1924년에 문관고등시험 행정과에 합격하고 1925년에 도쿄제국대학 법학부를 졸업했다. 경시청 속(屬) 겸 경부(警部), 관동청(関東庁) 사무관 겸 경시(警視)를 역임했다. 1932년에 2월부터 조선총독부에 전근하여 조선총독부 경찰관 강습소 교수 겸 경무국 사무관을 지냈다. 그 외 목포부윤, 평양지방 전매국장, 경상남도 내무부장을 역임했으며, 1940년 4월부터 경성법학전문학교 교장에 취임했다.

原)의 사정을 잘 알게 되었다고 한다. 그것은 선생님이 정통한 사람들의 말에 귀를 기울이셨기 때문이다. 필자도 역시 선생님의 뒤를 따르려고 하는 것일 뿐이다.

본고의 내용은 필자의 체험이 적은 일이기 때문에 주관을 바탕으로 하지 않고, 다른 권위자나 그외의 참고자료를 나열해서 논하는 것이다. 그러나 단순히 풀과 가위로 만든 세공물과 같은 것은 아니다. 아이작 뉴턴 경이 말한 "항상 그것을 생각하는 것에 의해(By always thinking unto them)"에 따라 쓴 글임을 이해해 주시기를 부탁드린다.

제一. 시사 문제로서의 공창제도

근래 신문 지면에 자주 나오는 내용 중에, 타기카와(瀧川) 교수 사건이 있다. 세계경제회의와 오사카의 고스톱 사건도 창기제도 역시 그중 하나다. 곧 지난 5월 23일 내지에서 창기단속규칙 제七조 제二항(주 참조)의 삭제에 관한 성령(省令)이 발포되어 6월 12일부터 실시되었다. '농중조(籠の鳥)'는 드디어 해방되어 여러 가지 문제를 계속 일으키고 있다.

주(註), 창기단속규칙 제七조
창기는 청부현령(廳府縣令)으로 지정한 지역 외에 주거할 수 없다.
창기는 법령의 규정이나 관청의 명령에 따라, 또는 경찰관서에 출두하기 위해 외출하는 경우 외에 경찰관서의 허가를 받지 않으면 외출할 수 없다. 다만, 청부현령의 규정에 따라 정해진 지역 내에서 외출을 허가하는 경우는 이 제한에 있지 않다.

5월 18일 도쿄아사히(東京朝日)에 따르면, 철칙(鐵則) 삭제에 힘을 얻은 부인교풍회는 이 기회를 틈타 새로운 사회를 만드는 일환으로 폐창운동을 일으키려고 하고 기루 주인 쪽도 자유 폐업에 대해 한층 엄중히 경계를 하고 있는 모양이다.

6월 10일 요미우리신문(読売新聞)은, 경시청에서는 하야시(林) 보안부장이 9일 "농중조"의 외출에 미행은 엄벌, 남녀가 만나는 것 정도로 가볍게 생각하고 있었다고 보도하고 있다.

6월 27일 도쿄아사히는 "속박된 쇠사슬을 끊고 농중조 첫 승리"라는 제목으로, 후카가와(深川) 스사키(洲崎) 오오가키루(大垣樓)의 창기 미츠코(光子)와 긴코(銀子) 두 사람이 25일 일요일에 외출하려고 기루 주인에게 신청하자 "그럴 수 없다"고 일축되었다. 그러나 그녀들은 "자유롭게 외출을 할 수 있게 되지 않았습니까?"라고 창기단속규칙의 개정—창기의 자유해방을 방패 삼아 끈질기게 노력하고 같은 날 기루 주인에게 말하지 않고 무단으로 곽(廓)을 나와 그 길로 경시청 인사 상담계에 갔다. 담당자는 두 사람에게 단호한 강경 태도로 관할인 스사키경찰서(洲崎署)에 사건을 넘겼다. 한편 두 사람을 억지로 스사키서에 보냈지만, 스사키에서도 기루 주인의 태도를 수상하게 보고 바로 기루 주인에게 출두를 명하여 그녀들의 눈앞에서 기루 주인을 질타한 후 즉결로 15원의 과료 처분을 내렸다. 그녀들은 지금까지 학대당한 농중조가 처음으로 승리한 기쁨을 간직한 채 가벼운 발걸음으로 곽으로 돌아갔다고 보도했다.

다음 날인 28일의 같은 신문은, "승리한 농중조 창공을 날다, 자폐하고 향리에 돌아가다"라는 제목으로 27일에 기재한 창기 두 사람은 스사키서의 배려로 일단 오오가키루에 돌아갔지만, 한 발을 곽에 들이면 역시 "전통"이 일을 말하는 다른 세계다. 같은 날 그녀들은 반역한 여자로서 백안시되는 것을 염려해, "한층 자유 폐업하자"라고 상담 후에 결정을 내리고, 그 길로 다시 스사키서를 방문해서 폐업 신청을 했다. 같은 서에서는 그녀들의 자유를 인정해서 기루 주인을 불러 상담하여, 기루 주인도 승낙했기 때문에 두 사람은 같은 날 밤에 짐을 정리해서 기분 좋게 향리에 돌아갔다. 긴코는 군마현(群馬縣) 타노군(多野郡) 후지오카정(藤岡町), 미츠코(光子)는 사이타마현(埼玉縣) 기타사이타마군(北埼玉郡) 레하촌(礼羽村) 출생으로, 두 사람은 900원의 빚이 있다고 전했다.

7월 2일 규슈일보는, "아키타현에서도 공창폐지"라고 제목을 붙여, 아키타현에서는 6월 12일의 새장의 새(籠の鳥) 해방령의 실시와 동시에 쇠퇴하고 있는 현내의 가시자시키(貸座敷) 업자를 향해 공창 폐지를 권장했지만, 영업자도 자발적으로 이것을 받아들여 노시로(能代) 유곽을 시작으로 현내 8개소 39채의 가시자시키 업자는 30일에 이르러 정식으로 전부 음식점으로 전업하고, 창기 110명은 작부로 전신하게 되어 각자 관할서에 전업 신청서를 제출했다. 이것에 의해 아키타현도 7월 1일부터 군마현에 이어서 완전하게 공창 폐지가 실시된 현이 되었다고 보도하고 있다.

조선에서 창기는 외출의 자유조차 인정되지 않지만, 여러 가지 문제가 발생하고 있다.

1932(昭和 7)년 11월 24일 조선신문은 "폐창 운동의 최정예투사 미인루 창기 마루코(丸子)의 죄"라고 제목을 붙여, 폐창에서 반역에… 그리고 방화에… 출분에… 저주받은 세상의 밑바닥에서 몸부림치는 평양부 진정(賑町) 유곽(遊廓) 미인루(美人樓) 창기를 취재하면서 연속으로 비극, 무엇이 그녀를 그렇게 했을까? 주인집의 옷장과 다다미 2면에 휘발유를 뿌리고 불을 붙여 자신도 불속에 몸을 던져 자살을 기도하려고 했지만 성공하지 못하고 가엾은 몸은 차가운 유치장의 한쪽

구석에 묶인 미인루 창기 마루코(丸子)인 오카다 미야노(岡田みやの)는 폐창운동의 최정예투사의 한 사람이었다. 그녀는 같은 집의 사랑받는 딸 사야코(さや子)가 육신의 애착을 버리고 윤락의 밑바닥에서 몸부림치는 여성이기 때문에, 폐창운동의 목소리를 높여서 투쟁을 시작했을 때, 같은 집의 고용 창기 고지로(小次郎)와 함께 먼저 소동을 피워 기루 주인 등의 협박에도 굴하지 않고, 고심하면서 참담하고 약한 사람들을 위해서 반항과 투쟁을 계속했다. 그 후에 지도자로서 신뢰받던 사야코는 평양에서 쫓겨 나서 경성으로 도망, 고지로도 탄압의 검은 손을 견디지 못하고 어딘가에 숨어 지내, 그녀 혼자 남겨졌지만 그녀는 투지를 버리지 않고 그 후에도 기회가 있을 때마다 교회에 다니며 잠행 운동을 계속해 왔다. 하지만, 여성의 힘으로 이 운동을 하는 것이 얼마나 곤란한 일인지를 알고, 동지 중에서 눈앞의 이익을 위해서 친구를 파는 것과 같은 일도 있어 번뇌하는 날을 보내는 중, 최근에 중한 부인병을 앓게 되었지만, 싸울 힘을 잃기는커녕, 오히려 열화에 몸을 태워 모든 것을 소멸하려고 한 것이다라고 보도했다.

12월 11일 같은 신문은 "미인루 마루코의 방화 사건 공판―검사의 온정론에 대해 변호사는 감형을 원하지 않고"라는 제목으로, 검사의 변호 후, 모리오카(森岡) 변호사는 검사의 구형 5년에 대해서 이의는 없지만, 피고에 한 가지 요구사항이 있다고 했다. 피고는 어려서 아버지를 잃고 많은 빚을 가진 어머니와 형제 3명을 위해, 9세 때부터 쉽지 않은 인생의 길을 걸어서 정을 베푸는 법을 모르고 죄를 저질렀다. 피고를 다시 사회에 보내 갱생시키려면 긴 연한을 형무소에 넣어 피고가 장래에 사회의 제일선에 설 때 직업 부인으로서 육체적, 정신적으로 살아가는 것에 모자람이 없도록 하고 싶다. 이러한 의미로, 감형을 원하지 않는다고 말했다. 피고인에 대한 변호사의 따뜻한 동정의 마음에 방청자도 소리죽여 눈물을 흘렸지만, 피고인 자신도 감형을 원하지 않고, 오히려 창기로서 고통스럽게 사는 것보다 형무소 생활을 원하는 것처럼 보였다고 전하고 있다. 같은 해 2월 4일의 오사카아사히는, '방화 창기 마루코는 어디에? 교태를 부리던 흔적은 없고, 옥중에서 밝고 건강하게 새로운 인생으로의 길을'이라고 제목 붙여 다음의 기사를 실었다. 특별히 그 전문을 인용한다.

원래 평양부 진정 미인루 창기 마루코, 곧 오카다 미야코(岡田みやこ, 21). 자신이 일하던 기루에 방화하고, 그 업화에 스스로 몸을 던져서 인생의 고난으로부터 해방을 원한 가엾은 이 유녀의 이름도 얼마 동안 세상의 기억에서 지워지고 있는 지금, 그녀는 어떻게 살고 있는 것일까. 잡힌 몸이 된 이후, 어느새 2개월의 세월이 흘렀다. 공허한 육체를 자본에 발본적인 마음으로 로보트처럼 생활해야만 했던 그녀, 팔지 말아야 할 것을 파는 인육시장에 오는 나날을 눈물로 보낸 어둠의 생활…. 하지만 지금의 그녀, 그것은 신만이 보낼 수 있는 자애에 둘러싸여 경건한 옥중생활을 보내면서 복역 후 처음으로 맞는 추운 겨울에 감사의 날을 보내고 있다. 어디까지나 기루 주인에 대한 자포자기의 복수 관념에 불타 있는 것인지, 그게 아니면 새로운 발족을 원하는 인생으로의 갱생인지는 누구도 흥미를 가지지 않을 수 없는 인생 보고서다. 지금 기자가 그녀의 옥중생활을 들어보려고 한다. 감옥에 들어간 후 약 1개월 반이지만 평양 여죄수 형무소에 35명의 동료 죄수와 동거하며, 바느질을 전혀 몰랐지만, 원래 손재주가 좋았던 것도 있어 간단한 의복 하나 정도는 충분히 만들 수 있을 정도로 솜씨가 좋아졌다. 아주 바람직한 일이다. 그리고 일에 대해서도 아주 성실하여, 옥중생활을 하며 무엇 하나 불평이 없다. 성스러운 법정에서 그녀는 "출옥하면 안정된 곳에서 일하며 지금까지의 빚을 어느 정도 갚겠습니다"라고 말했다. 그 말을 실행하고 있는 것이다. 역시 그녀는 그 말을 마음속 깊은 곳에 품고 성실히 나아가는 것이다. 방화죄로서 3년의 형을 받았지만, 지금은 과거의 죄를 후회하고 성실하게 복역만 하면 예정보다 빠르게 가출옥할 수 있다고 몇 번이나 되새기며 건강하게 일하고 있다. 그렇게 지금은 감옥에 들어간 당시보다 체중도 조금 늘고, 교태에 지친 예전의 흔적은 어느새 없어지고 밝고 건강한 사람이 되었다고 말한다. 그렇게 지금도 앤젤러스의 종이 영하 20도의 심야에 울릴 때 아버지에게 등을 돌리고 집을 나와서 기루 주인의 딸 고바야시 사야코(小林あや子) 씨로부터 받은 유일한 성서를 꺼내서 자애로운 하늘의 아버지에게 감사를 드리는 새로운 인생으로의 갱생을 원하는 것이다.

5월 25일 경성일보는 "도망친 농중조의 두 명, 광주서장에게 울며 뒤에서는 복잡한 사정"이라는 제목으로, 전라남도 광주읍 부동정(不動町) 가시자시키 만복루(滿福樓)의 창기 테리바(照葉), 곧 안토 테루(安藤てる, 23)와 고마쓰(小松), 곧 야마구치(山口, 20)가 21일 오후 2시경 집을 나와 가타야마(片山) 경찰서장의 관사를 찾아와서 자유 폐업의 의사를 말하며 원조를 청했지만 성사되지 않고, 이어서 기독교 신자인 사쿠마(佐久間) 아무개를 찾아갔지만 거절당해 두 사람이 경찰서에 출두한 것은 기루 주인 측으로부터 조사 신고가 들어온 것과 동시였다. 미시마(三島) 보안주임은 폐업 이유를 듣고 난 후, 일단 귀가를 권했지만, 그녀들은 그 말에 따르지 않고, 추한 일을 그만두고 인간다운 생활을 보내며 쉬고 싶다, 빚은 다른 방법으로 갚을 테니 죽어도 돌아가지 않고 노력할 각오라고 말해, 경찰에 유치되어 보호하고 있다고 전하고 있다.

6월 7일 같은 신문은, "새장의 새(籠の鳥)의 심경 변화, 결국 두 사람 다 일터를 바꾸고자 하는 자유 폐업의 마음이 변하지 않고 새로운 기루 주인을 찾아"라는 제목으로, 앞에서 말한 두 사람은 결국 경찰의 간섭과 자본가의 앞에 굴해서 심경의 변화를 가져 그들 두 사람은 고복루(高福樓)를 뒤로 하고, 빚을 모두 갚기 위해서 농중조의 생활을 계속하게 되어, 기루 주인 측은 고마쓰(小松)에 대해서 사기 미수의 고소

를 취하한다고 하는 등 보도 말미에 서장의 담화를 싣고 있다.

6월 24일 같은 신문은, "회중 무일푼으로 아직 노력하는 농중조 광주서에서도 기다리지 못하고 강경하게 해결을 권고"라고 제목을 붙여, 광주서에서는 21일 오전 6시 같은 경찰서를 방문한 두 사람을 유치장에 넣어 22일 아침에 관계자와 어떤 협의를 하여 오전 10경에 순사 1명이 두 사람에게 고압적인 태도로 해결 방법을 권고하고 있다고 전했다.

다음 날 6월 25일 같은 신문은, "농중조의 자폐 쟁의 비극을 막으로 완전히 해소"라는 제목을 붙여, 1개월 이상 자유 폐업을 위해 악전고투를 계속한 두 사람은 22일 경찰관 감시하에 계원이나 기루 주인 측과 얘기해서 원만하게 해결했다고 하며 그녀들을 즉시 열차로 내지를 향해 출발시켰다. 일행은 보성역에서 하차하여, 여관에서 1박 한 후 23일 테루바는 칼모틴 자살을 기도하여 중태에 빠졌지만 그대로 여수를 향해 갔다. 자살의 원인은 처음부터 죽음을 건 자폐 쟁의에 패퇴한 것으로, 이것으로 자폐 쟁의도 완전히 해소되었다고 전하고 있지만, 정말 이것으로 사건은 해결될 것인가?

6월 25일의 조선신문을 보면 "자유 폐업의 쟁론에서 창기 뛰쳐나가다"라는 표제하에, 경성부 신정(新町)의 가시자시키의 고용 창기 후쿠스케(副助), 곧 사다카 후쿠요(貞賀福代)가 자유 폐업을 하기 위해 집을 나와 23일 오전 6시 30분 대구역에 도착해서 열차를 타고 내지에 도망치려고 한 것을 대구서의 직원이 잡은 것을 본정서에 보고하여 기루 업주가 대구에 와서 신원을 확보한 기사가 있다.

이렇게 창기의 외출 제한이나 자유 폐업은 내지와 조선을 통해서 상당히 센세이션을 일으키고 있지만, 다른 점은 내지에는 농중조에 점점 자유가 나타나려고 하는 경향이 있는 것과 반대로 조선에서는 불행한 여성들이 방화, 형무소, 칼모틴 자살기도, 유치장 등과 같은 비참한 길을 더듬어 가고 있다는 점이다.
(계속)

경찰관강습소 교수 마스다 미치요시,
공창제도 및 예창기 자유 폐업에 관한 약간의 고찰자료 (2)
警察官講習所 教授 增田道義,「公娼制度並に芸娼妓自由廢業に関する若干の考察資料」,『警務彙報』328, 1933. 8.

제一. 시사 문제로서 공창제도(앞 호 소재)
제二. 공창제도의 존재 이유(본호 소재)

제三. 공창제도에 관한 법률과 사실의 괴리(이하 다음 호)
제四. 공창제도 존폐론
제五. 공창제도의 운용과 창기 계약에 대한 간섭
제六. 자유 폐업의 법률적·경제적 근거
제七. 경찰에 대한 종래의 비난과 경찰관이 취할 수 있는 태도

제二. 공창제도의 존재 이유

창기라는 것은 경찰허가를 받고 창기일(娼妓稼)—곧 매음 행위를 일로 하는 업태—을 하는 부녀이고, 가시자시키(貸座敷)업이라는 것은 창기를 머물게 하여 창기일을 하게 하는 업태다. 바꿔 말하면, 창기라는 것은 금전을 얻는 것을 필요로 하는 입장에 놓인 가난한 집의 자녀가 그 금전을 얻기 위해서 자신의 육체를 가시자시키 업자에게 제공하는 것에 다름아닌 것이다. (주 1)

이것이 공창제도의 내용이다.

이러한 피하고 싶은 일을 국가는 어떠한 이유로 종래 인정해 온 것일까?

매음은 할 수 있다면 인간사회에서 매장해야 하는 것은 아닐까 하겠지만, 이 시도는 역사에서 모두 실패로 돌아갔다. 사실 인간에게 동물성이 존재하는 한, 곧 신과 같이 되지 않는 이상 매음을 절멸시키는 것이 불가능하다.

휴글 박사가 "문명의 진보는 점점 매음을 더욱 마음 편한 형식으로 은폐하고 있지만, 매음은 세계의 파멸과 함께할 때만 모습을 감추지 않을까?"라고 말한 것도 경청할 가치가 있다. 그렇다고 해서 그것을 방임하면, 위생, 풍기, 부녀자의 보호 등의 점으로 볼 때 중대한 위험이 일어나지 않는다고 할 수 없다.

이에 국가는 밀매음은 완전히 금지하고 동시에, 영업적으로 매음행위를 하는 사람에게는 공공연하게 경찰의 허가를 받게 하여, 그 감독 아래 두고 매음으로부터 발생하는 해악을 최소한으로 멈추게 하려는 것이다. 이것이 공창제도로서, 세상이 자칫하면 오해하는 것처럼, 국가가 남자의 부도덕한 품행을 공인한 것과 같은 것도 아니다. 단지 매음이 어쩔 수 없는 죄악(necessary evil)이기 때문에, 그 해악을 최소한으로 멈추게 하려고 한 것이다. (주 2)

(주 1) 고스게 요시지(小菅芳次),15 「공창제도 재검토(公娼制度再檢討)」, 『경찰협회잡지(警察協會雜誌)』 386호, 6쪽 이하 참조.

고스게 씨는 전 경시청 보안과장으로, 지금은 내무 사무관, 제네바의 부인아동매매에 관한 국제회의에 참석 중이다. 고스게 씨의 이 논문은 공직자의 작품으로서는 획기적으로 시사하는 바가 많다.

(주 2) 미노부 다츠키치(美濃部達吉) 박사, 『일본행정법 각론 상권(日本行政法各論 上卷)』, 163쪽 참조.

그렇다면 현행 공창제도는 그 소기의 목적을 달성하고 있는 것일까? 위생, 풍기 그리고 부녀자 보호의 각 부분에서 관찰하고자 한다.

첫째는 위생 문제다. 법률은 위생 유지, 특히 화류병 예방을 위해 창기에게 건강진단을 받게 하고 있다. 매독검사(檢黴)나 검진이 바로 그것인데, 이는 과연 유효한 것일까?

매독검사는 일주일에 한 번 정도 실시하지만, 만약 그날 청결하다는 결과가 나오더라도, 그날 밤이나 다음 날에 감염자(有毒者)로부터 감염되는 경우는 다음 검진일까지 몇 명인가에게 전염시킬 수 있는 가능성이 충분히 있다. 이렇게 생각하면 일주일에 한 번 정도의 매독검사도 특별한 효력은 없다. (주 1)

매소부를 데리고 걸어 다니는 남자들의 병독을 없애지 않고 매소부에게만 책임을 지게 해도 그것은 꽃에 부착된 꽃가루를 닦아 벌이 오는 것을 막지 못하는 것과 같다. 그리고 그것은 점점 여성다움을 잃어가는 가엾은 직업주부에서 마지막으로 여자다운 소유물, 곧 수치심조차도 빼앗긴 결과, 매소부가 다시 사람다운 생활에 돌아가는 것이 불가능하게 되는 것이다. (주 2)

매독이나 임질은 육안으로 존재를 아는 것이 어려운 병균이다. 의사가 단시간에 몇 십 명의 매소부를 육안으로 판단해서는 도저히 만족할 만한 검사를 할 수 없다. 또 현미경으로 엄격하게 검사하면 거의 모든 사람이 유독자라고 인정될 것이다. 1929년 경시청 관내 창기의 유독율이 3.38%, 1930년 조선 창기의 그것이 2.2%라고 하더라도, 사소한 것까지 신경 쓰는 우리는 조금인 그것이 정확한 검진의 결과라고 믿을 수 없는 것 같은 기분이 든다.

---

15 고스게 요시지(小菅芳次, 1898~1961). 아이치현 출신으로 1923년 도쿄제국대학 법학부 정치학과를 졸업한 후 내무성에서 일하였다. 경찰관료로서 경시청 사무관, 히로시마현과 나가노현, 교토현 등의 경찰부장과 도쿄부 총무부장을 지냈다. 1942년에 가가와 현지사로 전쟁에 협력하다가 1945년 대만총독부 교통국 총장으로 전근하여 그곳에서 종전을 맞았다. 이후 공직에서 추방되었다.

마담 소이지16의 『파리의 밑바닥』의 한 구절에 재미있는 문구가 있다. "매독검사 두 번을 하는 동안 창부는 손님의 수와 같은 수만큼 병에 걸리고 상대방도 병에 걸리게 할 기회를 가진다. 그리고 매독검사는 대충 하는 경우가 많다. 의사의 수보다 여자의 수가 많고, 의사는 서두르며 여자는 병을 숨기는 것을 잘해 왔으니까"라고. (주 3)

임질은 부인에게 전염되면 마지막이고 도저히 완치할 수 없다. 매독에는 606호가 있지만, 완치까지는 3년에서 5년이 필요하다. 유독자를 겨우 2, 3개월 입원시키는 것으로 완전히 치료하는 것은 어렵다. (주 4)

무서운 오해는 '국가적 보호 아래 있는 매소부'는 병독으로부터 보호되고 있다고 믿어지는 것이다. 이는 남자를 안심시켜 성적 난교를 더욱 조심하지 못하게 하여 유탕심(遊蕩心)을 조장하게 하는 것이다. (주 5)

(주 1), (주 4), (주 5) 시노하라 세이치(篠原清一) 저, 『창기와 성욕생활(娼妓と性欲道德)』, 139쪽 이하 참조.
(주 3) 다카하시 구니타로(高橋邦太郎)17 번역, 『파리의 밑바닥(巴里のどん底)』, 244쪽 참조.
(주 2), (주 5) 기타 소이치로(喜多壯一郎)18 저, 『매음(売淫)』, 72쪽 이하 앞에서 말한 시노하라의 책 참조.

전 교토대학 교수 피부과장 의학박사 마츠우라 우시다로(松浦有志太郎) 씨가 "유감이지만 매독검사 제도라든가 매독 구축 제도라는 것은 실제로 머리를 들이밀어 조사해 보든가 또는 그 전문가인 우리 화류병 학자의 눈으로 보면 고생하여 얻는 것은 없는 것으로, 기탄없이 말하면… 이로 인한 어떠한 효력도 거의 인정할 수 없다. 다만 많은 소의 털 하나를 제외하는 것과 같은 것이고, 흡사 태평양의 물에 소독물 병 하나를 넣어 태평양의 바닷물을 소독하려 한다고 단언할 수 있다"고 말하는 것은 당연할 것이다. (주 1)

공창과 장정 화류병의 관계를 보면, 1912년 이후부터 1924년에 이르기까지 13년간의 전국 장

---

16 매리스 소이지(Maryse Choisy. 1903~1979). 프랑스의 철학작가이며 저널리스트. 저널 프시케(Psyché)의 창립자다.
17 다카하시 구니타로(高橋邦太郎, 1898~1984). 도쿄 출신으로 도쿄제국대학 불문과를 졸업했다. 프랑스 문학의 번역가로 일했으며 NHK 아나운서 및 기자로 활동했다.
18 기타 소이치로(喜多壯一郎, 1894~1968). 이시가와현 출신으로 1917년 와세다대 영어정치학과를 졸업하고 미국 대학에서 유학했다. 이후 와세다대 강사로 일하던 중 1925년 다시 미국, 영국, 독일, 스위스 대학 등을 시찰했다. 귀국 후 1928년부터 와세다대 교수 등으로 일했으며, 1936년에 중의원 의원으로 당선됐다. 전시기 국민정신총동원 본부, 대정익찬회, 생활보국회 등에 참여하여 전쟁에 적극 협력했으며 종전 후 추방되었다가, 1953년 다시 중의원 의원에 당선되었다.

정을 대상으로 다카기 오츠쿠마(高木乙熊) 씨가 공창이 있는 도시와 없는 도시를 나누어서 그 화류병을 비교하여 조사한 결과에 따르면, 공창의 유무에 상관없이 시(市)의 장정은 군(郡)의 장정보다 화류병이 많고, 시에서는 공창이 있는 시의 장정보다 없는 시의 장정에 많고, 군에서는 시와 반대로 공창이 없는 군의 장정보다 있는 군의 장정에 많고, 군과 시를 합하면 공창이 있는 지방의 장정 화류병은 2.2%, 공창이 없는 지방의 장정의 화류병은 1.98%로, 장정의 화류병은 공창이 있는 지방에 많다(주 2). 이 결과에 따르면 공창이 반드시 화류병 예방에 도움이 된다고는 말할 수 없다.

1930년 조선의 매소부에 대한 유독율을 대조하면, 내지인 측은 창기 2.2%, 예기 2.1%, 작부 1.9%, 고용녀 1.7%이고, 조선인 측은 창기 3%, 예기 1.1%, 작부 3.3%, 고용녀 6.7%로서, 공창의 유독율이 다른 매소부보다 적다고 할 수 없다.

페테르부르크의 스펠그가 작성한 통계에 의하면, 기루의 매소부는 평균 3년 후에 매독 감염이 되지만, 독립 생활하는 창부는 5년 동안은 감염되지 않는다. (주 3)

(주 1) 확청회·일본기독교부인교풍회 연합(廓清会·日本基督教婦人矯風会 連合) 발행, 『매음공인제도 폐지 의견(売淫公認制度廢止意見)』, 17쪽 이하 참조.
(주 2) 히로오카 미치아키(弘岡道明) 씨 외 1명 저, 「육군의 화류병과 지방의 화류병 만연 상황(陸軍ニ於ケル花柳病竝地方ニ於ケル花柳病蔓延ノ状況)」, 79쪽; 군마현 기사(技師) 다카기 오츠쿠마 저, 「화류병 예방에 관한 보고(花柳病予防ニ関スル報告)」, 71쪽 참조.
히로오카 미치아키는 발표 당시 1등 군의정으로서 지금은 군의 총감 조선군 군의(軍醫) 부장이다.
(주 3) 소조 츠치야(土屋正三) 저, 「폐창의 선후 조치에 대하여(廢娼の善後措置に就て)」, 『경찰연구』 2권 5호, 35쪽 참조.
소조는 논문 발표 당시 내무성 경무과장으로서 지금은 오카야마(岡山)현 내무부장이다.

둘째는 풍기 문제다. 매음은 어쩔 수 없는 죄악이라고 하지만 이를 방임하는 것은 위험한 것으로, 법률은 창기의 장소, 창기의 거주지를 제한하고 외출의 자유를 금지―내지는 지난 6월 12일부터 해방되었다―가시자시키 영업은 유곽 지역 내로 한정하고 있다.

토마스 아퀴나스가 말한 "도시의 매소부는 궁전의 화장실과 같다"는 말과 같이 공창의 화장실과 같은 존재를 인정하고 이것을 한 지역에 격리하려고 한 것이다. (주 1)

이 화장실과 같은 유곽은 풍기 정책에 어떠한 공헌을 하는 것일까?

마루키 사도(丸木砂土) 씨가 저술한 『서양인이 본 요시와라』(주 2)는 서양인의 요시와라관에 대해 두 가지를 소개하고 있다.

1910년에 출판된 독일 소설가 베른하르트 캘러만의 『일본의 산책』 중에 다음과 같은 구절이 있다.

아주 장대하고 화려하다. 아주 낭비다. 도쿄에는 2층 건물의 집이 있지만, 모두 회색으로 어떤 장식도 없다. 따라서 여기는 궁전과 같은 수준이다. 모든 2층 건물이다. 3층도 있으며 고상하고, 난간이나 복도에 조각이 되어 있다. 끝없이 이어지며, 폭이 넓은 길에는 붉은 종이의 설동(雪洞)이 2열로 붙어 있고, 아주 멀리에는 등이 띠로 장식되어 있다. 이 산책로는 품격 있는 찻집 사이로 통하고 있고, 그 찻집 앞에는 1미터 정도의 폭의 천에 문자를 쓴 것을 장식해서 걸어 두었다. 길의 한가운데에는 좁은 진입로가 있고, 꽃과 잔디, 작은 설동이 줄지어 있다. 옆 골목에는 흐르는 색채와 같은 많은 군중이 밀집해 있다. 이 골목이야말로 구경거리가 있기 때문이다.

"이곳에는 아름다운 소녀 수천 명이 화장하고 화려한 광채 안의 황금 유곽에 앉아 있다. 마치 태양 속에 핀 꽃과 같다. 이것을 선교사들이 감옥(檻)이라고 하는 것은 오해다. 이것은 마치 중세의 성안에 있는 규방의, 전면의 벽을 없앤 것 같다. 이것으로 모든 것이 끝난 것과 같다. 모습은 사각형의 나무 막대이지만, 그 사이가 넓고 벌어져 있기 때문에 방 안은 한눈에 볼 수 있다. 이 방의 대부분은 모두 휘황찬란하며 커다란 금색의 벽은 멋진 모양의 조각이나 그림으로 장식되어 있다. 그 대부분은 꽃, 나무, 새, 용 등으로 훌륭하게 제작되어 있다. 나무나 잎 하나하나를 붙이거나 대나무의 숲 안에서 호랑이가 숨어 있는 것 등이 그 방의 모습이다.

이 호화로운 방의 뒷편에 일렬로 일정한 거리를 두고 유녀들이 있다. 이 가게에는 20명, 그 가게에는 10명, 건너편에는 30명과 같은 형태다. 모두가 검은 머리의 예술품 안에, 꽃을 꽂아 놓은 아름다운 색의 의상, 빛나는 허리띠, 손질한 손을 가지고 있다. 머리카락은 정교하게 묶여 있고, 얼굴에는 흰색의 화장을 하고, 입술은 반원으로 아랫입술만을 붉게 칠하고 있다. 모두 아주 기교적으로, 인형처럼도 보인다. 이러한 유녀들이 무릎을 꿇고 청동의 각로를 한 명씩 앞에 두고 긴 파이프로 담배를 피우고 있다…"

켈러만은 1910~1911년 즈음 당시의 요시와라를 보고 감탄했다. 글로 추측해 보면, 당시 진열 가게(張店)가 있는 모습이지만, 지금은 없어지고 사진으로 대신한 셈이다.

1907년 12월 15일의 베를린일보(伯林日報)에는 닥터 브룸후벨이 다음과 같이 요시와라를 찬탄하는 목소리를 높였다.

"길 가운데는 꽃이 피고 향기가 나는 입구로 되어 있고, 그 나무의 가지에는 다양한 색채의 등이 춤추고 있다. 그곳에서 놀라운 넓은 시야가 펼쳐진다. 양측은 눈부시게 조명이 밝혀진 가게와 찻집이 있다. 그 앞을 아름다운 기모노를 입은 사람이 수천의 줄처럼 춤추면서 지나다닌다. 이곳이야말로 사랑의 신(愛の社)에 이른 앞마당이다. 요시와라 외에 세계 어디에서도 여신이 이 정도로 화려하고 거대한 사당을 얻는 일은 불가능하다."

외국인의 눈에는 시적으로 경탄할 정도의 아름다운 무대로 보였을지도 모른다. 어찌되었든 훌륭한 설비다.

조선의 신정이나 다른 유곽도 규모는 빈약하지만, 요시와라와 대동소이하다. 조선인의 초가집과 비교하면 어떠한 기루도 장대하다고 할 수 있다.

이와 같은 기루를 연결하니, 그곳 손님의 눈으로 보면 시적인 정경이 전개될지도 모른다. 세상의 젊은이나 불량한 노년들이 주색에 빠지는 것도 무리는 아니다. 하지만 천녀(天女)들은 가난한 집의 자녀가 금전을 위해서 끌려온 것으로, 어쩔 수 없이 몸을 팔고 있다. 그리고 이것이 국가 공인하에 행해지고 있다. 대단한 화장실이 있다고 하지 않을 수 없다.

공창과 사창을 통계적으로 비교해 보면, "창기의 수가 많으면 그것을 대신할 수 있는 예기나 작부의 수가 적어진다고 할 수는 없다. 오히려 창기의 수가 많아지면 예기, 작부의 수도 많아지는 경향이 있다. 이와 함께 창기의 수가 적어지면 그에 대신하는 예기나 작부의 수가 많아진다고 할 수 없다. 오히려 창기의 수가 적어지면 예기, 작부의 수도 적어지는 경향이 있다." 후쿠미(副見) 씨가 각 부청의 매소부 통계를 바탕으로 말하고 있다(주 3). 조선에서도 창기 대부분이 걷는 길은 매소부와 같다(주 4). 공창으로 사창을 감소시키는 것은 불가능하다. 오히려 공창이 풍기를 문란하게 하여 매소부를 증가시키는 것이 유감이지만 통계가 증명한다.

공창제도는 가깝게는 마츠시마(松島) 유곽 사건(주 5), 멀리는 아사히(旭) 유곽 사건(주 6) 등의 스캔들을 일으킨 정치가나 공무원 등을 헷갈리게 했다. 특히 마츠시마 사건에서는 고결하다고 칭해졌던 미노우라(箕浦) 옹의 만년을 더럽히고, 와카츠키(若槻) 총리대신의 증인 소환 심문에서 위증죄 문제까지 일으켰다. 실로 유곽 지역 문제는 국가 정치에 독이 되는 것이라고 할 수 있다.

유곽이 있기 때문에 범죄자가 잡히지 않고, 유곽 때문에 범죄자가 생기는 일이 많다. 유곽이 있기 때문에 여자는 정조를 매매당하고, 남자는 나쁜 품행을 유발 조장 당해 세상의 부모를 걱정시키고 아내를 눈물 짓고 미치게 만들며 자녀를 길에 떠돌게 하는 것은 아닌가?

위와 같은 내용을 바탕으로 생각하면, 공창제도가 풍기를 유지하고 풍교를 지킨다고 말할 수 있을까? 공창제도는 실로 매음을 격려하지 못하게 할 뿐만 아니라, 공창 자체가 오히려 음탕함을 선전하고 일으키는 중심이 되는 것이다.

(주 1) 기타(喜多), 앞의 책, 346쪽; 『매음공인제도 폐지 의견(売淫公認制度廢止意見)』, 12쪽 참조.

(주 2) 구기 사도(九木砂土) 저, 『서양인이 본 요시와라(西洋人の見たる吉原)』, 『改造』, 1930년 8월호 소재.

(주 3) 후쿠미 다카오(副見高雄) 저, 「제국 도시의 매음 연구(帝都に於ける買淫の研究)」, 26쪽 이하 참조.

(주 4) 『조선경찰개요(朝鮮警察概要)』, 1931년 판 부록 제44표 참조.

(주 5) 요시노 사쿠조(吉野作造) 박사, 「현대 헌정의 운용(現代憲政の運用)」, 나카마츠시마(中松島) 사건 참조.

(주 6) 후소신문사(扶桑新聞社) 발행, 「유곽 이전지 사건 속기(遊郭 移転地 事件 公判 速記)」 참조.

셋째는 부녀자의 보호 구제 문제다. 법률은 공창제도가 불행한 부녀를 유괴와 타락에서 구제하는 것으로 간주했다. 이 때문에 창기의 면허를 받으려면 창기에 합당한 사람이 스스로 경찰관서에 출두하는 것이 요구되어(창기단속규칙 제3조, 가시자시키창기단속규칙 제16조), 호주나 부모의 승낙이 있는 것을 필요로 하고(창기단속규칙 제3조, 가시자시키창기단속규칙 제16조), 창기는 언제라도 스스로 폐업 신청을 할 수 있으며 누구도 이것을 방해할 수 없도록 하였다(창기단속규칙 제5조, 제6조, 가시자시키창기단속규칙 제7조, 제29조). 창기와 빚에 관한 계약이 부당할 경우는 창기를 허가할 수 없는 것으로 하고(가시자시키창기단속규칙 제17조), 또는 필요할 때 청부현(庁府県) 장관은 창기업을 정지하거나 금지할 수 있는 것으로 하며(창기단속규칙 제11조), 영업용 장부를 검사하는 것으로(가시자시키창기 단속규칙 제13조, 내지는 청부현으로 정한다) 창기를 보호하는 것으로 한다.

이러한 법률 규정은 완전한 것이라고는 할 수 없지만, 부녀자의 보호 구제에는 충분히 효과가 있는 것이다. 그러나 실제 운용 상황은 어떠할까?

호주나 존속친(尊屬親)의 승낙이 있는 것을 필요로 하는 것은 부녀자의 보호가 되지 않고, 오히려 이 규정 때문에 빈곤하고 도덕 관념이 없는 부모가 자식을 파는 행위를 조장하는 것이다. 세상에는 딸을 팔고 자식을 파는 부모를 벌할 법규를 만드는 것이 더욱 적절하지 않을까? (주 1)

창기들이 자유롭게 폐업할 수 있는 것은 물론 가능하며, 나중에 자세하게 서술하겠지만 그들이 실제로 자유롭게 폐업할 수 있을까? 경시청의 최근 5년간 창기의 자유 폐업 수는 1926년 6명, 1927년 10명, 1928년 14명, 1929년 19명, 1930년 28명, 1931년 75명이다. (주 2)

조선의 창기 자유 폐업 수는 1925년 없고, 1926년 1명, 1927년 1명, 1928년 2명, 1929년 2명이다.

아무리 창기들의 도덕 관념이 부족하다고 하더라도, 자유롭게 폐업을 할 수 있음에도 불구하고, 경시청의 7천여 명 가운데 많을 때는 겨우 75명, 조선의 3천여 명 가운데 한두 명만이 자유 폐업을 한다는 것은 실태가 어떠한지 말하고 있는 것이 아닐까? 창기들의 무지도 물론이지만, 기루 주인들의 사실상 속박이 엄한 것은 아닐까? 그리고 지금까지의 경찰은 힘든 생활에서 몸을 벗어나지 못하는 가련한 부녀를 어떻게 취급해 온 것일까?

이렇게 생각하면, 법률의 목적이 달성하고자 하는 것에 반대로 유린당하고 있는 것이다.

(주 1) 가미무라 유키아키(上村行彰) 저, 『팔려가는 여자(売られ行く女)』의 여론(餘論) 참조.
　　가미무라 씨는 예전 오사카부 위생과장, 부립 난파병원장으로 공창 문제의 권위자이며 그 저서도 고전으로 평가받고 있다. 이는 조선 풍속사의 대가인 전 본정 서장(本町署長) 이마무라 도모(今村鞆)의 지론이다.

(주 2) 고스게(小菅), 앞의 책, 386호, 10쪽 참조.

공창제도는 지금 그 존재 이유를 완전히 잃고 있다고 해도 과언이 아닐 것이다. (계속)

경찰관강습소 교수 마스다 미치요시, 공창제도 및 예창기 자유 폐업에 관한 약간의 고찰자료 (3)
警察官講習所 敎授 增田道義, 「公娼制度並に芸娼妓自由廢業に関する若干の考察資料」, 『警務彙報』329, 1933. 9.

제一. 시사 문제로서 공창제도(7월호 소재)

제二. 공창제도의 존재 이유(8월호 소재)

제三. 공창제도에 관한 법률과 사실의 괴리(본호 소재)

제四. 공창제도 존폐론(이하 다음 호)

제五. 공창제도의 운용과 창기 계약에 대한 간섭

제六. 자유 폐업의 법률적·경제적 근거

제七. 경찰에 대한 종래의 비난과 경찰관이 취할 수 있는 태도

제三. 공창제도에 관한 법률과 사실의 괴리

1931년 6월 24일, 국제연맹 동양 부인아동매매조사위원회의 배스컴 존슨 박사 일행이 도쿄지

방재판소를 견학하고 사이고(西郷) 재판소장과 면회했을 때, 사이고 판사는 "우리나라에는 메이지 초년 이래 일찍이 인신매매금지의 법령이 있어서 인신매매가 전혀 없다"고 답했다. (주 1)

공창제도가 존재하는 이상 인신매매가 없다는 판사의 말은 '고의에 의한 허언'이 아니라면 '법률가가 많이 가지고 있는 인식 부족'이라고 평할 수 있다. (주 2)

(주 1) 『법률신문』 1931. 6. 30. 참조.
(주 1) (주 2) 『법률시보』 3(8) 권두언 참조.

창기 계약에 대해서는 후술하지만, 어떠한 계약서를 보더라도 가시자시키 업자, 곧 기루 주인과 창기의 봉건적 노예 관계를 명확하게 규정하고 있다.

고스게(小菅) 씨의 말을 빌리자면 "이 내용을 알고, 창기와 기루 주인은 각자 독립하여 자유롭게 일하는 것으로, 그 사이에 인신매매는 없다고 하는 것은 말이 되지 않는다."(주 1) "전차금은 몸값(身代金)의 합법적인 변형으로 같은 것에 대해 부르는 말만 달리했을 뿐이다. 조로(女郎)로 판다는 것은 유감이지만 대낮에 공공연히 통용되고 있다. 또한 사실 모든 창기는 일정 연한 동안, 그 몸을 파는 것이라는 관념으로 창기일에 종사하고, 기루 주인은 예외 없이 그 속박 아래 창기를 일하도록 하여 배려 없이 착취하고 있다. 이것을 인신매매가 아니라고 주장하는 것은 궤변이나 기망 이외에 아무것도 아닌 것이 된다. 따라서 국가가 공창제도를 인정하는 것은 결국 국가가 인신매매를 인정하는 것이라고 할 수 있다"라고 할 수 있다. (주 2)

후쿠미(副見) 씨는 "실제로 보면, 창기는 마치 가시자시키 업자로부터 사역당하는 노비처럼 보인다. 더욱 심하게는 가시자시키 업자의 사용인보다도 혹사당하기 때문에 흡사 이 역시 노비와 같이 보인다. 사회적 통념에 따르면, 이익을 얻는 사람이 주인이 되어, 이익을 받는 사람이 따라야 한다. 그러나 이 사회에서는 그 본말이 전도되어 있다"(주 3)고 서술한다.

(주 1) 고스게, 앞의 논문, 『경찰협회잡지』 386호, 7쪽 이하.
(주 2) 앞의 논문, 388호, 34쪽.
(주 3) 후쿠미, 앞의 논문, 57쪽.

교풍회(矯風会)나 확청회(廓清会) 같은 사회운동가가 아닌 경시청 보안과장의 말이기 때문에 과장도 거짓도 없을 것이다. 그렇다면 도쿄 지방재판소장인 사이고 판사는 허언을 한 것일까?

필자는 그 노련한 판사를 수신을 배우는 데 일그러진 비인격자라고 해석하고 싶지 않다. 그는 단지 공창제도의 실상을 말하는 대신에 공창제도의 법령 그 자체에 나타난 형식을 말한 것이라고 선의의 판정을 한 것이다.

내지의 창기단속규칙, 조선의 가시자시키창기단속규칙을 보면 확실히 봉건적인 냄새가 나는 것은 부정하기 어렵지만, 이러한 법령으로 직접 창기를 백색 노예라고 하고, 창기일 계약을 인신매매라고 해석할 수는 없을 것이다.

만약 유곽에 간 경험이 없고, 또 그 실상을 들을 수 없으며, 경찰법령집을 펴서 조선경찰법 대의의 풍속 단속 부분을 읽는다면, 그는 반드시 창기가 가시자시키 영업자와 대등한 인격자로서, 적어도 법률 차원에서는 음식점의 여급—만약 그것이 경성의 유명한 ○○카페의 여왕이라고 할지라도—과 같이, 영업주에게 고용된 '고용녀(雇女)'보다 한 단계 위의 취급을 받는다고 이해할 것이다.

외출의 자유가 제한되지만—이것도 내지에서는 해방되었다—언제라도 폐업할 수 있고, 창기나 전차금에 관련된 모든 부당한 계약에 경찰이 간섭하여 그들을 보호해 주는 것으로 되어 있다.

정조를 매매하는 것은 어떻게 생각해도 추한 일로 '영업'이라고 부르는 것조차 법률은 꺼려하여, '생업(嫁業)'이라는 별명을 붙이고 있지만, 세상에는 사랑하는 한 사람의 남자에게만 몸을 바치는 부인이 있는 것만도 아니다. 남자의 재산, 지위, 명예 등에 관심을 가지고 결혼하는 여자도 많이 있는 것을 생각하면, 창기들은 부모를 위해서, 혹은 집을 위해서 몸을 희생하는 독립 직업부인이라고도 할 수 있다.

그러나 실제는 어떠한가? 그녀들은 옛날의 노예와 전혀 다름없는 비참한 삶에 빠져 어느 때 벗어날지 희망도 없다. 어떤 사회운동가는 다음과 같이 외친다.

"홍등이 밝고, 들뜬 기분의 사미센(三味) 소리도 한층 높다. 비틀거리는 손님이 뒤엉키는 유곽—이곳에서 세상의 모든 고뇌를 잊을 수 있는 것같이 보인다."

오전 2시, 가게의 커다란 문이 닫히는 시간부터 일대는 말로 표현할 수 없는 애수에 잠긴다.

작은 가게의 입구는 어둡고 문은 닫혀 있지 않다.

붉거나 푸르게 색이 입혀진 천의 그림자에서 피곤에 지친 여인의 손님을 부르는 목소리—그곳에 창기의 고통이 확실하게 표현된다. 새장의 작은 새는 노래를 부르면 먹이를 받을 수 있다. 하지만 그녀들 대부분은 취객에게 ××을 제공하여 피도 몸도 빼앗기지 않으면 먹이를 얻을 수 없다.

창기를 찬미하는 콘야 다카오(또는 코야 다카오, 紺屋高尾)[19]의 이야기는 과거의 유물로 여겨지지만, 어떻게 창기의 음침한 생활을 은폐하고 그것을 미화하려고 해도, 현실의 창기 생활은 비참하기 짝이 없다.

자유를 빼앗기고 비참한 생활 속에서 학대당하는 노비와 같은 문명의 세상에, 밤에 피는 한 송이의 꽃과 같이 생명을 빼앗기는 창기들! 그것을 생각하면 누가 눈물을 흘리지 않을 수 있을 것인가?

눈물, 인내, 혹사, 한과 함께하는 생활, 외쳐라! 그녀들의 해방을." (주)

(주) 이와우치 센사쿠(岩内善作),[20] 「창기는 어떻게 우는가(娼妓はかく如く泣いてれる)」, 『법률시보』 제3권 9호, 29쪽.

뭐라 해도 법률과 사실의 괴리, 모순이지 않은가?

그러면 무엇이 어찌하여 법률 차원에서 인격자인 창기를 사실의 백색 노예가 되게 하는 것일까?

여기에는 실무자나 사회운동가들이 자유 폐업을 위해 어쩔 수 없는 원인으로 거론하는 것을 볼 때 일목요연하다. (주)

(주) 고스게, 앞의 논문, 제386호, 8쪽 이하; 『매음공인제도 폐지 의견』, 6쪽 참조.

첫 번째는 그녀들이 법률에 대한 지식이 없다는 것이다. 그녀들 중에는 자유롭게 폐업할 수 있다는 사실조차 모르는 사람이 많다. 기루 주인과의 계약서에 있는 어려운 조항은 그녀들에게 해석하기 어려울 것이다. 법률상 그녀들에게 유리한 모든 것도 마찬가지다.

두 번째는 창기나 기루 주인이나 그녀들의 부모들이 만드는 특별 사회의 봉건적 도덕이다. 부모는 자식을 재산으로 생각하고, 어려움이 있으면 자식을 팔아버려도 어쩔 수 없다는 생각, 자식도 부모를 위해서 고생하는 것을 효행으로 여기는 사상, 일단 돈에 몸을 팔면 빚을 갚지 않고서는 자유가 될 수 없다는 생각, 그것도 빚이 어느 정도인지, 어떠한 구조로 되어 있는지 모르는 사람도 많다.

세 번째는 사실상의 속박이다. '농중조(籠の鳥)'를 예로 들면, 그녀들은 사실 외부로 탈출하는

---

19   고전 만담의 상연 목록을 말한다.
20   이와우치 센사쿠(岩内善作, 1889~1984). 니가타현 출신으로 농민운동과 노동운동에 참여했다.

것이 쉽지 않다. 도망치다가 기루 주인에게 잡히면 예전처럼—미야다케 가이코(宮武外骨) 씨의 「사형 유찬(私刑類纂)」을 보면, 구타, 절식, 물고문, 매달기 고문 등 가혹한 형벌의 설명이 있다—은 아니지만, 유형, 무형의 사적 형벌이 처해진다. 그리고 많은 계약서에는 도주할 경우, 수사비용을 빚 안에 포함하는 것으로 되어 있다.

네 번째는 도주해도 갈 곳이 없다는 것이다. 한 가정의 주부가 되는 것은 아주 드물고, 여 사무원이나 여급이 될 교양도 없고, 여공이 될 기력도 없다. 창기를 그만두어도 어떻게 해도 방법이 없는 것이다. 만주국에서는 여성 구제원을 만들어서 가엾은 창기 도주자를 구제하는 계획이 있다고 도쿄일보(東京日報)는 보도했다.

다섯 번째는 관헌의 취급이다. 창기가 자유 폐업을 하려고 할 때, 지금까지 경찰은 그녀들을 형사피고인으로 수배하여 체포한 후 기루 주인에게 인도한 경우가 없지 않다. 이렇게 해서는 경찰을 가시자시키 업자의 편이 되었다고 비난해도 변명할 말이 없다.

이상은 자유 폐업의 저지 원인이지만, 요컨대 창기의 무지, 특별한 봉건 도덕, 기루 주인들의 사실 차원의 속박과 경찰 관헌의 잘못된 조치—이 점에 대해서는 후술—에 의해 공창제도는 인신매매가 되어서 노예제도가 된 것이다.

다음으로, 최근에 공창 폐지에 대한 논의가 활발하게 이루어지는 것은 바람직한 일이지만, 폐창이 되는 것을 기다리지 않아도 곧 현행의 공창제도하에서도 노예와 같은 상황을 멈출 수는 없는 것일까?

종래와 같이 가시자시키 영업자의 이익을 중심으로 고려하는 것을 멈추고, 창기의 보호 구제를 위한 법령 본연의 목적을 중점으로 해석 운용한다면, 불완전한 공창제도의 현행법령으로도 창기들을 노예와 같은 상황에서 구해 낼 수 있지 않을까 생각한다.

필자는 물론 존창론자가 아니지만, 헛되이 공창제도의 폐지를 외치는 것만으로 매소부 문제가 해결되지는 않는다고 믿는다. 공창제도를 폐지해도 매소부들이 바로 구해지는 것은 아니다. 법령으로는 해방되어도, 실제로는 속박되기 때문에 어떠한 효과도 없는 것이다.

이와는 반대로 가령 현재의 불완전한 공창제도 아래에서도, 법령을 바르게 해석하고 운용하면 창기들은 구제될 수 있다. 중요한 것은 매소부들을 하나의 자유로운 인격자로서 취급하고, 영업자와 유객의 노예로 보지 않는 것이다.

메리스 소이지의 『파리의 밑바닥』에 있는 다음의 한 구절을 음미해 주시기를 바란다.

"빅토리아 여왕의 사상. 여왕과 동성애의 노예가 있다는 것은 불경하다. 이 말을 한번 한 후에 영국과 아일랜드에는 창부 업소가 없어졌다. 그렇다면, 피카데리는? 화이트 채플은? 샤프테스베리 에비뉴를 배회하는 두꺼운 화장의 미녀(尤物)는?

하지만, 기다리시오! 부인이 길가에서 미소 짓고, 신사가 그 웃음에 응하는 것을 누가 멈추게 할 수 있을까? 그 미소가 입맞춤이 되고, 입맞춤이 선물이 되는 것을 누가 멈추게 할 수 있을까?

이는 단지 신사와 부인에 관한 것이다. 다른 일과 다르게 영국인은 개인의 자유에 불만을 말하지 않는다. 각자 자신을 위해서 일한다. 누구도 타인의 일에 관여하지 않는다. 하지만 영국 이외의 창부 업소에서는, 여자가 전혀 개인적인 자유를 누릴 수 없다. 창부는 오히려 개인의 노예화다. 음란함을 파는 업소(淫賣屋)의 주인이 되는 자는 여자의 눈썹으로 생활하는 자다. ……그것도 정부로부터 인가받은 자다! 이는 어느 여자가 쾌락의 기회를 얻는 것을 공식으로 인정하는 것이다. 당신은 이 차이를 … 이해할 수 있는가?" (주)

(주) 마담 소이지 저, 『파리의 밑바닥(巴里のどん底)』, 다카하시 구니타로 번역본, 242쪽 이하 참조; 마츠오 구니노스케(松尾邦之助)[21] 번역본, 258쪽 이하 참조.

필자는 가능하면 매소부를 없애고 싶다. 그리고 가능하다면, 매소부를 인격을 잃은 기계나 노예와 같이 여기는 것을 그만두고 싶다. 매소부도 우리의 형제자매다. 그녀들에게 자유를 주고 인격을 인정하도록 하고 싶은 것이다.

공창을 폐지하자는 논의는 바람직한 것으로, 폐지는 지금이나 시기 그리고 방법의 문제인 것에 비해, 우리는 지금도 봉건적 유물인 공창제도의 구습과 유습에서 벗어나지 못하여, 가시자시키 업자들과 몰락의 운명을 함께해야 하는 것일까?

언제까지 우리는 "인위적인 지옥을 문명 안에 두고 성스러운 운명을 세상의 인과에 따라 절규해야 하는" 것일까?

공창제도의 법령 자체는 사이고 판사가 말하는 것처럼 결코 인신매매를 예상하지 않은 것이다.

원래 노예제도가 아닌 공창제도를 노예제도처럼 한 "지상의 무지와 비참함을 존재"하게 하는 것에 관해서는 가련한 부녀들, 원인이 되는 일을 하는 기루 주인들, 우리들 경찰관도 책임이 있다고 해야 하지 않을까? (주)

---

21 마츠오 구니노스케(松尾邦之助, 1899~1975). 시즈오카현 출신으로 도쿄외국어학교 프랑스어문과 졸업. 신문기자이자 평론가, 번역가다.

필자는 공창의 폐지를 원하지만, 존재한다고 해도 그 특별한 사회에서 피해야 할 인신매매, 노예제도를 한시라도 빨리 없애는 것을 바라마지 않는다. 하지만 그 길은, 우리들 경찰관이 매소부에 관한 법령을 정당하게 해석하고 운용하는 것, 다시 말하면 법령과 사실과의 괴리가 있다는 것을 이해할 필요가 있다.

(주) 앞에서 말한 빅토르 위고 저, 도요시마 요시오(豊島與志雄) 번역, 『레미제라블』, 서언 참조.

법률과 풍습에 따라 어떠한 영겁의 사회적 처벌이 존재하고, 이렇게 인위적으로 지옥을 문명 안에 존재하게 하여, 성스러운 운명을 세상의 인과에 의해 절규하게 하는 동안은, 곧 하층계급에 의한 남자의 실추, 기아에 의한 여자의 타락, 암흑에 의한 아이들의 위축, 이 시대의 3가지 문제가 해결되지 않으면, 곧 어느 방면에서 사회적 질식이 가능한 사이에는, 다시 말하면 그리고 한층 넓은 견지에서 보면, 지상에 무지와 비참함이 존재하는 한은 이 책과 같은 성질의 서적도 아마 무익하지는 않을 것이다.

1862년 1월 1일
오트빌가 하우스에서
빅토르 위고
- (계속) -

경찰관강습소 교수 마스다 미치요시,
공창제도 및 예창기 자유 폐업에 관한 약간의 고찰자료 (4)
警察官講習所 敎授 增田道義, 「公娼制度並に芸娼妓自由廢業に關する若干の考察資料」, 『警務彙報』 331, 1933. 11.

제一. 시사 문제로서 공창제도(7월호 소재)
제二. 공창제도의 존재 이유(8월호 소재)
제三. 공창제도에 관한 법률과 사실의 괴리(9월호 소재)
제四. 공창제도 존폐론(본호 소재)
제五. 공창제도의 운용과 창기 계약에 대한 간섭

제六. 자유 폐업의 법률적·경제적 근거

제七. 경찰에 대한 종래의 비난과 경찰관이 취할 수 있는 태도

제四. 공창제도 존폐론

공창제도를 폐지해야 하는지에 대해서는 이미 논의가 충분히 되었다고 해도 좋다. 공창 폐지는 지금 논의가 아니라 실행의 시기가 온 것이다. 실현의 시기와 방법이 문제로 남겨져 있을 뿐이지만, 우리로서는 일단 폐창, 존창의 두 논자가 말하는 것에 귀를 기울이는 것도 의미가 없지는 않을 것이다.

다카키(高木二熊) 씨의 「화류병 예방에 관한 보고(花柳病予防に関する報告)」에 게재된 글이 가장 잘 정리되어 있기 때문에 인용한다.

(주) 다카키, 앞의 책, 191쪽 이하 참조. 고스게, 앞의 논문, 『경찰협회잡지』 388호, 33쪽 이하 참조; 도오케 사이이치로(道家斎一郎),[22] 「매춘부론고(売春婦論考)」, 596쪽 이하 참조; 가와사키 마사코(川崎正子), 「공창제도 철폐의 시비(公娼制度撤廃の是非)」 참조.

먼저 폐창론자의 주장을 보면 다음과 같다.

一. 최악의 노예제도는 공창이다. 매음을 어쩔 수 없는 죄악으로 용인한다면, 이를 자유 영업으로 해야 한다. 곧 스스로 일개의 의지로써 이 싫어해야 할 일에 종사하며, 언제라도 본인의 희망에 따라 폐업할 수 있어야 한다. 이렇게 하면 하루에 손님 20명을 강제로 받아야 하는 일 없이, 병에 걸렸을 때는 필요한 기간 휴양할 수도 있다. 어떤 사람들은 만약 공창을 폐지하면 사창이 늘어날 것을 우려하며, 오히려 사창이 공창의 소재지에 번창할 것이라고 한다. 또 통계에 의하면, 공창은 그 감찰을 주고 그 악덕함을 일반에게 명시하기 위해 검인을 찍는 것으로, 결코 병독을 진압하는 것이 아니라 오히려 병독의 전파자로 취급되는 경향이 있다. 우리는 지금 귀중한 처녀(娘子) 5만 명을 희생해서 하나의 병독이 만연하는 것을 근절하려는

---

22 도오케 사이이치로(道家斎一郎, 1888~1942). 도쿄 출신으로 1915년에 교토제국대학 법대 정치과를 졸업했다. 센슈대학, 니혼대학, 주오대학 등에서 통계학, 경제학 등을 강의했으며, 1924년부터 1929년까지 도쿄시의 통계과장, 문서과장, 전기국 노동과장 등을 지냈다. 중의원 의원과 센슈대학의 총장을 역임했다.

것과 같은 무효한 시도를 그만두어야 한다. 공창제도를 변호하는 것은 "공창은 이른바 검사받기 때문에 매독 전염의 위험이 적다. 따라서 매음을 도저히 피할 수 없는 사실에서 보면 정기적으로 검진받게 하는 이러한 종류의 매음제도를 존재하게 하는 것이 오히려 이익이다"라고 말하는 것이다. 하지만 매음으로부터 발생하는 여러 종류의 질병은 지금 이루어지고 있는 신속하고 간단한 진단으로는 도전히 발견하기 어렵다고 할 수밖에 없다.

二. 공창제도가 있기 때문에 사창이 날뛴다.

三. 공창 5만 명으로 남자 약 1천만 명의 성욕을 완화하는 것은 불가능하다.

四. 공창이 있기 때문에 성욕을 자극받아 남자의 호기심이 발동하는 것이다.

五. 소중한 정조를 희생시키고 돌아보지 않는 제도는 철폐해야 한다.

六. 공창을 폐지했기 때문에 사창이 생기고 화류병이 유행한다고 하더라도 이는 자신이 저지른 죄의 결과다. 하지만 공창은 강요되는 비참한 운명 속에서 우는 것이다. 국가나 부모 형제가 시인한 비인격적인 행위다. 부모가 되는 자는 그 딸을 팔아서 싫어하는 생활을 하도록 하기보다는 오히려 굶어죽는 것이 낫다고 판단해야 한다. 국가는 인육(人肉)의 매매를 인정하면서 한편으로는 부인의 간통을 벌하고 있다.

七. 금전으로 성욕을 채우는 것을 국가가 공인한다는 것은 문명국으로서 있을 수 없는 일이다.

八. 남자의 무절제하고 짐승과 같은 행위가 공창을 만든 것이다. 존창론자는 성적 충동을 어떻게 해결할 것인가에 대해 말하고 있지만, 이는 남성만의 문제가 아니다. 일반 여성도 잘 인내하며 절조(節操)를 지키고 있지 않은가?

九. 현재 공창이 많이 있어도 사창행위를 하는 여성이 많다. 이는 이 사람들의 성격이기 때문에 어쩔 수 없다. 공창을 폐지했다고 해서 급격하게 일반 부인의 정조가 위험해지거나, 사창이 늘어나거나, 화류병이 만연하거나 할 정도로 일본의 남성은 짐승이 아니다.

十. 남자만이 공창 혹은 사창으로 성욕을 처리해야 할 정도의 필요에 쫓기는 것일까. 남자의 성욕은 그 정도로 시종 나쁜 것은 아니다. 오랜 전통의 흐름은 창기를 상대로 놀며 풍류를 즐겼고, 그 경험이 없는 자를 비웃는 자들도 생겼다. 공창을 폐지하면 사창도 발호하기 때문에 폐지하지 않는다는 것은 "아무래도 도둑맞을 것 같아서 어떤 물건인가를 도적에게 바친다"는 것과 같다.

十一. 매소부의 절멸은 곤란해서, 인류의 영원한 문제다. 그러나 공창의 폐지는 언제라도 가능하다. 오히려 바로 해야 할 문제다. 공창 폐지는 오히려 풍의(風儀)를 개선하고 화류병 환자를 감소시킨다. 이는 군마현이나 영국 등의 실례가 증명한다. 와가야마현은 반대의 실례로서 반증이 되고 있다.

十二. 남성 본위로 형성된 구제도의 봉건시대에는 공창의 존치도 의미가 있었지만, 부인을 수평적으로 인정하는 오늘날에 이 제도의 존재를 허용해서는 안 된다.

十三. 군마현은 폐창현이지만, 장정의 화류병이 적다. 환자 중의 다수는 다른 현에서 돌아온 자이다. 이것이 훌륭한 증명이며, 먼저 공창을 폐지하고, 그 후에 사창을 정리하고자 한다.

十四. 공창을 폐지한다고 결코 사창을 늘린다는 사실이 존재해서는 안 된다. 특히 미정년자(未丁年者)가 매소부에 접근하는 것이 쉽다면 공창이다. 따라서 장정을 검사한 후에 나타나는 성병 환자의 수가 군마현에 적은 것은 이 점에 근거한다. 공창을 폐지하면 사창을 늘어난다는 것은 아직 그 실정을 모르는 논의다.

공공연하게 매음을 하는 곳이 있어서 음란한 풍조를 부채질하고, 이것이 공창만으로 용납되어 부근의 부분에 파급되지 않는다고 생각하는 것은 지나치게 낙관적인 사고방식이다. 음탕함이 성한 곳에 추행이 성하게 되는 것은 정해진 것으로 공창지 부근에서 밀매음을 행하는 것은 당연하다. 공창이라는 제도가 있다면 이 때문이야말로 성병의 예방에 공창이 필요하다고 하지만, 만약 오늘날 성병의 만연을 방지하는 데는 누군가의 딸을 희생시키는 것이 좋다고 해서, 새롭게 공창제도를 둔다고 하면 누구라도 찬성하는 자는 없을 것이다. 공창제도는 가련한 처녀를 잡아서 강간할 기회를 공허(公許)하는 것이다. 이렇게 멍청한 짓을 아무렇지 않게 존재시켜야 한다는 무지한 인간이 많다는 사실에 놀라지 않을 수 없다.

×××

다음으로 존창론자의 주장을 살펴보고자 한다.

一. 공창을 폐지한 결과 사창을 암묵적으로 허용(黙許)한다는 것은 위험천만한 일이다. 공창의 폐지보다도 먼저 사창의 박멸을 도모하는 것이 득이 되는 정책(得策)이다. 만약 공창제도가 학대라면 이는 적당한 제도로써 단속하면 된다.

二. 재산이 없는 독신자를 위해 위생 차원에서 해가 적은 공창은 필요하다. 축첩을 인정하는 이상은 공창을 인정하는 것이 필요하다.

三. 공창은 법률로 폐지해야 하지만, 사창은 어떻게 금지시켜야 하는 것일까? 생각하기에 따라서는 법률로 벌하는 것은 가능하지만, 박멸하는 것은 불가능하다. 그렇다면 사창보다 폐해가 적은 공창을 존치하는 것이 합리적이다.

四. 문화가 나아감에 따라, 두 개 중 어떤 것이 요구될 것이다. 공창을 폐지하는 것에 의해 사창이 발호하는 것은 필연적이다. 사회에 독이 되는 것은 오히려 공창 폐지다. 따라서 사창을 단속해서 공창제도를 개선하는 것이 적법(適法)하다.

五. 공창은 지역과 위생을 단속하기 때문에, 풍속과 국민위생의 측면에서 사창보다 낫다. 일본의 공창제도 가운데 종업자(從業者)의 노예적 입장, 생리적 기능의 문제, 영업 방법 등 비난의 점이 많은 것에서도 개선의 여지가 있음을 보인다. 그러므로 이를 공창 폐지의 근거로 하는 것은 잘못된 것이다. 국가의 체면보다 국민의 실제 풍속과 위생에 중점을 두어야 한다. 성욕의 매매는 죄악이지만, 지금의 사회조직에서는 그녀에게 죄가 없다 하더라도 마지막 탈출구를 여기에서 찾을 수밖에 없는 경우가 적지 않다. 이 죄악을 절멸시키려 한 인류의 분투도 결국에는 성공하지 못한 것을 과거의 역사가 보여 주고 있다. 이상론이나 종교론은 이 문제를 해결하기 위한 어떠한 권위도 없다. 지금의 공창폐지 운동은 불을 끄지 않고 연기를 제거하려는 것이다.

六. 아무리 훌륭한 집이라도 변소는 있다. 성적으로 번민하는 사람에 대해 법률이 인정하는 범위에서 조절하게 하는 것은 필요하다. 공창은 단순히 성을 가지고 노는 것으로 생각할 수 없다. 광대한 사회를 위해서 공창은 묵인하지 않으면 안 된다.

七. 본능은 제어하는 것보다 오히려 선도하는 것으로 악영향을 잘 줄여야 한다. 이러한 의미에서 공창은 필요하다.

공창은 다른 순수하고 선량한(純良) 부인을 위해 몸을 던져 병군(病軍)을 방어하는 육탄(肉彈)이라고도 할 수 있다. 커다란 이익이 있기 때문에 작은 희생은 어쩔 수 없다.

八. 현재의 공창을 일시적으로 폐지하는 것은 두 마리의 토끼를 잡으려다 한 마리를 놓치는 일이 될 것이다.

九. 사창이 진보한 것이 공창이다. 이러한 견지에서 사창은 정책 차원에서 어쩔 수 없는 경우 외에는 묵인해서는 안 된다. 인신매매가 어쩌고 저쩌고 하는 형식적인 박애는 충분치 않은 논의다. 성욕을 강하게 구하는 사람들을 위해 공창은 필요하다. 공창의 안전과 개선을 도모하는 좋은 정책이라고 믿는다.

十. 현재 자극이 많은 도시 생활에서 성도덕을 향상시키지 못하는 의지박약한 청년이 있는 한 공창은 필요하다.

十一. 무산계급이나 병사들을 위해 그런대로 저렴하게 성적 고민을 해결할 장소는 필요하다.

十二. 일반 여자의 절조를 보호하기 위해 공창은 필요하다.

十三. 현재 경제조직이 남자 전부의 결혼이나 조혼을 허락하지 않는 한 공창과 사창은 어느 쪽인가의 형식에서 영원히 없어지지 않을 것이다. 이 경우 공창제도가 필요하다.

十四. 공창과 직접 관계가 있는 사람들의 계층과 사회적 생활, 사상에서 생각할 때 공창은 필요하다. 공창이 필요한 사람들은 폐창론자와 같은 계급의 사람들이 아니다. 따라서 그들은 더욱 성욕에 목말라 있다.

×××

양자의 논의를 대조할 때 폐창론 중에는 느껴지는 것이 어려운 것도 있지만, 이를 대체로 정론이 아니라고 말하는 사람은, 아마 조로야(女郎屋)의 주인 외에는 없을 것이다. 존창론 중에도 그럴싸한 내용이 있지만, 공창제도의 실질이 인신매매, 착취, 학대를 포함하는 이상, 어떠한 미사여구를 붙여도 받아들일 만하지 않다.

공창폐지도 논의만 하는 시대는 지나고 지금은 실행의 때에 돌입했다. (주)

(주) 고스게, 앞의 논문, 『경찰협회잡지』 390호, 11쪽 이하 참조; 오키노 이와사부로(沖野岩三郎),[23] 『창기해방애화(娼妓解放哀話)』, 21쪽 이하 참조.

군마현은 1893(明治 26)년, 사이타마현은 1930(昭和 5)년, 아키타현은 올해 7월 1일부터 폐지를 단행하여 좋은 성적을 거두고 있다. 그외 1928년에는 후쿠시마(福島)와 후쿠이(福井) 두 개 현, 1929년에는 니가타(新潟)현 그리고 1930년에는 나가노(長野), 시나가와(神奈川), 오키나와(沖繩)의 세 현도 각각 현회(縣會)에서 공창 폐지 건의안을 가결해서, 그 실행을 당국에 압박하고 있다.

구미에서도 많은 문명국이 공창제도를 폐지해서 그 후의 여러 가지 대책을 논의하고 있다. (주)

---

23 오키노 이와사부로(沖野岩三郎, 1876~1956). 와카야마현 출신으로 메이지학원 신학부 졸업. 목사이자 소설가다.

(주) 츠치야(土屋), 앞의 논문, 『경찰연구』 2권 4호, 5호, 7호 소재 참조; 도오케 사이이치로, 앞의 논문, 618쪽 이하 참조; 이토 히데키치(伊藤秀吉), 『폐창선후책(廢娼善後策)』, 12쪽 이하 참조.

완전히 공창제도를 폐지하고, 화류병의 진료와 풍기에 관한 조치에 대해서 임의적 제도를 취하고 있는 국가는 영국, 미국, 캐나다, 네덜란드, 벨기에의 앤트워프, 스위스의 여러 개 현, 라트비아, 남아프리카공화국, 호주 등이고, 강제적인 제도를 취하고 있는 곳은 덴마크, 스웨덴, 노르웨이, 독일, 스위스의 다른 여러 현, 체코슬로바키아, 에스토니아, 불가리아 등이며, 핀란드와 폴란드도 장차 이러한 제도로 옮겨가려고 하고 있다.

공창제도가 존재하는 국가는 프랑스, 이탈리아, 스페인 등이다.

위의 열거한 가운데 모범적이라고 보이는 영국의 매소대책을 요약하면 다음과 같다. (주)

(주) 도오케, 앞의 논문, 『경찰연구』 2권 4호, 15쪽 소재.

一. 법률은 매소를 공인하지 않고, 따라서 공공에 장해(障害)를 끼치지 않는 한 묵인한다.
二. 주선매합(周旋媒合) 모두 어떠한 형식을 따든지 일절 주선매합은 엄중하게 처벌한다.
三. 화류병에 대해 무료로 치료한다. 단, 강제하지 않는다.
四. 대규모면서 교육적인 사회적 사업을 한다.

그리고 체코슬로바키아가 건국 초인 1922년에 종래의 공창제도를 폐지를 단행한 이유는 수긍할 만한 것이 많으므로 츠치야 씨의 논문에서 발췌한다. (주)

(주) 츠치야, 앞의 논문, 『경찰연구』 2권 5호, 33쪽 이하.

一. 허가받은 기루에서 모든 매소부를 단속하는 것은 사실 불가능하고 게다가 허가받은 기루의 창부는 창부 전체 중에 일부에 지나지 않는다.
二. 허가받은 기루에 매소부를 두는 제도는 청년의 풍기를 퇴폐로 이끄는 일이 적지 않다. 기루가 존재하지 않으면 청년의 덕성이 이러한 종류의 유혹에 노출되는 일이 없을 것이다. 기루는 변태 성욕의 원천이며, 또한 주선인의 활동이나 부녀매매에 기회를 주는 것이다.
三. 상습적으로 허가받은 기루에 놀러가는(登樓) 유흥객(嫖客)은 신선한 상대를 요구하며 갑의 기루에서 을의 기루로 줄기차게 또한 계속적으로 서로 교환한다. 기루가 존재하지 않으면 부녀매매는 최소한으로 줄어들 것이다.

四. 허가받은 기루는 태만하고 방종한 소녀가 창기로 떨어지는 마지막 한 걸음을 밟는 데 편익을 제공한다. 기루 생활이 부녀에게 미치는 영향은 정신적으로도 육체적으로도 매우 유해하다. 생업(稼業)의 특성에서 의무의 하나로서 알코올을 과도하게 마시고, 어떠한 고상한 향상심을 가지지 못하게 하는 나태한 생활을 하며, 충분한 수면이 결핍되고 끊임없는 과로를 하여 튼튼한 부녀의 건강도 수년이 지나면 파괴로 마친다.

五. 경제적 경우와 관련하여 기루의 부녀는 어떠한 권리를 가지지 못한 피압박자다. 기루 주인이 창부에 공급하는 모든 물건은, 그녀의 계산에서 주어지기 때문에, 창부는 늘 기루 주인에 대해 부채를 지고 폐업을 희망해도 이는 불가능—적어도 매우 곤란—하다. 창부는 어떤 남자에 대해서도, 아무리 싫어해도 자기의 육체를 제공해야만 한다. 그녀들은 사람으로서 권리를 전혀 인정받지 못한다. 그녀들은 매번 성적으로 과중한 부담을 짊어진다. 하룻밤에 10명—또는 그 이상—의 남성에게 자유를 맡기는 일도 그다지 드물지 않다. 현대 노예라고 칭하는 극단적인 경우다.

六. 기루에서 매소부의 난잡한 성교는 독립생활을 하는 매소부와 비교하여 화류병에 감염되는 기회가 훨씬 많다. 스펠크의 통계에 의하면 전자는 매독에 감염되는 데 평균 3년이 걸리고, 후자는 5년 동안은 감염을 면한다. 기루에서는 난교가 성하기 때문에 화류병 전염의 위험이 매우 증대한다. 창부 한 사람이 유독자가 되면, 남자 다수가 감염될 것이다.

七. 법률적인 견지에서 보면 부녀자의 주선과 매매는 형벌을 가해야 하는 범죄이지만, 기루에 한해서는 용인되고 있다. 이렇게 공공연하게 일어나고 있는데도 불구하고 행정당국은 이러한 범죄의 처벌을 요구하지 않는다.

八. 공창제도를 존치하는 이유로서, 기루에는 규칙적으로 위생에 관한 단속을 하고 그 결과 부녀로 하여금 화류병의 감염에서 구제할 수 있다고 한다. 그러나 매소부 전부는 적어도 만성적인 임병(淋病)에 걸려 있고, 3분의 1은 잠재적인 매독에 걸려 있다. 위생 차원의 단속이 정말 엄격하게 집행된다면 공창제도 전반이 거의 무의해질 것이다.

경찰관강습소 교수 마스다 미치요시,
공창제도 및 예창기 자유 폐업에 관한 약간의 고찰자료 (5)
警察官講習所 教授 増田道義,「公娼制度並に芸娼妓自由廃業に関する若干の
考察資料」,『警務彙報』332, 1933. 12.

제一. 시사 문제로서 공창제도(7월호 소재)
제二. 공창제도의 존재 이유(8월호 소재)
제三. 공창제도에 관한 법률과 사실의 괴리(9월호 소재)
제四. 공창제도 존폐론(11월호 소재)
제五. 공창제도의 운용과 창기 계약에 대한 간섭(본호 소재)
제六. 자유 폐업의 법률적·경제적 근거
제七. 경찰에 대한 종래의 비난과 경찰관이 취할 수 있는 태도

제五. 공창제도의 운용과 창기 계약에 대한 간섭

지난 11월 11일의 오사카마이니치신문은 유쾌한 뉴스를 보도했다. 곧 내무성이 드디어 '풍기국책(風紀国策)'을 높이 제창하면서 맹렬하게 일어나 경찰관을 총동원하여, 공창 전폐, 레뷰 정화, 바나 카페에 대한 특별 단속을 한다. 이에 모럴 레볼루션(도덕혁명)이 도래했다고 전했다.

상당한 비난과 장해를 예상하면서 필자가 말하려고 하는 바는, 조선에서 이루어지려는 시점에 내지에서 한발 빨리 실현되려는 것은 기쁘기 짝이 없는 일이다. 하지만 "호사다마(好事多魔)"라는 속담처럼, 공창의 전폐가 이루어지려면 많은 어려움과 상당한 시일이 소요될 것이다. 어찌되었든 상대는 가시자시키 영업자들이기 때문에 내무성도 충분한 검토(戒愼)와 준비가 필요하다.

'공창 폐지'라면 연상되는 것은 '보통선거', 곧 선거권에 관한 재산의 제한 철폐다.

보통선거를 제창하고 이끌려는 세상 사람들은 흡사 하늘에서 내려온 복음과 같이 이를 믿고, 이것이 실현되면 정계의 혁신, 헌정의 발달도 눈앞에 있다며 기뻐하는 것이다. 다만 소수의 지식인만이, 보통선거는 당연하게 시행되는 것에 불과하고, 보통선거 단행을 계기로 신유권자가 착각하고 또 세상 사람이 헌정의 쇄신에 눈뜨지 않으면 모처럼의 보통선거도 효과가 적게 될 것이라고

외친다. 보통선거 실현 후의 정세는, 정당이 나날이 타락하고 정치가는 자신의 이익을 추구하여 헌정의 진작이 없음이 오늘과 같이 심함이 없으며 독재정치를 구가한다는 목소리조차 일부에서 들리게 되었다. 이는 사회 전반이 보통선거를 맞을 준비에 게을리했기 때문이다.

공창폐지도 그러하다. 공창이 폐지되어야 한다는 것은 당연한 것이고, 노예제도, 인신매매를 쇼와(昭和)의 성대(聖代)에 현존시켜야 하는 이유는 어디에도 없다. 하지만 공창을 단숙히 폐지하고 싶다고 해서 그것으로 사회가 확청될 수 있을까. 필자는 매우 염려스럽고 두렵다. 공창을 폐지해서 사창이 증가하고, 스트리트 걸이 출몰하고, 화류병이 만연한다면 모처럼의 폐창도 의미가 없다.

공창폐지를 계기로, 사회도 당국자도 도덕혁명을 의식해서, 장래 매소부의 절멸을 바라야 한다. 따라서 현 시점에서는 어쩔 수 없이 매소부의 존재를 인정한다 해도, 그녀들을 노예와 같은 상황에서 구출하고, 위생풍기 차원에서도 도덕 혁명을 실제로 이루기 위해 최대한의 노력과 최선의 준비를 하지 않으면 안 된다. 공창 폐지에 의해 창기의 이름은 잃어버리더라도, 매소부인 예기, 작부, 여급 등은 존재하는 것이다. 만약 이러한 매소부를 공창화하여, 공창제도라는 이름을 없애고, 그 실제는 존재하도록 한다면 보통선거 단행의 실패와 마찬가지의 후회를 후세에 남길 것이다.

공창폐지는 지금 대의명분, 곧 이치가 당연할 뿐만 아니라, 세의 흐름이기도 하다. 내지에서 도덕혁명의 봉화가 오르고 있는 이때, 조선만 언제까지 오하의 구아몽(吳下の舊阿蒙)[24]으로 있을 것인가. 우리들은 이 좋은 시기를 맞아, 만연한 경찰 사무에만 관여하는 데 그치지 말고 나아가 만전의 대책을 시도해야 하는 것은 아닐까.

매음제도의 개혁에 관해서는 여러 방책이 있을 수 있지만, 경찰관인 우리들은 자신의 직책에서 당연히 할 수 있고, 또 하지 않으면 안 되는 일을 한다면 충분하고 또 하지 않으면 안 되는 것이다. 근본 문제는 다른 뜻이 있거나 어진 사람(志士仁人)에게 맡겨두고 우리들은 공창제도와 기타 풍속 경찰 단속을 맡아 그 법규의 운용에 대해 잘 살펴보지 않으면 안 된다.

공창제도는, 법률에서는 풍기와 위생의 유지, 부녀자의 보호구제를 목적으로 하지만 사실은 거의 모두가 유명무실하여 인신매매, 노예제도를 국가가 공인하는 것과 같은 상태인 것은 제3 원고에서 상세하게 서술한 바와 같다.

---

24 세월이 지나고 진보 없이 그냥 그대로 있는 것을 이르는 말이다. 중국 삼국시대에 오나라 여몽(呂蒙)이 주군의 말을 듣고 학문에 힘써 대단히 진보하였다. 이후 주군의 신하 노숙(魯肅)이 여몽을 만나고, 여몽의 학문이 향상하여 오나라에 있던 옛날의 여몽(오하의 구아몽)이 아니라고 말한 것에서 비롯됐다. 아몽(阿蒙)은 여몽의 애칭 표현이다.

행정관인 경찰관으로서 먼저 현재 주어진 법규의 범위 안에서 가능한 한 도덕개혁에 새롭게 기여하지 않으면 안 된다. 적어도 법규의 내용에 반하는 것과 같은 일은 해서는 안 된다.

그럼함에 요즈음 필자가 국경을 시찰하는 중에 차안에서 우연히 어느 생선 판매 가게 주인과 이야기할 기회가 있었다. 그가 올해 봄까지 우리들과 마찬가지로 경찰에 직을 두고 있는 자인 것을 알고 있어서, 특히 그 말에 귀를 기울였는데 "어제까지는 철포의 탄환이 오가는 중에 죽으면 명예롭게 순직하는 것이었지만, 지금은 어떻게든 해서 돈을 벌어도 조로야(女郎屋)의 주인이기 때문에 비적에게라도 당하면 개죽음입니다"라고 말하는 얼굴에는 어디인가 일말의 비애가 떠올랐다.

경성의 신정과 기타 유곽의 주인 중에도 여러 번 전직이 경찰인 자가 있다고 들었다.

그들 누구라도 재직 중에는 유곽 방면의 단속을 맡았을 테지만, 이러한 무리들에 의해 공정한 경찰권의 행사가 이루어졌다는 것은 믿을 수 없다.

도쿄에서는 요시와라의 기루 주인인 엔도(遠藤) 아무개가 부회의장이 되어 문제를 일으킨 적이 있지만, 조선의 지방에서도 조로야의 주인공이 부회의원이나 기타 공직을 더럽히는 토지의 유력자인 경우가 없다고 할 수 없다. 경찰관 중에는 이러한 무리에 견제된 일이 없었다고는 말할 수 없다.

만약 경찰관이 공평하고 엄정한 입장을 잊고, 기루 주인들의 이익을 위해서 구사하는 일이 있다면 도저히 풍속경찰의 공적을 세울 수도 없고, 모럴 레볼루션의 준비를 하는 것도 불가능할 것이다.

공창제도의 운영이라고 해도, 특별히 기상천외한 묘책이 있는 것은 아니다. 다만 경찰관이 시세를 인식하고 공평하고 엄정한 입장을 준수하여 법령이 명하는 대로 진력하여 일하면 된다. 그리고 모든 매소부를 정업으로 돌아가게 하는 것은 할 수 했다 해도, 그녀들을 구속과 착취의 노예적 처지로부터 구출하여, 현재보다 더욱 자유롭고 밝은 생활을 할 수 있다면 충분한 것이 아닐까.

경찰 당국자로서 일상적인 취급에 특히 주의해야 하는 점을 언급하면 대체로 다음과 같다.

一. 자유 폐업의 방해를 제거하는 것

자유 폐업의 방해와 저지는, 내지에서는 창기단속규칙 제6조, 제12조 위반으로, 3월 이하의 징역 또는 100원 이하의 벌금에 처해지는 것으로 되어 있다. 조선에서도 가시자시키창기단속규칙 제7조는 가시자시키 영업자가 함부로 창기의 폐업을 방해하거나 또는 타인을 이용해서 방해하는 것을 금지하고, 위반자는 구류 또는 과료에 처해지는 것으로 되어 있다. 자유 폐업이야말로 창기가 노예처럼 되지 않는 첫 번째 근본 요인으로, 이것이 없다면 일본 국가가 노예를 존속시키고 있다고 공격당해도 변명의 여지가 없다. 그런데 실제에서 자유 폐업은 문자가 보이는 것과는 반대로 극한 부자유 상태에 있고, 경찰관이 폐업을 저지하는 일조차 있는 것은 개탄에 이르는 일이다.

자유 폐업에 대해서는 다음 원고에서 평론하기로 하고 여기에서는 생략한다.

二. 창기 일을 허가할 때 철저하게 조사하는 것

창기 일의 허가를 받으려면, 창기가 되려는 부녀가 빈궁하여 다른 생활을 할 여지가 없고, 또한 그녀 자신의 의지에 기초한 것이라는 점을 충분히 확인할 필요가 있다. 사람을 잘못 본다든지, 기망이나 유괴 등의 사실이 없다는 것을 필요로 하는 것은 물론이다. 따라서 가시자시키창기단속규칙 제16조는 창기가 되려는 사람이 스스로 경찰관서에 출두하는 것과 존속 부모나 호주 등의 승낙서를 필요로 하여 어디까지나 신중하게 그녀들의 신상을 조사하고 함부로 생업자(稼業者)가 되지 않도록 하고 있다.

여기에서 주의해야 할 점은, 이러한 승낙서는 그 말 그대로와 같은 승낙서로서, 창기가 되려는 의사는 그녀 자신의 의사로 하여 부모들은 그녀들에 대해 진실로 어쩔 수 없는 경우에 승낙을 해야 하는 것으로 하여, 승낙서로부터 그녀들을 강제하여 생업자가 되도록 하는 것은 아니다. 실제에서는 이해 없는 친부모들의 희생이 되어 딸이 팔려가는 일과 같은 경우가 있는데, 이러한 때 그녀 자신에게 창기가 되려는 의사가 없이 승낙자의 강제에 기초하는 일과 같은 사실이 있다면 단호하게 허가하지 말아야 할 것을 생각하는 것이다.

출두했을 때, 약취유괴 또는 문서위조 등의 사실이 있는 것이 드물지 않다. 필자는 일찍이 모 지역에서 근무할 때, 사법회의 석상의 어느 사법 주임이 "유죄죄 등으로 엄중하게 검거하면 제한이 없다. 유곽은 무너질지도 모른다. ○○인 창기 대부분은 ○○성(省) 주변에서 유괴되어 온 자들이다"라고 거리낌없이 말하던 것을 기억하고 있다.

11월 26일자 조선신문은 "미모의 젊은 처를 유괴해서 농단한 끝에 창기로 팔려고 계획 중, 연공(年貢)을 손에 넣은 2인조"라는 제목으로, 강원도 여주군 내면 상리 전과 2범 이봉석(29)과 같은 면 홍문리 120 이귀봉(22)의 2명이, 강원도 원주군 흥업면 무실리 고 아무개의 아내인 지방이(가명)(18)를 말로 교묘하게 유괴하여 경성으로 데리고 와서 연지동 천삼(天三)여관에서 위협하고 함부로 한 끝에, 이귀봉의 여동생으로 만들고 호적등본까지 첨부하여 창기로 매각할 수단을 완료하고 25일에 영업자의 손에 넘긴 것을 체포했다. 그리고 이들 두 명은 이러한 수법으로 다른 많은 부녀를 매각한 것 같아 목하 조사 중이라고 보도했다.

또한 1월 23일자 오사카마이니치신문은 "험한 세계에 빠진 가짜 딸 16명, 골육의 형제가 나쁜 친구 2명과 공모해서"라는 제목으로, 지난 10월 2일 경성 서사헌정 함남루(咸南樓)에 전차 320원으로 데리고 있는 창기인 경남 하동군의 정학송의 딸인 필순(18)이 나이에 비해서 아이 같았기 때문에, 본정경찰서에서 본적지에 조회한 바, 필순은 실가(實家)에 있고 해당 사람은 같은 군 악양면 봉대리의 유흥준의 친여동생 영귀(가명)(16)로 판명되었는데, 영귀는 그녀의 친오빠 흥준이 나쁜 친구 2명과 앞에서 말한 필순의 초본을 10원에 빌려 받고, 마치 18살 처녀인 필순처럼 위장하여 경성에 데리고 와 판 것이다. 친오빠라도 방심해서는 안 된다. 또한 경찰서에서 허가할 때에 어째서 이 사실을 알지 못했던 것일까.

이토(伊藤) 검사의 명저 『범죄사에 그림을 그리다(罪史に繪取る)』에 「호적등본」이라는 편이 있다. 이는 악덕 주선옥이 어느 여자를 남의 호적등본을 이용해서 작부 생업을 하도록 도모한 사건을 세밀하게 묘사한 것이다. 검사는 마지막에 "여자를 작부는 물론, 예창기 등으로 허가하는 경우는 가능한 한 엄중하게 조사해야 한다고 생각한다. 유괴되어 온 여자라면 이 경우에 충분히 구제할 수 있는 길을 찾을 수 있기 때문이다"라고 끝맺고 있다.

경찰관은 예창기, 작부 등을 허가하기 전에 이 말을 충분히 상기하고, 한 사람이라도 가련한 부녀자가 탈출하기 어려운 진흙탕 사회에 떨어지지 않도록 노력해야 한다.

그러나 조선의 어느 지방에서는 임시 허가(假許可)라고 칭하며 법정 조사를 완료하고 추업(醜業)을 허가하는 것과 같은 편의수단을 지금까지 익숙하게 하고 있다. 이는 관청 스스로가 가시자시키창기단속규칙을 망가뜨리는 것이다. 이러한 지방에서는 약취유괴가 성행해도 검거되는 것은 극히 드문 일에 불과할 것이다.

三. 재정 차원에서 보호하는 것

二에서 창기라는 것은 창기가 되려는 사람을 말하지만, 창기인 자의 보호에 관해서는 하나에 이어 중요한 것은 창기를 재정적으로 보호하는 일일 것이다. 창기들이 이른바 새장의 새(籠の鳥)에서 자유를 구속당하는 것은 동정을 참을 수 없지만, 다음으로 가엾게 여겨지는 것은 그녀들이 아무리 일해도 전차의 늪에서 빠져나올 수 없다는 것이다. 그녀들 중에는 완전히 문맹조차 있다. 특히 조선인 창기에게 많다. 계산 장부 등이 주어져도 이를 유효하게 사용할 수 있는 자는 실로 드물다.

구세군의 조사에 의하면, 창기의 전차금은 일할수록 줄어드는 것이 아니라, 오히려 늘어나는 일이 많다. 그것을 정산하고 조사하는 등을 아는 자가 없다. 대개는 가시자시키 영업자가 창기의 도장(印形)을 보존하고, 때때로 마음대로 장부를 작성해서 좋을 대로 날인한다. 창기 100명을 조사한 결과, 자신이 전차금의 증감에 대해서 스스로 이해할 수 있는 자는 오로지 26명이었다. 그러면 그들이 창기가 된 당좌(當座)와 비교해서 그후 전차금의 증감은 어떠한가 말하면

전차금이 늘어난 자 18
전차금이 줄어든 자 8 (주)

(주) 야마무로 군페이(山室軍平), 「사회확청론(社会廓清論)」, 100쪽 참조
『국가학회잡지(国家学会雑誌)』 378호 소재.
모리토 타츠오(森戸辰男),[25] 「창기 위 전차금(娼妓上前借金)」 참조.

남조선의 어느 지방에서는, 손님 117명을 받은 유행기(流行妓)가 5년 동안 일하고 전차금이 한 푼도 줄어들지 않았다는 사실을 그 지역의 어느 경부가 소생(小生)에게 말했다.

1932년 11월 24일자 조선신문은 "약한 여자들을 굶어 죽을 때까지 착취한 기루 주인들, 발각되어 엄중하게 처벌받다"라는 제목으로, 도쿄 신요시와라(新吉原)와 스사키(洲崎)의 기루 주인으로 전자는 15일, 후자는 5일의 영업정지를 당했다는 사실을 보도했다.

1933년 11월 18일자 경성일보는 "인육시장에서 양친의 슬하로, 악한 기루 주인의 계략이 들통나, 부산 수상경찰서에서 구하다"라고 제목을 붙여 흥미로운 기사를 실었다. 부산 수상서가 전남에서 수배된 나로도(羅老島) 고마쓰루(小松樓)의 작부 시미즈 하츠요(清水初代, 22)가 전차 600엔을 가로챘다고 해서 최조한 결과, 그 600엔은 번돈으로 전부 해소했고, 계약 여한도 이미 만기가 된 것이 판명되었으며, 다시 고용주가 270엔을 그녀에게 전가시키려던 악한 시도가 폭로되었다는 것이다. 이는 작부의 이야기지만, 창기도 마찬가지다. 실제로 조사하면, 훌륭하게 변제되었다 해도 기루 주인들이 거짓으로 속이는 일이 많은 것이다.

이러한 일은 심한 사례겠지만, 기루 주인들의 착취에는 놀라지 않을 수 없다. 특히 기루 주인이

---

25 모리토 타츠오(森戸辰男, 1888~1984). 교육자이자 정치인이다. 히로시마현 출생으로 1914년 도쿄제국대학 법대 경제학과 졸업. 법대로부터 독립된 경제학부의 조교수를 지내면서 『경제학연구』를 간행하고, 크로포트킨의 「빵과 탈취(パンと奪取)」라는 논문을 번역, 게재한 것을 계기로 신문지법 제42조 국헌문란죄로 기소되어 수감되었다. 1921부터 1922년까지 독일에 유학하여 마르크스주의 문헌을 수집하고 사회과학 연구와 노동자 교육에 종사했다. 종전 후 일본사회당 창당에 기여하고 입당했으며 1936년 중의원 의원에 당선된다.

고리대로 전차하여 영업하는 사실도 있는 것에서 무리가 아니겠지만 창기들은 실로 도움이 없는 것이다. (주)

(주) 후쿠미 다카오 저, 「제국 도시의 매음 연구」, 112쪽 참조.

이 점에 대해서는 다음 원고에서 상세하게 말하도록 하겠다.

이러한 부당한 착취를 절멸하는 것은 매우 곤란하겠지만, 분배의 정의에서 봐도 또한 창기들의 앞날에 광명을 인식하고 자포자기에서 구하는 의미에서도 필요할 것이다.

공창 폐지가 어느 정도의 시일을 필요로 하고 또 종종 난관이 따른다면, 경찰관은 이 방면에 눈을 열 필요가 있을 것이다.

특히 조선에서 창기의 취학 상황(1930년 말 현재)을 볼 때 그 필요를 느낄 수 있다. 곧 내지인 창기 1,796명 가운데 무학이 90명, 심상학교 중도 퇴학이 72명이다. 조선인 창기 1,372명 가운데 무학이 1,154명, 보통학교 중도 퇴학이 164명, 보통학교 졸업 이상은 겨우 54명에 불과한 상황이다. 이렇게 무지하고 약한 부녀자를 기루 주인들의 손에 방임하는 것은 아무래도 참기 힘든 일이다. (계속)

경찰관강습소 교수 마스다 미치요시,
공창제도 및 예창기 자유 폐업에 관한 약간의 고찰자료 (6)
警察官講習所 敎授 增田道義, 「公娼制度並に芸娼妓自由廢業に關する若干の 考察資料」, 『警務彙報』 334, 1934. 2.

제一. 시사 문제로서 공창제도(작년 7월호)
제二. 공창제도의 존재 이유(작년 8월호)
제三. 공창제도에 관한 법률과 사실의 괴리(작년 9월호)
제四. 공창제도 존폐론(작년 11월호)

제五. 공창제도의 운용과 창기 계약에 대한 간섭
　一. 자유 폐업의 방해를 제거하는 것
　二. 창기 일을 허가할 때 철저하게 조사하는 것
　三. 재정 차원에서 보호하는 것(이상 작년 12월호)
　四. 가시자시키 영업자의 냉혹하고 잔인한 행위를 단속하는 것(이하 본호)
　五. 허위의 양자결연(養子緣組)을 단속하는 것
　六. 주선업자를 엄중하게 단속하는 것
　七. 창기 생업 기간에 제한을 두는 것
제六. 공공의 질서와 선량한 풍속 측면(公序良俗)에서 본 예창기 계약(다음 호)
제七. 자유 폐업의 법률적·경제적 근거와 그에 대한 조치
제八. 경찰에 대한 종래의 비난과 경찰관이 취할 수 있는 태도

제五. 공창제도의 운용과 창기 계약에 대한 간섭

四. 가시자시키 영업자의 냉혹하고 잔인한 행위를 단속하는 것

　가련한 부녀자의 정조를 매매하는 것을 바탕으로 영업하는 기루 주인들에게 인격자가 되기를 바라는 것은 매우 어렵다.
　그들은 창기에 대한 대우에 잔인하고 가혹하며, 인도적으로 생각해서 묵인할 수 없는 악 폐단과 악습(惡弊陋習)이 항상 존재한다. (주)

(주) 고하마 마츠지(小浜松次) 저, 『경찰행정요의(警察行政要義)』, 284쪽 참조.

　기루 주인들의 냉혹한 손에서 창기를 보호하고 구제하려면 경찰법규만으로는 부족하고 형법에 근거하지 않으면 안 된다. 간음죄(형법 제176~181조), 상해죄(형법 제204~206조), 체포와 감금죄(형법 제220조, 제221조), 협박죄(형법 제222~223조), 약취와 유괴죄(형법 제224~229조)를 범한 것에 다름 없음으로 항상 사찰이 필요하다. 정당한 권리인 자유 폐업조차 사기죄가 없는지 확인하면서, 기루 주인의 불법적인 폭력행위 등을 불문에 부치는 일이 있어서는 안 된다.
　가시자시키창기단속규칙에서 창기 보호를 위해, 특히 제7조 가운데 다음 각호의 행동을 해야

한다.

　　十四. 창기의 의사에 반하는 계약 변경, 또는 포주인 가시자시키 영업자의 변환을 강제하는 것.
　　十五. 질병 상태, 또는 제18조의 기간에 취업시키고 기타 창기 학대를 하는 것
　　十六. 창기에게 함부로 비용을 쓰도록 하는 것
　　十七. 함부로 창기의 계약, 폐업, 통신, 면접을 방해하거나 다른 사람을 통해 방해하도록 하는 것
　　十八. 창기가 질병에 걸렸을 때는 신속하게 의사나 의생(醫生)의 치료를 받도록 할 것

　식사에 관해서는 특별한 규정이 없더라도, 기루 주인 가운데는 고의적으로 영양가가 적은 거친 음식을 주고 어쩔 수 없이 간식을 먹게 하여 추가 빚(追借金)을 늘리는 나쁜 수단을 쓰기도 한다. 그렇지 않더라도 일반적으로 열악한 음식물만 주는 것을 일상과 같이 하니 주의해야 한다.

　내무성의 다음 통첩은 참고가 된다.

◎ 가시자시키 영업자의 단속에 관한 건 명에 의한 통첩

1925년 8월 24일 내무성 기경(岐警) 제8호
경보국장이 청부현 장관에게

　본건 기후(岐阜)현 관할의 가시자시키 업자를 내정할 때는 6월 28일 보(保) 제7289호를 근거로 해당 현지사가 귀관에게 통보합니다. 가시자시키 영업자가 법령을 위반하거나 창기에 대해 부정행위를 하는 등이 심한 자가 있고, 그중에는 영업자가 창기에 대해 냉혹하게 대우하기에 이르는 것은 단속하고, 이를 간과하는 일이 있어서는 안 됩니다. 각 지역의 실정에 맞춰 자세하게 조사할 때 인습으로 창기가 같은 비참한 지경에 빠지는 자가 있습니다. 본건 공창제도에 대해서는 최근 폐지를 위한 논의를 하는 자도 적지 않고, 최근 의회에서 이를 건의하거나 존치를 제한하는 법령안을 제출하는 일도 본 적이 있습니다. 또한 부인아동매매금지조약과 관련하여 우리나라의 공창제도가 국제적으로 주목받고 있습니다. 지금의 정세로 봐도 상당히 중요하게 생각되기 때문에, 창기단속규칙을 제정하고, 창기 생업의 독립을 인정해서, 그 처우에 대해서는 법규에 특히 주의해야

한다는 내용을 감안하여 가시자시키, 창기 사이에 인습적 악폐를 교정하고 개선 방법을 강구하기를 배려해 주시길 바랍니다.

五. 허위의 양자결연(養子緣組)을 단속하는 것

예창기로서 아이를 파는 경우, 양자결연의 형식을 빌리는 일이 자주 있다. 화류계에서 '주인'이나 '오카미(女將)'를 '아버지', '어머니'라고 부르는데, 법률로 보면 그들이 예창기의 양부, 양모인 경우가 많다. 조로야(女郎屋)나 요리옥의 다이쇼(大將), 오카미가 고용한 아이에게 친권을 행사함으로써, 사실상의 매음을 강제하는 것은 친권의 남용이라고 하지 않을 수 없는데 이 양부모 자식 관계 자체가 어지간히 답답한 것이다. 따라서 대심원은 여러 번 양자결연 구조의 무효를 선언했지만 여전히 무지한 자들 사이에 이 습관이 있는 것은 탄식할 만한 일이다.

다음에 대심원 판결과 내무성 통첩을 참고하기 위해 인용한다.

◎ 대심원 민사부 1922년 8월 2일 판결

여자를 예창기 생업을 시키기 위해 양자결연을 맺는 경우도, 또는 당사자 사이에 진실로 양자결연을 맺을 의사를 가지고 예기 생업을 시키는 것은 단지 결연을 하는 이유에 불과하다. 또는 예기 생업을 하도록 하는 요소로 하여 양자결연을 신청하는 것만으로 진실로 결연하려는 의사를 가지고 있지 않는 것이므로 그 어느 쪽에 속한다면 각 경우에 대해 결정해야할 사실 문제가 되므로 그 후자에 속하는 양자결연은 무효로 한다.

이 판결은 예기에 관한 것이지만 창기의 경우에도 같은 이치일 것이다. 진실로 부모와 아이가 되자는 의사가 없을 때는 양자결연을 맺는 신청을 해도 무효로 하는 것이 이렇게 확정되었다.

◎ 예창기의 양자결연 신청에 관해 당사자에게 경고하는 방안의 명에 의한 통첩

1919년 3월 18일 내무성 비(秘) 제46호
경보국장이 청부현 장관에게

근래 포주가 예창기를 고용할 때 허위로 양자결연을 신청하는 사람이 증가하는 경향이 있는 바

이러한 신청 무효가 되는 것은 앞서 대심원의 판례 사례도 있다. 또한 형법 제157조에 해당하는 행위임을 의심하기 쉽지 않은 바가 있다. 이러한 폐풍은 종래 관행으로 해오던 바여서 당사자는 그 심각한 죄악이 되는 것을 느끼지 못하고 지금 이러한 관행을 답습하고 있는 것은 유감스럽다. 이때 당사자에게 일단 경고하고 위반이 있는 경우에는 가차 없이 처분하는 방침으로 누습 교정에 노력하시기를 바라는 내용을 사법성 법무국장이 특히 말씀하심에 현재의 해당 업자 및 장래 이러한 영업에 종사하는 자가 있는 경우에는 앞의 취지를 간곡하게 설유(說諭)하고 위반 행위를 하는 자가 없도록 미연에 방지하여 일면 단속에 충분한 주의를 기울여 여러 해의 폐풍을 교정하도록 배려하기를 바랍니다.

六. 주선업자를 엄중하게 단속하는 것

국제연맹의 부인아동매매 조사위원이 일본에서 놀란 것 중 하나는 '예창기 주선업'이 공인되어 있는 것이다. 구미에서는 매음의 매개 주선을 상습으로 하는 자를 뱀처럼 싫어해서 영국, 캐나다, 독일, 기타 여러 나라에서 무겁게 처벌하고 그중에는 태형을 과하는 곳조차 있는 것이다. (주)

(주) 이토 히데키치, 앞의 책, 6쪽 이하 참조.

1930년 말 현재 조선에서 창기 생업을 하는 경로 조사에 따르면 내지인 창기 1,798명 중에서 1,536명의 대다수가 주선업자의 손을 거쳐 추업에 종사하고 있고 포주와 부모, 기타 친족과 교섭한 사람은 173명, 포주와 본인이 직접 교섭한 사람은 70명으로 아주 적다.

조선인 창기도 마찬가지로, 1,372명 중 985명이 주선업자의 손을 거쳤고, 포주와 부모 등의 교섭에 의한 것은 180명, 포주와 본인이 직접 교섭한 사람은 198명이다.

주선업자도 모두가 인격자는 아니다. 그들은 '왕왕 사람을 유혹에 빠트리거나 유괴하여 의뢰인의 의사에 반하는 곳에 주선하고… 묘령의 부녀를 해외 또는 유곽으로 유괴하거나 강제로 추업을 종사하게 하는 등 그 폐해를 일일이 거론할 수 없다', '그 하등한 매음부가 그 경우에 빠지는 원인은 주로 고용인 이리구치업(入口業)의 감언에 속은… 결과'다. (주)

(주) 구와하라 에이지로(桑原栄次郎), 『경찰법규요론』, 242쪽 이하 참조.

당연하다. 창기 대다수가 그들의 마수에 의해 진흙탕 생업에 빠진 것은.

그러나 조선에서는 그들 단속에 관한 통일적 법규 없이 각 지방의 편의에 따라 그 단속을 하는 것에 불과하다. 따라서 그중에는 단속 불이행 신청으로 예창기, 작부 주선과 보통 고용인 주선을 구별하지 않도록 하고 있는데 이와 같다면 요리옥, 음식점, 가시자시키 영업자에게 고용인 주선업을 허가하는 것과 마찬가지인 나쁜 결과를 만들어 낼 염려가 있다. 그들이 감언이나 또는 폭력으로 부녀자에게 추업을 권유하고 강제할 때는 가차 없이 음행권유죄, 약취 및 유괴 죄를 물어야 한다.

그리고 이는 주선업자뿐만 아니라 영업의 허가를 받지 않고 실제로 '영리의 목적으로 음행의 상습 없는 부녀를 권유해서 간음하게 하고' 혹은 '약취 또는 유괴하여' '제국 외에 이송할 목적으로써 사람을 매매'하는 자, 곧 인신매매 히모(ひも)가 곳곳을 배회하는 것이 아닌가. 따라서 방심하지 말아야 한다. 세상에는 남자의 달콤한 말에 속아서 예창기, 작부로 팔리는 여자가 셀 수 없을 것이다. 경찰관이 일거수 일투족의 노력은 하여 희생자를 구조할 수 있을 것이다. (주)

(주) 이토(伊藤) 검사, 「죄는 법에 비추어(罪は法に照らして)」, 『경무휘보』 1월호 소재 참조; 야마무로 군페이(山室軍平), 「공창제도의 비판(公娼制度の批判)」, 6쪽 이하 참조; 이와우치 센사쿠(岩內善作), 「창기는 이처럼 울고 있다(娼妓はかくの如く泣いている)」 참조.

七. 창기 생업 기간에 제한을 두는 것

창기가 백골로 변할 때까지 계속 추업하는 것은 참을 수 없는 것이다. 조선 각도(各道)에서도 창기 생업을 허가할 때는 계약서의 내용까지 간섭하고 생업 기간은 5개년을 넘지 않도록 하고 있다.

그리하여 실제 창기의 생업 연수는 1930년 말 현재를 보면, 내지인 창기 1,798명 중에서 1년 미만 472명, 3년 미만 826명, 5년 미만 324명, 7년 미만 110명, 10년 미만 48명, 15년 미만 16명, 15년 이상 2명이다.

조선인 창기 1,372명 중에서 1년 미만 528명, 3년 미만 654명, 5년 미만 158명, 7년 미만 26명, 10년 미만 5명, 15년 미만 1명, 15년 이상 0명이다. 조선인 창기는 5년을 넘는 사람이 비교적 적지만, 내지인 창기는 5년 이상의 사람이 자못 많고 15년 이상인 사람조차 있는 것은 놀랍고 탄식할 만한 일이다.

창기 생업 허가의 실황을 보면, 어느 도에서는 임시 허가(假許可)라고 칭해서 미성년자인 경우에는 친권, 성년자인 경우에는 부모 또는 호주 등의 승낙이 있으면 본인의 신청과 제출에 의해 허가

전에 추업하는 것을 묵인한다. 이것은 단속규칙의 정신을 몰각시키거나 파괴시키는 예외적 사실로서 대부분은 신중한 조사를 한 후에 허가 여부를 결정한다. 그리고 허가 후 비로소 생업에 들어가기 전에 경찰서장에게 신청하도록 한다.

그러나 창기 이력자가 허가 신청을 할 때는 쉽게 인정하는 것을 보통으로 하는 것 같지만 이와 같으면 창기는 좀처럼 진흙탕 생업으로부터 발을 씻는 것은 어렵고 일생을 엉망으로 보낼 것이다. 이 경우에도 만족할 때까지 신중한 태도로 사실 본인의 자유의사에 기초한 것인지, 다른 길 없이 진시로 어쩔 수 없는 것인지 등 조사해야 한다. 특히 업소나 포주를 바꾸는(鞍替) 경우는 포주의 강요에 의한 것은 아닌지 검토해야 한다. 기간 만료 후에 전차금이 남아 있다는 이유로 기간을 연장한다면 창기는 10년이 지나도 20년이 지나도 몸을 씻는 일은 곤란할 것이다. 대차 계산 장부에 대해서는 자유 폐업의 원고에서 상술하겠지만, 경찰이 각 창기와 포주의 경제적 관계를 하나하나 확인하면서 충분히 보호하는 것은 어지간히 한산한 경찰서가 아니면 현재 불가능에 가깝다고 할 수 있다.

전차금이 남아 있어도, 그것이 어디까지 진실인지는 모르는 일이다. 그리고 전차금이 남아 있다고 해서 창기 일의 기간을 연장한다면, 또는 창기의 자유의지가 아니라 포주의 의사에 따라서 허가하는 일이 있다면, 그것은 빚을 가지고 몸을 구속하는 것으로, 노예를 쇼와 시대에 인정하는 것이다. 창기 중에는 자포자기의 심정이 되어 일반적인 일로 돌아가려고 생각하는 여유가 없는 사람도 있을 것이다. 경찰관으로서 그녀들의 양심을 각성시키는 노력을 해야 하는 것이 아닐까? 기루 주인이나 창기의 신청에 따라 추업을 계속하는 것을 쉽게 허락하는 일이 있으면, 공창제도의 존재 이유의 하나인 부녀자의 보호 구제는 어렵게 된다.

'공창제도를 한시라도 빨리 없애기 위해서, 그 폐해를 조장하고 있는 것이다'라는 것과 같은 변명을 하는 사람이 있을지도 모른다. 그러나 공창제도의 폐지는 시대의 흐름이며 이치에 맞는 바다. 감히 경찰관의 위법하고 부당한 행위를 필요로 하지 않는다. 우리는 어디까지나 현재의 공창제도로 하여금 가장 폐해가 적고 또한 좋은 효과를 발휘하도록 운용하지 않으면 안 된다.

다음의 내무성 통첩은 조선과 다소 사정이 다르지만 이러한 종류의 해결에 참고가 될 것이다.

◎ 생업 연한 만료에 의해 창기 명부를 삭제하는 건의 명에 의한 통첩

1925년 8월 20일 내무성 이시(石)경(警) 제12호

경보국장이 청부현 장관에게 보내는 통첩

갑호(甲號) 이시카와(石川)현 조회에 대해 을호(乙號)와 같이 회답드리오니 참고해 주시길 아룁니다.

(갑호) 이시카와현 조회
1925년 6월 9일 발보(發保) 제1174호
창기 명부의 등록신청은 일시적으로 많은 전차금을 필요로 하는 사정에 기인한다. 하지만 생업 중에 포주가 부당한 부담과 쓸모없는 돈의 사용을 강요받아 오랫동안 생업을 시키는 수단으로 이용당하면 부지불식 사이에 퇴폐적 생활에 물들어서 가령 부채를 상환해도 반성하는 일 없이 마침내 일반적 생업(生業)으로 돌아갈 기회를 잃는 자가 많다. 이 때문에 구제의 방법으로 부현령(府縣令)으로서 규칙 제2조의 등록신청 사항에 생업(稼業) 연한 기재를 추가하고 기간 만료에 따라 당연하게 명분를 삭제하는 예가 있지만, 위의 규칙 제4조의 명부삭제는 생업(稼業) 금지를 하도록 하려는 사람 외에는 본인 등의 신청에 의한 것으로 한정하도록 한다는 규정과 조금 저촉되는 것으로 사료됨으로 일단 살펴주시길 바랍니다.

추신 : 본 현에도 종래 생업 연한을 신청하는 사항과 상관없이, 장래 그 연한의 적부에 대해 등록할 때 한층 신중하게 고려하여 이를 예정해야 합니다.

(을호) 경보국장의 회답[1925년 8월 20일 내무성 이시(石)경(警) 제12호]
6월 9일 발보(發保) 제1174호로써 표기의 건에 관해 귀현의 경찰부장이 해당 성의 경무과장 앞으로 조회를 했는바, 부현령으로 해당 성의 창기단속규칙 제2조의 등록 신청사항에 생업 연한을 추가 신청하도록 하여 이를 등록하고자 할 때는 기한을 정하여 창기 명부 등록을 확인해야 할 것이며, 그 기한이 됐을 때는 등록은 무효로 하고 규칙 제4조의 규정에 구속받지 않고 명부에서 삭제해야 하는 것으로 아뢰어 회답합니다.

경찰관강습소 교수 마스다 미치요시,
공창제도 및 예창기 자유 폐업에 관한 약간의 고찰자료 (7)
警察官講習所 敎授 增田道義, 「公娼制度並に芸娼妓自由廢業に関する若干の 考察資料」, 『警務彙報』 335, 1934. 3.

제一. 시사 문제로서 공창제도(작년 7월호)
제二. 공창제도의 존재 이유(작년 8월호)
제三. 공창제도에 관한 법률과 사실의 괴리(작년 9월호)
제四. 공창제도 존폐론(작년 11월호)
제五. 공창제도의 운용과 창기 계약에 대한 간섭(작년 12월호 및 전 호)
제六. 공공의 질서와 선량한 풍속의 측면(公序良俗)에서 본 예창기 계약(본호)
제七. 자유 폐업의 법률적·경제적 근거와 그에 대한 조치(다음 호)
제八. 경찰에 대한 종래의 비난과 경찰관이 취할 수 있는 태도

제六. 공공의 질서와 선량한 풍속의 측면(公序良俗)에서 본 예창기 계약

창기는 경찰의 허가를 받아서 창기―곧 매음 행위를 업으로 하는 영업 형태―의 일을 하는 매소부다. 예기는 연회 자리를 시중들며 노래나 춤, 악기 연주를 통해 흥을 돋우는 일을 하는 사람이지만, 예기를 단순히 예능을 파는 것으로 하는 것은 공론(空論)으로 실질적으로는 그녀들도 사창이라는 것은 부정할 수 없다.

그러면 예창기가 포주와 그 지정하는 바에 따라 일정기간 일(稼業)을 하는 것을 약속하는 예창기 계약은, 가령 그것이 경찰허가를 받았다고 하더라도, 민법에서는 제90조 "공공의 질서 또는 선량한 풍속을 위반하는 사항을 목적으로 하는 법률적 행위는 무효로 한다"는 것과 대조하여 무효라고 하지 않으면 안 된다.

경시청 제2부장, 지금의 보안과장인 고하마 마츠지로(小濱松次郎) 씨는 "옛부터 예창기인 자는 관청에 대해서는 비밀로 하지만 그 성질이 매음을 목적으로 하여 비천하고 추접하며(卑汚醜穢) 부도덕하고 비윤리(不德非倫)한 행위를 하여 선량한 풍속에 배반하는 것은 감히 우리들의 군말을 요

하지 않는 바이고, 우리 민법 제90조에서는 공공의 질서 또는 …라고 규정되어 필경 최근에 창기의 자유 폐업을 인허가하는 바다"라고 그 저서에 서술했다. (주)

(주) 고하마 마츠지로 저, 『경찰행정요의』, 280쪽.

사사키 소이치(佐々木惣一)[26] 박사도 "창기 계약은 제3자의 지정에 따라서 매음하는 계약으로 선량한 풍속에 반하는 사항을 목적으로 하는 것이면 무효다. 따라서 창기는 언제라도 임의로 창기일을 그만두고 포주의 지시에 따르지 않을 수 있으며, 포주는 계약의 권리로 창기를 억제하지 못한다"라고 논했다. (주)

(주) 사사키 소이치 박사 저, 『일본행정법각론(日本行政法各論)』, 260쪽.

미노베 다츠키치 박사도 "법률행위의 법률상의 효력도 경찰의 허가와는 무관계로, 허가를 필요로 하는 경우, 허가를 받지 않으면 누구도 그 법률적 행위가 유효하지 않다. 한편, 허가를 받은 행위라도. 공공질서 또는 선량한 풍속에 반하는 사항을 목적으로 하는 것은 무효로 해야 한다. 예를 들어, 공창은 경찰허가를 받더라도, 공창을 목적으로 하는 계약이 법률상 유효하다고 할 수 없고, 경찰허가는 유일한 사회적인 장해를 방해하기 때문에 피해야 할 필요가 있다. 경찰의 판단으로 금지된 행위를 승인하더라도, 민법의 견지에서 선량한 풍속에 반하는 사항을 목적으로 하는 경우는 무효로 해야 한다"고 설명하고 있다. (주)

(주) 미노베 다츠키치 박사, 『일본행정법 각론 상권』, 78쪽.

재판소는 예창기 계약을 어떻게 취급하고 있을까? 개관하자면, 창기 계약에서 이것을 "금전을 빌려주고 빌리는 계약" 및 "신체를 구속하는 것을 목적으로 하는 계약"의 두 가지로 구분하여, 전자는 유효로 하고 후자만을 무효로 하고 있다. 예기 계약은 원칙적으로 유효하다고 하고, 예기가 신체적 자유를 구속당할 때는 모두 무효로 하고 있다. (주)

---

26 사사키 소이치(佐々木惣一, 1878~1965). 법학자로서 종전 후 헌법 개정에 참여하여 이른바 '사사키 헌법 초안' 작성. 돗토리현 출신으로 1903년 교토제국대학 법대를 졸업했다. 교토대 교수를 지내며 행정법을 연구했다.

(주) 『법률시보』 3(9)호 소재, 스에히로 이즈타로(末弘嚴太郎)[27] 박사의 판례를 통해서 본 인신매매 참조.

그리고 재판소의 태도는 이러한 점에 관해서 흥미 있는 변화를 보인다. 즉 처음에는 전부 무효로 하고, 다음으로 태도를 바꾸어서 유효하다고 하며, 다시 바꾸어서 모든 것이 무효하다고 하여, 최근에 이것에 동요가 생기고 있다. (주)

(주) 『법학협회보지(法學協會報誌)』 41(5) 소재, 와가츠마 사카에(我妻榮)[28], 「판례에서 보는 공고의 질서와 선량한 풍속」 참조. 본호는 이 논문을 참고하는 부분이 적지 않다. 와가츠마 교수에게 감사를 표한다.

一. 무효시대

1872년 6월에 '마리아루즈호 사건'이라는 것이 일어났다. 곧 페루인인 페로레라는 사람이 청나라의 아오먼(澳門)[29]에서 지나인 231명을 노예로 사들여 자신이 소유하고 있는 배 '마리아루즈호'에 태워서 본국에 데려가는 도중 요코하마에 들렀다. 이 가운데 1명이 바다에 뛰어들어 정박 중인 영국의 배 '아이언듀크호'에 구조되어, 우리나라는 이들 노예를 해방하여 본국으로 송환했다. 이는 메이지 초기 커다란 장한 일(一大壯擧)이었지만, 페루에서 "노예는 일본 정부의 공인을 받은 바가 아니지만, 일본에서는 예창기라는 백색 노예를 공적으로 허가(公許)하고 있으면서 다른 나라의 국민에게 노예를 금지하는 것은 제멋대로의 행동(得手勝手)이다"라고 항의했다. 이 항의에 상당히 고심하여 그 후 조금 지난 10월 2일에 인신매매금지에 관해 다음의 태정관포고 제295호를 발포한 것이다.

一. 몸을 매매하거나 기간을 정해서 그 주인의 의사에 따라 학대나 사역을 받는 것은 인륜에 반하는 것으로 있어서는 안 되는 일이기 때문에 오래전부터 금지해 왔다. 지금까지 기한을 정해 두고 하는 등, 여러 가지에 대해 각자 일을 해서 실제로 매매하는 것과 같은 상황에 이르러, 그외의 일에는 자신을 위해서 금지해야 하며, 일의 연기 여부는 상담을 통해서 스스로 정

27　스에히로 이즈타로(末弘嚴太郎, 1888~1951). 야마구치현 출신으로 1912년 도쿄제국대학 법대 독법과(獨法科) 졸업. 미국 시카고에 유학 후 1921부터 도쿄제대 법대 교수를 지내며 민법, 노동법, 법사회학 등을 연구했다.
28　와가츠마 사카에(我妻榮, 1897~1973). 야마가타현 출신으로 도쿄제국대학 법학부 독법과 재학 중에 고등문과시험에 합격했다. 민법 전공이며 도쿄제대 교수를 지냈다.
29　현재 마카오를 말한다.

할 수 있어야 한다.
- 보통의 봉공인(奉公人)은 1년까지이지만, 또 봉공(奉公)을 계속하고자 하는 사람은 증빙문서로 갱신할 수 있다.
- 창기, 예기 등의 연계(年季) 봉공인은 일절 해방할 수 있으며, 앞에서 말한 대차 소송으로 취급할 수 없다.

앞에서 말한 것처럼 정해진 조건은 상담을 통해서 조정이 가능하다.

그리고 앞의 법령 시행에 관해 에토(江藤) 사법경은 10월 9일에 사법성 제22호를 통해 다음과 같이 전달했다.
이번 달 2일 태정관 제295호에 나온 다음의 통달 제2에 대해 아래의 건을 명심해야 한다.

- 인신(人身)을 매매하는 것은 예전부터 금지해 왔다. 피고용인은 여러 가지 명목으로 실제로는 매매와 같기 때문에, 일을 할 때 창기와 예기의 고용시의 자본금은 저금으로 간과할 수 있다. 따라서 불만이 있는 사람은 시비를 확실히 해서 그 돈의 전액을 받을 수 있다.
- 위와 같은 창기예기가 인신의 권리를 잃는 것은 소와 말과 다름없다. 소와 말에게 물건의 변제를 요구하는 것은 이치에 맞지 않으므로 종래 위와 같은 창기와 예기에게 빌려준 돈과 연체금은 모두 갚지 않아도 된다.

다만 이달 2일 이래의 부분은 이 제한에 해당하지 않는다.
- 금전적인 이유로 다른 사람의 자녀를 양녀의 명목으로 두어 창기, 예기의 일을 하도록 하는 자는 그 실제에서 바로 인신매매에 대하여 종전부터 이제까지 가급적 엄중하게 처벌한다.

이러한 법령에 따라 예기, 창기의 계약은 모두 무효로 인정될 수 있다. (주)

(주) 호즈미 노부시게(穗積陳重)[30] 박사 저, 『법창야화(法窓夜話)』, 202쪽 이하 참조.
『메이지문화전집(明治文化全集)』 제6권 소재, 「페루 마리아루스선 판례 약기(白露國馬俚亜老士船判例略記)」 참조.
오사다케 다케기(尾佐竹猛)[31] 박사의 해제 참조.

---

30 호즈미 노부시게(穗積陳重, 1855~1926). 에이메현 출신으로 영국과 독일 등 대학에서 법학을 공부하고 변호사 자격을 획득했다. 1881년부터 도쿄대학 법학부에서 가르치고 민법, 비교법학, 법사학, 법철학 등을 연구하였으며, 일본 최초의 법학박사로서 '일본법학의 개척자'로 불리고 있다. 귀족원 의원과 추밀원 의원 등을 역임했다.
31 오사다케 다케기(尾佐竹猛, 1880~1946). 이시가와현 출신으로 1899년 메이지법률학교를 졸업하고 같은 해 제1회 판검사 등용시험에 합격했다. 1924년부터 1942년까지 대심원 판사를 지냈다. 1924년 요시노 사쿠조와 함께 메이지문화연

이 무렵의 판례에는 다음과 같은 것들이 있다.
- ○ 신체의 구속을 목적으로 하는 계약은 자유계약의 범위 밖이기 때문에 당연히 무효다(1896년 3월 대심원 민사부 판결).
- ○ 창기가 가시자시키 영업자에 대해 일정 기간 중에 노무(勞務)에 따른다는 계약은 법률에서 무효다(1896년 대심원 민사부 판결).
- ○ 가시자시키 영업자와 창기 사이의 금전 관계 계약과 신체구속을 목적으로 하는 계약은 각자 독립하여 신체구속을 목적으로 하는 계약은 무효다(1900년 2월 23일 대심원 민사부 판결).

二. 유효시대

매음은 사회의 어쩔 수 없는 죄악이기 때문에, 일부의 금지법령으로 사라지게 하거나 줄어들게 할 수는 없다. 이에 대해 입법자는 금지정책보다 단속정책으로 물러나, 1900년에 창기단속규칙을 발포했다. 당시 유효한 판례가 2, 3개 있다.
- ○ 창기 영업은 바른 길의 직업이 아닌 것으로 예전부터 논해져 왔지만 이미 공인되어 있음으로 채무자인 창기가 채권자에 대해 자기의 영업으로부터 생기는 이익으로 그 채무를 변제해야 한다고 약속해도 조금도 공공질서 또는 선량한 풍속에 반하는 바가 없다(1902년 5월 6일 대심원 판결).
- ○ 갑이 을에게 약간의 금전을 빌려주고, 원금의 변제를 받기 위해 을의 예기 영업에서 생기는 수입금의 전부를 취득하고, 그와 동시에 을의 영업에 필요한 세금이나 기타 일절의 비용을 부담시키는 것을 약정하는 것은, 그 계약이 소비대차를 포함하는 일종의 무기명 계약으로 한다(1904년 5월 5일 대심원 판결).

이 사건은 예기 쪽에서 벌이와 전차금, 식료, 기타의 선금(立替金)을 공제하여 정산(差引計算)하여 벌이가 남았다고 주장하여 '예기 벌이 계산의 잔액 반환 청구'를 하였지만, 재판소는 다음과 같이 일종의 무기명 계약으로 한 잔액이 있어도 반환할 수 없다고 판결했다. 이에 의하면 여자인 예기의 벌이와 포주의 금전적 부담을 대가(對價) 관계에 세우는 계약을 일체로 보고 고찰해도 유효하다고 본 것이다.

구회를 설립했다.

三. 무효시대

　유효시대는 길지 않았다. 재판소도 영업으로서 행정 차원에서 허가된 행위라고 하더라도, 이에 의해 개인을 부당하게 구속하는 것은 공공질서와 선량한 풍속에 반하는 성질을 생기게 하는 것이라는 것을 알고 완전히 변하여 전부 무효로 하기에 이르렀다.

- 금전을 빌린 채무자가 채권자에게 빌린 부채를 변제하기 위해서 일정 기간의 예기 영업을 하여 번 소득금으로 채권자에게 갚아야 한다. 만약 그 약속을 위반하고, 정해진 기간 내에 폐업할 때는 원리금을 상환하는 것 외에 위약에 대한 과태료로서 일정한 금액을 변상하는 것은 인신의 자유를 속박하는 것이다. 곧 신체의 구속을 목적으로 하는 계약이고, 이와 같은 계약은 1872년 제295호의 포고가 허가하지 않는 바 이를 무효로 하는 것을 본 원의 판례로서 인정하는 바다(1904년 12월 26일 대심원 판결).
- 예기 생업 계약 기간 중 혼인이나 기타 생업에 지장을 주는 모든 신분 변동을 금지하는 계약은 공공의 질서와 선량한 풍속에 배반하는 것으로 무효로 한다(1915년 6월 7일 대심원 판결).
- 창기 계약에 관한 약관 중 "연기간(年期間) 안에 도망하여 폐업하고 주소를 옮기는 등을 하는" 경우에 위약금을 지불하는 내용을 정하는 것을 멈추고 또한 계약 내용은 "채무 변제의 방법을 정하는 취지"라고 해도 계약 전체의 취지는 "무릇 인신의 자유구속을 목적으로 하는 계약이 있기 때문에" 무효로 한다(1915년 10월 11일 대심원 판결).

四. 전부 무효 동요시대

　예창기 계약을 무효로 하는 것은 지당하지만, 여기에 중대한 폐해가 발생한다. (一)은 예창기의 부모들이 이를 이용해서 멋대로 직업(轉業)이나 업소(鞍替)를 바꾸도록 하여 전차금을 떼 먹는 것이 가능해졌다. (二)는 제3자가 예창기를 유괴해도 포주가 채권 침해를 호소할 방법이 없게 되었다. 여자를 사는 포주는 물론 좋지 않지만, 아이를 파는 부모나 제3자가 유괴하는 것도 역시 보호해야 할 일이 아니다. 반대로 팔리는 여자 자신이 해방을 호소하는 경우, 재판소는 무엇보다 이에 대해 법률적으로 원조해야 한다. 여기에서 재판소가 대체로 예창기 계약을 무효로 선언하는 것이 불가능하게 되었다. 눈앞의 구체적인 사건에 대해 타당한 판결을 하기 위해서 고심해야 하지 않으면 않게 된 것이다.

　(一)의 예로 1921년 10월 29일의 판결이 있다. 이는 양자의 이름으로 한 예기의 적절한 사례이

지만, 재판소는 부모의 요구를 인정하는 것에 의해, 추상적으로는 정당한 것으로 보이지만 실질적으로는 부당한 결과를 초래했다. (주)

(주) 「판례 민법」 152 사건, 호즈미 시게토(穂積重遠) 박사 주석(評釋) 참조.

(二)에 대해서 1918년 10월 12일의 판결이 있다. 자세한 것은 와가츠마 씨의 앞에서 말한 논문에 양보하기로 하고 여기에서는 간단하게 설명한다. 사안은 포주가 유괴한 자에 대해, 자신이 예기의 부친에 대해 가진 채권의 침해라고 소송한 경우다. 판례는 이 점의 논리 구성에 특별한 주의를 기울인 결과, 부친이 딸의 의사에 관계없이 예기로 일하게 하는 계약을 한 것이라면 무효이지만, 딸이 포주와 계약하도록 한 것이라면 유효라고 설명했다. 이러한 취지에서 보면, 여자의 의사를 바탕으로 계약하면 포주의 주장을 인정하지 않으면 안 되기 때문에, 예기를 보호하는 종래의 태도에 반하는 것이지만, 실제는 제3자의 채권침해를 인정할 필요에 따라 이러한 논리 구성을 취한 것이다.

1921년 9월 29일에는 다음과 같은 중요한 판례가 생겼다.
○ 예기 생업 계약에서 당사자의 한쪽인 갑은 계약 성립의 날부터 10년간, 상대방인 을에게 예기 생업에 종사하는 기간 내에 의식비와 기술 수습의 비용을 부담하고 이에 대해 갑이 예기 생업으로부터 얻은 수입의 전부를 을의 소득으로 해야 한는 것은 갑이 정당한 이유 없이 퇴거하거나 도주 등 부당한 소행이 있을 때는 갑은 전차금에 법정이자를 붙여 지불해야 하며, 또 계약 성립의 날부터 소행이 있는 날까지의 갑의 예기 수습 비용과 식비의 손해배상으로 1일에 12센의 비율에 따라 돈을 지불한다. 그리고 기타 모든 손해배상을 정할 때에는 앞에서 말한 계약은 주로 갑에게 가중 책임을 지게 하는 것에 따라 10년간 갑이 예기 생업을 하도록 하는 것을 목적으로 하는 것으로 눈에 띄게 갑의 자유를 구속하면 민법 제90조에 따라 무효로 한다.

위 판결의 전차금에 관한 부분을 보면 다음과 같다.
○ 20엔을 목적으로 하는 순전한 소비대차의 의의나, 장래 명의는 대차계약으로 해도 그 진의는 실질적인 예기 생업을 구성하여 X녀가 예기 생업을 하는 대가로 20엔을 받도록 하여 X

녀에게 부당한 소행이 있는 때는 손해배상으로 문제의 돈을 지불하게 하는 의의는, 원래 판결의 문장 의미에서 명료하게 하지 못하고 만약 의의의 전자에 해당하는 사람이라면 Y는 예기 생업 계약의 효력이 어떠한지에 관계없이 소비대차의 권리를 주장하여 전차금의 변환을 청구할 수 있어도 그 의의의 후자가 될 때는 적어도 예기 생업의 당사자인 X녀에 대해 무효하다고 하지 않을 수 없다.

이 판결의 내용은, 전차금이라고 하는 것 중에서 "순전한 소비 대차"가 "실질적인 예기 생업 계약을 구성"하지 않고, "예기 생업을 존재하게 하는 대가(對價)"가 없는 것으로 구별하여 이것만이 유효하다는 것이다. 만약 사실의 진상에 따라 판결하면 모두 전차금의 계약은 무효로 해야 하지만, 실제는 전차금을 "순전한 소비대차"로 하여 조작하는 경우가 많을 것이다.

위와 같이 창기계약은 "금전대차의 계약"과 "신체를 구속하는 목적으로 하는 계약"의 두 가지로 구별되어 후자는 무효라도 전자는 유효하며, 예기계약은 "눈에 띄게 신체적 자유를 구속하는 계약"은 무효이고 또 전차금은 "순전한 소비대차" 이외는 무효라는 것으로 재판소는 취급하는 것이다.

이 금전의 소비대차가 유효라고 판정되기 때문에 사실 자유산업의 실행을 매우 곤란하게 하는 원인이 되고 있다. 곧 전차금의 변제를 하지 않고 자유산업을 하는 것은 일종의 도덕적 죄악과 같다고 사료되어, 어쨌든 폐업한다 해도 전차금의 반환 청구에 고심하게 되어 다시 유곽으로 돌아가고, 또한 창기나 그 부모가 사기죄 명의로 협박당하거나 또는 소추되는 일이 적지 않은 것이다.

재판소는 사회정의를 위해 백척간두(百尺竿頭)[32]에서 다시 일보를 전진하여 예창기 계약을 모두 무효라고 판결하는 양심과 용기는 없을까. 더불어 현재 상황에서도 금전으로 인신을 구속하고 또는 매음을 강제하는 것과 같은 계약의 존재는 허가되지 않는다. 예창기가 자유 폐업을 감행하는 경우는 포주가 이를 구속해야 할 어떠한 권리도 없다. (주)

(주) 『법률시보(法律時報)』 소재 스에히로(末弘) 박사의 논문;
　　 『경찰협회잡지(警察協会雜誌)』 소재 시노 로쿠(小竹六) 논문 참조.

예창기 생업의 허가를 신청할 때는 포주와의 예창기 계약의 계약서를 경찰서에 제출하도록 되

32　백 자나 되는 높은 장대 위에 올라섰다는 뜻으로, 몹시 어렵고 위태로운 지경을 이르는 말이다.

어 있고(예기작부예기오키야단속규칙 제1조, 가시자시키창기단속규칙 제16조), 경찰서장은 그 내용을 심사해서 계약이 부당한 경우에는 허가할 수 없다(예기작부예기오키야단속규칙 제2조, 가시자시키창기단속규칙 제17조).

그리고 각 도에서 각각 표준을 정하여 계약서를 단속하고 있지만, 그 표준이 각 도마다 각각이어서 그중에는 어떠할까라고 생각되는 것도 있다. 또한 표준이 아무리 훌륭해도 그 표준과 다른 계약서가 이루어지고 있는 것이 있어서는 곤란할 것이다. 기루 주인 중에는 이중계약을 하여 하나는 관공서용으로 하고, 하나는 예창기용으로 하는 자도 있는 것이다. 또한 아무리 훌륭한 계약서라고 해도 계약서대로 이행되지 않는 경우가 있다면 어떠한 가치도 없을 것이다. 이 점에 관해서 자세하게 논하고 싶지만, 글의 분량 제한이 있기 때문에 다음 기회로 양보하기로 한다. (주)

(주) 토리고에 슈지(鳥越熟二) 저, 「보안경찰연구(保安警察研究)」, 236쪽 참조.

경찰관강습소 교수 마스다 미치요시,
공창제도 및 예창기 자유 폐업에 관한 약간의 고찰자료 (8)
警察官講習所 敎授 增田道義, 「公娼制度並に芸娼妓自由廢業に関する若干の考察資料」, 『警務彙報』 341, 1934. 9.

제一. 시사 문제로서 공창제도(작년 7월호)
제二. 공창제도의 존재 이유(작년 8월호)
제三. 공창제도에 관한 법률과 사실의 괴리(작년 9월호)
제四. 공창제도 존폐론(작년 11월호)
제五. 공창제도의 운용과 창기 계약에 대한 간섭(작년 12월호 및 올해 2월호)
제六. 공공의 질서와 선량한 풍속의 측면(公序良俗)에서 본 예창기 계약(3월호)
제七. 자유 폐업의 법률적·경제적 근거와 그에 대한 조치(본호)
제八. 경찰에 대한 종래의 비난과 경찰관의 취할 수 있는 태도

제七. 자유 폐업의 법률적·경제적 근거와 그에 대한 조치

자유 폐업은 '예창기가 포주의 동의를 얻지 않고 스스로 그 일을 폐지하는 것'을 말한다. (주)

(주) 1916. 3. 27. 대심원 민사부 판결

종래 자유 폐업은 유곽 동료 사이의 도덕으로서 죄악시되어, 자유 폐업을 하려는 부녀자는 마치 비인간과 같이 취급받아 왔다. 만주에 있었을 때, 여러 차례 신문 지면에 현상을 걸어 찾는 것으로서 도주한 예창기의 사진이 실려, 이 여자를 데리고 온 자에게는 100엔, 소재를 알려준 사람에게는 10엔을 증정한다는 광고를 보고 탄식한 적이 있는데, 조선에서 과연 그런 비열한 광고를 볼 수 없는 것은 행복하다.

그러나 경찰관 중에도 아직 자유 폐업과 전차 사기를 혼동하고, 모처럼 자유 폐업을 하려는 부녀자에게 "전차가 있는데 생업을 그만두는 것은 무슨 일인가?"라고 질타하는 자가 있다는 일을 듣는 것은 매우 유감이다.

자유 폐업은 결코 범죄도 아니지만, 또 비도덕적인 일도 아니다. 예창기에게 주어진 정당한 권리이며 누구도 이 권리 행사에 대해 방해하거나 압박해서는 안 된다.

내지의 창기단속규칙에 다음과 같은 규정이 있다.

제五조 창기 명부의 삭제 신청은 서면 또는 구두로 해야 한다.
    앞 항의 신청은 스스로 경찰관서에 출두하여 이를 하지 않으면 수리하지 않는 것으로 한다. 다만 신청서를 우편으로 보내거나 다른 사람에게 위탁해서 제출한 경우에는 경찰관서가 신청자가 스스로 출두하는 것이 불가능한 사유가 있다고 인정할 때는 이 제한에 두지 않는다.
    경찰관서에서는 창기 명부 삭제 신청을 수리했을 때는 즉시 명부를 삭제하는 것으로 한다.
제六조 창기 명부 삭제 신청에 관해서는 누구도 방해할 수 없다.
제十三조 다음 상황에 해당하는 자는 3개월 이하의 징역 또는 100원 이하의 벌금에 처한다.
    二. 제六조, 제十二조를 위반한 자

일찍이 모 지역의 경찰서장이 자유 폐업의 방해 혐의로 고발된 적이 있다.

조선의 예기에 대해서는 예기작부예기오키야영업단속규칙에 다음과 같은 규정이 있다.

제七조 예기 또는 작부는 다음 각 호에 해당하는 때는 허가증을 첨부하여 10일 이내에 경찰서에 제출해야 한다.
  二. 폐업할 때
제十一조 예기오키야 영업자는 다음 각 호를 준수해야 한다.
  五. 함부로 예기의 계약, 폐업, 통신, 면접을 방해하거나 다른 사람을 시켜서 방해하지 않도록 할 것
제二十一조 다음 각 호에 해당하는 자는 구류 또는 과료에 처한다.
  二. … 제十조 내지 제 十四조…에 위반하는 때

조선의 창기에 관해서는 가시자시키창기단속규칙에 다음과 같은 규정이 있다.

제七조 가시자시키 영업자는 다음 각 호를 준수해야 한다.
  十七. 함부로 창기의 계약, 폐업, 통신, 면접을 방해하거나, 다른 사람을 시켜서 방해하지 않도록 할 것.
제二十九조 제三항
  창기 폐업을 하고자 할 때는 바로 허가증을 첨부하여 경찰서장에게 제출해야 한다.
제三十八조 다음 각 호에 해당하는 자는 구류 또는 과료에 처한다.
  二. 제五조 내지 제七조 ……

조선에서 예기오키야 영업자와 가시자시키 영업자가 자유 폐업을 방해하는 것은 금지한다. 내지와 같이 '누구라도' 방해하는 것을 금지하고 있지 않은데, 이는 이들 영업자 외에 방해하는 사람이 있다는 것을 예상해야 한다. 이들 영업자 외의 사람이 자유 폐업을 방해할 수 있다는 법의 의미(法意)는 없다. 경찰관에 대해서도 규정 없는 것은 경찰관이 기루 주인들의 편이 되어도 좋다는 취지가 아닌 것은 물론이다.

하지만 실제로는 예창기들이 건강하게도 진흙탕 일(稼業)에서 몸을 씻고, 건전한 직업(職業)도

시작하려고 하는 때 세상은 쉽게 이를 허락하지 않는다. 영업자들은 물론이고 경찰관까지 약한 그녀들을 다시 진흙탕에 내몰아 빠뜨리려고 하는 일이 적지 않은 것이다. 예창기들이 자유 폐업을 하려는 것은 진실로 결사의 각오가 없으면 안 된다는 것은 가련하지 않은가.

자유 폐업이 결코 자유가 아닌 것은 다음의 자유 폐업 통계를 보더라도 명료할 것이다.

경시청 최근의 창기 자유 폐업 수

1926년	6
1927년	10
1928년	14
1929년	19
1930년	28
1931년	75

1931년도에 이르러서야 급증하는 것은, 국제연맹 동양부인아동매매조사위원이 일본을 방문한 영향에 따른 것으로 보인다.

조선의 통계는 다음과 같다.

예기 자유 폐업 수

1925년	4
1926년	8
1927년	8
1928년	8
1929년	13

작부 자유 폐업 수

1925년	3
1926년	3
1927년	2
1928년	3
1929년	5

창기 자유 폐업 수

1925년	없음
1926년	1
1927년	1
1928년	2
1929년	2

아무리 예창기들이 무지하다 한들 착취와 속박의 진흙탕 사회에서 탈출하려는 자가 위와 같이 적지는 않을 것이다. 여기에서 압박과 방해가 예상되는 것이다.

내지에서도 이전까지는 관헌이 기루 주인들의 편이 되어 도주한 여성을 잡아오는 악습관이 있었지만, 최근에는 점차 이러한 자취를 끊으려고 한다. 그런데 조선에서는 1926년 경(警) 제702호 「예창기 단속 도주자의 취급 방법에 관한 건(藝娼妓取締逃走者取扱方ニ關スル件)」이라는 통첩이 나왔음에도 불구하고 변함없이 폐풍에서 빠져나오지 못하는 것은 심히 유감이다라고 말하지 않을 수 없다. 자유 폐업에 관한 졸고가, 이러한 폐습 타파를 위해 조금이라도 도움이 된다면 매우 기쁠 것이다.

자유 폐업은 범죄가 아니고, 비윤리적인 일도 아니다. 이는 예창기에게 주어진 정당한 권리다. 그녀들이 백색 노예가 아니라, 한 명의 인격자인 한 당연히 누려야 할 권리인데, 그 근거는 두 가지 면에서 설명할 수 있다. 곧 법률적인 면과 경제적인 면이다.

먼저 법률적 근거에 대해 살펴보겠다.

메이지유신 이후 우리 제국에 노예는 존재하지 않는다. 하물며 인간으로서 일본 땅에서 사는 이상, 출생과 함께 인격이 인정된다. 일본에는 남북전쟁 이전과 같은 노예가 없다. 예창기도 일본인인 이상 백색 노예가 아니다. 1명의 인격자인 것이다. 따라서 그들을 죽이면 가해자는 살인범으로 문책하지 않으면 안 된다. 상해를 하면 상해죄로써 처지하지 않으면 안 된다. 마찬가지로 그녀들에게 가령 전차가 있다고 해서 체포하고 감금하는 것과 같은 일은 법률 차원에서 허가하지 않는 것이다.

따라서 에토 신페이(江藤新平)는 "인신을 매매하는 것은 예전부터 제도로 금지해 온 바, 연기 봉공 등 여러 가지 명목으로 그 실상이 매매와 같은 것과 같은 일(業)에 이르는 것에 대하여, 창기, 예기 등 고용인의 자본금은 가로채어 숨긴 돈(贓金)으로 간주한다 운운"으로 메이지 초기에 갈파하고, 대심원은 "신체의 구속을 목적으로 하는 계약은 자유계약의 범위 밖이라는 점에서 당연히 무효다", "창기가 가시자시키 영업자에 대해 일정한 연기(年期) 중 노무에 따르게 하는 계약은 법률에서 무효다", "가시자시키 영업자와 창기 사이에는 금전대차의 계약과 신체를 구속할 목적으로 하는 계약은 각자 독립하여 신체구속을 목적으로 하는 계약은 무효다" 등으로 판결하고, 사이고(西鄕) 도쿄 지방재판소장은 국제연맹 조사원에게 "우리나라에는 메이지 초기 이후부터 이미 인신매매금지 법령에 있어서 인신매매의 사실이 전혀 없다"고 호언장담했던 것이다.

조선에서도 일찍이 어느 지역의 대금업자가 경찰서보다도 큰 유치장을 가지고 빚을 갚지 않는 자를 구금했다는 옛날 이야기를 듣고, 필자 같은 젊은 자는 이상하게 생각했다. 현재에도 이와 마찬가지로 문명사회에 존재하지 말아야 할 것이 남은 것은 아닐까. 예기나 창기가 빚을 갚을 수 없다고 해서 그녀들을 무리하게 생업(稼業)을 하도록 하는 것이라면 이는 옛날이야기에서 듣는 악덕 고리대금업자의 소행과 서로 다르지 않은 것이다.

따라서 고지식한 사람은 다음과 같은 의문을 가질 것이다. 곧 "아무리 예기나 창기라고 해도, 돈을 빌릴 때는 빌려 놓고 마음대로 생업을 그만두는 것은 포주에게 미안한 일이지 않을까. 법률로는 가령 옳다고 해도, 의리 없는 일이지 않은가"라고 말이다. 예기나 창기를 하는 것이 사회를 위한 것이라면 법률을 위반하고 의리에 따르는 것이 허락된다고 할지도 모르지만, 이렇게 빚이 있는 사람을 정녕 그 정도 법률의 요구를 거부하면서까지 인정해야 하는 것일까. 이 문제가 자유 폐업의 경제적 근거다.

고스게 전 경시청 보안과장은 말한다. "창기가 손님으로부터 받은 돈 중에, 음식물의 대가 등은 물론 전액 기루 주인의 소득이 되고 아게다이(揚代)[33]는 … 통상 전액의 75%를 기루 주인의 소득으로 받는다. 15%가 전차금의 변제에 충당되며 겨우 10%가 창기 자신의 것이 되는 것이 보통이다. 의복을 비롯하여 화장품이나 기타 잡비는 그 안에서 지불하지 않으면 안 된다. 그리고 여기에는 전통적인 낭비되는 비용(冗費)이 여러 가지 형태로 창기에게 부과된다. 따라서 창기 중에서 생업 연한 중에 그 전차금을 상환할 수 있는 자는 오히려 예외라고 할 수 있을 것이다. 돈을 벌어도 벌어도, 빚에서 빠져나올 수 없을 뿐만 아니라, 경우에 따라서는 점점 전차금이 증가하는 것을 보는 자도 적지 않다. 이야말로 문자 그대로 착취이고 더욱이 그 착취가 사람의 무지와 생활의 궁핍함에 편승해서 이루어지는 사실에 대해서는 인도주의를 표방하는 사람이 아니더라도 불쾌감을

---

33   화대를 말한다.

동반하지 않고는 직시할 수 없다." (주)

(주) 『경찰협회잡지』 388호, 33쪽 참조.

다음으로 구사마 야소오(草間八十雄)[34] 씨의 조사를 소개하고자 한다.
"오사카의 예를 보면 기루 주인 40%, 창기 60% 분배로 되어 있지만, 나아가 이면을 돌아보면 결코 좋은 대우라고 할 수 없다.

1923년, 전차금 1,750엔으로 고용된 자

	8월 28일 부터	9월	10월	11월	12월	합계	1개월 평균
손님 수 (사람 수)	13	66	81	41	93	294	58.8
창기 아게다이(揚代)금(엔)	28.20	187.20	235.50	135.45	300.60	886.95	177.38
아게다이금 소득별(엔)							
기루 주인 소득	11.28	74.88	94.20	54.18	120.24	354.78	70.98
창기 소득	16.92	112.32	141.30	81.25	180.36	532.15	106.43
창기 부담 제비용 월간 목록(엔)							
부금(賦金)	-	2.15	1.08	2.15	-	-	-
식료	1.68	13.00	6.50	13.00	-	-	-
목욕료	0.20	1.50	0.75	1.50	-	-	-
의상손료	3.38	28.46	28.26	16.25	36.75	-	-
침구손료	0.88	6.50	6.50	3.25	6.50	-	-
이발료	-	1.50	1.50	1.00	-	-	-
석(席)비	1.83	13.75	13.75	6.87	14.50	-	-
곽(郭)비	-	1.20	1.20	1.20	1.20	-	-

---

34 구사마 야소오(草間八十雄, 1875~1946). 치쿠마(筑摩, 현재 나가노)현 출생. 1899년부터 1903년까지 경시청 근무. 주오(中央)신문, 도쿄니치니치신문, 니혼신문의 기자를 지내고 내무성 촉탁으로 일했다. 1922년에는 도쿄시 사회국 촉탁으로 일했으며 1933년에는 도쿄시 유소년보호소장에 취임했다. 신문기자로 일하면서 부랑자와 예창기 등 사회 하층민의 삶을 조사했으며, 도쿄시에서 일하면서 사회조사를 계획하고 빈곤층의 생활 상태나 약자 학대 실태를 밝혀내어 사회사업의 기초를 세우는 데 기여했다.

약가(藥價)	-	21.00	11.80	19.79	29.00	-	-
이자(利息)	2.18	21.85	21.77	31.43	21.45	-	-
잡비	-	20.00	10.00	10.00	21.00	-	-
합계	10.15	124.91	111.43	88.11	147.05	573.00[35]	114.60[36]

이 여자는 꽤 팔리는 녀석이라고 생각되지만, 수입은 1개월 평균 106엔 43센이고, 지출은 114엔 60센이므로, 1개월에 8엔 17센씩 부족하다. 교쿠다이(玉代)[37]만으로 4개월 3일 동안 기루 주인의 몫으로 354엔 78센의 수입을 얻어, 그 외에 자신의 몫인 532엔 15센도 착취되어, 결국 40엔 75센의 빚이 증가했다. 6년간 일하면 놀랍게도 교쿠다이만으로 21,045엔 51센을 벌어서 기루 주인을 배부르게 하고 자신은 결국 815엔 76센의 빚을 늘린 셈이다." (주)

(주) 『홍등하 그녀의 생활(紅燈下の彼女の生活)』, 230쪽 이하 참조.

도리하라 시게유키(鳥原重行) 씨의 『울지 않는 새장의 새(鳴かぬ籠の鳥)』를 보면 85쪽 이하에 창기의 피를 빨아먹는 수지 계산법에 대해서, 착취의 실례를 많이 소개하고 있다.

야마무로 군페이 씨의 「사회확청론(社会廓清論)」에 의하면 100명의 창기 중에서 전차금을 스스로 변제하는 사람은 겨우 26명이고, 그중에서 전차금이 늘어난 사람은 18명, 줄어든 사람은 8명인 것은 이미 소개했는데 실로 전차금에 대한 계산 등은 멋대로인 것이다. 무지하고 약한 부녀자를 상대로 백련천마(百鍊千磨)[38]의 포주나 기루 주인이 하는 시합이기 때문에 처음부터 승부는 정해져 있다.

예기작부예기오키야영업단속규칙과 가시자시키창기단속규칙에서도 대차계산부를 2책 만들어서 1책은 예창기 단속에 교부하고, 경찰관이 이를 검사하는 것으로 되어 있지만 꽤 충분하게 손이 닿은 것도 아니다. 그중에는 이중장부를 작성하고 있는 녀석도 많이 있는 듯 하여, 또한 속아도 무지한 여자들은 전혀 알 수 없게 하는 것이다.

---

35 창기 부담 비용 5개월간의 합계를 표기한 것으로 보이나, 실제 계산(481.65)과는 맞지 않는다. 원문에 따라 표기한다.
36 5개월간의 합계 573.00엔에 대한 1개월 평균이다.
37 화대를 말한다. 아게다이, 교쿠다이, 화대인 하나다이(花代)가 모두 같은 성격의 것으로 지역마다 부르는 것이 다른 것이다.
38 갖은 일을 겪으면서 단련된 것을 말한다. 이 글에서는 '닳고 닳은'으로 번역해도 좋을 듯하다.

얼마 전에도 우연히 경찰서장 두 명과 이 문제를 이야기했지만 한 명은 "전차금이 도무지 상환되지 않는 형태로 되어 있네요"라고 하고, 다른 한 명은 "정말 심한 착취를 하고 있습니다. 나쁜 일당을 하나 잡도록 하죠"라고 말했다.

여기서 주의해야 하는 것은 기루 주인 대부분이 고리대로부터 빚을 지고 영업을 하고 있다는 것이다. 필자는 만주에서 이 사실에 놀랐다. 곧 어떤 시의 유곽에서는 1채의 기루 주인으로부터 다른 기루 주인들이 높은 고리로 빚을 져서 결국 그 곽 내의 기루 주인도 여자들도 대부분이 얼음 1명을 위해서 착취당하고 있었다.

경시청 전 보안과장 후쿠미 다카오 씨는 저서 『제국 도시의 매음 연구』에서 다음과 같이 서술했다.

"가시자시키 영업자의 대부분은 거의 고리라고 불리는 높은 이자의 돈을 빌리고 있다. 곧 창기의 전차와 같은 것은 물론, 심하게는 영업용 가옥의 건축비나 영업용 가구의 구입비까지 하루에 7, 8센에서 12, 13센까지 이자를 내고 빌리는 경우가 적지 않다 운운."

또한 조선에서 경찰부장을 지낸 아무개 씨도 이 사실을 말했다. 경찰관 여러 명이 그 토지에서 이러한 사실이 있는지 없는지 조사하면 흥미 있는 결과를 발견할 수 있을 것이다.

영업자들이 고리대에 속박되어도 이는 독을 독으로서 제거하는 것과 같은 것으로 자업자득이라고 할 수 있지만 이러한 고리대들을 위해 가련한 부녀의 생피가 빨리는 것과 같은 일이 있다면, 인생 여기에 지나는 비참한 일은 적다고 할 수 있을 것이다.[39]

자유 폐업에 대한 조치에 대해서는 다음 호에서 자세히 말하기로 하고, 이번 졸고도 일단 종료하도록 하겠지만, 자유 폐업의 법률적·경제적 근거의 좋은 자료로서 도쿄제국대학 교수인 호즈미 시게토(穗積重遠)의 민법 강의 한 구절을 인용한다.

"요즘 공창 폐지라고 하는 문제가 일어나고 있지만, 공창 폐지의 선악은 여러 가지 관계가 있는 문제이기 때문에 일률적으로 말할 수 없다. 나는 이치에서 말해, 공창라고 하면 폐지해야 한다.

과연 그 때문에 풍속이 문란해질지도 모르지만 이는 서로 삼가야 하는 것으로, 공공연하게 인신매매

---

39 위 번역문이 말하고자 하는 것은 고리대에 여성들의 생피가 빨리는 일이 인생에서 가장 비참한 일이라는 것이다.

제도를 국가가 인정하는 것은 어떻게 말해도 좋지 않다. 가령 폐지 결과 폐해가 있다고 해도 공창제도는 그만해야 한다고 생각한다.

현재 법률 문제가 되는 경우 어떻게 처리해야 하냐고 하면, 재판소는 자유 폐업을 시인한다. 그리고 기루 주인 쪽에서 몇 년 일한다는 약속이 있으므로 이쪽에 돌아와서 일해야 한다고 나오면, 재판소는 그런 식으로 인신을 구속하는 계약은 인정하지 말고, 싫으면 그만두는 것이 마땅하니 자유 폐업을 인정한다는 재판을 한다. 그 이유는 많이 변하여 나아가기는 했지만, 재판소는 이를 전차와는 다른 문제로서, 돈을 빌린 것은 바로 빌렸으니까 갚아야만 하고, 그러니까 그만두는 것은 자유이지만 돈은 갚아야 한다. 이렇게 말하는 것이 지금의 재판소의 태도다. 대단히 이론에 통달한 것 같지만, 여기에서는 역시 연기(年期)대로 일하지 않으면 안 된다, 혹은 매우 괴롭게 돈을 변통해서 마련하지 않으면 안 되기 때문에 진정으로 구제할 수 없다. 진정한 구제를 하기 위해서는 에토 신페이(江藤新平)처럼 철저하게 하지 않으면 도움이 되지 않는다.

기루 주인과 창기 사이의 계약 관계를 충분히 연구하는 것은 아주 흥미로운 문제지만, 상당히 비밀로 하는 것이 많아서 연구하기가 어렵다. 결국 전차라는 것은 쉽게 갚을 수 없는 구조로 되어 있는 것이다. 그리고 그 사이에 창기가 일하는 기루 주인을 불리기 때문에 증빙 문서로는 전차가 남았는지 알 수 없지만 실제는 전차 따위는 진작에 갚은 것이다. 이 점은 재판소도 잘 생각하지 않으면 안 된다. 신체를 구속하는 것은 무효이지만 전차는 유효하다는 것은 충분한 당위를 얻는 재판이 아니다. 그 창기의 전차가 남아 있는지 어떤지 일해서 갚고 있는지 어떤지 보고 판단하지 않으면 안 된다."

경찰관강습소교수 마스다 미치요시,
공창제도 및 예창기 자유 폐업에 관한 약간의 고찰자료 (9)
警察官講習所 敎授 增田道義,「公娼制度並に芸娼妓自由廢業に関する若干の考察資料」,『警務彙報』343, 1934. 11.

제一. 시사 문제로서 공창제도(작년 7월호)
제二. 공창제도의 존재 이유(작년 8월호)
제三. 공창제도에 관한 법률과 사실의 괴리(작년 9월호)
제四. 공창제도 존폐론(작년 11월호)

제五. 공창제도의 운용과 창기 계약에 대한 간섭(작년 12월호 및 올해 2월호)
제六. 공공의 질서와 선량한 풍속의 측면(公序良俗)에서 본 예창기 계약(3월호)
제七. 자유 폐업의 법률적·경제적 근거와 그에 대한 조치(9월호 및 본호)
제八. 경찰에 대한 종래의 비난과 경찰관이 취할 수 있는 태도(본호)

제七. 자유 폐업의 법률적·경제적 근거와 그에 대한 조치(계속)

자유 폐업은 전 호에서 말한 것처럼 법률적으로, 경제적으로 보는 것보다 실제로 예창기에게 주어진 정당한 권리인 것으로, 그녀들이 이 권리를 제대로 행사하도록 하기 위해서는, 도와주지는 못할지언정 방해해서는 안 될 것이다.

그런데 예창기들이 포주나 고용주와 전차금에 대해서 조율하지 않고, 경찰관서에 폐업을 신청할 때, 그것이 거부당하는 일은 없을까?

또한 예창기들이 자유 폐업을 할 때, 포주들이 보호신청을 한 경우, 경찰이 신속하게 손을 써서 그녀들을 잡아서 신청인에게 인도하는 사실이 이루어지지는 않을까?

불행히도 필자는 이러한 사실을 경찰관 동료로부터 듣거나 신문 지면을 통해 접하고 있다.

이는 과연 적법하고 타당한 조치일까. 아니다. 이는 법률을 위반하고 상사의 명령에 반하는 일이다. 독자는 다음의 통첩을 이미 알고 계시겠지만, 여기에 인용하는 것을 양해해 주시기 바란다.

◎ 예창기, 작부 도주자의 취급 방법에 관한 건(藝娼妓酌婦逃走者取扱方ニ關スル件)
　[1926년 8월 경(警) 제702호]

지금까지 예창기, 작부, 고용녀 등의 도주에 대해 포주나 고용주가 제출한 신청에 대해, 경찰 관리가 공권력을 행사하여 그를 잡고 신청자에게 인도하는 경향이 있는 바, 유괴 등의 경우, 그들 부녀의 보호나 전차금 사기 등 범죄 행위에 따른 경우 외에 단순히 민사(民事) 차원의 계약 위반에 강제로 조치하는 것은 온당하지 않을 뿐만 아니라 자칫하면 경찰의 입장을 오해하게 할 염려도 있어 경찰의 공정한 취지에 어긋납니다. 시세의 추이를 감안하여 오히려 이를 피해야 하며 무엇보다도 이들의 소재를 발견했을 때 계약자유의 정신을 몰각하지 않는 범위에서 적당하게 설득하는 것이 큰 지장이 없을 것입니다. 이에 생각하심에 대해 그 주변을 잘 살피고 적절하게 조치하시기를 바라며 통첩드립니다.

이 통첩과 같은 것은 이마무라 도모 선생의 말에 의하면 여러 차례 발신된 것이다. 여러 차례 발신되었음에도 여전히 바뀌지 않은 폐해가 경찰계에 있는 것을 예상할 수 있는데, 지금도 과연 이 통첩대로 조치되고 있는 것일까.

이른바 도주한 예창기를 경찰관이 잡아서 포주들에게 인도하는 것은 민사 차원의 계약위반에 간섭하는 것으로, 온당치 않고 시대착오적인 경찰의 입장이 오해되는 것이다. 다만, 부녀들이 악인에게 유괴되었을 때, 또는 전차금 사기 등 범죄를 감행한 경우에는 경찰로서 그녀들을 보호하기 위해서 유치하거나 잡는 것은 당연하다. 그러나 이 경우라도 그녀들이 폐업의 의사를 발표했을 때는 폐업하도록 해야 하며, 포주들에게 인도할 이유는 없다. 유괴, 사기 등의 경우에 경찰 관리가 공권력을 행사할 수는 있지만 신청자에게 인도해야 한다고는 통첩에 나와 있지 않다. 통첩은 앞부분 내용만으로 충분했다고 생각된다. "무엇보다도 그들의 소재…" 이하는 없는 것이 나았을 것이다.

일찍이 요시와라의 한 창기가 어느 손님의 희롱 말을 진심으로 받아들이고 신속하게 폐업한 뒤 그의 집에 방문했을 때, 없어야 할 아내와 아이가 있고, 또 커다란 저택이 9척 두 칸의 협소한 방이었으며, 그는 부잣집 도련님이 아니라 목수여서, 약속대로 그와 결혼할 수 없었다. 그러나 이제 다시 원래의 가시자시키에 돌아가는 것도 불가능해서 어쩔 수 없이 울면서 경찰서에 갔다. 결국 원래 기루 주인이 인수받는 것으로 이야기는 끝났다. 이러한 것은 창기도 창기지만, 경찰서도 너무 담백하다. 폐업 후에 갈 곳이 없는지, 누군가에게 속은 것은 아닌지 정도의 천착은 필요했다. 경찰 관리도 계약의 자유에 반하지 않고 또 적당한 범위에서 그녀들의 상담을 해 주는 것이 오히려 당연할 것이다. 그러나 이때 "빚이 있는데 일(稼業)을 그만두는 것은 어째서인가?"라든가, "이것으로 기루 주인에 대한 의리를 다한 것인가?" 등으로 설유하면서 나아가서는 "강제적으로 조치"하여, 민사관계 불간섭의 경찰 원칙에 반하고, 경찰의 위신에 상처를 입히는 일이 있는데, 경찰관리 중에 이러한 조치를 '적당하게 설득'하는 것이라고 오해하는 사람도 있는 것은 이 통첩이 실제로 폐해를 조장하는 것이 되어, 모처럼의 통첩도 용두사미의 것으로 끝난다. 주의해야 할 것이다.

경시청도 지금까지는 기루 주인과 협력해서 도주한 예창기를 잡으려고 했지만, 최근에는 사회 흐름의 진보를 자각하여, 역시나 자유 폐업에 대한 조치를 개선했다. 1931년 6월 30일에 보안부장은 각 경찰서장에게 다음과 같은 통첩을 발했다.

◎ 창기 명부 삭제 신청 취급 방법에 관한 건(娼妓名簿削除申請取扱方ニ關スル件)

창기 명부 삭제 신청에 관해서는 내무성령 창기단속규칙의 규정에 따라 취급하고 있지만, 지금까지 자주 앞의 신청을 수리하면서, 창기가 전차금을 변제할 때 가시자시키 영업자와 본인, 또는 본인의 보호자 등 사이에서 분쟁 해결에 개입하고, 그 해결을 기다린 후에 비로소 명부에서 삭제하는 예가 많았습니다. 이를 생각하는 바 위는 그 결과로서 해당 규칙 제5조 제3항과 제6조 규정의 취지에 배반할 우려가 있음으로, 이제 이러한 신청 처리를 할 때에는 민사의 채권·채무 관계를 확연히 구별하여 조사한 결과 그 신청이 본인의 진정한 의도에 기초하고 또한 사기나 유괴, 기타 범죄를 구성하는지 의심되지 않는 경우는 지체없이 명부에서 삭제하여 과오가 없을 것을 기하기를 바라며 명에 따라 통첩드립니다. (주)

(주) 창기단속규칙 제5조 제3항은 '경찰관서는 창기 명부 삭제 신청을 수리할 때 즉시 명부를 삭제해야 한다', 또 제6조는 '창기 명부 삭제 신청에 관해서는 누구도 방해할 수 없다'다.

위의 통첩에 따라 경시청에서는 전차금의 변제 여부에 관계 없이 창기 명부에서 삭제하는 것으로 된 것은 종래의 과오를 개선한 것이지만, 유괴, 사기 등 범죄를 구성한다고 의심되는 경우를 예외로 한 것은 오랜 공로를 한 번의 실수로 허사로 돌아가게 한다(九仞の功を一簣に欠く)고 느끼지 않을 수 없다. 왜냐하면 자유 폐업을 지원하는 창기에게 사기 기타의 나쁜 일이 있는지 또는 타인으로부터 유괴되었다고 해도 범죄의 처벌 내지 보호의 문제와 폐업의 문제는 전혀 별개의 문제여서 범죄에 연루되었다든가 속았다고 해서 창기에게 매음 생업을 계속하라는 것을 국가기관이 강제하는 것은 매우 이상한 일이 아니지 않을까.

그녀들의 생업 폐지는 폐업의 의사를 발표할 때 그 효력이 발생하고, 경찰관청의 명부 삭제, 신청서 접수 등에 의해 효력이 발생하는 것이 아니다. 이는 내지에서는 의문이 있는 바이고, 경찰 관리 중에는 삭제하기까지는 폐업이 아니라는 오해가 있지만, 마쓰이 시게루 박사, 사사키 소이치 박사 등은 필자와 같은 의견이다. 조선에서는 다행히 문제가 없는 바다. 왜냐하면, 예기작부예기오키야영업단속규칙 제7조와 가시자시키창기단속규칙 제29조의 기록된 문장을 보아도, 예창기는 폐업한 후 10일 이내 또는 즉시 경찰서장에게 제출하는 의무를 지우고 있는 것이며, 경찰서장의 명부 삭제나 신청 접수에 의해 폐업하는 것이 아니기 때문이다. (주)

(주) 『경찰협회잡지』 397호 소재, 마스다 가네시치(增田甲子七)[40] 저, 농중조 해방 우연한 감상(籠の鳥解放偶感)
마쓰이 시게루(松井茂)[41] 박사 저, 『경찰독본(警察讀本)』, 281쪽;
사사키 소이치 박사 저, 『일본행정법 각론』, 100쪽 참조.

×

자유 폐업과 관련해서 발생하는 전차금의 사기, 영업방해, 무허가 외출의 문제에 대해서 간략하게 정리해 둔다.

×

경찰관 중에는 자유 폐업을 바로 '전차 사기'라고 오해하고, 예창기가 자유 폐업하려고 할 때, 사기죄로 고발한다고 설유(說諭)하는 자가 있다고 하지만, 예창기도 좋은 사람만 있지 않다. 그중에는 강한 자도 있으니까 전차금 사기를 감행하는 자도 없지는 않지만, 자유 폐업과 전차금 사기는 별개의 문제다. 예창기에게 주어진 정당한 권리행사인 자유 폐업이 전차금 사기라는 오명을 쓰는 것은 참을 수 없다. 모든 자유 폐업이 전차 사기라고 하면, 예창기들은 문자 그대로 노예이고, 쇼와(昭和)의 성스러운 시대에 국가가 노예를 공인하는 것이 된다. 다음에 전차 사기에 관한 여러 나라의 설을 인용해서 자유 폐업과 서로 다르다는 점을 설명하여 참고하고자 한다.

난바 모쿠사부로(南波杢三郞)[42] 씨의 『최신 범죄수사 일법(最新犯罪搜査一法)』 292쪽에 의하면, "전차 사기라는 것은 실로 고용될 의사가 없음에도 불구하고 고용계약을 맺고 급여 등을 전차 명의로 수령 편취하는 사기 수단이다. 사건에서 많이 보이는 것은, 작부나 예창기 같은 이들이 거액의 돈을 전차 명의로 편취하고 다만 미안한 척 며칠간 일한 뒤에 야밤에 몰래 도주하거나, 잠시 일이 있다고 속이고 외출 끝에 행위를 감추는 일이 있다. 이렇게 여러 현(縣)을 거친 후, 이 음모의 흑

---

40 마스다 가네시치(增田甲子七, 1898~1985). 나가노현 출생으로 교토제국대학 법학부를 졸업했다. 내무 관료로 일했으며 종전 후에는 정치가로 활동하며 내무관방장관 등을 지냈다.

41 마쓰이 시게루(松井茂, 1866~1945). 히로시마현 출생으로 도쿄제국대학 법대를 졸업했으며 독일법과 경찰법을 연구했다. 1893년부터 내무성의 경찰 관료를 지냈으며 1907년에는 한국 내부의 경찰국장이 되었다. 1911년 시즈오카현 지사, 1913년 아이치현 지사를 지내고, 1918년 경찰강습소 창설에 주력하여 1919년 경찰강습소장이 된다. 일제 시기 대표적인 경찰 관료로서 경찰법 입법에 주력했다.

42 난바 모쿠사부로(南波杢三郞, 1883~1967). 1908년 도쿄제국대학 법학부 졸업. 판사와 검사 등을 지냈으며 이후 내무관료가 되어 경보국에서 근무한다.

막인 정부(情夫)와 함께 예정대로 동거한다. 따라서 이러한 종류의 범행은 함께 공범자가 있는 것이 보통이다."

나카무라 요시마사(中村義正) 씨의 『범죄예방의 이야기, 사기(犯罪予防の話 詐欺)』 125쪽에 의하면, "몇 년간 돈을 벌어서 변제한다는 계약을 하고 전차하면서 연한이 되기 전에 그곳을 도주하여 다른 곳에 다시 옮겨 살거나, 그곳을 떼어먹고 다른 곳으로 옮겨가는 것을 말하는 수단이다. 이는 어떻게 보면 사기가 아니라 단순히 대차 관계의 민사 사건인 부분이 있지만, 상습범은 사기로 봐도 차질없다."

와타리 마사미(渡正監)[43] 씨의 『경찰행정의 이론과 실제(警察行政の理論と実際)』 116쪽에 의하면, "자유 폐업과 관련해서 간과할 수 없는 것은 사기죄와의 관계다. 곧 창기 생업을 할 의사가 있다고 믿게 하여 전차를 사취한 후, 자유 폐업을 하고, 이후에 이를 반복하는 경우 부정취득 사기와 채무 완제, 창기 생업의 의사로 계약하는 중도에 자유 폐업하고 새롭게 다시 같은 생업을 하여 필경 전차를 떼어 먹기 위해 폐업에 이르는 경우가 그것이다."

그리고 노무라 카오루(野村薰)[44] 씨의 『범죄 수사 강의, 수법 편(犯罪捜査講義案 手口編)』 178쪽과 가타다 타다요시(堅田忠美) 씨의 『형법 실론 각론(刑法実論各論)』 122쪽도 참고가 된다.

×

자유 폐업과 '영업 방해'에 관해 다음과 같은 오해가 있기 때문에 판결에 주의하지 않으면 안 된다. 곧 1928년 2월 6일 대심원 제2형사부는 판결 이유 중에 "… 가시자시키 업자가 … 창기를 계약기간 내에 자신이 경영하는 가시자시키에서 창기 생업을 하게 하고, 그 수익금을 자신에게 빌린 채권 변제에 사용하여 가시자시키 영업을 하는 경우, 제3자가 허위 계산을 하여 창기를 도망가게 하고, 앞에서 말한 가시자시키에서 창기 생업을 휴업하도록 하는 경우, 이러한 불법으로 가시자시키 업자의 채권을 침해하여 그 업무를 방해하는 것에 다름아니며, 가령 창기의 도주 의도에 편승해서 이를 서로 모의하고 도주하게 한 경우라도 업무방해죄를 구성하는 것으로 한다. 운운"이라

---

43 와타리 마사미(渡正監, 1897~1953). 1921년 도쿄제국대학 법학부 정치학과 졸업. 문관고등시험에 합격한 후 내무 관료로 일했으며 1941년부터 재중국 일본대사관 참사관으로 전근하여 1942년부터 상하이 공동조계 경시총감을 겸했다. 종전 후에 공직에서 추방되었다.
44 노무라 카오루(野村薰). 1920~1930년대 식민지 조선의 경기도 경찰부 형사과와 순사교습소 등에서 경부와 경시로 일했다. 1927년에 경성에서 『조선즉결범죄의 이론과 실제』를 펴내기도 했다.

고 서술했다.

　이 판결에 의하면 적어도 창기를 도와 도주하도록 한 사람은 조로야의 업무를 방해한 것이 되어, 구세군이나 확청회 사람들이 자유 폐업을 원조하거나, 부인홈이 도망쳐 온 창기를 보호하는 것도 업무방해로서 처벌할 수 있는 것처럼 보인다. 가시자시키 영업자에게는 도깨비에게 금방망이를 주는 것으로 뜻있는 선비나 어진 사람에게는 자못 폐가 되는 판결이다.

　그러나 걱정할 필요는 없다. 그럼으로 이 판결을 오해하거나 확장하거나 악용해서는 안 된다. 왜냐하면, 이 판결은 아주 특수한—어떻게 해서든 처벌해야 한다고 생각하게 만드는—사건을 대상으로 하는 것이기 때문이다. 곧 이 사건은 조로야 동종 업자들의 싸움에서 유래한 것이다. 오카야마현 구라시키시(倉敷市)의 조로야 갑과 을 사이에 어느 사건으로 일어나 결국 갑은 을의 영업을 방해하기 위해, 을 쪽의 창기 두 명을 도주시키고 약 20일 동안 휴업하게 한 것을 을이 업무방해라고 고소한 것이다. 따라서 사건만 적용하면 이 판결이 타당하여 조로야 동종 업자가 타인의 업무를 방해하는 것은 물론 좋지 못한 일이다. 그러나 업무방해를 목적으로 하지 않고 오로지 예창기 그 사람을 고해에서 구출하려는 인도적인 훌륭한 동기를 가진 행위는 어떠한 처벌도 받을 이유가 없다. 구세군, 기타 자유 폐업을 돕는 사람들까지 벌하는 것이 아닌 것이다. (주)

　(주) 스에히로 이즈타로 박사, 『법창만담(法窓漫談)』, 183쪽 이하 참조.

×

　자유 폐업을 위해서 창기가 도주한 경우 이를 '무단(無屆) 외출'로 처벌할지 말지의 문제가 생긴다. 내지에서는 창기단속규칙 제7조 제2항이 삭제되었기 때문에 이 문제가 없어졌지만, 조선에서는 가시자시키창기단속규칙 제20조가 존재한다는 것을 설명해 두겠다.

　제20조에서 창기의 거주 지역을 한정하고 지역 밖으로 나가는 외출 허가가 필요한 것은 원래 풍기를 유지하기 위한 것에 다름아니다. 자유 폐업을 결의하여 도망치는 경우는 풍기를 해칠 우려가 없으므로 이를 처벌하는 것은 무의미하다. 범죄의 구성 요건을 구비하고 있다고 해서 처벌하는 것은 위법이라고 할 수 없지만, 비상식이라는 비난을 면하지 못할 것이다. 입법론은 이러한 봉건적 조문은 내지에 뒤처지지 않게 한시라도 빨리 삭제해야 할 것이다. 이러한 조문이 존재하기 때문에 비상적인 적용을 볼 우려도 생기는 것이다. (주)

(주) 『경찰연구』 2권 7호, 118쪽; 『자유 폐업을 위한 도주와 무단 외출(自由廢業の為にする逃走と無屆外出)』 참조.

제八. 경찰에 대한 종래의 비난과 경찰관이 취할 수 있는 태도

공창제도와 자유 폐업에 대해서는 종래 사회 각 방면에서 경찰에 대한 비난공격이 있었다. 오해에 기초한 비방과 중상도 있지만, 급소를 찔러 우리들이 충분히 반성할 가치가 있는 것도 있다.

×

야마무로 군페이 씨가 쓴 『공창제도의 비판』의 일부 내용이다.

"… 왜 폐업을 원하는 창기가 관할경찰서에 출두할 수 없거나 또는 출두하는 것을 좋아하지 않을까에 대한 첫 번째 이유는, 경찰관이 가시자시키 업자와 함께 폐업을 방해하기 때문이다.

창기단속규칙에는 '경찰관서에 창기 명부 삭제 신청을 수리할 때는 바로 명부를 삭제하는 것으로 한다'라고 되어 있다. 따라서 경찰관은 그 수속을 하지 않고 오히려 가시자시키 업자나 고용인 등이라고 불리는 그들과 함께 교대로 3시간이든 5시간이든 창기에 대해 이른바 설유(說諭)하고, 또는 압박하여 그들이 폐업을 생각하지 않도록 하기 위해 전력을 다한다는 것은 어쩐 일인가. 심지어는 명부 삭제를 신청하러 온 창기를 구류하고 질타해서 신청을 취소하게 만들고, 가시자시키 업자를 불러 경찰이 뒷문으로 끌고 돌아가게 하는 것과 같은 일은 시종 일어나고 있는 사건이다….

가시자시키 업자와 고용인들은 항상 폐업하려는 창기를 압박하고, 협박하고, 발로 차거나 짓밟거나 하여 방해하고, 그러한 일을 자택에서 할 뿐만 아니라 경찰서에서 할 수도 있다. 그런데 그들이 한결같이 '3개월 이하의 징역'이나 '100원 이하의 벌금'에 처해졌다는 말을 듣지 못하는 것은 어떠한 이유일까. 아니 오늘날에는 창기가 명부 삭제의 신청을 할 때 이를 방해하는 장본인은 대개 경찰과들이다. 그들은 규칙대로 '즉시 명부를 삭제하는' 대신에 갖은 방해를 시도하고, 또 압박하고, 그들이 어쩔 수 없이 이제 다시 돌아가서 창기를 하지 않으면 안 되는 것처럼 처신하는 것이다. 참으로 이유를 알 수 없는 취급을 한다고 하지 않을 수 없다."

"실제로 이 사건과 같이 구세군의 사관(士官)이 창기의 의뢰에 응해 함께 경찰서에 갔음에도 불구하고, 경찰관은 창기를 향해 '이 1,200여 엔의 빚을 어떻게 할 것인가?'라고 하며 2시간에 걸쳐 이른바 '설유'를 시도하여 그녀가 의지를 번복하도록 백방으로 설득했다. 경찰관은 또한 가시자시키 업자에게 전화하여 호출하고, 가시자시키 업자는 그 고용인 등 10명 이상의 사람을 데리고 와서 창기를 협박하고 어르고 갖은 수단을 강구하여, 그를 유곽으로 데리고 돌아가기 위해 진력했다. 이와 같은 일은 많이 있어서 비슷한 사실 중 하나에 불과하다. 또한 어째서 경찰관이, 언제든지 예로부터 이어져 온 인신매매의 나쁜 관습에 집착하고, 가시자시키 업자의 채권에만 마음을 써서 수많은 불행한 부인들을 살아 있으면서 죽은 것과 같은 고통 속에 번민하게 하는 것인지 라는 것을 충분히 상상할 수 있을 것이라고 생각한다."

×

미야다케 가이코츠(宮武外骨)[45] 씨의 『일본 즈츠미 경찰서와 구세군 칼집(日本堤警察署と救世軍鞘當)』의 한 구절이다.

"도쿄아사히신문에 '경찰의 개조'라는 제목의 사설이 있다. 한 구절에, … 인신매매를 부인하는 문화국가가 공창제도를 존치하는 모순을 자유 폐업으로 간신히 호도하면서 자유 폐업의 신청은 "스스로 경찰관서에 출두하지 않으면 수리하지 않는 것"으로 하고, 출두하면 말을 바꾸어서 구류하고, 결국에는 기루 주인에게 인도해서 '창기 명부 삭제를 신청할 때는 누구도 방해할 수 없다'는 창기단속규칙에 경찰관이 스스로 위반하는 것과 같다. (아주 이상한 일이지만) 요시와라만 보더라도 3만 엔의 경찰 구제위로금(救慰金) 기부가 있을 정도로 경찰과 유곽의 관계가 밀접한 것을 생각하면 신기한 일이 아닐지도 모른다 … 는 내용이 있다. 또한 '경찰관은 조로야와 한패다'라고 외치는 신문기자에 의하면 '… 먼저 경찰을 개조하지 않으면 안 된다'고 논하는 내용도 있는데 그렇게 분개해도 소용없다고 생각된다.

요시와라 유곽의 주인(亡八)들은 공화년(共和年)대가 시작한 이래 교토 시마바라(京島原) 유곽의 제도를 모방해서, 유녀의 도주를 막기 위해 통명(通名) '시로베에(四郞兵衛)'라는 것을 두어 대문 입구를 지키게 하고, 칸세에(寬政) 즈음에는 12명이 밤낮으로 교대하여 감시했다. 유녀가 그 관문을 탈출하려고 모모히키(股引)[46]를 입어 옷자락을 걷고 두건을 쓰고 손수건을 가지고 비오는 밤에 붉은색 비옷을 입는 등 남장을 하였다. 그래서

'예쁘장한 남자라고 시로베에가 잡아서'

포주에게 인도하자 주인이나 감독 할멈(遣手婆) 등이 그 유녀를 뒤로 손을 묶고 대들보로 낚아 올려 세

---

45 미야다케 가이코츠(宮武外骨, 1867~1955). 가가와현 출신으로 한학을 공부하고, 많은 출판물을 접하고 집필 활동을 시작했다. 저널리스트로서 정치나 권력 비판 기사를 자주 썼다.
46 통이 좁은 남자 바지.

게 때린 것이다. 그래서

'복장은 남자지만 우는 소리는 여자다'

라고 했다.

이것이 메이지 시대가 되자 어려움 없이 관설의 경찰서라는 것이 생겨서, 문지기를 폐하고, 도망 신청을 내면 신속하게 잡아주는 일을 하게 되어 유곽 주인(亡八)들이 연합하여 매년 적잖은 사례금을 봉납하고 있다. 이를 노골적으로 말하면, 지금의 경찰관은 시로베를 대신하여 유곽들이 사용하는 자다. 여기에서 기루 주인 보호에 열광하는 것도 무리가 아니라는 것을 알 수 있을 것이다."

×

오키노 이와사부로 씨의 『창기해방애화(娼妓解放哀話)』의 일부 내용이다.

"우에노(上野)의 도쇼궁(東照宮)[47]의 신전(社殿) 앞에는 등불이 줄지어 있습니다. 이는 모두 도쇼궁에 신으로 모셔진(東照権現) 도쿠가와 이에야스 공(家康公)의 가신들이 봉납한 것입니다. 히비야(日比谷)의 경시청 앞에 가보면 엄한 동상이 서 있습니다. 이는 경시청의 초대 책임자인 가와지(川路)[48] 대경시님(殿)이라고 합니다. 도쿠가와 막부로 말하면 필경 도쇼궁에 신으로 모셔진 도쿠가와 이에야스 공입니다. 그곳에서 가와지 경시는 볕이 들지 않는 아오야마(青山) 묘지에 매장되어 있는데 이 묘지를 참배해 보십시오. 딱 도쇼궁 앞에 가신들이 등불을 봉납한 것처럼 상야등(常夜燈)이나 돌로 된 토리이(鳥居)[49]가 봉납되어 있습니다. 가장 앞에 있는 커다란 상야등에는 '시나가와 가시자시키 중(品川貸座敷中)'이라고 각인되어 있고, 다음 토리이에는 '스사키 가시자시키 중'이라고 각인되어 있으며, 그중에서도 훌륭한 상야등에는 '신요시와라 가시자시키 중'이라고 각인되어 있습니다. 경시청의 초대 가와지 대경시님과, 시나가와, 스사키, 신요시와라의 유곽이 어떠한 관계가 있었는지 저는 알지 못하지만 도쇼궁에 신으로 모셔진 이들과 다이묘들의 관계 같은 것이었다고 가시자시키의 일당은 자부하고 있을지도 모릅니다. 이런 오해에서 부디 자신들을 충분히 보호해 주십시오라는 부탁이 나오는 것일지도 모르지만, 이미 지금의 경시청에는 그러한 주종관계를 가진 공무원은 1명도 없을 것이기 때문에 안심입니다."

---

47 도쿠가와 이에야스(德川家康)를 모신 신사.
48 가와지 도시요시(川路利良, 1834~1879). 사츠마번(薩摩藩, 현재 가고시마현)의 무사 출신으로 메이지유신 이후 유럽을 방문하고 일본의 경찰제도 도입에 진력한다. 1874년 경시청 창설을 주도하고 대경시에 취임했다. '일본 경찰의 아버지'로 불리는 인물이다.
49 신사 입구에 세운 기둥문.

"구마노(熊野) 3사의 하나인 간페이 대사(官幣大社) 하야타마 신사(速玉神社)의 가까운 장소에 굉장한 수십 채의 기루가 나란히 건립되었다. 이 기루 중에 특히 굉장한 한 채가 있다. 이 기루 주인은 창기를 두는 안이 이 마을의 유력자로 칭해지는 정치가의 손에서 성하게 운동되던 당시, 이 마을의 경찰서장으로 근무했던 경부 아무개였다. 당시 35엔의 봉급을 받던 그가, 관복을 벗어 버린 동시에 하늘에 우뚝솟은 큰 건물을 세울 수 있는 것에 마을 사람들 모두 의심의 시선을 보냈다. 그는 경찰서에서 유곽의 기루 주인으로 임무를 옮긴 동시에, 이전에 자기의 부하였던 순사부장 아무개를, 유곽 단속 겸 구매원(驅黴院)[50] 서기로 임무를 옮기게 하여 몇 배의 봉급을 주고, 부지런한 순사인 아무개를 규타로(牛太郞)[51]로 승진시켰다. 더욱이 그는 박봉시대의 경부생활에 미련이 있는 것으로 보여, 그 거실에 있는 탁자 사이에 정장을 입은 자기의 초상을 걸게 하고, 그 앞에서는 예모(禮帽)와 대검을 장식하여 유곽 내의 창기들로 하여금 '서장님'이라고 부르게 하였다. 마을 사람들은 그를 '조로야의 서장님'이라고 불렀다."

경부도 야단치듯이

"그들 두 사람은 한 패가 되어 650엔의 빚을 떼어먹을 작정이다. 폐업하는 것은 마음대로지만, 650엔이라는 큰 돈을, 어떻게 조달할 작정인가. 조달할 방법이 없는데도 폐업하는 것은 의심스럽지 않은가. 자, 이 빚을 어떻게 하나!"라고 말했다.

이토(伊藤) 군은 옆에서 끼어들어 빚은 빚으로서 변제할 의무가 있고, 창기 폐업은 창기 폐업으로 별개의 문제라는 것을 설명했다.

"… 이 부모 자식 두 명이 당신으로부터 자본 650원을 빌려서 쌀가게를 시작했다고 합시다. 하지만 4개월 중에 2개월까지 입원하고 이래서는 쌀가게도 할 수 없다며 폐업하려는 것을 쌀가게를 한다고 해서 650엔을 빌려 주었기 때문에 병에 걸리거나 다른 이유로 쌀가게 폐업은 할 수 없다. 어떻게든 적당한 사업을 하려 해도, 이것을 대신 해서는 안 된다. 어떻게 해서든 쌀가게를 계속하라고 설유하는 경부가 있을 때, 당신은 어떻게 생각하겠습니까. 그때 쌀가게를 하지 않고 간장 가게를 하려고 하는 것은 사기라고 생각합니까"라고 해서 담당 경부도 쓴웃음을 지으며 설유를 그만두었다.

그러자 기루 주인은 처음으로 자신이 젊은 여자를 전당물로 다루어서는 안 된다는 이치를 깨달은 듯 수 차례 머리를 긁적이며

'그렇네요. 그런 이치이네요. 그러면 우리들만큼 약한 장사는 없겠네요.' 말하고 폐업에 동의했다.

'정말로 약한 장사입니다. 저는 깊이 동정합니다. 부디 하루라도 빨리 약한 장사는 그만두세요.'

---

50 한자 그대로 읽으면 구미원이지만, 곰팡이 균에 의한 병인 미독(黴菌)을 일반적으로 매독과 동일하게 보고 매독이라고 불렀기 때문에, 이 글에서는 '매'로 번역한다.
51 유곽에서 호객하는 남자 또는 기부(妓夫)를 의미한다. '조방꾸니'로 번역될 수 있다.

이토 군은 기루 주인에게 그런 인사를 하고 경찰서를 나왔다."

×

요시노 사쿠조(吉野作造) 박사의 『문제와 해결(問題と解決)』의 한 부분이다.

"창기 생업이 부적합하다는 것은 말할 것도 없고 이를 공적으로 허가하는 제도에 근거해서 어떻게 가련한 소녀가 탐욕적인 조로야 영업자를 위해 학대받고 있는지를 생각하면, 누가 정의감과 동포애의 열정으로 감히 의분(義奮)을 일으키지 않을 수 있을까? 그리고 어떤 방면으로부터도 옳다고 인정될 수 있는 추업자(醜業者)의 입장은, 정당한 영업으로 종래 경찰의 두터운 보호를 받아 왔다.

이렇게 조로야라는 추업은 경찰의 보호 아래 정의 인도의 도전에 대해서도 도리어 난공불락의 금성철벽(金城鐵壁)을 얻은 것이다. 따라서 이 문제를 근본적으로 해결하기 위해서는 먼저 첫째로 경찰의 태도를 밝혀내는 것이 필요하다. 다음으로는 추업자 자체의 반성을 촉구하는 것이 필요하다.

종래 이러한 종류의 문제를 논하는 사람은 자칫하면 공창제도의 개폐(改廢)를 선결 급무라고 설명했다. 또는 이를 위해서 정부에 건의하거나 의회록을 촉구하여 새로운 입법안을 만들도록 해야 한다고 한다. 이것이 일반시민에 대한 선전과 상응하고 새로운 여론을 일으켜, 이로써 간접적으로 소기의 목적을 달성할 수 있을 것이다. 더불어 영업자와 경찰의 태도에 종래의 그릇된 견해에서 벗어나지 않으면, 가령 법률 차원의 제도가 어떻게 바뀌어도 같은 폐해가 반드시 모습을 바꾸어서 몇 번이라도 반복될 것에 틀림 없다."

×

이제야 내지에서 폐창 문제의 목소리가 나오고, 조선에서도 논의되는 데 이르는 것은 기쁜 현상이다.

그러나 내무성의 공창 폐지 대책을 신문 지면에서 보면, 헛되이 공창의 이름을 버리고 그 실제를 남겨두려는 것처럼 보인다. 그리고 공창 폐지에 대한 준비와 폐지 후의 대책에 대해 충분히 생각해야 하는 것이 들리지 않아 유감이다. 이렇게 해서 공창 폐지를 해도, 보통선거를 단행한 후의 오늘날 헌정의 어려운 상태와 마찬가지로 어떠한 것도 사회 확청 문화 향상에 득이 되지 않을 수도 있다고 우려되는 것이다.

세상의 식자은 공창 폐지로써, 가시자시키 업자들의 구제와 형식적 인도주의에 그치는 것이 아니라, 그에 의해 진실로 가련한 부녀를 구제하고 사회를 깨끗하게 할 수 있도록 고려해야 하는 것이 아닐까.

가시자시키의 형해를 없애고, 창기라는 추한 이름을 법률에서 소멸시켜도, 그 실질이 사회에 남는다면 어떠한 득도 되지 않는다. 구속과 착취의 매음 사회를 존속시킨다면, 아무리 법률을 완비하더라도 무슨 효과가 있을까.

그렇다고 해서 필자가 형식만의 공창 폐지에 반대하는 것은 아니다. 형식만이라도 추한 것을 없애는 것은 그것을 존재케 하는 것보다 낫다. 하지만 이 좋은 기회에 백척간두의 한 발을 내디뎌서 사회를 청결하게 하는 노력을 하지 않으면 안 된다고 개탄한다.

조선에서는 아직도 공창 폐지—형성의—계획조차 관청으로부터 듣지 못한다. 농촌, 산촌, 어촌 마을의 갱생에, 나병 예방에, 착착 조선 통치의 실적을 거두고 있는 이때, 인격조차 인정되지 못하는 노예적 경계에 빠진 가련한 동포 부녀에 대해, 구제의 손을 내밀 수 있는 기회는 이미 도래한 것은 아닐까. 필자는 이 기회에 형식만이 아닌 실질적인 노예해방을 바란다.

이를 위해서는 우리 경찰만의 힘으로는 부족하다. 관민이 함께 협력해야 한다.

첫째, 몸을 파는 것과 같은 경제적 궁핍을 없애는 것.

둘째, 인신매매를 인정하는 것과 같은 수준 낮은 문화와 도덕의 향상을 꾀할 것.

셋째, 가련한 여성 구제의 사회사업을 설비할 것.

마지막으로, 우리들 경찰관의 노력일 것이다.

경찰관으로서 법률의 취지를 정확하게 이해하고, 인도주의에 배반하지 않는 공정한 입장에 따라 일을 처리하지 않으면 안 된다. 자칫 형식에 사로잡히거나 기루 주인들만의 편이 되어서는 안 된다.

현행 법규에서도 우리의 노력에 따라 상당한 성적을 올릴 수 있고, 아무리 훌륭한 폐창 법규 아래에서도 노력이 부족하면 그곳에 구속과 착취의 괴로운 세계가 존재할 것이다.

이 문제에 대해서는 뜻이 많고 글이 부족한 것은 유감이지만 여기서 일단 끝을 맺는다.

마지막으로 실제 상황과 관련된 많은 자료를 제공해 준 강습 본과생 졸업생과 재학생에게 감사의 말을 전하는 동시에, 이 빈약한 저작에 격의 없는 비판과 자료를 제공한 조선 경찰의 동료들에게 다음을 부탁드린다. (끝)

32. 사쿠마 미쓰쿠, 밀매음의 상대방은 처벌할 수 없는가(1934. 6.)

변호사 사쿠마 미쓰쿠, 밀매음의 상대방은 처벌할 수 없는가
辯護士 佐久間貢, 「密売淫の相手方は之を処罰し得ざるや」,
『警務彙報』 338, 1934. 6.

경찰범처벌규칙 제1조 제3호에 따르면 "밀매음(密賣淫)을 하거나 또는 그 매합(媒合) 또는 용지(容止)를 한 자"는 구류 또는 과료에 처한다는 규정이 있는데, 밀매음자를 처벌하는 규정은 없다. 이것은 내지에 시행되고 있는 경찰범 처벌령에서도 마찬가지다.

최근 실제로 이것이 단속 대상에서 빠져 있다는 목소리도 전해지는 바에 따르면 밀매음은 음(淫)을 매매하는 이상, 수요자가 있기에 비로소 공급자가 생기는 것이기 때문에, 그것이 단속을 관철하기 위해서는 수요자, 즉 매음자(買淫者)도 역시 처벌할 필요가 있다고 하는 것이다. 이러한 취지에 대해서는 나도 세련되지 못하기는 하지만 대찬성의 뜻을 표하고 싶다.

애당초 밀매음에 대해서는 그 매합, 용지조차도 독립적인 한 가지 죄로서 처벌되고 있음에도 불구하고 밀매음의 행위를 떼어낼 수 없는 밀매음 행위를 불문에 부친다고 하는 것은 매우 부조리하다고 생각한다. 이처럼 말씀드리면 본범(本犯)의 주체는 많은 경우 여자이기 때문에, 무턱대고 여자를 두둔하는 것처럼 생각되지만, 남자도 역시 남자 지옥에서 정해지지 않은 수의 여자를 상대로 해서 매음하는 경우에는 남자도 역시 본범의 주체가 될 수 있다는 것을 부정할 수 없으며, 그러한 경우에는 매음자인 여자를 불문에 부친다는 것은 역시 부조리하다고 생각하기 때문에 이러한 점은 공평한 관찰이다.

그래서 매음자를 처벌하는 것이 필요하면 또 타당하다고 결론지어지는데, 그렇다면 어떠한 법에 비추어서 처벌해야 할까? 선배 이토 노리오(伊藤憲郞) 검사가 본지에 종래 "죄는 법에 비추어서"라는 제목으로 귀중한 글을 보낸 대로 처벌하려면 우선 적용할 법조문을 탐구해야 하는 것은 물론이다. 그래서 내가 본 범위에서 매음자에 적용할 수 있는 법조문을 말씀드리자면 경찰범처벌규칙 제2조[본령에 규정한 위반 행위를 교사하거나 또는 방조한 자는 전조(前條)에 비추어 그것을 벌한다]에 규정하는 방조 외에는 적당한 것은 찾을 수 없다. 방조 행위는 정범(正犯)의 죄를 용이하게 할 일체의 원조 행위를 포함하기 때문에 매음행위 같은 것은 물론 이에 포함된다고 보아도 지장이 없다고 해야 한다.

이처럼 말하면 밀매음 행위는 경찰범처벌규칙 제2조를 적용해서 처단할 수 있게 되는데, 그렇지만 본 문제를 해결하기 위해서는 더 나아가서 조선 연구를 해야 할 점이 남아 있다고 생각한다. 그것은 우리나라의 입법례다. 즉 형법 제183조에는 "남편이 있는 부녀자와 간통했을 때는 2년 이하의 징역에 처한다. 그 상간한 자 역시 동일하다"고 규정하고, 동법 제184조에는 "배우자 있는 자가 중첩해서 혼인을 했을 때는 2년 이하의 징역에 처한다. 그 상혼한 자 역시 동일하다"고 규정하고 있다. 이 법문에 따르면 쌍방적 행위가 죄를 구성할 경우에는 그 처벌하는 범위를 명확하게 하고 있다. 그런데도 경찰범처벌법규 제1조 제3호(경찰범처벌령 제1조 제2호)에는 밀매음자를 처벌하는 어떤 명문도 없다. 이러한 법문을 서로 대비해서 본다면 이와 같은 매음자(賣淫者)만 처벌하고 매음자(買淫者)는 불문에 부치는 입법 정신이라는 것은 쉽게 간파할 수 있다고 생각한다. 따라서 불문에 부쳐진 행위가 방조범으로서 처벌된다는 것도 있을 수 없기 때문에 매음행위는 방조범으로서도 처벌해서는 안 된다는 입법 취지라고 해석하는 것이 타당하다고 믿는다.

따라서 밀매음자를 처벌하고자 하면 신규 명문이 필요하며, 밀매음의 방조범으로서 경찰범 처벌규칙 제2조를 적용한다는 것은 허용될 수 없다고 결론짓지 않을 수 없다.

이상은 나의 떠오른 생각을 그대로 기술한 것에 지나지 않으니, 연구의 한 가지 자료로 써주시면 다행이겠다.

(6월 2일)

33. 카페 영업 단속내규 표준에 관한 건(1934. 10.)

카페 영업 단속내규 표준에 관한 건
「カフェー營業取締內規標準ニ關スル件」,『警務彙報』342, 1934. 10.

경(警) 제849호

1934년 9월 12일

　　　　　　　경무국장

각 도지사 앞

예규(例規)

카페 영업 단속내규 표준에 관한 건

　최근 시대의 변천에 따라 민중의 향락을 목적으로 하는 각종 영업이 매년 증가하고 특히 카페, 바 등으로 부르는 양식 음식점은 조선 내 각 도시에 속속 나타나는 경향이 있다. 이의 단속 방법에 관해서는 각자 차분하게 유의하고 있다는 것은 믿지만 이러한 영업이 재래의 요리옥, 음식점과 그 내용을 달리하고 길가에 진출하여 그 구조, 설비, 영업 방법 등에 특별한 시설과 방법에 응하여 대중으로 하여금 향락 퇴폐적인 기분을 도발하는 데 그치지 않고 심야에 시끄러운 일이 눈에 띄며 고용한 환경을 심하게 해치는 데 이르는 것은, 많은 수의 여급을 두고 서비스를 핑계대며 풍기를 문란하게 하는 등 공안 풍속뿐만 아니라 굳은 국민 사상의 진작 신장을 요하는 이때에 우려할 만한 점이 적지 않으나, 현행 요리옥음식점영업단속규칙은 그 제정 당시에 이러한 업태의 존재를 예상하지 못하였으므로 단속에 불비하거나 결함이 많아 단독으로 행사하는 법령 제정이 필요하다고 생각되는 바이지만, 당분간 단속내규 표준에 준거하여 각도에서 단속내규를 둠으로써, 단속규칙의 결함을 보완하고 그 실적에 기초하여 신중하게 연구하기를 바라므로 이에 알아두고, 토지 상황 등을 참작하여 필요에 따라 내규를 제정하기를 바란다. 그리고 단속 내규의 적용에 관해서는 다음의 각항에 유의하여 유감이 없기를 기록해 둔다.

다음의 내용을 통첩한다.

기(記)

一. 본 내규는 카페 영업의 허가단속과 규칙 제10조에 기초하여 경찰서장의 명령에 관해 규정하는 것이다.

二. 카페 영업은 규칙의 적용에 관해서는 이를 음식점 영업으로 간주하여 규칙을 정하는 외에 본 내규에 따라 단속하고 이에 따라 신청(願屆) 사항 영업용 건물의 구조설비, 영업자의 준수사항 등은 모두 규칙과 내규의 규정을 함께 적용한다.

三. 본 내규는 원칙적으로 카페 영업에 적용하는 내용이지만, 바, 레스토랑, 찻집(喫茶店), 오뎅옥, 비어홀 등 그 업태가 카페 영업과 유사하다고 인정되는 곳에 대해서는 필요에 맞춰 내규 제1조 제2항의 규정에 따라 적용할 수 있다.

四. 내규 제1조 '서양풍의 장식, 설비를 위해'라는 것은 객실에 의자, 탁자 등을 두고 또 천장 장식, 전선 장식, 커튼 등에 서양식의 시설을 한 것을 말한다. '여급'이라는 것은 객석에서 거들면서 계속 접대를 하는 부녀를 말하고 음식물의 운반 등의 일시적 접대에 불과한 자는 포함하지 않는다.

五. 객실은 다타미(畳)와 시키(敷)를 병용하는 것을 인정하지 않을 방침이다.

六. 내규 제9조 제6호의 접대료라는 것은 이름바 축의(祝儀), 팁, 사례(心附), 서비스료 등을 말하는 것이다.

七. 카페 영업에 대해서는 내규 제11조에 따라 규칙 제8조 제3호의 규정에 구속되지 않고 라디오, 축음기 등의 주악기 사용을 인정하지만 가까운 주변에 폐를 끼치지 않도록 하는 정도로 하는 것은 물론 재즈, 오케스트라 류는 인정하지 않을 방침이다.

八. 내규 제13조의 광고용 삐라, 성냥, 수건이라는 것은 출판법규에 따른 수속은 요하지 않지만 경찰서장의 인가를 받게 할 방침이다.
九. 내규 제17조 여급의 정권 중에는 가족, 친척 등의 부녀를 여기에 종사하게 하는 자도 포함하여 객실 면적 4제곱미터 이하에서는 여급을 고용할 수 없음에 따라 카페 영업을 할 수 없다.
十. 내규 제18조 제5호의 미성년자의 보호자는 법정 대리인, 친척, 기타 그 보호감독을 받는 자를 말한다.

카페 영업 단속내규 표준

제一장 총칙

제一조 본 내규의 카페 영업이라는 것은 그 명칭 여하를 불문하고, 영업소에 서양풍의 장식 설비를 두고 여급의 접대로 음식물을 제공하는 영업을 말함.
제二조 카페 영업은 요리옥음식점영업단속규칙(이하 단순히 규칙이라고 칭함)의 적용에 관해서는 그 음식점 영업이라고 간주하는 규칙에 규정하는 외에 본 내규에 따라 단속을 함.
제三조 카페 영업에 대한 규칙 제10조의 규정에 기초하여 명령은 본 내규를 위반할 수 없음.
제四조 다음 장소에 대해 경찰서장은 도지사에 문의한 뒤 조치해야 함.
　　一. 가시자시키, 요리옥, 숙박업소, 목욕탕(湯屋), 유기장(遊技場)과 소개업과 동일 영업 건물 내에 카페 영업을 허가할 때
　　二. 토지의 상황에 따라 본 내규를 적용하기 어려울 때
제五조 영업소의 위치가 다음에 해당할 때는 카페 영업을 허가할 수 없음.
　　一. 사사(社寺), 관공서, 학교, 병원에 근접할 때
　　二. 도지사가 지정하는 주요 도로에 접할 때
　　三. 부근 상황이 고요하거나 풍기를 보호할 필요가 있을 때
제六조 영업소의 구조설비는 다음의 제한에 따라야 함.
　　一. 객실은 같은 하나의 층에 2개 실 이상 두지 말 것. 단 그 유효 면적이 35제곱미터 이상일 때 또는 그 구조설비에서 풍속에 지장이 없다고 인정될 때는 이에 제한되지 않음.
　　二. 객실은 혼합석으로 할 것. 단 풍속에 지장이 없다고 인정될 때는 객석에 칸막이 등

기타 설비에 따라 구획할 수 있음.

三. 앞의 호 단서에 따라 구획을 설비하는 경우는 그 높이를 1.2미터 이하로 하고 한쪽은 반드시 객실 내의 통로 또는 혼합석 등에서 보이는 설비로 할 것

四. 의자는 외다리 1인용을 사용할 것. 단 가족석에 사용하는 것은 이에 제한하지 않음.

五. 객실은 도로, 기타 공중이 자유롭게 통행할 수 있는 장소로부터 보이지 않는 구조로 할 것

六. 영업소 내외에는 풍속에 나쁘거나 기이한 색채 의장을 사용하거나 풍속을 문란하게 할 우려가 있는 장식 광고 종류는 사용하지 말 것

七. 객실의 조명은 백색 또는 엷은 색 등을 사용하고 객실 면적은 4제곱미터마다 10촉광 이상으로 할 것

八. 영업소에는 무대 또는 객실용 욕조를 두지 말 것

제七조 제4조 제1호의 규정에 따라 허가를 하는 경우에는 다른 영업소 사이에 벽을 설치하고 또 사용인을 구별해야 함.

제八조 경찰서장은 공안, 풍속, 위생 또는 미관의 유지에 지장이 있다고 인정될 때는 영업용 건물의 구조, 설비의 변경, 기타 필요한 사항을 명할 수 있음.

제三장 영업 방법

제九조 영업자는 다음의 사항을 준수해야 함.

一. 조리기구와 음식기구는 항상 청결하게 하고 수시로 소독할 것

二. 영업소에는 무도(舞踏), 무용, 연극, 활동사진, 관광, 연예 종류를 행하거나 행하지 않을 것

三. 영업소에는 외설스럽거나 떠들썩하게 간섭하는 행위를 하거나 하지 않을 것

四. 점포 앞 또는 도로에서 객을 유인하거나 하지 않을 것

五. 여급을 점포 앞 또는 도로에 세워 두거나 배회하게 하거나 객을 따라 외출하지 않도록 할 것

六. 음식물의 정가는 경찰서장의 인가를 받고 이를 식탁 위와 객실 내 잘 보이는 장소에 게시할 것. 접대 요금을 정할 때 역시 동일함.

七. 객의 요청하지 않은 음실물을 제공하거나 앞 호에 따라 게시한 이외의 금품 청구를 하거나 하지 않을 것

八. 제복을 착용한 학생생도에 대해 음식물을 제공하거나 여급으로 하여금 그를 접대하게 하지 않을 것

九. 식권, 초대권 등의 강매를 하거나 하지 않을 않을 것

十. 기타 공안을 해치거나 풍속을 문란하게 할 우려가 있는 행위를 하거나 하지 않을 것

제十조 영업용 건물의 출입구는 개방해 두지 말 것. 단 내부를 볼 수 없게 칸막이, 기타 시설이 있는 경우는 이에 제한받지 않음.

제十一조 영업소에서는 부근에 폐를 끼치지 않을 정도에서 라디오, 축음기 종류를 사용하는 것을 인정할 수 있음.

제十二조 영업시간은 오후 12시, 라디오, 축음기 종류의 사용은 오후 10시로 제한함. 단 토지의 상황에 따라 필요하다고 인정될 때는 경찰서장이 연장하거나 단축할 수 있음.

제十三조 객 또는 공중에 대해 광고용의 '삐라', '성냥', 손수건 종류를 배포할 때는 미리 경찰서장의 인가를 받을 것

제十四조 객의 요구에 따라 영업소 외에 여급을 파견할 때 영업자는 경찰서장의 인가를 받아야 함.

제十五조 경찰서장은 공안, 풍속 또는 위생 유지에서 지장이 있다고 인정되는 때는 영업 방법에 관해 필요한 명령을 할 수 있음.

제十六조 영업자 스스로 그 영업을 관리할 수 없을 때는 관리인을 둬야 함.

앞 항의 관리인을 두었을 때는 그 본적, 주소, 직업, 씨명, 연령과 사유를 갖추어서 경찰서장의 인가를 받아야 함. 이를 변경할 때도 역시 동일함.

제十七조 여급의 수는 객실의 유효 면적 5제곱미터마다 1명 이하로 둬야 함.

제十八조 영업자가 여급을 고용할 때는 다음의 사항을 갖추어서 경찰서장의 허가를 받아야 함.

一. 본적, 주소, 씨명(별명이 있는 자는 그것을 병기할 것)과 연령

二. 경력

三. 고용계약의 개요

四. 통근 또는 거주의 구별 및 사유

五. 남편이 있는 자(有夫者)일 때는 남편의, 미성년자일 때에는 보호자의 승낙서. 남편

이 있는 자로서 남편의 승낙서를 내기 어려운 사정이 있는 자는 그 이유서

제十九조 다음의 경우에는 영업자가 10일 이내에 제출해야 함.

  一. 관리인 또는 여급의 본적, 주소, 씨명에 변동이 있을 때

  二. 관리인 또는 여급이 사망했거나 주소불명이 되었을 때

제二十조 경찰서장이 필요할 때는 영업자에게 여급의 호적등본 또는 건강진단서를 제출하도록 할 수 있음.

제二十一조 영업소 부근에 자택, 또는 보호자가 없는 여급은 영업소 또는 일정한 장소에서 숙박하도록 하여 보호할 것

제二十二조 여급의 사용에 관해서는 영업자가 다음의 사항을 준수해야 함.

  一. 객이 여급에게 주는 접대 요금은 모두 여급의 수입으로 할 것. 단 고정급을 지급할 때에는 계약에 정하는 바에 의함.

  二. 계약을 정하는 것 외 영업 차원에서 여급에게 금전을 부담시키거나 여급의 부담으로 특별한 미용 장식을 강제하지 않도록 할 것

제二十三조 경찰서장은 관리자 또는 여급이 부적당하다고 인정되는 때는 해고를 명할 수 있음.

부칙

경찰서장은 현재 가시자시키, 요리옥, 숙박업소, 목욕탕, 유기장과 소개업과 동일한 건물 내에서 카페를 영업하고 있는 자에 대해서 상당한 기간을 정해 본 내규에 적합하게 필요한 조치를 명해야 함.

가미우치(上內) 경찰서장 담(談), 카페 영업 단속내규 표준 제정에 대하여

카페, 바 등으로 통칭하는 서양식 음식점이 조선에 출현한 것은 아직 10년 정도 전의 일이다. 그러나 최근에 이르러서 조선 내 각 도시에 속속 생겨나는 경향을 보인다. 이를 통계로 보면 1933년 말 현재 조선의 카페 영업 수는 420의 다수에 이르는데, 이러한 영업이 금일 종종 사회문제시되고 있는 것에 대하여 가장 중요한 역할을 맡은 여급은 2,489명, 이를 1930년 말의 881명에 대비하면 겨우 4년 사이에 실로 3배를 보이는 증가다.

원래 카페, 바는 처음에는 음식 본위였는데, 점차 특수한 업태의 영업을 행하여, 오늘날 번창했다. 이로 인하여 강렬한 자극, 단시간 내에 향락하고자 하는 시대 대중의 욕루에 기초하여 그 구조설비나 접대 방법에 특별한 시설을 하여 대중의 인기에 빠지는 것에 다름아니다. 그러므로 오늘날 카페 영업이 사회 풍교 내지 경찰 단속 문제가 된 이유는 이러한 영업이 재래의 요리옥, 음식점 등과 완전히 그 내용을 달리하여 보통 길가에 진출하고 그 구조설비에 특별한 시설을 갖추고 심야 떠들썩하게 하여 현저하게 고요한 주변을 해칠 뿐만 아니라 다수의 여급을 데리고 극단적인 서비스에 나서게 하는 등의 점이 있기 때문이다. 오늘날에는 카페는 완전히 대중의 유흥음락(遊興淫樂) 장소가 되어 그 폐해는 공안 풍속 차원뿐만 아니라 견고한 국민 사상의 진작 신장을 요하는 때에 개탄스러움이 적지 않다. 내외 시국의 추세에 비추어 엄중히 단속할 필요가 있다고 느끼는 때다. 내지에서도 지난 해 소위 풍기국책의 하나로서 그 단속 대책에 부심하여 이미 단행하는 단속법령을 제정한 부현도 있지만, 조선에서는 그 유일한 단속 근거 법규인, 요리옥음식점영업단속규칙이 1916년 3월에 제정되어 당시 이러한 업태의 존재를 예상하지 못했기 때문에 규정에 불비한 부분이 있고 단속에서도 지방이 많은 현상이 있으므로 이번에 본부에서 대체로 다음과 같은 내용을 지닌 카페 영업 단속내규 표준을 제정한 것이다. 각도에서는 이 표준에 기초하여 토지의 상황에 따라 단속내규를 제정하고 규칙의 불비를 보완하여 당분간은 단속의 완전을 기할 것으로, 본월 12일 자로 통첩을 발할 예정이다. 장래 이에 대한 단속 차원에서 단행법령을 제정할 필요가 있음을 통감하므로 현재 신중하게 고려 중이다. 따라서 내규표준을 개괄 서술하여 우선 제일장 총칙에서 카페의 정의를 내리고 그에 대한 법류의 적용 관계를 명확하게 하며 제2장 이하에서 다음과 같이 규정한다.

一. 영업소의 위치에 대한 제한

곧 (가) 사사(社寺), 관공서, 학교, 병원에 접근하는 때, (나) 도지사가 지정하는 주요한 도로에 면하고 있을 때, (다) 부근 상황이 고요하거나 풍기를 지킬 필요가 있을 때는 카페 영업을 허가하지 않는다.

二. 영업소의 구조설비에 대한 제한

그 중요한 것을 들면, 객실은 35제곱미터 이상의 넓이가 있는 경우 외에 동일한 층에 2개 객실 이상을 인정하지 않고, 객실은 혼합석, 의자는 외다리 1인용으로 하는 등을 원칙으로 한다. 객실은 조명은 객실 면적 4제곱미터마다 10촉등 이상 또 백색이나 희미한 색의 등을 둘 것, 기타 박스를 두는 경우 등에 관해 규정한다.

三. 영업자의 준수 사항

(가) 영업소 내의 무도 무용의 금지, 기타 풍기유지에 관한 제한 사항, (나) 객의 접대, 만남에 관한 사항, (다) 영업시간, 라디오, 축음기 등의 사용, (라) 여급의 파견에 관한 사항을 규정

四. 관리인과 여급

영업자는 스스로 그 영업을 관리할 수 없는 경우에는 관리인을 두어야 하고, 다음 여급에 관해서는 (가) 정원은 객실의 유효면적 5제곱미터마다 1명 이하로 한다. (나) 고용에 대해서는 경찰서장의 허가를 요한다. (다) 영업소 부근에 자택 또는 보호자가 없는 여급은 영업자가 일정한 장소에 숙박시켜 보호하도록 한다. (라) 고정급을 주는 자 이외는 팁 등 객이 여급에게 주는 사례는 모두 여급의 수입으로 하며, 또 영업자가 여급에 대해 화려한 복장이나 분장을 강제하거나 기타 영업 차원의 금전 부담을 지게하는 것을 금지하는 등 그를 보호하는 한편 (마) 불량 여급 배제를 위해 경찰서장이 적당하지 않다고 인정하는 자에 대해서는 영업자에게 그에 대한 해고를 명령할 수 있다는 1항을 추가했다.

34. 다케시마 가즈요시, 자녀의 매매 방지와 경찰(1935. 9.)

사회국 사무관 다케시마 가즈요시,[52] 자녀의 매매 방지와 경찰
社會局事務官 武島一義, 「子女の身売防止と警察」, 『警務彙報』 353, 1935. 9.

　도후쿠(東北) 지방의 농어촌은 설령 이번에 대흉작이 덮쳤다고 하더라도 이미 가난의 구렁텅이에 있었다. 이는 가장 사랑하는 딸을 파는 농민이 어떤 지역에 비교해도 단연 많은 것으로도 판명된다고 생각한다. 1935년 2월 1일 현재 사회국 조사에 따르면 도후쿠 6개 현에 본적을 둔 예창기, 작부와 여급의 수 32,284명, 이것을 전국 총수 33만 1,702명에 대비하면 9.7%에 해당한다. 그 내역은 예기 4,619명, 창기 10,611명, 작부 8,927명, 여급 8,127명이며, 그중 창기와 같은 것은 전국 창기 총수의 21%에 해당한다. 실로 압도적인 숫자다. 이것은 물론 정조관념이 희박하거나 무지한 것에서도 기인하겠지만, 첫째 경제 환경이 너무나도 비참함을 말해 주는 것이다. 어렵게 딸을 팔아서 얻은 몸값은 전부 누적되어 있는 부채를 갚고, 체납된 공조(公租), 공과(公課) 일부에 그리고 나머지는 내일 살아갈 식량에 충당한다. 그들에게 돈을 보여 주면 백치 같아진다고 하는 것도 당연하다고 수긍할 수 있다. 눈앞에 현찰을 들이밀면 이미 앞뒤 분별도 잃고 그저 그것을 손에 쥐고자 그만 얼떨결에 딸을 놓치고 만다. 창기나 작부로는 팔리지 않더라도 고작 25엔의 전차(前借)로 나이도 안 찬 열여섯 어린 딸을 5년이라는 긴 세월 벌레만도 못한 조건으로 공장에서 일하게

52　다케시마 가즈요시(武島一義, 1899~1975). 일본의 내무관료. 후쿠오카현 출신으로 1923년 고등시험 행정과 시험에 합격했으며, 1924년 도쿄제국대학 정치학과를 졸업했다. 1926년에 내무성에 들어가 각 현의 관료로 근무했으며, 후생성 생활과장을 지내기도 했다. 1944년 돗토리 현지사로 근무하던 당시 산업'위안부' 확충을 위해 일본의 내무장관과 조선총독부의 경무국장에게 「반도인 작부의 유입과 일하는 상황에 관한 건(半島人酌婦の流入と稼動状況に関する件)」이라는 문서를 보내기도 하였다.

한 사례도 있다. 이처럼 터무니없는 유혹에도 바로 빠질 정도로 그들은 더욱 심각하게 기아에 내몰려 있고, 어쩔 수 없이 딸을 뚜쟁이 손에 맡기고 당장 입에 풀칠한다는 경향을 보여 주기에 이르렀다.

우리 직업소개 사업에 종사하는 사람이 어찌 이런 참상을 수수방관할 수 있겠는가? 우선 1934년 10월에는 「흉작 대책으로서 외지 돈벌이 출가자(出稼者) 알선에 대한 건」 통첩을 내고, 영리적 모집 주선자의 발호 저지, 부녀자 인신매매 방지 및 궁핍 농촌에 대한 금전 수입 증가를 위한 외지 돈벌이(出稼) 구직자의 알선에 모든 편의 수단을 강구하도록 독려하였고, 다음으로 미츠이(三井), 미츠비시(三菱) 양가 의연금의 일부와 주식회사 '영양과 육아의 모임' 기부금을 자녀 매매 방지의 선전 유지(諭止), 정업(正業) 취직 알선에 필요한 경비로서 충당하도록 하고, 우선 관계 6개 현 및 직업소개사업협회 아오모리(青森) 지부에 대해 각 1만 엔을, 빈곤 또는 부형(父兄)의 무자각으로 소위 포주에게 잡히는 처지가 된 딸을 구해 내는 방법으로, 전차금에 상당하는 돈(金員)을 무이자로 빌려 주고, 이런 경우 정업[주로 방적 공장의 여공 혹은 조츄(女中) 등]에 취직시키거나, 타지에 나가 어떤 일에 취직하고 싶어도 여비나 최소한으로 차려입을 비용도 없어서 마지못해 무위도식한다는 사람을 위해서는 필요한 만큼의 준비, 여비를 빌려 주고 적당한 구인자에게 소개해 주는 등, 할 수 있는 노력을 다했다. 그 결과 기존에 직업소개 기관의 존재를 전혀 몰랐던 사람들도 비로소 그 기능, 내용을 인식하게 되고, 이를 이용하고 신뢰하는 사람이 속출, 결국에는 나쁜 영리자(營利者)나 무허가 주선자의 감언에 속아서 그 먹잇감이 되는 사람이 한 사람도 없게 될 것으로 예상된다. 물론 우리는 이를 염원하고 그 이상을 위해 매진하고 있다. 그렇다면 앞에서 서술한 취직 자금 대부 상황은 어떤가 하면, 다음 표와 같다.

취직 자금 대부 상황[주)]

(1935년 3월 말 현재)

구분	1934년 11월		1934년 12월		1935년 1월		1935년 2월		1935년 3월		계	
	대부 인원	대부 금액	인원	금액	인원	금액	인원	금액	인원	금액	인원	금액
아오모리현	-	-	5	345	-	-	1	100	1	50	7	495
아키타현	-	-	-	-	10	370	11	740	11	390	32	1,500
이와테현	3	380	10	1,000	24	1,280	25	1,670	18	2,005	80	6,356
야마가타현	-	-	5	275	46	2,010	53	2,520	87	3,745	191	8,550

미야기현	-	-	12	1,200	6	565	26	1,805	46	3,145	90	6,715
후쿠시마현	-	-	3	230	22	1,530	67	3,935	45	2,110	137	7,805
계	3	380	35	3,080	108	5,755	138	10,770	208	11,445	537	31,430
직업소개사업협회 아오모리지부	-	-	26	1,655	19	1,670	52	2,477	66	3,650	163	9,452
합계	3	380	61	4,735	127	7,425	235	13,247	274	15,095	700	40,882

주 : 통계 합산이 맞지 않는 경우도 있으나 원문에 따른다.

곧 대부 인원 700명(그중 여공 357명, 조츄 267명, 기타 76명), 대부 금액 4만 엔을 볼 수 있으며, 1인당 대부액은 최고 250엔, 최저 10엔(이것은 단순한 여비 또는 준비금 정도에 지나지 않음), 평균 59엔인 상태인데, 위의 내용 말고도 애국부인회 지부에서 취급하는 수는 오히려 이것을 능가할 것이다. 또 고용주에게 전차해서 취직한 인원도 상당히 많을 것으로 보이기(아오모리 지방 취업 소개 사무국이 관여한 사람의 수만으로도 1월 말 현재로 인원 340명, 금액 9,551엔에 달하고 있음) 때문에, 그 숫자를 종합하면 적어도 2,000명을 밑돌지 않을 것이다. 이런 운동이 우리나라의 첫 시도로서는 실로 훌륭한 성적을 거두어 가고 있다고 할 수 있다.

물론 이런 종류의 운동은 단순히 직업소개 기관이 아무리 분발한다 한들, 어느 정도 효과를 거둘 수 있는 것이 아니다. 부현, 시정촌, 경찰관서, 방면 위원, 각종 사회사업 단체 등 모든 기관이 일치단결했을 때 비로소 그 성과를 기대할 수 있다. 특히 경찰과의 관계는 실로 밀접하여 떼놓을 수 없으며 그 원조 없이는 도저히 소기의 목적은 달성하기 어렵다.

왜냐하면 이 운동을 가장 원활하게 수행하기 위해서는, 우선 장애가 될 만한 영리 소개업자나 무허가 주선자를 철저하게 단속해야 하기 때문이다. 이는 직업소개기관으로서는 전혀 불가능한 분야다. 또 이미 그들의 독아(毒牙)에 걸려든 사람에게도, 막상 마침내 추업부(醜業婦)로서 손님 접대에 나가는 단계가 되면, 반드시 경찰의 허가를 받아야 하기 때문에, 이때 이를 허가할지 말지, 이러한 것에 대한 재단은 경찰 당국에만 주어진 권한이다. 따라서 이런 경우 영리업자의 단속을 엄중하게 하고 그들이 마수를 쓸 여지를 두지 않게 하거나 추업(醜業) 신청 때에 이것을 정업에 취직시키기 위해 타이르거나 설득(諭示勸說)하여 직업소개기관으로 돌리는 등의 조치를 강구할 수 있다면, 공익 소개기관의 활동을 얼마나 쉽게 할 것인지 참으로 상상 이상의 것이기 때문이다.

그렇기에 「도후쿠 궁핍 지역 부인 몸팔이(身売り) 방지와 직업소개 요강」을 제정할 때, 특히 경찰관서의 연락, 제휴를 강조하고 이를 실시하는 데 일일이 경찰 당국의 출마, 협력을 부탁드리는 바다.

◇

나아가 각지의 경찰은 제각각 독자적인 입장에서 매우 열심히 이 운동에 진력해서, 야마가타(山形)현 신조(新庄)경찰서와 같은 곳은 일찍부터 그 중대함을 인식하여 야마무라(山村) 소장이 직접 진두에 나서 관하 2정 17개 촌에서 좌담회를 개최하거나, 삐라(주 1)[53], 숫자 노래(주 2) 등으로 인신매매가 인도 차원에서 불가하다는 것을 설파했다. 이렇게 딸을 금전으로 바꾸는 것을 죄악이라고도 생각하지 못하는 부모의 무지몽매를 일깨우고, 정촌(町村)을 단위로 하는 교풍회를 설립하게 하면서(교풍회 설치에 관한 의뢰장, 주 3을 참조) 경찰과 손잡고 이 문제의 개선에 노력하도록 하고, 다른 한편으로는 딸을 타지에 돈벌이 보낼 수밖에 없는 사정이 있다고 인정되는 사람에 대해서는 앞에 서술한 취직 자금을 활용하여 곤경에서 구제하는 등 실로 눈부신 분투를 계속했다. 그 헌신적인 노력이 결실을 맺어 오랫동안 그 필요성을 통감하면서도 여러 가지 사정으로 멈춰 있던 직업소개소의 설치가 급격히 실현되면서(누카노메정(糠野目町), 미야우치정(宮内町) 등의 설립을 촉진한 도화선이 되었다), 지방 사람의 정조관념은 현저히 교정되어 갱생의 의기가 갑자기 끓어 올라 헛되이 딸을 팔아버리는 일 같은 일은 점차 자취를 감추기에 이르렀다.

(주 2) 딸 몸 팔이(身賣) 방지 숫자 노래
　　　[아베(阿部) 경부보(警部補) 작]

　　하나야, 사람 멸시하는 딸 팔기
　　　　최상은 현 아래서 제일이요 제일이요

　　둘이야, 두 사람의 부모 부모는 각성하라
　　　　딸 몸 파는 것은 부모의 수치 부모의 수치

　　셋이야, 길은 열린다 좌담회
　　　　새로이 살자 딸들 딸들

53　원문에는 주 1이 생략되어 있다.

(또는 "정조 옹호를 위해 일어서라"라고 한다)

넷이야, 세상의 딸들아. 마음에 새겨라
　　　　허영 때문에 몸 팔지 마라 몸 팔지 마라

다섯이야, 여러 마수는 뻗쳐 간다
　　　　감언, 농락 주의해라 주의해라

여섯이야, 옛날을 그리워하는 화괴(花魁)도
　　　　쇼와의 치세부터 사라져 간다, 사라져 간다

일곱이야, 우는 눈물로 팔려가는 딸
　　　　그 마지막은 비참하다 비참하다

여덟이야, 자포자기 딸 팔기
　　　　세상 사람들의 웃음거리 웃음거리

아홉이야, 마음을 다잡고 있다면
　　　　다소의 부채는 별것 아니다 별것 아니다

열이야, 아무튼 딸 팔 때는
　　　　먼저 이용하라 상담소 상담소

하아~, 돈 갖고 싶다고 딸 팔지 마라
　　　　돈은 당좌의 돌고 도는 것

하아~, 가난 정도에 끙끙대지 마
　　　　딸 파는 만큼 수치는 없다

하아~, 딸 팔 생각으로 빚내지 마라
　　　　참고 견디는 마음에 돈이 생긴다

　　　　　[야마가타 민요(新庄節, 신쇼부시)로 노래]

(주 3) 부녀 인신매매 방지에 관한 건
　　삼가 성하(盛夏)에 다복하시길 바랍니다. 말씀드리자면 표기(標記)의 건에 관한 좌담회 개최에 대해서는 여러 가지로 배려해 주셔서 깊이 감사드립니다. 잘 아시는 바와 같이 본 군(郡)이 전국 유수의 추업부 출신지로서 알려지는 것은 참으로 유감스러운 일인데, 그 원인이 여러 가지로 하나에 그치지 않지만, 그중에서도 특히 인습으로 인한 폐풍(弊風)으로 딸 매매와 같은 앞으로 단연코 방지하고 싶다고 생각합니다. 당연히 본건은 하루아침에 그 성과를 거두기가 매우 어렵다는 것은 새삼 말할 필요도 없지만, 일전의 좌담회 석상에서 결정하신 교풍회 등을 조직하여 약자 보호 상담소를 개설하는 것은 효과적이고 또 적절한 것이라고 인식되는데, 부디 조직하는 데 있어 앞으로 각별하게 배려해 주시기를 부탁드립니다.
　　덧붙여 회(會) 규약 준칙을 동봉하오니, 적절히 정정(訂正)하시고, 알맞게 배려해 주시기를 다시 한 번 부탁드립니다.

　위의 내용은 오직 해당 경찰서 직원 여러분이 뜨거운 열과 성을 다하신 것은 말할 필요도 없지만, 또 한 가지로는 야마가타현이 전국 유수의 추업부 산지라는 점에도 연유하는 것으로, 그렇기에 해당 현 당국에 전부터 그에 대한 개선 대책을 세워 1934년 6월에 경찰서장 회의 자리에서 인신매매 금지에 관해 지시한 바 있다. 그리고 8월 현령(縣令)으로 예기창기작부등소개영업단속규칙을 개정 공포하고, 주선 수수료의 부당 착취를 어렵게 함과 동시에 만일 이를 위반한 자가 있을 때는 엄벌주의로 임하는 태도를 분명히 했다. 따라서 그토록 악랄한 업자도 크게 두려워하여 조심하게 되었는데, 최근 히가시오키타마군(東置賜郡) 아카유(赤湯)경찰 이가라시(五十嵐) 서장은 100보 더 나아가 관내에 소재하는 42곳의 영리 소개업자(그중 예창기 작부 소개 6곳을 포함)에 대해 일제 폐업의 영단을 내렸다는 쾌소식을 접했다. 물론 무허가 주선자나 모집인에 대해서도 절대적으로 손을 놓을 수 없고 조금의 가차도 없이 단속하기 때문에 지금 여기가 공익 직업소개소의 이상향이라고 할 형태다. 해당 군은 방직업의 고장으로 알려져서 6월의 건견(乾繭) 인부만도 2천 명 이상이 필요하다고 하는데, 아직 공설(公設) 소개소는 없다. 그러므로 이 기회에 빨리 제대로 된 소개소를 설치할 생각이다…라고 기다(木田) 아오모리 지방사무국장을 기쁘게 하고 있다. 그러나 기존에 빈약한 소개소밖에 없어 그다지 분발하지 않는 것처럼 보인 도호쿠 지방에서, 전국에 앞장서서 게다가 영리 소개업의 폐지가 이전부터 상당히 문제가 되었고, 언제쯤이면 실현될까 알 수 없는 현 상황에서 뜻밖에도 그 맹아를 찾아볼 수 있게 된 것은 뭐니 뭐니 해도 유쾌 천만, 아낌없는 상찬(賞讚)의 말을 하는 것이 당연하다고 생각한다.

　악질 주선자 단속에 관해서는 아오모리현처럼 매우 열심히 나서고 있고, 1934년 11월 8일 공포, 실시의 움직임이 있었던 예창기작부소개업단속규칙의 경우에도 상당히 과감하게 개정한 것이다. 궁민(窮民)의 약한 곳을 파고들어 존엄한 인간 한 사람의 신체를 헐값으로 팔아치워 버리는 놈들의 도량발호(跳梁跋扈)를 철저하게 억압하고자 나온 것이다. 개정의 주안점은 첫째, 부녀의 인신매매를 방지하는 것으로 두 가지 방법을 택했다. 하나는 피소개자의 연령에 제한을 두어 최저 연령을 만 14세로 하고, 또 작부가 되는 사람은 만 16세 이상이 되어야 소개할 수 있게 했다. 그에 따라 자동적으로 인신매매가 방지되는 셈이다. 지금 하나의 방법은 주선자로부터 여자를 데려가기 전에 피소개자 주소지의 경찰에게 신고하게 하고, 경찰은 여자와 그 법정 대리인을 호출하여 타이르고, 반성을 촉구하는 것이다. 인신매매가 부형에게 강요당하거나 주선자의 권유에 따른 것은 물론, 정업에 취직할 여지가 있는 자에 대해서는 이를 직업소개기관 또는 이촌 방지위원회 등으로 돌려 취직 알선을 하여 끝까지 인신매매를 저지한다. 둘째는 중간 착취 배제다. 이것은 어쩔 수 없이 몸을 파는 여자에 대한 소개 수수료와 여비의 실비에 제한을 두어, 주선자가 중간 착취를 할 수 없도록 한 것이다. 기존 알선 수수료 외에 기차 운임, 숙박료 등을 부당하게 많이 요구하고, 이 때문에 전차금의 거의 반에도 못 미치는 금액을 손에 쥐었는데(예를 들면 천 엔에 팔렸는데, 그러한 여러 비용을 제하고 부형에게 건넨 액수는 4백 엔으로 줄었다는 사례가 있으며, 심한 경우에는 5백 엔이었던 것이 75엔이 되었다는 말도 있다), 그런 일은 절대 불가능해졌다(주 4). 그리고 전차금이 남은 사람을 다른 곳으로 옮겨 일하게 하는 경우에는 전차의 잔액에서 수수료를 떼지 않게 되었다(주 5). 일하고 또 일해도 빚이 불어나기만 한다는 것은 전업할 때마다 거액의 수수료가 떼이기 때문으로, 여자 10명 정도 데리고 있으면서 이들을 반년 정도 싸게 옮겨 일하게 하면 충분히 먹고 산다는 이유도 거기에 있다. 따라서 이러한 폐풍을 일소하고자 한 것이다.

(주 4) 제十四조(본문 생략)[54]
 一. 소개 수수료는 1명당 금 5엔 이하로 한다.
 二. 전차금을 할 경우에 소개 수수료율은 전차금 300엔 미만의 경우는 그 100분의 8 이하, 전차금 300엔 이상의 경우는 그 100분의 6 이하로 할 것
 三. 소개 수수료는 피소개자로부터 그 100분의 40 이상을 구인자로부터 그 100분의 60 이상을 받지 않을 것
제十五조 영업자는 소개를 위해 필요한 여비 기타 비용을 청구할 수 없으며, 단 피소개자와 함께 현 외의 소개처로 출장 간 경우에 한 해 다음의 범위 내에서 실비를 청구할 수 있다.
 一. 숙박료 1박당 금 3엔 이내
 二. 기차 기선 운임 3등 실비
 三. 차마(車馬) 운임 1리당 금 25센 이내

(주 5) 제十四조
 四. 지금 본 현 안에서 예기, 창기, 작부 여급을 하고 아직 전차금을 완전히 변제하지 못한 사람을 다른 곳에 소개했을 때는 피 소개자로부터 전차금의 갚지 않은 금액(未濟額)에 상당하는 액수에 대해서는 소개 수수료를 받지 않을 것

위의 개정은 영업자에게는 큰 통봉(痛棒)이기 때문에 어지간히 낭패여서 기를 쓰고 현에 완화책의 진정을 반복했는데, 이 입안자 후쿠시(福士) 보안과장은 이를 단호하게 일축시켰을 뿐 아니라 이미 어둠의 세계로 빠져 버린 여자들에게까지 구원의 손길을 뻗을 필요를 느끼고, 그 준비 공작을 착착 진행하였다.

---

54 원문대로다.

◇

　이처럼 경찰관 여러분의 따뜻한 배려는 어찌해도 불우한 여성 위에 큰 광명, 복음을 가져왔나 생각해도 틀리지 않으리라. 위는 순순히 그 일부 상황을 소개한 것에 지나지 않지만, 이와테(岩手)현에서도 마찬가지로 부인 인신매매 방지에 관해서 최선의 노력을 기울여서 1934년 10월에는 각 경찰서장에게 풍기영업자단속법에 대해 지시한 바 있다(주 7). 또 미야기현에서는 요리옥, 마치아이(待合), 가시세키(貸席), 음식점, 카페, 식당, 찻집, 작부 단속규칙을 개정하고[해당 현은 현 외 돈벌이 출가자(出稼者)가 비교적 소수이기 때문에, 당분간 현 내에 그 업종 업자를 단속함으로써 인신매매 방지 내지는 현재 타지에 돈벌이 나간 사람에 대한 보호 목적을 달성하려고 한 것이다], 기존 표기의 영업은 신고로 충분했는데, 신청하여 허가를 받아야만 하게 함으로써 취업자의 대우를 향상하고, 부당한 착취를 방지하는 데 노력했다. 예를 들면 작부에 대한 대출은 전부 무이자로 할 것, 작부에게 1개월 동안 10엔 이상의 추가 대출을 하고자 할 때는 미리 관할 경찰서의 승인을 받도록 할 것, 작부에게 급료 월 5엔 이상을 지급할 것, 매월 1회 이상 공휴일을 주고, 기타 위안 휴양 방법을 강구할 것 등을 명하였다. 또는 요리옥 영업자에게 작부마다 정산장(精算帳)(주 8) 2권을 만들어, 한 권은 작부에게 갖고 있게 하여 날마다 수입, 대차금, 기타의 계산을 명세에 기록하도록 명령한 것과 같은 것이 그 일단이다.

　그밖에 아키타(秋田)현에서도 대부분 아오모리현과 비슷한 내용의 단속규칙을 개정했고, 후쿠시마(福島)현 역시 적절한 수단으로 각기 단속에 힘쓰고 있는 것은 말할 필요도 없을 것이다.

(주 7) 흉작 관계 풍기 영업자 단속 방법의 건
　　올해 미증유의 흉작에 대해서는 각 방면 전력을 다해서 그 구제 대책에 부심하고 있다. 각 경찰서에서도 각각 경찰 입장의 대책을 강구하여 이미 실행하고 있는 곳이 있지만, 연말이 가까워짐에 따라 결국 빈곤이 심해질 수 있고, 어쩔 수 없이 최근 부녀자 매매의 폐행(弊行)이 일어날 것이라는 풍문이 있으며, 따라서 그동안 악질 주선업자의 발호가 없던 것을 유지하기 어려워짐으로써 엄중한 단속을 하여, 이 업종 업자가 기회에 편승할 수 없게 함과 동시에, 부녀 매매에 대해서는 특히 구제할 필요가 있는 경우에 여차 곤궁한 사정에 있는 경우에 대해서는, 정촌장(町村長), 기타와 협의해서 별도로 구제 방법을 강구하길 바란다.
　　그리고 본부에서도 관계기관과 연락 협의하여 사전에 구제하기를 노력함으로써 향후 예기, 창기, 작부, 여급의 신청이 있는 경우에는 다음과 같이 취급하기 바란다.

기(記)

一. (가) 창기 생업(稼業) 등록 신청(본 현 출신자에 한함)이 있는 경우, 흉작으로 인해 도리 없이 전차하고 신청하게 될 때는 등록 전 사정을 상세하게 논의할 것

(나) 다른 부현에 등록 신청을 하고, 조회했을 때는 회담 전 사정을 조사한 다음 보고 지휘를 받을 것
二. (가) 예기, 작부(본 현 출신자에 한함) 영업 신청이 있는 경우 앞과 동일하게 흉작으로 인해 어쩔 수 없이 신청하게 될 경우는 앞과 마찬가지로 허가 전 지휘를 받을 것
(나) 여급의 신청이 있어 앞의 항에 해당하는 경우는 즉시 보고할 것
(다) 타 부현에 신청(예기 작부 여급 모두)하여 신원 조회가 있는 경우는 앞의 각 항과 마찬가지로 회답 전에 보고하고 지휘를 받을 것
三. 조츄(女中) 봉공(奉公)은 이른바 몸을 파는 것은 아니지만 요리옥, 음식점에 고용되면 결국 인신매매나 마찬가지가 되는 경우가 많으므로, 이에 대해서도 구제하도록 힘쓸 것
(전차금을 대여하고 확실한 가정 또는 여공, 기타에 주선하여 예기, 창기, 작부의 인신매매 방지와 동일하게 취급할 것)
四. 타 부현 출신자로 창기, 예기, 작부, 여급의 신청이 있는 경우, 특히 도후쿠 흉작 지역 사람일 때는 그 출신지에 신원 조회할 때, 특히 흉작 관련인지 여부를 부기하여 출신 현에서 대책을 세울 기회를 줄 것
五. 소개업자 단속은 감독 차원에서 필요하므로 당분간 소개 상황을 매월 제공하도록 하여 그달분을 모아서 다음 달 5일까지 알릴 것
六. 미츠이보은회, 미츠비시합자회자가 제공하는 딸 인신매매 방지 자금은 흉작과 관련 있는 것으로만 한정하지 않고, 일반 인신매매 방지에도 대여할 수 있도록 함으로써 이 기회에 기존에 행해지던 양녀, 기타 인신매매의 폐풍을 교정할 것

(주 8)

정산장

월	작료(酌料)	추가 빚(追借)	비고(備考)
1일			
2일			
3일			
4일			
5일			
6일			
7일			
8일			
9일			
10일			
11일			
12일			
13일			
14일			
15일			
16일			
17일			
18일			

19일					
20일					
21일					
22일					
23일					
24일					
25일					
26일					
27일					
28일					
29일					
30일					
31일					
전차고					
추차고					
계					
작료 중 작부 소득액					
급료					
계					
전차 변제고					
공제 잔고					

위와 서로 다름이 없습니다.
　　　　월　일

　　　　　　　　　　　　　　　포주　성명　인
　　　　　　　　　　　　　　　작부　성명　인

기재 예
一. 표기 뒷면에는 규칙 제28조 전문을 후리가나 이름을 붙여서 기재할 것
二. 비고란에는 추가 (追借) 사유를 간단명료하게 기재할 것
三. 매월 말에 정산할 것

지금까지 눈을 크게 뜨고 배려함에도 불구하고, 또 교묘한 이면을 감추고 업자는 은밀하게 활동한다. 그리고 그 유혹에 넘어가는 것도 여전히 헤아릴 수 없을 정도로 많다. 그들은 지방의 사정

에 정통한다. 놀랍게도 가정의 속사정을 꿰뚫고 있다. 나이가 찬 부녀자가 있고 생활이 넉넉지 않다는 것을 알면, 바로 갖은 수를 써서 권유에 힘쓴다. 친절한 것처럼 보이고 신용을 얻어 현찰을 코앞에 보여 주면서 "이래도? 이래도?" 하면서 집요하게 몰아붙인다. 돈을 보면 백치가 되는 부모들은 마침내 굴복해 버린다. 이렇게 당국의 눈을 피해 몰래 데리고 나간 딸들은 그들이 항상 실처럼 연락하고 있는 가시자시키, 사창굴 등으로 팔아넘겨지는데, 주로 도쿄, 가나가와, 아이치, 시즈오카 방면으로 팔아치우는 것 같다. 따라서 출신지에서 단속하는 것도 물론이거니와 수요지—돈벌이 나간 지역에서 보호, 구제하는 것도 그 이상으로 중요하다. 그렇지 않으면 힘들게 만든 시설도 부처님 모시고 혼을 들이지 않은 것과 같은 결과에 그치지 않겠는가.

아이치현에서는 예창기, 작부 신청자에 대해서 도후쿠에 본적을 두고 보호가 필요하다고 인정되는 사람에 대해서는 허가하지 않고, 현 보안과, 사회과 및 직업소개기관이 협력하여 정업에 취직시키기 위해 많은 노력을 기울이고 있는데, 이는 참으로 시의적절한 조치였다고 경탄해 마지않는다. 특히 가나가와현 같은 곳은 작년 11월 28일 관계자들이 모여서 그 대책에 관해 협력하는 협의를 했는데, 그 자리에서 채택된 「도후쿠 흉작 지방 부인인신매매방지협의회 결정 사항」(주 9)에 따라, 관내 경찰서에 예창기 신청 요리음식점의 조츄의 신고가 있을 때 도후쿠 지방 출신자인 경우는 즉시 요코하마시 중앙직업소개소에 그 성명, 연령, 본적, 현주소 및 연한, 전차금 관계 등을 통보하고, 직업 전환의 필요 가능성이 있는 사람에 대해서는 직업소개기관에서 돌봐주고 취직 후 보호를 담당하는 것으로 했다.

(주 9) 도후쿠 흉작 지방 부인인신매매방지협의회 결정 사항
- 一. 도후쿠 흉작 지방 자녀 취직 알선에 관해서는 현 사회과의 통제하에 요코하마시 중앙직업소개소를 중심으로 각 관계 기관과 긴밀한 연락을 유지하면서 보호에 완벽을 기할 것
- 一. 구직자는 요코하마시 모자(母子) 기숙사와 교풍회 부인홈[또는 쇼와숙(昭和塾)]에 숙박시키고 일정 기간 취직에 필요한 훈련을 받게 할 것
- 一. 구직자가 의류가 없는 것에 대해서는 독지가로부터 현품 기부를 받아 급여 방법을 강구할 것
- 一. 구직자 지도 보호에 관해서는 도후쿠 6개 현인회(縣人會)의 활동을 촉진할 것
- 一. 본 계획의 실시 후에 예창기 신청 요리음식점의 조츄의 신고가 있을 때는 경찰에서 신원 조사하여 도후쿠 지방 출신인 경우에 요코하마시 중앙직업소개소에 통보할 것
- 一. 취직 알선 후의 보호 지도는 요코하마시 중앙직업소개소에서 가장 가까운 방면 위원, 사회위원과 연락을 유지하여 유감이 없도록 할 것

위에 따라 취급된 사람은 10년 5월 상순까지 25명에 달하였다. 그중 이미 전차금 1,000엔을 넘어 가정의 사정, 본인의 성품과 행동으로 추측해서 도저히 구제(濟度)하기 어려운 사람도 두세 번

으로 그치지 않지만, 대개는 인신매매 방지 자금의 활용으로 정업으로 전환할 수 있을 것 같아[아직 전말(顚末)이 불명확한 사람도 약간 포함된다] 설령 단 한 사람이라도 수렁 같은 생활에서 발을 뺄 수 있었다고 한다면, 이런 종류의 운동이 실로 더할 나위 없이 뜻깊은 것이라고 인정해야 할 것이다.

◇

자녀의 인신매매 방지와 경찰 당국의 활동에 관해서는 조금의 윤곽에 지나지 않지만, 대체로 이상으로 개황 서술이 가능했다고 생각한다.

그런데 나는 여기에서 거듭 이러한 운동은 경찰의 적극적 원조 협력 없이는 절대로 성공하지 못한다는 것을 강조하고 싶다. 직업소개기관에서는 소위 정업에 취직시키기 위한 노력은 항상 게을리하지 않는다. 그러나 정업에 취직시킬 필요가 있는 대상을 발견하는 데는 아직 역부족으로 아무래도 도리가 없다. 그때 경찰이 가장 적합한 지위에 있다. 게다가 위령(威令)은 매우 잘 집행된다. 분별없는 부형의 훈계, 좋지 못한 주선자의 응징, 냉혹 무정한 고용자에 대한 위협―취직 후의 보호, 이 모두 경찰의 힘으로 잘 할 수 있는 것이다. 직업소개기관은 그와 보조를 맞춤으로써, 또 경찰은 직업소개기관을 이용함으로써, 곧 양쪽이 함께 할 때 비로소 궁극의 목적을 달성할 수 있다.

부인 인신매매 방지 운동은 단순히 잠시 잠깐의 생각이어서는 안 된다. 때마침 도호쿠 지방이 보기 드문 흉작이었기 때문에 당면한 급한 고비를 넘기는 한 가지 방편으로서만 가치를 매겨서는 안 된다. 도호쿠가 기근이든 아니든, 또 야마가타에서 일어나든, 규슈(九州)에서 일어나든 쇼와 성대(盛代)에 존엄한 인간의 신체를 금전으로 대신하는―인신매매의 폐풍이 여전히 용인되어도 좋은지 나쁜지 떠들어대는 것은 더없이 어리석은 일이다. 이것은 아무래도 응급책이 아니라, 항구적 시설로서 향후 필요가 없다고 인정될 때까지 전국적으로 계속해 나가야 한다. 가정을 위해 희생하고 부모를 곤경에서 구하기 위해 자신의 몸을 어둠의 꽃으로 피우는 자녀는 도호쿠 지방에만 있는 것이 아니기 때문이다. 창기의 출신지로는 구마모토(熊本), 후쿠오카(福岡), 홋카이도(北海道), 나가사키(長崎), 니가타(新潟) 같은 곳도 야마가타, 아키타에 필적하며, 이를 보더라도 도호쿠 지방에만 특히 이러한 시설이 필요하다는 것은 사리에 맞지 않는다. 한 가지 국부(局部)에 한정되는 문제가 아니라, 전반적으로 통제하는 취급을 해야만 효과가 있으며 비로소 운동의 의의도 철저해질 것이다.

이렇게 살펴보면 인신매매 방지 운동 전선은 앞으로 더욱더 다사다단(多事多端)한 부담이 더욱 커질 것을 통감하지 않을 수 없다. 직업소개기관은 직업소개기관으로서의 입장에서, 경찰은 경찰로서의 본래의 사명에 따라 각각 최선의 노력을 해야 하는 것은 말할 필요도 없지만, 혼연일체가 되어서 맡은 바를 행할 때, 더욱 좋은 성과를 기대할 수 있을 것이다.

부디 앞으로도 한층 더 협력 원조해 주시길 바란다.

(5. 17. 씀)

『경찰협회잡지』

35. 운노 유키노리, 공창에서 사창으로 (상)~(하) (1936. 3.~ 4.)

류코쿠대 교수 운노 유키노리, 공창에서 사창으로 (상)
龍谷大學 敎授 海野行德,「公娼より私娼へ(上)」,『警務彙報』359, 1936. 3.

타락자 보호소의 효과

타락자로서 남녀의 보호는 폐쇄적으로, 또 개방적으로 이루어져 상당한 성적을 보고 있는데 이에 대한 기관이 있어야 한다. 개선에도 그 수단 도구가 없다면 현재 우리나라에 보이는 것과 같이 탁상공론으로 끝나고, 어떤 것도 나올 수 없다. 따라서 타락자의 보호에는 우선 이에 대응한 사회 시설을 일으켜야 한다.

타락자라는 것은 무엇을 의미하는가. 광의의 타락이라는 것은 성의 여하를 막론하고 (곧 양성을 포함하여) 성적으로 불량해지고, 따라서 도덕적으로 비난할 만한 것으로 타락하려는 자(타락의 심연에 빠지려고 이미 그 발을 나아간 자), 이미 타락한 자, 더 나아가 매음을 하는 자 모두를 의미한다. 타락자의 개념에는 성적 퇴폐자와 도덕적 퇴폐자 모두 포함한다. '위험한 자'라고 불리는 자로 도덕적으로 위험하다는 의미다. 도덕적으로 퇴폐인 것은 위험하고 도덕적으로 퇴폐자를 곧 위험한 자라고 한다. 이 범위에서 타락하려는 자, 타락한 자, 직업적 퇴폐자를 포함하여 타락자라고 한다. 이들을 보호하는 것을 타락자의 보호라고 할 때는 구조적이고 치료적인, 곧 타락의 과정을 밟는 것을 보호하는 것인데, 타락자의 보호는 다른 것들과 함께 예방적으로도 나아가기 때문에 타락자의 보호는 구호와 함께 예방에도 미친다.

광의의 타락자와 그 보호의 의미는 위와 같은 것인데, 협의의 타락자는 여자에 대해 말한다. 다시 말하면 타락녀라고 하는 의미다. 따라서 협의의 타락자는 타락하려는 여자, 타락한 여자, 매음부를 모두 포함하여 모두 타락자라고 한다. 타락자의 보호는 여자에 대해 보호하고 예방하는 것이다.

타락자의 보호에서 취급하는 것은 광의의 것이어서 타락자의 보호는 다음과 같이 한정할 수 있다.

타락자의 보호는 성적 및 도덕적 퇴폐자로서 사회에 위협을 주는 듯한 양성에 대해 구호와 예방을 하는 것이다.

타락자의 보호는 효과를 볼 수 있을까. 보호의 실적을 들면 남자 퇴폐자에 대해서도 여자 폐퇴자에 상당한 효과가 보인다. 타락 보호의 개방적 내지 폐쇄적 방법은 여자에 대해서는 매음과 화류병의 감소를 부르고 도덕적 비위(非違)를 감축해서 그 병의 원인을 분명하게 하여 예방하는 효과가 있다. 남자에 대해서도 보호의 효과는 현저하다. 성적 내지 도덕적 폐퇴가 심하기 전에 미리 이를 방지하고 인간적으로 가치 있는 생활을 보내게 하여 폐퇴 개선에 효과가 있으며, 또한 예방할 수 있다.

그리하여 타락자의 보호는 타락자의 비위와 퇴폐를 방지하고 개선의 실효를 올려 미리 예방하고 아울러 사회로 하여금 이러한 폐퇴자로부터 받는 위협을 피할 수 있도록 할 수 있다.

보호기관의 종별

타락자에 대한 보호로서 폐쇄적 보호 방법은 이미 중세에 발견된다. 원사(院舍)에서 폐쇄적으로 보호하여 폐퇴한 자 또는 하려는 자, 매음부 등 성적 내지 도덕적으로 비난을 받을 만한 자를 수용해서 질서적 생활을 하도록 하고 규율을 지키도록 하여 정상의 생활에 길들이고 사회생활에 복귀하도록 한다. 여자에 대해서는 구급부인홈, 부인홈, 모친병원, 숙박사(宿泊舍) 등을 제공하여 보호하고 개선의 효과를 올리도록 한다. 폐쇄 보호는 일찍이 중세 수도원에서 행해져 타락녀를 수용해서 보호를 가했다. 중세에는 여자의 보호소가 보이지만 그 수는 적다. 1831년에는 함부르크에 막달레나관이 생기고, 1833년에는 카이제르스베르크에 막달레나관이 생기고, 1841년에는 베를린에 신교 측의 막달레나관이 생겨 타락녀의 보호소를 제공했다. 오늘날 독일에 종교 관계의 여자 보호소는 300개 이상에 달하고 그 수용 인원은 구교 측 13,700명, 신교 측 9,000명을 헤아린다. 유대교 측의 여자 보호소도 여러 도시에 있어 20년 전 이젠부르크에 만들어진 것이 가장 유명하다.

남자에 대해서도 폐쇄 보호가 행해져 상당한 효과를 올리고 있다. 숙박소, 노동 식민지, 교육원, 주객 요양소 등이 남자 폐퇴자 보호를 위한 시설이다. 품행이 나쁜 남자, 도덕상 위험하고 성적으로 위험한 남자, 출옥자에 대해 보호소 또는 홈이 만들어져 숙박소가 만들어져 보호가 가능해졌다. 신교 독일숙박소연합에서는 1886년 이미 비엔페르드에 타락자의 수용소를 만들었다. 숙박소 연합 15개를 경영하고 숙박소는 300에 달했는데 그중 100은 급식소 또는 부랑 노동소를 함께 열었다. 구교 측에서도 도제조합에 의해 다수의 도제관을 만들어 불량한 도제를 보호하였다. 그리

하여 불량 남자, 부랑인, 출옥자, 불량도제 등을 숙사에 의해 보호하고 종교적·도덕적 감화를 주어 폐퇴자를 개선했다. 노동 식민지에 의해도 타락자를 폐쇄적으로 보호할 수 있었다. 타락자에게 정신적·도덕적 감화를 주기 위해 수용하는 곳은 교육원이다. 독일의 구교교회는 전국에 개선망을 확장하고 가톨릭 소녀와 여성, 아이들을 위한 자선단체(Katholische Fürsorgeverein für Mädchen, Frauen und Kinder) 등을 연맹으로 만들어 200개의 지부를 두고 있었는데 개방적 보호에 의해 직업 부인 150명을 보호하고, 그외 폐쇄적 보호에 의해 보호소 50개를 두고 4만 베드(ベット)로 타락녀를 보호하고 있다. 그리고 연맹은 카를스루에에 화류(花柳)병원을 경영하여 80개의 베드를 가지고 뒬멘의 칼트하우스(カルトホウス)의 노동 식민지에서 150명을 수용해서 보호하였다.

이렇게 여러 종류의 폐쇄적 보호가 있어서 타락자, 특히 타락녀를 보호할 수 있었는데, 우리나라에서는 겨우 부인홈이 폐쇄적 보호시설로 있는 것이다. 이것도 기독교단체가 소수의 타락녀를 수용하여 보호하는 데 불과하여 우리나라에서는 부인 보호는 전혀 하지 못하고 있다. 많은 타락녀는 풍교를 해치고 세상 인심을 해치는 데 방임되어 예방 수단과 같은 것은 거의 전혀 강구되지 못하는 감이 있어 문명국으로서 체면에 관계된다고 생각된다. 여러 가지 사회시설은 차차 출현하고 있는데 아직 거의 완전히 모습을 드러내지 않은 것은 부인보호기관이고 예방은 물론 치료에도 손을 뻗지 못하고 있다.

우리나라의 부인 보호 시설

우리나라에서 부인의 폐쇄시설로서 부인홈 등 일반부인 보호시설이 18개소가 있고 기타 모자홈이 10개소가 있다. 이것이 우리나라 부인 보호 사업으로서 총재산인 것으로 보인다. 우리나라에서는 겨우 부인 보호가 주의되고 있는 셈이어서 아직 거의 없는 것으로 이해된다. 모자 수용 보호 사업으로서 1930년에 2,821명을 취급해서 3,872건에 이르렀다. 일반 부인 보호소로 취급한 것은 동년 모두 797명으로서 연인원 8,636명이다. 이런 부인 보호 사업은 전부 종교단체, 특히 기독교단체 또는 그 계통을 끌어들인 단체의 취급이다. 부인 보호에 관해 우리나라 최초의 폐쇄 시설은 1898년에 도쿄 시외 오오쿠보가 개설한 크리텐턴 자애관이다. 자애관은 부인홈으로 부인을 도덕적·종교적으로 보호하고 마음을 다시 세워 개선의 효과를 거두었다. 부인홈으로는 도쿄에 일본기독교부인교풍회 도쿄 부인홈이 있다. 이외 도쿄에는 구세군이 부인 보호 사업을 하고 일본기독교여자청년회에 여행자 지부가 있다. 여행자의 보호는 이미 복리사업의 일부가 아니다. 사회사업 가운데 빠질 수가 없는 것이다. 특히 묘령의 부인이 도회를 향해 올라와 갈 곳 없이 방황하면서 세상 물정을 모르는 부인을 보호하고 이것을 싸고 있는 위험을 벗어나게 하는 것은 필요불가결한 것이다.

단지 이러한 시설이 극히 적어 도시에 올라오는 묘령 부인은 거의 완전히 무방비 상태에 놓여 있어서 매우 위험하다. 이러한 시설은 종교단체가 경영하는 것이 가장 적당하다는 것은 말할 나위가 없다. 세속단체와 관공단체에 모방할 수 없기 때문에 종교단체는 그 책임으로서 한층 이러한 사업에 주목해서 노력해야 한다. 모든 도시의 부인에게 제공할 수 있게 되어 순결하고 쾌적한 기숙사가 요망된다. 여행자 홈과 여행자 클럽과 부인 기숙자라는 것과 같이 숙박 보호는 전국 도처에서 보여야 한다. 다만 도쿄와 오사카에 1개소 정도만으로는 이동 부인은 무방비 상태에 있어 예방 차원에서 한심한 마음을 금할 수 없다. 기독교여자청년회는 적어도 묘령 부인의 숙박 보호에 주의하지만 오사카 부인홈과 같이 노동 부인, 직업 부인 보호에 노력하는 곳은 오히려 예외라고 할만하다. 부인의 숙박 보호는 바닥났다기보다는 아직 개시하지 않았다는 것이 적당할 것이다. 이러한 보호에 주의하는 종교적 부인단체의 규모는 적고 재원은 고갈되어 세계 없이 전국적으로 부인보호망을 확장하고 위험한 부인과 어리고 무지한 여자를 보호하는 것을 희망하는 바다. 따라서 일반에 종교단체로는 종교 여하에 관계없이 부인 보호에 주의해서 우선 숙박 보호시설을 전국에 싹 틔우는 것을 바란다.

도쿄 이외 오사카와 고베에서 다수 부인 보호에 주의하고 오사카의 일본기독교부인교풍회 오사카지부 경영의 부인홈과 고베의 부인동정회 등이 부인을 보호하고 있다. 대진재[55] 후에 필요하게 되어 부인 숙박소의 개소를 보았지만 부인 숙박소에서는 숙사를 제공하는 외에 직업소개를 하지 않고 지원도 없고 기예 강습도 없고 또한 법률상담만 한다.

모자홈은 유아를 둔 빈곤 과부를 유아와 함께 수용해서 보호하는 시설이다. 우리나라에 최초의 모자홈은 1921년에 개설되었는데, 도쿄 후타바(二葉)양육원 부속의 모자홈이다.

묘령여행 부인, 근로 부인, 직업 부인을 위해 폐쇄시설로 하고 숙박사(宿泊舍)의 망을 전국에 널리 두는 작업은 앞으로 해야 할 것을 지적한다. 그리고 타락 부인에 대한 보호시설로서의 부인홈은 부당하게 적다. 이 역시 이후 시설해야 하는 중요한 부인 보호시설이다. 특히 이는 종교사회사업으로 모두 종교단체의 주목을 끌지 않으면 안 된다.

---

55   1923년의 관동대진재를 말한다.

종교적 지도에서 인도적 지도로

타락자, 특히 타락녀는 종교적·도덕적 감화를 주는 것에 의해 개선될 수 있다. 종교단체가 일찍이 타락녀의 개방적 보호에 착수한 이유다. 우리나라의 부인홈은 거의 전부 종교단체의 경영인데 타락자의 개선은 이 부패된 정신을 고치고 성격을 고정하고 순화해서 심령화하지 않으면 안 되어서 타락녀의 보호는 거의 종교단체가 하고 있다. 매음부조차 개선의 방법을 취하면 좋은 사람이 되는데 이는 일반 타락녀에 미치는 것으로 타락의 원천을 멈추게 하고 예방을 할 뿐만 아니라 많은 정신적으로, 심령적으로 오염된 영혼을 구출할 수 있다. 특히 여자 죄수로서 석방된 자를 보호하여 감화를 주는 것은 종교단체다. 거의 타락이라는 정신적·심령적 퇴폐를 개선하는 것은 물질에만 의지하는 것이 아니라 마음에 의지해야 하는 것으로 타락자의 보호와 종교는 결코 떨어질 수 없다. 그리하여 타락자의 보호는 종교적 사회사업의 하나가 된다. 독일 등에서도 타락녀의 보호를 윤리적으로 하여 먼저 그 오염된 정신을 순화시키면서 시작하는 방침을 두었다. 부녀의 순결을 보호하고 그 타락을 방지하기 위해 교양원과 감독원제를 두었는데 이도 개방적 보호의 하나다. 독일의 야간 미션은 95개 도시에 대해 도덕적으로 위험한 여자와 야간에 외출하는 부녀에 대해 감시원을 두고 순찰하여 타락의 방지를 도모하였다.

여행 부인, 근로 부인, 직업 부인, 타락에 빠진 여자, 타락녀 매음부, 출소한 여자 죄수의 보호는 그 도덕적 폐퇴를 돌아보고, 특히 종교적 보호 사업으로 적절한 것이다. 이들 부인의 보호에는 오늘 한층 종교단체의 힘을 기울여 노력할 것을 요한다. 여자 석방자의 보호는 중세 신교의 목사 프리드넬이 영국의 청교도 엘리자베스 프라이를 모방하여 행한 것을 효시로 한다. 여자 범인와 같이 도덕적·종교적 보호를 요하는 자에 대해서는 현재 한층 종교단체에서 다루어 이를 보호 사업의 하나로 할 것을 요한다.

부인의 보호는 거의 종교적인 것이라고 할 수 있는데 점차 인도적인 관념에 의해 부인을 보호하는 것이 (종교적 관념 및 이로부터 파생하는 사랑에 의한 것 외) 일반적이고 세간적인 것이 되어 흡사 금주 사업이 종교단체의 손에 전매되는 느낌을 초월해서 일반적으로 세간적으로 전 국민의 관심사가 되었다. 개방적 보호에서도 순수하게 개방적인 것이 아니라 그중에는 폐쇄적 보호와 관련하는 것이 있다. 또 개방적 보호에서 폐쇄적 보호의 추이를 보이고 있기도 하다. 개방적 보호는 대부분 개인적으로 개인에게 영향과 감화를 주고, 성격을 세웠는데 규율생활에 익숙해져 사회와 동류에 적합하게 할 수 있다. 직업을 소개하든가, 출산 지원을 하든가, 법률상담을 하든가, 세탁하고 목욕하든가, 음식물을 주든가 하는 류다. 이와 같은 보호를 하는 데에는 폐쇄적 시설이 있어야 하고 개방적 보호는 스스로 폐쇄적 보호와 관련하든가, 이를 진행하든가 하는 것이다. 출산 지원을 하면 건물이 있고 세탁에도 목욕에도 건물이 있고 음식물을 주는 것은 다음으로 숙박을 주는 것을 요구하는 것과 같이 개방적 보호는 특히 폐쇄적인 것을 요구하는 것이다. 그러면 엄밀하게 개방적 보호만이 아니라 대체로 개방적이라면 개방적 보호로서 취급하는 것이다.

부인 순사의 특수임무

개방적 보호를 할 때는 부인을 중심으로 하지 않으면 안 된다. 부인의 보호원, 감시원은 대개 부인으로 하고, 교호원(敎護員), 감시원으로서 시내를 순찰시키고, 여자의 타락을 방지하고 이미 타락한 자를 취급하는 것이 부인이 아니라면 충분히 그 직책을 수행할 수 없다. 남자가 그 일을 맡으면 여러 가지 폐해를 낳아서 생각 자체가 불가능하다. 우리나라에서도 이후 여순사의 채용의 필요에 대해서 논의해야 할 것이다. 우선 오사카부에서 여순사를 채용하기를 희망했는데 직제상 불가능해서 명의를 변경해서 부인을 경찰 사무에 사용하는 것이 기획되었다. 여순사는 남순사가 하지 못하는 직능을 만들고 부인에 관한 사건은 대개 여순사의 관장에 응한다.

독일에서는 부인 보호자라는 자를 두어서 오로지 부인의 보호원을 채용하고 잇다. 타락녀와 기타 부인에 관한 사건의 취급은 남자로서 기대할 수 없다. 타락녀를 취급하는 것에서 여순자의 필요가 느껴지는 것도 당연하다. 부인과 아동의 관한 사건과 범죄를 취급하는 것에는 여자족이 사정이 좋고 또한 결과가 좋아서 점차 여순사가 남순사에서 분기하는 것이다. 부인에 관한 사건을 취급함에 부임의 쪽이 사정이 좋아서 타락녀의 보호자로서 여보호원의 출현을 보는 것이 자연스럽다. 장래 일반에게 여보호원인 직원을 보이게 될 것이다. 여보호원도 여순사도 타락과 매음을 취급하지만 여보호원과 여순사의 취급방침은 다소 달라 여보호원은 사회사업가로부터 오로지 보호의 견지에서 접근하고 우애의 정을 만드는데 여순사는 극력으로 하여도 사법적 의미를 면하기 어렵다. 따라서 타락녀와 문제녀를 경찰의 손에 두는 것은 그만한 형벌의 의미를 알고 세계에 대해 향해 있어야 하고 군건하고 집요하게 되어 악화할 것이다. 그러한 고로 타락녀는 극력 경찰에게 인도하지 말고 여보호원의 손에 취급되는 쪽이 좋다. 그리하여 여보호원과 여순사 사이에 동일한 대상을 취급하기는 해도 분업할 수가 있다. 이 분업은 타인을 배제한다는 것이 아니라 하나는 다른 것을 보조하는 류의 것이어서 피차 보충하는 방침으로서 나아가지 않으면 안 된다.

여보호원과 여순사가 협력해서 취급해야 하는 타락녀는 적지 않다. 불량화된 자, 반은 범죄적인 자, 정신박약자, 의지박약녀의 취급은 누누이 경찰력을 요구하고 또 공비로 공영 원사(院舍)에 수용해서 보호해야 한다. 이러한 종류의 사람은 매음부가 적다. 매음부는 공안을 문란케하고 풍속을 해치고 때로 반은 범죄인이어서 경찰과 관련을 가지고 경찰로부터 결코 떨어질 수 없다. 그리하여 타락녀의 보호도 공영으로 나아가지만 이 경우 여순사와 여보호자는 함께 책임을 분담해야 한다. 동일한 타락녀에 관해 사법적 처분의 범위에서는 여순사, 개선적 범위에서는 여보호원의 처분으로 서로 보충하도록 한다.

다시 의학적 직분도 참가한다. 여순사와 여보호원이 취급하는 타락녀와 매음부는 성병에 감염되어서 국민보건 차원에서 위험함에 대해 의학적 취급을 하는 의학적 보호를 할 필요가 있다. 최근 타락자의 보호에 의학적 고려가 취해져야 한다.

류코쿠대 교수 운노 유키노리, 공창에서 사창으로 (하)
龍谷大學 敎授 海野行德, 「公娼より私娼へ(下)」, 『警務彙報』 360, 1936. 4.

六.[56] 감호법(監護法)에 의한 처우

매음부는 폐쇄적 보호와 개방적 보호에 따라 개선시키는데, 다시 양자를 결합하는 보호법이 매음부를 단속하는 가장 좋은 방법이자 최신의 방법이다. 보호법은 독일에서 실험되어 매음부 처우의 가장 방법이다. 매음부는 심적 구성의 취약하고 의지가 병적으로 박약해서 지능이 둔하고 책임감이 없다. 이것이 매음부로서 비행(非行)에 분주하여 화류병을 퍼트리는 이유로 예를 들어 선의를 가지고 있어도 이를 실행하려는 의지가 미약해서 사용할 수 없는 것이다. 그러면 이러한 일종의 질병으로 보이는 것에 징벌주의를 취하거나 증오하거나 하는 것은 도움되지 않는다. 또 이는 부당하다고도 생각된다. 말하자면 병원에서 치료하고 병리적·심리적 치료를 해야만 하는 것으로 구인하거나 형벌에 처하거나 금고에 처하는 것은 멀리 떨어진 방법이고 이치에 맞지 않는 견해의 산물이다. 매음부, 사창은 교화해야 하는 것이지 징벌해야 하는 것은 아니다. 이 비행은 강고한 의지를 가지고 부도덕하게 행하는 것이 아니라 의지가 쇠약해서 어쩔 수 없이 행하는 것이다. 말하자면 병증의 하나의 종류이고 치료해야 하는 것이지 책하고 벌해야 하는 것이 아니다. 따라서 사창을

---

56 앞의 상편 원고에는 번호를 붙이지 않았는데 하편 원고부터 번호를 붙였다. 원문대로 표기한다.

교육한다고 해도 교육이 가능한 종류의 인간이 아니기 때문에 교육할 수 없다. 징벌하는 것도 교화하는 것도 불가능하다면, 감호하는 외에는 없다. 징벌해도 효과 없고 교육해도 도움이 안 되는 것보다 사회에 해를 주지 않도록 격리하고 감호하는 것이다. 격리하고 감호하는 것에는 공권력이 필요하고, 경찰이 필요하고, 법률이 필요한 것으로 독일과 같이 보호법을 제정하지 않으면 실행할 수 없다. 매음부의 보호 내지 감호에 의한 처우 방법이 법률에 의하는 이유다.

우리나라에서도 공창제도는 폐지의 기운이 일고 있다. 이는 열성적이고 굴하지 않는 폐창론자나 공창폐지론자가 오랫동안 하루와 같이 성전(聖戰)을 계속해 왔지만, 공창 그것이나 유곽은 사회의 추이 차원에서 방임하는 것도 자연 소멸이 되는 성질의 것이다. 현대문명국에서 매음의 일반적인 추세는 옹색하고 비문화적이어서 현대문화의 사람의 취미에는 맞지 않는 유곽이나 여기에 사는 조로(女郞)를 버린다. 자유로운 생활에서 아름답다는 것보다 문화적이다라고 생각하면서 마치아이나 사창으로 옮겨가면서 일반의 유곽이나 조로는 쇠퇴의 기운을 보이고 있다. 여기에서 자유 밀매음과 마치아이 제도에 대한 방책을 강구하는 것이 이후 매음(淫賣) 정책이어야 하고, 공창이나 유곽은 이미 대책의 대상이 되어 실제 힘을 잃고 있다. 따라서 자연스럽게 소멸할 운명에 있는 공창으로부터 자유 매음부로 옮겨가는 이때 절멸의 대책을 강구하지 않으면 안 된다. 이것이 이후의 매음 정책인 것이다. 공창이 모습을 감추고 매음 문제가 없어진 것이 아니며 매음에 대한 성전이 불필요하게 된 것이 아니다. 자유매음부나 마치아이에 대한 성전은 이후 한층 힘을 기울여 감소시키도록 해야 한다.

모든 매음부를 등록시켜 그 행동을 단속하고 검미하는 단속주의는 커다란 효과가 없다는 것이 밝혀졌다. 단속에 의지하는 것이 불가능하게 된 것이다. 단속주의에 의한 매독검사 방법으로는 성병의 만연 방지에 효과가 없어서 단속법에 의한 것이 불가능하다. 이번에는 검미를 엄중히 해서 성병을 방지하는 것은 신단속주의를 제기해 온 후에 신단속주의의 실효를 들 수 있는 것에는 창기의 대부분을 구매원(驅黴院)에 수용하지 않으면 안 돼서 실행 불가능이고, 신단속주의에 의해서도 어떤 효과를 기대할 수 없다. 이렇게 단속으로 매음의 해악을 방지할 수 없는 것에서 폐창주의 등은 말하기는 쉬워도 실행은 기대하기 어려운, 무엇인가 다른 방법에 의하지 않으면 매음을 개선할 수 없는 것이 드러났다. 폐창주의로 공창과 사창을 모두 폐지하자는 주의라면 공창은 자연 소멸로 폐지될 수 있고, 사창에 대해서는 어떻게 할 수 없다. 단 폐창주의를 가지고 공창만을 폐지하는 주의라면 이는 사창주의라고 할 수 있는데 더 나아가 사창을 절멸하는 것은 쉽지 않다. 폐창주의는 매음의 허가나 매음의 등록을 폐지하고 다시 논리적 사회 수단에 의해 매음의 절멸을 도모하지만, 매음의 절멸은 단지 공창과 사창에 관한 문제가 아니다. 현대문화를 처리하는 것에 의해 비로소 결과를 기대할 수 있는 것과 같이 한층 광범위하고 한층 근본적인 문제와 관련이 있다.

그리하여 독일에서는 단속주의를 단념하고 감호법에 따라 매음부를 처우하는 안에 이르렀다. 매음부를 등록해서 그 행동을 규제하는 것, 곧 단속주의인데 매음부는 의지가 약하고 정신이 박약하고 지능이 부족하고 선견지명이 결여돼 있어서 병적 성질을 가지고 있으므로 어떻게든 단속하면 늘 비행 가능성이 있어서 그만두지 못하니까 단속주의에 의한 효과는 거의 인정하기 어렵다. 그러므로 바보 같은 법을 폐지하는 것은 당연하다. 매음이 병적이라면 이에 징벌을 주는 것은 모순이고 오히려 병사(病舍)에서 보호하는 것이 당연하다. 단속주의를 그만두고 경찰이 매음부를 취급해서 병적인 것에 형벌을 주지 않고 이를 감호하고 보호소에 수용해서 그 해를 사회에 미치지 않게 하는 것이 가장 합리적이다. 이 정신과 주의에 기초하여 입안한 것이, 곧 독일의 감호법으로서 집행유예법(Bewahrungsgesetz)이 있다. 독일에서는 효과가 없는 단속주의를 그만두고 감호법에 따르도록 한 것이다. 모든 매음부를 개별적으로 적절한 방법을 발견해서 구호해 봐도 방법이 없다. 매음부 가운데 병적이 아닌 자는 이에 의해 구호할 수 있지만, 대개 매음을 병적 현상으로 본다면 그 위약한 심적 구조가 바뀌지 않는 한 매음하는 질병은 고칠 수 없어서 이를 구호하거나 개선하도록 하는 것은 모순하는 관념이라고 생각한다. 타락자 보호는 성적 및 도덕적 폐퇴로서 사회에 위협을 주는 양성(兩性)에 대해 구호하는 것에 한정되지만 이러한 종류의 타락자 보호는 무효하고 무용하다. 따라서 타락자 보호에 새로운 의식을 주어 감호법에 따라 보호 방법을 취하지 않으면 안 되는 매음부는 병적이기 때문에 꾸짖거나 설득해도 효과가 없이 몇 번이나 비행으로 돌아가므로 야간에 거리를 찾아다니며 경찰이 위험한 자를 감시하거나 미행해서 추행을 멈추게 한다. 그리고 한 발 더 나아가 이를 개선 불능의 것이라고 인정하면 원사(院舍)에 수용하고 다른 곳에 해를 미치지 않도록 격리한다. 병적인 매음부는 개선 불능이기 때문에 교정의 관념으로 보면 안 되고 격리해서 사회에 해를 미치지 않도록 해야 한다. 원사에 수용한 매음부는 사회에 나가지 못하도록 하여 병독을 만연시키지 않도록 감시하고 규율이 있는 사회생활에 익숙하게 해서 좋은 습관을 갖도록 해야 한다.

단속주의는 효과가 없으니까 폐지해야 하고, 폐지주의 또는 폐창주의는 공상으로, 지금으로서는 말하기 어려우니까 이를 공상가의 어리석은 꿈으로 남겨두고 경찰의 기능을 통해 보호원(保護員)을 감호하는 것에 의해(경관과 보호원은 협력해서 보충할 수 있다) 매음부를 원사에 수용 격리해야 하고 적당히 통제하여 수단을 취해야 한다. 특히 어린 매음부의 보호에 유의해서 원사에 수용하고 가능한 한 좋은 습관을 기르도록 해야 한다. 병적인 매음부를 일일이 구호하는 것은 효과가 없으므로 사회에 해를 미치지 않도록 격리해서 만족시켜야 한다. 여기에 감호법에 따른 매음 처우 방법이 나타난다.

감호법으로는 매음부에 대해 엄중한 감호를 한다. 병적인 매음부는 원사 또는 가정에 수용시켜 공적 비용으로 공적 감시를 해야 한다. 이러한 매음부는 정도를 넘어서는 불량한 습관이 있고 정신박약이기 때문에 자립과 자활이 불가능하여 공적 감호말고는 다른 것이 없다. 공적 비용으로 감호하는 것, 곧 감호법에 따라 감호 내지 보호한다. 병적으로 개선의 여지가 없는 매음부가 적지 않은 비율이기 때문에 감호법에 따른 감호는 대부분 매음부에 미친다. 그외 병적으로까지는 행하지 않은 매음부의 비행도 역시 감시하여 원사 또는 가정에 수용해서 처우하고, 개선의 여지가 다소라도 보이는 자에게 좋은 습관을 갖도록 하는 것도 감호 관념 중의 하나다. 그외 감호에 의해 예방할 수 있다.

단속주의도 신단속주의도 폐창주의도 바보같다고 한다면 매음부는 감호법제도에 의해 처우하는 외에는 다른 방법이 없다. 이후의 매음 정책은 공창이 아니라 사창을 대상으로 한다. 조로야와 유곽이 아니라 자유 매음부와 마치아이를 향해야 한다. 재래의 단속주의나 신단속주의나 폐창주의는 사창에 대해, 마치아이에 대해 효과가 없었다. 이후 문명국으로서 유곽을 하기는 어렵고 조로야 제도는 점차 쇠퇴하고 결국 자연 소멸되어 자연히 매음부와 마치아이 제도가 발달하는 것을 일반적 경향으로 보면 재래의 공창에 취했던 통제 방법과 절멸은 거의 효과가 보이지 않는다고 단언해야 한다. 여기에 감호법 제도를 실현해야 하는 이유가 있다. 감호는 공적으로 이루어지고 경찰력에 의뢰하기 때문에 단지 감호하는 것만으로는 충분하지 않고 감호법이 아니면 안 된다.

七. 공창제도는 자연 소멸의 운명이다

우리나라에서는 지금 공창제도 폐지의 추세를 향해 매음 정책의 일대 마지막을 보이고 있다. 실제로 공창이나 유곽은 자연적으로 쇠퇴해 가고 결국에는 절멸하는 성질을 가지고 있어서 공창 폐지를 했다고 매음 정책이 승리했다는 망언을 해서는 안 된다. 다시 급격하게 사창의 추격으로 옮아가야 한다. 이후의 매음 문제는 사창과 마치아이 문제에 집중한다. 매음의 수요는 현대 문명의 성질 차원에서 조금도 약해지지 않으므로 공창 폐지는 실제의 매음 폐지 또는 감소라고 할 수 없으며 사창은 다른 모습으로 공창이 현대화해 간 것이라고 해석해야 한다. 공창의 형태로 하는 매음은 현대에는 추구하지 않는 것이어서, 사창의 형태로 하기까지 조금 매음의 감소가 온다 해도 공창이라는 부분의 매음이 없어지는 것은 아니다. 공창인 부분의 매음은 사창화해서 여전히 계속되고 계승된다면 공창은 형태를 잃고 실제로 존재한다고 하는 것은 공창제도의 폐지는 매음 정책 차원에서 커다란 의미가 없다고 말하지 않으면 안 된다.

이후의 처우 방법인 감호법 제도는 공적 비용을 낭비하는 것이 아니다. 사창을 방임하는 것에 의해 사회에 주는 유형무형의 손해는 막대하다고 생각된다. 정신박약자 보호소 또는 감옥에 수용해서 보호해 주고 또는 걸식 부랑인으로 취급하는 비용은 직접 감호에 요하는 비용에 비하면 크게 헛된 비용(失費)일 것이다. 감호법 제도에 따라 매음의 신체 또는 정신의 결함을 보호하고 생명 내지 건강의 보전을 계산하고 사회의 안전을 기할 수 있으므로 간접 보호에 필요한 비용을 감소시킬 수 있다면 그 이익은 손해를 보충하고도 남을 것이다.

八. 공사의 협력이 필요

매음의 근절은 공사가 협력해야 한다. 따라서 사영도 공영도 있다. 이제까지 사영으로는 종교단체와 세속 사회사업 단체가 타락자 보호를 맡아 왔다. 폐쇄적 보호에 관해서는 거의 종교단체가 다루어 윤리적 곤궁을 배제하도록 했다. 기타 사적 단체는 혹은 노동 식민지를 경영하고 혹은 교육원 혹은 수감자 보호협회를 만들어 타락자 보호에 노력해 왔다. 개방적 보호에 관해서는 종교단체나 인도주의에 의한 사적 단체가 다수 보였는데 이번 세기의 초두 이후 공적 단체가 타락자의 폐쇄 보호를 맡았다. 지금 독일에는 여러 도시에 국립 또는 시립의 타락자 보호서(保護署)가 설립되어, 경찰보호소와 함께 타락자의 수용 보호를 하고 있다. 최초의 보호서는 대전 중에 설립 기운이 일어나 1917년에 세워졌다. 그후 도시 안에 보호소를 설립하는 일이 많아졌다. 성병절멸법이 발표되기도 하고 이를 실현할 기관을 필요로 하여, 보호서의 필요가 한층 통감되기에 이르렀다. 이렇게 오늘날, 독이에서는 대체로 대도시에 보호서 또는 공설 보호소를 보게 되었다.

보호서 또는 공설 보호소에서는 대체로 구호가 중심이지만, 매음과 같이 보건과 밀접한 관계가 있는 것이 있는 것은 보건, 보호하는 것을 피할 수 없어 보건도 다룬다. 다시 보건을 강조하는 것은 한 발 나아가 보건서 설립에 이른다. 이렇게 구호에 무게를 두는 보호서는 보건에 무게를 두는 보건서가 되었는데, 대체로 보호서 또는 보호소에서 구호와 함께 보건을 다룬다.

九. 타락 멸절의 대동단결

타락자 보호사업도 이미 종합 형태로 운영되고 있다. 독일에서는 1918년에 프랑크푸르트에

서 전국타락자보호회의를 개최했다. 그 결과 전 독일협회로서 독일타락자선도협회(Deutsche Ausschusses Fur Gefährdetenfürsorge[57])가 생겼다. 이 협회는 타락자 보호에 관여하는 모든 단체를 종합한다. 나아가 이 협회는 잡다한 주의나 인생관을 가진 다른 역사나 전설을 가진 다른 분자의 집합이기 때문에, 곧 분열의 기운이 있었다. 타락자 보호라는 정신적·윤리적인 것은 여러 이상이나 주의나 목적이나 인생관에 기초하여 일어난 것이기 때문에, 아무리 종합할 필요를 느낀다고 해도 먼저 주의나 이상이나 인생관까지 버리고, 통일적 견해 아래 의연하게 나아가지 않는 것은 당연하다. 이렇게 다른 분자들이 종합한 전독일보호협회도 분열하기 시작하여 1920년에 이르러 따로 종합기관으로서 '독일타락자보호연합(Deutsche Vereiningung Fur Gefährdetenhilfe)'이 만들어졌다. 이 연합안은 모든 종파를 일시동인으로 받아들여 종론파(宗論派)적 색채가 보이지 않는다. 그외 종파별로 종합하기도 하고, 신교와 구교도 각각 연합을 만들었다. 내국 전도의 개방적 타락연합은 300개 단체를 망라했다. 독일 신교의 개방적 및 폐쇄적 타락자 보호 총연합은 베를린에 있고 '신교타락자보호회의(Evangelische Konfe renz Fur Gefahrdeten fursorge)'라고 불린다. 구교 측에서도 전 독일에 걸쳐 개방적 보호단체를 종합하여 가톨릭보호협회(Katholische Trusorgeverein Fur Madehen Trauenunp Kinder)라고 부른다. 이 연합은 1899년에 창립되어 본부를 도르트문트에 두고 400개의 지부가 있다. 사업으로서는 보건관 99개를 경영하고 베드 6천 개를 준비했다. 이 연합에 고용된 여자 보호원은 191명을 헤아린다. 그외, 콘라체헤[58]에 세운 성병원(性病院)에 베드 150개를 두었으며, 다렘[59]에 있는 산원(産院)에는 홈을 부설하고 베드 90개를 두었다. 노동 식민지는 뒬멘(デュルメン)에 경영되어 150명을 수용하기에 충분하고, 도르트문트 본부에는 사회사업학교가 경영되어 타락자 보호에 종사하는 전문 인원이 양성되고 있다.

최초 타락자 보호 사업도 공사단체가 어떤 연락 없이 자타 회고하지 않고 이루어졌으나, 한 번 여러 장소에서 시설이나 사업을 행하게 되면 동일한 목적을 가진 단체로서 협력하게 되는 것은 자연스럽고 자타 서로 통하여 있고 없는 것을 서로 보완할 필요가 있음을 느끼는 것은 다른 사회시설과 동일하다.

공창과 유곽은 이미 절명에 임박했지만 매음은 그림자를 거두지 않고 다른 형태를 취해, 사창으

---

57   원문은 'Crefahrdentenfusrorge'로 표기되어 있으나 타락자 선도를 뜻하는 'Gefährdetenfürsorge'의 오기로 보인다.
58   원문에는 'コンラ-ツヘーヘ'로 표기되어 있다. 이에 해당하는 독일 지명을 찾을 수 없어서 일단 발음 그대로 표기한다.
59   원문 지명 표기는 ダレム. 발음대로 표기한다.

로서 다시 대면하기에 이르렀다. 이제 매음 문제와 매음 정책은 자유 매음부와 마치아이를 대상으로 하며, 더욱 커다란 노력으로 이 문제에 집중하지 않으면 안 된다. (끝)

36. 기타무라 데루오, 풍속경찰에 관한 하나의 고찰(1937. 7.)

조선총독부 경무국 사무관 기타무라 데루오, 풍속경찰에 관한 하나의 고찰
北村輝雄,「風俗警察に関する一考察」,『警務彙報』375, 1937. 7.

풍속경찰에 관한 여러 문제는 사회 각 방면에 울림이 크고 또한 실질적으로도 상당히 중요성을 지니고 있음에도 불구하고 현재의 실정에 대해 관찰해 보면 일관된 지도이론이라는 것이 없고 대체로 그 국면을 맡은 사람의 그때그때의 느낌에 의해 좌우되고 있는 경우가 많은 듯하다. 따라서 때와 장소에 따라, 어떨 때는 관대함에 치우쳐 사회풍교를 잘못된 길로 이끌거나 혹은 엄격함에 치우쳐 도시의 번영 등도 저해하는 식의 사례도 왕왕 보이게 된다. 특히 조선은 한편에는 경성 같은 근대화된 도시가 있는가 하면 일면 다른 쪽에는 완전히 근대문화에서 뒤떨어진 구시대 그대로의 지방이 있어 그 간극이 대단히 심하고, 따라서 그곳에 규율되어야 하는 도덕상의 사회통념 또는 거기 수반되는 폐해 같은 것까지도 현격한 차이가 있는데, 그럼에도 불구하고 법규는 모두 이들에 대하여 일률적으로 적용되어 있다는 점에도 원인이 있을 것이라 생각하지만, 다행이 조선의 법규는 재량의 범위가 현저하게 넓게 만들어져 있기 때문에 적절하게 운용하는 사람을 얻는다면 이들 폐해는 어느 정도 제거될 수 있을 것이라 생각한다.

나는 최근 3, 4년 전부터 이들 문제에 적잖이 관심을 가지고 이것저것 관찰해 왔는데, 이하에서 두세 가지 사항에 대해 소견을 밝혀보고자 한다. 물론 이는 나의 일개 독단이니, 이 문제들에 관한 연구의 하나의 자료로 취급해 주면 다행이겠다.

一. 풍속경찰의 이론과 실제

풍속경찰의 이론적 확립은 우선 그 대상이 되는 인간의 본능에 착안해야 한다고 생각한다. 인간의 본능은 이를 자연스런 모습에서 바라본다면 실로 얄팍하기 짝이 없어서 본능 그대로 의사(意思)하고 행위했다가는 도저히 사회질서를 유지할 수는 없다. 거기에 교육의 의의가 있고 사회적 도덕률의 중요성이 있는 셈이다. 오늘날 사회를 형성하고 있는 다종다양한 인간이 그런대로 질서를 유지하며 각각의 직분을 지키고 있다는 사실은 말할 것도 없이 교육이나 사회 도덕적 분위기에 의해 그 본능이 자제되고 있는 결과에 다름없으니, 때와 장소에 따라서는 그 본래의 모습으로 환원될 가능성을 다분히 지니고 있는 것이다. 그리고 그것을 예방하고 제재할 수단으로서 도덕적 규율 외에 국가의 법규를 필요로 하는 이유도 여기에 있는 셈이다. 인간의 본능은 때와 장소가 허락된다면 상당히 자연의 모습에 가까운 상태에서 달성하지 못하는 일을 바라는 것이 본래의 경향이다. 또한 그 달성 방법은 하나를 얻으면 둘을 요구하고 셋을 요구하는 식으로 지위나 환경 등에 따라 점차 고도화하기 일쑤다. 풍속경찰의 대상이 되는 인간의 본능은 보통 소위 성욕으로 나타나는 것이 그 주된 부분인데, 여기서도 그와 같은 현상을 현저하게 볼 수 있다.

인간의 본능에서 다음으로 착안해야 할 것은 때와 장소의 문제다. 즉, 당시 사회 정세의 판단도 중요한 하나다. 왜냐하면 역사가 보여 주듯이 사회 도덕관이라는 것은 그 본질에 변함이 없다 하더라도 때와 장소에 의해 다소의 변천은 면할 수 없기 때문이다.

이상의 점에 착안하여 풍속경찰의 이론적 확립을 생각할 경우, 문제는 인간의 본능의 한 작용으로서 소위 성욕으로부터 출발하는 각종 사회현상 내지는 사회시설을 풍속경찰의 대상으로 국가 법규가 어느 정도에서 이를 규정하는가라는 곳에 귀결하게 된다. 하지만 항상 고도화하려는 인간의 본능과 일진월보(日進月步)하는 사회정세를 적확하게 판단하여 한도를 규정한다는 것은 지난한 작업이기에, 그 결정의 표준을 어디에서 구하는가 하는 점을 일률적으로 단정할 수는 없다. 지극히 엉성하게나마 표준을 굳이 구해 본다면 당시의 사회상식으로서 사회풍교상 인정될 수 있는 한도라고나 할 수밖에 없는데, 이 점에 대해서는 이하 각론에서 다소 구체적으로 서술해 보고자 생각하므로 여기서는 생략하기로 하겠다.

풍속경찰의 이론적 문제는 국가의 법규로서 이를 형식화할 경우 비상한 어려움이 수반된다는 것은 일면에서 그 운용의 임무를 맡는 자의 책무의 중요성을 말해 준다. 근대적 법규는 대체로 성문화되고 한 번 제정되고 나면 특수한 경우를 제외하고 단기간 내에 개폐되는 경우가 거의 없는 것이 보통이다. 게다가 그 법규의 대상이 이동성이 풍부한 경우 그 정신을 가장 효과적으로 살릴 수 있을지 여부는 첫째로는 운용자의 식견 여하에 달려 있게 되며, 어떠한 법규에서도 그 점은 마찬가지겠지만 여러 가지 점을 통해 관찰할 때, 특히 풍속경찰에서 그 부분의 중요성을 통감하게 된다. 풍속경찰의 실제에 대하여 내가 관찰한 범위에서는 풍속경찰의 이론적 한계, 즉 성문화된 법규의 한도와 그 대상물의 상태를 비교할 때, 항상 대상물 쪽이 법규의 한도를 넘었거나 또는 넘으려 하는 경향이 있다. 물론 이는 경찰법규 일반의 공통 형상이지만, 그중에서도 풍속경찰에서 특히 그 현상이 현저함을 볼 수 있다. 그리고 단속 당국의 이에 대한 처치방침 등도 모두 같지는 않다. 혹자는 단속법규를 금과옥조로 삼아 이에 저촉하는 자는 철저히 탄압하고 엄벌하는 방침으로 나아가는가 하면, 혹자는 다소의 요령을 가미해 진행하기도 하고, 또한 개중에는 마치 감당이 안 된다는 것처럼 반은 포기하고 반은 무관심하게 지나치고 있는 자도 전혀 없다고는 할 수 없는 상태다.

　풍속경찰 단속의 실제 국면을 맡는 자가 우선, 첫째만 있는데 생각해야 할 것은 단속법규가 규정한 한도라는 것이 당시의 사회정세에 부응할 만한 보편타당성을 지니고 있는지 그렇지 않은지 하는 점이다. 그리고 어느 쪽인지에 따라서 관대함과 엄격함의 적절한 태도를 결정해야 한다고 생각한다. 즉 이를 현실의 문제로서 생각할 경우, 어떤 단속법규가 10가지 한도를 규정하고 있는 데 대해 그 대상물은 법규의 한도를 넘어 12, 혹은 13가지 한도에 달하고 있는 식의 사례는 드물지 않다. 그리고 단속 당국으로서 법규의 한도를 넘어선 2 혹은 3의 부분에 대해서는 당연히 탄압을 가하게 되는데, 아무리 탄압을 가하고 엄벌방침으로 임해도 전혀 그것이 없어지지 않고 흡사 고무베개를 손으로 누르는 것과 마찬가지로, 이쪽을 누르면 저쪽이 부푸는 것처럼 법규의 한도를 철저히 시키는 것이 대단히 어려운 경우가 종종 있을 수 있다. 그러한 경우 단속 당국으로서는 상당히 신중하게 연구해야 하고, 공연히 탄압방침만을 가지고 임하는 것이 결코 풍속경찰의 결실을 거두는 까닭이 아니다. 때로는 법규의 개정을 필요로 하는 경우도 있을 테고 또한 법규 개정을 기다리지 않고도 당시의 사회정세를 통해 판단하여 인정할 수 있는 한도에서 그것을 경찰 단속 아래로 끌어당겨 지도해 가는 식의 방법도 생각할 수 있을 터다.

　모든 경찰의 대상물은 이를 속속들이 알았을 때 비로소 예방의 완벽을 기할 수 있는 법이며, 대상물에 대한 인식을 다소라도 결여하면 그만큼 사회를 위험에 노출시키게 된다. 풍속경찰도 물론 그래서 아무리 탄압주의로 임해도 단속 당국이 모르는 부분이 늘 존재하고 있어 사회에 해독을 흘리게 해서는 풍속경찰의 진정한 목적이 달성되었다고는 할 수 없다. 나는 작년에 이 방면의 조사를 위해 선진 각 도시를 돌아보았는데, 탄압엄벌주의 일변도로 임하고 있는 어떤 당국과, 좋은 의미에서 소위 요령주의를 채택하고 있는 어떤 당국을 비교해서 본 경우, 그 관하의 실정은 얄궂게도 전자가 훨씬 어지럽혀 있는 실제 사례를 목격하고 깊은 흥미를 느꼈고 동시에 간담이 서늘하기 짝이 없었다. 또한 어떤 지방에서는 도쿄사건을 계기로 풍속경찰의 대상물에 상당히 커다란 변화를 볼 수 있었다. 이는 당국의 작위에 의한 것이었는지 혹은 자연적 현상이었는지는 파헤치지 않았지만 흥미로운 현상이라 보았다.

이는 말하자면 풍속경찰은 그 이론의 중점을 적확하게 파악하여 시대추세에 적합하도록 실제 운용에 살려 나가는 것이 중요한 것이지, 세세한 말단에 사로잡혀 공연히 신경과민이 되는 것은 해서는 안 될 일이다.

二. 온천과 풍속경찰

온천이라는 의미는 보통 두 가지 경우로 해석된다. 하나는 조용한 보양 장소이고, 또 하나는 음탕한 향락 장소가 그것이다. 원래 온천이라는 것에는 뭔가 약효가 있고, 따라서 질병을 보양하는 데에 이용된다면 가장 의의가 있는 셈이 되지만 태생적으로 결벽적인 일본인은 입욕을 애호하는 관계상 위안 장소로서의 온천장 등에는 자연히 풍속경찰의 대상물이 점점 늘어가는 것은 어쩔 수 없는 결과로도 보인다. 따라서 단속 당국으로서는 장래에 일정한 계획을 가지고 합리적으로 지도하는 것을 게을리해서는 안 된다. 나는 풍속경찰상에서 본 조선의 온천탕에 대해서 일 고찰을 시도해 보고자 생각한다.

온천이 조용한 보양소로서 이외에 환락적인 위안소로서 발달해 가는 것이 피하기 어려운 경향이라 한다면 우선 온천장의 영업 형태를 명확히 구별해서 하나는 발병의 보양소 내지는 가족의 위안소로 하고, 하나는 환락적인 놀이 장소로 할 필요가 있다. 그리고 풍속경찰의 대상이 되는 것은 주로 후자의 경우인데 지역적으로 양자 관계에 대해서 말하자면 조선의 각지에 산재하는 온천장을 개별적으로 검토해 양자 중 어느 쪽인가의 특징을 갖게 함과 동시에 그 분포 상태를 더욱 합리적으로 만들 필요가 있다. 이상으로는 각 도에 두 군데 배당 정도의 온천장이 있다면 그 각각에 대해서 저마다 특징을 정하면 좋겠지만 온천은 그렇게 형편에 좋을 대로 어디든 솟아나오지는 않으니 현재의 상황에 대해서 궁리해 보는 도리 외에 없다. 게다가 조선의 현재 분포 상태는 우선 지역적으로 보아 균형이 잡혀 있지 않다. 전라남북도에는 한 군데도 없고 또한 함경남북도 같은 광대한 지역에 온천장다운 것은 주을에 한 군데가 있을 뿐이다. 여기서 평각개의 온천장 자체에 대해서 경영 상태를 연구할 필요가 발생한다. 즉 동일 온천장에서 보양과 환락 양자의 특색을 지니게 할 수 있는지 여부의 문제다. 이는 가능한 한 피하고 싶지만 사정이 부득이한 경우에는 그 지역의 지리적 조건 등을 고려하여 계획한다면 반드시 어려운 일이기만 한 것은 아니다. 예를 들어 한쪽을 강 건너편으로 가져간다든가, 혹은 거리 변두리로 가져간다든가 해서, 거기에 상당한 거리를 두고 교통로 등도 정리해 양자의 경영 형태가 적어도 그 지역에서는 확연히 구분되도록 한다면 그것은 가능한 문제라 생각한다.

현재 조선에서는 동일 지역 내의 동일 온천장에 대해서 양자의 특색을 함께 지니는 것을 인정하여 특수한 지도를 하고 있는데, 이는 이용자와 경영자의 현실에 바로 대응하기 위한 잠정적 처치여서 적어도 거기에는 풍속경찰상 약간의 무리를 남기고 있게 된다. 이 점에 대해서는 장래 인구의 증대, 도시의 발전과 함께 더욱 합리적인 방법을 강구할 필요가 있다고 생각한다.

이렇게 해서 풍속경찰의 대상이 되는 온천장은 처음으로 그 본래 역할을 완전히 수행할 수 있고 단속 당국도 합리적 단속을 실시할 수 있게 된다. 그렇지만 이를 형식적 문제로 생각했을 경우 현재 조선의 온천장에 적용할 특별한 단속법규가 없고 따라서 일반법규가 규정하는바 한도가 이들 온천장에 적응하는 것이 될지 안 될지는 의문이다. 이 점에 대해서는 온천장의 특색을 지역적으로 구분하는 필요성과 풍속경찰 일반이론의 주안점을 병행해서 생각해서 이를 실제의 운용으로 옮긴다면 자연히 해결될 문제라고 생각한다.

三. 매소(売笑)와 풍속경찰

매소에 관한 문제는 풍속경찰 중 특히 중요하다. 왜냐하면 이는 위생경찰과도 밀접한 관계를 지니고 국민의 보건에도 중대한 영향을 미치기 때문이다.

매소의 역사는 세계 각국 모두 오래되었고 많은 변천을 거쳐 왔는데 공창제도가 존재하는 것은 문명국가들 중 일본뿐이다. 이는 그다지 명예도 아니지만, 그것은 그것으로서 공창제도의 존재에 의해 매소에 대한 풍속경찰이 합리화되고 철저하고 있는가 하면 결코 그렇지는 않고, 제도로서는 인정되지 않는 이른바 사창이라는 것이 도처에 발호하고 있다. 이로 인해 사회가 받고 있는 피해는 상당히 심대하고 따라서 매소에 관한 풍속경찰의 중요성은 이 문제에서 출발하지 않으면 안 된다고 생각한다. 나는 작년에 공창제도가 비교적 완비된 도시의 풍속경찰 상태를 시찰한 적이 있다. 그리고 기이하게 느낀 것은 이른바 유곽이라는 것이 모든 설비가 대단히 완비되어 있고 번성하고 있음에도 불구하고, 사창 수도 엄청난 수에 달한다는 사실이다. 이 점에 대해서는 공창 수가 그 도시 인구 등에 비례해 부족한 것인지 혹은 다른 원인이 뭔가 있는지 여러모로 조사한 결과, 결국 그것은 인간의 본능으로 귀착하는 문제라는 것과, 이에 대한 단속의 철저는 거의 불가능에 가까운 사실이라는 것을 발견하게 되었다. 사창의 박멸이 거의 불가능에 가까운 사실이라면 이에 대응하는 단속방책은 무릇 두 가지 경우를 생각할 수 있다. 하나는 사창은 사창다운 경영 형태로 법이 이를 인정하여 별종의 공창으로서 단속해 나가는 방법이다. 또 하나는 법은 이를 인정하지 않지만 사실상 경찰 단속 아래로 끌어들여 지도해 나가는 방법이다. 이들 중 어느 쪽을 채택해야 할지에 대해서는 제정의 전제로서 먼저 현재의 공창제도를 일단 검토할 필요가 있다.

공창폐지론자는 공창제도를 두고 문명국의 치욕이라면서 이를 배척하지만, 풍속경찰적 입장에서 보면 그것은 2차적인 문제이고 오히려 공창제도의 실질적 존재가치와 이에 따른 폐해를 비교 검토해서 제정해야 한다고 생각한다. 내가 보는 바로는 공창제도의 존재는 인간의 본능론에서 보면 지극히 유치한 기계적 만족을 주는 데에 불과하고 결국 그것은 단순한 하나의 단계로서의 의의 밖에 지니지 못한다. 게다가 이에 수반되는 각종 폐해에 대해서는 적어도 현재의 제도에서는 이제 와서 많은 말을 보탤 필요도 없는 바다.

그러한 존재인 공창을 오늘날과 같은 대규모 경영 형태로 인정한다면 거기에는 다소 고려가 이루어져야 하고, 일면 사창 문제와도 함께 생각해서 가까운 장래에 해결되어야 할 중요한 과제라 생각한다.

나는 어떤 대도시의 사창을 시찰했는데 표면적으로 인정되지 않는 바인 이른바 사창굴이란 것이 지역적인 면에서나 경영 형태 면에서나 매우 정연하게 당국의 단속 지도에 순응하면서 자치적으로 모든 것을 해결하고 있고 게다가 그 지역의 이른바 유곽보다는 번영하고 있는 상태를 견문하고서, 현재의 공창제도의 재검토를 통감하게 되었다. 이에 시험 삼아 다음과 같이 사안(私案)을 서술하여 본 문제의 결론을 갈음하고자 한다.

(1) 공창은 점차 감소 방침을 취할 수 있도록 한다. 공창의 감소는 반드시 정비례해서 사창의 증대를 가져오지는 않으며 현재와 같은 공창은 어느 정도까지 감소하면 그만큼 폐해가 적어진다. 또한 자연히 그것이 절멸했을 때에는 소위 공창폐지론자의 국제적 면목도 서게 되는 셈이다.

(2) 이른바 사창은 작부 또는 예기 등 일정한 자격 아래 매소행위를 인정할 것. 이는 마치 사창의 공창화 같은 감이 있지만 겉보기에는 어디까지나 작부 또는 예기로서의 자격에 비중을 두고 일방 공창에 대한 것 같은 매소 기계화 관념을 안게 하지 않는 것이 긴요하다. 그리고 이에 대한 인정방법은 입법 기술에 기대해야 하겠지만, 요는 오히려 그 운용방법 여하에 달려 있다. 이 점에 관해서는 조선의 현행제도는 비교적 진보해 있지만 더욱 지역이나 그 경영 형태 등에 대해 한층 더

고안이 필요한 듯 생각된다.

　(3) 매소행위를 인정하는 지역은 한 도시에 반드시 한 지역으로 한정할 필요는 없지만 적어도 그 지역은 사회풍교상 지장이 없는 한도에서 일반지역과는 뭔가의 방법으로 격리할 필요가 있다. 그리고 격리한 그 지역에 대해서는 이른바 환락향으로서 종합적 시설을 가급적 인정하고 그 지역 이외에서는 금지된 일을 범하지 않도록 지도하는 것이 긴요하다.

　(4) 매소행위와 위생경찰의 문제는 본 문제와 밀접한 관계가 있기 때문에 한마디 언급해 두고자 한다. 이 문제에 대해서는 단속 당국의 지도 감독에 기대하는 바가 물론 크기는 하지만 대상이 되는 개인 또는 단체의 자치적 각성을 촉구하는 것이 더욱 중요하다. 나는 어떤 대도시 사창굴에서 그들의 공동경영에 관련된 보건상담소를 시찰하였는데 그 설비가 완비돼 있는 것과 또 하나 그 한 구획 내에 있는 사창이 거의 매일처럼 건강진단을 받는 상황을 보고 놀라기도 하고 감탄하기도 했다. 세상에서 소위 한몫 하는 게이샤(芸者)라 칭하는 자도 좀 더 이 방면을 자각하여 자발적으로 건강진단에 힘쓰게 된다면 위생경찰상의 수확은 그야말로 크리라고 생각한다.

四. 카페와 풍속경찰

　조선에서 카페는 일찍부터 당국의 지도방침이 철저히 이루어져 표면상 지극히 정연함은 기쁜 현상이다. 그럼에도 여기서 우리가 생각해야 할 것은 일반 사람들이 이 카페의 현상에 대해서 만족하고 있는가 여부다. 바꿔 말하면 불필요하게 그 만족을 제한하고 있지는 않은지 하는 문제다. 카페의 단속처럼 단속 당국이 힘을 통해서 한다면 형식적으로 해결하지 못할 문제는 없겠지만 그 한계에 차질이 생긴 경우에는 그 상태는 결코 영속성을 기대할 수 없다. 그리고 거기에는 필연적으로 단속 당국이 알 수 없는 불순한 부분이 조성되기 시작하는 것이 자연스러운 추세이므로 우리는 그것을 두려워하는 것이다.

　대체로 카페는 레스토랑과 바를 붙여서 섞어놓은 것 같은 형태를 띠고 있는데 이를 더욱 세밀하게 구별하면 레스토랑에 가까운 것과 바에 가까운 것이 있고, 풍속경찰의 대상으로는 주로 후자에 착안해야 한다. 물론 전자에 대해서도 이를 등한시 할 수는 없지만, 양자에 대한 풍속경찰의 방침으로는 거기에 스스로 현격한 차이를 두어야 한다.

　오늘날 카페의 분포 상황을 보면 전자와 후자를 불문하고 대도시의 현재 상황은 너무도 불통제에 치우친 경향이 있다. 따라서 이에 대응하는 단속 방침 같은 것도 일률적인 단조로움으로는 자연히 거기에 무리가 발생하게 된다. 원래 후자에 속하는 카페의 경우는 일정한 지역에 집단을 이루게 하여 인정할 수 있는 한도에서 그 존재 의의를 분명히 하게 할 필요가 있다. 또한 경우에 따라서는 전술한 향락향의 지역 내에 집단을 이루게 하고 이를 특수하게 취급하여 청정지대의 공기를 오염시키지 않도록 지도하는 것도 하나의 방책이라 생각한다. 나는 지금 비교적 양호한 상태에 놓여 있는 조선의 카페가 올바를 궤도를 타고 정말로 카페다운 카페가 정연하게 출현하는 날을 기대해마지 않는 바다.

五. 댄스홀과 풍속경찰

조선과 댄스홀의 문제는 최근 수년 전부터 종종 사람들의 화제에 오르고 있는 사안이다. 내지(內地) 및 만주에는 일찍부터 허용돼 있는 댄스홀이 왜 조선에는 허용되지 않는가 하는 것이 당국에 대한 불만의 목소리다.

원래 댄스홀과 댄스는 불가분의 관계에 있지만 풍속경찰의 대상으로서 댄스홀을 볼 경우 먼저 댄스에 대한 견해를 밝혀둘 필요가 있다. 즉 같은 댄스 중에도 체육 댄스도 있는가 하면 사교 댄스도 있고, 가정 댄스도 있는가 하면 연회 자리에서 흥을 돋우려 엉덩이를 흔드는 댄스도 있다. 그리고 사람의 호불호는 별개로 하더라도 체육 댄스 같은 것은 적극 장려되어도 좋은 것일 테고 또한 그밖의 댄스도 하나의 예술적 운동으로 보면 그렇게 장소를 가려서 한다면 그것이 수입품이니까 라는 식으로 편협한 소견으로 이를 얕볼 필요도 없고 또한 딱히 강하게 반대해야 할 정도의 이유도 없다.

그러나 댄스가 문제없다고 해서 그것을 전문으로 하는 댄스홀도 문제없다고는 바로 단정할 수는 없다. 즉 풍속경찰의 직접적 대상이 되는 그 영업 자체의 인적·물적 시설과 간접적 대상이 되는 그 이용자라는 두 가지에 주목해서 관찰한다면, 상당히 고려할 필요가 있는 여러 문제가 있다. 지금 가령 남자 전용 혹은 여자 전용의 댄스홀이 있는 경우, 그들 댄스홀을 이용하는 자의 유무는 대략 상상이 가는 바다.

무릇 풍속경찰의 대상이 되는 인적 설비는 부녀자가 많고 따라서 이를 이용하는 자는 남자가 많은 법이다. 그리고 이들 부녀자는 각종 사정에 의해 그것을 하나의 생업으로 삼고 있는 관계상 어쩔 수 없다 하더라도, 댄스홀에서 이용자는 남자만 한정되지 않고 여자도 적지 않으니, 본래 가정을 지켜야 할 부녀자에게 그러한 기회를 준다는 것은 댄스 자체를 떠나서 상당한 고려를 해야 하는 중요한 문제를 야기한다. 또한 일반론으로서 생각해 본 경우에도 카페, 요리옥, 가시자시키 등 풍속경찰 대상물에 비해 본질적으로 우려할 문제가 잠재한다는 점을 간과할 수는 없는 일이다. 최근 만주에 거주하는 유력한 조선 동포 몇 씨가 경찰 당국에 대하여 만주의 댄스홀의 현실을 이야기하면서 그것이 유망한 청소년의 미래에 가장 독이 되는 것이니 조선에서는 결단코 그 설치를 허가하지 않도록 해달라는 매우 진지한 진정이 있었고, 이는 그간의 사정을 말해 주는 것이라 믿는다.

다가오는 도쿄올림픽 대회에 조선을 경유하는 다수의 외인을 대접하려면 댄스홀 하나도 없는 것은 조선의 부끄러움이 아니냐고 주장하는 사람도 있는 것 같은데 나는 그런 말단 문제는 신경이 쓰이지 않고 더 힘찬 조선의 진정한 모습을 보이는 일에 노력해야 하지 않을까 생각하는 바다.

六. 이른바 주막과 풍속경찰

조선에는 특히 농촌 지방에는 도처에 주류 판매업이라는 것이 있다. 이는 단순히 주류를 판매한다는 것에만 그치지 않고 대부분은 술안주나 기타 음식물도 제공하거나 혹은 객실을 마련하고 고용녀를 두어 서비스를 시킨다. 이른바 주막이 그것이다. 주막은 그 경영 형태로 말하자면 저급한 음식점에 해당하는데, 실질 면에 대해서는 풍속경찰상 상당히 중요시해야 하는 문제가 있다. 즉 그 수가 엄청나게 많다는 점과 그 내용이 요리옥 또는 가시자시키 영업에 필적하는 것이 상당히 많다는 점이다. 오늘날 농촌의 자제가 이들의 발호로 인해 얼마만큼 나쁜 감화를 받고 있는지는 상상하고도 남는다. 그러나 이를 다른 면에서 본다면 이는 절멸을 기할 수 없는 아무래도 필요한 기관이다. 따라서 이를 가장 합리적으로 지도하는 부분에 풍속경찰의 중요성이 있는 셈이다.

당국에서는 이들 업태에 대하여 대개 음식점 영업으로 단속하고 있는데 그것은 최소한도의 수단인 것이지 장래 대책으로는 적극적 계획 아래 지도할 필요가 있다고 생각한다. 내가 생각하는 바로는 먼저 그 수의 감소를 꾀하는 것이 첫째다. 다음으로는 그 업태를 확실하게 구분할 필요가 있다. 즉 고용녀를 두는 것과 그렇지 않은 것으로 구별한다. 그리고 전자에 속하는 것에는 상당히 일정한 지역으로 격리해 집단을 이루게 하고 이에 대해서는 특수한 단속 방침을 사용해 지장 없는 한도에서 이용자가 만족을 얻도록 고려되어야 한다. 작금과 같이 전 조선 각지에 산업이 발흥하여 농촌 각 지방에는 품삯이 두둑하고 따라서 이에 따른 주막의 폐해도 역시 점차 증대할 것으로 생각된다. 각지 도처에 산재하는 이들 주막의 통제 혹은 단속은 사실상 상당히 어려운 문제임은 틀림없지만, 일정한 지도이론을 가지고 긴 안목으로 끈기 있게 지도해 나간다면 가까운 장래에 더 명랑한 주막의 출현을 기대할 수 있으리라 생각한다. 그리고 그것은 현재의 조선에서 중요한 의의를 갖는 작업의 하나라 생각한다. (끝)

Ⅳ. 조선경찰신문

1. 풍속경찰(1929. 7. 1.)

풍속경찰
「風俗警察」,『朝鮮警察新聞』200, 1929. 7. 1.

풍속이라는 것은 일정한 지역의 한 시대 일반 국민의 생활 상태를 말하고, 한 사람 일개의 생활 상태는 그 사람에게 굳어진 버릇(性癖)에 지나지 않으니, 따라서 이를 풍속이라 할 수 없다. 풍속은 보통으로 행해지고 있는 생활 상태로서 생활상의 기거 동작과 언어 등을 총칭하며 그것이 일정한 지역에서 일정한 시대에 나타나는 것이어야 한다. 그 때문에 세상의 변천과 함께 변화하며, 각 지방과 각국에 따라 다양하게 풍속을 달리한다.

풍속은 국민문화의 하나의 상징이자 문명의 표준이다. 곧 국민의 품성과 공공의 질서는 일국의 문화 정도를 알려주기에 족하니 풍속경찰은 이러한 의미에서 필요하다. 풍속경찰이란 국민의 선량한 품성을 유지하기 위해 풍속을 어지럽히고 습관을 파괴하는 행위에 대하여 이를 방지하는 경찰의 작용이다. 이 때문에 더럽고 추잡하며 음탕한 행위나 도덕에 어긋나는 불륜한 행위를 방지하는 것이 목적이지만, 풍속경찰은 보안경찰이기 때문에 독립적으로 이루어지는 것이 아니라, 다른 조장(助長) 행정을 수반하여 행한다. 무릇 풍속에 관한 문제는 경찰의 힘만으로는 개량하고 교정할 수 없으며, 주로 교육의 힘과 국민의 자각과 사회제도 같은 것이 중대한 영향을 미치므로 이들의 힘에 기대하지 않으면 불가능하다는 점은 분명하지만, 선량한 풍습을 파괴하고 공공연히 어지럽히는 행위가 이루어진다면 이를 간과할 수 없는 법이다. 도덕에 어긋나고 불륜한 그 행위를 방지하고 선량한 풍습의 유지에 힘쓴다는 방지가 곧 경찰이므로, 풍속에 관한 경찰은 다른 조장행정과 맞물려 효과를 낳고, 또한 일면에서는 조장 행정의 효과를 충분히 만듦으로 풍속경찰의 직능을 다할 수 있다. 그런데 단속법으로서 통일된 것이 지극히 적고 대부분 개개의 경우에 지방 상태를 참작해야 하다 보니 지방에서는 각 지방 명령으로 단속하고 있다.

一. 매소부

매소부(売笑婦)가 존재한다는 것은 선량한 풍속을 유지한다는 이유 때문은 아니지만 이를 절대적으로 없애기는 사실 불가능하다. 현재의 법제 아래에서는 엄중한 경찰 감시를 통해 최소한에서 공인하는 매소부가 있다. 창기가 곧 그것이다.

창기 이외의 매소부가 허용되지 않는 어느 지방에서는 공창을 폐지하고 사창을 허용하고 있는 곳도 있다. 매소부 단속은 一. 사회 풍기의 단속, 二. 사회위생에서 화류병 전파 방지, 三. 여자의 타락 침륜(沈倫)의 방지와 보호이며, 공창 폐지는 공공질서와 선량한 풍속에 반하는 행위이므로 주로 인신매매의 속박에서 해방하려 함이다.

(一) 창기 : 창기라는 것은 국가가 공인한 매음을 업으로 삼는 자를 말한다. 창기는 만 18세[1] 이상이 스스로 경찰관서에 출두해 서면으로 청하고 건강진단을 받아 창기 명부에 등록함으로써 신청이 필요하며, 경찰관서는 재량으로 그 등록을 거부할 수 있다. 창기의 등록은 경찰 허가의 형식인데, 이는 영업 허가의 성질을 띠고 있다. 창기는 지방 명령을 통해 지정된 지역 내에 거주하며 외출에는 일정한 이유가 있어야 한다. 이유가 없을 때는 경찰관서의 허가를 받아야 한다. 또한 일(稼業)은 반드시 가시자시키(貸座敷) 내에서 해야 하고 규정에 의한 건강진단을 받아야 한다. 질병에 걸려 일할 수 없는 자 또는 전염성 질환이 있는 자는 치유할 때까지 취업할 수 없다. 지방 장관은 본인을 보호하거나 풍속 단속 차원의 필요가 있다고 인정한 때에는 언제든지 창기 일(稼)을 금지 또는 정지할 수 있고, 창기는 스스로 경찰관서에 출두해 서면 또는 구두로 명부의 삭제를 신청할 수 있다. 창기 자신이 출두할 수 없는 경우에는 신청서를 우송하거나 또는 탁송해도 무방하다. 창기가 미성년자인 때는 그 실부모 호주가 삭제를 신청할 수 있고, 이 신청과 창기의 통신, 면회, 문서의 열독, 물건의 소지, 구매 등의 자유는 누구든 막을 수 없다.

창기 생업이라는 것은 순수한 의미에서는 영업이 아니지만 실제로는 영업이다. 그리고 전술한 매음행위는 국가가 인정하는 바이므로 그 행위는 정신상 적법 행위다. 따라서 선량한 풍속에 반한다고는 할 수 없다. 그러나 창기가 포주와 계약하는 바의 창기일 계약(娼妓稼契約)이라는 것은 적법한 계약은 아니다. 어찌되었든 그 계약 내용인즉슨 창기가 특정한 장소에서 특정한 자에게 하는 매음행위 자체가 아니라, 창기가 포주와 일정한 기간에 일정한 장소에서 창기 일을 한다는 계약이므로, 이 계약은 국가가 인정하고 있지 않다. 따라서 이 계약은 선량한 풍속을 어지럽히니 무효이

---

1 조선에서 창기 가능 연령은 만 17세 이상이다. 이 글에서는 일본 사례를 가지고 설명하는 것으로 보인다.

며, 이 무효 계약은 오래도록 이행할 필요가 없다. 따라서 계약을 이행하지 않는 때에 포주가 이를 강제할 수는 없다. 여기서 이 약점을 포착해 스스로 폐업하는 자가 있는데, 그 폐업이 창기 자신의 진의에 따른 것이고 이유가 있는 경우라면 당국은 이를 허용함이 지당하다. 이 수단에 의해 계약 기간 내에 스스로 폐업하는 것을 자유 폐업이라 한다.

(二) 밀매음 : 매음이라는 것은 '자기를 제공한다'는 의미에서 바뀐 말이다. 자기를 제공한다 함은 타인의 요구에 응하여 상당한 보수를 얻고 색정을 판다는 뜻이며, 음행을 목적으로 남자를 상대하는 것, 반드시 보수, 곧 금전의 수수가 있는 것, 이 두 가지 특색을 갖는다. 아울러 음행을 상습적으로 반복한다는 점에서 공창과 사창 모두 매음이다.

밀매음이라는 것은 이 종류의 사창을 말한다. 사창과 공창의 구별로서, 공창은 국가의 공인이며 창기단속규칙 제2조 등에는 창기 일(稼)로서 생업을 인정하는 1종 영업으로 되어 있다. 사창은 경찰범처벌령 제1조 제2호에서 밀매음을 하거나 그 매합(媒合) 혹은 용지(容止)를 한 자는 30일 미만의 구악(拘惡)에 처한다는 취지의 규정에서 보듯 국가는 이를 금지하고 있어 이 점이 다르다. 또한 행정집행법 제3조에는 밀매음의 상습자에 대하여 건강진단을 하고 입원 또는 치료시켜 치유에 이르는 동안 거주 장소를 지정하여 외출을 금지할 수 있는 자라는 규정이 있다.

한편에서 창기(공창)를 허용하면서도 한편에선 밀매음(사창)을 금하는 이유는 풍속과 위생이라는 두 방면에서 정책적으로 그리한 것이다. 오늘날 폐창 문제가 높이 주창되는 때에 그 이해관계의 시비는 차치하더라도 현재의 사회 상태에서 공창 폐지는 시기상조다. 그러나 그 경향이 더욱 농후해지는 감이 있으니, 적당한 시기가 도래하면 공창은 폐지될 것이다.

二. 풍속을 해칠 우려가 있는 행위

(一) 사행행위 : 사행행위라는 것은 우연한 사실을 만나 이익을 취득함을 목적으로 하는 행위다. 즉 당사자 일방이 타방에 대하여 불확정한 조건의 성패에 의해 일정한 급부를 줄 것을 약속하고 그 조건이 성취하는지 여부에 따라 손익을 정하는 행위다. 그 때문에 사행행위는 현상 복권과 유사한 행위를 말한다.

현상(懸賞)이란 수많은 행위자 중 우수한 자 또는 최초의 발견자의 한 사람 또는 몇 명에게 예정한 이익을 준다는 하나의 조건부 증여계약이다.

복권(富籤とみくじ)과 유사한 행위란 추첨 방법에 의해 출자를 하지 않고 예정된 이익을 획득시키는 하나의 조건부 행위인데, 현상과 다른 점은 수익자의 행위, 우수한 작위, 최초의 발견 하나를

요건으로 하지 않는 데에 있다. 경품은 하나의 증여이며 또는 물품 구매를 조건으로 예정한 물품을 증여한다.

사행행위는 선량한 풍속을 어지럽히고 공공의 질서를 해치므로, 현상 복권과 유사한 기타 사행적 방법의 사용을 제공하고 또는 투표를 모집하는 행위로, 공안 또는 풍속을 해칠 우려가 있는 자는 지방장관이 이를 금지하거나 제한할 수 있다. 그리고 그 처분을 위반한 자와 사정을 알고도 여기에 간여한 자는 처벌하기로 되어 있다.

(二) 남녀 혼욕의 금지 : 다수 해(害)가 모여든 욕장에서 그 영업자는 12세 이상의 남녀를 혼욕시키지 않는다는 의무를 지고 있어 이를 위반할 때는 처벌받는다.

(三) 기타 : 문신(刺文), 공개 장소에서 동물을 학대거나, 또는 옷을 벗어 몸을 드러내는 일, 기타 추태를 부리거나 거리에서 방뇨하는 등의 행위 역시 금지되는 행위다.

三. 광고물

최근 과학의 진보와 더불어 각종 색채와 복잡한 형상으로 사람의 주의와 마음을 끌기 위해 각 방면에서 활발하게 광고를 이용하게 되었다. 그리고 광고술, 광고학이라 할 정도로 조직적인 학문이 되었다. 이 때문에 그 광고나 간판은 내용과 외관 모두 안녕과 질서를 어지럽히고 풍속을 해칠 우려가 있는 것이 생겨 시가의 미관과 풍취를 훼손하게 되니 그 해가 심히 크다. 이 때문에 광고물에 대해서도 단속의 필요가 생겼다.

광고물은 광고물단속법 제1조에 의해 미관 또는 풍취(風致)를 보존하기 위해 이루어지는 지방명령의 제한과 금지가 있고 이에 위반한 물건은 행정관청이 제거할 수 있다. 광고 간판, 기타 이와 관련한 물건이 위험할 우려가 있거나 공안 풍속을 해친다고 인정될 때는 행정관청이 제거, 기타 필요한 처분을 할 수 있다.

四. 재물 모집

물건 모집이란 그 명의 여하를 불문하고 일반적으로 기부를 모집함을 말한다. 이들 행위는 그 모집한 금품을 부정하게 소비하거나 기부에 이름을 빌려 사기를 행할 우려가 있고, 기타 타인에게 폐가 되는 행위를 하는 것이니 단속을 통해 선량한 풍속 공안을 유지해야 한다. 따라서 이와 관련해 성령 제6호 외에 내무성령인 경찰범처벌령 또는 지방명령으로 규정하고 있다.

기부를 일반적으로 모집하는 자는 도쿄에서는 경시총감의 허가를 받고 기타 지방청에서는 기타 지방장관의 허가가 필요한 두 지방에 걸친 때는 내무대신의 허가를 받아야 한다. 그리고 기부의 강제는 허용되지 않는다.

五. 풍속에 관한 출판물

풍속을 해치는 도서의 출판 또는 신문지에 게재하여 이를 발매 배포하는 것은 출판법, 신문지법으로 금지되어 있을 뿐만 아니라, 형법 제157조에서도 외설 문서, 도화, 기구 등을 공공연히 진열하거나 판매할 목적으로 소지할 수 없다는 규정이 있다. 이 때문에 서사야점(書肆夜店), 헌책방, 책대여점 같은 곳에서는 공공연한 외설 문서를 진열하거나 판매하는 일이 있어서는 안 된다. 또한 점포가 아니라 거리나 기타 공중이 자유롭게 출입하는 장소에서 풍속을 해칠 우려가 있는 문서 도화 시욕(詩欲)의 게시, 배포, 낭독, 방음 같은 일도 마찬가지다. 만일 이러한 경우가 있으면 경찰관은 금지를 명할 수 있고 금지에 위반할 때는 처벌한다.

2. 가미사카 슌이치, 풍속 단속의 문제와 사견(1929. 8. 1.)

법학사 가미사카 슌이치, 풍속 단속의 문제와 사견
神阪駿一,「風俗取締の問題ろ私見」,『朝鮮警察新聞』202, 1929. 8. 1.

최근 전국적으로 크게 제기되고 있는 문제는 풍속에 관한 단속이다. 특히 카페에 대한 단속은 도쿄에서 이미 각의에서 논의되었고 오사카에서는 상공회의소가 카페 정벌을 건의하였다. 여기 게시하는 내용은 약간의 나의 사견이며 물론 서생론(書生論)에 지나지 않겠지만 뭔가 참고가 된다면 기대 밖의 영광이겠다.

카페에 대하여
최근 모던걸과 모던보이의 출현과 이에 따른 모던틱한 시설이 사회 풍조에 수반해 생겨났다. 카페, 댄스홀이 그것이다. 따라서 최근의 경찰은 시대의 풍조를 이해하고 단속을 맡아야 했다. 이 때문에 근대인의 심리, 시대적 풍조라는 것을 연구할 필요가 있다. 이 연구를 소홀히 한 채 옛날처럼 단속을 엄하게 한다면 시대착오가 아닐까.

대체 카페란 무엇인가 하면 누구나 알고 있듯 빨간 전등, 파란 전등과 보라색 전등 아래에서 파란 술, 빨간 술에 오색 술까지도 마시자는 식으로 아름다운 여급을 상대로 스토톤[2] 또는 모던한 긴자(銀座) 행진곡 노래라도 부르며 더없는 환락을 만끽하는 곳이라고 바로 느낄지 모르겠다. 그러나 그것은 일본의 현재의 카페일 뿐이지, 본가의 원조 카페라는 것은 이와는 천양지차여서 원래는 찻집(喫茶店)이다. 유럽에서도 영국에서도 미국에서도 그렇다. 찻집이라는 것은 일본에서도 1921년 즈음부터 드문드문 생겨나다가 현재는 상당수에 달한다. 대개 다음과 같다. 커피, 홍차, 케이크, 과일 등이 주를 이루고 술은 있어도 이는 부수적이고, 요리는 일체 먹을 수 없으며 그저

---

2 스토톤(すととん). 다이쇼(大正) 말기의 유행가다.

샌드위치 정도다. 보이(boy)는 대개 남자이고 때로는 여자 손님을 상대하는 보이를 둔 곳도 있다. 따라서 찻집은 밥을 먹는 곳이 아니고 하루의 노고를 위로하는 곳도 아닌 휴게소에 지나지 않는다. 커피를 마시며 음반을 듣고 신문이나 잡지를 읽는 곳이다. 어느 카페에나 신문이나 잡지를 두고 있다. 여기는 시간(의 구분) 없이 밤낮으로 개업한다. 그럼 식사는 어디서 하냐면 레스토랑이다. 레스토랑은 오후 12시에서 2시, 6시부터 9시까지라는 식으로 시간을 정해 두고 그 이외는 문을 닫는다. 외국인은 그러한 시간 내에 전부 장사를 쉬고 식사를 한다. 일본에서는 카페와 레스토랑을 혼동해 오다 보니 어느 가게든 찻집과 요리옥을 겸하고 있다.

'바'라는 것은 거의 미국에만 존재하고 일본에서 이에 대적할 만한 것은 이자카야(居酒屋)다. 조선의 선술집(立飮屋)이 이것과 가장 가까우며 노동자 계급이 모이는 곳에서 술을 마실 뿐만 아니라 도박도 한다.

여급 : 여급은 일본 특유의 것으로 부인 직업의 하나다. 어떤 지방에서는 여급을 단속하는 데에 따로 법규를 마련하지 않고 작부로서 단속하고 있지만 작부와 동일한 취급을 하는 것은 잘못이다. 일종의 작부이기는 하겠지만 시대에 호응한 단속을 해야 할 텐데, 이를 선도하기 위해 명칭에 따라서 또는 여급 그 자체도 풍기 관계에 영향을 주는 바가 심대하지 않을까 생각한다. 특히 최근 야단스러운 여급 풍기 문제가 존재하는 오늘날에는 더욱 그렇다.

여급의 풍기 문제라 하면 첫째는 제도의 결함, 둘째는 사회 풍조의 타락을 들 수 있다.

첫째, 제도의 결함 : 제도의 결함의 주된 원인은 봉급 관계에 존재한다. 재작년부터 도쿄에서도 종래의 팁제 폐지가 요란하게 제기되고 당국 역시 가능한 한 봉급제도로 바꾸려 했지만, 영업자에게는 큰 문제다. 아름다운 여자를 다수 고용하여 이들에게 봉급을 지불할 경우 경영 곤란에 빠지므로 일정한 고정급과 팁을 통해 완화를 꾀했다. 그들도 원해서 풍기를 어지럽히는 것은 아니고 거기에는 아무래도 수입의 많고 적음이라는 생활 문제가 있으니 수입의 많고 적음은 그녀들의 화장과 의상에도 관계하는 바가 매우 크다는 점도 생각해야 한다. 또한 일면 오래 쌓인 음탕한 기분과 빈들거리는 습관으로 그녀들의 생활이 비교적 허영을 향해 갔다. 이 두 가지가 그들의 수입 문제에 부수하여 마침내 아양을 떨고 추파를 보내게 만든다.

경성 부근에서 봉급을 내주고 고용하는 가게는 거의 없다. 오히려 빚(前借)을 내고 있을 정도이니 손님이 남기는 팁만으로는 고작해야 용돈벌이에 그친다. 그래서 생기는 것이 풍기라는 문제인데 요즘은 단속이 야단스럽고 점포도 개조되었기 때문에 멀리 나가거나 해외로 갈 밖에 도리가 없어졌다. 그와 동시에 어떤 가게에서는 매출에 대한 수입 비율을 주인 쪽에서 내놓아 일거양득주의를 취하는 경우도 나왔다. 손님이야 꼴좋게 됐지만 이런 식으로 돼 버린 이면에는 문명사회에 따른 근본 문제가 있음을 언급해야 한다.

다음은 점포의 구조다. 카페라 하면 어디든 정면에는 큰 거울을 두고 양쪽에 양주병을 늘어놓는다. 입구에는 상록목 정원수를 놓고 얇은 천 칸막이를 세워 놓은 모습이 통상이다. 그리고 붉은 등, 푸른 등을 켜고 거기엔 레이스를 씌워 놓으니 다분히 예술적 색채와 환락적 정서를 농후하게 표현하고 있다. 새로운 점포에는 로맨스 박스라는 것이 있다. 이것은 마치 기차의 좌석 같은 모양새다. 걸상이 있어 중앙의 테이블을 마주하고 있고 한쪽은 벽에 붙어 있다. 다른 쪽 끝에는 커튼을 드리우게 되어 있다. 양면이 칸막이로 돼 있고 커튼을 내릴 수 있다는 점이 문제다.

매소부(売笑婦) 문제

음식점은 객석을 만들어 많은 사람에게 요리를 제공하여 먹고 마시게 하는 것이 본래의 영업이지만 여기에도 여자가 있다. 여자는 이른바 작부이고 당국의 눈을 흐리게 해 풍기를 어지럽히니 아무래도 단속이 엄중하다. 그리고 작부는 대부분이 거의 매춘의 상습자여서 오히려 그쪽이 주된 영업이라 할 정도다. 매춘행위는 인류와 함께 존재했다는 것이 닥터 생어(サンガー)의 설인데, 문명의 진보 그리고 사회문화와 더불어 점차 발달해 왔다.

매춘이라는 것은 인류가 자본주의적 경제생활을 영위하면서 인간의 성욕을 상품화한 것이라고 말할 수 있는데, 돈의 힘이 여자를 향락하고 희생으로 삼는다. 이 현상은 결코 오늘에 와서 비로소 출현한 것이 아니라 멀리 기원전 800년경부터 존재했다. 고대 매음은 대부분 종교적인 일종의 신앙 혹은 미신 같은 의미를 지니고 있었다. 시대에는 따라서 풍속 운운할 만한 문제는 발생하지 않았다.

도쿄의 사창은 에도(江戸)시대의 유물이었다. 아사쿠사(浅草) 관음 뒤편에 대궁장(大弓場だいきゅうじょう)이라는 곳이 있다. 표면적으로는 실내 활 놀이터(矢場)이지만 실제는 사창이었다. 집은 깊숙이 들어가는 구조고 과녁도 있고 활도 두었으며 과녁으로 쓸 북을 놔두었다. 그리고 손님이 과녁을 향해 활을 당기고 활이 과녁을 맞히면 북소리가 나는 방식인데, 여기에 있는 궁취부(弓取婦ゆみとりふ)라는 것이 매소부였다. 이러한 대궁장(大弓場)이 점차 사라지고 이를 대신해 생긴 것이 명주집(銘酒屋), 단팥죽집(汁粉屋), 담배가게(煙草屋) 등이다. 표면상으로는 그러한 장사를 하고 있지만, 다들 아름답게 화장한 여자를 두고 사창을 시켰다. 이것이 진재(震災)[3] 전까지 계속된 센

---

3   1923년 9월에 일어난 관동대진재를 말한다.

조쿠마치(千束町)의 사창굴이었다. 1916년 지금의 경시총감 마루야마(丸山) 씨가 경시청 보안부장이었을 때 풍기와 위생의 견지에서 이를 박멸하고자 시도했지만 근절은 쉽지 않았다. 그래서 이를 대신할 마치아이(待合) 영업을 허가하기로 하고 사창을 견제했다. 그리고 사창 단속을 엄중하게 실시하니, 도쿄에 더 이상 있을 수 없게 된 자가 지방으로 흩어졌는데, 대지진 후에는 도쓰카마치(十束町)에 둥지를 틀지 못하게 된 자들이 가메이도(亀戸), 다마노이(玉の井) 방면으로 모였다. 이와 동시에 지방으로 흩어졌던 자가 다시 돌아와 풍기를 어지럽히기 시작했다. 현재는 그들의 집합지만이 아니라 시 안팎의 하등 음식점의 고용녀와 기타 당구장에서 게임 득점을 세는 여자 등도 풍기를 어지럽히고 있다. 기타 표면적으로 꽃꽂이나 사미센(三味) 스승을 가장하고 풍기를 어지럽히기도 한다. 당구장에서 득점을 세는 자 등은 사회에서 부인 직업의 하나로 적당하다고 간주되지만 이 또한 각종 유혹과 자제의 부족으로 차차 타락(下落)해 간다. 기타 지방의 고베(神戸), 요코하마(横濱) 등에서는 차부야(チャブ屋)[4]라 해서 음식점, 카페 등의 영업을 하면서 뒤에서는 수상한 행위를 하고 있다. 군마(群馬)현에서는 모두가 사창인데 이는 공창을 폐지한 결과다.

매소부는 추업을 하는 자이며 이를 경제 방면에서 바라보면 고기를 잘라 파는 행위이자 인간의 상품화나 다름없다. 그러나 이렇듯 기계적으로 인육을 잘라 판다 함은 그들이 원해서 하는 행위가 아니다. 이로 인한 영혼의 유린은 산송장으로서 자기 의사마저 저지당한 채 헐떡이면서도 살려는 힘에만 따라야 하게 만든다. 그 이면에는 반드시 사회 문제로서 연구해야 하는 많은 문제가 존재한다.

대체로 다수의 젊은 여자가 그렇듯 그릇된 길로 빠져가는 도정은 대개 판박이 같아서, 가정불화로 가출한 자가 자활의 길을 찾다가 출발점을 그르친 탓에 못된 게이안(桂庵)[5]에게 유괴당한 자가 많다. 또는 가난 탓에 가정을 구해야 해서 부득이하게 전차금을 받고 이를 상환하기 위해 강요당해 결국 색노(色奴)의 희생물이 된다. 그들의 전차는 얼마인가 하면 대개는 3백 엔에서 140~150엔 정도이고 내지에서 온 자는 한 푼도 자기 손에 쥐지 못한다. 모두가 모지(門司)나 시모노세키(下関) 부근의 게이안(桂庵)의 수수료와 여비 등으로 지불된다.

전차 계약은 단순한 금전의 차입이며 성질은 소비대차계약이다. 따라서 일정한 기간이 있는 계약과 없는 계약이 있고, 또한 이자를 붙이는 경우와 무이자인 경우가 있다. 이는 고용주 여하에 달

---

4 일본에 거주하는 외국인이나 외국 선박의 선원 등을 상대하던 성매매업소의 속칭이다.
5 게이안(桂庵)은 중매쟁이, 고용인 소개업자, 주선인 등의 의미를 지닌다.

렸으며, 이자는 대체로 월 2부(分) 내지 3부다. 그리고 금전대차계약 외에 고용계약이 수반된다. 때문에 증서 지면에는 형식적으로 월급을 지급하는 것으로 기재되지만 실제로는 지급하지 않도록 되어있다.

따라서 전차금을 상환하려면 자기의 매소행위의 수입에 의지해야 한다.

상환 방법은 벌어들인 금액에 대한 비율제도여서 현재는 대부분 반반 비율이다. 이 제도는 이곳 사회로서는 비교적 진보한 제도다. 아무튼 노동에 대한 이윤의 분배는 자본가 대 노동자의 경우보다 공정하니 시대에 순응한 것이라 말할 수 있다. 따라서 예전의 연기제도라는 것과는 달리 전차금만 변제한다면 자유의 몸이 되고 150엔 정도라면 3개월이면 상환할 수 있으므로 가난한 집 가정의 일시적·경제적 응급 구제에는 항상 희생물로 제공되곤 한다.

매소부가 음식점과 기타 유사한 점포에서 매소행위를 하는 것은 그들의 자유이고 고용주와는 아무런 관계가 없으며 전차 상환을 위해 그 행위를 하는 것이다.

단속 방법

이들에 대한 단속은 어떤가 하면 현재는 카페, 음식점에 대해서는 음식점단속규칙, 매소부에 대해서는 경찰범처벌령 및 행정집행법에 의거할 수밖에 없다. 물론 지방에 따라서는 카페단속규칙이 마련된 곳이 있다. 그러나 법규는 사회현상을 대상으로 하여 표면에 나타난 사실에 대해서만 효력을 지니고, 나날이 진행되고 있는 사회 그 자체와는 평행해서 나가지 않으므로, 시시각각 변화하는 사회현상에 부수하여 늘 적당한 개폐가 이루어져야 하지만 그리 쉽게 이루어지지는 않는다. 특히 사회의 이면에는 법규가 미치지 못한다. 이를 경찰 단속 면에서 보자면, 단속은 어려워지고 사회생활에서는 각종 요구로 나타나게 된다. 또한 사회 정책적 입장에서도 다양한 논의가 이루어진다.

카페에 대한 단속은 이번에 경성부 내에서도 여러 논의를 거쳐 마침내 일본 자시키(座敷)의 폐지와 홀 개선이란 방침으로 정리되었다. 이는 카페와 음식점을 구별하는 수단으로서 이루어졌고 동시에 풍속의 문란을 방지하기 위함이었다. 그런데 이는 영업자의 재력에 영향을 주는 문제이다. 도쿄에서는 전술했듯이 여급의 팁 제도의 개선책을 풍기 단속의 근본으로 삼았고 이는 적절한 방법이었다. 오늘날 이 방면의 단속과 관련해 주목할 만한 것은 교토(京都)의 카페 단속이다.

교토에서는 이전에는 본보리[6] 정서를 찬양하고 마이코(舞妓)의 늘어진 모습에 동경을 품었지만, 시대의 추이와 함께 최근에는 현저하게 우후죽순처럼 카페가 속출하여 창기 예술에 숨어들었고, 여급들이 남자의 정감을 들뜨게 하고 있다. 시들지 않는 카페가 등장해 상궤를 벗어난 경우가 나타나기 시작했다. 이 경찰 당국은 이에 대해 엄중한 단속책을 강구하기로 하고 각 부나 현의 단속 규칙을 참고로 단속규칙을 발하기로 했다. 규칙이 만들어지기까지는 대체로 다음과 같은 표준으로 단속하게 돼 있다.

一. 실내를 밝게 할 것
一. 미성년의 학생에게는 절대로 주류를 팔지 않을 것
一. 손님이 원하는 음식물을 강매하지 않을 것
一. 영업시간은 매일 오후 12시까지로 할 것
一. 여급은 음식물을 손님의 탁자에 가져다주는 외에는 손님의 신변에 다가가지 않을 것
一. 여급의 연령 제한
一. 여급의 외출은 고용주가 엄중히 감독할 것

위 표준에 따라 고조(五條)경찰서에서는 옥내 설비에 관해 다음과 같이 정했다.

一. 로맨스 박스의 시선 가리개를 없앨 것
一. 전등은 절대로 색 전구의 사용을 허용하지 않고 백색전구를 쓸 것. 촉광은 50촉 이상
一. 여급 수는 테이블 2개에 대하여 한 사람의 비율을 넘지 않을 것
一. 여급은 점포 앞 또는 그 부근에 서서 배회하지 않을 것
一. 복장은 화려하게 입지 않을 것
一. 될수록 얇은 옷을 입지 않을 것
一. 복장은 목덜미, 팔꿈치, 가슴 등을 절대로 노출하지 않을 것
一. 사복일 때에 반드시 앞치마를 착용할 것

그리고 재즈, 오케스트라 등의 연주를 금하고 음악연주는 11시까지로 했다. 나고야, 오사카 등에서도 더욱 엄중한 단속 방법을 강구하고 있지만, 도쿄에서는 새 경시총감이 왕년에 괴물(鬼) 마루야마(丸山) 이름으로 불린 사람인만큼 최근처럼 카페 망국론이 제기되는 시기에 반드시 이 방면에 손을 쓸 것으로 생각한다. 실제로 일본만큼 맹렬하게 카페가 공공연히 판을 치는 나라는 어디

---

6 본보리(雪洞). 작은 등롱.

에도 없다. 최근 각의에서 사상 문제가 논의된 자리에서 카페 문제를 언급하며 단속이 주장되자 각 각료들도 즉시 찬성했는데, 도쿄에만 해서는 안 된다며 전국적으로 단속하면 좋겠다는 의견으로 일치를 보았다고 한다. 이렇듯 단속 방면에서 상당히 연구가 이루어지고 또한 실제로 단속 방법도 강구하고 있지만, 그저 표면에 드러나는 형식적 단속에 그친다면 그들로 하여금 더욱 대항책을 강구하게 만들 테고 또한 손님도 단속의 그물망을 빠져나가게 될 테니, 어떻게 하면 이 문제를 해결할 수 있을지는 간단하지 않다. 아무래도 근본적인 단속 그리고 사회 정책적 입장에서 여급의 생활 안정이라는 것을 보증해 주어야 한다.

단순히 카페 설비를 제한하고 개선하거나 여급의 복장을 제한하는 것도 필요하겠지만, 그들의 사상을 선도한다는 것이 그 이상으로 긴요한 급선무가 아닐까. 그러니 여급 조합을 만들게 하고 당국은 그들을 보호하고 유도하여, 월 1회나 2회의 공휴일을 설정하고 공휴일에는 일정한 장소에 집합시켜 이들에게 정신 훈화, 풍속 문제, 사회 사조에 대한 비판 등 유익한 강화를 들려주는 일도 고려해야 하지 않을까 생각한다.

그리고 조합의 힘으로 여급의 대우 문제도 확립을 기할 필요가 있지만, 일반적으로 조합은 어지간히 깊이 생각하지 않으면 이에 수반되는 폐해가 있어 영업자가 이용하고 먹잇감으로 삼는 일도 생기고 현재의 제도보다 더 타락으로 이끌 우려가 있으므로 심심한 주의를 기울여야 할 것이다.

다음은 매소부 단속에 관한 방책이다. 지난날 경성부 내의 일부 음식점의 이전 문제가 소란스러웠던 데에서 보듯이 이 방면의 단속은 좀처럼 쉽게 이루어지지 않는다. 경성만이 아니라 어디든 그렇다. 특히 경성의 작부는 지방과는 달리 신고주의를 취하고 있어 허가가 필요하지 않으니 여자를 두는 것도 비교적 자유롭게 할 수 있다. 그러니 하등한 음식점이 많으면 그만큼 추업이 많이 이루어진다는 것은 분명한 사실이다.

이번 이전 문제에 대해서 나는 찬성 입장이다. 그것은 도시계획으로 보나 도시의 미관상으로 보나 당연(히 필요)하다고 생각한다. 다만 이전해야 할 장소와 이전해야 할 기간의 유예가 문제였다. 그런데 요즈음은 이전 문제마저도 사라진 양상이다. 무릇 경찰은 단속 실시가 필요하다. 현장 검사 등도 공공연한 영업시간 내에 한해 할 수 있으니, 될수록 하는 편이 좋겠지만 실제로 정면에서는 쉽게 밀매음을 검거할 수가 없다. 따라서 폭력이나 불법 행위로 검거하는 방식이 취해지기 쉬운데 이는 단속으로나 정책으로도 좋은 결과를 가져오지 않는다. 경성부 내의 사창굴은 도쿄의 그것처럼 꽤나 뿌리가 깊다. 현재도 역시 묵인되는 형태다. 단속은 해야 하지만 단속이 엄하면 영업자와 책동자로부터 여러 불평이 나온다. 풍속 문제에 관한 경찰은 좀처럼 완전을 기할 수 없다.

그래도 일단 단속에 손을 댔다면 철저하게 단속해 주면 좋겠다. 그 방법으로서 도시의 미관 차원에서 이를 일정한 지역에 점진적으로 집합시켜도 좋을 것이다. 다음으로 위생 방면에서도 뭔가 방법을 강구할 필요가 있다.

공창에 대하여 엄중하게 1주에 2회의 매독검사(檢黴) 제도를 실시함으로써 망국병인 화류병에 대한 충분한 예방과 치료에 완전을 기하고 있다. 이와 반대로 지방에서 공창보다도 유흥비가 저렴하지 않은데도 불구하고 유객이 비교적 많이 가는 곳의 사창에게는 아무런 방법을 강구하고 있지 않다. 건강진단조차도 이루어지지 않는다. 이러다가는 모처럼 실시하는 공창의 매독검사 제도도 소용없어지지 않을까 생각한다.

사창은 밀매음이기 때문에 그런 조치를 취한다면 공창과 마찬가지로 경찰이 인정한 것으로 여겨질 우려가 있을지도 모른다. 하지만 그들이 밀매음이고 상습자라는 것은 사실이다. 만일 그와 같은 기우가 존재한다면 어떤 방법을 통해서든 자발적으로 진료소를 마련시키거나 특히 실비진료소와 특약을 맺게 하여 상당 시설로 삼게 하는 것도 한번 생각해 볼 만하다. 이러한 것들이 표면적으로 본 단속 방법이긴 하지만, 이러한 음식점 등은 가능한 한 허가하지 않는 방침으로 나아가는 것이 긴요하다. 다음으로 작부 문제가 있다. 작부의 영업을 허가주의로 하여 가능한 한 제한하도록 하고 작부의 신원 조사를 엄중하게 실시할 필요가 있다. 또는 그 작부를 소개하는 구치이레야(口入屋)의 단속을 엄하게 해 인신매매적인 직업소개는 허가하지 않기로 하는 것도 하나의 방책이리라. 그와 동시에 관영 직업소개소를 만들어 직업의 선도(善導)에 따르는 것도 사회 정책적 입장에서 필요할 것이다.

현대사상과 이에 따른 사회풍조가 데카당(퇴폐적)해지기 쉬운 경향에 놓였으므로 이 방면의 엄중한 단속 실시는 한층 사회 일반의 사상을 선도하고 사회의 타락을 구제할 근본책으로서 급선무가 아니겠는가.

3. 내지의 경찰, '술과 여자'의 단속(1929. 10. 15.)

내지의 경찰, '술과 여자'의 단속
「内地の警察, '酒と女'の取締」, 『朝鮮警察新聞』 207, 1929. 10. 15.

전국 보안과장이 카페 정화의 대평정(大評定)

도쿄에서는 경시청, 오사카에서는 오사카부 경찰부가 다른 부현(府県)에 솔선하여 카페 정화를 열심히 단속하고 있는데, 정부 당국도 이들 단속 개선을 통절하게 인정하고 있다. 때마침 오카야마(岡山) 지방에서는 카페에 압박받은 예기가 검번(檢番) 2층에 카페, 바를 신설하여 웨이트리스가 되어 나타났다는 등 참으로 번잡한 시대를 초래하고 있기 때문에 내무성에서도 시급히 단속의 전국적 통일을 꾀하기 위해 드디어 나서게 되었다. 먼저 각 도부현(道府県) 당국에 대하여 9월 15일 현재 카페를 주로 하는 음식점의 단속 실상에 관한 조사 보고를 요구하였고, 동시에 각 방면으로부터 이들 재료를 모으고 있으며, 이달[7] 28일 내무성에서 열리는 전국보안과장회의에 이 문제를 부의하기로 했다. 이 보안과장회의는 여러 종류의 형편에서 겨우 하루밖에 열리지 않는데, 이 귀중한 하루를 카페 회의로 둔갑시켜 1도(道) 3부(府) 43현(県)의 보안과장 앞에서 후루카와(古川) 경시청 보안부장과 오사카부 경찰부 보안과장의 양자가 이미 하고 있는 카페 단속 모양과 결과에 대해 이야기하고, 내무성 당국자의 자문 사항으로서, ▲ 카페의 업태, ▲ 청소년과 카페의 관계 영향, ▲ 학교와 상업 주택 구역 내에서 카페의 폐해, ▲ 카페 제도의 결함 등 다방면에 걸쳐 부의한다. 그리고 내무성은 실제 단속의 당사자가 될 각 보안과장의 의견을 청취하여 전국적 통일 단속의 개선에 도움이 되게 한다고 한다. 또한 이와 동시에 아다치(安達) 내무대신의 오랜 방안인 마치아이(待合), 예기오키야(置屋) 제도와 영업의 새 단속 방침에 관해서도 자문하기로 되어 있다.

---

7 후술의 문맥을 봤을 때 글에 나타난 '이달'은 신문 발행일인 10월이 아니라 9월 혹은 그 이전으로 보인다.

전국보안과장회의와 오쓰카 국장 훈화의 주요 사항

전국보안과장회의는 28일 내무성 회의실에서 개회하여 오쓰카(大塚) 경보국장이 대략 다음과 같은 훈시를 하고 별항과 같은 지시 사항과 자문 사항에 대하여 토의가 있었다.

훈시의 요지

一. 경찰의 직책은 비위를 교정하고 정의를 옹호하며, 공공의 안녕을 유지하는 데 있다. 그 직책의 중대함을 자각하고 항상 일관되게 지조를 지켜 부당한 세력과 구구한 정실(情實)에 흔들리지 않고 스스로 옳다고 믿는 소신에 매진하기 바란다. 또한 일면 경무(警務)가 대조할 제반 사회현상을 적확하게 인식하여 이해심 있는 태도로 국민과 접하여 올바른 경찰, 강한 경찰, 이해 있는 경찰이 되도록 힘쓰기 바란다.

一. 최근 인심이 이완하여 경박한 풍조가 일반에게 스며들려는 경향이 있으므로 풍속경찰에 더욱 고려를 가함으로써 각종 흥행, 영업에 관해서는 개인의 행위라 할지라도 자칫 선량한 풍속을 해할 수 있는 행위를 엄하게 단속하여 인심의 긴장, 국민정신의 작흥에 기여하기 바란다.

一. 사무를 손쉽고 신속히 하도록 꾀하여 경찰 관헌에 대한 국민의 민원(願屆) 등을 쉽고 친절히 함은 국민에게 복리(利福)를 가져올 뿐만 아니라 경찰 본래의 사명이기도 하다. 보안경찰 사무는 국민과 가장 교섭이 많으므로, 이 점에 특히 유의하여 일반의 복지와 경찰 능률의 증진에 기여하기 바란다.

자문 사항

별항 보안과장회의에서 지시와 자문이 이루어진 사항은 다음과 같다.

一. 연극 단속에 관한 건(각 부현의 단속은 구구하니 이들의 통일을 기하고 공서양속에 반하는 것은 엄중히 단속할 것)

一. 국화문장(菊御紋章)[8] 단속에 관한 건(사전에 검사하여 사인(私人)에게 경제적 타격을 가능한 한 적게 할 것)

一. 기부금 모집에 관한 건(공갈 기부 강요는 엄중히 단속할 것)

一. 카페, 바의 단속에 관한 건(관대함과 엄격함을 적절히 구사하여 비상식적이지 않은 단속을 할 것)

---

8 국화꽃이 천황 가문 문장으로 사용되는 점으로 미루어 천황 일족을 빗댄 것이라 생각한다.

一. 화재, 소방에 관한 건

一. 재해사고 보고에 관한 건

一. 위험 물품, 기타 재해에 관한 건

一. 활동사진 단속에 관한 건

一. 자동차 단속에 관한 건

카페, 댄스장과 마치아이, 예기, 유곽 단속

난만히 피어난 카페 시대, 댄스 시대를 날려 버리겠다는 경시총감 마루야마(丸山) 씨의 날카로운 칼날에 카페, 댄스장은 대공황을 맞고 있다. 그러나 경보국도 카페, 댄스장 정벌에는 대찬성이기 때문에 조만간 전국의 경찰부에 대하여 카페, 댄스장 단속에 힘쓰라는 훈령을 발할 예정이며, 그 카페의 범위는 여자와 술이 있는 카페로 정하여 통첩하기로 했다. 동시에 또한 카페만이 아니라 전국의 마치아이(待合), 예기, 유곽에 대해서도 앞으로 풍기의 입장에서 엄중히 단속하게 되었다. 더구나 화류계 정벌은 아다치(安達) 내무대신의 열성적인 의견의 발로인만큼 화류계 사람에 대해서는 앞으로 여급, 댄서 이상으로 강력한 단속이 이루어질 것이다. 여기서 아다치 내무대신의 의견이란,

카페는 중산계급과 그 아래 사람들의 오락장이며 근대 생활의 부산물이다. 이를 엄중하게 단속하는 이상 유산계급의 오락기관인 요리옥이나 마치아이와 그 소용돌이에 있는 예기는 당연히 단속해야 한다.

는 것이었다. 경.보국에서도 연회를 싫어하는 아다치 씨의 뜻을 크게 존중해 종래 방치해 온 바 화류계에 우글거리는 어둠의 세계를 향해 단연히 단속해 나가기로 하였고, 그 단속의 세목에 대해서는 현재 츠치야(土屋) 경무과장의 손으로 작성 중이다.

야반의 가무음곡과 손님 끌어들이기(客引) 등 일체 금지

오사카부(府) 경찰부에서는 이미 알린 바처럼 특별히 카페단속규칙이라는 것을 마련하지는 않고 각 경찰서가 적절히 관내 상황에 따라 각각 실제 단속하기로 했다. 오사카 시내에서도 번화가를 안고 있는 시마노우치(島之內) 경찰서 관내에서는 음식점 수가 100채 이상이나 많고(삼백 수십 채), 상당한 풍기 문제를 일으키기 십상인 아사히바시(朝日橋)경찰서에서는 이번에 관내에서 카페

나 바를 영업하는 음식점에 대하여,

▲ 오후 12시까지로 가무음곡을 정지할 것, ▲ 이유 여하를 불문하고 손님을 끌어들이는 행위(客引)를 금지할 것, ▲ 길가를 향해 큰 소리의 축음기 방송을 하지 않을 것

등의 규칙을 마련하고, 이를 11월 1일부터 엄중히 실행시키기로 하였다. 이는 오사카부령의 음식점단속규칙에 준거한 것으로 위반자에게는 구류, 과료 또는 영업정지를 명하기로 했다.

사진을 넣은 '여급 수첩'

오사카시 고노하나구(此花區)를 관할하는 후쿠시마(福島)경찰서에서는 카페 문제의 중심을 이루는 여급의 단속 방법에 관해 연구 중이었는데, 드디어 관내의 여급에게 '여급 수첩'이라는 명칭으로, 본인의 사진을 붙이고 본적지, 과거의 이력, 가명(變名), 통칭 등을 상세히 기재한 수첩을 배포했다. 각 카페 음식점에는 여급 수첩의 내용을 기록한 고용인 카드를 비치하게 하여 경찰과 조합 양쪽에서 순시하고 협력해 풍기를 어지럽히지 않도록 정했다. 여급은 수첩을 가지고 있지 않으면 관내에서 취업할 수 없게 되어 쟁탈이 심해졌다.

여급전(戰)이 벌어진 결과 정체 모를 뜨내기를 여급으로 삼을 수 없게 된 셈이다. 그리고 수첩 표지는 코발트색 클로스(cloth)제의 세로 3촌, 폭 1촌 5부 크기이고, 표지를 펼치면 사진이 있고 왼쪽에 본적, 가명(變名), 통칭 등을 기재하였다. 각 페이지에는 이력이 있으며, 여유분 몇 페이지에는 설유(說諭) 등을 받은 경우 그 일시와 장소, 이유 등을 써넣을 수 있게 하고, 마지막에는 손님을 접하는 태도주의서가 있다. 기타 수십 매에 달하니 좀 하이칼라 느낌인데, 오는 10월부터 해당 경찰서 관내의 모든 여급에게 배포하기로 되어 있다.

불량 카페 일소

나고야(名古屋) 시내에는 최근 눈에 띄게 카페가 늘어나 손님을 끌기 위해서라면 수단을 고르지 않는 정세를 보이고 심지어 풍기를 어지럽히기 십상이 된 점을 감안해 현(県) 보안과가 마침내 카페 정리에 착수하기로 했다. 당국이 노리고 있는 카페, 바는 200여 개에 달하고 이곳 여급이 500여 명이다. 이들이 이른바 모던한 맛을 내기 위해 기이함을 좇고 새로움을 과시하여 나쁜 풍조의 근원이 되고 있는 현실이다. 이 때문에, 우선 이들 모던 카페의 영업 태도를 감시하여 착실치 않은

것은 가차 없이 영업 허가를 취소하는 한편 신규 신청자에 대해서는 준엄한 제한을 마련해 적극적 정리에 나섬으로써, 전적으로 카페 본연의 모습으로 돌아가게 한다는 방침을 취하기로 했다.

새 현령으로 단속 방침

아울러 현재는 음식점단속규칙을 적용하고 있는 탓에 실제와 배치되는 경향이 있으므로 신규로 현령을 마련해 단속에 힘쓴다는 방침 아래 그 심의에도 착수한 이마마츠(今松) 보안과장이 이렇게 말한다.

영업자들은 너무 심하다고 비난할지 모르겠지만 어쩔 수 없다. 향후에는 단호하게 단속할 작정이라 하니, (이에 대해) 최근 여급 위안이라는 명의로 묘한 선전을 하는 경향이 생겨나고 앞으로도 이런 종류의 위험한 선전이 계획되겠지만, 이들은 전부 허용하지 않을 방침이다.

닥치는 대로 응징인가

마루야마(丸山) 총감의 카페 신단속에 따라 각 서에서는 풍기의 개선과 여급의 지출 금전(出錢)에 대하여 엄중한 단속에 힘쓰고 있다. 오이(大井)경찰서에서 관내의 카페를 조사한 결과, 오이마치(大井町) 4173의 카페 신카(新花), 곧 이와사하루(岩佐はる) 댁의 2층은 밀폐식이고, 또한 오이마치 4346의 카페 아카네, 곧 오노겐파치(小野源八)의 객석은 풍기를 어지럽힐 우려가 있으며, 오이마치 4018의 카페 고모리(박쥐), 곧 기지마요시오(貴島良雄)는 점등(点燈) 문제가 있어서 엄중 경고를 받았다. 그외 4채의 카페에 대해서도 12시 이후 영업한 혐의로 과료 처분을 내렸다.

4. 구와하라 미키네, '붉은 등·푸른 등'의 단속(1929. 11. 1.)

내무사무관 구와하라 미키네, '붉은 등·푸른 등'의 단속
内務事務官 桑原幹根,[9]「'赤い灯·青い灯'の取締」,『朝鮮警察新聞』208, 1929. 11. 1.

제국 수도(帝都)에서 붉은 등·파란 등의 카페와 바에 어려운 날이 찾아왔다. 경시청이 각 경찰서를 통해 엄한 시달을 내렸기 때문이다. 풍기를 어지럽히는 결과에 빠지기 쉬운 별실이나 칸막이 벽을 만들어서는 안 된다는 것, 간판을 내거는 시간은 오후 12시까지로 한정할 것, 여급을 손님과 동반해 외출시켜서는 안 된다는 것, 지출 금전이나 기타 어떠한 명의로든 여급으로부터 금전이나 물품을 취해서는 안 된다는 것 등등이다.

이러한 단속은 말할 것도 없이 실시되어 마땅하다. 그러나 이런 당연한 일도 그 시기와 사람을 적절하게 했을 때 충분한 효과를 기대할 수 있다. 그리고 지금이야말로 절호의 기회다. 왜냐하면 첫째, 긴축 절약이 이뤄지는 지금은 사람의 마음도 자연히 긴장할 때이므로, 둘째, 사회 여론이 풍속경찰의 단속 시행을 기다리며 바라고 있는 때이므로, 셋째는 경찰 사무에 정통한 사람이자 이상의 견지자인 마루야마 씨가 경시총감이기 때문이다. 하지만 이들 조건이 갖춰져도 직접 단속 임무에 임하는 경찰관의 집행 양상이 타당성을 결여한다면 말도 안 되는 얘기에 그친다.

말도 안 되는 이야기의 첫째로, 최근의 카페와 바에서는 오후 11시경이 되면 경찰관의 패검(佩劍)[10] 소리가 들린다고 한다. 만일 이 이야기가 진실이라면, 아무리 카페와 기타 음식점이나 요리점이 영업 시간 중에는 치안경찰법(治警) 제16조의 '공중이 자유롭게 교통할 수 있는 장소'에 해당된다고 해설할 수 있다 할지라도, 제복 경찰관이 교통한다면 좀 정도가 지나친 처사가 아니겠는

9 　구와하라 미키네(桑原幹根, 1895~1991). 일본의 정치가, 내무관료. 야마나시 출신으로 도쿄제국대학 법학부를 졸업하고 내무성에 들어왔다. 내각 도호쿠(東北) 국장을 거쳤으며 일본상공회의소와 도쿄상공회의소의 임원을 역임했다. 도호쿠 흥업 총재를 지내던 중 종전을 맞이했으며 이후 아이치현 지사를 지냈다.

10 　도검을 허리에 차는 것을 말한다. 문맥상 허리에 찬 검을 푸는 소리가 들린다고 이해된다.

가. 하지만 이는 아마도 '이야기'일 뿐 진실은 아닐 것이다.

말도 안 되는 이야기의 둘째로, 심한 꼴을 당했다는 한 신문기자에게서 직접 들은 이야기다. 그 기자는 아다치(安達) 내무대신이 간사이(關西)로 가는 밤기차에 동승하여 긴축과 총선거에 관한 기삿거리를 만들고 요코하마(橫濱)에서 되돌아가 본사에 들러 자기 임무를 마치고 귀가하는 도중, 문득 카페 한 곳에 들러 한 잔의 코르텔(Cortel)로 피로를 잊고 싶어졌다. 그때는 이미 12시가 가까웠지만 제복 경찰관이 그를 발견한 것은 12시 10분경이 지난 즈음이었다.

"자네, 이제 여길 나가지"라고 말하는 경찰관의 어조가 다소 강했던 모양이다. 하지만 상대는 논리에 능한 신문기자다.

"그건 저에 대한 권고입니까, 아니면 명령입니까?"라고 응했다.

"자네에 대한 경찰관으로서 나의 명령이다. 당장 여길 나가라."

"아니, 안 나갑니다. 내가 여기서 코르텔을 마시는 행위 자체가 어째서 안 되는 거죠?"

"자네가 나의 명령에 복종 못 한다면 본서까지 와주게."

"그러죠, 갑시다."

두 사람 사이의 언쟁은 갈 데까지 가 버렸다. 택시를 타고 두 사람은 경찰서로 이동했다. 그곳에서 당번 경부보가 기자에게 말했다.

"12시 지나서 카페에서 술을 마시는 게 나쁘다는 건 충분히 아시지 않습니까?"

"저는 술을 마시며 시계만 보고 있을 수만은 없으니까요. 게다가 12시까지라는 건 영업자에 대한 제한이지 않습니까? 먼저 영업자에게 주의 주고, 영업자가 내게 돌아가 달라고 했다면 저도 영업자의 입장을 헤아려서 바로 돌아갔을 겁니다. 그런데 느닷없이 '자네 당장 나가라'니 이건 좀 이른바 인권유린 아닙니까?"

이 신문기자에게도 호기심이나 유별난 점이 없지는 않다. 그러나 아무리 좋게 봐도 경찰관의 집행 방식 또한 온당했다고는 말할 수 없다. 물론 카페나 바의 단속에만 국한되는 얘기는 아니겠지만, 이번 단속처럼 경찰의 새 방침을 실행할 때는 집행 경찰관이 세밀하게 마음을 쓸 필요가 있다.

그러나 아무리 경찰이 온당하게 단속하며 충분한 배려를 기울인다 하더라도 카페나 바에서 발생하는 폐해 모두를 근절할 수는 없다. 경찰이 단순히 독초의 싹을 자르는 가위에 지나지 않기 때문이다. 경찰이 아무리 끈기 있게 싹을 잘라 없앤다 해도 사회라는 토양에 종자가 뿌려지는 한 그 군생을 막기는 어렵다.

카페나 바에 수많은 폐해가 있겠지만 그중에서도 가장 두려워해야 할 것은 청소년에게 미치는 악영향이다. 경찰도 이 점에 대해서는 특단의 힘을 기울여야 한다. 그 때문인지 최근 카페나 바 앞에 '학생복, 학생모 차림의 남자분은 본의는 아니나 사절합니다'라는 팻말이 보이기도 한다. 그러나 이런 종류의 폐해는 오로지 경찰의 힘만으로는 없애기 어렵다. 카페나 바에 출입하는 청소년에게도 분명 잘못은 있지만, 그 중대한 책임은 '태만'이라는 무거운 돌이 되어 그들 청소년의 양친 어깨 위에 올려져 있음을 알아야 한다.

어찌되었든 카페나 바의 문제, 특히 청소년의 풍기 문제와 관련해서는 경찰관과 일반 인사가 이해하고 상호 협력하는 것이 바람직하다.

그 때문에 나는 경찰관 여러분에게 엔도(遠藤) 츠기지(築地) 서장의 다음 말을 바치고 싶다.

"잘못을 저지른 여급, 댄서 등이나 불량 소녀에 대해서, 나는 직접 본인을 만나 무서운 경찰관이 아닌 자식을 둔 부모로서 간곡하게 타이르고 있습니다."

그렇기 때문에 나는 자식을 둔 세상의 아비, 어미들에게 다음 말을 바치고 싶다. 이 말은 아널드 베넷의 『늙은 아내들의 이야기(The Old Wives' Tale)』의 일절인데, 가게의 돈 상자에서 돈을 훔친 자식 시릴에게 아버지 포베이가 한 말이다.

"내 잘못이다. 돈 상자는 늘 열쇠로 잠가 둬야 해. 돈 상자라는 건 반드시 열쇠를 채워 둬야 한단 말이다. 그런데도 나는 가게 사람들을 다 신용할 수 있다고 생각했고, 지금까지 혹 누군가가 너를 신용하지 말라고 말하거나, 또 지금까지 혹 누군가가 내 친자식이 돈을 훔친다고 말하기라도 하면, 그 사람에게 얼마나 화를 냈는지 모른다!"

예기가 대장성대신(蔵相)에게 보낸 편지

□ 아침부터 밤까지 예산, 공채은행, 조세와 같은 직선적인 숫자만을 만지작거리는 대장성(大蔵省)에 최근 요염한 곡선적 편지가 날아들어 왔으니 참으로 유쾌하다. 성 내에서 첫째가는 멋쟁이 국장으로 통하는 도미타(富田) 이재(理財)국장이 "너무 재미있는 것이 있는데 보여 줄까"라면서 거드름 피우며 보인 것은 '아타미(熱海) 예기동지회'가 대장성 이노우에(井上) 대신에게 보낸 러브레터다.

□ 신기하다며 다가와서 내용을 점검해 보니, 예기동지회의 취지부터 설명하며 예기의 인생관을 세세하게 인정한 명문인데다, 마지막에 "경제의 어려움을 구하려는 일념에서 약소하나마 일금 15엔 정을 국채상환기금으로 기부하고 싶다"는 아타미 지역 예기의 기개를 보여 주는 건전한 편지였다.

□ 이를 본 대장성의 젊은 관리들은 백만 우군을 얻기라도 한 듯 기뻐하면서, 이왕이면 조만간 예기 하나하나의 이름과 연령을 가늠해서 인쇄해 정부의 긴축 선전을 위한 호재료로 삼겠다고 분발하고 있다.

□ 설마 아카사카(赤坂), 신바시(新橋) 등의 예기 거리에 뿌릴 작정은 아니련만.

5. 이시바시 쇼고, 자료 : 영리유괴죄의 성패(1929. 12. 1.)

이시바시 쇼고, 자료 : 영리유괴죄의 성패
石橋省吾,「資料 : 營利誘拐罪の成否」,『朝鮮警察新聞』210, 1929. 12. 1.

종래 영리유괴죄는 유괴 행위에 이르는 동기가 영리 목적으로 나타난 경우에 성립하는 것으로 알려져 왔다.

그런데 최근 고등법원 복심(覆審) 형사부는 변호사의 통역 등이 A 모(某)의 토지에 눈독을 들여 감언으로 이를 빼앗으려 계획하고, A를 불러내서 피고 측에 숙박시키며 주색으로 농락하고, 결국 A의 소유에 관련된 시가 7천 엔 이상의 토지를 피고에게 약 5천 엔에 매각하게 만들어 이득의 목적을 달성했다는 사안에 대하여—

영리유괴죄에서 영리의 목적이란 유괴자가 유괴 행위를 통해 이익을 취득하려는 의사를 결정한 동기를 지칭하는 것이다. 그렇기 때문에 적어도 위 유괴 행위와 직접 인과관계가 있는 경우에는 유괴 행위 자체를 통해 이익을 취득하는 경우는 물론, 유괴 후의 어떤 행위의 경합 결과로 이를 취득하는 경우에도 영리유괴죄를 구성하고, 유괴 행위와 이익 사이에 직접 인과관계를 인정할 수 없는 경우에는 영리유괴죄를 구성하지 않는 것으로 이해함이 상당하다. 그런데 A를 피고 측에 체류시킨 사실과 이익의 취득 사이에 직접 인과관계가 있음을 인정하기 어렵다.

—라는 이유로 무죄를 선고했다.

이 판결의 취지에 따르면, 부호의 자제를 부추겨 가출하게 하고도 이를 숨기고, 재산 분배 소송과 기타 수단을 써서 집안 소동을 야기하고서 운동비, 중재료, 성공 사례금 등의 명목으로 불법 이득을 취한 행위도 역시 유괴와 이득 사이에 직접적인 인과관계가 없다는 이유로 영리유괴죄를 구성하지 않으니, 해당 피유괴자가 깊이 생각할 능력이 얕은 미성년자이거나 혹은 심신박약자가 아닌 한 이를 처벌할 길이 없다는 데에 귀착한다.

이는 과연 정당한 해석일까. 이러한 행위가 대단히 좋지 않다는 점에 대해서는 아무도 이론이 없을 것이다.

그렇다면 현행 형법은 관련 악행을 처벌할 수 없을 정도로 미비하다는 것일까.

과연 위 예시의 경우, 범인은 직접 해당 유괴 행위로 이득을 취하지는 않았고, 유괴 후 피유괴자를 교묘하게 농락하여 재산 분배 청구라든가 기타의 방법으로 자기 잇속을 채우기에 이르렀으니 이득이 유괴의 직접적인 결과는 아니다. 하지만 그렇다고 해서 이득과 유괴가 전혀 무관계한 이유라고도 할 수 없으며, 이득은 유괴를 수단으로 한 결과 또는 간접 효과에 다름없다.

이를 대국적으로 바라보면 모든 일은 범인이 예정한 계획이었다. 그들이 목표로 삼은 희생자를 그의 보호자로부터 이탈시키는 일은 그의 소유 재산 처분 또는 부형에 대한 재산 분배 청구를 하게 하는 전제 요건이다. 만일 범인의 수중에 이 사람들을 유치하지 않았다면, 재산 다툼과 기타 분쟁을 야기하고 그 사이에 개재하여 이익을 착취하는 것은 도저히 불가능했으리라는 사정이 있으므로, 이득과 유괴는 일맥의 연쇄에 의해 상호 관련되고 결코 완전히 무관한 일이 아니다.

복심(覆審) 형사부 판결은 인과관계의 직접성을 강조하고 있지만, 형법상 영리유괴죄의 성립을 유괴 행위로 직접 이득을 취한 경우에만 국한시키고 간접 이득을 취한 경우를 배제할 합리적인 법적 근거는 없다고 믿는다.

그렇지만 유괴와 이득 사이에 직접적인 인과관계가 없는 경우는 영리유괴죄를 구성하지 않는다는 견해가 지금의 타이완의 판례다. 따라서 종래의 이 판례가 정정되지 않는 한 예시한 것과 같은 행위는 재판상 유괴죄를 구성하지 않으므로, 피유괴자가 미성년이거나 심신박약자라면 형법 제224조 또는 동법 제248조에 따라 범인을 처벌할 수 있어도, 그렇지 않을 경우는―심히 불합리한 일이지만―이를 처벌할 길이 전혀 없는 셈이다.

주 : 영리유괴에서 영리의 목적은 유괴자가 유괴 행위를 하려는 의사를 결정하는 동기를 지칭하게 될 경우는 반드시 유괴 행위 자체를 통해 이익을 취득하는 경우에만 국한되지 않으며 유괴 후의 어떤 행위의 결과로 이득을 취득하는 경우도 포함시키기로 한다.

(대심원 판결 1927년 6월 16일)

6. 카페의 단속 방침을 결정하다(1929. 12. 1.)

카페의 단속 방침을 결정하다
「カフェーの取締方針決定す」, 『朝鮮警察新聞』210, 1929. 12. 1.

문제시되어 온 카페, 바의 단속에 대하여 기후(岐阜)경찰서에서는 각종 연구를 거듭해 오다가 9일에 이르러 단속 방침을 결정하였다. 오후 2시에 니시와키(西脇) 서장이 동 업자인 요시오카(吉岡) 조합장을 비롯해 간부 5명을 불러들여 다음과 같이 결정한 방침을 제시하였다.

一. 영업 장소
　다음 지역에는 영업을 허가하지 않는다.
　주택 지역, 또는 주택 지역으로 인정하는 장소 및 학교, 병원, 기숙사 등으로부터 100미터 이내(단, 지역 상황에 따라 참작하는 일이 있음)

二. 영업장의 구조와 설비
　기존에 설치된 것을 제외하고 구조는 객실로서 10평 이상 보유할 것(단, 지역 상황에 따라 참작할 수 있음)
　외부 장식은 부근과 심한 부조화로 이상하게 하지 않을 것
　내부를 볼 수 없는 박스나 밀실 등을 마련하지 않을 것
　박스 및 장벽 종류는 높이 4척 5촌 이내일 것
　조명은 백색을 쓰고 음울하지 않을 것. 장식용은 2색 이하
　탁상에 음식물 정가를 표시할 것

三. 악기류의 사용

　시끄럽다고 인정되는 악기는 오후 11시를 넘기지 않을 것(단, 때와 상황에 따라 참작할 수 있음)

四. 영업 시간

　오후 12시를 넘기지 않을 것[단, 야나가세(柳ヶ瀬)거리, 가무로초(神室町) 부근 일대와 예기오키야(置屋), 마치아이(待合), 찻집(茶屋) 지정지는 이튿날 오전 1시까지 인정하는 일이 있음]

五. 기타 사항

　여급에게 이상한 분장을 시키지 않을 것

　여급은 손님과 동반해 외출하지 않을 것

　여급으로부터 지출 비용, 기타 무슨 명의인지를 불문하고 금품을 징수하지 않을 것

　여급은 손님에게 팁(祝儀)을 청구하지 않을 것

　손님을 유인하거나 또는 여급으로 하여금 유인하게 하지 않을 것

7. 아사쿠라 노보루, 공창 폐지에 대하여(1930. 1. 1.)

아사쿠라 노보루, 공창 폐지에 대하여
朝倉昇,[11]「公娼廢止に就いて」,『朝鮮警察新聞』212, 1930. 1. 1.

공창 폐지 문제! 최근 유달리 전국적으로 맹렬한 운동을 개시해 제국의회 건의안까지 상정한 부인교풍회. 이 단체가 최근 들어 경성 화류계가 인도 차원에서 묵과할 수 없는 상태라면서 부인교풍회 경성지부장 후치자와 노에(淵澤能惠) 여사를 비롯해 니와 세이지로(丹羽淸次郞)의 부인, 가토(加藤) 동양척식(東拓) 지점장의 부인, 기타 인물이 위원이 되고, 고다마(兒玉) 정무총감의 부인, 마츠무라(松村) 식산국장의 부인 등 700여 명의 명사 부인들의 찬성 서명을 받아 정무총감, 경무국장, 경기도 경찰부장, 본정(本町)서장 앞으로 다음과 같은 청원을 했다.

一. 공창의 존치는 국가적 치욕이라 생각하므로 이를 전폐하기 위한 전제적 준비로서 우선 다음 각 항에 대해 착수해 주시기 바랍니다.
　가. 새로 창기의 영업을 허가하지 않을 것
　나. 창기와 포주의 금전대차 관계를 합리화하고 종래 창기의 계약기한 연장을 허용하지 않을 것
　다. 창기의 대우를 개선할 것
二. 예기의 대우 개선에 대하여 다음 각 항을 착수해 주실 것

11　아사쿠라 노보루(朝倉昇, 1892~미상). 조선총독부 관료. 야마구치현 출신으로 1914년 우에다상시(上田蚕糸)전문학교 양잠과 졸업. 나가노현 근무 및 야마구치현 양잠 단속 업무를 하고 농업학교 교유(敎諭)를 지냈다. 1924년 고등시험 행정과에 합격한 뒤 1925년 교토제국대학 경제학부를 졸업했다. 조선총독부에 들어와 경상북도 보안과장, 경기도 보안과장, 경무국 교관, 경상남도 산업과장, 평안북도 재무부장을 거쳐 1934년 진남포 부윤에 취임했으며 평양전매지국장과 평양지방전매국장을 지냈다.

가. 예기와 포주의 금전대차 관계를 합리화할 것

나. 예기의 매음을 엄중히 단속하고 특히 소녀에 대하여 추행을 강요하는 자를 처벌할 것

다. 야간 12시 이후는 절대로 영업을 금할 것

이에 대해 보안과장 아사쿠라 노보루(朝倉昇) 씨를 방문하여 의견을 들으니, 다음과 같이 말했다.

내가 경기도로 온 지 1년 8개월이 되는데, 전임지인 경북에서는 위 사항에 대해 상당히 연구도 하고 조사도 하고 계획도 세웠다. 하지만 경성에서는 다소 생각하는 바가 있어서 아직 외부적으로는 활동하고 있지 않다. 공창제도의 전폐. 이에 대해서는 좀처럼 일제히 실시하기 어려운 사정이 있다. 애초에 유곽제도는 1612(慶長 17)년 초에 도요토미 히데요시(豊臣秀吉) 시대에 생긴 것으로, 그로부터 수백 년 동안 계속 행해져 왔다. 현재 사회의 실생활에 비추어 볼 때, 세상의 식자들이 외치는 것처럼 여권 존중, 부인 해방의 이상대로 나가지 못하는 바가 있다. 공창을 폐지하면 사창이 발호할 테니, 지금의 내 생각으로는 우선 어떻게 하면 대차 계약을 합리화시킬 수 있을까 하는 점이 첫째 문제라고 생각한다. 대체로 포주라는 자들은 영리 중심이니, 어떻게 자기 수입을 늘릴 수 있을까 하는 관념밖에 가지고 있지 않다. 따라서 예기를 고용할 때 기간제도를 채택하고 싶어 한다. 말하자면 기간 계약 창기(年妓)를 선호하고 비율제도, 곧 지마에(自前)를 좋아하지 않는다. 따라서 금전대차에서 기간 계약 창기에게는 상당한 금액을 대부해 주지만 지마에에 대해서는 대부 금액이 대단히 적다. 좀 오래된 통계이지만, 경기도 안의 예기 401명 중 지마에 계약인 자는 불과 75명, 창기 512명 중 비율계약인 자가 93명에 불과한 점을 통해서도 알 수 있는 일이다.

대체 예기, 창기로 몸담는 사람들의 경우는 어떤가 하면 가정이 여의치 않아 큰 빚이 있다든가, 당장 오늘 먹을 길이 없다든가 하는 식으로 진퇴양난의 이유를 지닌 자가 약 8할을 차지하고 있다. 일상 가정의 생활을 떠나 그저 가정불화나 유괴당한 자는 2~3할에 지나지 않는 상태다.

이들 연약한 여자들이 막다른 곳에 부딪힌 가정을 어떻게 구할 것인가 하는 문제에 부딪친다. 일용직 노동에 나선들 여공으로 일해 봤자 한꺼번에 떠안은 수천 엔이라는 돈이 들어오지는 않는다. 그래서 그다지 좋다는 생각이 안 드는데도 그 돈을 위해 자기도 모르는 사이에 발을 뺄 수 없는 수렁에 몸을 담게 된다.

여기서 생각해야 할 것은 기간제도와 비율제도다. 포주 입장에서 보면 기간을 정해 두면 그 기간 내에 여분으로 일한 만큼 포주의 이득이 되는 셈이니 예기에게 매음행위도 강요하게 될 것이

다. 나의 이상으로는 앞으로 어떻게든 전부 비율제도 계약으로 바꾸고 싶다고 생각한다. 도요토미 시대부터 계속되어 온 이 제도를 급속하게 전폐할 수 없는 것이 현재 사회의 실상이라 한다면, 먼저 대차제도의 합리화를 첫째로 생각해야 할 것이다. 포주 방면의 이해가 첫째이지만, 경성부 내에서도 하나, 둘 제외하면 그외는 수백 년 동안 계속해 온 습관을 고수하면서 고집스레 방침을 바꾸지 않는 상태다. 이번에 온 부인교풍회 경성지부에서도 폐창 문제 내지 이들의 처우개선 문제에 대해서 관련 대상에 진정을 내고 운동 중이라 하지만, 아직 내게는 아무런 통지가 안 왔다. 특히 조선에서 이 문제는 어지간히 생각을 해야 할 문제여서 각종 사정을 각 방면에서 조사한 후 선처하는 바가 있어야 한다. 요컨대 이 사회에서 고통받고 있는 다수의 가련한 여성을 사회연대 책임을 통해 구해 내고 신속하게 벗어나게 할 수 있을 것인가 하는 문제인데, 아무래도 그 처지에 놓인 여성의 존엄한 사명을 스스로 잘 깨우치게 하지 않는다면 일반 사회의 동정이나 운동도 아무런 효과를 거두지 못할 것이라 생각한다. 하긴, 지금의 대차 계약이란 것은 포주와 부모(親方)가 한층 더 벌어들일 수 있는 제도이니, 어떻게든 연구해서 이 제도를 합리화하고 싶다는 생각은 충분히 있다.

8. 전 조선 카페의 조만간 개선(1930. 5. 15.)

조선의 경찰계 : 일본방과 온돌은 풍기 차원에서 좋지 않다―
전 조선 카페의 조만간 개선
「朝鮮の警察界：日本室と溫突は風紀上面白くない-全朝鮮のカフェー近く改善」,
『朝鮮警察新聞』221, 1930. 5. 15.

불경기라 하는데도 카페만은 격증하고 있다. 그리고 성욕과 범죄라는 표리 양면에 작용하여 복잡한 현대 세태의 도가니를 형성해 가고 있다. 이 현상을 감안하여 경무국 경무과에서는 2월 이래 3개월의 나날을 투여해 카페, 바, 레스토랑의 내용 조사를 실시함과 동시에 지방관청의 장래 단속에 대해 취합한 개선 의견을 바탕으로 조만간 본 부(府)로서 개선 방침을 세우게 되었는데, 개선 내용은 거의 다음과 같이 내정하고 있다.

一. 조명은 백색 전등을 쓰고 붉은 등, 푸른 등은 폐지할 것
二. 일본방과 온돌은 풍기 차원에서 바람직하지 않으므로 폐지할 것
三. 탁자 수에 따라 여급 수를 제한하여 여급 과잉에서 초래되는 나쁜 풍기를 단속할 것
四. 손님과의 외출을 단연코 금지할 것
五. 영업은 오후 12시까지로 하고 예창기 경험이 있는 여자는 여급이 되는 것을 금지할 것
六. 장래 영업 허가지는 관공서나 주택 지역 이외로 할 것

이번 조사에 따르면, 조선 전체(全鮮)의 카페 수는 183채이고, 바는 44채, 레스토랑은 9채로 총 209채[12]이며, 여급 수는 718명[13]인데 내지인 여급은 606명, 조선인 여급은 67명으로 나왔다. 객실 수는 홀이 165, 일본방이 88, 온돌이 10으로 점차 홀 만능의 근대성에 적응해 가고 있다. 손님

12　원문에 따른다. 183+44+9=236이지만 원문에는 209라 기재되었다.
13　원문에 따른다. 606+67=673이지만 원문에는 718이라 기재되었다.

의 감흥을 자극하고 매혹적인 효과를 가져 자칫하면 폐해를 낳는다. 악기류는 173에 이르는데, 피아노는 10대밖에 없고 그외는 풍금과 축음기 등이다. 고용 계약은 전주경찰서가 요리옥음식점 단속규칙(料理屋飲食店取締規則)에 기초해 준칙을 제정한 바 있고, 경북 관내가 일정한 규칙을 제정한 외에는 볼 만한 것이 없어, 여급의 급여금은 무급제가 23채 있을 뿐이고, 그외는 5엔에서 10엔을 지급하고 있다. 전남과 경북에서는 여급이 질병에 걸린 때에 치료비를 고용주가 반액 부담하기로 되어 있어 바람직한 경향을 보인다. 전차 관계는 경기도 관내의 3백 엔이 최고이고, 진남포의 한 카페에서 월 2부 이자를 달고 있는 외에는 모두 무이자다.

9. 요리음식점 고용녀의 대우 개선 : 계약 단속의 요항(1930. 5. 15.)

요리음식점 고용녀의 대우 개선 : 계약 단속의 요항
「料理飲食店雇女の待遇改善 : 契約取締の要項」, 『朝鮮警察新聞』 221, 1930. 5. 15.

요리옥, 음식점의 설비 개선, 고용녀(雇女) 대우 문제와 기타에 대해서 부산경찰서에서는 먼저 단속규칙에 기초해 새로 명령 사항을 발하는 동시에 고용 계약을 체결하기로 했다. 요항을 추려 쓰면 다음과 같다.

소화기 소화제의 상시 설비 ▲ 욕실(風呂場) 굴뚝의 월 2회 이상 청소, ▲ 고용녀의 건강진단서 제출, ▲ 고용녀는 1호당 2인 이내로 함, ▲ 고용녀의 급료는 월 5엔 이상의 고정급으로 한다, ▲ 고용녀의 고용 연한과 전차금을 인정하지 않고 부득이한 자는 신고하여 허가받아야 한다, ▲ 계약서의 내용 一. 식비, 침구류, 목욕비용은 고용주가 부담한다, 一. 피고용인이 손님, 기타로부터 받은 금품은 피고용인이 갖는다(收得), 一. 피고용인이 질병이나 기타 부득이한 사정으로 휴업한 경우는 계약한 급료 전액을 지급하고 질병 치료를 위해 필요한 여러 비용은 쌍방 절반 부담으로 한다, 一. 고용인에게 월 1일의 공휴일을 준다, 一. 상여금품과 귀향 여비는 피고용인이 일한(稼) 성적에 따라 급여한다, 一. 피고용인이 사망할 때는 협의하여 편의를 공여한다.

10. 카페 문화(1930. 9. 1.)

카페 문화

「カフェ文化」, 『朝鮮警察新聞』 228, 1930. 9. 1.

　실제 현재의 카페는 단순히 성적인 것을 추구하는 장소만은 아니고 버젓하게 하나의 문화를 만들어 가고 있다. 여러 모던, 첨단인들이 이곳을 출입하여 백화점이나 영화물과 함께 유행의 선두를 끊고 있으며, 그에 걸맞은 문학, 예술을 발생시키고 있다. 카페 문화는 자본주의 사회의 산물이며 이 자본주의 사회가 작열하는 경지에 도달함에 따라 카페 문화도 완성되어 갈 것이다. 현재 문단의 일각에 나타난 난센스 문학 등도 카페와 깊은 인연을 가지고 있다.

　제국 수도(帝都)의 카페거리 2대 여왕인 긴자(銀座), 신주쿠(新宿)에서 각각 그 일각에 영화 극장과 백화점이 집중되고 있는데, 신주쿠의 미쓰코시(三越)백화점이나 데이토자(帝都座)극장이 완성되고, 긴자와 히비야(日比谷) 사이의 니혼(日本)영화극장 등이 속속 완성될 즈음 두 카페거리에서 탄생할 화려한 문화는 필시 멋진 모습일 것이다. 이는 현재 신주쿠의 카페거리에 무사시노칸(武蔵野館)이 있고 긴자의 카페거리에 호가쿠자(邦楽座)가 있어서 이들이 함께 일본 첨단 영화의 개봉관으로서 모던걸, 모던보이, 모던마담 등등을 모으며 두 카페거리 문화의 조성을 돕고 있는 점을 봐도 알 수 있다.

카페의 이름

　게이샤집이나 마치아이의 이름은 후쿠(福), 고토부키(壽), 사치(幸), 도미(富)라든가 기(喜), 리(利)처럼 재수가 좋은 글씨를 골라 붙이고 있는 것 같은데, 카페나 바의 이름은 꼭 그렇지도 않은 듯하다. 스즈란(은방울꽃)이나 달리아, 유리(백합) 같은 화초 이름, 또는 카페와 바가 저쪽(서양)에서 건너온 것인 만큼 저쪽 풍의 이름이나 작은 새, 동물 이름 등을 내키는 대로 붙이고 있다. '추억'처럼 매우 로맨틱한 이름도 있다. 그리고 사와쇼(澤正)의 부인이었던 와타세 준코(渡瀬淳子)가 자신이 운영하던 점포에 '준 바'라는 이름을 붙이면서 오카미(女將, 여주인)의 이름을 그대로 카페나 바의 이름으로 쓰는 경우도 생겼다. '하루미 바' '기요노 바' 등이 그렇다. '카페 후라후라'[14]라고 사람을 우습게 보는 식의 이름도 있다. 사람 우습게 보기로는 긴자거리의 도로변에 엽기적인 괴물처럼 버티고 앉은 '레스토랑 쿠우', '이나이이나이 바',[15] '후네의 후네' 같은 것이 그야말로 백미라 하겠다. 어지간히 잘도 붙였구나 싶다. 그런데 일본의 카페와 바는 두셋을 빼고는 대체로 평범한 이름이 많아 보인다. 파리 등지에는 매우 시적이고 흥미로운 곳이 있다고 한다. '죽은 검은 고양이의 카페'라든가 말이다. 그리고 그 카페가 유럽대전 때에 일시적으로 문을 닫았다가 전후에 부활했다 해서 '다시 살아난 검은 고양이의 카페'라고 했다는 둥 어떻다는 둥 일본 신문도 재미있어하며 상시 보도하고는 했다. 그런데 이것도 일본어로 번역해서 말하려니 이렇게 이상하고 긴 이름이 된 것이지, 불어로 발음하면 이상하기는커녕 예술적인 향기를 풍긴다. 최근 영화로 제작되어 일본에 들어온 '물랭루주'는 현재의 일본 카페 등과는 달라서 리뷰에서도 다룰 카페이지만, 이것도 일본어로 옮기면 '붉은 풍차'다. 이건 일본어로 말해도 이상하기는커녕 재미가 있는데, 이런 이름은 일본에는 없으리라 본다. 물론 반대로 일본어로는 평범하고 저조한 카페 이름도 프랑스어나 독일어로 옮기면 흥미로운 맛을 내는 경우가 있을지도 모른다.

---

14 후라후라(ふらふら)는 술 취해서 휘청거리는 모습, 또는 어질어질, 흔들흔들 등의 의미로 사용하는 의태어다.
15 '이나이 이나이 바아'는 아기를 어를 때 노는 말 '여기 없다~ 까꿍'처럼 쓰는 말과 같은 발음이다.

11. 이즈미 아키라, 국제연맹과 부인의 사명(1930. 11. 15.)

경성제국대학 교수·법학박사 이즈미 아키라, 국제연맹과 부인의 사명
泉哲, 「國際聯盟と婦人の使命」, 『朝鮮警察新聞』 233, 1930. 11. 15.

국제연맹은 새삼 말할 것도 없이 오랜 연원이 있어 유럽대전의 영향으로 출발한 후 국제 신의에 의거한 가장 중대한 의의를 지니면서 이미 국제 정국에서 적잖은 공헌을 해왔다는 점은 만인이 인정하는 바다.

이왕 거슬러 올라가 생각해 보면 유럽대전은 그야말로 가장 획기적인 대전이어서 이 전쟁으로 세계 각국은 많은 손해를 입었다. 뭐니 뭐니 해도 이 대전은 1914년 7월 개전으로 전쟁을 시작한 이래 오랜 연월에 걸쳐 세계를 전쟁의 화염에 휩싸이게 했고, 그사이 2,800만 명의 영혼과 510억 방(傍), 일본화폐(邦貨)로 환산해 실로 5천억만 엔이라는 거액을 잃고 공전의 슬픈 참사를 드러내었다. 따라서 서양에서는 도처에 미망인과 고아 같은 딱한 처지의 자들이 증가하여 여기저기서 비극을 연출하기에 이르렀다.

이처럼 전쟁이라는 것은 인류 생활에서 더없이 비참한 일이다. 어떻게든 이 세상에서 전쟁을 방지할 방안을 강구해 제거할 수 있도록 생각해야 한다. 이것이 무릇 유럽대전의 슬픈 경험으로부터 일어난 바 평화를 갈망하는 세계인의 목소리였다. 그리고 세계 사람들이 서로 모여 여러 협정을 이룬 결과, 국제관계에서 배태된 국제연맹이라는 합리적 국제기구를 설치하기에 이르렀다. 그리하여 국제연맹에서는 세계 각국이 협조 정신을 통해 전쟁을 방지하고, 또는 열국 간에 다툼이 생긴 경우 이를 조정한다는 데에 주안을 두고, 국제연맹 본부를 스위스의 남단 제네바에 두었다. 한편 각국에는 각 참가국의 명분 차원에서 국제연맹 지부를 두어 필요한 사무를 관할하고, 그 아래에도 각종 국제연맹 정신을 강조하는 지부 등을 두고 있다. 실제로 경성제국대학 안에는 국제연맹의 학생지부가 있을 정도다. 현재 국제연맹에는 그 정신에 찬동 의사를 표명하고 참가하고 있는 국가 수가 50개국, 아직 참가하고 있지 않은 나라로는 노농 러시아, 미국, 멕시코, 튀르키예 등 몇 나라에 지나지 않는다. 그리고 그외에도 아무 의미 없이 반대하는 나라나, 여러모로 국제연맹 정신이 말하기는 쉬워도 행하기는 어렵다고 비난하며 반대의 깃발을 휘날리는 나라도 있지만 이들은 우선 소수에 속하니 그다지 문제 삼을 만하지는 않다.

현재 국제연맹이 있음으로 해서 세계의 열국은 여러 복음에 접하고 있다. 사소한 일로 유럽대전의 전철을 밟을 뻔했던 상황에서 합법적인 국제연맹의 알선으로 무사히 평화롭게 수습할 수 있었던 일이 한두 번이 아니었다. 일례를 들면, 저 북유럽 핀란드와 스웨덴이라는 이웃나라 사이에 일어난 분쟁 사건이 있다. 아일랜드 문제만 해도 국제연맹의 조정으로 난국이 수습될 수 있던 가장 뛰어난 하나여서 현저한 공적이라 해도 무방할 것이다. 이외에도 하나하나 예를 들기도 번잡할 정도인데 아무튼 그런 종류로 국제연맹이 세계평화에 기여한 공적은 실로 한둘에 그치지 않는다. 이것이 현재 세계의 열국이 국제연맹의 고귀한 정신을 함양해 존재의식을 가지고 내외에 선양하고자 하는 까닭이다. 즉 국제연맹을 가졌다는 것은 한편에서 실로 현대 세계인의 긍지이고, 나아가 한층 이 정신을 강조함은 현대인의 사명이기도 하다.

나는 그런 의미에서 국제연맹의 정신을 더욱 선명히 하고 싶다는 염원을 갖는 한 사람인데, 어쩐 일인지 종종 일부 사람들 사이에 국제연맹이 갖는 고귀한 정신을 그르치고 이를 등한시하는 풍조가 있는 것 같아 유감스럽기 짝이 없다. 그래서 나는 이를 더욱 내외에 발양시키기 위해서는 적어도 부인의 힘에 기대하면서 (국제연맹 정신의) 달성을 꾀해야 한다는 점을 통감했다. 시대가 진보함에 따라 부인의 지위도 향상되어 이제는 구태를 고수할 필요가 없어졌다. 즉 세계가 나아가는 기운을 타고 세계인으로서 발걸음을 굳게 딛고 시대의 선구가 되는 것이야말로 현대 부인의 사명이라 해야 할 것이다. 그리하여 국제연맹의 정신을 깊이 이해하고 그것의 근본 취지가 명하는 바를 향해 매진하고 세계평화를 위해 기여하는 많은 이들이 있어야 한다. (문장의 책임은 기자에게 있음)

12. 사카모토 이와타로, 한없이 에로적인 내지의 카페(1930. 12. 15.)

본정서 보안주임 사카모토 이와타로, 한없이 에로적인 내지의 카페
本町署保安主任 坂本岩太郎,「何處までもエロ的な內地のカフェー」
『朝鮮警察新聞』235, 1930. 12. 15.

　이번 내지(內地) 시찰은 주로 도쿄, 간사이(關西), 기타 방면의 카페와 백화점에 대한 단속 상황을 보고 오는 것이 목적으로, 여정은 그저 2주일에 불과했다.
　카페는 뭐니 뭐니 해도 도쿄와 오사카에서 가장 번창하고 있어 눈으로 본 느낌에도 꽤나 경기가 좋은 듯했다. 그리고 흥미롭게도 지방색의 차이에 따라 카페 설비에 각기 다른 색채와 기분이 감돌고 있어서 그 점에서 보면 오사카가 도쿄보다 한 발 앞서 있었다. 도쿄는 대체로 관리들(役人) 동네라 해도 좋은 편이어서 언뜻 보기에 경성을 크게 만든 느낌이 드는 데 반해, 오사카는 상공업의 중심지로서 훌륭할 정도로 경기가 좋은 상태를 보이고 있다. 따라서 카페 또한 오사카 쪽이 비정상으로 발전을 이뤄 만사가 거창하고 사람 마음의 미묘한 부분까지도 교묘하게 노리고 있는 점이 오히려 놀라울 정도다. 그 유명한 비진자(美人座)나 아카다마(赤玉) 등은 오사카에서도 손꼽는 카페로 한 곳에 백수십 명의 여급을 넣어두고 어디까지나 에로 맛을 듬뿍 보여 주고 있으니, 과연 상공 도시다운 면모에 놀랐다. 그리고 조금 들어가 보면 남녀가 뒤섞여 야단법석이어서 손을 댈 수 없을 정도다. 게다가 당국의 단속 손길도 매우 소극적으로 보여 어디를 봐도 카페 정취가 풍부하다. 이에 반해 그런 입장에서 보면 도쿄는 오사카보다 다소 쓸쓸하게 느낄 정도고 어디나 긴장되어 보인다. 그 때문인지 오사카 부근의 카페가 도쿄 쪽으로 활발하게 진출해 어디에나 지점을 내고 있다. 말하자면 도쿄의 카페는 오사카의 지도를 받는 것 같은 모양새다. 게다가 흥미로운 점은 세상은 불경기로 약해 빠져 있는데도 이들 카페만은 별천지인지, 어느 곳 카페를 들여다봐도 손님으로 가득 차 있어 느낌이 굉장하다. 따라서 도쿄, 오사카 두 지역 다 늘어나는 건 카페뿐이어서 공사가 활발하게 일어나고 있다. 그리고 이쪽보다도 좀 특이한 것은 대체로 여급이 입고 있는 옷이 단정해서 싫은 느낌이 없는 점이었다. 이곳 경성의 카페 여급이 지저분한 차림으로 태연히 있는 것과는 좀 격이 달라 보인다. 그리고 근래 특이한 현상으로는 한때 야단스럽게 '붉은 등' 운운하던 카페 분위기가 점점 밝은 느낌을 띠고 있고 전등도 밝게 켜지고 있으니, 이는 분명 당국의 단속 결과이기도 하겠지만, 한편에서 보면 시대적 인심의 경향이 찰나적 향락을 쫓고 있는 이면에서 밝은 느낌을 선호하는 쪽으로 바뀌어 왔다는 증거가 아니겠나 하는 생각이 들었다. 카페가 이렇듯 전성을 누리게 되면 당연히 손님 쟁탈 경쟁이 치열해져서, 이른바 첨단을 달리는 모습의 기묘한 수단과 방법을 아무렇지도 않게 취하고 있다. 현저한 예를 하나 들자면, 오사카 신사이바시(心齋橋) 부근에서는 언제나 경성에서 마츠리(祭) 때나 볼 법한 북적거림으로 인파가 뒤섞여 있는데 이 근처를 걷다 보면 언제나 2~3쌍의 여급 부대와 마주친다. 차림은 고상한 양가의 아가씨 풍으로 차렸고, 반드시 약속이나 한 듯 두 사람이 같이 다닌다. 이 사람들이 언뜻 보기에 카페에 갈 수 있을 것 같은 낌새의 남자를 만나면 바로 다가간다. 그리고 뭔가 종이 같은 것을 건넨다. 순간 들떠 있는 남자는 반갑게 받아들고 펼쳐 본다. 쪽지에는 '돌아가실 때는 꼭 밝은 느낌의 ××카페에 들러주세요. 꼭 기다리고 있겠습니다' 같은 문구가 요란하게 쓰여 있다. 이렇게 되면 아무리 바람기 없는 남자라도 예쁜 여자가 내미는 손을 싫다고는 하지 않을 테니, 꽤나 요령 좋고 굉장한 선전에 감탄했다.

그리고 카페 손님의 종류로 보면 시대 반영이라고 할까. 역시 신사인 척 하는 중년 남자가 많아서 학생의 푸른 얼굴은 잘 보이지 않는다. 이는 학생들을 상대로 하면 돈이 되지 않기 때문인 것으로 보인다. 돈 여유가 있어 보이는, 심지어 처가 있는 자와 같은, 건실한 중년 남자를 노리는 것이 좋은 판단이어서 흥미롭다.

카페도 나고야 근처에서는 또 다르게 보여서 흥미롭다. 나고야의 카페는 대체로 품격이 있어서 차분하게 보인다. 가령 손님은 박스에 들어가도, 여급은 그 가까이 앉을 뿐으로 박스까지는 들어가지 않는다. 요리를 나르는 것은 재빨라서 조금의 실수도 없다. 그 정도로 진지한 면이 보인다. 이는 당국이 엄중하게 단속하고 있기 때문이라고 들었다.

여기에서 생각하면 대개 카페 단속이라고 해도 장소가 바뀌면 분위기도 바뀌므로 우선 그 지방색이 서로 다른 것을 많이 고려해야 한다. 도쿄나 오사카 근처의 단속 방법이 아무리 느슨해도 이를 그대로 경성에 모방할 수는 없다. 또한 나고야 부근처럼 꽤 엄중하게 해도 쓸모가 없다. 중요한 것은 적당하게 처치하여 지방 인심의 움직임과 추세에 어느 정도까지 합치하는 정도의 대범함을 가지는 여유 정도를 넘지 않는 범위에서 낌새를 찌른 단속을 힘써 해야 한다는 것을, 이번에 다시

한 번 통감했다.

그리고 도쿄, 오사카 방면의 백화점 상황은 역시 번창한 면모를 드러낸다. 특히 내가 가장 주의하는 것이 식당의 서비스 태도인데, 꽤나 솜씨가 좋다. 근래 경성에는 백화점 식당에서 술을 파는 것이 문제가 되고 있는데 도쿄 근처에서는 가게가 그처럼 많아도 큰 빌딩에서 술을 판다고 해도 시로키야(白木屋) 식당 정도다. 술을 팔고 있지만, 전혀 개방적이지 않고 요구하는 자에게 술을 주는 것으로 손님을 별실로 데려간다. 식당에서는 오로지 먹기만 하는 고상한 가족 동반 손님뿐이다. 이외 어떠한 백화점의 식당에서도 그렇게 술을 팔지 않고, 마시는 손님이라 해도 조금 목을 축일 뿐이어서 시중받는 것은 없다. 이는 백화점 측에서도 술을 엄청 마시고 취해서 가게 안에서 끙끙거리기라도 하면 큰일이라고 걱정한 때문이기도 하겠지만, 너무 뭐라고 하지 않는 한, 식당이 꺼리며 파는 술을 손님이 강하게 요구하여 마시는 것도 있을 수 없는 일이다. 따라서 저녁에 집으로 돌아가 가족들과 마주보며 술을 조금 마시는 것에 흥미를 가지고 있으며, 모든 것에 손 놓고 마시기만 하지 않는다. 그러니까 매우 품격이 있어 기분이 좋다. 또한 생각해 봐도 백화점 식당이 그렇게 배가 부풀어 오를 정도로 먹어야 하는 곳도 아니고, 잠깐 물건을 사와서 좋아하는 것 하나 먹어 보는 곳이다. 그렇기 때문에 문제가 비화되어 오히려 탈선이 되는 것은 좋지 않다.

13. 최근의 카페와 여급의 상황 (1930. 12. 15.)

최근의 카페와 여급의 상황
「最近のカフェーと女給の狀況」,『朝鮮警察新聞』235, 1930. 12. 15.

경성부 내에 산재하는 카페 60여 채의 상황을 볼 때 참으로 비참하다. 지난 가을 치러진 박람회에서 카페는 일제히 실내 개량과 여급 선발을 하느라 대대적으로 자본의 차입 등 막대한 희생을 치러가며 화려하게 활동하였다. 그러나 그다지 수확도 얻지 못하고 큰 손해를 입어 몹시 쪼들리는 가운데 1년을 보냈다. 1930년을 맞아 올해는 꼭 만회한다며 의욕을 보였지만 예상은 빗나가 올해도 여의치 않은 상황이며 평균 하루 실수입이 전혀 없어 참으로 딱한 상황이다. 거기에 큰 백화점의 식당이 진출하기 시작했다. 음식물 등의 대금을 비교하니, 백화점 1, 카페 2, 유곽 3에 해당하는 음식 대금이기 때문에 대항해 봤자 도저히 경쟁을 따라잡지 못하는데다가, 때가 때인 만큼 한 푼이라도 싼 곳이 손님을 흡수하다 보니 카페 팬도 점차 줄어만 간다. 현재 카페에서 활동하는 여급은 500명으로 작년보다 70여 명이나 증가하고 있는데 이 역시 불경기 때문이라 하겠다. 여기서 지난 번 화제 삼았던 여급의 복장 문제를 보면, 현재 여급의 급료가 매우 적기 때문에 대부분 팁을 바라보며 일하고 있지만, 최근 불경기에 팁을 주는 사람도 없어 완전히 비참한 상황이다. 이런 상황을 생각할 때 복장은 깔끔한 면직물로 만드는 게 당연할 텐데도 손님들은 역시 화려한 옷을 입은 여급을 선호하는 경향을 보이는 것 같으니, 이참에 손님보다 여급의 생활 상태를 이해하여 복장 개선에 힘쓰는 것이 당연하지 않을까. 현재의 불경기가 계속된다면 여급도 줄어 카페도 느끼는 바가 있을 것이다.

14. 스기타 나오키, 매소부와 그 개선(1931. 4. 15.)

의학박사 스기타 나오키, 매소부와 그 개선
醫學博士 杉田直樹, 「賣笑婦とその改善」, 『朝鮮警察新聞』 243, 1931. 4. 15.

매소(売笑)는 세계적 현상이어서 적어도 도시라는 이름이 붙는 곳이라면 동서양 모두 매소부가 없는 곳이 없다. 특히 문명의 정도가 높고 생활 조건이 완비된 나라일수록 매소부가 많이 존재하고 가장 번영하고 있으니 이른바 문화의 한 산물이라고 보아야 한다.

왜 도회지에서는 매소가 번성하고 시골에서는 조금도 발달하지 않는가. 생각건대 문화가 미치지 않는 벽촌 지역에서는 일반적으로 인간이 느긋하고 남녀관계 같은 것도 비교적 자유로우며 좀스러운 법률윤리 등 인위적 제재가 아직 충분히 성립하지 않은 데 반해 문화가 발달한 도회에서는 인심이 항상 긴장하고 있고 질서를 유지해야 하는 필요 때문에 남자가 멋대로 여자와 성교하는 행위가 허용되지 않는다.

게다가 오늘날의 추세에서는 결혼이 반드시 쾌락이 아니라 오히려 각종 의무를 짊어지는 것이 되다 보니 자산이 없는 자나 수입이 적은 자는 쉽게 배우자를 얻을 수 없다. 그렇다고 함부로 비전문인(素人) 여자에게 접근했다가는 두고두고 성가신 일을 만들고 세간에서도 시끄러워 결국 자기 장래의 출세에도 영향을 미치는 꼴이 되므로 자연히 매소부에게 갈 수밖에 없는 것이다.

그렇지만 남자가 매소부에게 가는 것은 단순히 성교를 욕구하기 때문만은 아니다. 성교 이외에 뭔가 다른 원하는 것이 있어야 한다. 만일 성교가 유일한 목적이라면, 자기 집에 정숙한 아내가 있고 사회적으로도 지위가 있고 명망도 있고 남들 이상의 고등교육을 받고 의리와 인정의 미묘한 사정에도 통했을 법한 훌륭한 사람인데도, 게이샤에게 신기할 정도로 몸과 마음이 이끌려 희한한 염문을 뿌리는 자가 의외로 많음은 어찌된 영문일까. 일개 도락자라 말하고 넘어간다면 그뿐이지만, 도락자라 하더라도 그렇게 되기까지는 될 만한 원인이 있어야 할 테다. 본인의 죄인가, 가정의 죄인가, 혹은 또한 사회의 죄인가.

'잘난 사람일수록 여자에게 약하다'고들 한다. 실제로 교육도 받고 지위도 높고 집에 정숙한 아내를 둔 훌륭한 남자가 매소부에게는 의외로 맥없이 끌린다. 순간 생각하면 신기해 보이지만 여기에는 깊은 사정이 있다. 무슨 말인가 하면, 일반적으로 문화가 발전함에 따라 일상생활에 무리한 속박이 많고, 특히 세간의 체면에서 심하게 본심을 압박당하고 답답한 생활을 하고 있기 때문에 이 압박에서 벗어나 마음의 자유로운 운동장을 찾으려 하다가 그만 매소부에게도 달리게 된다.

인간이 여러 유희를 욕구하는 것도 압박을 받은 문화생활에서 벗어나 일시적으로 그 본능이 가는 대로 자연스런 야성 생활로 돌아가고 싶기 때문이고, 그 경향은 문화가 발달할수록 강렬해진다. 수렵이나 투견처럼 잔인한 유희가 일부에 유행하는 것도 인간에게는 본래 그렇듯 잔인한 야성이 있기 때문이다. 게다가 인간끼리는 함정, 권모술수, 권위 등을 자유롭게 휘두를 수가 없는데, 그렇더라도 본능의 충동은 때로 억제할 수 없는 법이니, 표면상 유희라는 이름 아래 야성을 발휘하고 이를 통해 사회적 지위와 기타의 압박감을 일시적으로 없애려 한다. 씨름을 보고 기뻐하는 일이나 연극의 난투극을 보며 즐거워하는 일이나 요컨대 압박받은 감정과 동작을 기탄 없이 발휘하려 함에 다름없다. 유희가 일어나는 원인은 실로 여기에 잠재돼 있다.

성욕 방면에서도 마찬가지여서 사회문화가 발달함에 따라 성욕의 표현이 더욱 갑갑해져 늘 압박받기 십상이다. 서양에서조차도 최근에는 사람들 앞에서 입맞춤을 금지하고 있을 정도다. 우리나라는 남녀칠세부동석이라는 낡은 사상에서 아직도 결코 여전히 벗어나지 않았고, 또한 아내가 남편을 대하기를 마치 노비가 주인 대하듯 하거나 그렇지 않으면 오로지 고상함 일변도라서 남편의 성욕적 심리 요구를 이해하고 있지 않으니, 부부생활의 성욕적 요소는 미처 맹아를 보이기 전부터 일찍이 짓눌리고 짓밟히고 있다고 말할 수 있다. 가정에서 성적 생활의 결함과 사회적 압박은 남자를 고삐 풀린 자유로운 매소부에게 달려가도록 만들고 있다.

성욕 생활은 야성적인 것이어서 그다지 우아하다고는 할 수 없다. 따라서 다도나 꽃꽂이 식의 고상함 일변도만으로는 도저히 이 욕구의 만족을 얻을 수 없다. 게다가 남자에게는(여자도 그렇지만) 정도 차이는 있어도 다소 새디스틱 경향과 매조키스틱 경향이 있으니, 즉 이성을 학대하며 쾌락을 느끼는 경향과 이성에게 혹사당하고 지배당해 보고 싶다는 묘한 경향이 있다.

이 때문에 여자가 그저 고상하게만 굴거나 온순하기만 하면 오히려 남자의 내심에 있는 요구를 배반하게 되기 때문에 거기서 늘 아쉬움이 따라붙는다. 채워지지 않는 마음은 끊임없이 뭔가를 찾아 그칠 줄 모른다. 과연 그는 매소부의 야비하고도 강렬한 성욕의 발로에 대해 동경의 눈빛을 반짝인다. 집에 견실한 아내가 있는 자일수록 은밀하게 게이샤를 사는 젊은 남편이 많은 것은 이런 이유 때문이다. 옛 지체 높은 집안에서 귀하게 자란 자가 오이란(花魁),[16] 게이세이(傾城)[17]에 의해 처음으로 인정의 따뜻한 맛을 알게 되었다는 것도 능히 그간의 소식을 말해 주고 있다. 즉 문화생활은 일면에서 엄숙한 가정을 만들고 품위 있는 숙녀를 양성함과 동시에 필연적으로 방탕하고 분방한 매소부를 산출하니, 모순적이기는 하지만 이것이 거짓 없는 세상이다.

하인리히 슐츠도 "사람이 정신 수양을 거쳐 문화생활에 들어간 세월이 오래될수록 점점 더 조야하고 천진한 자연성을 조금이라도 맛보고 싶다는 부자연스런 요구가 일어나는 법"이라 했다. 또한 "인간의 본능이란 외형적 생활의 변화를 따라 변해 가지는 않으므로 언젠가 그 사이에서 모순을 느끼게 되어도 어쩔 수 없다"고도 했다.

한마디로 매소부라 해도 나라(지방)에 따라 각각 발현한 형태가 다르다. 그래도 크게 나누면 공창과 사창의 두 종류가 있다. 전자는 그곳 경찰에 신고해 창기 명부에 등록한 자, 후자는 등록하지 않고 내밀하게 하는 자를 말한다. 그러나 이는 행정감독 차원의 구별에 지나지 않고, 화류계 손님(嫖客) 쪽을 보면 쓴 여뀌라도 먹는 벌레가 있듯이 사람 취향은 가지가지여서, 공창을 기뻐하는 자가 있는가 하면 사창을 섭렵했다며 자랑하는 자도 있다.

인간의 마음은 묘한 것이어서 표면적인 안전을 좋아하는 공명한 경향과 암흑 면의 위험을 좋아하는 모험의 경향이 있다. 평탄한 새 길을 평범하게 걷기보다도 험준한 옛길을 전전긍긍하며 따라가는 쪽에서 오히려 많은 흥취를 느끼는 법이라, 공창이 아무리 있어도 사창이 좀처럼 없어지지 않는 까닭이 여기 있다.

이 때문에 유럽에서는 공창 1에 대해 사창 10의 비율로 계산되고 있고 이 비율은 우리나라에도 적용할 수 있다. 앞으로 문화가 발달함에 따라 이들 매소부는 오히려 증가하는 일은 있어도 감소하지는 않으리라 생각한다. 이유는 앞에서 쓴 대로 문명인일수록 자유로운 마음의 운동장에 대한 요구가 강렬하기 때문이다.

---

16 오이란(花魁)은 에도시대 요시와라(吉原) 유곽의 고급 유녀 중에서도 위치가 높은 여성을 부른 데서 비롯되었다.
17 빼어난 미인이라는 의미. 유녀를 말하기도 한다.

아무튼 매소부 존재에는 깊은 뿌리가 있으므로 이를 단순한 행정 단속이나 뭔가를 통해 박멸을 꾀하려 해봐야 도저히 할 수 있는 것이 아니다. 옛날에는 노중(老中)[18] 미즈노(水野)[19]가 요시와라(吉原) 이외의 마굴을 일소하려고 시도했다가 오히려 긁어 부스럼 꼴이 되어 일반 풍기를 어지럽히게 되었고, 최근에는 1916년 봄에 경시청이 사창을 박멸하기 위해 가시자시키 내지 창기단속을 발포하고 12층 아래 기타 마굴에 손을 대어 대소탕을 시도했지만, 그 결과 명주옥(銘酒屋)이 조화옥(造花屋)으로 바뀌었을 뿐 음탕한 기운은 의연히 줄지 않은 일과 같이 자명한 증거다. 매소부가 결국 박멸될 수 없다면, 이를 어떻게 해야 좋을까.

◇

매소부를 사회의 악성인 병적 산물로 치부하여 유해무익한 망국적인 성가신 자들로 혐오하는 것은, 매소 문제에 대한 깊은 연구 없이 단순히 감정만으로 내달리는 경솔하고도 진지하지 못한 태도다. 물론 오늘날의 매소부 다수는 오로지 장사만 하고 남자의 일시적인 장난감에 불과하므로 여러 가지 폐해도 일어나고, 따라서 단속도 필요하다. 더불어 오직 단속이나 박멸에만 힘을 쓰지 않고 조금은 이해와 동정이 있는 방책을 내어 매소부 개선을 도모하면 어떨까.

여기에는 인신매매와 같은 인권 침해를 일절 금지하고, 자신의 자유의사에 따라 매소하도록 해야 하는 것은 말할 것도 없다. 한편 남자도 역시 매소부에 대해 단지 찰나적인 성교만을 요구하지 말고, 더욱 부인의 특질로서의 아름답고 우아하며(優美) 바르고 우아한(典雅) 성정을 사도록 하는 것이 필요하다.

곧 미혼 남자는 그녀들과 교제하는 것으로 자유롭게 이성 인격의 매력적인 특질을 가까이 접하고 따뜻한 그 가슴에 닿아, 남녀의 진짜 성적 위락을 살 수 있도록 하고 싶은 것이다.

남자가 그녀들에게, 자신을 반하도록 하는 인격으로 남자에게 위락을 줄 만한 수양과 예술을 요구하도록 한다면, 매소부의 인격도 눈에 띄게 높아지고 취미도 넓어지고 깊어질 것이다. 옛날 요시와라 전성시대에는 이름 높은 타이후(太夫)를 많이 배출했고, 또 옛날 게이샤에게 우수한 자가 많은 것도, 당시 객의 취미가 그러했기 때문이다. 그러나 지금과 같이 남자가 오직 성교만 구해

---

18 에도 바쿠후의 최고관직명.
19 미즈노 다다쿠니(水野忠邦)로 판단된다.

서는 게이샤도 인격을 수양하거나 예술의 길을 연마할 필요 없이, 성욕 도발법에 마음을 두는 것은 당연하다. 타락과 풍속을 문란하게 하는 것도 멈출 수 없다.

15. H. M. 생, 국경의 처녀 무리의 프로필(1931. 5. 1.)

H. M. 생, 국경의 처녀 무리의 프로필
H. M. 生,「國境の娘子群のプロフィル」,『朝鮮警察新聞』244, 1931. 5. 1.

두만강 맑은 물에 배를 띄우고 봄날 하루를 대자연에 잠기네. 낚싯대를 물에 적시며 배의 움직임을 바라볼 때 마음속은 그저 하늘. 영혼은 하나의 배에 빼앗기지 않으니 봄바람 부드럽게 볼을 어루만지고 꽃에 날아드는 나비는 때로 눈앞에 어지럽게 춤추네. 지나 훈춘(琿春)의 산들이 그림처럼 강 속에 떠오르면 봄날 태양은 중천에 높이 빛나고 봄 특유의 흰 구름은 풀솜처럼 우주의 일각에서 퍼져 오는구나.

오호라, 한가로운 봄기운에 마음도 느긋한 대자연의 분위기 속으로 빨려 들어간다.

생각 외로 물고기가 많이 잡혀 뿌듯해하며 집으로 돌아오는 길에 나는 처녀들의 무리에게 둘러싸였다.

"어머 많기도 해라."

"한 마리 줘요."

"이 붕어 아직 살아 있어."

사양도 않고 인사도 없이 그들은 소쿠리 속을 휘저었고, 너무하다 싶은 행동에 나는 어이 없어 하며 노려본다. 성욕을 자극할 이트[20]를 드러내면서 아양을 떠는 이름 모를 육체 미인은 말하기를 "저, 이 붕어 가져갈게요."

이 무슨 횡포이고, 사람을 무시한 행위인가. 너무 기분이 나빠 숙소 주방에 물고기를 갖다 두는데 동시에 방으로 뛰어 들어온다.

---

20 이트(it)는 영어의 본래 의미와 달리 미국 영화 〈it〉를 통해 성적 매력, 섹스 어필을 의미하는 표현으로서 쇼와 시대 초기에 유행했다고 한다.

야성적이고 야비한 처녀 무리의 강렬한 성욕의 발로 앞에 국경에 사는 청춘 남자는 말할 것도 없거니와 인텔리 사람들도 동경의 눈빛을 반짝인다. 어디를 봐도 광막한 벌판에 오락 기관이라고는 하나도 없고, 서적을 찾아도 수십 리 남하한 마을로 나가지 않으면 구할 수가 없으니, 슬픈 적막과 고독과 망향의 울분을 처녀 무리들 품에서 풀어 간다. 하나의 성애의 기교가 수많은 좋은 관리의 앞날을 허무하게 만든 예를 일일이 셀 수가 없다.

과연 술과 매소부는 국경에 사는 관리들의 일개 오락일까, 아니면 향락의 대조물(対照物)일까?

암흑의 사회에서 눈물 흘리는 처녀 무리는 미개한 땅을 발전시키고 변화하게 만든다. 국경의 K 마을도 그 여자들의 서클 안에서 진보 발전하게 될까?

어지러운 생각 속에서 그녀들의 눈물의 프로필을 떠올리면서 붓을 놓는다.

1931. 4. 20.

사진은 경원(慶源)수비대

16. 향상된 카페와 개량을 요하는 부분(1931. 5. 1.)

향상된 카페와 개량을 요하는 부분
「向上したカフェーと改良を要する部分」, 『朝鮮警察新聞』 244, 1931. 5. 1.

　예전에는 배우 따위를 특별한 종류의 직업처럼 여기고 말하던 때가 있었지만 서양 문화가 세력을 얻고 예술이라는 말이 갑자기 대두하나 싶더니 마침내 일상생활은, 아니 인생은 모두 예술이다,라는 식으로 말하기 시작했다. 그런가 하면 배우 생활도 젊은이들의 선망 대상이 되어 그들 지위도 한층 사회교육 강사처럼 존경을 받을 정도이고 실제로 인물 면에서도 당당한 인격자가 나타났다.
　그와 비례해서 단연 사회조직 요소로 나타난 것이 카페, 댄스홀일 것이다. 그런데 그것들이 처음에는 기묘한 입장에 놓인 탓에 손님에게 서비스를 하는 데에 없어서는 안 될 여급을 마치 팔다 남은 창기(娼妓) 아가씨 정도로 생각한 시대가 최근까지 있었다. 그런데 지금은 일약 신사들의 사교, 부르주아 계급자의 위안 장소로 카페 없이는 하루도 지내지 못할 정도가 돼 버렸다. 여급 안에는 중등 이상의 교육을 받은 자도 적지 않고, 최근에는 교단에 서서 제2 국민의 지도자로서 경모의 대상이던 부인이 하룻밤 사이에 앞치마 아가씨(エプロン孃)가 되어 많은 손님이 연달아 들어오는 카페에서 생활 전선을 치는 등 세인들의 이목을 상당히 놀라게 한 자도 있다. 그만큼 필요해진 카페, 음식점, 댄스홀 등의 필요 이유를 이제 와서 말하기란 어리석기 짝이 없기는 하지만, 경영자와 이용자를 불문하고 그 존재 의의를 잘못 이해하는 자가 나타나면 단속 당국으로선 여러모로 골치를 썩는다. 예를 들어 카페의 경우, 서양요리는 대리석 탁자에 놓고 의자에 앉지 않으면 뱃속에 들어가지 않느냐 하면 결코 그렇지 않다는 것쯤 아마도 이론이 없을 텐데도, 당국은 카페에 대해서 일본식 자시키(座敷)의 존재를 왜 허가하지 않는가. 일본인은 아직 일본의 종래 자리에서 차분히 먹고 마시는 것을 희망하는 자가 분명 많을 텐데, 그럼에도 당국은 풍기에 해가 있다고 한다. 대체 누구의 죄인가? 유용한 것이 생기면 어디까지나 이용해서 더욱 완전한 것으로 키워 내는 일

이 의무이자 책임이어야 한다고 나는 생각한다.

경성에서 서양요리조합에 이름을 올린 곳이 50여 개라 하는데 유사한 것을 꼽자면 상당수에 이른다. 최근 당국의 지도와 영업자의 자각이 맞물려 대단히 개량되었다고 생각한다. 특히 각종 고안을 반영해서 홀과 기타를 미화하고 청결하게 한 것은 무엇보다도 향상된 증거다. 포크와 나이프에 냅킨을 함께 내놓자 이를 처음 접한 사람이 착각해서 냅킨으로 나이프 등을 닦는 습관을 만들어 버렸고, 카페 측도 닦아야 할 만한 상태로 내놓는 점포가 드물지 않았지만, 지금은 포크나 스푼을 닦는 모습을 카페 주인이 본다면 화낼지도 모를 정도가 되었다.

그런 현상에 비해 여전히 뒤처진 감이 드는 것은 고용인의 대우다. 특히 화려하고 명랑해 보이는 여급의 이면이 너무도 비문화적이라고 할 만한 점이 많다. 일일이 구체적으로 서술하지는 않고 조항별로 개량의 요점을 쓰면 다음과 같다.

一. 합숙사의 개량

청결은 말할 것도 없고 최소한 다타미(畳) 2장에 한 사람의 비율로 기거시킬 것

二. 공휴일의 증가

한 달에 3일 이상은 그녀들도 여러 사정이 있을 터. 느긋한 자유의 날을 줄 것

三. 식사의 개량

음식은 주인과 동일하게 하고 따뜻한 음식은 따뜻할 때에, 향미가 있는 음식은 향이 사라지기 전에 그리고 앉아서 휴식하면서 하루 중 오락 시간으로 할 것

四. 계약 급료는 지불해 줄 것

五. 음식 후에 돈을 소지하지 않았다고 말하는 손님의 빚을 여급에게 전부 부담시키는 것은 과중하다.

六. 기물 파손의 변상은 좀 더 동정심을 가미할 것

그리고 외출 등을 할 때는 틀림없는 감시와 주의를 게을리 하지 않도록 하고 자유는 존중해 줄 필요가 있다고 생각한다. 부채에 대한 각종 이야기도 들려오지만, 여급에게 빚은 따라붙게 마련이라고 보고 싶지는 않으니, 그 부분은 제3자가 모르는 곳에서 상대방이 처음에 합리적 약속을 하면 좋을 것이다. 다음 번에는 여급에 대한 주인 측 희망, 나아가 손님으로서, 사회로서 바라는 주문도 있으니 이어서 이야기하기로 한다.

17. 가메야마 겐, 설원 : 폐창운동의 의의와 사명 (1931. 5. 15.)

법학사 가메야마 겐, 설원 : 폐창운동의 의의와 사명
龜山健, 「説苑[21] : 廢娼運動の意義及び使命」, 『朝鮮警察新聞』 245, 1931. 5. 15.

'부인의 해방 정도는 사회진화의 바로미터다.' 우리나라에서는 부르주아 데모크라시 혁명이 구미 선진국 정도로 완전하지 않아서 오늘날에도 여전히 많은 봉건적 유제가 잔존한다. 부인에게 공민권, 선거권을 부여하고 있지 않은 것도 그중 하나이며, 특히 정조의 매매를 공인하는 공창제도의 잔존은 심한 예다.

그러나 일본에서도 오랫동안 부인 문제가 사회화, 정치화하기에 이르러 이번 의회에서는 '부인공민권안'과 '매창(賣娼)제도 폐지안'이 상정되었다. 이렇듯 부인공민권과 부인선거권 같은 정치적 남녀평등권이 주장되기에 한발 앞서서 그리고 정치적 남녀평등권을 전제로 부인과 남자의 사회적 평등 권리를 인정하려 하기 전에, 부인 인신매매나 다름없는 공창제도의 폐지를 문제 삼는 것은 당연하다. 의회 내의 '폐창안'을 계기로 도쿄부 내의 폐창 관련 각 단체를 망라한 도쿄부폐창기성동맹회(東京府廢娼期成同盟会)가 발족되었다. 이 동맹회는 다음과 같이 선언서를 발표했다. "공창제도는 인격의 존엄을 모르던 봉건시대의 유물로 쇼와 성대(聖代)인 지금도 여전히 정조의 매매를 공인하는 미개한 제도가 존속하고 있음은 참으로 일본 문명사의 최대 오욕이 아닐 수 없다. … 결연히 일어나 '도쿄부폐창기성동맹'을 조직하고, 먼저 부 내의 본 제도를 철폐하여 천하에 모범을 보임으로써 비참하기 짝이 없는 동포 여자 노예(女奴)의 해방을 기하고자 한다." 그리고 결의로써 말하기를 "공창제도는 인도 차원은 물론 풍기 위생과 국제사회에서 유해 무익한 나쁜 제도이기 때문에 우리 도쿄부는 여론을 존중하여 천하에 앞서 신속하게 이를 폐지해야 한다"고 했다. 폐창

---

[21] 설원(說苑)은 원래 중국에서 군주를 훈계하기 위해 일화를 열거한 교훈적인 설화집으로 헤이안(平安) 시대에 일본으로 전해졌다. 이 글에서는 이를 따서 신문의 코너 명칭으로 쓴 것으로 보인다.

기성동맹의 임원 내지 주된 면면은 아베 이소오(安倍磯雄), 다가와 다이키치로(田川大吉郎), 호아시 리이치로(帆足理一郎), 사카타니 요시로(阪谷芳郎), 니토베 이나조(新渡戶稻造), 호시지마 니로(星島二郎), 야마무로 군페이(山室軍平) 씨 등이다.

'공창제도 폐지안(案)'에 대한 의회의 태도는 어떠했을까? 중의원 위원회는 이 안을 다수로 부결시킨 데다가 오히려 "정부는 매소부에 관한 조사회를 설치해 신속하게 그 대책을 수립해야 한다"는 희망 결의를 부대하여 본회의에 보고하였다. 부인의 해방에 관한 중요한 의안으로서 '부인공민권안(案)'은 중의원에서 가결되었지만, 귀족원 본회의에서 120표 차로 당당히 부결되었다.

의회에서 두 안(案)의 운명에 대해 이른바 여론은 다음과 같이 말하고 있다. 폐창안도 그렇고 부인공민권안도 그렇고 각각의 타당성은 우리나라 문화의 정도 내지 사회통념으로 미루어 볼 때 이미 논의의 여지가 없을 터다. 특히 세계 5대국의 하나라 하고 3대국의 하나라고도 하는 우리나라가 일면에서 교육 보급과 높은 문화를 자랑하면서 다른 일면에서는 제국 수도를 비롯한 전국 도처의 중요 도시에서 공공연히 매음 시장을 공인하고도 거리끼지 않는 것은 어떤 관점에서 보더라도 일본 국민의 일대 치욕이자 국민 도덕의 일대 화근이다. 중의원 위원회가 관련 사태조차 이해하지 못하는 것은 그들 '선량(選良)'[22]이 얼마나 시대에 뒤떨어진 집단인지, 현재의 의회정치가 도덕적으로나 사상적으로도 얼마나 저급한지 폭로한다. 또한 귀족원 본회의가 당당하게도 부인공민권안을 부결시킨 것은 현재 의회정치가 국민생활의 동향에 대해 얼마나 무지하고 무관심한지 뒷받침한 또 다른 하나의 적절한 예다. 이른바 부인공민권안이란 그 공민권 행사를 시정촌(市町村)에 국한시킨 지극히 불철저하고도 미온적인 것이 아니든가. 귀족원 여러분들이 보는 바에 따르면, 그렇듯 국한된 공민권의 행사조차도 당대의 일본 부인에게는 시기상조라는 것이다. 이는, 그들이 얼마나 시대에 뒤떨어진 골동품인지 보여 주는 둘도 없는 증거다. 현대의 귀족원을 구성하는 지주와 귀족들의 생활태도, 사상 정도가 이 얼마나 반동적이고 우매한가. 부인공민권안처럼 오로지 시대의 현실에 입각해 판단해야 하는 의안임에도, 정부에서 먼저 보수적 태도로 심의하고 입안하고 중의원 또한 이를 가결한 의안을 귀족원이 독자적 입장에서 일축해 버렸다는 것은 귀족원의 무지한 정도를 폭로한 처사다. 그래서 또 이른바 여론은 말한다. 폐창운동이 앞으로 급속한 진전을 보여 의회가 이를 좋든 싫든 가결하는 것도 그저 시간 문제일 뿐이라고 말이다. 하지만 그렇다 하더라도 20세기도 중반에 다가온 오늘날 비록 앞으로 1년이나 2년일지라도 국민의 반을 점하는

---

22 선택된 뛰어난 인물, 국회의원을 의미한다.

부인 면전에서 매음의 공인을 보게 함은 의회 스스로가 그들의 민주주의적인 외부 장식에 상처를 입히는 것이나 마찬가지다. 매우 드물고 게다가 '모범적'인 우리나라의 공창제도를 조사하기 위해 국제연맹의 위원 일행이 곧 도래한다. 이를 거부할 수는 없을 테지만 이런 사태는 단언컨대 우리 국민의 자존심과 병행될 수 없다. 그런데도 시대를 보지 못하는 정계 사람들은 이런 국가수치(国辱)에 대해서조차 흡사 무감각한 것 같다. 그런 만큼 우리는 폐창운동의 사명이 중대하다고 말하지 않을 수 없다.

또한 일반 부인의 지적 능력은 교육기관의 확충과 맞물려 급속한 진보를 보이고 있다. 그러한 부인의 능력을 조심스럽게나마 정치적으로 행사토록 함은 다가올 부인 참정의 당연한 전제로도 필요하고, 또한 널리 국민 생활이라는 대국적 시각에서 봐도 긴급한 조치임은 말할 것도 없다. 이렇게 잘 보이는 사태조차 인식하지 못하는 데에서 정도를 넘은 귀족원 보수주의의 자멸적 동향을 엿볼 수 있다. 모든 '새로운 사회적 사상적 동향'을 거의 본능적으로 혐오하고 부정하려는 귀족원 다수자는 그렇다 치더라도, 세계의 진운(進運)에 보조를 맞춰 문화적 발전을 이루고자 하는 젊은 사람들은 이러한 보수주의자들의 발호를 용인하고 인내 복종해서는 안 될 것이다.

폐창운동은 남녀평등권이 우리나라에서 특수하게 나타난 한 예다. 설령 부인에게 완전한 공민권이 부여되고 선거권이 부여된다 하더라도 부인의 인육적 매매가 공공연한 제도로 인정되고 있는 사회라면 진정한 부인의 해방이 있을 턱이 없다. 그런데 폐창운동이 현대에서 어떤 의의를 띠고 전개되고 있는가에 대해 폐창동맹이 발족식에서 선언한 바를 한마디로 말하자면, "정조 매매의 공인은 성대(聖代)의 오욕이므로 이를 폐지하라"는 데 그치고 있다. 하지만 문제는 성대의 오욕이라는 형식적 방면에 있지 않다.

만일 의회의 이른바 '선량(選良)'이 다소나마 진보적이어서 폐창 법안이 의회를 통과했다고 치자. 이른바 유곽의 모습은 도시에서 사라질지 몰라도, 드러나지 않는 정조의 매매가 종식하겠는가. 정조 매매를 공인하는 미개한 제도의 폐지는 결국 사창의 활약을 초래할 것이 자명하다. 그것은 공창의 존재를 허용하지 않는 구미 각국 도시에서 사창의 발호를 지적할 것도 없이 그러하다. 지금 도쿄의 공창이 기루에서 쫓겨난다면 그들 수만 명의 매춘부는 대체 무엇으로 생활할 수 있겠는가. 현실적으로 보아 결국 사창이 될 수밖에 없을 것이다.

현대의 폐창운동에는 명백한 한계성이 있다. 결국 공창을 대신해 사창을 하라고 말하는 데에 그친다. 일반적으로 철저하게 정조 매매를 금지하라는 요구는 현대의 폐창운동의 한계 밖에 가로놓여 있다. 정조 매매를 시키지 않기 위해서는 정조를 매매할 수밖에 없도록 만드는 사정의 소멸이 근본적 조건이다. 그 근저를 건드리지 않는 폐창운동은 요컨대 공창을 폐지하라는 말에 그칠 뿐, 여자의 정조 매매의 폐지, 부인의 인격권 확립을 의미하지 않는다.

공창으로 팔려가는 젊은 여자가 있다. 얼마 안 되는 금전으로 수년간 아니 아마도 평생 동안 정조를 조각내서 팔아야 한다는 것은 결코 그녀의 의지로 바라는 바가 아닐 것이다. 이를 강제하는 원인은 달리 있다. 곧 빈궁이다. 그런데 현대 자본주의 사회에서 빈궁은 일반적으로는 결코 개인의 책임이 아니다. 각각 가족의 가난은 일반적으로는 사회의 경제조직 때문에 어쩔 수 없이 겪는 것이다.

모든 문제가 그렇듯 폐창도 결코 그것만 분리할 수 있는 문제가 아니다. 진정한 폐창, 즉 정조 매매의 사회적 강제가 제거되기 위해서는 사회의 경제적 근저에서 혁신이 이루어져야 한다.

현대의 폐창 운동자가 기루의 경영자에게 적일 수는 있겠지만, 여성해방을 위한 진정한 같은 편인지 아닌지는 대단히 의문이다.

일반적으로 부인의 해방은 어떠한 조건 아래 이루어질 수 있을 것인가. 원시시대에 모권이 부권보다 중대성을 지니던 시대를 제외하면 이후의 역사는 여성이 남성에게 지배당해 온 역사다. 남성에 대한 여성의 예종은 남성이 경제적 활동을 하고 여성은 거기서 제외되었다는 사정을 조건으로 삼았다. 경제적 활동을 남성만이 장악한 시대에는 여성해방이 문제시될 수 없다. 그러한 시대의 도덕은 여성이 남성에게 맹종하도록 설파한다. 결혼한 처는 가정의 노비이고, 결혼할 의지 없이 결혼 당한 처는 영구적 매음에 몸을 파는 자와 다름없다. 남자와 여자란 같은 인간일지라도 거기엔 확연한 구별이 있었다.

근세에 들어 처음으로 여성을 남성의 권력에서 해방시켜야 할 사정이 발생했다. 자본주의가 이 역할을 했다. 공장은 남자만으로는 일손이 부족했다. 또한 기계의 발달은 남공을 대신하는 여공을 가능하게 했다.

여자는 게다가 임금도 싸다. 프롤레타리아는 또한 아내나 딸을 공장에서 노역하게 할 만큼 가난하다. 이렇게 해서 여성이 생산 무대와 경제생활로 행진하기 시작했다.

현대에는 여성의 경제생활 진출을 우리 주위의 여기저기서 볼 수 있다. 여자 노동자, 버스의 여자 차장, 숍 걸 등이다. 그리하여 여성도 이제는 점점 경제적 독립을 쟁취해 가고 있다. 아내라는 이유로 남편이 주는 빵을 얻는 굴종에서 해방되어 가고 있다.

미국, 영국, 프랑스, 독일, 기타 구미 국가들, 부르주아 데모크라시가 완성된 국가들에서는 정도의 상이는 있을지언정 부인은 정치적 사회적으로 어느 정도 해방되었다. 그러나 부르주아의 부인

해방운동은 그것이 가장 급진적으로 전개된 프랑스만큼은 아직 가정으로부터 해방시키지 않았다. 그것은 부르주아 데모크라시의 역사적 한계성이다. 부인의 철저한 해방을 위해서 그리고 부인이 가정으로부터 해방되기 위해서는 현재의 가족제도 폐지, 그 근본적 혁신이 조건이 된다. 현대의 가족제도는 사유재산제에 기초해 오랜 전통을 지니고 있으므로, 부인의 해방, 가정으로부터의 해방, 가족제도의 변혁이라는 것은 지극히 근본적인 문제를 의미하게 된다.

그러나 가족제도의 변혁 인자는 이미 프롤레타리아 계급 안에서 싹트고 있다. 프롤레타리아의 가정에서 아내는 육아와 가사에 자기 시간을 쓰지 않는다. 자신도 공장 노동자로서 일하고 있다. 거기서는 실제 가족제도가 붕괴되고 있다.

그러므로 부인의 궁극적 해방은 자본주의에서 다른 사회제도로 전화(転化)하는 과정을 통해 실현될 것이다. 현대의 이른바 부인 운동자(運動者)류의 부인운동은 여성의 궁극적 해방에서는 그다지 큰 의미를 지니지 않는다. 폐창 문제는 부인의 궁극적 해방과 연관되어야만 실제 효과를 지닐 것이고, 착취와 빈곤의 일반적 절멸 없이는 철저하게 이루어질 수 없다. (끝)

18. M. H. 생, 국경의 스트리트 걸(1931. 7. 1.)

M. H. 생, 국경의 스트리트 걸
M. H. 生, 「國境のストリートガール」, 『朝鮮警察新聞』 248, 1931. 7. 1.

　고요하고 고요하게 새하얀 뜬구름은 러시아와 지나(露支)의 국경에 피어오르고, 퍼져 가는 석양은 그로테스크하게 백두 봉우리에 잠기려 한다. 덮쳐 오는 어둠 속에서 악마의 활동이 개시된다. 기계의 움직임, 쇠망치의 움직임, 새카만 노동자의 두 눈동자 안에 뭔가가 구성되고 있는 것이 아닐까? 무산계급의 증가가 나날이 격해지고 레닌주의의 전파는 투쟁을 기뻐하는 청년의 머릿속에 스며든다. 가토 도쓰도(加藤咄堂) 씨가 전 호에 쓴 '청년은 왜 마르크스 사상으로 기우는가'라는 논설을 언급할 것도 없이 명백한 일이 아닐까? 사회과학이 진전함에 따라 고등경찰의 임무는 더욱 중요해져 프롤레타리아 투사에게 추가(サツプリメンタリ[23])의 눈이 번득이고 시크릿 서비스 활동(インテリジェンス[24])이 된다!!
　평화로운 K 마을에도 마침내 이러한 서플리멘터리 활동이 개시될 것이다.
　악마가 미소 짓듯이 전등이 두 개, 세 개 어둠 속에 켜지기 시작한다. 에로틱하게 여름 특유의 여성이 표현하는 아름다운 곡선, 얇은 옷의 가슴 언저리에 고동 하나하나가 뚜렷이 보이는 듯 느껴진다.
　여자는 더더욱 섹스의 발휘를 노골적으로 하며 국경 여성의 첨단을 향하며 활보한다.
　"어머, 잠깐 놀러오세요."
　20관이나 되는 거구를 외투에서 드러내면서 얼룩덜룩 칠한 분도 여름 땀 때문인지 다 벗겨졌다. 야비한 포즈로 매소부 특유의 요부(コゲット[25])를 표현하며 눈동자는 성적 정신 이상을 완전히

23　'보충의, 추가의' 의미를 지닌 Supplementary의 일본어 표기로 보인다.
24　intelligence. 비밀활동. 첩보활동.
25　코케트. coquette. 요부.

말해 주고 있다.

감봉 문제는 작은 K 마을에도 커다란 충격을 주었다. 화류계는 불이 꺼지지 않는다. 그런가 하면 술집[26]의 번창은 명백히 인종적 진리를 말해 주고 있지 않은가?

"저기요 H 씨, 오세요."

"나는 그럴 여윳돈이 없어."

"그래도 저 사람은 기다리는 걸요."

예기의 일류 트릭과 매력은 완전히 나의 콩트를 잡지 못한다.

"매일 밤 바쁠 테지?"

"정말 적적해요. 뻐꾹새나 날릴 정도라니까요. 이번 달엔 60엔밖에 매상을 못 올렸어요."

낡아빠진 벽에 걸린, 때 묻은 에로틱한 그림이 그들의 현재를 말해 주고 있지 않나!! 아라비안나이트 이야기에 나올 법한 분위기(アトモスフィア[27])에 감싸여 룸펜들의 내장을 해부하는 메스를 휘두른다.

"집은 어딘데?"

"저요…. 규슈(九州) 나가사키(長崎)요."

"그 유명한 아마쿠사(天草)의 난이 있었던 곳이군. 당시의 아마쿠사 잔당이 숨었다던 암굴 문(岩戶)을 아시나…."

"저야 모르죠. 조로(女郞)한테 그런 게 뭐가 필요하다고…."

어찌 이리 무지하고, 어찌 이리 무모하며, 이 무슨 야비한 포즈인가. 인텔리젠차 사람들은 그들의 자태에 매료된다고 어느 박사는 말했다.

아마쿠사(天草) 반도를 중심으로 만주와 조선(滿鮮)에서 맞이했다가 약동하는 처녀 무리, 규슈에 도착하는 히로시마의 여자!!

사회는 나날이 노예들을 늘린다. 자본적 투쟁은 계속되면 될수록 5월호의 경무휘보(警務彙報)에 와세다대학교 교수 기타 소이치로(喜多壯一朗) 씨가 「무산계급 격증과 성적 범죄」라는 제목으로 쓴 대로 전개한다.

역경으로 눈물 흘리는 룸펜들은 거액의 빚을 짊어지고 한 토막의 엉터리 신세타령을 늘어놓으

---

26 원문은 가타카나로 수리치비(スリチビ), 곧 술집이라 기재되었다. 사전에는 등재되지 않은 단어이나 한국어 '술집'을 일본식으로 발음한 것으로 보인다.
27 애트머스피어. atmosphere. 분위기.

며 술과 담배와 분(白粉)에 스스로의 몸을 담근다.

"어차피 우리도 언젠가는 하나님의 제재를 받을 날이 오겠죠."

만주와 조선을 떠돌다 온 K코는 혼잣말을 하며 한숨짓는다. 이는 누구의 죄인가, 부모의 죄인가, 사회의 죄인가. 아무것도 모르는 스트리트 걸들이 문화 혜택도 사회 진보도 모른 채 새장 속에서 지저귀는 눈물의 코러스. 사회의 노예로 복종하는 그들에게는 의리도 없고 인정도 없다. 그래도 개중에는 사랑하는 사람(?)에 대한 정진(精進) 때문인지 눈물 흘리는 일도 있으니!!

역경을 겪는 그녀들은 외친다. 그것은 기루 주인(楼主)에 대한 불평의 외침이자 사회에 대한 해방의 외침!!

S부(府) 모 기루의 기생들은 머리를 자르면서까지 기루 주인에게 대항했다. 그 일은 사회의 한 문제로서 사법경찰의 손으로 해결? 아니, 경찰부장에게까지 진정서가 제출되어 지난 봄 3면 기사를 우울하게도 떠들썩하게 했다.

무지 문맹한 룸펜들도 역시 사회 풍파의 자극을 조금씩은 받는다. 한 박사의 논설에서는 폐창 문제를 민법 90조의 "공적 질서 또는 선량한 풍속에 반하는 사항을 목적으로 하는 법률행위는 무효로 한다"는 조항에 의거해 논했다.

신문은 보도하기를, 국제연맹 부녀매매 동양조사원 배스컴 존슨 씨 외 8명이 유럽에서 우리나라로 왔고, 이제 폐창 문제는 사회의 미미한 한 문제가 아니라 세계적인 문제가 되었으며, 도쿄시의 한 기루 주인이 아내에 대한 공양으로 새장의 새를 해방시켰다고 전했다. 얼마나 아름다운 선행인가. 하지만 놓아준 새는 며칠 가지 않아 다시 오독(汚毒)의 사회로 날아들어 왔다고 전해진다. 참으로 얄궂다. 한 번 흐려진 물은 과연 언제까지나 맑아지지 않는다는 말인가!!

방종한 생활에 물든 그녀들, 하물며 조선, 아니 식민지 기풍에 잠겨서 성적(에로) 행위를 하는 스트리트 걸들의 일이다.

서플리멘터리 눈이 번득이면 번득일수록 그들의 수단은 교묘해진다. 현재 원탁 걸, 스틱 걸 등등이 출현함으로써 밤의 쾌락은 그야말로 야호(ウ-ピ-[28]) 그 자체가 아닐까? 사회의 진보는 청년의 마음을 위험지대로 리드한다. 죄악으로, 죄악으로 가는 그것은 아메리카니즘과 통하는 메인스트리트의 소치가 아닐까? 식민지 기분에 물든 야수 같은 남자는 늙으나 젊으나 눈물의 홀에서 성의 향락 애트머스피어에 젖어서 기뻐하고 있다. 하물며 현대적 오락기관이라고는 무엇 하나 없는

---

28   우피. whoopee. 신나서 내는 감탄사.

국경이니 말이다. 사회 문제는 어떻게 해서 그들 룸펜들을 구할 것인가, 그렇지 않다면 멸종시킬 것인가?!!

문득 창밖을 보면 맑디맑은 여름 달이 조용히 지상을 비춘다. 사회는 모두 나처럼 무정한 법이라고 달이 내게 속삭이는 듯하다.

"또 오세요, 가까운 시일 내예요."

그 말이 악마의 미소처럼 느껴져 등에 찬물이라도 끼얹은 것 같은 기분이 든다. 과연 현재를 이해하고 여자를 구하려는 자가 몇이나 될 것인가.

하숙집 방 하나에 돌아와서 보니, 공교롭게도 룸펜들에게서 온 눈물의 레터가 쓸쓸하게 놓여 있었다. 전등은 적막하게 나의 프로필을 비춘다.

4천 년 전 성인 공자는 "여자와 소인은 키우기 어렵다"고 말씀하셨다. 모던걸!! 모던걸!! 새로운 여성이 직업전선의 제일선에 서서 플래퍼(フラッパー[29]) 모습을 드러내면 드러낼수록 그 이면의 성적 범죄사(犯罪史)가 어떻게 발전하는지, 식민지에서도 마침내 새로운 여성의 진출을 보게 될 것이다. 서플리멘터리 분들이 한 번 생각해 보시기를!! 무수한 별은 무정한 달을 돌면서 빛나고 있다. 데스크 위에 핀 작약 꽃향기에 마음 이끌리면서 내려앉는 흰 이슬을 닦는다.

6. 15.

---

[29] 플래퍼. flapper. 말괄량이. 왈가닥.

19. 오히라 히사마쓰, 카페와 음식점 영업의 여급·고용녀와 보안 단속(1931. 7. 1.)

본정서 보안주임 오히라 히사마쓰,
카페와 음식점 영업의 여급·고용녀와 보안 단속
本町署保安主任 大平久松,「カフェー及飲食店營業の女給·雇女と保安取締」,
『朝鮮警察新聞』248, 1931. 7. 1.

    단순히 접객업자의 고용녀(雇女)라고 말해도 그 종류는 여러 가지여서 실로 많다. 밖으로 드러나게 시대를 따라가는 카페의 여급이 있고, 또한 단순한 식당 종류의 음식점 영업을 주체로 하는 쪽에 있는 고용녀, 또는 보통 애매옥(曖昧屋)으로 불리며 소위 음식점 영업을 표방하지만 어쨌거나 그다지 좋게 보기는 어려운 방면에 고용된 여자들도 있다. 그리하여 그들은 영업 종류의 차이에 따라 각각 독특한 이색을 지니고 있다.
    현재 본정(本町)서 관내의 접객업자 고용녀는 전부 이들 종류를 포함하고 있어 보안 단속 차원에서 상당히 어려운 대상으로 보이는데, 그들이 접객을 주체로 하는 공중 본위의 영업자라는 관계 때문에 특히 진중한 단속을 필요로 한다. 특히 위생적 의미에서 이들 고용녀와 여급들의 건강 상태는 여러 의미에서 영향을 미치는 바가 많으므로 본정서로서도 매우 긴장된 태도를 취하고 있다. 그래서 식당, 메밀국수집, 음식점의 고용녀는 6월 16일 그리고 카페의 여급, 요리옥의 나카이(仲居), 여관의 조츄(女中) 등은 6월 20일과 22일 양일이라는 식으로 일할로 나누어 각각 엄중한 건강 진단을 해보니, 그 결과는 상상보다 매우 좋은 편이었다. 그러나 그들의 영업이 영업이니만큼 다소 질병을 지닌 자가 있음은 차제에 피할 수 없는 문제여서, 이들에 대해서는 계속 앞으로 주의시키는 수밖에 없다.
    또한 보안 단속 면에서 접객업자가 고용녀에 대해 만전을 기해야 할 선후책에서는 당국으로서 여러모로 유의하면서 근본적으로 폐해를 일소하고자 힘쓰고 있다. 곧 원칙으로서 보통 시대적 산물의 하나인 카페에 대하여 지금까지 있는 여러 폐해를 감안해 다타미(畳)를 깐 방을 일체 철폐하고 대신 테이블석을 장려한다. 그곳에 고용된 여급도 수를 어느 정도 제한함으로써 가령 5개의 테이블에 대하여 서비스하는 여급은 두 사람까지라는 표준 규정 아래 카페 자체의 크기와 비례하는 정도에서 무턱대고 많은 여급을 두지 않도록 엄중히 단속하고 있다. 다음으로 최근 눈에 띄게 증가 경향을 보이는 식당 같은 것인데, 대체로 이 종류의 영업은 여자를 두지 않는 것을 원칙으로 하고 있지만, 영업에 필요를 느끼는 정도 내에 폐해가 없는 범위에서 한 집당 두 사람꼴로 고용녀를 두어도 무방하도록 했다. 그리고 초음정(初音町), 병목정(並木町) 부근을 지반으로 삼고 보통 애매옥(曖昧屋)이라 불리는 음식점에 대해서는 원칙적으로 한 집당 3명꼴로 고용녀를 두어도 무방하도록 인정하고 있다.

 그러나 왕왕 세상이라는 것이 그리 단순하게 자로 잰 듯이 돌아가지만은 않는 법이어서, 요즈음처럼 재계가 불황이고 영업이 시원찮아지면 거기에 여러 행위를 부리는 곳이 나와, 자연히 예상외로 각종 폐해가 생겨나게 마련이다. 이 점이야말로 경찰 당국이 보안 단속 면에 가장 어려움을 겪게 되고, 또한 가장 노력을 기울여야 하는 점이다. 가령 카페의 여급 등은 전술했듯이 하나의 점포에 대해 여급을 두는 인원수를 원칙적으로 제한하고 있음에도 불구하고, 사실은 종종 위반자가 나오니 유감스럽다. 그 원인을 보아 하니, 불경기 때문에 여급 자체가 생활 면에서 여러 타격을 입고 있어서, 같은 카페라도 비교적 경기가 좋고 평판도 좋은 곳을 물색해 전전하게 되므로, 요컨대 끊임없이 부동성(浮動性)을 지니고 있다는 데 기인한다. 어쩌다가 어느 한 점포에 여급이 몰려 있을 때 경찰 눈에 발견당하게 되는 셈이니, 가령 영업에 부득이 한 것이라 하더라도 그런 경우 단속에서 가장 난처하다. 그리고 이들 카페의 영업은 물론 일반적 의미의 보통 접객업자도, 경찰범단속규칙에 의거해 오전 1시까지를 영업 시간으로 규정하고 있음에도 불구하고, 이 또한 장소에 따라서는 좀처럼 실행되고 있지 않다. 특히 카페의 어느 일부는 너무도 심해서, 아무렇지도 않게 오전 1시를 넘기는 경우가 많은 것 같다. 그러나 경찰 당국으로서는 단속의 정신에 준거하여 발견하는 즉시 엄중하게 단속하고 있다. 이것도 깊이 따져 보자면, 그러한 위반자가 나오게 되는 일면에는 그들 세상에서 약점인 접객업자의 비애로서 어디까지나 손님을 중시해야 하는 입장이다 보니, 죄의 태반은 절도가 없는 손님에게 있다고밖에 볼 수 없는 경우가 많다. 곧 카페 영업자로서 오전 1시가 되어 가게를 닫는 시간이 됐음을 잘 알고 있더라도, 고주망태가 되어 곯아떨어진 일부 칠칠치 못한 손님은 무턱대고 죽치고 앉아 쉽게 가게를 떠나려 하지 않는다. 그렇다고 해서 카페 측이 손님을 몰아세우며 빨리 돌아가라고 말할 수는 없는 입장이다. 따라서 시간이 지나는 것을 뻔히 보면서도 규정 시간을 넘기게 된다. 이에 당국은 그런 폐해를 제거하고 일면 그 종류 영업의 정화를 꾀한다는 의미에서 적극적으로 단속 방침을 세우기로 했다. 규정 시간이 지날 때까지 영업하면서 만일 위와 같이 엉덩이가 무거운 손님이 있을 때는 가능한 한 타일러서 빨리 돌아가게 하고, 아무리 말해도 듣지 않을 때는 단호한 처치를 취해서 보호검속이란 의미에서 신병을 검속해도 무방하도록 했다.

그리고 카페를 중심으로 한 폐해로서 요즈음처럼 여름이 찾아오면 겨울과 달리 만사 개방주의가 된다. 따라서 카페 안에서 노래하는 여러 외설스런 유행가와 어수선하고 떠들썩한 목소리는 활짝 열린 창을 통해 그대로 거리에 흘러나온다. 풍기 차원에서 그런 경우는 일정 한도의 단속을 필요로 한다. 게다가 그 때문에 근린의 안면을 방해한다면 더더욱 그렇다. 안면방해로 인한 일반의 민폐는 가장 심한 듯해서, 그런 민폐를 견디다 못한 일부 민간이 때로 투서를 보내오기도 하고, 혹은 본인이 어쩔 수 없이 출두해서 민폐를 호소하며 카페의 엄중한 단속을 바라고 있을 정도니, 이로 인해 근린에서 입는 민폐가 얼마나 큰지 상상하기 어렵지 않다. 그런 경우는 공중의 생활을 보장하는 차원에서 엄중히 단속하도록 하고 있다. 다음으로 마찬가지 카페의 폐해 중 하나인데, 어떤 종류의 카페에 따라서는 이른바 통근 여급이라는 것이 있다. 이 부류 여자들 중 단속의 눈을 피해 풍기상 좋지 않은 일을 하는 자가 일부에 있다고 하는데, 이들도 적극 단속할 방침이다. 그리고 카페 여급이 손님과 함께 함부로 외출하거나 또는 외박하는 일은 단속법규에서 엄하게 금하고 있음에도 불구하고, 그런 일이 쉽게 없어지지 않는 경향이 있다. 이들 불량 여급은 교묘하게 택시 편을 빌려 손님과 동반해서 외출하는 모양인데, 그런 자들은 상용 수단으로 걸핏하면 사람 눈에 띄지 않는 변두리 마치아이(待合) 부근에 자리 잡는 수법을 쓰니, 풍기 면에 끼치는 폐해가 확실히 감소하지 않는다. 이들에 대해서도 적극 단속이 필요함을 인정하고 있다.

다음으로 보안 단속에서 제일 성가신 것은 소위 애매옥(曖昧屋) 부류에 속하는 정체 모를 음식점 영업자. 이들은 단속할 때 한 집 당 3명까지는 여자를 두어도 무방하게 되어 있다. 그러나 그들은 많은 수입을 원하므로 풍기 차원에서 허용하기 어려운 각종 폐해를 낳고 있다. 이는 넓은 의미에서 현재 사회 상태로 미루어 보아 그저 그들을 엄중히 단속하는 것만으로는 도저히 대책이 확보되었다고 말할 수 없다. 곧 관헌의 힘을 빌려 무이해하게 그저 엄중히 단속을 가하기만 한다면, 그들은 반드시 잠행해서 틀림없이 다시 폐해를 낳을 것이다. 그리고 이로 인한 사회적 폐해는 더욱 증대할 것이다. 따라서 그들에 대해서는 사회 정책적 의미에서 가능한 한 단속의 정신에 반하지 않는 정도에서 절도 있는 단속을 시행하고, 그들에게는 그들 나름의 살 길을 주어 표면에 나타나는 폐해 중 가장 큰 점만을 단속할 수밖에 없다고 생각한다. 이러한 견해에 바탕을 두고 그들에게 엄밀한 주의를 줘서 고용녀 등이 어두운 거리에 나가 길을 가는 통행인의 옷자락을 잡아당긴다든가 또는 강제로 끌어들이는 불편한 일을 단단히 금지하고 단호하게 처치하기로 하였다.

일면에서 볼 때 그런 자들을 엄중히 단속한다면 그들의 영업에 지장을 주는 것처럼 보이겠지만, 사실은 그렇지 않다. 생각이 있는 손님은 잡아당기지 않아도 들어가게 되어 있다. 또한 생각이 없는 사람은 아무리 강하게 청해 봐야 좀처럼 들어가지 않는다. 그럼에도 잡아당기면 들어가겠지라고 생각해서 보기 불편한 각종 행동을 하고, 게다가 거리 한가운데서 풍기상 바람직하지 않은 행동으로 사회에 많은 폐해를 낳는다면 단속 차원에서 도저히 묵인할 수는 없다.

아무튼 오늘날의 일반적 보안 단속은 많은 사회성을 수반할 뿐만 아니라, 넓은 의미의 사회 정책적 입장에서 가장 빈틈없는 태도를 요한다. 그러나 한쪽으로 빠지지 않으면서 무엇보다도 공정함을 기하기 위해서는 다분히 사회개량가(社会改良家)적인 신중한 대책이 필요하므로 실제로는 적지 않은 고충을 수반한다고 느끼고 있다.

20. 가와사키 나쓰코, 폐창운동과 나의 견해(1931. 7. 1.)

가와사키 나쓰코, 폐창운동과 나의 견해
河崎夏子, 「廢娼運動と私の見方」, 『朝鮮警察新聞』 248, 1931. 7. 1.

【1】

공창은 왜 폐기해야 하는가? 혹자는 '인신매매는 나쁘다'고 말한다. 그러나 지금의 세상에서 인신을 매매하지 않는 자가 몇 명이나 있을까. 어떤 경우에는 일급, 또는 월급 혹은 연봉으로라도 말이다. 또 다른 자는 '공창제도는 자유를 속박한다'고 말한다. 그러나 세상에서 자유를 속박당하고 있지 않은 자가 몇 명이나 있을까.

【2】

그러니 만일 인신매매가 나쁘다고 말하려면, 또한 자유 속박이 나쁘다고 말하려면, 지금의 사회 전체를 부정해야 할 것으로 보이지만 인도적 입장에서 제언하는 사람들에게 그럴 용기가 있을까.

【3】

우리는 이런 제언을 내놓기 전에 좀 더 현실적 입장에서 공창제도를 폐기하고 싶다. 공창제도에서 볼 수 있는 인신매매의 성질이 봉건적이기 때문이다. 자기 의지로 자기 노동을 파는 것이 아니라 가족제도에 희생된 경우가 많다는 점을 말하고 싶다. 부모의 어려운 처지를 구하기 위해 딸이 나선 것이 아니라 부모가 자기 딸을 팔아 버린 경우가 그 일례다.

【4】

거기에 더해 제도로서의 구태가 있다. 이 구태는 봉건제도와 가족제도의 결과로 나온 것일 뿐 아무런 근대적 의의를 지니지 않는다. 오늘날도 여전히 수많은 봉건적 유물이 존재하겠지만 공창제도 등은 가장 완전하게 그 잔해를 떠안은 것이라 하지 않을 수 없다.

【5】

공창을 폐기해도 창부(娼婦)는 사라지지 않을 것이다. 다만 근대적 형식으로 재생될 뿐이다. 바꿔 말하면 자본주의적 형식(임금노예)으로 재생될 뿐이고, 낡은 것이 새롭게, 봉건적인 것이 자본주의적으로 나아갈 뿐이다. 그 점만으로도 사회진화 과정으로서 크게 환영해야 할 테지만, 낡은 부스럼이 떨어졌다 해서 그것을 이상적 형식이라고는 물론 말할 수 없다.

21. 히토스기 도헤이, 사회 풍기와 에로·그로 단속(1931. 10. 1.)

경기도 보안과장 히토스기 도헤이, 사회 풍기와 에로·그로 단속
京畿道保安課長 一杉藤平,「社會の風紀とエロ·グロ取締」,
『朝鮮警察新聞』254, 1931. 10. 1.

근래 경성에는 도시의 발전과 더불어 카페와 음식점 등이 대단히 증가하여 차츰 각종 폐해를 인지할 수 있게 되었기 때문에 당국은 사회 풍습교화 차원에서 종래의 풍기 단속을 한층 엄중히 하고 근본적으로 여러 폐해를 일소하기로 결정했다.

이는 지난번에 열린 부(府) 내 각 경찰서의 보안주임회의 석상에서 여러모로 상의한 결과 결정한 것인데 앞으로 여러 좋은 결과를 거두리라 생각한다. 아무리 풍기 단속이라지만 상대는 손님을 상대하는 장사에 주안을 두는 접객업자이므로, 너무 범위를 벗어나 무턱대고 단속하면 오히려 도리에 안 맞을 테니 그 부분은 신중히 생각해 단속의 정당성이 결여되지 않도록 주의하면서 해나가려 한다.

그리고 단속은 주로 카페와 음식점 자체의 설비와 아울러 그곳에 고용된 여급과 고용녀 등의 고객 서비스에 중점을 둔다. 만일 사회 풍교(風敎) 차원에서 바람직하지 않은 이른바 외설적이고 성적 엽기적(에로·그로)이어서 차마 눈뜨고 볼 수 없는 행위가 있을 때는 단연코 엄중한 단속을 실행하기로 했다. 하지만 카페나 음식점 내부에서 이뤄지는 행위에 대해서는 특별히 심한 경우가 아닌 한 어느 정도까지는 묵인할 수밖에 없다. 그러니 경찰의 풍기 단속은 주로 밖에서 이뤄지는 불합리한 행위만을 단속할 수밖에 없는 셈이다.

그리고 내부 설비라 하더라도 거기엔 기본적인 여러 종류가 있으므로 이 또한 신중하게 단속할 필요가 인정되는데, 대체로 주안점은 채광 처치와 기타에 둔다. 특히 채광 처치의 경우 밤에 불빛을 어느 정도까지 밝힌다는 식으로 다소 전문적인 영역을 포괄하므로 이에 대해서는 더욱 신중히 조사하고 있다. 그리고 카페나 음식점의 여급과 고용녀의 제한, 영업 시간 등에 대해서도 진작부터 결정해 놓았지만, 시일이 경과함에 따라 언제부터인가 흐트러진 상태이므로, 이런 점들에 대해서도 단연코 이미 정해진 방침에 따라 엄중하게 단속하기로 하였다.

그 외에 부(府) 내에 점차 수가 늘기 시작한 마작 클럽에 대해서도 풍기상 엄중한 단속의 필요성을 인정하고 단속 방법에 대해 여러모로 생각하고 있다. 아무튼 마작 클럽은 대단히 늘어났다. 따라서 각종 폐해를 낳고 있다. 특히 고려가 필요한 문제는 이렇게 수가 늘다 보면 동업자 간 세력 경쟁이 피할 수 없는 문제로 대두된다는 점이며 재계가 불황인 이즈음의 경영에서 대단한 고통을 호소하고 있음은 사실인 듯하다. 이에 최근의 보안주임회의에서도 각종 협의로 다뤄졌다. 일간지의 어떤 일부는 앞으로 개업 신청을 내는 신규 마작 클럽에 대해서는 절대로 허가하지 않아야 한다고 쓰고 있지만 아직 거기까지는 이르지 않았다. 다만 당국의 방침으로서 앞으로 개업을 신청하는 마작 클럽은 가능한 한 허용하지 않겠다고 생각하는 데 그치고 있다.

마지막으로 부 내의 교통 정리는 이제 철저히 시행하면서 한편에서 교통 관념 보급에 힘써 도시교통의 안전을 기하고자 하는데, 그 방책의 하나로서 널리 영화 각본을 현상 모집하기로 했다. 이는 누구나 응모할 수 있게 돼 있으니 분명 뛰어난 작품도 많이 나오리라 생각한다. 그리하여 응모 각본을 각각 엄선해 입선한 각본은 특히 영화화해서 널리 교통 선전의 자료로 이용함으로써 자칫 잊기 십상인 교통 관념을 환기하기 위해 크게 힘쓰려 한다.

22. 카페에 대하여 11개조를 시달(1931. 10. 1.)

카페에 대하여 11개조를 시달
「カフェーに対して十一ヶ條のお達し」, 『朝鮮警察新聞』 254, 1931. 10. 1.

경성의 카페는 눈부신 설비와 웨이트리스의 아름다운 차림 그리고 도쿄식이니 오사카식이니 말하는 요란한 서비스로 손님을 끌어들이고 있다. 그러고는 도발적인 에로 행위로 여자에게 무른 자들을 우쭐하게 만들고 음탕한 파란 등, 붉은 등 아래에서 재즈 가락에 춤추게 만드는 것이 고객을 흡수하는 최상의 방법이라 여기고 있다. 하지만 이러다가는 세간의 풍기가 문란해지고 각 카페는 경쟁적 경영에 빠져 결국 극단적인 에로 서비스로 손님을 현혹해 옆길로 새게 만들 테니, 이를 관계 분야에서 고민한 끝에 뭔가 단속규칙을 마련해야 한다고 궁리하던 중, 이번에 도(道) 보안과가 다음과 같은 시달을 부 내 각 서에 전달하고 이 단속을 위반하는 자는 적극 처벌하기로 했다. 이로써 지금까지 스페셜 룸의 어두운 그늘에서 책동하던 손님들은 일대 공황을 맞을 것으로 보인다.

一. 영업소의 외부 장식을 지나치게 화려하게 함으로써 통행자에게 불쾌감을 주는 일이 없게 할 것
二. 영업소 내부는 백색 등을 사용해 쉽게 신문을 읽을 수 있을 정도의 밝기를 유지하고 유색등 사용은 가능한 한 삼가도록 할 것
三. '박스'의 한쪽은 광장(홀)에서 들여다볼 수 있도록 개방시킬 것
四. 혼합석 이외에 특별실을 마련하지 못하게 할 것. 단, 이미 마련되어 있는 것에 대해서는 외부로부터 쉽게 들여다볼 수 있도록 한쪽을 개방시킬 것
五. 큰소리의 축음기는 오후 11시까지만 사용케 하고 도로를 향해 소리를 내지 못하게 할 것
六. 영업 시간은 특수 지역을 제외하고 그 외는 야간 오전 1시를 넘지 못하게 할 것
七. 여급을 고용한 경우는 그 신고서를 본인에게 지참시키고, 전직(前職) 및 여급이 되려는 동기, 교육 정도, 전차의 유무 등을 상세히 청취해 두었다가 단속의 참고로 활용할 것

八. 여급은 남편 또는 부형의 슬하에서 통근하는 자를 제외하고 그외는 영업소 가옥 내에 합숙시킬 것

九. 여급이 받는 팁(祝儀)은 전부 본인의 소득으로 삼고, 손님의 음식대, 기물 파손 등에 대한 배상 출비, 기타 명의 여하를 불문하고 여급이 금전적으로 부담 짓지 않도록 할 것

十. 여급에게 의류 구입을 강제하지 않을 것

十一. 영업 중 홀에서 여급으로 하여금 댄스 및 추잡한 행위를 시키지 않을 것

23. 고마쓰 간비, 카페 단속과 외국인 여급 문제(1931. 11. 1.)

본정경찰서장 고마쓰 간비, 카페 단속과 외국인 여급 문제
本町警察署長 小松寛美,「カフェー取締と外国人女結題」,
『朝鮮警察新聞』 256, 1931. 11. 1.

근래 경성에는 카페가 대단히 번성하고 있고 그 대부분이 본정경찰서 관내에 있어 이에 따른 단속 문제도 상당히 중대해졌다.

앞으로는 한층 엄중하게 단속하고 풍교 차원에서 인정되는 폐해를 근본적으로 제거하기로 했는데 그 골자는 지금까지 실시해 온 단속 대상과 비교하면 그다지 바뀌지는 않았다. 다만 단속 방침 중 일부 바뀐 점이 있다면, 어느 카페에나 있을 법한 화려하게 꾸며 놓은 장식 그리고 또 하나 안내 조명이 몹시 어두워 여러 폐해가 인정되므로, 이 점들에 대해 앞으로 개선책을 촉진해야 할 필요가 있으므로 특히 엄중하게 단속하고 싶다는 점뿐이다.

마지막으로 일반 카페 당사자에게도 가장 주의를 환기시키고 싶은 것은 당면한 풍기 문제로서 일반 카페에서는 외국인 여급 고용을 허용하지 않는 점과 관련해 특별히 당국의 뜻을 수용해 주기 바란다는 점이다. 이 문제는 사안이 민족 문제에 관련되는 중대 사항이어서 이전부터 여하튼 일반 주의를 끌어온 것 같기도 하지만, 내용을 냉철하게 따져 보면 의외로 그다지 일반의 주의를 끌 만한 문제도 아니다.

대체로 일반 카페에서 외국인 여성을 여급으로 고용할 수 없는 이유에 대해서는 새삼스러울 것도 없이 경찰단속규칙의 한 항목으로 이미 이전 시대부터 버젓하게 제정해 놓았다. 그 규칙이란 1923년 1월에 발표된 다음 조문이다.

△ 외국인의 예창기작부의 신청(出願)에 관한 건[1923, 일경보(一京保) 285]
제목과 관련해 외국인 및 지나인이면서 예창기 또는 작부의 허가를 신청하고자 하는 자가 있는 경우

어떻게 처치할 것인가에 관해 본정경찰서장의 전화 문의가 있었다. 이 자들에 대한 영업을 승인할 때는 장래에 현저하게 추업부를 도래하게 만들어 풍속 단속에 적잖은 폐해를 조장할 우려가 있어 몹시 걱정되므로 현재 영업을 허가해 준 자는 그대로 방임해도 무방하지만, 신규 신청은 절대로 허가하지 않을 방침이니, 이러한 마음가짐으로 취급해야 한다.

이 조문 안에 있는 작부란 요리옥 및 음식점 등에 고용된 여자를 말하며, 사안이 풍기 차원에 직접적으로 관계가 있는 접객업자 일인 만큼 당국의 단속에서 특히나 심심한 주의를 기울이고 있음은 새삼스럽지 않다. 따라서 처음부터 이들 외국인 여급을 고용하려는 카페에 대해서는 각각에 대한 당국의 단속 방침은 물론 카페 영업자로서 영업할 때 가장 필요한 각종 주의사항을 미리 전달하기로 되어 있다. 지난번 일본정(日本町)경찰서 관내의 카페 미인좌(美人座)와 카페 아리랑에서 외국인 여급을 고용하려 했을 때도 종래의 관례에 따라 이 방침을 답습하여 단속규칙에 따라 일체 허가가 불가능하다고 특별히 전달해 놓았을 터임에도 불구하고 이들 두 카페 영업자는 애써 전한 당국의 의향을 무시하고 외국인 여급을 그냥 멋대로 고용하여 오늘에 이르기까지 계속 사용하고 있었다.

해당 외국인 여급이란 미인좌의 러시아인 마리아니와 아리랑의 독일인 나나, 곧 야나기자와 교코(柳澤京子), 이 두 사람이다. 후자의 나나, 곧 야나기자와 교코는 이미 오랫동안 일본에 거주한 귀화인이다. 당국이 이들 외국인 여급 고용을 법규의 규정에 따라 인정하지 않기로 하고 폐업시킨 일에 대해 조금은 일반인의 주목을 끈 것으로 보이는데, 이는 후자의 나나=야나기자와 교코가 일본에 귀화한 외국인계 일본인이라는 점이 흥미를 끌었던 모양이다. 하지만 그런 것은 대국적 견지를 무시하고 그저 형식상의 작은 일에만 착안한 잘못된 견해이고, 당국 입장에서는 그저 당연히 해야 할 일을 했을 뿐 거기엔 아무런 이상한 점이 없다. 아무래도 비전문가적 생각으로는 그 여성이 일본으로 귀화한 일본인인데 그의 전신(前身)으로 거슬러 올라가 외국인으로 취급한다는 점에 다소 기이한 감을 느낄 수도 있겠다. 하지만 사회 풍교에 중대 문제인 풍기 단속이라는 견지에서 보자면, 언뜻 보아도 분명히 알 수 있는 외국인, 게다가 철저히 전통을 달리 하는 서양 여자를 그저 절차상 귀화인이 됐다고 해서 그대로 일반 일본인 여급과 동일시하기는 어려운 문제다.

단순히 풍속이라는 견해를 보더라도 서양인은 동양인의 인습적 부분과 달라서 모든 습관이 개방적인 데다가 심한 경우에는 남녀 간의 입맞춤이나 포옹 등도 태연히 허용한다. 그러나 그러한 남녀 간 입맞춤과 포옹은 일본의 도덕에서는 미풍양속을 해치므로 일체 허용하지 않는다는 점은 누구나 아는 바다. 그런데 보통 일반 카페 여급을 대상으로 허용할 수 없는 사항이라고 단속 방침의 하나로 전달해 놓았음에도 불구하고 그저 귀화한 외국인이라 해서 그 사람만 제외하고 별개로 취급한다면, 이는 단속규칙 정신을 냉정하게 생각할 때 도저히 불합리하다고 누구나 알 수 있을 테고, 쉽게 이해받을 수 있는 일도 아닐 것이다. 이런 성질의 문제는 앞으로도 일어날 것이라 생각하지만, 당국의 의향은 단속규칙이 마련돼 있는 한 언제까지나 변함없으리라고 명언해도 좋을 것이다. 게다가 이 단속규칙은 조문을 봐도 알 수 있듯이 1923년 본정경찰서가 상사 당국에 직접 문의를 올려서 구체적으로 마련한 규칙이란 점을 생각할 때 더욱 엄중히 단속할 책임이 있다고 인정된다.

또한 이야기를 앞으로 되돌리자면, 이외에도 일반 카페 모두 굳이 화려한 장식을 꾸미고 조명을 어둡게 해서 풍기상 해독을 퍼뜨리고 있는데, 이런 일은 앞으로 철저히 개선의 내실을 기하기 위해 엄중히 단속할 방침이다. 원래 일반 접객업은 많은 고객을 대상으로 삼으므로 특별히 유의해서 당국의 단속 방침을 잘 준수하고 만사에 유감이 없도록 기해야 할 책임이 있다. 그럼에도 불구하고 일부 해당 업자 중에는 무분별한 자가 있어 모처럼 당국이 뜻한 바를 무시하는 감이 왕왕 있으니 참으로 유감스럽다.

24. 구사카 이와오, 국제연맹에서 매음 문제 (상)·(하)(1931. 12. 15.; 1932. 1. 15.)

경시청 풍기계장 구사카 이와오, 국제연맹에서 매음 문제 (상)
警視廳風紀係長 日下嚴,「國際聯盟に於ける賣淫問題」,
『朝鮮警察新聞』259, 1931. 12. 15.

"매음은 가장 오래된 직업이며 영원히 끊이지 않을 직업"이라고 설파하는 견해에서 보듯이 동서고금을 불문하고 역사적으로나 현실적으로도 고민스러운 문제다. 특히 요즘처럼 경제, 사상, 도덕관념에 심상찮은 변혁이 초래되고 있는 시기에는 한층 박차를 가한 것처럼 세간의 이목을 끈다. 오늘날 지식 계급을 독자층으로 하는 고급 잡지가 매호 이러한 종류의 제재를 싣지 않을 수 없는 것도 결국은 그 하나의 부분이다. 근대의 국제적 교섭이 군사, 과학, 경제에서 남다른 활약을 통해 계속 이뤄지고 있지만, 풍속 차원의 세계적 국제 문제는 이제 최근 들어서야 대두한 양상이다. 따라서 일반인은 다른 나라 사정을 소상히 알지 못함은 물론이거니와 국내에서조차 하나의 국부적 실정밖에 알지 못하는 경우가 보통이다. 그중에서도 특히 옛 관념에 사로잡혀 있는 사람들은 아직도 일본의 처녀 무리(娘子軍)만이 세계 각지에 만연하고 있는 특유의 것인 양 착각하고 있다. 종래에도 결코 일본 처녀(娘)만이 세계를 무대로 삼은 것도 아니었고, 사람들은 그저 시야가 좁아서 구미의 내막을 알지 못했을 뿐이다. '후지산'과 함께 '게이샤', '요시와라(吉原)'가 세계적 통용어가 되었다 하더라도, 우리 스스로 굴욕감을 느끼고 타국보다 매우 열등한 존재처럼 몹시 분개하는 것은 잘못된 생각이다. 이는 지난 번 국제연맹의 동양 시찰원이 일본 여자 아동의 국제매매 해외 돈벌이 상황과 관련해 우리 관헌의 감시가 엄중해서 타국에 비해 양호한 성과를 거두고 있음에 오히려 주목한 데서도 알 수 있다.

국제연맹 부인아동매매위원회의 동양시찰원의 조선 방문을 '빛의 사절'로 보고 지금 당장 세계 공창 폐지가 즉시 실행되기라도 할 것처럼 여기기도 했지만, 일은 결코 그리 간단하지 않다. 연맹 위원회에서 공창 폐지의 가부에 대한 논의가 들끓기도 했지만 이에 관해서 결정된 안건은 아무것도 없다.

위원회는 지금 어떤 일에 착수하고 있는가 하면 국제적으로 부인아동매매 거래가 이뤄지고 있는 폐해를 근절하고 방지하기 위한 노력을 기울이고 있다. 물론 공창제도 내지는 사창굴의 존재가 직간접으로 여기에 밀접한 관계를 지니고 있으니, 한 발 더 나아가 매음 문제의 근본적 해결을 서둘러야 한다. 하지만 이는 장래를 기다리고 바라는 바이지, 현재 각국의 정세를 바탕으로 고찰할 때 거기까지 도달하려면 아직도 상당한 시일이 필요하다고 생각해야 할 것이다. 한편 국제연맹에서 위원회의 역사적 경과의 한 부분을 서술해 참고로 제공하고자 한다. 예로부터 지중해 연안 지방의 해적선은 백인 여자를 유괴해 아시아, 아프리카 지방의 존장(尊長)에게 팔아넘겼기 때문에 각국은 그 폐해를 고민해 왔다. 그러다가 백 년 전쯤 영불 함대의 활동으로 점차 감소하기는 했지만, 유럽 밖으로 거래되는 자가 다수 있을 뿐 아니라, 유럽 자체가 다수의 나라들이 지리적으로 인접하고 있기 때문에 국제적으로 매음부의 이동이나 거래가 쉽게 이루어졌다. 따라서 자국에서만 단속을 엄하게 해도 효과가 옅다 보니 아무래도 각국의 협조 없이는 철저를 기하기 어렵다는 필요에 내몰려, 1875년 이래 사적 단체의 관련 운동이 점차 발전해 공적 활동이 되었고, 1904년 5월 18일 파리에서 유럽 12개국이 '추행을 행하기 위한 부녀매매 단속에 관한 국제협정'을 체결하였다. 이 조약은 9개 조문으로 규정되었는데 그 요지는 "미성년의 부녀 그리고 능욕 또는 강제당한 성년 부녀를 위해서, 백인 노예(白奴) 매매라는 명칭으로 알려진 범죄 매매에 대한 효과적 보호를 확보하고자, 위 목적을 달성하기 위해 조치를 통일하는 감시연락, 보호" 등을 규정하였다. 또한 1910년 제2회 파리회의에서 13개국이 조약을 체결하였다. 이것이 현재 활동하고 있는 국제연맹의 기본 규약으로서 특히 중요하다. 그 전문은 12조로 구성되는데 제1조에서 "누구를 불문하고 타인의 정욕을 만족시키기 위해 추행을 목적으로 미성년자 부녀를 권유하고 유인하거나 꾀어 낸(拐出) 자는 본인의 승낙을 얻은 때라 할지라도, 그리고 위 범죄의 구성 요소를 달리 하는 나라에 걸쳐 수행된 때라 할지라도, 처벌되어야 한다"고 하였고, 제2조에서 "추행을 목적으로 사기에 의해 또는 폭행, 협박, 권력남용, 기타 일체의 강제 수단을 통해, 성년 부녀를 권유하고 유인하거나 또는 꾀어낸 자"를 벌한다고 규정하고 있다. 그리고 여기서 성년이라는 말을 만 20세 이상이라 규정하고 있다(후에 국제연맹에서 21세로 끌어올림. 단 18세 이상을 성년이라 하는 유보 조건을 둠. 주 : 현행 창기 등록 연령은 18세 이상). 또한 각종 세부 항목을 규정함으로써 백인 노예(白奴) 매매 금지를 가장 유효하게 만드는 조약이 확연히 마련된 셈이다. 그런데 1914년 유럽대전이 개시되는 바람에 이 운동은 일시적으로 저지당했다. 그러나 전후 경제적 위협, 질서문란, 풍기 퇴폐가 이어지면서 이런 종류의 부녀 구제에 특히 한층 통절한 필요를 느끼게 되었기 때문에 1920년 12월 15일 국제연맹 제1회 총회는 부인 및 아동 매매에 대해 폐멸을 기하기 위해 오늘날까지 각국이 취하고 있는 입법적 조치가 어떠한지 그리고 장래 취하려는 조치가 어떠한지에 대한 질문을 각국 정부에 제출했다. 이에 기초해 1921년 6월 30일부터 7월 5일까지 제네바에서 연맹의 첫 번째 부인아동매매 금지회의가 개최되었다. 34개국이 참가하였고 물론 일본도 참가했다. 이 회의에서 각국 정부의 회답을 심사하고 또한 결의 권고를 채택하였으며, 같은 해 9월 제14회 이사회에서 최종의정서를 인정하여 제2회 총회에 제출하기로 했다.

제2회 총회에서 연맹사무국의 열성적인 설득으로 1930년까지 가맹국이 35개국에 달했다. 일본은 1925년 12월 15일에 비준했는데, 특별히 21세인 부녀의 보호 연령을 낮춰서 일본에 관한 한 이를 18세로 하고 조약의 적용 범위를 내지로 국한한다는 조건을 달았다.

종래 이루어진 위원회의 일반적 토의 가운데 특히 흥미로운 것은 공창제도 폐지의 가부 문제다. 1923년 3월 제네바에서 열린 때에 가시자시키(貸座敷)가 부녀 매매의 주된 요인인 이상 이에 대해 착수할 필요가 있다며 많은 논의를 했지만, 결과적으로 각국에 의견을 구하기로 하고 이후 회의로 미루게 되었다. 이어서 1930년 4월 위원회에서 일단의 결말을 지었다. 그때 각국 의견은 대체로 다음과 같았다.

공창 폐지 찬성

가. 벨기에 : 가시자시키가 폐지되어도 사창은 증가하지 않는다. 가시자시키 폐지를 통해 사창 매개업자 처벌에 관한 법률이 오히려 더 유효해진다.

나. 덴마크 : 24년 전에 폐지했는데, 성병의 강제 치료는 다른 전염병과 동일하게 할 필요가 있다. 풍속 범죄에 대한 강제 치료는 공창제도의 유물이다.

다. 독일 : 2년 반의 얕은 경험만으로 성적을 운운하기에는 시기상조이지만, 예전의 공창제도가 더 좋았다고 생각하는 자는 아무도 없다. 폐지한 결과 사창이 증가했다는 점도 인정되지 않는다.

반대

가. 프랑스 : 성병의 감소 원인은 복잡하다. 이는 공창제도 존폐 문제와는 아무런 관계가 없다. 또한 부

인의 정신 작용, 사회제도, 지리적 위치, 민성(民性) 등을 논하면서 폐창이 어렵다는 점을 역설하였고 공창존치론을 대표하는 듯했다.

나. 루마니아 : 가시자시키를 폐지해도 추행은 존속된다. 통계는 쓸모가 없다. 워싱턴이나 뉴욕의 밤은 불쾌하다. 가시자시키가 폐지된 나라에는 평판이 안 좋은 호사스런 마굴(魔窟)이 있다.

다. 이탈리아 : 가시자시키는 일종의 노예제도이지만 만일 이것이 없다면 추업부는 중개인의 먹잇감이 돼 버릴 것이다. 또한 한 군데에 모아두지 않으면 이를 발견하고 관리할 수 없다.

그외 각국의 여러 논의가 있었지만 폐지 후 폐해가 증가한다는 사실은 여하튼 없다는 의견이 많았고, 결국 위원회는 위의 취지를 결의했다. 여기에 대표로 나온 국가들의 정부 의견으로서, 공창제도 폐지로 성병 증가가 초래된다는 우려는 근거가 없다, 그리고 부녀의 국제적 매매는 가시자시키의 폐쇄에 의해 그 건수가 감소했음이 인정된다, 따라서 위원회는 본 문제에 관해 각국 정부가 제출한 보고서는 당장 공창제도 폐지를 고려하고 있는 나라에 유용한 참고다,라는 점들을 인정하면서, 이사회가 이 보고서를 이들 정부에 송부할 것을 요청했다. 특히 북유럽이 대체로 폐지 찬성이고 남유럽이 반대라는 점은 흥미로웠다. (미완)

경시청 풍기계장 구사카 이와오, 국제연맹에서 매음 문제 (하)
警視廳風紀係長 日下嚴, 「國際聯盟に於ける賣淫問題」,
『朝鮮警察新聞』 261, 1932. 1. 15.

앞서 서술했듯이 국제연맹은 때로 각종 토의와 협의를 진행하며 점차 원만한 진전을 이룩해 왔다. 여기서 추가로 특필해야 할 사항은 1923년의 위원회에서 미국 대표 그레이스 애봇[30] 여사가 제안한 부인아동매매의 실지조사위원 파견 건이다.

곧 매음을 목적으로 하는 국제적 거래가 존재하는지 여부 그리고 그 거래가 어느 나라 사이에서 이루어지고 있고 어떤 방법으로 공급 수송되고 있는지, 또한 각국의 거래 금지 조치는 효과를 거

---

30   Grace Abbott.

두고 있는지에 대해서 경험 있는 실력자를 각국에 파견하여 실상 조사를 철저히 실시한다는 건이었으며, 이는 곧바로 채택되었다.

또한 그 비용이 미국사회위생협회의 특별한 뜻으로 7만 5천 달러가 지출됨에 따라 1924년부터 1926년에 걸쳐 약 2년 남짓을 소요해 제1회 시찰이 이루어졌다. 대상 지역은 28개국에 걸쳐 있었고 남미, 북미, 중미, 유럽, 지중해에 면한 아프리카 북부의 23개국 및 터키에서 풍부한 재료가 다수 수집되었다. 조사 방법으로는 각국의 중앙관청, 경찰, 이민, 위생 등의 장관 및 기타 경험 있는 관리와 회견하여 자료 제공을 요청하고 실상을 청취했으며, 또는 마계(魔界)의 무리들과도 접촉해 직접 정보를 얻고자 노력하는 한편 사회사업단체나 개인과도 회견하였다.

이에 주요 23국의 실정 중 흥미로운 부분을 발췌하여 참고로 삼고자 한다. [글 중에서 '주'를 붙인 것은 필자의 견강부회(牽強付会)임.]

프랑스

기루의 면허, 매소부의 등록(곧 공창제도)과 건강진단 등에 관한 제도가 각 도시에 마련되어 있다.

묵인가옥(메종 드 톨레랑스)에 대한 파리의 규칙에 따르면 그 동거자는 프랑스국 국적을 지닌 성년 부인에 한정되어 있다.

최근 5년간 파리의 매소부는 다음과 같다.

1919년 5,317명
1920년 5,295명
1921년 5,165명
1922년 4,813명
1923년 4,355명

파리의 면허 창가(娼家) 수는 1920년 이래로 거의 변화가 없어 대략 235채로 헤아려진다. 즉 묵인가옥 30채, 마치아이(메종 드 랑데부) 약 205채에서 기거하는 자는 대략 2,100명이다. 그리고 카페, 댄스홀, 뮤직홀에서 손님을 구하는 매소부 무리가 많고, 이를 경찰도 알고 있다. 하지만 그들은 대단히 주의하기 때문에 경찰도 적극적 행동을 취할 수 없다. 파리의 무등록 매소부 수는 전문가에 따라 2만 5천 명을 밑돌지 않을 것으로 추정하고 있다. 많은 당국자(플랙스너 씨 및 경찰부장의 말)들은 밀창(密娼) 수를 구하려면 어느 나라에서든 등록 창기 수의 6배를 계산하면 대체적인 수를 얻을 수 있을 것으로 보고 있다. 이 기준에 따르면 프랑스 전체의 무등록 매소부 수는 72,000명에 달하고, 그중 3,600명은 외국인으로 보인다. 그리고 정부 발표에 관련된 등록 외국인 수는 다음 표와 같다.

	미국인	영국인	독일인	이탈리아인	룩셈부르크인	폴란드인	벨기에인	러시아인	스페인인	스위스인	터키인	타국인	계
마르세유			1	57			1	2	3	1	2	5	72
파리	7	6	4	24	9	7	73	6	4	9	3	13	165
프랑스 전체	10	7	9	223	19	48	146	15	41	24	13	28	583

또한 외국 부녀가 매음 목적으로 프랑스로 수입 거래되는 경우는 비교적 근소한 것으로 밝혀졌다. 정부 회답에 따르면, 유럽 각국에서 매음을 목적으로 아메리카 국가들로 가는 부녀가 통상 프랑스 영토 내를 통과한다는 점에 대해 경찰은 아무런 정보도 갖고 있지 않다. 만일 그들의 여권과 기타 서류가 정규 발급된 것이고 또한 매소부임을 보여 줄 만한 아무런 증거도 없는 경우에는 관련 부녀가 경찰의 주의를 끌기 어렵다는 건 납득할 만하다. 이 점은 아르헨티나 정부가 자국 회답에서 서술하고 있듯이 부녀는 대부분 폴란드, 러시아 및 프랑스에서 마르세유를 경유해서 온다는 사실을 뒷받침한다.

프랑스에서 수집한 정보에 따르면, 매음을 목적으로 스스로 해외로 도항하는 부녀는 통상 다음 나라들로 간다. 쿠바, 파나마, 브라질, 우루과이, 아르헨티나, 스페인 등이다. 그녀들은 완전히 자유롭게 여행하고 필요한 여권과 서류를 휴대한다. 매음의 목적으로 아메리카대륙으로 도항하려는 여자는 우선 첫 번째로 스페인으로 향하는데, 그녀들의 행선 목적 항구로 출발하기에 편리한 바르셀로나 또는 산탄데르로 간다. 그리고 각종 프랑스 내 부녀국제매매의 사실적 정보가 있지만 이를 생략하고 종합하자면, 프랑스 여성이 매음을 목적으로 다른 나라 각 방면에 많이 이주하고 있음을 알 수 있다.

독일

베를린에는 공인 창가(娼家)가 없지만, 함부르크 교외인 알토나에는 공인 창가가 존재하는 유곽 지대가 있다. 두 곳의 시 모두 매소부의 등록과 건강진단을 실시하고 있다. 베를린에 공인 유곽(遊里)이 존재하지 않는 것이 사실이지만 규율에 맞지 않는 매음집(売淫宿)은 무수히 존재한다. 각 곳에는 2인 내지 4인의 하숙인이 살고 있고 그 집의 임대인은 사실상 오카미(女将)다. 그녀는 여자들 소득의 50%를 착복하지만 어지간해서는 얼굴을 드러내지 않는다. 이들 매음집의 하숙인들은 모두 외출복을 차려입고 있다. 어떤 자는 창에 기대서 통행인의 주의를 끌려고 노력하고 어떤 자는 익숙한 단골손님이나 유객꾼이 데려온 오입쟁이 무릎에 기대 있다. 이들 장소는 일반적으로 오전 11시경에 점포를 열고 저녁이 되면 폐쇄한다. 이유는 저녁 이후는 형사의 단속이 엄중해지기 때문이다. 이들 매음부는 경찰에 등록하고 있지 않다.

알토나의 유곽 지역은 페테르 및 마리안 거리로 알려져 있다. 이곳은 정(丁) 자 형태의 한 구획이며 두 군데의 출입구에는 철문이 설치돼 있다. 규칙에 따라 오후 6시부터 오전 7시까지는 공개하고 낮에는 폐쇄해야 하지만 실제로는 밤낮을 불문하고 언제든 자유롭게 기루에 갈 수 있다. 해당 지역에는 대략 50호의 창가가 존재한다. 각 호 입구에는 한 사람을 맞을 창부가 대기하고 있다가 응할 만한 사람이 지나치면 말을 걸어 기루에 가자고 권한다. 각 기루에는 평균 4~5명의 매소부가 기거하고 있다.

함부르크의 구 개간지에는 각각 2~3명의 여자를 둔 창가가 늘어선 거리가 존재한다. 소녀들은 창에 면하도록 앉아 있거나 혹은 입구에 서서 대단히 요란하게 유흥을 권한다. 조사 당시 베를린의 등록 매음부 수는 약 6천 명이었다. 그런데 경험 있는 한 관리가 추정하는 바에 따르면 베를린시의 밀창은 약 1만 2천 명이라 얘기되고 있고, 함부르크에서는 2천 2백 명의 등록 매소부가 있다. 그리고 매년 매음에 관한 범죄로 체포된 자 중 대략 3분의 2가 무등록 매소부였다고 한다.

조사원이 거리의 매소부와 이야기한 후에 베를린의 한 거리 일각을 배회하고 있었다. 때마침 한 청년이 다가오더니 난잡한 댄스나 나체춤을 추는 곳으로 안내하겠다고 말을 걸어왔다. 나는 이를 거절하고 그 장소만 물어봐 두려고 했다. 그러자 그가 말하기를 "이 댄스는 경찰이 눈을 번득이고 있기 때문에 오전 1시에 시작하고 게다가 매일 밤 다른 집에서 하고 있습니다. 여기 제 이름과 장소를 써드리겠습니다" 하고는 종이 한 장에 이름을 써서 건네줬다.

구 함부르크의 한 방면에는 비어홀이 다수 존재하는 구역이 있다. 이들 장소에 매소부가 집합한다. 이곳에는 또한 온갖 종류의 선원들과 노동자가 모여든다. 여기서 보거나 이야기한 매소부는 대부분 15~16세 소녀들이었다. 베를린의 모처에서 뱃사람은 여자들을 가리켜 돈을 주면 그녀들이 나체 사진 촬영을 허락해 준다고 했다. 이 말을 증명하기 위해 그는 방에 있던 한 처녀를 선택한 후 그녀의 나체 사진을 조사원에게 보여 줬다.

영국

영국에는 유곽 또는 매소부 등록제도가 없다. 따라서 매음에 종사하는 외국 부인 등도 그녀가 풍기를 문란하게 하거나 주민 또는 통행인을 집요하게 권유해 민폐를 끼치는 일만 없다면 당국이 알 바가 아닌 것으로 간주한다.

(주) 영국 경찰은 유럽대륙의 경찰과 궤를 달리 한다. 출판은 물론 적어도 평화와 질서를 파괴하고 폭동으로 이끌지 않는 한 옥외 연설을 듣는 것도, 많은 사람이 행렬을 하는 것도 자유. 우리 해외 여행자가 런던 하이드파크를 구경하고 그곳 공원 내에서 좌경, 우경, 종교 각 방면의 연설을 자유롭게 들을 수 있는 상황에 놀라 우리나라 사정과 큰 차이가 있음에 감탄했다는 이야기는 조선으로 돌아오는 많은 이들로부터 곧잘 듣는 여행담이다. 이는 국민의 자치 훈련이 잘 돼 있기 때문이다. 유럽대륙과는 자연히 지방제도 연혁이 달라서, 그 기분은 흡사 영국인이 그리는 회화처럼 이런 마음을 증명하고 있어 보수적이다. 따라서 개인의 인격 존중, 독립자주 관념이 강하게 배양되어 있다. 그 때문에 경찰 단속 자체가 함부로 개인의 자유를 속박하지 않는다. 이 관념으로 인해 풍속 면의 단속에도 영국풍이 나타나 있으니 밀매음 관념에 대해서도 일본의 밀매음 검거와 동일시 할 수는 없다. 개인의 주거 내에서 어떤 종류의 행동 내지는 남녀의 밀회적 태도를 취하더라도 이른바 일반사회의 풍기를 어지럽히거나 혹은 일반인에 환언해 다수의 제3자에게 폐를 끼치는 양상, 즉 일본에서 말하는 식의 지나친 일이 나타나지 않는 한 개인의 행동에 간섭하지 않는 것이 영국풍이다. 이 점에서 생각할 때 유상(有償)적 성교라면, 공공연한 것이든 은밀한 것이든 불문하고, 혹은 일의 크고 작음을 불문하고 철저히 검거하는 일본의 제도와 숫자적으로 비교 고찰할 수는 없다.

다만 이 점에 관해 다음 통계를 얼마간의 참고로 삼을 수 있다.

잉글랜드 및 웨일스의 매음에 관한 통계

연도	매음 피기조사 수	유녀집 개업 피기소자 수		
		약식재판	정식재판	계
1914	9,853	712	3	715
1915	6,965	789	3	792
1916	5,570	773	2	775
1917	5,719	1,052	1	1,053
1918	5,342	768	5	773
1919	5,021	510	5	515
1920	5,800	369	1	370
1921	5,771	352	7	359
1922	5,067	385	10	395

| 1923 | 2,410 | 429 | 11 | 440 |
| 계 | 57,518 | 6,139 | 48 | 6,187 |

    이 통계는 해마다 감소하고 있지만 시찰위원은 이 숫자에 적당한 신뢰를 둘 수 없다. 단속의 강도에 영향을 받는 바가 적지 않다고 한다. 아무튼 런던도 다른 대도시와 마찬가지로 매음 문제에 직면하고 있다. 매소부는 오고가며 활보하고 있다. 특히 웨스트엔드에서는 매소부의 존재를 쉽게 볼 수 있지만 경찰은 그녀들이 스스로 거동을 조심하고 통행인을 시끄럽게 권유하지 않는 한 간섭을 시도하지 않는다.

    마계(魔界)의 사람들에게서 (시찰원이) 들은 이야기에 따르면, 여자가 밤에 거리를 어슬렁거리다가 돌아갈 때 손에 쥐는 돈은 20실링 정도에 불과하다.

    인구 90만의 리버풀시의 매소부는 거리와 술집에 모아놓은 감이 있다. 손님은 오후 10시 술집의 개점 시간이 될 때까지는 시의 중심지에 있는 모종의 대중술집으로 들어가 그곳에서 매소부와 은근한 시간을 보낼 수 있다. 매소부는 거리에서나 술집에서 실로 대놓고 손님을 권유하여 그를 자기의 주거, 하숙집 또는 싸구려 호텔로 데려간다. 리버풀에서 매음을 하는 부녀 중에 낮에는 따로 일정한 직업을 가짐으로써 보통의 장사 형태를 띠지 않는 자가 있다. 또한 이곳 젊은 처녀들은 바나 댄스홀을 출입하며 그곳에서 댄스 중에 상대를 구하기도 한다.

(주) 유럽 각 도시의 매소부 수를 정확히 계산하는 것은 불가능한 듯해서 과거 파리는 12만 명으로 계산한 수치도 있는데 당국자는 6만에서 8만 명이라 한 적이 있다. 런던에서는 8만 명이라 이야기되고 베를린은 2만이라 하지만, 적다는 평가도 있다. 독일 전체에서 33만 명이라는 평가도 있다.

    이상에서 간단하게나마 국제연맹 활동의 일단을 살펴보았다. 전술한 제1회 실지조사 결과에 기세가 붙은 연맹이사회는 1930년 5월 동양의 부인아동매매 실지조사원으로, 위원장은 미국인 존슨 씨, 폴란드인 카를 핀도르 씨, 스웨덴인 앨마 선드퀴스트 여사를 선임하고, 수행원 비서 및 부인까지 8명의 일행이 동양 지방 중에서 영국령 인도, 네덜란드령 인도차이나, 중화민국 및 제국 등을 조사하기로 했다. 1930년 5월에 제네바를 출발하여 각지를 실지조사한 후 1931년 조선에 왔으며 실제 여전히 활동 중이라면 머지않아 동양 방면의 정보에 관해서도 보고 발표가 이루어질 것이다. 제2회의 조사 비용도 지난번과 마찬가지로 미국의 사회위생협회가 기부한 12만 5천 달러로 충당되었다. (완)

25. 사가라 다케오, 여급은 말한다(1931. 12. 15.)

사가라 다케오, 여급은 말한다
相良武雄,「女給は語る」,『朝鮮警察新聞』259, 1931. 12. 15.

필자가 매일 밤 카페에서 술을 마시며 돌아다니던 즈음 둘이 같이 다니는 여자 손님과 종종 마주쳤다. 어쩌다 보니 같은 탁자에서 술잔을 주고받게 되었고, 이윽고 술친구들이 그렇듯 친밀해져서, 젊은 여자 몸으로 어떻게 집을 나와 자주 술 마시고 다니는지 까닭을 물으니 예상한 대로 거기에는 상당한 이유가 있었다.

스마코(須摩子)(19세, 가명) 씨는 직업여성으로 스스로 돈을 벌기 때문에 하루하루 쓰는 용돈은 부족하지 않다. 다만 결혼생활에 파탄이 나 일찍 집에 돌아가는 것이 못 견디게 싫어서 그 괴로움을 피하고 있었다.

반년 후 우연히 만났을 때 그녀는 종로의 한 카페에서 여급으로 일하고 있었다. 4개월의 체험을 바탕으로 꿀릴 것 없이 첨단을 가는 이 장사에 반해 버렸는지, 기자가 묻는 대로 여급 생활의 일단을 이야기해 준 내용이 이 글에 실은 일편이다. 이하에서 첩은 퀸, 스마코 자신을 가리킨다.

◇

여급에도 여러 가지가 있어요. 예창기처럼 전차를 한 사람도 있고 지마에(自前) 같은 여자도 있고요.

첩도 무리를 했기 때문에 빚이 생겨서 70엔 빌렸거든요. 그래도 이렇게 양장을 입으니 꽤나 절약할 수 있더라고요.

이 가게에서 지마에(自前)는 8명 중 2명뿐이에요. 용돈도 부족한데 손님이 공휴일에 만나자고 이야기해도 꾀병을 핑계로 완곡하게 거절하는 모습은 보기만 해도 애처롭죠.

빚이 늘면 그만큼 힘을 내서 벌게 되니 결국은 그게 더 나아요.

그리고 우리 가게에서는 벌이에 배당(步)을 주기 때문에 첩이 요전에 주인에게 물어봤더니 나도 모르는 새에 40엔으로 줄어 있어서 기뻤어요.

글쎄요, 밤 2시경까지는 손님들이 대부분 돌아가지만 개중에는 3시경까지 버티는 놈도 있어요. 가게를 청소하고 잠자리에 드는 게 4시쯤. 요리사 방에서 다 같이 자요. 통근하는 사람은 한 사람밖에 없고요. 아침 10시쯤 일어나요. 그러고 나서 목욕물에 들었다가 화장하죠. 한 달 화장대요? 글쎄요, 첩의 경우 거의 말할 정도도 안 되고 의상비가 더 들어요.

팁? 요즘 같은 감봉 시대에는 예상하시겠지만 영 안 좋아요. 글쎄요, 한번은 최고 20엔도 받은 적이 있었네요. 그리고 10엔도. 평균 얼마나 되려나? 한 40엔 정도겠죠. 용돈벌이로도 부족한 달이 있어요. 그럴 땐 어머니한테 얻으러 가요.

◇

손님 중에 징그러운 건 늙은 색골이에요. 이런 저런 수를 쓰고 선물을 써가며 구애하러 오니 짜증난다니까요.

주정부리며 난폭하게 구는 사람도 있지만 내가 어떻게 대응하나에 따라 얌전해져요. 남자란 게 강한 것 같아도 약해요. 부드러움으로 강함을 제압한다고나 할까요, 호호호호.

그런데 돈이 없는 사람이나 난폭한 놈은 처음부터 알 수 있어요. 수상하다 생각하면 담배를 주문하면 돼요. 우리 가게에는 없으니 돈을 달라 하면서 그때 주머니 속을 들여다보는 게 제일이에요. 여자 앞에서는 다들 허세를 부리고 싶어하니까요.

사람을 따라 붙이기보다는 경찰에 전화 걸어서 무전유흥으로 넘기는 게 손쉬워서 좋아요. 한번은 딱하기는 했지만, 전문학교 출신 손님이 나쁜 친구가 불러내서 왔다가 계산해야 하는 단계에 가게에 혼자 남게 된 거예요. 경찰서에서 하룻밤 구류됐다가 다음 날 아버지가 갚아주러 갔다는데, 초면인 손님이라 어쩔 수 없었어요.

외상은 서로를 위해서 피하고 있기는 하지만 그래도 얼굴을 아는 단골손님에게는 어쩔 수 없어서 내 책임으로 해요. 첩의 경우 한 20엔은 있어요. 다른 언니도 그렇고요.

외박이요? 우리 가게는 감독이 엄중해서요. 주인 아저씨나 아주머니가 교대로 계산대에 나란히 계시다가 문을 닫으면 밖에서 열쇠를 걸고 본가로 돌아가시니 도저히 안 돼요. 그래도 13일이 공휴일이고 그날은 하루 종일 마음대로 할 수 있어요. 그날은 요리사와 같이 교외로 드라이브 나가요. 요전에는 동소문 밖의 ○○사(寺)에 놀러갔어요.

옆이 여관이잖아요. 다른 가게 여급이 곧잘 손님과 동반해서 묵으러 오나 봐요. '여보'가 그때마다 내통하니 재미있잖아요. 오사카의 일류급 사람이 (여기선) 15엔이라고 하더라고요. 경성 일은 도통 아이돈노(I don't know).

26. 창기 살인사건과 수훈을 세운 이수산 순사(1932. 1. 1.)

창기 살인사건과 수훈을 세운 이수산 순사
「娼妓殺し事件と殊勳の李壽山巡査」,『朝鮮警察新聞』260, 1932. 1. 1.

    섣달의 분주한 하늘을 피로 물들여 도읍 사람들에게 커다란 충격을 준 창기 살인사건은 용산경찰서 이수산(李壽山) 순사가 세운 수훈(殊勳)으로 해결을 고했다. 용산경찰서 관내 원정(元町) 3정목 파출소에 근무하며 수훈을 세운 이수산 순사는 말한다.

    딱히 칭찬받을 만한 일도 아닙니다. 그저 우연히 범인을 제가 잡았을 뿐입니다. 사건 줄거리는 이미 신문에 실린 바와 같고, 사건이 발생한 직후 본서에서 제가 근무하는 파출소로 수배가 내려왔습니다. 그래서 저는 범인 우봉현(禹奉鉉)은 소지금도 없다는데 혹시 큰 죄를 범하고 궁지에 몰렸으니 자살이라도 할 각오로 약국에 약이라도 사러 오지나 않을까 싶어서 가능한 한 그 방면을 향해서 주의를 게을리 하지 않았습니다. 그러다가 관내 영정(米町) 경교(椋橋) 약방에서 수상한 남자가 들렀다고 알려왔기에 저는 바로 그쪽으로 향해 갔습니다. 그 도중이었습니다. 원정(元町) 2정목 부근까지 가니, 언뜻 보기에 거동이 수상한 한 남자가 와이셔츠 위에 조끼만 입은 차림에 얼굴에 상처가 난 모습으로 근처 하야시(林)약방으로 들어가질 않습니까. 그래서 저는 이놈 수상하다고 여겨 곧장 하야시약방으로 뒤따라 들어갔습니다. 유리문을 탁 닫으며 순간 겁을 주고는 "자네 이름이 뭔가" 묻자, 그 남자는 당황하며 "저는 우에노(上野)라 합니다"라고 대답했습니다. 이렇게 문답을 계속하는 와중에도 그 남자 모습을 살펴보니, 그가 입은 와이셔츠 깃 부분에 묻은 피가 눈에 들어왔기에, 이제는 이놈이 창기를 죽인 범인이 틀림없다고 직감했습니다. 그래서 저는 "너 범인이지"라고 노려보자 그는 그대로 "네, 그렇습니다"라고 답했고, "그럼 못 움직이지?" 묻자 "네, 못 움직입니다"라 답했는데 그야말로 죽은 사람처럼 기운이 다 빠져 있더군요. 그러고는 범인이 손을 내밀었기에 저는 포승을 걸고 본서로 돌아왔습니다. 본서에 도착했을 때 저는 다시 확인받기 위해 "너 우봉현이지?"라 물으니 그는 그저 "네…"라고만 답변했습니다. 그러는 와중에 범인은 대단히 얌전한 분위기였습니다.

범인 우봉현(32)은 이렇게 해서 용산경찰서에서 혼다(本田) 서장과 도미오카(富岡) 사법주임의 엄중한 취조를 받았고 신병은 이튿날 본정경찰서로 호송되었다.

아무튼 그의 범행이 창기를 두 명이나 살해하고 게다가 경성의 중심 장소인 경성역 앞 호텔 동양에서 저지른 것인만큼 도읍의 일반 인사에게 이상한 충동을 주는 근래 대사건이었음은 이미 썼다. 사건이 발생하자마자 관할서인 본정서는 물론 부 내 각 경찰서가 모두 긴장 속에 대대적 활동을 개시해 범인 체포에 힘썼다. 이때 범인 우봉현은 범행 현장에서 교묘하게 탈출해 시내를 어슬렁거리며 용산까지 도망칠 수 있었다. 본인의 말에 따르면, 처음에 두 명의 창기를 살해하고 자신도 그대로 같은 칼로 자살을 기도했지만 겁이 나서 해내지 못했다. 그리고 경성역 구내 가드에서 철도 자살을 기도했지만, 이 또한 열차가 오지 않아서 목적을 달성하지 못했다. 피해자인 신정(新町) 17 망월루(望月樓) 고용 창기 고유키(小雪), 곧 차임준(車任俊)(22) 그리고 마찬가지 고용 창기 명월(名月), 곧 박명악(朴明岳)(38) 두 사람의 사체는 바로 해부로 넘겨졌다.

어쨌거나 이 사건이 일반에게 미친 충동에서 보자면 근래 보기 드문 대사건이지만 용산경찰서의 기민하고 활발한 활동으로 어렵사리 사건 발생 21시간 후에 범인을 체포할 수 있었으니, 이는 전적으로 용산서 활동의 결과라 할 수 있으며, 한편에서는 용산서 원정 3정목 파출소에 근무하는 이수산 순사의 주훈(공적)이야말로 근래 보기 드문 큰 공이라 해야 할 것이다.

27. 나카무라 나오다케, 폭력단 단속과 사창 단속(1932. 2. 1.)

본정경찰서장 나카무라 나오다케, 폭력단 단속과 사창 단속
本町警察署長 中村尚武, 「暴力團取締と私娼取締」,
『朝鮮警察新聞』 262, 1932. 2. 1.

△ **폭력단 단속**

나는 교토에서 재임 당시 버젓한 얼굴로 사회를 횡행 활보하면서 양민에게 적잖은 위해를 끼치던 폭력단에 대해 철저히 단속을 실행하여 소위 사회의 독충을 일소한 경험을 갖고 있다.

마찬가지로 이번 본정 서장 취임에 즈음해서도 적극 불량 폭력단 일미에 대해 단속을 엄중히 하고 사회 민폐를 일소하고 싶다는 생각이다. 지난번 본정서 관내의 소위 팸플릿 조(組)라 불리는 폭력단 일미를 검거한 것은 우리가 평소 생각하는 포부의 일부를 실행한 것에 지나지 않는다. 따라서 앞으로도 그러한 종류의 폭력단 횡행은 적극적으로 엄중한 단속에 힘써 치안 유지에 힘쓰고자 한다.

대체로 폭력단이라 불리는 종류들은 어디에나 있다. 게다가 폭력단은 지역 사정의 차이와 맞물려 그들 사이에 적잖이 다른 점이 있다는 것은 다툼 없는 사실이다. 내가 경험한 바에 따르면 내지에 있는 일반적 폭력단은 우선 여러 종류가 있는 경향을 보인다. 가령 한패거리를 보낼 테니 기부를 내놓으라고 무리한 요구를 한다거나, 또는 집을 지었으면 예를 갖춰 인사하러 와야 마땅하다며 위협한다든가, 그런가 하면 고학생이라는 둥 뭐라 하며 억지로 물건을 파는 경우도 있다. 그 외에 자기 두목에게 다른 자가 위해를 가했다며 많은 수가 떼를 지어 쳐들어가는 경우도 있다. 게다가 그들은 수십 명의 많은 인원이 떼 지어 요란하게 사회에 말을 퍼뜨린다거나 위세를 떨치며 흉기 등을 휴대하고 사회를 횡행 활보하면서 양민에게 위해를 가하는 게 보통이다. 그리고 속에 칼을 장착한 지팡이, 죽창, 총포, 권총 등 흉기를 공공연히 준비해 뒀다가 여차할 때는 다들 난폭하게 구니 처치가 곤란하다. 한때 교토에는 그런 종류의 폭력단이 대단히 많았지만, 경찰 단속이 엄

중해지면서 아무래도 수그러든 경향이 있다.

　나는 새로 부임한 후 일찌감치 이 방면에 대한 주의를 게을리 하지 않았는데 본정경찰서 관내에도 폭력단 불량분자가 상당히 발호하고 있어 일반인들이 적잖이 민폐를 느끼고 있음을 알게 되었다. 내가 보기에 이 지역에서 그런 류의 폭력단은 내지의 폭력단과 다소 종류를 달리하는 것 같다. 곧 이곳의 최근 폭력단으로 일반인에게 가장 현저하게 폐를 끼치고 있는 불량분자는 소위 '팸플릿조(組)'라 하는 것 같다. 지난번 일제 검거를 했을 때 이른바 팸플릿조라 불리는 폭력단은 항상 떼를 지어 시내를 횡행하며 은행, 대사회(大社会), 백화점, 기타 유명한 상점, 요리옥, 카페 등을 돌아다니거나 출입하면서, 팸플릿을 발행한다는 명목으로 금전을 강요하고 심한 경우에는 각 카페를 돌아다니며 다른 손님과 싸움을 걸어 폐를 끼치는 등 항상 악랄하기 그지없는 행위를 멋대로 하고 있었다. 게다가 이들 폭력단 중에는 칼을 장착한 지팡이 등 흉기를 지니고 위협적인 말을 퍼부으며 협박함으로써 금전 빼앗기를 그들의 상용 수단으로 삼다 보니 실로 일반이 입는 피해가 보통 큰 것이 아니다. 이들 폭력단의 일부에는 최근 사변을 일으키고 있는 만주 문제 등 시국 문제를 곧잘 악용해 제멋대로 행동을 하고 다니는 불량분자조차 있다 하니 더더욱 이대로 둘 수 없다.

　여하튼 이곳에는 그런 팸플릿조라는 것이 너무 많은 것 같다. 내지에는 이런 무리가 거의 없지만 어쩐지 이곳엔 눈에 띄게 그런 류가 많다. 이러한 종류의 자들이 너무 많아지는 결과로는 필연적으로 경쟁 상태를 낳고 나쁜 일을 공공연히 벌이니 상당히 경계할 필요가 있다.

　나의 포부로는 이 기회에 그런 폭력단의 횡행에 대해 철저히 단속에 힘쓸 의향이다. 그리고 적극적으로 사회 정화에 이바지하고 싶다는 각오가 있다. 이참에 특히 일반인의 주의를 환기시키고 싶은 점은 언제든 애매한 폭력단 패거리로 인해 다소라도 피해를 입고 민폐를 느끼는 경우가 있다면 거리낌 없이 신고해 주기 바란다. 우선은 그 일단으로서 여러 의미를 담은 주의 글을 종래보다 더 적극적으로 집어넣은 포스터를 조만간 시내 각 요소에 배부해 일반인의 주의를 환기하고자 한다. 그외 관내 각 파출소에는 각각 '일반 공중 신고 상자'를 비치해 일반인의 편의를 꾀하고 있는데 이미 많은 반향이 있는 듯해서 나도 대단히 유쾌하게 생각하고 있다.

　△ 사창 단속

　본정경찰서 관내의 황금정(黃金町)과 초음정(初音町) 일곽(一廓)의 음식점 중에는 무분별한 자가 적지 않아서 신정(新町) 유곽 부근의 공창으로 잘못 알 정도로 다수의 여자를 고용해 사창 행위를 하는 자가 있으니 사회 풍교 차원에서 이를 묵인하기 어렵다.

나는 작년 12월 본정 서장으로 새로 부임해 상세하게 그 방면 일대의 실제 상황을 시찰하였는데 그 행위는 차마 못 볼 정도로 추태의 극치를 드러내고 있었다. 곧 그들이 행하는 행위는 표면적으로 음식점 간판을 내걸고 뒤로 돌아서서 실제로는 사창 행위를 하고 있는 자가 적지 않다. 현관 입구 옆쪽으로 작은 방을 마련해 두고 많은 젊은 여자를 드러내고 있는 점은 그 유명한 진열 가게(張店)[31]와 조금도 다르지 않다. 게다가 심한 경우에는 골목에서 안에 있는 침소까지 들여다볼 수 있도록 설비한 곳도 있다. 그렇게 해서 많은 젊은 여자가 거의 공공연히 집 앞에 서서 그곳을 지나고 있는 왕래인을 불러 세우거나 또는 소맷자락을 잡아끄는 모습은 정말 차마 눈 뜨고 못 볼 추태여서 적극적으로 단속할 필요가 인정된다. 무엇보다도 이렇듯 경찰의 단속을 무시한 변태적 존재를 그대로 허용한다면 사회의 풍교(風敎)뿐만이 아니라 위생에도 대단히 악영향을 미칠 것이니 일반 풍기 면에서 보더라도 한심할 따름이다.

듣자 하니 그들은 당초 시내 중앙 지대에 산재해 있었으나 고마쓰(小松) 전 서장 시절에 전부 통일해서 폐해를 일소한다는 방침 아래 일체를 동부 지대로 이전하도록 명령해 오늘에 이르렀다고 한다. 그런데 그 주변 일대 동부 지방에 거주하는 일반 민가와 그들 주민 아동의 교양에 심하게 악영향을 미칠 것을 생각하면 하루도 위법 행위 묵인을 결단코 허용할 수 없다. 따라서 가장 가만히 보고 있을 수 없는 현행범만을 일체 검거하여 다소라도 사회 정화에 기여한 상황이다.

우선 앞으로는 그 주변 일대의 음식점 해당 업자에 대해 각각 주의하여 진열 가게(張店)를 모두 철폐하도록 엄명하고 밖에서 보이지 않도록 이상한 부분에는 일체 불투명 유리를 설치해 시설을 개선하도록 종용하기도 했다. 나는 딱히 그들 약한 장사꾼을 괴롭히려고 단속을 엄중히 한 것이 아니다. 내게도 눈물이 있다. 공정한 입장에서 마땅한 일만 하려 한다면 오히려 후원해 줄 일은 있을지언정 결코 그들을 엄중히 단속하지는 않을 것이다. 특히 그런 의미에서 경찰 방침에 대해 일반인의 이해를 구하고 싶다. (글의 책임은 기자에게 있음)

---

31 하리미세(張店)는 유곽에서 여자가 가게 앞에 죽 앉아 손님을 기다리는 것을 의미한다. 이 글에서는 진열 가게라고 번역했다.

28. 히토스기 도헤이, 카페·댄스홀(1932. 2. 15.)

경기도 보안과장 히토스기 도헤이, 카페·댄스홀
京畿道保安課長 一杉藤平, 「カフェー・ダンスホール」,
『朝鮮警察新聞』263, 1932. 2. 15.

나는 약 2주간의 여정으로 내지 도쿄, 오사카와 기타 주요 도시의 카페, 댄스홀과 기타 시설들에 대해 가능한 한 상세히 실제 상황을 시찰하고 왔는데 참고할 만한 점이 적잖이 있었다. 시찰한 여정은 대단히 단시일이었지만 나로서는 그간의 시설에 대해 충분히 많은 시찰을 해왔다고 생각한다.

대체로 내지의 도쿄, 오사카와 기타 주요 도시 카페는 여전히 대단한 성황을 누리고 있기는 하지만 최근 영업자의 증가와 치열한 경쟁으로 인해 영업 방침에 상당히 골치를 앓는 경향이 있다. 게다가 도쿄 방면의 많은 카페들이 모두 오사카식 카페에 압도당하고 있는 형태다. 이 점에서 보자면 역시 오늘날의 카페는 대중적으로 오사카식 영업 방침이 좋다고 보고 있는 듯하다. 우선 언뜻 봐서 오사카식 카페의 특별한 장점이라 할 수 있는 점은 카페 일체에 대한 영업 방침과 기타가 명랑하고 표면적인데다가 깊은 맛이 없다. 그런 종류의 카페는 최근 경성에서도 곧잘 볼 수 있는데 여하튼 최근 내지의 카페 경향은 오사카식을 꽤나 도입하고 있고, 사실 오사카식 카페에 모두 압도당하고 있는 경향이 있음은 누구나가 인정하는 바다.

그러나 앞에도 썼듯이 경영이 어렵다는 점은 모두 마찬가지인 것 같다. 따라서 손님 흡인책을 다들 진지하게 고민하는 모양이다. 그러한 경향으로 인해 여실히 나타나고 있는 현상은 '노 팁 타임' 등의 시간을 마련해 식당이나 레스토랑의 보루로 삼는 영업 방침을 취하고 있는 점 등이다. 이러한 사정 때문에 오사카 도톤보리(道頓堀) 소재의 니치린(日輪) 같은 일류 카페에서도 하루에 두 번 정도밖에 순번이 돌아오지 않는 모양이고 또한 보통의 카페 팁도 경성의 카페와 비교해 거의 큰 차이가 없다고 한다. 그리고 최근 경성의 카페 단속에 대해 각종 문의를 받지만, 이는 당분간 현상 유지 방침으로 나아갈 수밖에 없다고 생각한다.

다음으로 내지의 도쿄와 기타 지역 댄스홀에 대해서도 상세한 실제 상황을 조사하고 왔는데, 대체로 내지의 도쿄 부근 댄스홀은 시설이 완비돼 있고 당국의 단속도 엄중하기 때문에 상상 이상으로 사회에 미치는 폐해가 적은 듯했다. 현재 도쿄에는 댄스홀이 10개 있다. 이들은 모두 설비가 완전하다는 점에서 우선 전국적인 것이라 해도 좋을 것이다. 내가 본 느낌으로 우선 댄스홀은 적어도 백 평 정도의 광대한 홀이 아니면 좀 형편이 좋다고 할 수 없는 것 같았다. 여기에 만일 몇 개씩 방을 마련해 두면 소위 스페셜 룸 같은 형태를 띠어 카페처럼 될 우려가 있으니 문제가 된다. 하지만 한편 훨씬 지방으로 넘어가 효고(兵庫)현 부근에서는 현재 댄스홀을 허가한 탓에 사회적 폐해가 대단히 많아 당국이 단속하느라 적잖은 고충을 겪고 있다고 들었다.

그리고 나의 이번 내지 시찰에 대해서 간혹 일부 일간지 지면에서 시찰담이 잘못 전해진 탓에 이를 오해한 일부 민중들이 작년부터 문제로 떠오른 경성의 댄스홀 개설 시비에 대해 각종 문의를 하고 있는 것 같다. 그런데 현시점의 당국 의향으로는 무엇보다도 작년 여름에 통고한 바, 경성에서 댄스홀은 절대로 허가하지 않는다는 방침을 지지해 나갈 수밖에 없다는 생각이다. 그리고 이곳 정세 여하에 따라서 댄스홀을 허가할지 허가하지 않을지는 이후에 속한 문제이니 지금 내가 예단할 사항은 아니다.

끝으로 나는 이번 내지 각 도시의 시찰에서 내지 각 도시의 교통 단속 상황과 소방 시설에 대해서도 여러모로 시찰했다. 뭐니 뭐니 해도 도쿄와 오사카 방면의 교통 단속 상황은 그 성질이 경성과 매우 다르다. 곧 도쿄, 오사카 쪽 도시에서는 교통량도 경성과 상당히 다르고 또한 그곳 교통기관도 이곳과는 매우 다르다. 따라서 교통 단속 임무를 맡은 경찰 당국이 대단히 많이 손을 쓸 수밖에 없지만, 실제 상황은 상상과 달리 오히려 원활하게 돌아가고 있다. 요컨대 그 원인은 교통정리에 관여하고 있는 사람의 기분과 일반 민중의 교통에 대한 관념이 꼭 들어맞고 있어, 그 점이 경성과는 상당히 다름을 알 수 있었다. 이곳에서 교통 단속의 실제 효과를 거두기 위해서는 무엇보다도 일반인의 도덕 관념부터 추진해 나갈 수밖에 없다고 생각한다.

또한 소방에 대해서는 이번에 내지의 여러 시설을 시찰하면서 나로서는 큰 확신을 안고 있다고 생각하지만, 아무래도 도의 방침이 정해지지 않은 까닭에 지금은 시기상조이니 나의 사견을 사회에 발표하는 것은 당분간 삼가고자 한다.

29. 미나미 요시지, 예기에 대한 하나의 관찰(1932. 3. 1.)

효고 요카 경찰서 미나미 요시지, 예기에 대한 하나의 관찰
兵庫八鹿署 南義二,「藝妓に對する一觀察」,
『朝鮮警察新聞』 264, 1932. 3. 1.

예기 영업이라는 것이 예기 자신에게는 훌륭한 영업의 하나이자 자신을 살리는 최선의 직업이라는 점을 자각하는 자가 그들 동료 사이에 몇 할이나 있을지에 대해 나로서는 의문을 품을 수밖에 없는 사실을 발견했다.

나의 관내에는 30명 내외의 예기 영업자가 있다. 거의 대부분의 예기들이 예기오키야(芸妓置屋)의 영업주와 고용 또는 주종 관계에 놓여 있는 것처럼 마치 여급도 카페 영업주에게 고용되어 있다고 생각하거나, 또는 나카이(仲居)나 조츄(女中)가 숙박업소(宿屋), 요리옥 등에 고용된 것과 마찬가지로 생각하고 있는 듯 보인다. 아니, 내가 목격한 어느 예기 등은 그렇게 생각하고 있다고 단언해도 무방하다.

일례를 들어보자면, 어느 날 예기 지원자 두 사람이 예기 영업 허가 원서를 지참하고 출두했다. "나리, 아무쪼록 잘 부탁드립니다"라며 내미는 원서를 받은 나는 얼추 통과시키고 나서 어쩌면 비꼬는 말이었는지 모르겠지만,

"참고로 묻는데 자네 계약 연한은 몇 년인가?" 하고 물으니,

"글쎄요, 몇 년이라고는 못 들었어요."

"그럼 전차금은 얼마지?"라고 물으니 이 또한

"히히히, 전 아무것도 몰라요"라며 쓴웃음을 흘리며 답변하는데, 그렇다고 딱히 부끄러워하는 기색도 없이 태연했다. 그래서 나도 뭐라 말해야 좋을지 몰라 다음 세 번째 질문을 던질 용기도 못냈다. 그저 무지하고 천박한 그들의 심리상태를 어찌 판단해야 할지 고민스러웠다.

자기의 독립 영업 원서를 휴대하고 왔으면서도 그 점이 분명하게 머릿속에 없고, 예를 들면 마

치 나카이(仲居)나 조츄(女中)가 요리 영업주가 들려 보낸 자신의 고용 신청서를 지참하고 온 것처럼 생각하고 있었다.

예기는 하나의 영업주이고, 나카이나 조츄는 하나의 피사용인이라는 점을 전제로 염두에 두어야 한다.

직업에는 귀천이 있고 우열이 있다. 자기가 구한 직업이 비록 열등하거나 천할지라도 자기를 살리는 일이자 가계를 돕기 위한 훌륭한 천직이 될 수 있을 것이다.

예기란 무엇인가?

"소위 예기 영업이란 보수를 얻고 객석에서 시중들며 가무음곡을 하거나 또는 자리를 알선하는 일을 업으로 삼는 자를 말한다."

곧 그들은 이 뜻을 "예기란 전차를 하고 예기오키야(置屋)에 기거하면서 손님의 초대에 의해 객석에서 시중들며 가무음곡을 하여, 얻은 보수를 가지고 전차금 변제에 충당한다"는 것으로 생각하고, 전차금과 예기 일(稼) 계약은 체결되면 분리할 수 없는 관계에 있는 것처럼 믿고 있는 자가 다수 있다.

전차를 한다는 것은 일신상의 사정 때문에 오키야 주인으로부터 차용함을 말하며, 이를 변제하는 방법으로서 예기 영업 수익으로부터 변제하려는 것이지, 반드시 예기 영업 계약 기간 중 오키야에 기거하면서 수익으로 변제하고 기간 내에 반납 불가능한 경우 무기한으로 오키야 주인에게 구속되어 영업에 종사해야 하는 의무가 있는 것이 아니다. 일정한 계약 기간을 경과하면 곧바로 영업 계약은 당연히 해제되어야 하고, 전차금 미만인 경우라 할지라도 오키야 주인에게 구속되지 않고 자유롭게 폐업할 수 있다.

판례에서도 "예기 일(稼) 계약과 함께 체결하는 금전의 소비대차 계약은 실제로 분리할 수 없는 경우는 민법 제19조에 의해 공서양속에 반하므로 무효하다"고 하였다.

× × ×

이렇듯 예기가 자기 영업에 대해 너무도 무지하고 무능하고 몰이해한 탓에 오키야 주인에게 자유로이 악용당하여, 그들이 불필요한 의무를 느끼고도 눈물을 머금고 굴복하고 있다는 사실을 보고 듣고 목격했을 때, 경찰관으로서 그들의 영업에 경찰권을 미치게 하는 일에 주저하지 않을 수밖에 없는 나 자신도 지금 다소나마 무지한 그들로 하여금 자기 영업에 대한 이해를 갖게 하고, 강하고 밝은 기분으로 그들이 천직을 향해 나아가게 하고 싶다!

끝으로 나는 외치고 싶다. 그들을 구조하고자 하겠지만 반면 예기영업단속규칙을 적용할 때는 작은 일이라 할지라도 빠짐없이 엄정하게 집행하겠다고 말이다.

30. 조선 전체에서 살펴본 예창기, 작부의 성쇠 통계(1932. 6. 15.)

조선 전체에서 살펴본 예창기, 작부의 성쇠 통계 :
세상은 그야말로 카페 범람 시대
「全鮮的に觀たる藝娼酌婦の消長統計 : 世の中はまさにカフェー氾濫時代」,
『朝鮮警察新聞』 271, 1932. 6. 15.

    세상은 그야말로 불경기의 연속이어서 기가 막힐 정도로 어두워졌다. 세기말적 우울성을 다분히 띠고 있지만 이와 반대로, 이와토(岩戸) 환락가가 있던 옛날부터 여자가 있어야 밤을 샌다고 비유한 것처럼, 조선 전체에서 예창기, 작부의 존재는 실로 커다란 위세를 보이고 있다.

    이들 예작부에 대한 작년 말의 관련 통계에 따르면, 총수가 무려 5,073명으로 나타나고 있고, 이를 개괄적으로 보면 화류계의 시대적 반영이라고나 할까, 어쩐지 공창은 날로 몰락 과정을 밟고 있는 데 반해 사창은 대단한 기세로 번성해 나가고 있는 것 같다. 이를 최소화해 알기 쉽게 숫자로 살펴보면, 작년 말 현재의 내지인 예기는 2,058명, 동(同) 창기는 1,824명, 동 작부 수는 479명으로 합계 4,261명[32]이다. 이를 전년도 통계와 비교해 보면 예기 98명, 창기 9명이 각각 감소하였고, 이에 반해 작부만 37명에서 늘어났다. 그리고 조선인은 어떤가 보면, 작년 말 현재의 기생이 2,450명, 창기는 1,268명, 작부 1,355명, 합계 5,073명으로, 이를 마찬가지로 전년도 통계와 비교해 보면 창기는 102명에서 감소한 한편 기생과 작부는 전자 176명, 후자 114명이 각각 증가한 현상을 보이고 있다.

    이처럼 내지인 측의 작부, 조선인 측의 기생과 작부가 모두 증가한 이유는 전술한 시대적 반영에 따른 현상임은 물론이지만, 이에 더해 근래 경찰 당국이 창기와 기타에 대한 단속을 한층 엄중히 실시함과 동시에 이들 영업을 허가할 때도 이전보다 더 신중한 태도를 취하고 있어, 이른바 당

---

32   2,058명+1,824명+479명=4,361명이지만, 원문에 4,261명으로 기재되었다.

국의 태도가 시대 추이와 함께 대단히 강화된 까닭에 기인한다. 그리고 한편 이 방면에 투신하는 여자들 자신도 시대적 변화라 할 수 있는 바, 간편함과 염가를 선호하는 근대인의 시대적 요구에 맞추면서 무엇보다도 신체 구속을 느끼는 창기 영업보다도 비교적 기생이나 작부 같은 장사는 몸이 자유로운데다가 일종의 사창 역할도 할 수 있고 하루하루 수입도 그다지 나쁘지 않다는 점 등 여러 이유 때문이라 할 수밖에 없다. 또한 추가적으로는 최근 세계적 여론으로서 공창 폐지 목소리가 크게 선전되고 있는 영향도 받아 공창제도는 실제로 점점 자취를 잃어가고 있는 반면 사창은 눈에 띄게 늘어가고 있다는 일반적 정세 때문이기도 하다.

그리고 이 화류계 여자들을 취급하고 있는 조선 내의 요리점과 음식점 수의 작년 말 현재의 관련 조사를 일별하면 다음과 같다.

▲ 요리점 수
　내지인 측 761호
　조선인 측 890호
　지나인 측 142호
▲ 음식점 수
　내지인 측 1,822호
　조선인 측 46,358호
　지나인 측 914호

요리점 수는 총 1,793호이고, 음식점 수는 총 49,094호가 있다. 이를 전년도의 통계와 비교해 보면 전자는 내지인 측 8호, 조선인 측 14호가 모두 증가했으나, 지나인 측만은 43호 감소했다. 또한 후자의 음식점은 내지인 측이 95호 증가한 한편 조선인 측은 2,785호, 지나인 측은 445호, 총 3,135호라는 다수의 음식점이 언제부턴가 자취를 감췄다. 또한 이와 함께 가시자시키업 쪽에서는 현재 내지인 측 298호, 조선인 측 222호, 외국인 측 1호가 조선 내 각처에서 영업하면서 상당한 수입을 거두고 있다.

이렇게 해서 세상은 공창 시대에서 일종의 사창 시대로 기울고 있으며, 반면 시대적 첨단을 가르며 어두운 불경기에 등불을 켜는 카페의 전성기라 할까, 아니 이를 넘어 하나의 카페 범람 시대가 출현하고 있으니, 이는 참으로 위협적인 현상이라 하지 않을 수 없다. 이러한 새로운 시대 경향에 대해 혹자는 인간의 생리적 요구인 성욕을 노리개 삼아 유희화하는 현대의 카페를 망국이라 외치고, 혹자는 현대인의 취미나 취향이나 요구에 적응하고 있기에 발전하는 것이고 쓸 데 없이 거친 피로가 많은 현대생활에는 저렴하고 손쉬운 향락과 위안이나 자극이 필요하다는 사람도 있어 시시비비를 가리며 멋대로 각종 비평을 가하는 것 같다. 여하튼 지금은 세상이 온통 일대 카페 시대를 여실히 보여 주고 있다.

한 카페 경영자는 말했다.

"세상이 호황이면 생산적 사업을 하겠지만 요즘처럼 불경기가 되면 사업을 해도 안 되니 자연히 소자본으로 손쉬운 소비적·불생산적 사업으로 나가게 됩니다. 게다가 세상 사람들도 에로틱한 기분을 맛보고 싶다고들 하시니 아무래도 여급의 에로 서비스에 따라 성하기도 하고 쇠하기도 하는 장사가 최고죠."

그도 그럴 것이다. 아무튼 카페의 존재는 거의 무조건이라 할 수 있을 정도로 세상의 많은 사람들에게 호의적으로 받아들여지고 있어 그야말로 왕자와 같은 권세를 떨치고 있다. 예를 들어 경성의 그 방면 근황을 들여다보기만 해도 최근 그쪽 사회가 얼마나 번창하고 있는지 잘 엿볼 수 있다. 즉 위스키와 칵테일 그리고 자극적인 재즈에 의해 시간과 돈과 에너지를 소비하는 곳, 소위 카페라는 이름이 붙는 곳은 현재 본정경찰서 관내에서만 약 58채가 있고, 거기에는 500명 이상의 웨이트리스가 있고, 그곳 손님이 하루에 약 1,160명이다. 한 사람이 밤하늘을 멍하니 물들이고 재즈 가락에 자칫 얼떨결에 5, 6시간이나 놀다 보면, 카페에서만 먹고 마시며 사라져 버리는 돈이 약 3천 엔이니, 듣기만 해도 어찌 이리 훌륭히도 엉망진창의 소비인가 싶다. 뿐만 아니라 한 사람당 1엔씩의 유흥(遊蕩)비로 계산하더라도 1,600엔[33]이라는 꽤나 큰 금액이 되니 놀라지 않을 수 없다. 게다가 지금이 한창인 화려한 거리 종로 방면, 동대문, 서대문을 합해 카페가 약 20채, 웨이트리스 약 340명, 손님이 평균 800명, 한 사람당 1엔 50센의 유흥비로 순식간에 1,200엔이니, 이 얼마나 큰 숫자인지. 아무튼 세상은 온통 카페 황금시대를 여실히 보여 주고 있으니, 새삼 말해 봐야 촌스러워지기만 할 뿐이다.

---

33 손님 수 약 1,160명의 1인당 1엔의 유흥비로 계산하면 모두 1,160엔이 나오지만, 원문대로 1,600엔으로 표기한다.

31. 카페, 바의 정화에 다소 관여하다(1932. 6. 15.)

카페, 바의 정화에 다소 관여하다 :
경시청단속규칙을 제정하고 고심을 거듭해 초안 성립하다
「カフェー・バーの淨化に一指を染める：警視廳取締規則を制定して苦心を
重ねて草案成る」, 『朝鮮警察新聞』 271, 1932. 6. 15.

총감이 교체되거나 보안부장이 교체될 때마다 경시청의 카페단속규칙이 고양이 눈처럼 움직이다 보니 관하의 영업자들도 귀추를 헤매는 형국이어서, 관련자들은 조만간 어떻게든 해야 한다는 의견을 종래부터 주장해 왔다. 그러다가 이번에 새로 후지누마(藤沼) 총감이 취임하면서, 오는 가을이면 도쿄에서도 실현될 테니 카페와 바의 단속규칙을 대강(大綱)에 걸쳐 개정할 필요가 있다 하여 지난번부터 보안부에서 연구 중이었는데, 먼저 댄스홀 신설에 대한 제한을 철폐하고 조만간 발령(発令)하게 되었다. 그리고 지금 카페와 바에 대해서도 이를 본따 신설 제한 철폐를 실행하겠다는 의향이 강해졌다. 종래에 카페와 바는 상업 구역 내에서는 이미 설치된 점포의 50미터, 주택 구역 내에서는 100미터 거리 내에는 신설을 절대로 허용하지 않았지만, 이번에는 이 제한을 완전히 철폐하여 적극적으로 영업을 허가하게 된다. 그 결과는 카페 난립으로 이어져 직접적으로는 긴자, 신주쿠 근방에서 거액의 권리금을 지불하고 경영권을 확보한 카페, 바 업자가 큰 타격을 입게 되는 셈이다. 또한 종전부터 종종 문제로 부상했던 '에로' 거래의 성벽(城壁)으로 작용한 박스의 철폐도 드디어 실행하게 될 것 같다고 한다. 물론 카페 안의 푸른 등, 붉은 등의 어두운 조명도 붉은 샹들리에로 대체시키게 된다. 이는 카페와 바를 명랑한 오락장 존재로 만든다는 목적에 다름 없다. 또한 수많은 폐해가 있는 팁 제도에 대해서도 경시청은 강제로 개혁하고 싶다는 의향을 갖고 있는데, 불경기의 피해를 입어 하찮은 팁이라도 벌려 하다가 자칫 손님의 유혹의 마수에 걸려드는 여급도 있기 때문에 여급에게는 일정한 급료를 지급토록 하여 직업부인으로서 지위를 확립시키겠다고 한다. 팁 제도에 대해서도 50센 균일 설, 1할 설 등이 있다. 이는 현재는 아직 안으로서 제시되고 있을 뿐이니 실시하기까지는 상당히 곡절을 겪겠지만, 카페, 바의 단속규칙은 명랑화라는 의미에서 당연히 개정될 것으로 보이고, 경시청도 카페 정화 측면에서 이를 구체화하기 위해 드디어 한걸음 나아가게 될 것이다.

카페, 바의 단속이라 해도 종래에는 정리된 규칙이란 것이 없었다. 다만 1895(明治 28)년 4월 청령(廳令) 제8호에 의한 '음식점에 관한 단속규칙'으로서 마치아이차야(待合茶屋)와 요리옥 등과 함께 단속했다. 그밖에 1929년 9월과 1931년 2월의 '카페, 바 단속에 관한 통첩'을 통해 단속하고 있는 상태여서, 오늘날과 같은 카페와 바의 전성시대에는 여러 점에서 불편을 면할 수 없다. 그러다 보니 이참에 먼저 새로 단속규칙을 제정해 청령으로 공포하는 것이 좋겠다는 의견이 유력해졌고, 이래로 보안부의 이나게(稻毛) 풍기 계장이 단속규칙을 열심히 기초하여 6일에 완성했다. 그에 따르면 '특수음식점의 단속규칙'이라고 명명하여 전문 23개조에 달하는데, 대체적인 내용은 위의 1895년 청령과 1929, 1931년의 두 통첩을 골자로 하고 있다. 새로 추가된 점은 제5조의 점포 내 설비와 관련한 내용이다.

(一) 객실의 합계 면적을 50제곱미터 이상이라 하여 대카페주의를 취했고,
(二) '사용 전등은 15촉광 이상으로 하고 백색이어야 한다'고 규정함으로써 종래는 이상한 색의 전등을 금하던 것을 백색으로 한정했다.
(三) 박스를 설치할 때는 '좌석으로부터 높이를 60센티미터 이하로 할 것'이라 규정해, 성벽을 축소함으로써 에로 거래를 불편하게 했다. 이에 따르면 현재의 카페, 바의 박스는 대부분 위반에 해당한다.

다음으로 제11조에서 여급의 단속을 규정했는데 그 안에 '만 25세 미만의 여급을 고용할 때는 보호자 또는 호주의 승인을 거치고 그 승낙서를 첨부해 관할 경찰서에 신고하게 한다'고 하였다.

다음으로 제13조에서 관할서장은 '사용 여급 수를 제한'할 수도 있고 필요한 경우 '여급에 대해 의사의 진단서를 제출시키는 것'도 가능하게 했다.

이상의 내용 이외에 아직 조문에는 담지 않았지만 '거리 제한의 철폐'와 '팁은 음식물의 1할 이하'로 할 것 그리고 '여급의 아파트나 하숙에서 통근을 금하고 입주 또는 합숙제도로 한다' 등의 조항에 관해서도 신중하게 심의하여 적절하게 위 단속규칙 안에 추가할 것으로 보인다. 현재 카페와 바 모두가 불경기의 여파를 입어 경영 면은 물론 고객 흡수 정책 면에서도 거의 출구가 없는

상태이기 때문에 위 단속규칙 제정에 대해 당연히 경영자 측이 맹렬한 반대를 보일 것으로 당국은 각오하고 있다. 그러나 당국은 카페, 바 정화라는 견지에서 사회적으로는 대단히 환영받으리라 보고 밀어붙여서라도 실시하겠다는 결의를 보이고 있다.

32. 평양서에서, 여급의 전차를 조사(1932. 6. 15.)

평양서에서, 여급의 전차를 조사
平壤署で,「女給の前借を調査」,『朝鮮警察新聞』271, 1932. 6. 15.

술과 담배의 칵테일 버스와 소프라노 코러스, 펠트 짚신과 구두의 스텝, 푸른 한숨과 푸른 등의 카페 업자도 손님 유인에 부심하고 있다.

◇

이 때문에 새로운 여급을 경성 혹은 내지 주변으로부터 활발하게 이입시키지만 그 대부분은 전차를 통해 고용한다.

◇

그 금액도 개중에는 백 엔, 이백 엔이 아닌 상당한 거액의 빚이 있어 빚진 돈을 지불하기 위해 억지변통을 하는 자가 있고, 너무도 무거운 부채의 고통으로 인해 자포자기하는 자가 적지 않다. 이에 경찰은 대책을 강구하고자 며칠 전부터 부 내의 여급 전차 조사를 개시하였다.

◇

경찰 당국은 이들 여급의 전차는 인정되지 않는데도 고용주와 여급 사이에서 비밀대차 관계가 체결되고 있는 만큼 위의 조사를 할 때 이 부분에 상당히 주력해야 하고 일수도 필요할 것으로 보고 있다.

◇

　일부 조사를 통해, 7백여 엔의 전차금을 떠안아 여급으로는 도저히 평생 일어설 수 있는 전망이 없는 자가 발견되어 경찰 당국도 깜짝 놀랐을 정도다.

◇

　그리고 이 조사가 종료하는 대로 어느 정도까지의 전차는 인정하더라도 빼도 박도 못할 정도의 전차로 여급을 고용하는 일만은 엄격히 금한다는 취지의 경고를 발할 모양이다.

33. 만주의 사회사업 : 창기의 자유 폐업도 떠맡다(1932. 7. 1.)

엉뚱함인가? 진보인가? 만주의 사회사업 : 비밀 출산이나
아이 유기는 자유자재, 창기의 자유 폐업도 떠맡다
「突飛? 進步? 滿洲の社會事業 : 秘密のお産や捨て兒は自由自在,
娼妓の自由廢業も引うける」, 『朝鮮警察新聞』 272, 1932. 7. 1.

만주국가 시찰을 하는 김에 그쪽 사회사업도 살펴보고 왔는데 꽤나 흥미로운 수확이 있었습니다. 가장 인상 깊었던 것은 펑톈(奉天)에 있는 동선당(同善堂)으로, 이는 1894~1895년 전쟁 당시 조선 평양에서 전사한 쥐충장(左忠壯) 씨가 창립하였고, 그뒤를 이은 귀윈팡(桂雲舫) 씨가 청조의 명령으로 경영을 계승한 후 처음으로 동선당이라는 명칭을 붙였다고 합니다. 현재 당장(堂長)은 왕요우타이(王有臺) 씨인데 정부의 보조와 부호 및 기타의 기부로 유지되고 있습니다. 개중 우리 주의를 끄는 점은 다음과 같습니다.

'서류소(棲流所)'라는 부문입니다. 이는 유기당한 아이를 다루는 곳인데, 생활이 어려워 아이를 버리는 부모를 위해 설치되었다 하고, 도로를 향해 접수구 같은 구멍이 열려 있습니다. 그곳으로 눈물을 머금고 부모가 사랑하는 자식을 집어넣으면 딱 유아를 올려놓을 수 있을 정도의 자리가 만들어져 있습니다. 작은 저울 같은 모양을 하고 있어 부모 손을 떠난 유아가 그 위에 놓이면 아이의 무게로 인해 아래쪽으로 내려가게 돼 있고 아이가 바닥에 닿으면 거기에 달린 벨이 울리게 돼 있는 장치입니다. 벨 소리를 듣고 사무원은 "아하, 버려진 아이가 있구나" 하고는 방으로 달려와 키운다고 합니다. 어차피 버릴 것이라면 공원 벤치나 다리 위에 버리기보다는 아이를 위해 얼마나 좋은지 모른다는 의미일 것입니다. 이렇게 버려진 아이는 소중하게 양육됩니다. 만일 훗날 부모가 생활고에서 벗어나 아이를 키울 자격이 생긴다면 그때는 거리낌 없이 찾으러 오면 되고, 양육 실비만 요구하고 넘겨주게 돼 있다고 합니다.

다음은 시의원(施医院, 무료 진료소) 내부에 있는 '무료 분만소'입니다. 이는 출산 비용이 없는 자

또는 불의(不義)한 임신으로 난삽한 처지에 놓인 자를 위해 마련되었는데, 마찬가지로 도로에 면하여 문이 달려 있습니다. 이 문을 열고 들어가면 바닥의 벨이 울리고 동시에 원내 문이 열려서 의사가 맞이하고 분만한다는 장치입니다. 이때 여자는 베일을 쓰고 있으니 남에게 얼굴이 보일 걱정도 없고 어디 사는 누구인지도 알지 못하게 분만할 수 있다고 합니다.

'제량소(濟良所)'라는 부문은 더욱 흥미로운데, 여기서는 자유 폐업 창기를 보호하고 있습니다. 이곳에 한 번 도망쳐 들어오기만 하면 누가 뭐라 해도 넘겨주지 않아도 되는 권한을 지녔기 때문에 창기의 안전지대라 불러야 할 것입니다. 그리고 보호받은 창기는 안에서 교육을 받고 직업을 부여받아 독립할 수 있게 되면 세상으로 나갈 수 있을 만큼 친절한 취급을 받습니다. 이러한 시설들을 우리나라에 그대로 가져올 수는 없겠지만 어떻게든 자극을 주리라는 것은 확실하다고 봅니다. [도쿄부 직업소개소장 도요하라 마타오(豊原又男) 씨]

34. 나카무라 나오다케, 카페·바 문답(1932. 9. 1.)

본정경찰서장 나카무라 나오다케, 카페·바 문답
本町警察署長 中村尙武,「カフェー・バー問答」,
『朝鮮警察新聞』 276, 1932. 9. 1.

A : 여전히 바쁘시군요. 안녕하세요.

B : 네, 고맙습니다. 날이 꽤 선선해졌는데 잘 지내셨습니까?

A : 변함없이 잘 지냅니다. 요즘 때때로 본정경찰서 관내의 카페 중에도 폐업하는 곳이 꽤 생긴 것 같던데, 대체로 귀 관내에 소재하는 카페와 바는 총 얼마나 있는지요?

B : 그렇죠. 폐업한 곳도 있는 것 같더군요. 이건 어쩔 수 없는 일이에요. 경찰 입장에서 딱히 카페나 바가 줄기를 바라는 건 아니지만 영고성쇠(榮枯盛衰)는 천지 삼라만상의 하나의 원칙이니까요. 제가 이곳으로 온 후에 느낀 것이긴 한데, 본정서 관내에는 그런 류의 카페나 바의 수가 너무 많다고 봅니다. 그래서 당국은 더 이상 새로운 가게는 허가하지 않는 방침을 취하고 있습니다. 그리고 일반 카페의 팬 입장에서도 저게 카페인가 하며 다소 꺼림칙하게 바라보기도 합니다. 세상은 끊임없이 신진대사를 거듭합니다. 현재 본정서 관내에는 카페가 58호 있습니다. 여기 고용되어 있는 여급 수는 총 470~480명 정도입니다. 그 외에 식당이라는 것이 있어서 바는 모두 여기 포함시키고 있는데, 그 수는 196호이고, 여기서 일하는 여자가 290명 있습니다.

A : 다른 요리옥(料理屋)과 음식점 비율에 비춰 보면 어떻습니까?

B : 아무래도 카페와 바가 많은 편이죠. 그래서 상당히 고생합니다.

A : 비전문가의 생각인지 모르겠지만, 카페와 바라는 것과 보통의 요리옥이라 불리는 것 사이에는 접객업자라는 의미에서 딱히 단속의 차이가 없고 대동소이할 것이라 생각됩니다. 특별히 확연하게 드러날 정도로 카페나 바에 대한 경찰의 단속이 엄중해 보이는 것은 대체 어떤

이유에서인지요?

B : 그건 그렇죠. 먼저 양자는 단속 면에서는 비슷비슷하고 다만 차이는 곁가지에서 다를 뿐입니다. 단속이 특히 엄중하지는 않을 겁니다.

A : 카페와 바는 대체 무슨 규칙에 따라 단속하고 있는지요? 듣자 하니 내지에서는 이를 단속할 수 있는 별개의 단속규칙이 마련돼 있다고 하던데요.

B : 모두 종래부터 있던 음식점단속규칙에 의거해 단속하고 있고, 그외 작년 9월에 내려온 카페와 바에 대한 통첩으로 부족한 점을 보완하고 있습니다. 이는 내지와 동일하고요, 내지에서도 별개의 단속규칙은 마련되지 않은 것 같습니다. 대체로 법률이라는 것은 운용하는 길에 따라 어떻게든 되게 마련이니 당분간은 이런 식으로 해결해도 괜찮으리라 생각합니다. 하지만 한편에서 앞으로는 추가적으로 그런 종의 영업에 대해서도 독립된 별개의 규칙으로 단속할 필요를 느끼는 상황이 될 테니, 당국이 그에 대해 신중하게 연구해야 한다는 필요는 인정합니다.

A : 제 생각에는 현재도 그렇겠지만 장차 그런 영업이 사회적으로 번창함에 따라 업자에 대한 제한 또는 건강에 대한 제한, 설비에 대한 제한, 사용인, 여급에 대한 제한 등 각종 복잡한 문제가 더 많이 나올 것 같습니다. 서장께서 이전에 계시던 교토의 상황과 비교 대조해 볼 때 전국적 의미의 교토 쪽 카페와 이곳 경성에 있는 카페에 대해 서장께서 동일한 한 사람으로서 단속하는 기분에 어떤 감상이 떠오르는지 들려주시겠습니까?

B : 교토의 카페 등과 비교해 보면, 교토 쪽이 다소 규모가 큰 곳이 비교적 많아 보이더라도 그다지 크게 다른 점은 없습니다.

A : 이번에는 여급에 관해서 여쭙습니다. 그들의 실생활은 당신이 보시기에 어떤지요? 이를 알 수 있다면 경성의 중추를 이루는 본정서 관내 여급의 실체를 알 수 있을 테니 대략적으로 카페 전체 이면의 실상을 짐작할 수 있을 듯합니다.

B : 우선 당신이 다니던 카페 형체를 들려준다면 그것을 통해 저도 카페에 대해 이야기할 수 있는 힌트를 포착할 수 있을 것 같군요. 당신은 지금까지 어떤 카페를 다녀 보셨나요? 하하하.

A : 아이고 한 수 당했군요. 글쎄요. 미인좌, 알프스, 아리랑이라든가. 그리고 낙원회관과 파롱 본정 바, 기쿠스이(菊水) 등, 1류, 2류에는 대개 다 가본 것 같습니다.

B : 안에 들어가서 조사해 보면 꽤 흥미롭죠. 얘기해 보자면, 올해 2월 임시조사(假調査)로 참고삼아 우리 관내의 1류, 2류, 3류 카페와 바에서 일하는 대표적 여급 19명을 불러들여 시험

적으로 그들의 현재 실생활을 물어본 적이 있습니다만, 그 결과에는 적잖이 참고할 만한 데가 있습니다. 각각 1개월에 대한 현황으로 우선 그들의 수입은 100엔 내지 150엔이 3명, 65엔 내지 95엔이 14명 그리고 20엔 내지 35엔의 수입이 2명이었습니다. 그리고 그들의 전차금 관련을 알아보니, 10엔 내지 3백 엔인 자가 11명, 나머지는 전차금 없음이었습니다. 그리고 기특하게도 저금 사정을 알아보니, 역시나 1개월에 5엔 내지 40엔 저금하고 있는 자가 7명, 나머지 12명은 하지 않는다고 했습니다. 요컨대 그들 중에서도 기특한 자는 어려운 가운데서도 얼마 정도씩은 저금하는 자가 있습니다. 다음으로 부모 쪽으로 다달이 송금하고 있는 자가 있는데, 이를 알아보니, 10엔 내지 30엔씩 송금하는 자가 4명, 이하 30엔 내지 40엔이 2명, 50엔 내지 60엔이 2명이고, 나머지 11명은 송금하지 않는다고 합니다. 또한 그들이 제일 여분으로 든다고 꼽은 의상비는 어떤지 알아보니, 8엔 내지 20엔 필요하다는 자가 11명이고, 이하 30엔 내지 60엔이 4명, 나머지 4명은 불분명합니다. 여자에게 필요한 화장품 비용으로 한 달 용돈을 쓴 자는 어떤가 하면, 10엔 내지 15엔이 12명, 그 외 20엔 내지 30엔이 3명, 35엔 내지 40엔이 2명, 나머지 2명은 불분명하지만 일단 그들도 가운데 수준인 20엔 내지 30엔 부류에 넣어도 무방할 것 같고, 대략 이런 상황입니다.

A : 서장의 말씀을 듣고 있으니 그들 실생활의 진상을 손바닥 들여다보듯 알 것 같습니다. 그리고 언젠가 서장이 강조해서 이야기하던 여급 의상은 그 후 다들 어떻게 됐는지요? 아무래도 통일시키는 건 좀 어렵겠지요?

B : 그렇습니다. 뭐니 뭐니 해도 의상만큼 그들에게 돈이 드는 건 없다 보니 그들 자신도 이 문제에는 상당히 골치를 썩고 있는 게 사실입니다. 그 후 그들도 당국의 의도를 잘 이해해, 지금까지 가지고 있는 의상은 어쩔 수 없지만 새로 만드는 자는 모두 당국이 지시한 소박한 의복으로 맞추고 있어서 성적은 괜찮은 듯합니다.

A : 현재 여급이 되고자 희망하는 자에 대해 어떤 식으로 허가하고 있는지요? 신원조사 같은 까다로운 절차도 밟습니까?

B : 신원조사를 하는 경우도 있지만 대체로 신고주의로 해도 무방하다는 입장입니다. 이는 내지도 마찬가지입니다.

A : 그 가부(可否)론에 대해서는 어떻습니까?

B : 글쎄요. 일률적으로 말하기는 어렵군요.

A : 이른바 카페 팬 사이에 도는 잡담에 불과한 얘기인데요, 어떻게든 카페 여급에 대한 고정급

제도를 도입해 노팁 정도의 가벼운 느낌으로 만들면 어떠냐는 희망 어린 이야기가 도는 경향은 분명 있는 것 같습니다. 어떻게 생각하시나요?

B : 내지에서도 이쪽 카페와 같은 방식으로 운영됩니다만, 그건 좀 어려우리라 생각합니다. 가령 카페 자체가 여급을 사용할 때 고정급으로 부린다면 여급은 손님에 대한 서비스를 사무적으로 생각해 밀고 당기는 일이 없어질 테니 손님 쪽에서 만족하지 않게 됩니다. 그 결과로 가게도 한산해질 우려가 있어 곤란해집니다. 그러니 지금 같은 상황에서 본인의 서비스 여하에 따라 손님의 마음을 사기 위해 자유롭게 일하도록 둘 수밖에 없지 않나 생각합니다. 그렇다면 50센이나 1엔씩 팁을 균일화하면 어떤가 하고 생각할 수도 있겠지만 그것도 우스운 일입니다. 분명 커피 한 잔 마시고 나서 1엔 정도 팁을 내준다는 게 손해이긴 하겠지만 그건 어쩔 수 없는 일이죠. 게다가 요즘은 세상이 불경기이기도 하니 아무리 열심인 카페 팬이랄지라도 그 정도로 공연히 팁을 내줄 손님도 없겠죠. 하하하.

A : 바쁘신 가운데 여러모로 친절히 해 주신 덕분에 최근 카페와 바 동향을 잘 알게 됐습니다.

B : 별 말씀을요.

(문장 책임은 기자에게 있음)

35. 고가 구니타로, 경찰의 잡다한 문제(1932. 9. 1.)

종로경찰서장 고가 구니타로, 경찰의 잡다한 문제
鐘路警察署長 古賀國太郞,「警察雜題」,『朝鮮警察新聞』276, 1932. 9. 1.

사상운동과 선도

조선인 측 사상단체와 유사한 것들이 경성부 내에서는 주로 종로경찰서 관내에 있는 만큼 종로경찰서는 이른바 조선 전체에서 주의(注意)의 시선을 받고 있는 듯하지만, 최근 조선인 측 관련 경향은 대체로 당국의 단속 방침이 엄중하다 보니 그간 적잖이 거세된 형태다. 반면 우려할 만한 잠행운동 쪽이 상당히 활발하게 이루어지고 있어서 당국은 여전히 주의의 눈을 게을리 하지 않고 있다.

그리고 그 방면 경향은 근래 눈에 띄게 지방으로 파급된 분위기다. 곧 지금까지는 경성 같은 도시 방면을 중심으로 준동하고 망동하던 이른바 조선인 측 사상운동이 점차 지방 면면으로 가서 이뤄지는 경향이 있다. 여기에는 중앙보다 수월하다는 등 각종 원인이 잠재해 있을 것으로 생각되지만, 아무튼 조선인 측 민족단체인 신간회가 그런 식으로 해소된 이래 지방화 경향이 노골적으로 드러났다는 점은 누가 봐도 사실인 듯하다. 또한 가령 사상운동 단체가 존재하고 그 단체가 활발하게 운동을 펼친다 하더라도 막상 그 진상을 파헤쳐 보면 일정한 주관도 없이 그저 이름팔이에 그치는 경우도 많으니 굳이 언급할 정도도 아니란 생각도 든다.

이들에 대한 선도 문제는 누구나 골치 아파하고 있는 바지만 좀처럼 쉽게 풀 수 없는 문제라 생각한다. 우선 현재 조선에서 진행하는 모범촌(模範村) 같은 방식도 대단히 좋다고 보고 있고, 뭐니 뭐니 해도 첫째로 근로정신부터 주입할 필요가 있다고 생각한다.

카페 문제

사회의 새로운 경향과 함께 거의 시대적으로 늘어나는 카페 문제는 상당히 중요시해야 할 문제의 하나임에 틀림 없다. 종로경찰서 관내에도 카페 수가 상당히 늘어난 것으로 보인다. 내가 종로서장으로 취임한 후에 생긴 카페는 현재 카페 엔젤 하나뿐이다. 그외는 모두 전임자 당시부터 허가받은 것이고, 내가 이곳에 온 후에는 전술했듯 카페는 별로 늘지 않았다.

일반인의 눈에는 같은 카페라도 그것을 관할하는 경찰서의 차이나 주위 환경의 차이에 따라 단속 면에서 대단히 큰 격차가 있는 것처럼 보이나 본데, 사실 단속에서 그다지 큰 차이가 있지는 않다. 다만 굳이 말하자면 환경의 차이에서 오는 부득이한 사정으로 인해 지극히 세부 면에서 약간의 차이가 있을는지 모르겠다. 최근 어느 신문에서 종로경찰서 관내는 카페에 대한 단속이 느슨하고 본정 관내는 적극적이라는 둥 뭐라는 둥 쓴 것으로 기억하지만, 사실은 결코 그렇지 않다. 같은 도(道) 내에서 같은 규칙 아래 단속하고 있으니 상식적으로 생각해도 다를 리가 없다. 카페의 폐점 시간 또는 한 카페의 여급 정원 등 모두 다른 관내와 동일한 규칙으로 단속하고 있기 때문에 경찰서에 따라 대단한 차이가 있을 리 없다. 한 예로 카페를 닫는 시간을 들어도 그렇다. 닫는 시간은 오전 1시까지라 돼 있는데 조선인 측 종래 관습은 밤을 새워 노는 일이 있기 때문에 그런 점으로 인해 때로 정해진 폐점 시간보다는 꾸물거리며 늦어지는 경우가 없으란 법은 없다. 하지만 그건 특별한 경우일 뿐 언제까지나 무제한으로 시간을 상관 않고 밤새도록 카페를 하는 자는 없다. 또한 당국의 단속 방침으로 봐도 허용되지 않을 터다.

그리고 현재 당면하고 있는 본 종로경찰서 관내의 카페 문제로 내가 고려하고 있는 바는 더 이상 추가로 카페를 허가하는 일은 가능한 한 삼가려 한다는 점이다. 아무래도 현재 종로서 관내는 본정서 관내에 비해 퍼센티지를 바탕으로 생각할 때 아직 카페를 허가할 만큼의 여지가 없지는 않은 셈이다. 그러나 여지가 있다고 해서 이런 카페 같은 유흥 영업자만 늘린다는 것은 주위에 대한 영향을 볼 때 고려해야 할 사항이라 생각한다. 따라서 카페 자체의 유행은 시대적 움직임이니 그 존재를 부정할 수는 없다는 관계에서 경찰의 단속 방침에 부합하는 한 절대로 허가하지 않는다고는 할 수 없을지 모르나, 이상 서술한 여러 이유에서 더 이상 카페를 허용하는 일은 가능한 한 피하고 싶다고 생각한다.

36. 후루카와 사다키치, 기성권번의 조직 변경에 대하여(1932. 10. 1.)

평양경찰서장 후루카와 사다키치, 기성권번의 조직 변경에 대하여
平壤警察署長 古川貞吉, 「箕城券番の組織變更に就て」,
『朝鮮警察新聞』278, 1932. 10. 1.

주식회사 기성권번이 9월 15일 자로 본 회사 설립을 허가받았다. 이에 대해서 기생 영업자의 다수가 반대 의견을 표명하기도 하고, 어떤 자들은 이면에서 무지한 이들을 선동해 문제를 강화하거나 개중에는 세인에게 오해하게 만드는 언동을 하는 자도 있다. 또한 종래에 딱히 지장이 없었던 권번에 대해 굳이 일을 크게 벌일 필요가 없지 않느냐고 평하는 패거리도 있는 것 같다. 그러므로 이 기회에 기성권번을 주식회사로 조직 변경할 필요가 있다고 본 이유와 앞으로 회사가 취하고자 하는 영업 방침을 세간에 발표하는 것이 무익하지 않다고 생각해 감히 붓을 들기로 했다.

우리 경찰 당국으로서도 현재의 기성권번은 12년의 역사와 유례없는 특색을 지니고 있으므로 가능한 한 그들 기생의 자치를 통해 조합 조직으로 둔 채 추이시키기를 희망하여 몇 해 전부터 각종 알선을 지도해 왔습니다. 그러나 여성이 늘 그렇듯 쓸데없이 감정에만 치우치고 지극히 협조성이 부족하며 일면 사리를 정당하게 해석할 능력이 결여된 그들은 항상 권번 내외의 일부 야심가의 선동으로 말썽을 반복하니, 기생 소동은 평양의 일대 암이자 일대 치욕이 되었다고 뜻있는 사람은 항상 이를 우려하면서 주식 조직으로 바꾸는 것 외에는 구제의 길이 없다는 데 중의가 일치하였습니다.

이번에도 작년 가을 이래 단속 문제로 분쟁이 계속되었지만, 연구를 거듭한 결과 현상을 유지하는 것이 권번의 평화를 유지해 선량한 기생의 이익과 행복을 증진하는 일이 아님을 확신하게 되었습니다. 한편 치안의 유지와 풍속 면에서 간과하기 어렵다고 보았기 때문에, 올해 6월 말 상사의 승인을 얻어 근래 현안이었던 주식회사로 조직을 변경하기로 방침을 확정하여 바로 조직에 착수하고 우여곡절을 거쳐 이번에 주식회사 기성권번을 설립하게 되었습니다.

　현재의 기성권번은 1920년 7월에 설립된 기생의 조합 조직입니다. 조합원인 기생은 때로 증감은 있지만 보통 1일 170~180명에서 240명 정도이며, 현재는 237명이 있습니다. 그중 20세 이상인 자는 불과 30명 정도며, 80% 남짓은 15~16세 이상 20세 미만인 유년자여서 사리를 정당하게 판단할 수 있는 자가 지극히 소수입니다. 조합의 유지는 그들 다수인 유년자들이 선출한 10명의 평의원이 모두 좌우하기 때문에 평의원의 권한은 실로 절대적입니다. 따라서 평의원 선거에서는 언제나 매수와 유혹, 암투가 이뤄져 분규에 분규를 거듭하고 있습니다. 이렇게 해서 선출된 평의원은 대부분 상당히 오랫동안 그 세계에서 부침을 겪어 일종의 버릇 근성을 지닌, 이른바 노기(老妓)이다 보니, 자기 이익, 자기 권세, 자기의 감정을 위해서는 전혀 남을 돌아보지 않는 등 지극히 조화성이 결여된 자가 많아서, 항상 조합 내에서 당파를 형성해 표리의 투쟁이 끊이지 않았습니다. 특히 자신의 감정이나 이해관계를 위해서, 혹은 야심가의 매수 등으로 인해 지극히 사소한 일이나 전혀 근거 없는 소문을 트집 잡아 항상 이사(取締役)를 배척하려 기도하면서 누구는 배척파고 누구는 옹호파라는 식으로 갈라져 투쟁에 투쟁을 거듭해 기생 소동이 평양 명물의 하나로 꼽히고 있는 지경이니, 그들 기생에게 완전한 권번 유지 능력이 없음은 세상이 주지하는 바입니다.

　이런 이유에서 대대로 경찰서장은 이들의 감독 단속에 고심해 왔고, 이제까지도 주식회사로 조직을 변경하지 않으면 도저히 화근을 절멸시킬 수 없다는 논의가 일어나 몇 차례 착수하기도 했지만, 여러 지장이 생겨 실현을 보지 못한 채 지금까지 말썽이 반복되어 왔습니다.

　주식회사인 새 권번은 이달 1일에 윤영선(尹永善) 씨 외 6명을 발기인으로 신청하여 15일 도지사의 허가를 받았습니다. 그 내용을 보면, 업무로서 (一) 기생 권번업, (二) 기생의 구제, (三) 기생에 대한 금전의 융통, (四) 기생 일용품의 용달, (五) 기생의 양성 및 기예의 향상 등을 내걸어, 종래 기성권번의 영업 방법과 아무런 차이가 없습니다. 또한 1주 20엔, 일시 완불 1천 주, 총자본액 2만 엔을 기초로 하고 있어 대단히 견고하고, 게다가 각 임원과 주주는 영리에 주안을 두지 않고 평양 기생의 소질 향상과 이익을 목표로 힘쓰고 기생의 수입률을 증가시킨다 하니, 기생에게 매우 유리한 영업 규정 아래 업무를 하게 되어 있습니다. 그리고 희망에 따라 기생에게도 상당수의 주식을 소유하게 한다거나, 또한 주식은 기명제로 하고 이를 이동하려면 경찰서장의 승인을 필요토록 해 기생에게 불리한 야심가의 개입을 방지할 방도도 마련했습니다. 한편 기생을 대표하는 고문 제도를 마련하고 영업에 관해 기생의 의견과 희망을 발표하는 기관도 만들어 애써 회사의 독단을 방지하게 돼 있습니다. 그리고 현재의 기성권번의 재산 등도 원만하게 새 회사로 양도할 의사가 있을 때는 되도록 기생 등에게 유리하게 매수할 용의가 있어서, 그런 경우에 기생 등은 일률적으로 가입금으로 불입한 20엔과 채무정리 및 기타에 필요한 금액을 차감한 잉여를 기생 계속 영업의 연월에 따라 분배받을 것이기 때문에 이 주식의 구입 또는 적당한 이자 증식 방법의 강구를 통해 종래 수면 상태였던 자기 재산을 유리하게 활동시킬 수도 있게 되는 셈입니다.

새 회사 관계자들도 이러한 설립 취지를 충분히 이해하여 회사의 이익을 도외시하고 진정으로 기생을 위한 권번으로서 사명을 다할 것을 밝히고 있습니다. 또한 그 인물을 보아도 새 회사 사업이 개시되면 그동안의 말썽을 일소하고 원만하게 추이하여 진정으로 기생의 이익 향상을 볼 것이라 믿고 이를 간절히 바라마지 않습니다.

37. 나카무라 나오다케, 사창 발호와 사회 풍기(1932. 10. 1.)

본정경찰서장 나카무라 나오다케, 사창 발호와 사회 풍기
本町警察署長 中村尚武, 「私娼跋扈と社會風紀」,
『朝鮮警察新聞』 278, 1932. 10. 1.

　경성부 내 병목정(並木町), 서사헌정(西四軒町) 방면의 동부 일대에 밀집하고 있는 음식점은 모두 47채에 달한다. 이들은 모두 고마쓰(小松) 전 서장 시절에 경성부 내 태평로(太平通り), 장곡천정(長谷川町), 황금정(黃金町), 봉래정(蓬萊町), 길야정(吉野町), 약초정(若草町), 앵정정(櫻井町), 화원정(花園町) 등 도처에 산재해 당시의 풍기를 어지럽힌 탓에 이 업자들을 모두 동일 장소에 집단화하기로 기도한 결과 1930년 12월 25일 현재의 동부로 이전이 실현되어 현재에 이르렀는데, 이들의 풍기 문제는 종래부터 이미 문제시되고 있었다. 곧 현재 동부 일대에 존재하는 이 음식점들은 소위 세간에서 말하는 순연한 음식점이 아니라, 실제로는 일종의 애매옥(曖昧屋) 업자여서 그들 자신도 전업을 생각하고 있을 정도로 떳떳치 못하고 불명료한 장사이며, 이로부터 받는 부 내의 풍기는 상상 이상으로 영향이 심대했음이 사실이다. 그들 동부 음식점은 표면적으로는 음식점처럼 해놓았지만 내실은 많은 고용녀를 데리고 공공연한 비밀인 사창을 영업하고 있다. 따라서 그 무시무시한 결과는 상상 이상이어서 경찰 단속 차원에서 도저히 방임해 둘 수 없다는 점은 부임 이래 일찍부터 통감하고 있었다. 그러나 그 음식점에 고용된 여자 중에는 내지에서 고용되어 올 때는 내지와 같은 음식점일 것으로 지레짐작하고 조선에 왔지만 사실은 달라서 사창행위까지 강요당했다거나 또는 어느 악인의 감언에 속아 유괴되었다는 등 각종 사정이 있어서 차마 들을 수 없을 정도의 슬픈 이야기까지 잠재하고 있으니 인도적으로도 묵과하기 어렵다. 게다가 현재 이들 음식점이 존재하는 동부 일대 지역은 경성사범학교와 동대문소학교 등 교육시설이 군집한 중요한 곳이어서 교육 면에서도 매우 바람직하지 않은 존재가 되고 있다. 또한 일반 유곽 설비라도 갖추고 있다면 폐해도 적을 법하다고 생각하지만, 현재의 동부 음식점 구조는 오히려 폐단을 조장하는

형태니, 여러 점을 종합해서 생각할 때 이처럼 부자연스럽기 그지없는 존재는 없다고 느낀다. 그렇다 보니 그들 해당 업자 자신도 전술한 것처럼 매우 떳떳하지 못해서 스스로를 약한 입장의 장사라고 노골적으로 드러내고 있는 현실이다. 잘못된 생각으로 어두운 장사를 하다 보니 그들 해당 업자 자신도 끊임없이 사회적·정신적 고통을 받는 모양이어서, 학교에 다니는 음식점 영업자의 아이가 같은 친구들에게서 네 아버지는 무슨 장사를 하냐며 모멸 어린 시선을 받고 있기도 하고, 근처에 있는 집에서는 자기 아이가 음식점 장사를 하는 집 아이와 노는 것을 꺼려서 경원시하기도 하고, 그런가 하면 모 영업자는 소중한 딸을 시집보내려 했다가 그런 장사를 하는 집 딸이라며 거절당한 일 등 여러모로 피눈물이 나올 만큼 딱하고 비참한 이야기가 적잖이 있다고 한다. 이런 점들에 비춰 볼 때 사창과 유사한 이들 애매옥(曖昧屋) 업자가 얼마나 사회적으로 모멸의 시선을 받고 있는지는 상상 이상으로 크다는 점을 쉽게 짐작할 수 있으리라 생각한다.

그러니 그들 동부 음식점 해당 업자도 항상 자신들이 하는 장사가 진실로 사회 풍기에서 남들 앞에서 크게 드러낼 수 없을 만큼 물질적으로나 정신적으로 천한 직업이라는 것을 진심으로 통감하는 모양으로, 항상 다른 전업을 생각하는 자도 적지 않은 듯했다. 그래서 나는 이미 본정 서장으로 취임한 이래 현장 검사(臨檢)를 세 번 실시하면서 사실 진심으로 폐해를 느끼고 있는 참이었기에 차제에 오히려 영업자의 이해를 구해 전업을 종용할 수밖에 없겠다고 생각하여 단호히 결심하여 9월 4일 그들 대표자인 동부음식점조합 세이케(淸家) 조합장을 본서로 불러들여 이러한 뜻을 통달하였다. 그리고 그 기한은 영업자의 편의에서 올해 말부터 내년 4월까지로 정하고 전업할 때는 본서도 가능한 한 그들의 편의를 꾀하고 선처할 작정이다. 이에 대해 일반음식점 해당 업자도 당국이 뜻하는 바를 잘 이해하여 전업의 뜻을 굳히고 성의를 피력하고 있으니, 당국으로서 매우 유쾌하게 느끼는 상황이다. 다만 전업할 때 문제시되는 것은 동부 이전 당시 다소 무리해서 이사한 업자가 과연 예상한 대로 비용을 조달할 수 있을지 여부인데, 이 점도 현재 사는 가옥을 그대로 두고 구조만 다소 수리하면 괜찮을 것이라 생각된다. 또한 고용녀의 전차금도 생각보다 그다지 많지는 않으니 전업이 꼭 불가능하지는 않을 것이라고 본다.

대체로 근래의 내지 정세를 감안하더라도 주요 모범 도시에서는 사창굴이 점점 모습을 감추기 시작하고 있다. 도쿄의 가메이도(龜井戶)나 다마노이(玉の井)는 사창굴 존재로 유명한 지역이지만 이곳도 점점 쇠퇴하기 시작하고 있다. 또한 나의 전임지 교토(京都)는 그런 종류의 사창굴이 전혀 없을 정도로 도시 정화라는 의미에서 잇달아 그 존재를 허용받지 못하고 있다. 단순히 단속 차원에서 보더라도 이들 애매(曖昧) 음식점은 법규에서 존재를 인정받지 못하므로 오늘이라도 당장 이를 행정처분에 부쳐도 무방한 셈이지만, 아무래도 상대는 약한 입장에서 장사하는 자이니 그렇게 하다가는 너무 가혹해 보일 수 있으므로 가능한 한 그들 해당 업자의 편의를 꾀하여 기간을 정해서 전업을 종용하기로 한 것이다.

넓은 의미에서 볼 때 누구든 이 세상에 서 있는 이상 살기 위해 장사를 하고 있다는 건 틀림없다. 그만큼 인간이란 존재는 자신에게 충실할 수밖에 없고 또한 그만큼 자신이 영위하는 장사는 타인 앞에서 부끄럽지 않아야 한다. 이 때문에 당연히 인간이 영위하는 장사는 밝은 느낌이어야 마땅하다고 느끼는 바다. 그런데 이들 음식점 해당 업자는 반대로 밝은 느낌이 결여돼 있으니, 따라서 언젠가는 스스로 나서서 그 잘못된 점을 깨닫고 이를 개량하고 개선시키리라고 믿는다. 중요한 것은 그저 기회의 문제다. 오늘날 마침 정부 스스로가 자력갱생을 외치며 국민에게 호소하고 있는 이때야말로 시절 좋은 중요한 때라 느껴지니, 이참에 동부 음식점 해당 업자는 모두 새롭게 변하기 위해 떨쳐 일어나 자력갱생의 길로 나서는 것이 가장 시의적절한 일이리라 생각한다. 또한 이 방법을 취할 때 가장 현명한 갱생의 길을 얻을 수 있을 것이다.

나는 본정 서장으로 부임한 이래 아무리 남이 뭐라 하더라도 사회에 도움이 되지 않는 사항에 대해서는 직무상 단호한 신념으로 대처하면서 직무가 명하는 바를 향해 스스로 매진할 각오로 임해 왔다. 그런 의미에서 이번 일도 물론 신념이 발하는 바를 따랐을 뿐이니 전혀 주저할 필요가 없다. 그러므로 혹여 달리 유사한 영업 행위를 하는 음식점이 있다면 이번 기회에 사회 풍기 차원에서 단호히 전술한 내용과 마찬가지로 전업을 종용하고자 한다. 내가 본 바로는 조선인 측에 내외 주점이라는 것이 있어서 다소 같은 성질의 것처럼 보이기도 하지만 이들은 웬만큼 잘 해나가고 있는 듯하고, 여기서 말하는 동부의 몽롱한 음식점들처럼 부자연스런 행위를 공공연히 드러내지는 않는 것 같다. 또한 본서 관내에는 그런 영업자가 현 단계에는 보이지 않는다.

끝으로 이번에 영업자에게 다른 직업으로 전업하도록 종용한 것에 대해, 일부 몰이해한 자들 가운데서 그대로 다른 관내로 이전하는 자도 생기지 않을까 하는 우려가 한때 일기도 했지만, 지금으로서는 다행히 그런 자도 없고 모두 다 한결같은 모습으로 당국의 뜻을 잘 이해해 전업하게 되었음을 기쁘게 생각한다.

(문장 책임은 기자에게 있음)

38. 나카무라 나오다케, 댄스 단속과 그 견해(1933. 2. 15.)

본정경찰서장 나카무라 나오다케, 댄스 단속과 그 견해
本町警察署長 中村尚武,「ダンス取締と其見解」,
『朝鮮警察新聞』287, 1933. 2. 15.

　대체로 새로움을 좇는 사람들 중에는 춤의 뜻을 제대로 이해하지 못한 채 그저 보고 들은 바를 흉내만 내면서 들뜬 머리로 댄스에 흥미를 갖는 경우가 있으니, 그 결과 도시의 풍기를 어지럽히는 일이 있음은 도시 문화 차원에서도 개탄스럽다.

　댄스는 무릇 사교의 의미가 포함된 댄스와, 여기에 에로(성적인 요소)를 가미해 풍기 차원에서 저속함에 빠지기 쉬운 댄스와, 마지막으로 순연한 예술 본위를 주안에 두는 것, 이렇게 세 종류로 나눠 볼 수 있다. 그런데 가령 댄스 중에서 단순한 사교를 의미하는 댄스를 춘다 하더라도 어느새 댄스를 추는 본인 자신이 자각하지 못하는 사이 목적 외의 에로틱 댄스의 폐해에 빠지기 쉽고, 이 점으로 인해 댄스 추는 자의 반성 그리고 풍기 단속 의미에서 경찰이 단속의 손을 뻗쳐야 할 필요를 인정하게 된다.

　현재 내지의 각 도시 상황에 비춰 볼 때 도쿄, 오사카, 고베 등 주요 도시 서넛을 제외하면 그 외는 댄스가 그다지 유행하고 있지 않다. 전 일본적으로 도시의 가치를 인정받는 오사카에서조차 댄스홀에 대한 경찰 당국의 단속을 대단히 엄중하게 가한 결과 한때 한 곳밖에 허가되지 않은 댄스홀에도 풍기문란을 이유로 탄압이 가해진 사실이 있다. 나의 전임지인 교토도 그러한 도시이지만 그다지 눈에 띌 만한 댄스홀은 마련돼 있지 않다. 고베 같은 곳은 외국인이 많이 거주하는 특수 지점이므로 이는 예외로 보아야 한다.

　경성에서 한때 번성하기 시작하던 이른바 무용 연구소는 명의에 반하는 매우 수상한 점이 있었다. 필경 무용 연구소라는 간판에 숨어 이른바 저속한 댄스를 가르치고 추는 곳이라 볼 수밖에 없었다. 게다가 이들 무용 연구소를 경영하며 가르치는 역할을 맡는 자는 대부분 외지로부터 흘러들어 온 자가 많고, 따라서 지역 사정에 정통하지 못한 경솔한 처신이라 볼 수밖에 없는 경우가 많다. 요컨대 그들은 독단적으로 가볍게 생각하며 경성에서도 조만간 댄스홀이 공공연히 허가되리라고 내다보면서 이를 전제한 행동으로 위와 같은 처신에 나선 경우가 적지 않은 듯하다.

물론 경성도 앞으로 한층 더 도시로 발전함에 따라 필연적 결과로서 공공연히 홀을 허가할 수밖에 없게 될지도 모른다. 그러나 이는 그저 장래에 대한 상상에 불과하고, 현재는 법규에 허가하지 못하게 되어 있다. 바로 이 부분에 지난번 경찰 당국이 일부 무용 연구소를 단속한 근본 의의가 있음을 강조하고 싶다.

하물며 현재 일본의 시국은 지위 고하를 막론하고 다사다단하므로 국민 모두가 하나 되어 긴장하고 조국의 앞날을 위해 선처해야 하는 때일 뿐 아니라, 밖으로는 국제 시국에 평정이 결여된 상황인데다가 만주국 건설 이래 우리나라(本邦) 상황은 여러 의미에서 국민이 떨쳐 일어나기를 기다리는 중요한 시기라 믿는다. 게다가 조선은 내지와 달리 특수한 여러 사정 차이가 다분히 있는 만큼 쓸 데 없이 부박한 행동은 금물이라 할 수밖에 없다. 사태가 이와 같은 때에 사교라는 미명에 숨어 저속한 댄스에 마음을 뺏겨 상궤를 벗어난 행위로 미풍양속을 해치고 풍기를 문란하게 하는 일은 절대로 허용할 수 없다.

경찰의 진정한 생명은 예방경찰에 있다. 풍기를 문란케 하고 사회질서를 저해할 우려가 있다고 인정되는 것에 대해서는 미연에 방지하여 일반의 질서를 유지해야 한다. 일시적 현상이라고는 하나 경성에 각종 미명을 내걸고 속출한 무용 연구소는 그것이 미치는 영향이 심대하고, 한때는 멋대로 댄스홀의 설치 여하 문제를 들고 나와 당국으로서도 그대로 묵인할 수 없는 입장이 되었다. 그 때문에 한편에서는 무용 연구소에 대한 단속 당국의 태도를 사회적으로 선언한다는 필요에서도 단호한 처치를 취할 필요를 인정해 마침내 단속을 가하게 된 것이다.

그러니까 댄스라는 것에 대한 당국의 태도는 댄스라는 이름이 붙는 일체를 단속한다는 의미가 결코 아니다. 댄스 단속의 주안점은 당국의 뜻에 반해 홀을 경영하며 저속한 댄스를 가르치며 도시의 풍기를 어지럽히는 대상으로 제한된다. 따라서 양가의 자녀를 중심으로 어린이 무용(童踊)에 주안을 두고 정조 교육의 의미로 행하는 가정 무용이라든가, 또는 글자 그대로 댄스를 연구할 목적으로 개인적으로 교수하거나 교수를 받는 자에 대해서는 아무런 단속도 가하고 있지 않다.

어찌됐든 인간의 사회생활에서 난점은 무자각적으로 상궤를 벗어나 탈선하는 일이다. 전술했듯이 처음에는 댄스를 단순한 사교적 의미에서 시작한 자도 정도가 깊어짐에 따라 모르는 새에 상도를 벗어나 목적 외의 방향으로 나아가게 된다. 그리하여 자기도취적으로 쾌락 중심의 저속한 댄스를 추게 되어 각종 풍기 문제가 의도치 않게 일어난다. 이 점 때문에 경찰 단속의 필요를 통절히 느끼게 되는 것이다.

　게다가 이번에 댄스홀과 유사한 무용 연구소를 단속하면서 특히 느낀 것은 소위 댄스에 관심을 가지고 모여드는 자는 대체로 중년 이하의 청년 남녀가 많다는 점이다. 다소 분별력이 있는 상당히 나이 먹은 자들은 깊은 자각을 가지고 이를 가까이 하지 않는다. 이른바 나쁜 의미에서 현대적 취미의 모던보이, 모던걸을 과시하는 청년남녀가 이들 중에 많다는 점은 주의할 만하다. 따라서 댄스가 무엇인지 이해하지 못하는 일부 청년남녀가 자위적으로 경솔한 판단을 내려 댄스에 동조하는 경우가 적지 않아 보인다. 다행히 이번에 당국이 무용 연구소에 가한 단속 처치와 관련해, 처음에는 아무런 숙고 없이 같은 무리에 들어가 있던 자도 차츰 자기 잘못을 깨달아 도시 풍기에 악영향을 미칠 가능성이 있는 무용 연구소를 미연에 해소할 수 있었고 이에 대해 깊은 이해를 가지고 접하게 되었으니, 이는 도시 발전 측면에서도 근래 보기 드문 쾌거였다고 생각한다.

　그리고 무슨 일에도 때라는 것이 있다. 가령 댄스 자체가 좋은 것이라 할지라도 일본인의 종래 전통에 어울리지 않는 저속한 에로틱 댄스를 추기 바빠서 오늘날 같은 일본의 비상시에 누구나가 긴장해야 하는 때에 그토록 신중하지 못한 태도를 취하는 일은 국민의 풍습 차원에서도 가장 경계해야 할 일이라 하지 않을 수 없다. 가까운 예로, 이상에서 말한 의미에서 국가 비상시에 중대 책임을 짊어진 우리 황군은 영광스런 정벌의 길에 나서 연일 경성역을 통과하고 있다. 이들 황군은 찬바람 몰아치는 만주 광야에서 조국을 위하여 성전(聖戰)에 나섰고 호국의 귀신이 되는 것도 마다하지 않을 각오를 다지며 조금도 기죽지 않고 용기를 북돋우며 출정의 길에 나서고 있다. 이렇듯 용감한 모습을 볼 때 똑같은 조국애를 불태우는 동포로서 동정의 눈물이 쏟아져 내림을 느껴야 할 터다. 연일 파견되어 가는 젊은 출정 군인의 터질 것 같은 용기에 누구나 힘을 받고 있기에, 경성 시민은 대부분 이들의 환송, 환영으로 분주해져 역의 플랫폼 도처에 출현하는 눈물겹게 다채로운 극적 장면들이 보는 이들에게 적잖은 자극을 주고 있다.

　이와 같은 비상시에 즈음해 국민의 한 사람으로서 몰지각하게도 풍습을 해치는 저속한 댄스에 심취하고도 태연히 부끄러워하지 않는 자가 만일 있다면, 그야말로 일본 국민으로서 가장 불명예스런 일이라 해야 할 것이다. 또한 당국의 의지에 이해가 없는 일부 자들은 당국의 단속 이유가 어디에 있는지를 곡해해 향락적 기분에 심취하여 풍기를 어지럽히는데, 이는 비단 댄스에만 국한되지 않는다. 일본에 전해져 오는 춤을 추는 예기들에게서도 치정싸움의 난리법석을 곧잘 발견할 수 있지 않느냐고 억측을 부리는 사람이 있을는지 모르겠으나, 이는 너무도 억지스러워서 말할 가치도 없는 얘기다. 왜냐하면 일본의 춤 안에는 일본인의 전통에 상응하는 많은 것이 담겨 있다. 하지만 서양에서 추는 댄스처럼 남녀가 포옹하고 입을 맞추며 어지럽게 추는 극단적인 면은 볼 수 없다. 이렇듯 일본인이면서 일본인에 걸맞지 않는 저속한 방면으로 달려가 굳이 향락을 추구하며 도시의 풍기를 해치는 일은 어느 면으로 보나 그다지 바람직하지 않다고 생각한다. 그렇기 때문에 경성에서도 나중에는 도시 문화가 발전함에 따라 결국 공공연히 댄스홀을 허가하게 될 시기가 도래하리라 생각은 들지만, 그때까지는 무슨 일이 있더라도 단속 법규가 명하는 바에 따라 단호한 처치를 취할 수밖에 없다고 본다.

따라서 일반 민중도 당국이 뜻하는 바를 잘 이해하여, 국가 비상시를 맞아 난국에 서 있는 일본이 타개의 길을 강구해 진정한 평화의 봄을 맞이함으로써 멋지게 댄스를 춰도 좋은 때가 오기까지 당분간 참아주기 바란다.

(문장 책임은 기자에게 있음)

39. 일개 기자, 본정경찰서의 댄스 단속과 법규의 근거에 대하여
(1933. 2. 15.)

일개 기자, 본정경찰서의 댄스 단속과 법규의 근거에 대하여
一記者, 「本町署のダンス取締と法規上の根據に就いて」,
『朝鮮警察新聞』 287, 1933. 2. 15.

파문을 던진 본정경찰서의 무용 연구소 적발이 있었다. 이를 통해 당국의 태도를 무시하고 불편한 행위를 했다는 이유를 들어 무용 연구소의 강사이자 경영자인 도마리 시게카즈(泊茂一) 씨를 소환해 여러 취조를 한 결과 예기치 않게 경성의 그 업계에 커다란 파문을 일으키기에 이르렀다. 한편 본정서는 곧바로 활동을 개시해 모 방면으로부터 입수한 동 연구소의 회원 명부를 가지고 입체적인 조사를 개시하는 한편, 부 내의 서양요리옥조합(西洋料理屋組合)과 관련해서는 54채의 카페 업자에 대하여 여급 대 손님의 댄스를 절대로 금지하는 통달을 보냈다.

'당국으로부터 이미 허가받았다'면서 널리 회원을 모집하고 당당하게 소셜 댄스 강습을 하던 경성 명치정(明治町) 1정목(丁目) 소재 경성무용연구소는 이렇게 해서 본정경찰서 당국의 적발 대상이 되었고, 경영자 고나미 슌요(小浪春陽)라 칭하는 도마리 시게카즈(泊茂一)는 마침내 1월 21일 본정서의 소환을 받고 당국의 엄중한 취조를 받았다. 그리고 전술했듯이 본정서 당국은 기민한 활동을 통해 결국 동 연구소가 절대로 외부에 흘리지 않는다고 알려진 회원 명부를 입수하였다. 그 결과 뜻밖에 당국의 상상 이상으로 기괴한 사실을 포착하게 됨으로써 이를 유일한 증거품 삼아 더욱 취조를 진행하기에 이르렀다. 보기에 따라서 결사와도 유사한 이 무용 집단의 전모를 표면화시키지 않겠냐며 한때는 일부 세간에서 화제가 되기도 했다. 그리고도 경찰부도 이번 기회에 이런 종류의 연구소는 댄스홀과 아무런 차이가 없다는 취지의 견해를 보이면서 철저히 단속해야 한다는 의향을 각서에 전달하였다. 아무튼 당국의 단속 태도를 무시한 위의 무용 연구소를 적발

한 것이 발단이 되어, 산재하는 댄스 연구소의 내부 사정이 백일하에 폭로됨으로써 각 방면에 센세이션을 불러일으킨 것은 틀림없다.

이번에 본정서가 댄스 연구소에 가한 탄압은 위에 서술했듯이 참으로 여러 의미에서 상당한 충격을 주고 있는데, 이를 법규적 근거 면에서 파헤쳐 본정서의 태도를 검토해 보자면, 대체로 본정서 관내에 댄스 연구소가 만들어진 그간의 경위부터 생각할 필요가 있다. 본정서 관내에서 회원제도를 통해 다수 사람들에게 댄스를 가르치고 있는 것은 이번 문제의 씨를 뿌린 명치정(明治町)의 고나미(小浪)무용연구소만 보자면 그다지 대수롭지는 않았다. 전술한 고나미무용연구소는 처음 설립 당시 본정서에 취지를 구비해 출원한 것이 사실이고, 당시는 당국도 그런 류의 연구소에 대해 의거할 법규가 아무것도 없었기 때문에 도를 넘지 않는 개인교습 행위는 무방하다는 답을 주었다고 한다. 그러다가 점차 성황을 이룸에 따라, 단속 조치를 가했을 때는 340(三四十)[34]명의 회원을 보유하게 되었고, 2명의 조수까지 써가며 댄스를 가르쳤다고 한다. 이 또한 괜찮다 하더라도, 본정서가 애당초 단속을 가할 필요를 느끼게 된 동기는 이 연구소가 그 미명 아래 숨어서 당국의 눈을 속여 불편하게도 회원이 짝을 이뤄 춤을 추는 경향이 도를 넘은 점이었다고 한다. 본정경찰서는 이를 댄스홀 형태라 인정하고 '유희장영업단속규칙 위반'으로 고발하였다.

---

34 고어 표기에서 30~40명을 쓸 때 읽는 소리 위주로 하이픈 없이 三四十名이라 쓸 수도 있으므로 340명일 가능성과 30~40명일 가능성을 모두 배제할 수 없다고 보인다.

40. 도쿄의 특수 음식점과 경시청의 단속규칙(1933. 3. 1.)

도쿄의 특수 음식점과 경시청의 단속규칙
「東京に於ける特殊飲食店と警視廳の取締規則」,
『朝鮮警察新聞』 288, 1933. 3. 1.

　도쿄부 내외에 산재하는 많은 카페, 바, 기타 이와 유사한 음식점 등의 단속에 관한 도쿄 경시청령은 1895(明治 28)년 4월 동 경시청령 제8호를 통해 공포된 '마치아이차야(待合茶屋) 유센야도(遊船宿) 가시세키요리옥(貸席料理屋) 음식점 및 예기옥(芸妓屋)에 관한 단속규칙'[35]이 있을 뿐이다. 원래 도쿄 경시청령은 카페, 바 등의 출현을 아직 예측할 수 없었던 구시대에 만들어진 규칙이므로, 이것만 가지고 실제로 도쿄 시내에 산재하는 카페, 바 등을 단속하는 것은 도저히 불가능하다. 그 때문에 1934년 9월과 1931년 2월 전후 2회에 걸쳐 경시청 보안부장 통첩을 발표함으로써 이들 카페와 바를 단속해 왔지만, 그래도 여전히 임시방편의 감이 없지 않아 실제에 들어맞지 않는 경향이 있다. 게다가 카페와 바의 영업에 관한 제한처럼 직접 공중의 이해관계에 가장 중대한 영향을 미치는 사항에 대해, 본격적으로 경시청령으로 단속하는 것이 아니라 그저 통첩으로 사실상의 각종 제한을 가한다는 것은 타당성을 심히 결여했을 뿐 아니라, 나아가 그 단속에도 적지 않은 불편을 수반함은 자명한 이치다. 또한 전술의 보안부장 통첩을 통해 카페, 바를 단속할 때, 그 내용의 성질 면에서도 현재의 단속 실상에 비추어 보면 매우 불충분하고 부적당하다고 보아야 할 점이 대단히 많다. 그래서 지난번 이를 보완하는 개정을 하면서 동시에 종래 통첩을 정리 통일해 '특수음식점영업단속규칙'이라 칭하는 본격적인 경시청령과 동 집행수칙(執行心得)을 제정하게 되었고, 드디어 2월 1일부터 이를 시행하기에 이르렀다. 그 주요 개정 조항을 설명하자면 대체로 다음과 같고, 그외 사항은 내용면에서 대략 현행 그대로라 생각해도 무방하다.

---

[35] 원문은 '待合茶屋遊船宿貸席料理屋飲食店及芸妓屋ニ関スル取締規則'이다.

개정 요점과 그 이유

―. 카페, 바 등의 단속 범위를 개정한 것(규칙 제1조 참조)

1931년 2월 보기(保紀) 제511호 보안부장 통첩에서 카페, 바 등의 범위는 양식(의자, 탁자) 설비를 보유하고 주류를 판매하며 부인을 사용하는 음식점에 한정돼 있었다. 단, 객실 면적 50평 이상으로 정식을 주로 팔고 부녀가 접대하지 않는 가게, 또는 일본 요리, 메밀국수집, 오뎅집, 튀김집 등은 여기서 제외되었다. 곧 종전의 규정에서는 양식 설비, 주류 판매, 부녀 사용이라는 세 가지 요건을 구비한 경우는 부녀가 접대하는지 여부를 불문하고 이를 모두 카페, 바라 하였다. 따라서 이에 따르면, 부녀가 그저 음식물을 운반할 뿐인 순연한 식당식 음식점이라 하더라도 앞의 세 요건을 갖췄다면 이를 모두 카페, 바로 간주해 엄중한 단속을 받는다. 그에 반해 세 가지 요건 중 하나라도 부족한 경우는 가령 그 가게의 영업이 카페, 바와 아무런 차이가 없다 할지라도 이를 적용에서 제외했다. 예를 들어 카페, 바와 유사한 찻집(喫茶店)처럼 구조설비와 영업 상태는 카페, 바와 아무런 차이가 없음에도 불구하고 단순히 주류를 판매하지 않는 곳이나, 심지어 심한 경우에는 명의상으로 술을 판매하지 않는다면서도 실제로는 판매하는 경우도 적지 않았지만, 이를 적용 범위 외로 취급해 특별한 단속을 하지 않는 상태였다. 혹은 또한 판매 종목이 일본 요리인 경우는 가령 전술한 세 요건을 갖췄더라도 이를 카페, 바의 범위 외로 취급했다. 이처럼 똑같은 음식점인데도, 게다가 영업 실태 면에서나 경찰 단속의 목적 면에서도 각별한 차이가 없는 가게에 대해서 단속 제한을 달리한다는 것은 심히 타당성이 부족하다고 생각한다. 그러므로 동 개정 규칙에서는 부녀가 객석에서 서비스를 하는지 여부에 단속 한계의 중점을 두기로 했다. 적어도 부녀가 객석에서 시중들고 접대하는 서양식 요리옥 또는 음식점에서는 주류 판매 여부와 무관하게 똑같이 이를 특수 음식점으로 간주하여 보통의 음식점과 구별하고 특별히 단속하기로 했다. 다시 말해, 부녀 접대의 제공과 서양식 설비의 보유를 특수 음식점의 두 요건으로 삼은 것이다.

전술한 것처럼 서양식 설비 보유를 원칙으로 삼았지만, 이른바 오뎅이나 소요리(小料理)[36] 등을 팔면서 부녀가 객석에서 시중들고 접대하는 가게는 그 영업 상태와 풍기 단속 차원에서 보통의 카페나 바와 각별한 차이가 없으므로 그러한 종류도 역시 일반적으로 특수 음식점의 범위에 넣기로 했다는 데 중점이 있다. 그러나 오뎅이나 요리 이외 것이라도 업태에 따라 특수한 단속이 필요

---

36 간단한 요리와 술.

하다고 인정될 때는 다시금 경시청 보안부장에게 품의(稟議)를 거친 후 규칙을 적용할 수 있도록 했다.

一. 허가 조건에 대해 개정한 것

종전의 규정[1929년 9월 보기(保紀) 제310호 카페, 바 등 단속에 관한 건 의명통첩]에서는 동종 영업소에 대해 일정한 거리 제한을 마련하여, 생활 지역에서는 100미터 이내, 기타 지역에서는 50미터 이내에 동종의 영업소가 있을 때는 신규 출원을 허가하지 않기로 함으로써 그 종의 업자 증가를 방지하고자 했다. 하지만 이러한 제한을 둔 결과, 오히려 카페, 바와 유사한 소위 찻집(喫茶店), 오뎅, 소요리(小料理) 등의 속출을 초래해 소기의 목적을 달성하지 못하게 됐을 뿐 아니라 한편에서는 기존 영업에 대해 이권 관계를 발생시키는 등 오히려 나쁜 결과를 가져온 상태였다. 뿐만 아니라 동 개정 규칙에서는 특수 음식점의 범위를 종래보다 확장해 부녀가 접대하는 '오뎅', '소요리' 등도 포함시키기로 했기 때문에 따라서 동종 영업에 대한 종전의 거리 제한은 철폐되어 마땅하다고 생각하여 실행하기로 했다.

하지만 다른 면에서 학교와의 거리 제한은 한층 엄격하게 정해 100미터를 300미터로 더욱 연장하고, 또한 주거 지역에는 원칙적으로 허가하지 않기로 했으며, 예외적으로 상가가 이어진 장소에만 허가할 수 있다고 했다. 이로써 학교 부근과 주거 지역 내에서 이런 종류의 영업의 증가를 방지했다. '동 건물 내에서 타인의 주거에 접할 때', '신사, 불각, 병원 등에 근접하여 부근 상황에 조용함이 필요할 때' 등의 제한은 종전과 마찬가지로 존치하였다. 그래도 학교에 대해서 일률적으로 300미터로 할 경우 학교의 종류나 상황에 따라 다소 엄격성이 떨어질 수 있으므로 부근 상황이 각별히 조용하지 않아도 되거나 학교의 수업 등에도 커다란 영향을 미치지 않을 때는 100미터까지 참작할 수 있도록 했다. [1933년 1월 25일 보기 제22호 제3항 영업 신청(願)의 취급 제4호 참조]

一. 영업소의 구조설비로 새로 설치한 것(규칙 제5조 참조)

객실을 작은 방으로 구획 분할하면 풍기를 어지럽힐 우려가 있으므로 동 1층에서는 2개 이상의 객실을 인정하지 않고 예외적으로 각 실의 면적 40제곱미터 이상의 넓은 방으로 하거나 개인식(私風) 객실만 두면서 풍기 단속에 지장이 없는 정도로만 분할을 허가하고 있다. 곧 칸막이벽(박스, 기타 이와 유사한 장식 설비)은 그 높이를 바닥 면에서 120센티미터(약 4척)로 정하고, 객실 조명은 4제곱미터(약 1평)에 대하여 10촉광 이상의 백색 조명을 씀으로써 현재의 음울한 카페, 바를 청초하고 명랑한 음식점으로 만들기로 했다. '무대를 설치하지 않을 것, 손님용 욕조를 설치하지 않을 것, 객실은 도로나 기타 공중이 자유롭게 통행할 수 있는 장소에서 들여다볼 수 없을 것' 등의 제한 규정은 현행 그대로 두었다.

一. 영업자에 대한 준수 사항으로 새로 마련한 것(규칙 제8조 참조)

영업 시간의 제한(오후 12시까지), 사교 무용, 흥행 유사 행위의 금지, 고성 악기의 사용 금지, 떠들썩한 행위의 금지, 손님 유인이나 동반 외출의 금지, 지출 금전(出錢) 징수의 금지 등은 모두 종전 그대로다. 종업부(從業婦)로 하여금 가게 앞 또는 거리에 서게 하거나 배회시키지 않을 것 그리고 손님으로부터 징수하는 팁과 기타 일체의 요리 목록과 요금을 탁상 또는 보기 쉬운 곳에 표시토록 하고, 표시한 것 이외의 팁이나 기타 요금의 청구를 금지하는 규정 등을 영업자의 준수 사항으로 새로·추가한 점 등이 주의할 사항이다.

一. 종업부의 정원제와 고용 제한을 마련할 것

종업부(從業婦)를 무제한으로 사용토록 함은 종업부의 수입을 감소시키고 동시에 종업부 간의 경쟁을 낳을 뿐 아니라 결과적으로 풍기를 어지럽히는 원인이 되므로, 종업부의 정원은 객실 면적 제곱미터(약 1평)에 대하여 1명을 넘지 않도록 제한하고, 이를 통해 종업부를 보호하면서 영업자 간의 무익한 경쟁을 피하도록 했다.

또한 종업부의 고용에 대해서는 법정대리인의 동의 없는 미성년자, 남편의 승낙 없는 아내, 신원 불상자, 건강하지 않은 자, 해고 처분을 받은 지 6개월이 경과하지 않은 자, 품행이 불량한 자의 고용을 금지했다.

一. 종업부의 준수 사항을 정한 것(규칙 제12조 참조)

종전의 규정에는 종업부의 준수 사항이 없었기 때문에 종업부의 위반 행위에 대해서는 영업자에게만 책임을 지게 하고 종업부는 아무런 처벌도 할 수 없었다. 그로 인해 단속의 철저성이 결여되었기 때문에 본령을 통해 종업부에 대해서도 영업자와 다소 동일한 준수 사항을 규정하고 그 위반 행위에 대해서는 영업자, 종업부가 함께 책임을 지도록 했다.

一. 종업부의 해고 규정을 마련한 것(규정 제17조 참조)

종업부로서 소행이 매우 불량하고 개전의 가망이 없어 취업이 부적당하다고 인정될 때는 그의 고용자인 영업자에 대해 그 자의 해고를 명령할 수 있는 규정을 마련하였다. 이 해고 처분으로 인해 해고당한 부녀는 이후 6개월 동안은 종업부가 될 수 없도록 함으로써 불량한 종업부를 축출하고자 했다.

41. 기루 주인 측 방해를 단호히 억압하며 전국 창기에게 외출 자유 허가(1933. 6. 1.)

기루 주인 측 방해를 단호히 억압하며 전국 창기에게 외출 자유 허가
「五萬二千の籠の鳥が記念すべき六月十二日, 樓主側の妨害を斷乎抑壓して全國の娼妓に外出自由許可」, 『朝鮮警察新聞』 294, 1933. 6. 1.

봉건시대의 비인간적 족쇄로 고통받아 온 '농중조'가 드디어 다가오는 6월 12일을 기해 일제히 해방을 맞았다. 이미 보도된 공창제도 폐지의 첫째 전제로서 우선 창기에게 외출 자유를 인정하기로 하여 종래에 외출할 때 관할 경찰서의 허가를 필요로 하던 이른바 구속규정, 창기단속규칙 제7조 제2항을 삭제하기로 결정하였다. 또한 이전부터 실시 준비를 서두르고 있던 내무성 경보국은 드디어 오는 23일에 위 개정령을 공포하고 20일간의 유예 기간을 둔 후 6월 12일을 기해 전국 5만 2천 명의 새장의 새들에게 일제히 해방의 기쁨을 부여하였다. 또한 당국은 예기, 작부 등에 대해서도 이와 동일한 취지에 따라 이들의 외출을 신고하게 되어 있는 지방에서는 그 제한을 철폐시키기로 결정하였다. 동시에 당연히 예상되는 기루 주인과 기타의 방해 행위에 대해서는 단호히 억압하기로 결정하면서 이들에 관한 관계 지방법령 개정이 필요하기 때문에 20일 경보국장이 그 내용을 각 지방장관에게 통달함으로써 실시에 유감이 없도록 만전을 기하기로 했다. 과연 이러한 획기적 개정이 현실적으로 몇 명의 '새장의 새'를 구하게 될지 주목받고 있다.

42. 여급, 작부 등의 에로에 주목, 경보국 제2단의 방침(1933. 6. 1.)

여급, 작부 등의 에로에 주목, 경보국 제2단의 방침
「女給酌婦等のエロに注目, 警保局第二段の方針」,
『朝鮮警察新聞』294, 1933. 6. 1.

별도 항의 창기 해방에 관한 법령 실시와 더불어 내무성 경보국(警保局)에서는 제2단의 방침으로서 예창기, 작부, 여급, 댄서, 배우, 또는 가시자시키(貸座敷), 마치아이(待合), 요리점, 음식점, 카페, 바, 찻집(喫茶店), 댄스홀, 유희장(遊戲場), 흥행장(興行場) 등의 에로(성적인) 서비스에 대하여 엄중한 단속에 나서기로 했는데, 이는 앞서 열린 전국위생관회의에서도 문제시된 바 있다. 위생국 조사를 보더라도 최근 장정들의 화류병 환자 수는 점차 증가하는 경향을 보인다. 게다가 그 원인이 종래의 예창기로 인한 경우보다도 여급, 댄서, 기타로부터 감염되는 경우가 많다는 예상외의 결과가 나타나고 있어, 아키타(秋田)시에서는 솔선해서 여급의 매독검사(檢黴)를 단행하고 있을 정도다. 이번 기회에 여급의 매독검사를 전국적으로 실행해야 한다는 건의(建言)도 있었기에, 당국은 위생국과 경보국 두 곳에서 관련 대책을 목하 연구 중이다.

43. 아라시야마 생, 소녀 유괴, 매각, 살해사건과 범죄의 수사
  (1933. 7. 15.)

종로경찰서 사법계 아라시야마 생, 소녀 유괴, 매각, 살해사건과 범죄의 수사
鐘路署司法界 嵐山生, 少女誘拐, 賣却, 殺害事件と犯罪の搜査
『朝鮮警察新聞』297, 1933. 7. 15.

근래의 중대 사건으로서 많은 이목을 놀라게 하고(驚動) 그 잔인한 행위를 차마 눈뜨고 보지 못하게 한 사건, 곧 경성부 돈의동 114번지 지나요리점 열빈루(悅賓樓) 부근 창고 내에서 저지른 조선인 소녀 살해사건은 그 후 의외의 방향으로 발전했다. 곧 조선인과 지나인(鮮支人)을 중심으로 대규모 소녀 유괴와 매각을 본업으로 삼는 일단이 잠재하여 교묘하게 책동하고 있었음을 발견하기에 이르러 경찰 당국이 대대적으로 활동을 전개한 결과 악랄한 소녀 유괴단이 다년간에 걸쳐 계속해 온 범죄 사실이 마침내 백일하에 폭로된 것이다. 게다가 이 사건은 일반인에게 적잖은 충격(聳動)을 준 것 치고는 당국의 민활한 활동 덕에 단시일 내에 연루된 범인 일체를 검거함으로써 사건 해결의 실마리가 훌륭하게 잡혔다는 점에서도 근래의 이례적 사건으로 보인다. 이에 이번 사건의 발생과 함께 당국에서 활동한 수사 경로를 생각나는 대로 약술해 보면 대체로 다음과 같다.

경찰 당국이 경성부 내 돈의동 지나요리점 열빈루 쪽에서 조선인 소녀를 살해한 시체가 발견되었다는 신고를 접한 것은 6월 26일 오전 10시 40분이다. 이에 사건 발생지를 관내에 둔 종로경찰서는 곧 사법계(係)의 활동 아래 현장 조사를 실시하였다. 열빈루 주인의 신고에 따르면, 열빈루의 부속 가옥에는 지나인 목수인 위빈하이(于賓海)(35)라는 자가 매달 일정한 임대료를 지불하고 거주하고 있고, 피해자는 그가 데리고 있는 아이(連れ子)로 인정되는데, 듣자 하니 전술한 위빈하이는 목수가 생업인데도 늘 빈둥빈둥 놀고 지내는데도 유복한 생활을 누리는 모양이어서 어딘가 모르게 거동에 수상한 점이 있었다고 한다. 그리고 5~6세 정도의 여자 아이가 있는 것으로 보였지

만 갑자기 지나로 돌아간다며 출발했고 그때는 그 아이가 보이지 않았기 때문에 열빈루 주인도 이를 의아히 여겨 "아이는 어쨌느냐?"고 물으니 위빈하이가 답변하기를 "아이는 인천에 있는 친척집으로 돌려보냈다"고 하는데 어딘지 모르게 기색이 수상했다고 한다. 이에 주인 위빈하이의 거동에 납득 가지 않는 점이 많아서 점원을 시켜 위빈하이 일가가 거주하던 집 안을 샅샅이 뒤져 보았다. 그러자 처음 예상한 대로 그들이 거주한 집 바닥 아래로 깊은 구멍을 파서 문제의 소녀 살해 시체를 묻어놓은 것을 발견하기에 이르렀다.

경찰 당국은 이를 우선 중대 사건으로 인정하고 소녀의 시체는 고의적으로 살해했는지 여부를 알아보기 위해 곧바로 해부하기로 하고 시체를 의전병원에 회부하는 한편, 때를 놓치지 않고 범인 수배에 착수했다. 범인을 수배할 때 가장 망설인 점이 있었는데, 범인으로 보아야 할 위빈하이가 자기 나라로 돌아간다며 출발하기는 했지만, 평소 인천과 그밖의 장소에도 아는 이가 상당히 있는 듯해서 늘 나다니곤 했던 점으로 미뤄 볼 때 꼭 그의 말대로 지나에 갔다고도 판정할 수 없었다. 이 때문에 종로경찰서 당국은 처음에 망설였다. 하지만 형사대의 민활한 활동이 기대 이상으로 효과를 보아 범인은 확실히 경의선 기차 안에 있고 지금 북으로 향하는 길에 나섰음이 틀림없음을 분명히 알게 됐다. 여기서 우메다(梅田) 사법주임이 공중을 날 듯 자동차를 달려 경성역으로 급행하여 역 주무자인 사람들과 기차 안에 있는 범인을 체포하기 위해 여러모로 협의했다. 이때가 꼭 12시였는데, 역 당국자의 말에 따르면 범인 위빈하이 일행이 오전 8시 50분발 북행 열차로 출발했다면 그때 신막(新幕) 부근을 통과하고 있으리라고 대략 예측할 수 있었기 때문에 잠시 안도하며 가슴을 쓸어내릴 수 있었다. 그래서 곧바로 경비 전화로 체포하도록 그쪽에 수배를 의뢰하고 동시에 우메다 주임 일행은 방향을 돌려 서둘러 의전병원으로 자동차로 달렸다. 소녀의 시체를 해부한 결과에 따르면 영양불량일 뿐 아니라 사인은 질식으로 파악됐다. 게다가 범인은 피해자에게 몹시 심한 체벌을 가한 것으로 보여 피해자 소녀의 입에는 30그램 정도의 솜을 틀어 넣어놓은 것까지 세세히 알게 되었다. 이렇게 해서 시체를 해부한 결과를 통해 분명한 타살임을 알 수 있었다. 그런 후 범인 체포 소식을 접한 것이 같은 날 오후 2시니 경찰 당국은 뛸 듯이 기뻐했다. 범인 압송 후 종로경찰서에 신병이 도착한 동시 바로 취조에 착수했다. 범인 위빈하이는 잠시 입을 다물고 좀처럼 사실을 불지 않았다. 하지만 얼마 안 있어 피해자의 아버지라면서 나타난 경성부 내 다옥정(茶屋町) 173번지 김덕운(金德雲)(42)의 주장으로 인해 위빈하이가 언제까지나 사실을 은폐할 수 없었음은 물론이다. 이렇게 해서 피해자가 전술한 김덕운의 장녀 김신통(金神通)이라는 것을 알고부터는 그토록 완고하던 위빈하이도 어쩔 도리가 없어 단념했는지 얼마 안 있어 입을 열었다.

게다가 사실이 폭로될수록 그들의 잔인한 행위는 담당관을 그저 놀라게 할 뿐이었다. 이번 위빈하이의 독살스런 손아귀에 걸린 피해자 김신통은 어떤 경로를 거쳐 그들의 마수에 들어갔는가 하는 것까지 지적할 수 있었다. 곧 언제나 일정한 주소 없이 시내를 배회하는 약취(掠取) 유괴 전과자 박명동(朴明同)(37)은 이전부터 이번 피해자 김신통의 부모와 먼 친척 관계여서 종종 출입하였고, 집안 사정을 잘 알기 때문에 피해자 김신통도 그를 잘 따랐다는 점을 기회 삼아, 어느 날 박명동은 집 부근에서 놀던 김신통을 교묘한 말로 유괴하여, 그 길로 바로 전부터의 지인이면서 소녀 약취와 유괴를 거의 장사처럼 일삼고 있으며 남편과 자식도 있는 이성녀(李姓女)(41)에게 데리고 가 버렸다. 그리고 유괴 혹은 약취한 소녀를 상습적으로 매매하는 이성녀는 이렇게 해서 박명동과도 공모(共謀)하여 마침 6월 12일에 평소부터 이 일에 대해 연락을 취하고 있던 이번 가해자 위빈하이로부터 20엔의 금전을 받고 그대로 매도해 버렸다는 사실이 낱낱이 드러났다.

위빈하이는 표면상 목수업을 하는 것처럼 가장하고는 언제나 소녀 유괴, 매매를 상습적으로 일삼았으며, 이성녀로부터 김신통을 입수한 이래 계속 어르고 달랬지만 김신통이 어린 아이다 보니 시종 울기만 하는 바람에 이 일이 밖으로 알려질까 두려웠으며, 열빈루에 대한 체면도 있어서 늘 떨고 있었다. 이 때문에 김신통을 미워한 위빈하이는 먹을 것도 제대로 주지 않고 심지어는 때리기까지 했다. 범행을 저지른 당일도 김신통이 너무 심하게 울어서 한두 번 때린 모양이고 그래도 계속 울음을 멈추지 않기에 김신통의 입에 솜을 틀어막아 질식사에 이르게 했다. 그러고는 시체 처치에 당황하기 시작한 위빈하이는 곧 바닥 밑에 구멍을 파서 아이를 교묘하게 묻어 버렸다는 것을 알게 됐다.

그뿐만 아니라 사실의 이면에서는 많은 소녀 유괴 또는 약취 매매를 상습적으로 저지르는 악인들이 능숙하게 연락을 취한다는 것도 밝혀져 고구마 줄기를 잡아끌 듯이 일망타진할 수 있었다. 그 소녀 유괴단은 남녀로 나뉘어 시종 경성부 내외를 배회하고 있다가 길에서 노는 아이에게 과자 등을 줘서 유괴하거나, 또는 18~19세 정도의 묘령의 여자나 그 이상으로 나이를 먹은 여자는 교묘한 감언으로 동거(同棲) 또는 좋은 일자리를 봐주겠다며 교묘한 수단으로 유괴하는 것이 그들이 평소 취하고 있는 상용(常用) 수단이다. 일단 성년 여자나 소녀를 손에 넣으면 늘 연락을 취하고 있는 동료에게 넘겨줘 먼 곳으로 팔아넘기도록 했다. 따라서 이번 종로경찰서에서 잇달아 취조한 바에 따르면 팔려간 성년 여성이나 소녀 중에는 이미 경성을 떠나 원산, 함흥 땅 등으로 팔려가서 지나인(支那人)의 수중에 들어간 자가 많다. 그뿐만 아니라 개중에는 지나로 팔려간 경우까지 있어 행방불명이 된 자가 있다. 경찰 당국으로서는 이참에 그들을 철저히 검거하기 위해 살인범인 위빈하이를 우선 검사국에 인도하고, 나머지 유괴 약취 매매 전문 일당만 분리해 활동을 계속하면서 저 멀리 원산, 함흥 등 먼 곳까지 손을 뻗어 그들을 검거하려 애쓰고 있다. 이번에 당국의 활동으로 밝혀져서 관련 방면에서 검거된 일당은 10명에 달하고, 죄상이 밝혀진 자 중 도주해서 미체포인 자가 8명으로 알려져 있다. 그리고 그들의 마수에 빠져 어두운 길을 걷게 된 가엾은 피해자는 이번에 위빈하이에게 살해당한 김신통을 비롯해 14명이지만, 이외에도 미아를 찾아달라고 신고하는 자가 잇따라 많은 점으로 미루어 볼 때 그들의 마수에 걸린 자는 훨씬 더 많은 듯해서 담당관도 혀를 내두르고 있을 정도다. 이번 사건에서 가장 감사한 것은 지나요리점 열빈루 주인의 공적이다. 그는 같은 지나 사람이면서도 위빈하이의 나쁜 짓을 증오한 나머지 자발적으로 이 일을 경찰에 신고했다.

44. 나가이 고토부키, 조선인 측 사창 단속과 수사의 실제(1934. 2. 15.)

종로경찰서 사법주임 나가이 고토부키, 조선인 측 사창 단속과 수사의 실제
鐘路署司法主任 永井壽, 「鮮人側の私娼取締と搜査の實際」,
『朝鮮警察新聞』 311, 1934. 2. 15.

조선 측 사창과 내지의 사창을 비교해 보면 여러 가지 점에서 차이가 있음을 느낀다. 우선 그중에서도 가장 크게 다른 점은 조선의 사창이 내지보다도 정조관념이 더 낮은 부분이며, 조선의 사창은 내지의 사창보다 대단히 조직적인데다가 심지어 그 범위가 대규모인 점이라 생각한다. 따라서 조선의 사창은 경찰 단속의 견지에서 수사에 적잖은 어려움을 수반하여 그때그때 제일선에 서서 단속 임무를 맡는 자는 그 진상을 파악하기 위해 상상 이상으로 고심을 거듭하고 있다.

그 좋은 일례로 최근 그런 자를 검거할 수 있었다. 의외의 기회에 조직적 사창굴을 적발할 수 있었는데, 처음에 이를 알게 됐을 때는 아주 작은 계기로 단서를 파악하였다. 조선인 거리 중에서도 중추 요지인 종로거리에서 밤이 깊었을 때 한 대의 수상쩍은 자동차가 질주해 왔다. 그리고 차 안에는 언뜻 보기에도 놀이꾼다운 분위기의 조선인 중년 남자가 자못 즐겁다는 듯 안하무인의 태도로 동승한 젊은 여자와 수상쩍은 행동을 하고 있었다. 그래서 그들 젊은 남녀 한 쌍은 바로 순찰 중이던 종로경찰서원의 눈에 포착되어 불심 신문을 당하였고, 그 결과 여자 입을 통해 의외의 사실을 알게 되었다. 경성부 청진동에서 겉으로는 인쇄소 간판을 걸고 명함 전문 외교를 하는 이남수는 그의 처와 공모해 내실은 사창굴을 경영하는 자였다. 어둠 속에 피는 묘령의 많은 여자가 출입하거나 잠복했다가 많은 남성을 유혹해 매음행위를 하고 있다고 한다. 이에 미리부터 이런 쪽의 일에 엄중한 단속의 눈을 게을리 하지 않아 온 당국이 때를 놓치지 않고 현장을 덮쳐 이씨 부부를 비롯해 많은 관계자 일동을 검거했는데, 사실은 더욱 기괴해서 그들 일미의 추악한 상황은 도저히 듣고 있을 수 없을 정도임이 자세히 밝혀졌다.

그 내용에 따르면, 주범인 이남수는 전술한 대로 사십 몇 세의 분별력 있는 나이로, 표면으로는

명함 인쇄 주문을 받으러 다니는 것처럼 부 내외의 각 은행과 회사 등을 출입하면서 관련 방면에서 근무하는 젊은 은행원이나 중년 회사원 중 호색적인 남성임을 알게 되면 능숙하게 대화로 여자를 소개해 줄까라는 말을 하고, 이 간계에 빠진 남자들은 호기심도 더해져 이남수의 집에 다가가게 된다. 청진동의 이남수 집에는 진작부터 비밀 방 같은 것이 마련돼 있고 여자 또한 어디의 누구라고 처음부터 정해져 있다. 그리고 어디 있는 모 씨의 집이라는 식으로 장소도 정해 두고 그대로 그곳에서 기다리게 해놓고 있기 때문에 이남수 집에 여자를 찾는 남자가 오기만 한다면 언제든 대응할 수 있는 상황이다.

그런데 이씨 집을 출입하는 이른바 어둠의 꽃에는 여러 종류가 있어서, 그 연령은 18~19세 정도부터 34~35세 여자로 허영심에 부풀어 뛰어 들어온 바람기 많은 여자도 있지만, 또한 일찍이 남편이 세상을 떠나 미망인 생활을 하는데 생계의 어려움으로 그만 마음에도 없이 부끄러운 짓으로 몸(春)을 팔고 있는 중년 여자도 있다. 그런가 하면 처음부터 요즘의 요란한 유한마담 끼를 발휘해 이쪽 사회에 다가와 이른바 복숭앗빛 연애란 것을 유희적으로 즐기고 있는 대담무쌍한 여자도 있다. 또 그런가 하면 아직 땋은 머리도 올리지 않은 17~18세의 묘령의 여자가 그만 잠깐의 기회에 그들 일미의 마의 손에 걸려들어 다가갔다가 재미 반으로 출입하며 어느새 어엿하게 은군자(隱君子)를 두게 된 자도 있었다. 이렇게 다종다양한 여자들이 모두 손님이 요구하는 대로 모던녀 또는 여학생, 여점원 등으로 변장해 가며 이씨 부부를 중간에 두고 매일 밤 풍기를 문란하게 만드는 추태를 심하게 부려 왔음이 밝혀졌다.

이들 어둠 속에 피는 꽃이 경찰의 무서운 눈을 피해 남자를 녹아들게 하는 장소는 청진동 이가(李家)의 내방인 온돌방을 제공받는 경우도 있지만 때로는 지나요리옥(支那料理屋) 2층이나 안쪽 방을 밀회 장소로 쓰고, 경우에 따라서는 자동차로 멀리 교외로 나가 인적이 드문 절에서 안쪽 사원 등을 유일하게 적당한 장소로 선택할 때도 있다 하니 일정하지는 않다. 그 정도로 그들 일당의 수법은 대단히 교묘하고 심지어 조직적이라는 점이 놀랍다. 그들의 능수능란함이 더욱 놀라운 것은 이곳을 출입하는 여자는 모두 아무렇지도 않게 가명을 쓰고 있기 때문에 어디 사는 누구 딸 또는 아내인지 쉽게 알 수 없게 돼 있다는 점이다. 서로간에도 이 아무개, 김 아무개라 하면 그것을 진짜로 간주해 진상을 알 수 없으니, 말하자면 동료끼리도 서로 거짓말을 하는 것이나 마찬가지다.

다음으로 그들을 취조하면서 놀란 점인데, 이런 종류의 여자가 상상한 이상으로 정조관념이 부족하니 이는 실로 의외라 할 수밖에 없다. 그들은 취조 임무를 맡은 담당관 앞에서 주눅 든 기색도 전혀 없이 자기의 추태를 고백하고도 태연하게 있으니 깜짝 놀라지 않을 수 없었다. 그리고 하룻밤 몸(春)을 팔고 그들은 5엔 또는 10엔의 돈을 손에 쥔다. 그러면 중간에 서 있는 이남수는 교활한 말로 다가와 중개료 형식으로 거기서 얼마간을 취하게 돼 있다. 말하자면 이 돈이 그들 생활비의 일부로 제공되는 셈이고, 그 수단과 방법이 조직적이라는 점은 전술한 것처럼 점점 갈수록 매우 교묘해지고 있다.

경찰 당국의 방침으로서 풍속경찰의 명분에서 볼 때, 사회의 이면에서 잠행하며 사회 미풍양속을 문란하게 하는 추한 부류에 대해 철저한 대책을 강구하고 가차 없이 엄벌에 처해야 함은 물론이지만, 그들이 대단히 앞선 조직을 지니고 있기 때문에 수사하기가 쉽지는 않다. 이 점이 우선 내지의 경우와 비교하면 한 발 앞서 있다. 어떤 면에서 사창굴 그룹을 이루는 자들은 여자 자체가 부끄러움을 부끄러운 줄로 모르고 정조관념이 대단히 낮은 여자들이 전부를 점하고 있기 때문에 그들의 독기 어린 손길이 사회에 미치는 영향을 상상만 해도 몸서리치지 않을 수 없다. 한 예를 들자면, 사회가 건전하게 유지되는 까닭은 일부일처의 가족적 미풍을 전통적으로 지지하고 사회적 도덕으로 삼는 데에 있지만, 이 무리들은 남녀 모두 그런 것에는 무관심하고 사회적 양심이라는 것을 지니고 있지 않다. 따라서 그들을 사회적으로 용인한다면 필연적으로 사회의 도덕을 퇴폐로 이끌 것이며 그 결과는 심각하게 크다고 하지 않을 수 없다. 그러한 견지에서 경찰 입장에 선 자로서 철저히 그들의 불순을 추궁하여 적극적으로 대책을 강구해야 한다고 통감한다. 한편에서 기우로 느끼는 점은 최근 재계 불황에 따른 생활고 여파를 받아 그러한 매음행위를 굳이 하는 자가 나날이 증가하여 도시의 어둠을 수놓듯 도처에서 추태를 드러냄에 따라 풍속경찰 관점에서 그들에 대한 경찰 단속의 필요성이 심각하게 높아졌다. 하지만 그들은 교묘하게 관련 감시의 눈을 피하고 조직적으로 간계를 쓰며 사회에 각종 해독을 뿌리고 있으니 참으로 한심하기 짝이 없다.

45. 카페 영업자는 어떻게 타개책을 강구하고 경찰 단속은 어떻게 해야 하는가(1934. 3. 1.)

경찰 단속에서 볼 때 손님들은 왜 카페를 싫어했는가!
앞으로 나아갈 길은 어떠한가. 카페 영업자는 어떻게 타개책을
강구하고 경찰 단속은 어떻게 해야 하는가
「警察取締の上から看てカフェーは客に何故厭がれたか!
今後の辿るべき途如何, カフェー營業者は如何に打開策を講じ警察の取締は如何に爲すべきか」, 『朝鮮警察新聞』 312, 1934. 3. 1.

 호화롭고 현란한 현대의 카페는 농후한 색채와 넘쳐나는 퇴폐적 기분 속에서 인간 생활의 밝고 어두운 이중의 모습을 선명하게 반영한다. 내재적 측면에서는 사회적 동향을 시사하고도 남는다는 의미에서 다감한 사람을 뭉클하게 만드는 일면이 있다. 게다가 황량한 인간 생활의 맥관 안에 일맥상통하는 깊은 정취를 불어넣고 있는 점은 카페의 존재 의의가 이미 유한계급만의 독단의 장이 아님을 당당히 말해 준다. 그만큼 문화 현상의 하나로 나타나고 있으니 필연적으로 생활 요소를 시사하고 있는 셈인데, 감상과 우울을 칵테일로 만든 시대적 색채와 선이 현대생활의 난점이라 말한다면, 여기서 말하는 카페의 존재는 명료하게 그 난점들을 충분히 포화하거나 유리시키는 작용을 이룰 수 있다. 이렇듯 오늘날의 카페는 여러 의미에서 시대인의 사회생활에 많은 관계를 지니고 있으니, 이제는 사회적 존재를 인정하지 않을 수 없다. 그렇다 하더라도 경찰 단속 견지의 보안 단속에서 카페의 존재는 무시할 수 없는 면이 있고 또한 다분히 그들에 대한 단속의 필요를 통감하는 바다.
 경성의 화류계는 작년 말부터 정월에 걸쳐 근래 보기 드문 대경기가 찾아와 어디서나 보란 듯이 의기양양하게 호황을 자랑하였지만, 한때는 대단한 기세로 발흥하여 요리옥 관계자들을 위압

하던 카페 업계가 크게 이상을 보이며 지난날의 영화는 어딘가로 날려 버리고 요즈음은 글자 그대로 경영상 한숨 쉬는 모습으로 크게 풀 죽어 있는 듯하다. 따라서 시들해진 작금의 카페 업계는 업자 모두가 불황의 밑바닥에서 허덕이고 있는데 이 불황기에 어떻게 카페를 되살릴 것인가에 대해서는 어디나 골치를 썩이고 있다고 한다. 들리는 소리로는 인정 많은 서장으로 통하는 도타티(戶谷) 본정 서장이 이 업계에 대한 타개책을 생각하고 있다는 이야기라든가, 또는 본정서 관내에는 서양 요리업자 43명, 여급 163명이 있는데 이제 와서 죄의 소재를 묻기도 멋쩍으니 함께 본정 경찰서 위층에 집합해 불황 타개를 연구하는 좌담회를 열었다는 이야기 등 여러 소문이 있다. 하지만 결국 서부전선 아닌 카페 전선에 발생한 이상은 영업자 자체의 각성과 반성으로 원래 상태를 되찾을 수밖에 없지 않겠냐고 적잖이 주의를 환기시키고 있다. 카페 업계에서 지난날의 꿈이 깨지고 오늘날 부진을 한탄하게 된 데에는 여러 원인을 꼽을 수 있다. '네온에 피는 꽃'인 여급들이 어떻게 하면 손님을 부를 수 있을지 하고 초조해하는 것도 무리가 아니다. 그렇지만 지금의 카페 부진의 이면에는 뚜렷한 시대상의 움직임이 있음을 생각해야 한다. 간단히 말하자면 짙은 화장의 만연, 또 하나의 문제는 구멍투성이의 서비스, 그러니까 여급학 제1항에 특필해야 할 상식이라는 것이 결여된 점에 커다란 원인이 있음을 반성할 필요가 있다. 듣자하니 도쿄 부근에 있는 일류 수준 카페에서는 이미 이 점을 각성하기 시작했다고 하며, 각성한 네온에 피는 꽃은 우선 서비스를 연구하러 갈 필요가 있기 때문에 여급 상식 강좌라는 것이 개설되어 화장법부터 서비스 방식까지 미주알 고주알 ABC를 바로잡기 시작했고, 한편에서는 비상시에 여성의 마음가짐(心得)으로서 군대 견학과 간호법 연구 등에까지 진출해 대대적으로 일본 여성으로서 기개를 보여 줄 계획이 서 있다고 한다. 그런데… 그런데도 말이다. 조선에 있는 소위 카페에서는 아직 그런 이야기는 전혀 들리지 않는다.

　지난번 본정서에서 열린 좌담회 자리에서 이 이야기도 잠깐 나온 것 같기는 한데, 한때는 호화판으로 떵떵거리던 카페 업자가 최근 비명을 지르게 된 이면에는 영업자 자체의 무자각, 무반성이 있음을 크게 꼽아야 하니, 그 내용은 뒤에서 다시 언급하기로 하자. 아무튼 개선할 필요를 크게 인정한다면 직접 손님과 접하는 여급이 고객을 대할 때의 오랜 표면 방침(建前)부터 고쳐야 할 것이다. 우선 여급 자체의 소질을 향상시키고 팁(祝儀)을 강요하지 않을 것, 고객을 대할 때 등급 취급, 곧 차별 대우를 하지 않는 것 등도 필요조건이지만 그보다 더 중요한 근본 문제가 있다. 즉 카페 업자 자신이 검토해 볼 때 지금 경성 부근에 있는 카페 업자 중 자기가 카페를 경영한다고 할 때 정말로 카페에 대한 인식을 깊이 지닌 자가 몇 명이나 있을 것이며, 또한 카페가 얼마나 사회성 풍부한 것인지 깨달아 손님에 대한 서비스 부분에 열심히 마음을 쏟고 있는 여급이 과연 몇 명이나 있는지 묻고 싶다.

오늘날 카페 영업자로서 진정으로 지금의 모습을 우려한다면 아무래도 영업자들 자신이 재출발하는 마음으로 만사를 남에게 맡기는 식의 방식부터 바꿔야 했을 터다. 조명과 장식을 화려한 아름다움으로 채우고 재즈 음악을 도입하는 데에만 열중하면서 카페 주인이 속은 텅 빈 카페 장식에만 마음을 쏟는 반면, 스스로 솔선해 가게 경영을 지휘하려는 생각은 하지 않았다.

따라서 지배인을 둬야 하고 멤버도 둬야 하는 형국이 됐다. 이를 본받아 여급들도 매우 무성의해져서 이전 같으면 걸레질 하나라도 자기가 했을 것을 이제는 공주님이라도 된 듯 뭐든 보이에게 시키는 전술을 익히게 된다. 그리되면 보이에게도 얼마간은 자기 돈에서 쥐어 줘야 할 테니, 주인장을 뺀다 해도 윗사람부터 아랫사람까지 많은 이들이 엮여서 일이 거창해진다. 인건비는 올라가고 가게 경비는 종래의 배로 느는 꼴이어서, 이런 식이었다가는 아무리 무사태평한 영감일지라도 호황 시대라면 몰라도 불황 시대에는 자연히 비명도 지르게 된다. 또한 가게 주인이 최소한 진정한 경영이라는 것을 깨닫는다면, 가령 끊이지 않고 많은 손님이 몰려온다 한들 거기 내놓는 요리 하나하나에도 손님의 취미 취향에 따라 조미하여 음미하고 주의를 기울임으로써 모처럼 들어와 준 손님의 마음에 들도록 하는 것이 꾸밈없는 서비스의 하나이리라. 그런데 여기저기서 꿈틀거리는 카페 주인들은 모두 그런 데에는 전혀 이해가 없어 전술한 것 같은 지경이어서, 가게는 남에게 맡겨둔 채 자기는 건들건들 놀고 있다. 개중에는 가게 경영은 아내 이름으로 하는 자도 있다. 그게 다냐면 그렇지가 않아서, 자신은 직접 카페를 경영하고 있지 않은 것처럼 드러내지만, 사실 뒤로 돌아서 권모술책을 쓸 때는 오히려 대단하다. 손님 따위는 두 번 오든 세 번 오든 아무래도 상관없고 단골 따위는 개나 주라는 식이어서, 어떻게든 손님을 착취하고 지갑을 털 궁리만 이리저리 하고 있다. 여급도 이를 본받았나 싶어서 보면 말단 보이까지도 이를 흉내 내고 있으니, 과연 아귀도(餓鬼道)란 이런 것이구나 하는 생각이 든다.

개중에는 재수 좋은 날을 따져서 여급이 최초 당번(花番)을 맡는 날이면 커피는 안 된다며 쌀쌀맞게 거절당하기 일쑤다. 카페라는 간판을 내걸고 있는 이상 이런 응대는 하지 못할 텐데 가게에 따라서는 아무렇지도 않게 이런 식으로 나오는 데가 있다. 한편 손님은 어떤가 하면, 들어간 것부터가 재난이라고 포기하게 되어 커피 한 잔으로 때울 작정이었는데도 그야말로 어쩔 수 없이 울며 겨자 먹듯 그만 술 하나쯤은 시키게 된다. 빌어먹을 하며 이를 악 물어봤자 차는 이미 떠났다. 손님만 꼴좋게 됐다. 대신 이후에는 영원히 카페라는 곳에 발길을 끊게 된다. 이건 그나마 나은 편이어서 많은 카페가 손님이 주문하지도 않은 것을 태연히 내놓기도 하고, 술병 바닥에 술이 아직 남아 있어도 이젠 없다며 자기 마음대로 새 술을 가져온다. 그렇게 해놓고 이번에는 팁으로 벌자는 속셈이다 보니 아예 고기를 먹으려면 뼈까지 빨아먹자는 무시무시한 본성을 드러낸다. 어쨌거나 여기저기 있는 카페가 바가지를 씌우는 방식은 유명하다. 요리의 반 이상을 점하는 고기 가격으로 따져 봐도 내지에서 1엔 50~60(五六十)센이나 하는 것이 여기서는 50~60(五六十)센이면 구할 수 있고, 커피로 따져도 에누리 없이 3센 정도가 진짜 실비이니 이를 한 잔에 20센이나 받는다면 실비의 두 배나 받는 계산이다. 또한 술값으로 따지자면 1홉(合)[37] 병에 담은 술이 실제로 달아보면 1작(勺)[38]밖에 들어 있지 않은데다가 이를 데워 마시면 술의 양은 정석에 따라 부풀기도 하므로 결국 카페는 돈을 버는 한편 손님은 그만큼 주머니 사정만 고달파진다. 무서운 일이다. 이래도 바가지를 씌우지 않는다고 말할 수 있는지 묻고 싶다.

그리고 카페라는 곳에서는 똑같은 손님을 대하는데도 차별하는 경향이 곧잘 있다. 카페 손님으로 가장 좋은 대상은 뭐니 뭐니 해도 중년에서 노년에 이르는 정도의 손님이지만 그리 좋은 상황만 계속되라는 법은 없다. 때로 학생 무리가 들어올 때도 있는데 카페는 돌려보내려 하고 별로 반가워하지 않는다. 그런가 하면 커피 손님은 대놓고 냉담하게 대한다. 그러니 처음에는 커피 한 잔을 마실 작정으로 들어온 손님도 여급의 서비스에 따라서는 그만 낚이듯이 술을 주문하게 되는 경우도 있지만, 눈앞의 현금주의만 생각하는 여급 무리는 이 깊은 심리를 모두 알지 못한다. 이 부분에도 일부 손님이 카페의 현금주의에 질려 도망쳐 버리는 허점이 있다. 손님이 제일 싫어하는 것은 상스러운 여급이다. 그중에도 시베리아 눈처럼 닳고 닳은 여자쯤 되면 모처럼 손님이 주문한 요리를 먼저 실례한다며 접시까지 핥아먹는다. 손님은 어이없어하며 잠시 망연해지는 상황이다. 이런 여급이 많다 보니 수습이 안 된다. 아무튼 빼앗자 팔자라는 주의가 그녀들의 신세니, 손님이 한 사람 줄고 두 사람 주는 것도 무리가 아니다. 소위 조선에 있는 카페에서는 오사카류의 서비스가 전부를 점하고 있어서 산뜻한 가운데서도 은근하고 그윽한 면이 없다. 손님 입장에서는 마음만 분주하고 심히 어깨가 뻐근해질 지경이다.

흔히 있는 카페 여급이라 불리는 자가 이토록 탐욕스러워진 데에는 여러 원인이 있다. 우선은 여급 자체가 돈에 묶여 날이면 날마다 돈으로 고생하기 때문인 경우가 많다. 말하자면 카페가 너

---

37   180.39밀리리터.
38   한 홉의 10분의 1.

무 심하게 폭리를 취하니 단골 중에는 아무렇지도 않게 돈을 빌려달라고 청하는 이도 있다. 그 돈은 모두 낯익은 손님 담당으로 배치된 여급이 떠안게 되어 있으니 괴롭다. 게다가 요즘 카페의 여급들이 입고 있는 의상은 너무 사치스럽다. 하나같이 화려하게 꾸미고 금실로 수놓은 비단 중에서도 40엔대나 되는 것을 겁도 없이 휘감고 넉살을 떨고 있다. 그뿐만 아니라 화장품은 터무니없이 비싼 물건을 쓴다. 가게에서 제공하는 식사는 입에 맞지 않는다며 밖으로 나가 식당에서 해결하거나 손님에게 얻어먹는다. 어지간히 돈이 드는 생활만 하다 보니 아무리 돈을 많이 벌어도 일 년 내내 쫓기듯 돈에 쪼들리게 된다. 이러니 늘 돈을 원하는 표정으로 손님에게 그만 상스러운 서비스를 해서라도 돈을 원하게 된다. 생각해야 할 점이다.

그렇다면 손님들은 대체 어떤 카페를 이상적인 카페로 환상 속에서 그리고 있는가 하면, 간단히 말해 여급의 서비스가 제대로 요령 있게 이루어지는 것이다. 그리고 어디까지나 손님 중심으로 소박한 중에도 그윽하게 깊고 청초한 느낌이 있는 곳을 다들 원하는 것이 요즘의 경향인 듯하다. 모처럼 우울하거나 감상적인 마음을 위로받고 싶어 뛰어 들어간 카페이니 어디까지나 마음이 느긋해지는 곳, 가령 술 한 잔이라도 맛있게 마실 수 있고 아무런 불편함을 느끼지 않아도 되는 진정한 정신적 위안의 장(慰安場)이자 환락장이 되기를 바라며 많은 손님이 희망을 안고 있는 것은 사실인 듯하다. 좀 더 깊이 들어가 말하자면, 요즈음의 카페는 이름부터가 서양류를 반영해 하이칼라 멋을 부리고 있지만 카페에 들어가는 손님 중 양주를 찾는 손님은 매우 적다. 거의 대부분 일본 술만 마신다. 이렇듯 카페이면서도 일본요리 손님이 대부분을 점하고 있고 일본인은 누가 뭐래도 일본인이니, 그 일본인의 마음에 꼭 들어맞게 해나갔으면 하는 것이 이전과 달라진 오늘날의 새로운 카페관이다. 그러므로 많은 손님이 소위 카페에 바라는 마음은 네온사인이나 빨갛고 파란 불을 한층 눈부시게 밝히는 것도 아니고 또한 당치 않은 재즈 음반을 틀어 신경질적으로 머리를 아프게 하는 것도 물론 아니다. 아무래도 전술한 일본인의 마음에 꼭 맞는 차분한 분위기와 맞물려 기품 있는 일본 처녀의 정숙한 서비스를 보이도록 해서 어디까지나 손님의 기분을 차분하게 만들어 달라는 점에 전폭적인 희망과 기대가 연결돼 있다. 그러니 우선 카페 경영자는 집안일이 중요하다(御家大事)는 관념을 불러일으켜 자신부터 가게 영업을 충실히 하고, 요리 원료의 구매든 뭐든 충분히 음미할 정도로 믿음직한 모습을 보여서 가능한 한 손님 위주 경영의 좋은 점을 얻도록 하고, 동시에 쓸데없이 남는 인원은 될수록 줄여서 인건비를 절약하고 경제적으로 점포 경영의 성과를 보이도록 노력하고, 여급은 여급대로 스스로 기품을 높이고 향상시켜 교양 있는 여자로서 자존심을 잃지 않고 손님으로 하여금 쾌감을 만끽토록 하는 이외에는 대책이 없다. 내지 도쿄 쪽의 카페는 여급 자체가 각성하고 있어 직업부인으로 자부하면서 해방된 명랑함을 발휘하기 때문에 손님 반응도 매우 좋다. 그런데 조선이나 만주 쪽에서는 여급이 걸핏하면 고용 관계에 묶여 있어 실제로 자유의 이로움도 없다는 약점이 없지 않으니 차마 과다한 주문도 할 수 없지만, 그래도 오늘날 일부로부터 업신여김을 당하는 매녀(賣女)처럼 모멸의 시선을 받고 있어 유감스럽고, 이를 바로잡으려면 아무래도 여급 자신이 마음으로부터 자각하기를 기대할 수밖에 없다고 생각한다.

그리하여 이 기회에 난국에 빠진 카페 전선의 이상(異狀)을 훌륭하게 돌파할 수 있도록 만들기 위해서는 우선 다음의 여러 요점을 개선할 필요가 있다고 생각한다. 우선 내지 주요 도시 쪽에서 볼 수 있듯이 50센 혹은 1엔 정도의 한정된 의미의 균일한 카페를 마련하거나, 또는 매출액을 5엔 정도로 통제하도록 계획해 강매는 단연코 하지 않겠다는 방식으로 손님의 낭비를 막는 것도 타개책의 하나다. 다음으로 여급의 팁은 한층 한정해 버리는 것이 좋다고 생각한다. 그렇게 함으로써 여급은 소박하게 검약하여 쓸데없는 낭비를 피하도록 해야 한다. 그리고 경찰은 단속을 더 엄하게 하여 풍기 면에서 나쁜 영향을 미칠 법한 대상은 가차 없이 단속하도록 한다.

카페의 경영이 이전 같지 않다고 해서 조합의 힘을 악용해 많은 조합원 등이 마치 진정(陳情)요원이라도 된 양 경찰로 몰려가 지금까지 실시해 온 단속을 완화시켜 달라는 둥 요구하는 것은 당치도 않은 일이니, 이렇게 멋대로 주제넘은 말을 늘어놓는 자들에게는 경찰도 절대 귀 기울이지 않고 어디까지나 해당 업자는 자발적으로 자력갱생을 촉진토록 한다.

다음으로 일부에서 바라는 스테이지 설치 등은 이것 또한 잘못된 생각이다. 스테이지를 카페에 허용하기 시작하면 댄스 하나라도 할 줄 아는 여급을 많이 고용하도록 해야 한다. 그렇게 되면 카바레 그대로를 옮겨놓은 듯 자연스레 변질되리라는 것은 불을 보듯 분명하니, 비상시인 오늘날의 일본 사회정세에서 볼 때 가장 꺼려야 할 것이다. 게다가 특수한 사정이 다분히 있는 현재의 조선에서는 가장 금해야 할 일이다. 이런 의미에서 카페 안에 스테이지 설치 등은 단연코 그만두게 해야 한다. 아무튼 화려하게 꾸며놓고 재즈를 울리며 떠들썩하게 소란을 떨던 일은 이미 옛일이다. 요즈음의 변천한 새 문화의 시대에는 움직이는 시대성에 순응하는 의미에서 카페는 카페로서 하나의 진전이 필요하다. 이것이 카페 갱생의 새로운 시대에 획을 긋는 혁신의 봉화이자 영원히 카페에 생명을 불어넣는 근거가 될 것이다.

46. 스즈키 에이지, 광의의 풍속 단속에 대한 경찰의 입장(1934. 3. 1.)

고마고메경찰서장 스즈키 에이지, 광의의 풍속 단속에 대한 경찰의 입장
駒込警察署長 鈴木榮二, 「廣義に於ける風俗取締に對する警察的立場」,
『朝鮮警察新聞』 312, 1934. 3. 1.

경찰의 목적이 사회생활의 안녕질서 유지에 있다는 것에 새삼 군말을 보탤 필요는 없다. 이러한 경찰의 목적을 더 구체적으로 말하자면 '공공의 안녕, 풍속, 위생, 교통, 산업 등 사회생활의 모든 방면에 걸쳐 그 건전한 발달을 기대하며 장애를 제거하는 데 있다'고 할 수 있다.

여기서 말하는 풍속이란 관념은 도덕가나 종교가가 하는 말이나 다분히 이상적 요소가 포함된 사회 풍교(風敎)처럼 고상한 관념이 아니다. 경찰행정에 종사하는 많은 사람들 안에도 부형으로서 도덕적·교육적 견지와, 일반 경찰의 견지를 혼동하고 있는 것이 아닐까 상상하게 만드는 지론을 주장하는 경향도 적지 않은 듯하지만, 이런 사람들의 풍속 관념 안에는 현저하게 가정적 결벽에 가까운 도덕적 규모가 강력하게 작동하고 있음을 간과할 수 없다. 하지만 세간에 석가나 공자 같은 사람만이 있다면 경찰은 필요 없다. 또한 경찰은 사회인을 석가나 공자처럼 만들기 위한 직접적인 기관도 당연히 아니다. 경찰기관이 작동할 때는 항상 법규에 의거해 현실로 제압을 받는 범위의 사람들을 그 단속 대상으로 삼는 것이지 '욕구하는 바에 따라 법을 넘지 않는 영역에 달한 사람들'은 경찰과 전혀 무관하다.

나는 여기서 교토부 보안과장 이토(伊藤請) 씨의 풍속 단속에 대한 소견을 인용하고자 한다.

모든 행정이 그렇듯 특히 풍속의 단속에서는 현실보다도 한발 내지 몇 발자국 앞서감을 허용하지 않아야 할 것이다. 법규의 강제력에 의해 풍속 혹은 도덕의 이상을 실현하려 함은 법규 세계에서 적당한 업무 범위는 아닐 것이다. 오히려 도덕이나 종교 세계의 작업일 테다. 더욱 고상한 작업일 법규의 세계는 최소한도의 사회생활이다. 우리는 현실을 바로 보고 때와 장소의 적절성에 따라 적절하게 탄력성 있는 단속을 행해야 한다. 또한 우리는 단순한 개인적 호혜 감정에 지배되어서는 안 된다. 그리고 댄스 같은 문제에 대해서는 개인적 호불호의 감정이 문제를 좌우하는 일이 얼마나 많은가.

우리는 그러한 감정을 지양하고 현실의 사실을 바로보고 현실에 입각한 행정을 펼치지 않으면 안 된다. [경찰협회잡지(警察協會雜誌) 제398호 제20항]

나는 이토 씨의 적절하고도 타당한 지론에 굳이 사족을 덧붙일 의사는 털끝만큼도 없다. 다만 이것만은 결국 자유주의 의식이 농후한 행정이론으로서 경청할 가치가 있더라도 거기서 한발 더 나아가 비상시 국가를 양어깨에 짊어진 행정관으로서 국가의 견지에서 풍속 단속을 어떻게 생각하고 있는가에 대해서는 그 편린조차 엿볼 수 없으니 심히 유감스럽다.

애초부터 풍속 단속의 대상이 되는 사회 현상은 성실(質実)하고 강건해야 할 국민 사상에 지극히 중대한 영향을 미친다는 점에 여기서 군말을 더 보탤 필요는 없으며, 이를 더 크게 보아 한 나라의 흥발(興発)이 걸린 절실한 중요 문제로 보아야 한다. 예로부터 국가 흥망의 역사를 보면 풍속 단속이 비교적 느슨하게 흘러 소위 향락 위주의 기풍이 일세를 풍미하던 시대에는 국가 멸망과 민족 몰락의 원인이 조성되기 시작했다는 것을 많은 역사적 사실이 가장 설득력 있게 말해 주고 있다. 나는 그 의미에서 일반 풍속 단속은 다소 엄격함이 지나치는 한이 있을지언정 느슨함이 지나치는 경우는 국가적 견지에서 바람직하지 않다고 생각한다. 예를 들어 댄스홀, 카페, 바에 대한 풍속 단속이 특히 문제가 되는 경우는 업태가 완전히 외국 형식을 취하면서 농후한 향락 기분을 공중의 눈앞에 전개 발산하는 점이 특히 국수적 감정의 혐기(嫌忌)를 건드리니, 건전한 국민 사상의 함양상 가능한 한 이를 압박 제한하는 의도로 나설 수밖에 없다. 단순한 개인적 호불호의 감정이라고만 단정할 수는 없다고 생각한다. 그리고 풍속 단속을 역사적으로 관찰해 보면 가장 강하게 시대사상을 반영하고 있음을 인정할 수 있다. 만주사변 이래의 우리나라의 비상시적 분위기를 이어받아 다가오는 국제위기에 대비하고자 하는 파쇼적 풍조는 필연적으로 풍속 단속 위에 더욱더 국제적 강압 방침을 요구해 오리라고 짐작된다. 작년 봄의 경찰부장회의에서 경보국장 지시 사항 중에 다음과 같은 한 구절이 있었다.

최근 방탕하고 음탕(淫逸)한 풍조가 점점 더해져 단속이 필요한 업자가 헛되이 속된 무리에 투신하기 바빠서 참신 기발한 영업설비를 겨루고 심지어 추루하고 저속한(醜陋卑猥) 언어 행동에 나서는 경향이 있어 유감스럽다. 고로 한층 단속을 엄중히 해서 선량한 풍속의 유지에 힘쓰기 바란다.

그 후 작년 가을 내무성에서 개최한 전국보안과장회의 때 두세 명의 보안과장이 풍속 단속의 구체적 문제에 관해 자유주의적 행정론을 주장한 데 대해 경보국장이 전술한 이유를 들어 한 마디로 잘라 나무랐다는 이야기를 전해 들었다. 우리 경찰계의 대선배인 마쓰이 시게루(松井茂) 박사는 경찰협회 신년호에서 다음과 같은 글을 썼다.

비상시인 오늘날 카페, 바 등의 성행은 가장 경계가 필요한 부분이다. 사견에서 보자면 댄스 같은 것은 우리 국민성으로 볼 때 새로 도입할 필요가 조금도 없다고 믿는다. 일본 정신 작흥(作興)의 오늘날 특히 경찰 당국자가 크게 고려해야 할 점이 아니겠는가. 내무 당국이 풍속경찰에 대하여 일정한 방침 아래 전국에 제안하고 있는 바는 시기상 가장 중요한 일이라 믿는다. 바라건대 하루라도 빨리 이 국책이 발표되어 구체적 방법을 통해 유감이 없도록 만전을 기하게 되기를 희망해마지 않는다.

이를 요약하면 풍속 단속은 탄압일변도로만 할 수 없지만, 그 근본정신 면으로는 특히 국가적 대국에서 바라보아 성실(質実) 강건을 자랑하는 우리 야마토(大和) 민족 고유의 순풍미속에 실질적인 해를 미치지 않는 한도에서 때와 장소의 적절성에 따라서 적절히 탄력성을 잃지 않을 정도로 고삐를 당기며 임해야 한다.

[자경(自警) 2월호 매소부 단속의 합리화, 스즈키 에이지 씨 소론(所論)의 일절]

47. 고사카 덴, 시대적으로 본 카페 경영과 단속(1934. 3. 1.)

종로경찰서 보안주임 고사카 덴, 시대적으로 본 카페 경영과 단속
鐘路署保安主任 小坂傳,[39]「時代的に觀たるカフェー經營と取締」,
『朝鮮警察新聞』 312, 1934. 3. 1.

　카페를 시대적으로 바라볼 때는 근대문화의 소산으로서 많은 사람에게 환영받을 만한 요소가 적잖이 있는 듯하지만, 이를 한번 경영 상태로 파고들어 검토해 보면 거기에는 개선이 필요한 많은 현안이 깔려 있다고 생각한다.
　게다가 카페는 바람기 많은 술장사인만큼 가게 안팎의 시설과 함께 여급 자체의 서비스 여하 문제는 카페 경영상 가장 관심을 기울여야 하는 주요점임은 물론이거니와 현재 존재하는 세상 카페 전부는 아닐지라도 대부분에서 그런 의미의 적잖은 결함이 느껴지고 그로부터 많은 영향을 받는 탓에 결국 경영상의 난국에 서는 지경에 빠지는 것으로 보이니, 직접 단속 임무를 맡고 있는 경찰 당국도 동시에 많은 어려움을 느끼게 된다는 점이 가장 주의해야 할 사항이다.
　시험 삼아 카페 문제를 경영 면에서 생각할 때는 대체로 여급 자체의 서비스가 나쁘다는 문제보다도 우선 여급에게 팁을 지불해야 하는 불순한 문제 때문에 모처럼 들어가 보려 생각하는 손님도 자연히 주눅이 들어 들어가기를 주저하기 일쑤다. 그로 인해 모처럼 기분 좋아지고 싶은 손님이 눈앞에 늘어놓은 요리에 대한 계산보다도 그외로 여급에게 줄 팁 때문에 궁색해져야 하는 상황이어서 많은 손님이 자연히 카페에서 발길이 멀어지는 것 또한 간과할 수 없는 사실이라 하겠다.
　이러한 여러 문제가 잠재되어 있기 때문에 카페 업자는 말을 맞추기라도 한 듯 모두 경영상의 곤란을 느끼게 되고 단속 임무를 맡은 경찰 당국에 대해 각종 요망을 제시하는가 하면 심지어는 엄중한 단속의 완화를 희망하는 자도 있다. 하지만 당국의 단속 완화를 희망하는 이런 자들은 해

39　츠타우(つたう), 츠토무(つとむ) 등으로 읽을 가능성도 있다.

당 업자 자체가 경찰의 본뜻을 이해하고 있지 못하다고 할 수밖에 없다. 즉 오늘날의 카페는 한두 곳도 빠짐없이 모두가 점포를 마련할 때 거리 가운데서도 가장 번화한 요충지를 고르고 있으니 중심가의 잘 보이는 곳에서 사람들의 주의를 끌기에 충분한 상태다. 각종 장식을 꾸미며 사람들 시선을 현혹할 정도로 농후한 색채와 선을 점포 경영의 주요한 점으로 삼고 있다. 따라서 풍기 단속의 입장에 선 경찰 당국은 더욱 엄중한 사찰과 지엄한 단속을 필요로 하지 않을 수 없다. 이렇듯 대중의 눈을 끌기 쉽고 도시적 아름다움의 유지에 지대한 관계를 갖는 카페에 대하여 해당 업자의 고백과 애원에 귀를 기울여 조금이라도 단속의 손길을 완화하게 된다면 카페 영업자에게는 직접적으로 좋은 영향을 줄지는 몰라도 대중의 눈으로 경찰 단속을 생각할 때는 경찰 본래의 정신에 반하게 될 테니 이는 크게 고려해야 할 문제다. 따라서 지금 당장의 단속 완화는 오히려 요구하는 쪽이 무리를 관철하려는 것으로 보인다. 그러나 반대로 지금까지의 모습을 타파해 카페가 별로 사람 눈에 띄지 않는 거리 뒷길이나 한적한 서민 동네 부근 지역 땅을 점하게 된다면, 카페에 대한 단속 당국의 생각도 자연히 달라질 것이다. 그렇게 하는 외에는 어차피 현재 상태를 유지할 수밖에 도리가 없다.

다음으로 카페 영업자 일부로부터 경영의 난국에 당면한 오늘날의 카페 경영을 호전시키려는 의미에서 스테이지 설치를 허가해 달라는 희망어린 목소리도 들려오지만, 이 또한 크게 생각해야 할 여지가 있다고 본다. 이는 물론 상사 당국의 방침에 따라 당분간 허가 못하게 돼 있기는 하지만, 설령 당국이 허가한다고 하더라도, 전체 카페 영업자의 입장에서 생각할 때는 막상 스테이지를 설치한다 할 때 이를 쉽게 감당할 수 있는 곳은 다수의 카페 중에서도 대규모 점포 두셋 정도일 테고, 나머지는 전부 스테이지를 설치하려 해도 갑자기 거액의 경비를 쏟아부어야 하니 군소 카페 영업자는 대부분 자금난에 빠져 순식간에 꼼짝 못하게 될 것이 불을 보듯 훤하다. 그런 결과를 맞는다면 전체 카페 영업자에 대한 단속에 자연히 평형을 잃게 될 테니 당국으로서 도저히 참고 있을 수 없다. 또한 풍기 단속 면에서 보더라도 사람 왕래가 많은 번화한 장소를 차지하고 있을 뿐 아니라 찬란하게 장식을 꾸민 카페 안에 재즈 음악을 도입해 스테이지 위에서 난무를 허용하기는 너무 어려운 문제다. 따라서 카페 해당 업자는 현재 허용되고 있는 당국의 단속 범위를 벗어나지 않는 정도에서 앞으로도 영업을 순조롭게 유지해 가려면, 쓸데없이 과분한 일을 생각하기보다는 스러져 가는 카페의 앞날에 대해 한층 더 깊이 마음을 쏟고, 그 원인은 과연 어디에 있는가 하는 관점에서 적극적으로 대책을 강구해 나가야 한다고 생각한다. 그런데 나는 이런 점에서 볼 때 지나친 희망사항을 제기하지 않더라도, 현재의 카페 시설의 각종 사항은 물론 한발 더 나아가 여급이 직접 손님을 대할 때의 서비스 관련 사항에서도 개선할 수 있는 여지가 많이 있다고 생각한다.

　사실에 비추어 보더라도 지금의 카페는 어디든 경영에 어려움을 겪고 있다. 개중에는 결국 유지할 수 없게 되어 문을 닫은 곳도 있는 것 같고, 또한 여러모로 개조를 하여 경영 타개의 길을 찾고자 많은 고육지책을 취하고 있는 모습도 여실히 보인다. 그만큼 현재의 카페는 대부분 앞날에 대한 전망이 서지 않을 정도로 크게 약화된 모양이어서 경찰 당국은 이들을 구제하는 의미에서 여러 선후책을 취하려 고심하고 있다. 그래서 기회가 있다면 직접 영업자들을 모이게 해서 카페의 향후 전환책 같은 문제에 대한 상담이라도 해보고 싶은데, 아직은 구체적으로 어떻게 할지 생각하지 않았다. 한편 해당 업자가 다수를 점하게 된다면 자연히 동업자 간 경쟁이 조장되어 오히려 앞날에 어두운 그림자를 드리울 우려도 없지 않으니, 가능한 한 그러한 폐해를 제거하기 위해 현재의 카페(수)로 멈춰 놓고 더 이상 추가적인 개점 허가는 절대로 금지하기로 작정하고 있다. 이를 통해 그들 영업자가 비관하는 카페 영업의 앞날에 광명을 비추게 하고 싶다. 다음으로 카페 여급과 관련해 종종 발생하는 풍기상의 문제에 대해 문의를 받는데, 경찰 당국의 시선으로 직접 바라본 바로는 세상에서 선전하는 정도로 풍기를 문란케 하는 여급도 없는 것 같고, 말하자면 한두 곳 카페에서 소행이 좋지 않은 여급이 나온 적은 있어도 이는 결코 일반인이 상상하는 것처럼 그렇게 악질적이지도 않고 대단하지도 않다. 오히려 소위 수법이 졸렬했기 때문에 경찰 단속에 저촉한 정도의 일이다. 내선인(內鮮人)별로 여급의 소행이 어떤지 검토해 본다면 어떤 점에서는 조선인 여급 쪽이 비교적 순수하고, 설령 소행이 나쁜 자라도 그 수법이 서투른 경우가 많다 보니 사회에 영향을 주는 풍기 면에서는 단속 당국으로서 적잖이 안심하고 있는 상황이다. 따라서 한둘의 품행이 나쁜 자가 나왔다 하더라도 모든 자를 동일시한다는 건 상당히 생각해 봐야 할 일이다.

48. 도타니 마사미치, 시사 문제 : 카페의 개선과 경찰 단속에 대하여(1934. 3. 1.)

본정경찰서장 도타니 마사미치, 시사 문제 : 카페의 개선과 경찰 단속에 대하여
本町警察署長 戶谷正路, 「時事問題 : カフェーの改善と警察取締に就いて」,
『朝鮮警察新聞』312, 1934. 3. 1.

    카페라는 것은 새삼스러울 것도 없이 일시적인 시대 유행이며 거기에는 찰나적 기분을 즐기는 가벼운 마음을 갖게 하는 뭔가가 잠재해 있어서, 전통을 반영해 가며 오늘에 이른 순수 일본풍(純和風) 요리옥 등과는 자연히 입장을 달리하며 심오한 맛도 없다. 그러기에 카페 영업자 자신도 물론이지만 경찰 당국으로서도 (카페는) 보통 흔히 볼 수 있는 일반음식점이나 요리옥 등과는 특별히 다르다는 견지에서 경영에 유의하고 적절한 단속에 관심을 기울여야 한다고 생각한다.

    현재 있는 많은 카페 업자는 현실적으로 많은 경영상의 어려움을 겪고 있어 그 타개책으로 여러 노력을 기울이고 있는 듯하다. 하지만 그저 카페 내외의 시설을 완전하게 만든다거나 스테이지 같은 것이라도 크게 설치해 될수록 호화롭고 현란하게 함으로써 일반인의 시선을 끌고 손님의 발길을 늘려야 하는 것에만 카페의 현재 결함이 있다고 생각하는 자가 만일 있다면, 그야말로 시대 경향과 인심의 동향을 심히 통찰하지 못하는 바라고 생각한다. 오늘의 현실에서 보면 많은 카페들이 역시나 경영에 어려움을 느끼고 있고, 그중에는 심한 고생 끝에 최후의 수단을 취해 그대로 내던져 버리는 자도 없지 않다. 그만큼 카페 경영에 많은 이상(異狀)이 있다는 것이 여실히 인정되지만, 반면 우후죽순처럼 늘어나고 있는 술집(酒場)이나 십전식당(十錢食堂) 또는 찻집(喫茶店) 등이 상당히 손님을 끌어들여 번창하고 있다는 점에서 검토해 볼 때, 오늘날 카페의 이상의 원인은 달리 없지 않겠냐는 생각도 든다. 즉 카페는 많은 손님들에게 일종의 향락적 의미의 위자(慰藉)를 주는 장소이므로 직접 경영의 중임을 맡는 자는 무엇보다도 그 점에 주의를 기울여서 당연히 개량이 필요한 점은 하루라도 빨리 개선의 아름다운 성과를 거둬서 많은 고객들에게 진심으로 만족감을 줄 수 있도록 유도하는 것이야말로 카페를 가장 번창시키기에 적절한 방책이라 생각한다. 그리하여 동종 접객 업자와 어깨를 겨뤄도 손색이 없도록 한층 노력을 기울이는 외에 타개책은 없다고 생각한다.

구체적으로 서술해 보자면, 오늘날 흔히 보는 카페는 대부분 손님에 대한 서비스 방식에서 적잖은 결함이 인정된다고 들었다. 예를 들어 여급은 손님이 주문하지도 않은 요리나 술을 자꾸만 들고 온다. 그런가 하면 손님은 정작 자기가 일부러 주문한 요리에 아직 젓가락도 대지 않았는데 여급이 기선을 제압하듯 쑥스러워하지도 않고 먹어 버린다. 게다가 어떤 자는 데운 술이 든 병에 술이 아직 남았는데도 어느새 새 술병을 가져온다. 결국은 손님 부담이 커지고, 거기에 더해 여급에게 줄 팁 때문에 다시 신경을 쓰게 된다. 이런 식이다 보니 모처럼 찾아온 고객도 두 번째부터는 다른 데로 옮겨가고 더 이상 근접하지 않는다는 것이 카페를 향해 들려오는 피할 도리 없는 불만의 소리인 듯하니, 카페 영업자들은 우선 이러한 소리에 귀 기울일 필요가 있을 것이다. 내가 보기에는 지금의 카페는 많은 점에서 개선이 필요하다. 우선 가장 크게는 내지에서 일류 도시인 도쿄, 오사카 등의 카페를 쓸 데 없이 흉내 내는 착각을 인정해야 한다는 점이다. 카페 시설의 규모가 크다는 점에서 보면 과연 이들 내지 주요 도시에 있는 카페는 뭘 들어도 모범적이다. 하지만 한 번 내용을 검토하여 손님에 대한 여급 서비스를 생각해 보면 반드시 (그곳의 방식이) 절대적이라고도 할 수 없다. 특히 특수적 사정을 많이 포함하고 있는 조선에서는 그에 상응하는 서비스 방법을 생각해내야만 독창적인 묘미가 있을 수 있다고 본다. 그런 의미에서 나는 헛되이 오사카류라든가 도쿄류라는 식으로 소위 내지류의 카페 경영법에만 눈길을 주며 잘난 체 하지 말고 독자적인 입장에서 이곳에 상응하는 경영법 고안에 주의를 기울이면서 독특한 개성을 발휘하기를 권장한다. 그리고 이 점은 관할하 카페 해당 업자에게도 일반의 주의를 촉구했다고 생각한다.

그리고 내가 일반 해당 업자에게 한마디 하고 싶은 점으로, 종종 카페 업자 일부는 지금의 카페 난국을 돌파하기 위한 필요조건으로서 여러 희망사항을 제기해 오는 것까지는 전혀 무방하지만, 그렇게 가지고 오는 해당 업자의 희망 중에는 카페에 스테이지 설치를 허가해 달라든가 또는 여급의 외출을 좀 더 자유롭게 함으로써 가령 손님을 마중하고 배웅하는 등 어느 정도까지는 봐달라든가, 기타 일체의 카페 단속을 최소화해 완화해 주면 좋겠다든가, 그야말로 각종 희망을 가져오는 경향이 많은데 한편 생각하면 너무 제멋대로의 주문이다. 경찰 당국에는 단속하는 입장에서 자기 한도라는 것이 있고 그 경계를 넘는 것은 좋지 않으니, 그간 여러 점에 대해 상당히 고심해 왔다고 할 수 있다. 게다가 카페를 단속할 때도 사전에 정해진 일정한 방침이 있어 그에 의거해서 단호히 처치를 취하게 되는 것이니, 본 업자 측에서 경찰의 단속 방침을 도외시하는 희망을 제기했다고 해서 곧바로 이를 들어줄 수 있는 성질의 일이 아니다. 그런 의미에서 경찰 방침대로 스테이지 설치는 금지한다. 이를 당장 허가한다는 건 도저히 불가능하다. 다음으로 지금까지의 단속이 너무 가혹하고 준열했으니 앞으로는 어느 정도 완화해 달라는 점도 마찬가지로 희망하는 자체가 무리한 일이니, 경찰은 공평무사의 정신을 견지하기 위해 국가 법률이 명하는 바에 따라 움직일 수밖에 없다. 이제 와서 법을 두셋으로 달리 운용한다는 것은 도저히 불가능하다. 따라서 경찰 당국이 취하는 조치로서 법의 공정을 꾀하면서 때로 관대함과 엄격함을 적절히 구사하는 노력을 기울일 것임은 새삼스럽지도 않으나, 이를 대놓고 단속이 치열하니 완화해 달라고 바라는 것이 오히려 무리한 요구라는 점을 본 업자들도 크게 고려해야 한다고 생각한다. 또한 예를 들어 오늘날 카페가 이전에 비해 쇠퇴하여 활발하지 못하다고 해서 직접 경찰까지 찾아와서 구제책을 희망한다 해도 경찰이 그런 문제에까지 손을 댄다면 스스로 선을 넘는 일이 될 테니 취할 수 있는 시책이 아무것도 없다. 본 업자에 대해서는 이러한 점들을 더 주의하도록 촉구한다.

그리고 지금의 카페를 융성하게 할 대책으로서 우선 설비의 완벽을 꾀하는 것도 필요하겠지만 한편에서 고객과 직접 교섭하고 있는 카페 여급부터 기품을 높이고 수양을 향상시킬 필요를 느낀다. 지금의 카페 여급은 대체로 기품이 부족해서 많은 고객들이 일종의 불쾌한 시선을 보내고 있다. 그리고 일부에서는 매녀(賣女)처럼 오해받는 경향도 있는데 이는 여급 스스로가 명예를 실추시키는 처사이니 가장 관심을 기울여야 한다고 본다. 여급이라 해서 현란한 복장으로 화려함을 쫓을 필요는 없다. 카페 여급은 하나의 직업부인이므로 스스로 이를 자각하고 기품을 유지하도록 힘쓰고, 어디까지나 모멸의 눈초리로 업신여김을 당하지 않도록 자발적으로 노력 정진하고 일본 부인 특유의 정숙함을 잃지 않도록 마음 씀씀이를 가져야 한다. 그렇게 했을 때 비로소 여급으로서도 상대 손님에게 만족을 줄 만한 훌륭한 서비스를 할 수 있으리라 생각한다. 요컨대 카페 경영자는 물론이거니와 여급도 하나의 집을 훌륭하게 유지해 가기 위해 상대적으로 스스로 분발하는 것 외에 다른 상책은 없다고 본다.

49. 가토 야스오, 카페 단속과 경찰의 방침(1934. 3. 1.)

경기도 보안과 가토 야스오, 카페 단속과 경찰의 방침
京畿道保安課 加藤康男, 「カフェー取締と警察の方針」,
『朝鮮警察新聞』 312, 1934. 3. 1.

한때는 대단한 기세로 생겨나던 카페가 점차 수가 증가함에 따라 동시에 경영에 적잖은 어려움을 느끼다가 요즈음 들어서는 한층 궁상을 호소하기 시작한 듯하다.

그 원인으로 세상 여러 일들을 꼽고 있는 모양이지만, 우선 그중에서도 가장 큰 원인은 한때 카페가 인기를 끌면서 대단히 번창하던 당시 너무 신나서 경솔하게 너도나도 카페 영업에 손을 댄 결과인데 말하자면 카페 수가 너무 많다. 따라서 동업자 간의 경쟁이 상상 이상으로 대단히 격심해져 이 경쟁에 진 자는 자연히 경영에 어려움을 느끼고 언제인지도 모르는 새에 오늘과 같은 상황을 초래하기에 이르렀다고 생각한다. 또한 같은 카페라 해도 점포에 따라서 방식(流儀)이 다 달라서, 소위 오사카류를 반영한 화려한 곳도 있고 그런가 하면 일부 카페에 나타나듯이 보기에도 청초한 느낌을 주고 품위 있는 곳도 있는 식이니, 다들 별개 입장에서 그 집의 독특한 개성을 발휘하고 있다. 그곳을 출입하는 고객도 자기 개성에 어울리는 좋은 기분과 취향에 따라 화려한 곳으로 가는 자가 있는가 하면 또한 소박한 곳으로 가는 자도 있어서 가지각색으로 보완하기 어려운 점이 있는 셈이지만, 결국 결론은 좋은 서비스로 고객의 마음을 끌어 만족을 줄 수 있는 쪽으로 손을 들어주게 마련이라 생각한다.

나는 작년에 내지 주요 도시에서 카페 경영 상황을 시찰한 일이 있는데, 왠지 내지 주요 도시의 많은 카페는 대체로 오사카식 흐름을 반영해 화려하게 운영하는 점이 눈에 띄었고 그만큼 소위 에로틱하거나 그로테스크한 경향이 짙은 것 같았다. 어떤 면에서는 이런 경향으로 인해 사회풍속상 그다지 바람직하지 않은 사항이 많아서 경찰 당국은 단속의 견지에서 대단히 애를 먹는 듯 보였다. 간단히 말하면 내지에 소재하는 많은 카페는 그다지 기특하지 못한 것이 많다. 그만큼 매우 저질스러운 면이 있었다고 기억한다. 그런데 조선에서는 경향이 매우 달라서 개중에는 악독스런 느낌을 주는 카페도 없지는 않지만 대체로 본 느낌에서 솔직히 말하자면, 내지에서 곧잘 볼 수 있는 카페처럼 지독한 색과 선을 과시하며 사람들에게 불쾌감을 줄 법한 저질스런 느낌의 카페는 대단히 적다고 느껴진다. 따라서 일반에게 미치는 영향을 보더라도 그렇게 사회 풍기를 어지럽히는 경우는 적어 보인다. 그런 만큼 풍속 단속 임무를 맡은 경찰 당국은 손이 덜 가는 셈이지만, 여기서 말하는 경영상의 문제에 대해서는 어디나 다 풀이 죽어 있는 것 같다.

이 때문에 어느 지역에서나 그 지역 경찰서는 관내 카페 영업자로부터 모처럼 시작한 카페 영업이 제대로 안 돌아가니 어떻게든 구제책을 강구해 달라고도 하고, 또 심한 경우에는 카페 영업의 궁상을 타개하기 위해 스테이지 설치를 허가해 달라며 각종 의견과 진정을 제기해 오고 있어서 그 대책의 응접에 적지 않은 어려움을 겪는 모양이다. 하지만 경찰 당국의 방침에서 보면 이토록 제멋대로인 이야기는 없다. 왜냐하면 카페라는 것은 하나의 술장사(水稼業)여서 앞으로의 예측을 할 수 없다. 게다가 시대적으로 봐도 변덕이 심한 일(稼業)이어서 끊임없이 움직인다. 따라서 이왕 카페 영업쯤 하는 자라면 진작부터 오늘 같은 상황의 향후 예측하지 못했을 리 없다. 이를 예상하지 못하고 일시적으로 카페 경기가 좋다고 해서 무턱대고 욕심을 내 너도나도 손을 댔다면 스스로 무덤을 판 격이라 하지 않을 수 없다. 그만큼 총명하지 못했다는 비난은 면치 못한다. 그런데도 지금에 와서 경영에 어려움을 느낀다고 해서 곧바로 경찰에게 울며 매달려 종래부터 실시해 온 단속을 좀 더 부드럽게 해달라든가 또는 금지돼 있는 스테이지를 설치하게 해달라며 염치없는 말만 하는 자는 도리에 맡지 않는다고 생각한다.

경찰은 크게 사회 치안에 비중을 두고 풍속경찰로서 카페를 단속하고자 한다. 따라서 카페에 스테이지 설치는 사회 풍기 차원에서 바람직하지 않게 느낀다는 전제에서 어디까지나 그에 준해 단속을 실행해야 한다. 하물며 지금의 일본은 비상시국을 만나 국가적으로나 국민적으로 긴장이 필요한 때이므로 쓸데없이 국민의 기풍을 이완시킬 법해 형편이 안 좋은 것을 허가할 수는 없다. 이는 국책상 어쩔 수 없는 일이다. 그러므로 국법은 권력으로 존립하며 국법이 명하는 바는 누구도 뒤집을 수 없음에도 불구하고 자신이 경영하는 카페가 경영난에 빠졌다고 해봤자, 경찰은 국법을 무시하고 국책을 등한시하면서까지 그들 본 업자의 청을 도저히 들어줄 수 없는 일이다. 한편 카페가 잘 돌아가지 않는다고 해서 거기에 스테이지를 허가하거나 댄스홀 같은 것을 허가해 준다면, 그것으로 인한 사회적 영향을 생각해야 한다. 더욱이 작은 측면을 생각할 때도 카페가 화려해지면 그로 인해 국민 풍교 차원에서 어떠한 영향을 가져올 것인가에 대해서도 일고찰이 필요하다.

이런 사항들에 관심을 기울이지 않은 채 카페 영업자의 요구나 희망에만 귀 기울이게 되면 그야말로 경찰의 본뜻에 어긋나는 꺼림칙한 일이 될 것이다. 따라서 카페 본 업자는 우선 이 점을 이해하고 임해야 하지 않을까 생각한다.

어찌됐든 최근의 카페는 일반인들이 대단히 싫증내기 시작한 것으로 보인다. 반면 카페와 다른 풍취의 술집(酒場)이나 찻집(喫茶店)이 늘어나고 있는 것 또한 어김없는 사실이다. 게다가 찻집 등은 대단히 번창하고 있다. 거기에 인심의 미묘한 사정이 있음을 살필 필요가 있다. 즉 너무 저속하거나 악독한 느낌을 주는 것들은 신기해서 일시적으로 발길을 끌었다 하더라도 그런 종류들이 언제까지나 그렇게 마음을 끌지는 않는 법이라는 점에 카페 스스로의 결함이 인정된다.

세간의 일부에서는 경찰의 본뜻을 이해하지 못한 채 멋대로 쓸데없는 짐작을 하면서, 경찰이 카페 구제에 나서서 스테이지 설치를 허가하기로 했다든가, 또는 댄스홀 설치를 허가할 것 같다고 말하며 근거 없는 소문을 흘리는 경향이 있어서, 사실 경찰 당국 입장에서 크게 민폐를 느끼는 상황이다. 경찰 당국으로서 이상의 이유에 따라 결코 이들을 허가할 일도 없거니와 또는 종래 행해 오던 단속을 완화할 일도 없으며, 종전 그대로의 관례에 따라 한번 그렇다고 정한 바의 단속 정신은 언제까지나 바꾸지 않고 그대로 관행할 것이다. 카페 업자가 구제책을 제기해 왔다고 해서 국가의 법률을 두세 가지 방식으로 꾸려가면서까지 사회 풍교 차원에서 지장이 있는 것을 허가할 수는 없다. 마찬가지로 댄스홀을 허가할지 안 할지의 문제도 이와 동일해서 당국의 단속 방침상 지금 당장 이를 허가하는 일은 아마도 절대로 없을 테니, 일반 카페 업자는 물론 일반 민중도 이를 오해하지 않도록 미리 주의를 주고 싶다.

50. 마쓰모토 마나부, 보안경찰 이야기(1934. 6. 1.)

내무성 경보국장 마쓰모토 마나부, 보안경찰 이야기
內務省警保局長 松本學,「保局警察の話」,『朝鮮警察新聞』318, 1934. 6. 1.

보안경찰은 사회공공에 대한 위해를 예방하고 배제하기 위해 독립해서 행하는 경찰 작용이다. 이는 출판물에 대한 경찰(의 단속), 결사, 집회, 대중운동, 선거운동, 기타 비용의 단속, 불량소년의 보호 단속, 걸인, 부랑인의 단속, 정신병자의 감호, 외국인에 대한 거주 영업의 제한, 공안을 해치는 외국인의 추방, 혹은 국화왕실문장(菊御紋章)·황실에 관한 문자 남용과 그 초상에 대한 단속, 기부금 모집 단속, 위험물인 총포 화약류, 압축 가스, 액화 가스의 단속, 황린성냥 제조 단속 등 그 객체는 넓고 다양하다.

영업 경찰

영업은 업으로 행하는 영리 행위이니 원칙적으로 자유이지만, 이들 영업 안에서 범죄의 예방이나 기타 공안 유지의 입장에서 그 자유를 제한하고 있는 이른바 경찰 단속 영업도 적지 않다. 그러나 대부분은 청령, 부령, 현령(廳府縣令) 등 지방령으로 단속하고 있다. 다음에서 간단히 이를 개설한다.

전당포, 고물상의 단속
◇ 전당포 : 전당포는 대중의 금융기관이며, 영리 목적으로 저당계약을 통해 동산을 담보로 금전을 대부해 주는 것인데, 경찰은 이에 대해 여러 제한을 가하고 있다. 우선 저당 잡힌 자(質置主)를 보호하는 견지에서 일정한 이자 이외의 금전 영수, 저당물의 사용 대부, 전당포 이외의 거래를 금하고 있다. 또한 범죄수사의 편의와 도난 피해자의 보호라는 견지에서 전당포

주인은 저당 잡힌 자가 그 저당 물품의 권리를 지니고 있는지 확인을 거쳐야 하고, 주소, 이름 불상자로부터 저당 잡는 것을 금하고, 범죄 혐의 물건이나 유실 물건의 10일 이내 압류(差押)를 허용하고 있고, 도난품이거나 유실물임이 밝혀졌을 때는 이를 징수하여 피해자에게 돌려줄 수 있도록 하고 혹은 전염병 오염 물건에도 일종의 제한을 가하고 있다.

◇ 공익 전당포 : 영리를 목적으로 하지 않는 서민의 금융기관으로 공익 전당포가 있다. 시정촌(市町村) 또는 공익법인이 이를 경영하며 국고 보조를 받고 있다. 단, 대여금은 1구좌 10엔에 1세대 50엔 이하, 이율은 보통 전당포에 비하면 낮아서 월 100분의 1.25 이내다. 단속 제한에 대해서는 대체로 전당포단속법을 준용한다.

◇ 고물상 : 주로 한 번 사용한 물품 또는 그 물품에 얼마간의 손질을 하여 매매교환을 하는 곳이 고물상이다. 고물상은 범죄로 얻은 물건의 집산처 장소가 되는 관계상 대체로 전당포와 동일한 각종 제한과 단속을 가하고 있다.

유실물 관계 경찰

금전은 물론 훈장이나 선조의 위패까지도 분실하는 사람이 있다. 유실물 보관 장소는 실로 인생의 축소판이라고도 할 수 있다. 1932년 중 유실수를 들자면, 통화가 291만 9,724엔, 물건은 814만 6,750엔에 이른다. 유실물을 습득한 자는 신속하게 유실자 또는 물건의 소유 권리자에게 반환하거나 또는 경찰서에 건네주어야 한다. 만일 보관 담당자(管守者)가 있는 선차(船車)나 건축물 구내에서 습득했을 때는 보관 담당이 습득자가 되어 전술한 절차를 밟는다. 경찰에서는 잃어버린 주인에게 반환함은 물론이지만, 주인을 알 수 없을 때는 14일간 게시판에 게시하여 일반에게 알린다. 그 후 1년이 지나도 소유자를 알 수 없을 때는 습득자의 소유가 된다. 유실자가 밝혀졌을 때는 보로금(報勞金)으로서 해당 습득물 가격의 100분의 5보다 적지 않고 100분의 20보다 많지 않은 돈을 습득한 노고에 대한 보답으로 습득자에게 급부할 의무가 있다. 매장(埋藏)물에 대해서는 유실물의 경우를 준용한다. 단, 학술 기예 또는 고고 자료로 제공하는 것이면서 소유자가 판명되지 않을 때는 소유권을 국고로 귀속하고 발견자나 토지 소유자에게는 상당하는 금액을 급부한다.

풍속경찰

한 나라의 풍기가 어떤지는 그 국가의 흥망성쇠에 영향을 미친다. 풍속이 문란한 국가는 결코 훌륭한 국가라고 말할 수 없다. 풍속경찰은 국민 일반의 선량한 품성과 풍습(習俗)을 유지하고, 방탕, 음란(淫逸), 부덕, 패륜(背倫) 행위의 방지를 목적으로 한다. 이는 교육과 기타 본인의 자각에 바라는 바도 적지 않지만, 경찰은 선량한 풍속 관습을 배반하는 행위를 방지하고 일국의 풍교 숙정의 결실을 거두기 위해 중요한 역할을 맡는다.

매소부의 단속

매소부는 선량한 풍속을 유지하는 데에 좋지 않은 존재이지만, 이들의 절멸과 소탕을 기하는 것은 사실 불가능하기 때문에 국가는 사회 풍기의 단속, 보건위생, 특히 화류병 전파의 방지, 여자의 보호라는 점에서 단속하고 있다.

◇ 창기와 가시자시키(貸座敷) : 창기의 일(稼業)은 가시자시키 안에 한정시키고 동시에 규정한 건강진단을 받도록 요구하고 있다. 아울러 창기를 보호하는 견지에서 그의 폐업, 통신, 면접, 문서의 열람, 물건의 소지, 구매 등의 자유는 누구도 방해할 수 없다는 규정을 두고, 이 자유를 방해한 자를 엄중하게 처벌한다. 공창은 오랜 역사적 존재다. 나라조(奈良朝) 시대, 무로마치(室町) 시대, 가마쿠라(鎌倉) 시대를 거쳐 도쿠가와(德川) 시대에 번성기를 누렸지만, 최근 카페, 바 등 신흥 영업과 일면 여론에 밀려서 부진한 상태다. 가시자시키는 지방령에 의거해 단속하고 있지만, 일정한 지역, 즉 가시자시키 지정지가 아니면 허가하지 않는다. 그리고 이 가시자시키 지정지의 신설 이전 또는 확장은 금지하고 있다.

◇ 사창 : 밀매음 및 이를 매합(媒合) 또는 용지(容止)하는 것은 경찰범처벌령으로 금지하고 있다. 또한 행정집행법 제3조에 따라 행정관청은 밀매음 범죄 또는 그 전과자 그리고 밀매음의 상습이 있는 자에 대해서 건강진단을 실시하고 입원 치료를 명령할 수도 있다.

접객 영업과 종업부(從業婦)의 단속

◇ 게이샤(芸者) : 오로지 가무음곡을 피로하며 음식과 술의 알선을 업으로 삼는 자이며, 지방령으로 단속하고 있다. 1932년 말 현재 수는 74,999명이다.

◇ 작부 : 음식, 술의 알선은 하지만 가무음곡을 쓰지 않는 작부가 있다. 이 역시 지방령으로 단

속하고 있다.

◇ 댄스홀과 댄서 : 근대적 향락기관의 첨단을 가는 댄스홀이 있다. 무도(舞踏) 요금을 징수하고 있는 홀은 경시청, 가나가와(神奈川), 효고(兵庫) 등 1청 8개 현이고, 45곳의 무도장이 존재한다. 그밖에 회원 조직의 무도장이라는 것이 1부(府) 8개 현에 29곳 있다. 댄서의 총수는 1,392명이라는 많은 수에 달하고 있어, 댄스 자체와 댄스홀, 댄서 등은 풍속상의 논의대상이 되었다. 종래의 여러 오락기관에 더해 관련 존재를 인정함으로써 향락 내용을 복잡다양하게 만들고 우리나라 풍습과 현저히 다른 오락을 무제한으로 인정하는 것은 풍속상 바람직하지 않을 뿐 아니라 청년자녀의 성실(質実) 강건한 기풍의 상실이 우려되므로, 그 대책에 관해서 내무성은 예의조사 중이며 장래 단속을 상당히 엄중히 할 것으로 보인다.

◇ 카페, 바와 여급의 단속 : 카페, 바는 최근 몇 년 사이에 증가했다. 1932년 말 현재, 카페, 바의 수는 30,590개에 달하고, 여급은 89,549명으로 접객업 여성 중 수적으로 1위를 점한다. 경시청 관내에는 7,166개의 카페·바와 32,616명의 여급이 있다. 오사카(大阪), 효고(兵庫), 아이치(愛知), 홋카이도(北海道), 가나가와(神奈川), 교토(京都) 순으로 신흥 양상을 보이고 있는데, 수가 많아질수록 그 구조는 자극적인 모습을 보이고 여급 서비스는 더더욱 풍속상 바람직하지 않은 모습을 띠는 측면을 면하기 어렵다. 카페는 지방령에 따라 각각 제한을 규정해 단속하고 있는데, 최근 현실과 유리되었다는 목소리가 많다. 이에 주요 거리의 카페의 문제, 간판, 구조 등의 제한, 또는 청소년 학생에 대한 영향 등을 고려해 전국의 통일적 단속 방책을 수립할 수 있는 기운이 찼기에 목하 각종 조사를 이루어 구체안의 작성을 서두르고 있다.

51. 내지 조선의 카페·바에 대한 단속법규의 근거와 실제(1934. 7. 1.)

내지 조선의 카페·바에 대한 단속법규의 근거와 실제 :
오사카부에서는 특수 음식업의 새 규칙으로 단속은 엄중히 가무음곡은 일체 금지
「內地朝鮮のカフェー·バーと取締法規の根據と實際：大阪府では特殊飲食業の
新しい規則で取締は嚴重に歌舞音曲は一切御法度」,
『朝鮮警察新聞』320, 1934. 7. 1.

　　네온 불빛 아래에서 칵테일과 요염한 웃음, 담배 연기로 강렬한 자극을 발산하는 카페·바, 찻집(喫茶店)의 존재는 근대문화의 소산으로서 도처에 요란한 꽃을 피우고, 그 심혹한 색과 선은 만족할 줄 모르고 사람들의 신경을 비정상적으로 흥분시키고 있다. 그런데 호화판을 자랑하는 이들 카페와 바는 최근 조선에서도 내지의 주요 도시에 뒤떨어지지 않는 호황을 보이며 여기서나 저기서나 수적으로 대단한 성황을 이루고 있지만, 실제 내면의 상황은 겉으로 본 느낌과는 상당한 간극이 있어 상당히 경영난을 겪고 있는 듯하다. 따라서 그날그날을 유지하기에도 커다란 무리가 따르는 탓에 그 분야의 엄중한 단속의 눈을 피해 꽤나 탈선하는 곳도 없지 않은 모양이다.
　　우선 그들의 실상이 어떤지 들여다보면, 조선 전체에서 호화판을 자랑하는 곳은 역시 뭐니 뭐니 해도 경성과 기타 두세 도시에 있는 곳임이 틀림없다. 게다가 수로 보나 질로 보나 카페답고 바답고 찻집(喫茶店)다운 곳은 어딘지 손꼽아 헤아려 보면, 역시 전술한 의미에서 경성부 내의 각지에 산재한 크고 작은 다채로운 카페와 바 모두가 통째로 모범적이라고 할 수밖에 없다.
　　그렇다면 경성부 내의 카페와 바 중에서 소위 알기 쉬운 말로 경성 에로 거리의 풍경은 어떠한지 타진해 보면 우선은 이렇다. 즉 내지인 측의 동맥이라 불리기도 하는 본정(本町) 거리를 중심으로 한 일대야말로 글자 그대로 에로를 포진한 진지(放列陣)여서 카페와 바 그리고 찻집(喫茶店)이 성행 중이다. 본정경찰서 관내만 하더라도 근대문화의 총아인 이런 식의 카페와 바가 도합 52채나 있다. 그리고 이들 카페나 바를 배경으로 5색 불빛을 쬐면서 광적인 재즈의 어지러운 연주곡에

명암의 이중주를 그대로 보여 주면서 소위 교태를 부리는 여급 무리는 무려 466명으로, 때에 따라 약간의 증감은 있어도 대략 이 정도라 한다. 연령대는 꽃으로 치면 봉오리라 할 수 있는 17~18세부터, 훨씬 나이가 많고 요염한 34~35세 정도까지 있다. 그리고 아이가 있는 여급이 있는가 하면 남편이 있는 여급도 있다 하니 다종다양이다. 경영자 상황을 보면, 카페와 바를 혼동하기 쉬울 법한 간판을 내걸고 있는 자가 많다. 따라서 단순한 바로 생각하고 가게 문을 들어섰다가 그렇지 않고 버젓한 카페인 경우가 흔히 있다. 그러니 바는 아직 순수한 것이 없다고 말해도 좋다. 굳이 숫자를 따져보자면 현재 내지인이 경영하는 곳이 2채이고, 조선인이 경영하는 곳이 2채 정도다. 이 밖에 '에로' 만점인 식당이란 것이 있지만 이는 생략하기로 하고, 우선 경성 조선인 거리의 중추라 할 수 있는 종로 일대로 날아가 보기로 한다. 이 주변 일대에 진을 치고 있는 카페는 내지인 경영이 8채, 조선인이 하는 곳이 7채, 여급 수를 알아보면 내선(內鮮) 양쪽을 합해서 146명이 현란한 5색 불빛 아래에서 손님을 기다리고 있다. 바는 조선인이 경영하는 곳이 8채이고 내지인의 경영이 1채여서 내지인 경영이 적은 편이다. 한편 용산 방면의 에로 거리를 탐색해 보면, 이 부근은 카페나 바 같은 모던한 에로를 발산하는 곳이 적은 것치고는 유곽 지역(廓) 정취를 풍부하게 발산하는 도산(桃山) 유곽이라든가 그보다 좀 더 모던한 식당 등이 빈틈을 메우고 있다. 여기서 말하는 카페란 이름이 붙는 곳은 13채밖에 없고 거기서 술을 따르는 여급은 총 43명으로 소수다.

경찰 단속이란 측면에서 바라본 카페와 바가 여러 의미에서 대단히 복잡성을 띠고 있다는 것은 새삼스럽지도 않다. 그렇다고 이를 단속할 만한 법규가 따로 만들어져 있지도 않기 때문에 음식점 단속규칙에 부쳐 일종의 통첩으로 해결하고 있다. 그리고 경제적으로 불황에 신음하고 있는 현재는 그 점을 어느 정도까지는 참작해서 봐주지 않으면 때로 약한 자를 괴롭히게 되지 말라는 법도 없기 때문에 당국은 대단히 자중하면서 대처하고 있다. 종로경찰서 보안계는 같은 경성 카페거리 중에서도 본정의 내지인 거리를 경쟁자로 돌려놓고 일종의 이국적(exotic) 개성을 풍만하게 흘려보내는 종로 일대 카페를 단속하는 입장에 놓여 있는데, 이번에 한층 더 풍기를 단속하고자 여름철 카페 단속의 새로운 안으로 다음 사항을 발표하고 이미 단속에 종사 중이라고 한다. 더운 여름철이 되면 카페와 바의 거리도 풍기가 상당히 문란해진다. 이번에 종로서가 발표한 안은 이 점을 겨냥했다고 한다. 이는 우선 경고 형식으로 발표했다고 한다.

　一. 카페와 음식점의 문을 개방할 때는 반드시 발이나 포렴을 문에 걸어 설치해 바깥쪽에서 내부를 볼 수 없도록 할 것

一. 여급이 영업 장소에서 자택으로 돌아갈 때는 도중 손님에게 키스하거나 기타 난잡한 행실을 하지 않을 것
一. 영업시간은 오전 2시를 넘기지 않을 것

아무리 카페나 바가 얼마 전과 달라지고 경영이 어려워 관련 업계의 쇠퇴가 한층 두드러진다 하더라도 경찰 입장에서 말하자면 단속 방침이 여럿 있는 것도 아니니 어디까지나 사회 풍기의 입장에서 소정의 방침을 취할 수밖에 없다. 그렇게 보면 최근 내지의 카페거리에 대한 경찰의 단속은 한층 엄격하다고 여겨지는 모양이어서, 오사카부 당국 쪽에서는 특히 특수 음식업에 대해서는 새로운 단속규칙 아래 단속을 실시하고 있는 듯하고, 조선보다 오히려 엄중히 단속하고 있는 것을 보면 조선에 있는 카페 업자는 그나마 다행으로 여겨야 한다. 지금 오사카에서 카페나 바를 단속하는 상황을 열거하자면, 우선 오사카부 경찰에서는 이를 위해 따로 특별법을 마련해 단속함으로써 업자에게는 오히려 치명적이라고도 할 수 있는 강력한 단속 방침으로 임하기로 결정했다고 한다. 즉 현재의 특종 음식점은 약 6,000곳이고, 여급 수는 18,000여 명에 달하는데, 부 당국은 풍기, 위생, 폭리의 단속, 소음 방지의 여러 점에서 현재까지 일반음식업자와 마찬가지로 일률적으로 단속하던 카페나 바, 찻집(喫茶店)을 특별히 특종음식업으로 자리매김하고 별개의 단속규정을 제정하게 된 것이다.

一. 구조 : 룸은 10평 이상, 테이블은 6개 이상으로 하고 1실에 한하며, 다타미(畳)를 깐 작은 방 또는 스페셜 룸은 허용하지 않고, 벤치는 허리보다 위가 1척5촌[40] 이하여야 한다고 정함으로써 군소 카페의 일소와 룸에서 에로 서비스를 봉쇄함
一. 지역 : 거주 지역에는 물론 불가하며, 기타 학교나 병원 부근도 인정하지 않음
一. 조명 : 실내는 하얀 등
一. 여급 : 단연코 감찰을 교부하여 인가제도로 운영하고 결핵, 트라코마, 그외 화류병 환자를 허용하지 않음
一. 가무음곡의 절대 금지
一. 멤버의 손님 유인 행위 엄금
一. 여급의 팁 : 이는 총매출액의 퍼센티지로 정할지, 종전처럼 임의로 방치할지, 3안에 대해 더 신중하

---

40 1尺5寸은 45.5센티미터다.

게 고려함

　대체로 이와 같아서 업자들은 대공황으로 받아들이고 있다. 앞에도 썼듯이 최근 관련 업자들은 거듭되는 불경기로 힘이 빠져 있다. 그만큼 부자연스러운 일도 저지르기 쉬워지므로 바로 이 부분 때문에 경찰 당국은 경찰 당국대로 단속의 어려움에 부딪히고 있다.

52. S. P. S., 조선 공창의 역사적 고찰(1934. 7. 1.)

S. P. S., 조선 공창의 역사적 고찰
S. P. S., 「朝鮮に於ける公娼の歷史的考察」, 『朝鮮警察新聞』 320, 1934. 7. 1.

　최근 내선(內鮮)을 막론하고 폐창 문제가 일반인의 주의를 끌면서, 일부 사이에서는 오랜 연월 동안 전통적으로 전해 내려온 하나의 악습이 지금 당장이라도 폐지될 것처럼 과대평가하며 줄곧 헛소문을 퍼뜨리는 자들이 있는 모양이다. 하지만 내가 보기엔 수백 년이라는 오랜 세월 동안 화근(病根)처럼 뿌리내리고 있는 이 문제가 그리 쉽게 자취를 감추리라고는 도저히 생각할 수 없다. 예를 들어 중앙정부의 영단(英斷)을 통해, 문제시돼 왔던 공창이 거리에서 모습을 감추게 된다 하더라도 그뒤에는 사창의 발호가 기다리고 있으니 어쨌든 큰 견지에서 생각할 때 공창 문제는 사회 풍교 차원에서 중대 문제라 말하지 않을 수 없다고 본다. 곧 공창을 폐지한다면 다른 편에서 사창을 인정하게 되는 셈이니, 그저 노골적으로 말하면 이름과 장소를 살짝 바꿀 뿐인 얘기며, 실제로 영향을 미치는 폐해에서 보자면 어떤 면에서는 오히려 더 큰 문제가 될지언정 작은 문제가 아니다.

　현대의 법률에 입각할 때 어느 나라에서든 인신매매는 인도적으로 허용될 수 없는 야만적 풍습(蠻風)이어서 절대로 인정하지 않는다. 하지만 사실 거의 공공연한 비밀처럼 인신매매가 이뤄지고 있으니 어쩔 수가 없다. 1931년[41] 국제연맹이 파견한 동양부인아동매매 조사위원인 존슨 박사가 도쿄를 방문했을 당시 접대위원의 한 사람이던 사이고(西鄕)인지 하는 한 판사는 알고도 그러는지 몰라서 그러는지 매우 대담하게도, 우리나라는 1925년 이래 이미 인신매매를 법률로 금지하고 있기 때문에 이후 국내 어디서도 인신매매 사실이 전혀 인지되지 않았다고 기염을 토한 모양이다. 하지만 이는 거짓 간판 같은 말이어서 전술한 국제연맹위원 일행은 일본의 어디를 가더라도 '예기, 창기 소개업'이라는 간판이 공공연히 붙어 있어 인신매매 소개업자가 공인되고 있는 사실을 볼 수

---

[41] 원문에는 '昭昭六年'으로 쓰여 있으나 이는 '昭和六年'의 오기로 판단된다.

있었다는 사실에 비춰 이 판사가 토한 기염은 그야말로 그저 기염에 불과했음을 통절히 느꼈다는 하나의 화제로 삼았다. 이 글에서는 주로 조선인을 주제로 한 공창 문제만을 논하고자 하는데, 내지의 연장인 조선에도 공창, 사창 모두가 대단히 발호하고 있다. 또한 사관(史觀)적 입장에서 고찰할 때도 오랜 역사가 있으니 어제 오늘의 문제가 아니다. 듣자 하니 1930년 말 현재의 통계이긴 하지만 관련 조사에 따르면, 조선에서 창기업을 하게 되기까지의 경로를 살필 때 조선 여성의 수 1,372명 중 985명은 여기서 말하는 소개업자의 손을 거쳐 팔려갔으며, 부모가 넘긴 자는 불과 280명이란 수에 불과해 당국 사람들도 놀랐다고 한다. 그리고 본인과 직접 교섭으로 그런 사회로 들어간 자는 겨우 198명밖에 없었다고 한다.[42] 이를 통해 보더라도 이쪽 사회의 내막이 얼마나 깊은 암흑계인지 알 수 있다.

살면서 인신을 공물(御供)로 바치게 되어 노예로 잘못 보일 만큼 어두운 생활을 하는 여자가 돼 가는 그들의 내면을 들여다보고 대략 그들이 팔려가는 시세는 어떤지 살펴보면 300엔에서 400엔이 보통인 듯하다. 그러다가 조금은 때가 벗겨져 용모(縹緻)가 괜찮아지면 가격도 꽤 높아진다. 한편 여러 비극과 희극이 연출되는 가운데 실제 인생의 슬픈 이야기도 있다. 게다가 많은 범죄가 저질러지기까지 하니 주시하지 않을 수 없다.

작년 11월 말에 있던 이야기다. 강원도 여주군 주내면 상리에 살며 전과 2범 딱지가 붙은 남자 이봉석(29)은 주내면 홍문리 120 이귀봉(22)과 공모하여 원주군 흥업면 무실리 고 아무개의 처인 지방이(18)를 온갖 감언으로 유혹하고 마침내 경성까지 유괴해 데리고 와서 경성부 연지동 천삼(天三)여관이라는 숙박업소(宿屋)에 그를 감금이나 다를 바 없는 상태로 두고, 협박을 일삼고 야욕을 드러내며 지방이를 표면적으로는 실제 여동생처럼 꾸미며 호적등본까지 첨부해 창기로 팔아넘기려 하던 차에 결국 탄로 나서 일당 모두가 관청 신세를 지는 꼴이 됐다. 또한 이런 일도 있었다. 경성부 서사헌정 함남루(咸南樓)에 전차금 320엔으로 팔려온 창기로 경남 하동군 정학송의 딸 필순(18)은 나이에 비해 어디로 보나 작아 보여서 본정경찰서에서 정식으로 원적지까지 조회해 보니 의외의 사실이 숨어 있음이 밝혀졌다. 본인이 필순이라 한 것은 속임수(trick)였고, 실제의 필순은 하동군 구양면 봉대리의 유 아무개의 딸인 영귀(16)로 밝혀졌다. 어떻게 된 일인가 하면, 필순이라는 여자는 상관없는 여자이고 다른 곳에 살고 있는데, 그저 영귀 본인을 그대로 데려다 쓰기에는 창기로 매매할 수 있는 연령에 아직 달하지 않아서, 이에 여자를 마음대로 하려는 악인들이 나쁜 꾀

---

42   985명+280명+198명의 수는 1,463명이지만, 원문에 나온 대로 표기한다.

를 짜내어 생판 남인 필순(18)이라는 여자의 이름과 나이를 훔쳐 온 셈이다. 이런 범죄는 언제나 흔히 발견된다. 이야기를 이제 중심으로 옮기자면, 조선 창기라는 것이 처음 생긴 시기를 조사해 보면 역사를 거슬러 올라 상당히 오래됐다. 들자 하니 고려 초기에 타타르족에 속하는 양수척(揚水尺)이라는 종족이 고려국에 귀화한 당시부터라 한다. 이 종족은 대단히 궁핍한 생활을 하였다. 그래서 자산이 있는 자에게 자기 딸을 주었는데 이것이 조선에서 관기라는 것이 시작된 시초였다고 한다. 그리고 고려시대에 원이라는 나라가 있었는데 원나라로부터 많은 군대가 고려에 쳐들어 왔을 때 많은 여자들이 유린 당했다. 유린 당한 많은 여자는 자연히 그들의 노예가 되기도 하고 어둠의 여자가 되기도 했다. 또 그런가 하면 당시는 양국 간 교통이 비교적 트여 있었기 때문에 여행을 떠난 자는 여정을 달래고자 곧잘 이런 여자를 접했다. 그리고 이 시대에는 관존민비(官尊民卑)의 분위기가 대단히 농후했을 뿐 아니라 정치범(国事犯)으로 걸린 자는 그 일족 중 남자에 속하는 자가 사형 또는 외딴 섬으로 유배당하고 또한 여자는 관비가 되거나 다른 이의 첩이 돼야 했다. 이러한 악습이 시대가 흐르면서 점차 밀매음이 되었다. 이것이 현재의 주된 원인으로 자리 잡았는데 양수척이라는 그 종족이 생활이 궁해져 딸에게 매춘을 시켰다는 이야기는 오랜 옛날 일이기도 해서 다소 흥미롭기도 하다. 아무튼 조선에서 창기가 생겨난 최초가 고려 중엽부터임은 틀림없다. 그 후 이조로 넘어가서 이것이 각 방면에 뿌리내리고 마침내 정쟁의 도구로까지 쓰이게 되어, 양반과 양반 사이에 정권 쟁탈이 특히 치열했던 당시, 개중에 교묘한 자는 여기서 말하는 관기를 약통(薬籠) 안에 넣어 자기 이득을 취하는 데 급급했다고 한다. 게다가 흥미로운 점은 당시에도 일부에서는 폐창운동이 일어나기 시작해 이조 태종 등은 뛰어난 왕(英君)이었기 때문에 사회 풍교 차원에서 공창과 사창의 폐해가 크다는 것을 통탄하여 적극적으로 창기를 폐지하겠노라 주장했다. 당시의 재상 허조(許稠)라는 사람은 이에 반대하면서, 남녀관계는 자연스런 욕망을 금할 수 없는 바인데 창기는 공가(公家)의 것이니 결국 자유롭게 이를 통해 욕망을 채울 수 있지만 만일 이를 금제(禁制)하게 되면 연소한 조정 신하가 사가(私家)의 부녀자에게 손을 뻗치게 될 테니 얼마나 많은 벼슬아치(士)들이 죄를 범하겠냐는 이유를 들어, 결국 모처럼의 폐창운동도 헛수고로 돌아갔다는 이야기가 역사에 전해지고 있다고 한다.

53. 우메타니 생, 조선의 공창 폐지와 사창 문제(1934. 7. 1.)

우메타니 생, 조선의 공창 폐지와 사창 문제
梅渓生,「朝鮮に於ける公娼廢止と私娼問題」,
『朝鮮警察新聞』320, 1934. 7. 1.

도쿄에서 전해지는 바에 따르면, 내무성 당국은

一. 현행 창기단속규칙을 폐지하여 공창 폐지를 일거에 단행한다.
一. 지금 전국에서 13개의 부현(府縣)이 공창 폐지를 제안하고 있는데 우선 이들 13개 부현부터 착수해 공창 폐지를 점차 전국으로 파급시킨다.

라는 두 가지 공창 폐지 방법을 두고 극비리에 회의를 거듭하고 있다고 한다. 그리고 대세로 미루어 짐작건대 아무래도 제1안의 방법을 기대할 수밖에 없는 모양이다. 또한 종래의 공창이 막상 폐지된 후의 대안으로, 행정집행법 제3조에 밀매음단속법이 있는데 이에 더해 화류병 예방법을 통해 성병 단속에 종사하고, 사창에 대해서는 일정한 거주의 자유를 제한하되 16세 미만 연령은 금지한다,라는 방침을 통해 드디어 공창을 폐지하고 사창을 공인하게 될 모양이다.

요컨대 공창 폐지 문제는 현재 세계적 정세를 감안하면 일본에는 가장 중대 문제이며 공창 폐지를 목적으로 하는 내무성의 활동은 어제 오늘 시작된 문제가 아니다. 곧 내무성 당국에서는 이미 전부터 풍기 국책을 강조하면서 전국적으로 경찰관을 총동원해, 공창 폐지, 레뷰 정화, 바와 카페 특별단속을 단행하기로 착수 노력하며 적극적으로 활동을 개시하였다.

그렇다면 현재 일본 국내의 공창 폐지 상황은 어떤가 보면, 전국 중 군마(群馬)현은 1893년, 사이타마(埼玉)현은 1930년, 아키타(秋田)현에서는 지난 1933년 7월 1일부터 이미 기선을 잡고 공창 폐지를 단행한 곳도 있다. 더욱이 이들 3개 현은 공창 폐지 이후 대단히 좋은 성적을 거두고 있는 상황이어서 전국적으로 좋은 자료를 제공한다. 다음으로 다른 현 당국도 일찍부터 이 문제는 대단한 관심을 보여, 1928년에는 후쿠시마(福島)와 후쿠이(福井) 두 현에서, 또한 1929년에는 니가타(新潟)현, 1930년에는 나가노(長野), 가나가와(神奈川), 오키나와(沖縄) 3개 현에서 각각의 입장에서 공창 폐지를 전제로 여러 운동에 매진하였다. 현 의회에서는 공창 폐지 건의안을 가결하여 실행하도록 당국을 압박하고 있을 정도다.

또한 널리 세계의 상황에 미루어 보더라도 선진국에서는 이미 이 문제를 해결한 곳이 많아, 현재 강대국 중 여전히 공창 폐지 단계에 이르지 않은 나라는 프랑스, 이탈리아, 스페인(에스파냐)의 몇 나라에 그치고, 그외의 나라들은 대개 공창제도를 훌륭하게 폐지하였다. 그리고 공창을 폐지한 후 사창 등에 대한 화류병 단속과 풍기 문제에 당국이 아무런 단속을 가하지 않고 자유에 맡기고 있는 나라는 영국, 미국, 캐나다, 네덜란드, 벨기에, 안트베르펜, 스위스의 몇 개 현, 라트비아, 남아메리카, 호주 등을 꼽을 수 있다. 그리고 이와 반대로 강제로 화류병과 풍기 문제를 단속하며 적극적으로 사회 정화에 힘쓰는 나라로는 덴마크, 스웨덴, 노르웨이, 독일, 스위스의 몇 개 현, 체코슬로바키아, 에스토니아, 불가리아 등을 볼 수 있다. 이밖에 핀란드 등 국가들은 향후 장래를 기대할 수 있는 상황인 듯하다. 말하자면 전술한 국제적 의미에서 세계의 열국들에서 행하는 공창 폐지 운동을 바탕으로 생각할 때 우리 일본은 대단히 뒤쳐져 있다.

우리는 슬퍼해야 할 일본의 공창제도 앞에서 단호히 철폐운동의 기치를 선명히 할 필요가 있음을 인정하는 바지만, 공창제도가 여전히 현존하고 있는 슬픔 속에서 인도적으로 허용할 수 없는 여러 비극을 보고 들을 수 있다. 공창제도와 관련된 비극의 좋은 예로 하나를 들면 다음과 같다.

어떤 곳에서는 조선의 외딴 시골에 살다가 8년 전에 팔려간 송말순(宋末順)이라는 소녀가 우키카와다케(浮川竹)[43]로 몸을 파는 생활이 인간적으로 얼마나 슬프고 힘든지를 심각하게 느끼며 추악함을 한탄하고 공포를 느낀 나머지 자신을 고용하고 있던 청루(青樓)에 불을 지르고 그 혼잡을 틈타 도망치려 한 일이 있었다. 그러나 그녀는 결국 목적을 이루지 못한 채 잡히고 말았다. 그래서 그녀는 방화 범인으로 법정에 서는 신세가 됐지만 내로라하는 괴물(鬼) 검사로 알려진 모 검사도 소녀의 거짓 없는 고백에는 동정심을 금하지 못했다. 그래서 비로소 기소유예라는 눈물 어린 재판을 받을 수 있었다. 그는 그리운 고향으로

43　浮川竹(うきかわたけ)는 강가의 대나무가 강물이 불고 줄 때마다 물에 떴다 잠겼다 하듯이 불안정한 처지를 말한다. 유곽 또는 괴로운 유녀 신세를 의미하는 화류계 용어로 알려져 있고, 뜨는 상태를 의미하는 '浮き(우키)'와 걱정이나 슬픔을 의미하는 '憂き(우키)'의 발음이 동일해 구어로는 중의적으로 쓴다. 원어 발음을 살리는 용어로 처리하지 않을 경우, '부평초' 정도로 번역할 수 있다.

돌아가게 되었지만 고향으로 돌아간 지 얼마 지나지도 않은 어느 날 무시무시한 이전 포주가 남은 전차를 방패 삼아 다시 그를 책망하며 괴롭혔다. 그리고 그를 몰아붙여 다시 유녀로 만들었다. 하지만 공창제도가 여전히 현존하는 일본의 일부 조선의 사정으로는 물론 그를 구할 아무런 수단도 강구할 수 없었다.

이외에도 불명예스런 공창제도가 가로놓인 오늘날, 일본 사회에서는 부자연스러운 여러 문제가 있음을 알 수 있다. 그렇다면 공창제도가 언젠가 일본 사회에서 철폐되어야 할 운명에 있지만 이 제도에 대한 철폐 목소리가 시끄럽게 들려오는 오늘날 다찬가지로 같은 숙제를 안고 있는 조선 당국은 이 문제를 어떻게 취급하려고 있는지 당국의 의향을 타진해 보기로 한다. 이 문제를 언급하기 전에 우선 조선 내 공창의 수를 알아야 한다. 대체로 조선 내에서 현재 예기, 작부의 수는 8,626명으로 알려져 있다. 그중 조선 측의 이른바 기생이란 것이 4,721명이고, 작부 수 1,584명, 창기 수가 2,321명이라고 한다. 그리고 그들이 인간으로서 가장 수치스러워하는 인육(人肉)의 노예임이 드러나기까지 그 이면의 이유를 여러 가지 꼽아야 하겠지만, 그중에서도 다수를 점하는 것은 자기 부모를 살리기 위해 몸을 팔아 얼마간이라도 생활을 도울 생각으로 이 사회에 들어간 자, 또 병에 걸린 형제를 구하려 여러 노력을 해봤지만 의료비를 마련하지 못해 부득이하게 생지옥 같은 유곽 생활에 몸을 담근 자 등 그야말로 각양각색인데, 좋아서 이쪽 사회에 들어간 자가 없다는 것만은 사실이다. 그럼에도 불구하고 세상 물정을 익히지도 않은 사랑스런 딸을 일개 사유재산처럼 여겨 감히 인신매매하는 인정머리 없는 부모와 감언으로 농락하고 유혹해 어리석은 지방 젊은 여자를 이쪽 사회로 팔아넘기는 자들, 거기에 더해 악마처럼 쉬지도 않고 그녀들을 괴롭히는 기루 주인들은 모두 악인이나 진배없다. 하지만 괴롭힘을 당하고 또 당해 자유 폐업을 외치며 유곽을 빠져나온 가엾은 여성이 경찰에 뛰어 들어가 구해 달라고 해도 현재 일본의 사회 상태로는 구할 수 없다. 그뿐만 아니라 경찰은 그를 잡아 원래의 포주에게 인도해야 하는 입장에 놓여 있으니 참으로 부자연스러운 일이라 하지 않을 수 없다. 이번에 논의되고 있는 공창 폐지 문제가 드디어 본격화하면 조선도 이를 뒤쫓아 실시하게 될지 여부에 대해서는 아직 아무것도 단언할 수 없지만, 실제로 당국에 물어본 바에 따르면, 인도적 견지에서 보더라도 혹은 국제연맹의 국제적 체면(手前)으로도 공창제도 폐지는 이미 시간문제인만큼 내지에서 공창제도를 폐지하게 되면 조선도 이를 추종하게 될 것은 자명한 이치로 여겨지니, 이 문제는 지금 적잖은 기대를 모으고 있다.

54. 호시지마 지로, 폐창 문제의 경과에 대하여(1934. 7. 1.)

중의원 의원·변호사 호시지마 지로, 폐창 문제의 경과에 대하여
代議士·辯護士 星島二郎, 「廢娼問題の經過に就いて」,
『朝鮮警察新聞』 320, 1934. 7. 1.

폐창 문제를 중심으로 한 논의는 의회 안팎에서 오랫동안 현안이 되어온지라, 원(국회) 외의 폐창연맹이나 기타 각 단체의 운동과 함께 원내에서도 의원 유지들이 규합해 폐창에 관한 법률안을 거의 정례적으로 매번 의회마다 제출해 왔다. 반면 해당 업자는 이에 맞서 현상 유지를 꾀하려고 한 탓에 양자가 서로 대치하는 정세가 지속돼 왔다.

하지만 상당히 오랜 연월에 걸쳐 이런 경로를 밟아온 경험에 비춰 보면, 정면에서 맞서 싸우기보다는 우리 운동에 참가하고 있는 자가 직접 업자와 간담하여 상호이해 아래 격의 없는 의견교환을 하는 편이 오히려 문제의 해결을 쉽게 만드는 지름길이 아닐까 생각한다.

때마침 재작년 봄에 사회사업가 쓰보이 히로시(壺井弘) 군의 소개로 신요시와라(新吉原)의 이치가와 이사브로(市川伊三郎) 씨를 비롯한 도쿄 5대 유곽의 유력자들과 서로 알 기회를 얻은 것을 발단으로 점차 이 문제에 대해 속내를 터놓고 이야기해 보자는 기운이 서로 간에 조성되었다.

그러던 중 작년 봄에 전(前) 의회가 개회되자 종래 유지들이 재촉하며 예년처럼 빨리 법률안을 의회에 제출하면 좋겠다고 했다. 그런데 업자들과 막 간담하려던 참에 한편에서는 의회에 법률안을 제출한다면 불을 끄는 펌프와 성냥을 양손에 쥐고 있는 격이 돼 버릴 테니 감정 차원에서 심히 바람직하지 않았다.

그래서 우선 이 기회에는 법률안을 제출하지 않아야만 일이 원활하게 돌아가리라 생각했기에 폐창론 측의 국회의원과 기타 관계자를 모이게 해 여러모로 상의하였다.

그중 여러 논의가 나왔는데, 결국 거기까지 진척되어 업자와 대화를 시작할 수순에 들어간 상황이라면, 우선 의회에 법안은 제출하지 않기로 하고 대화를 진행하면 괜찮겠다고 의견이 모였다.

이상과 같은 경로를 밟아 매소 문제 대책협의회가 성립하였다. 국회의원 측에서는 정우회(政友會), 민정당(民政党), 민동국맹(民同國盟), 무산(無産) 각 파에서 각 1명 내지 2명, 업자 측에서 신요시와라(新吉原), 스사키(洲崎), 신주쿠(新宿), 시나가와(品川), 센주(千住)의 도쿄 5대 유곽으로부터 각각 유력자가 출석하고, 폐창 연맹에서 마츠미야(松宮) 이사장도 참가해 제1회 모임을 1933년 3월 8일에 개최하였다.

종래 서로 대치하며 항쟁을 계속해 온 폐창론자와 해당 업자가 회합을 가졌으니 처음에는 상당히 논의가 일어 의사 진행이 고민스러운 때도 종종 있었고 또한 의외의 점에서 상당한 오해가 있음을 발견하기도 했다.

예를 들어 우리의 폐창론은 국가가 공적으로 허가하는 제도로서 창가(娼家) 및 창부(娼婦)의 존재를 부인하려는 것이니, 바꿔 말하면 사실상의 존재는 어쩔 수 없다 하더라도 적어도 국가공인제도는 신속하게 이를 폐지하고 싶다는 것이다. 이런 점들을 우리가 허심탄회하게 상세히 설명한 결과 업자가 안고 있던 오해도 일소되었다.

이 근본 문제에 대한 양해가 성립하기만 한다면, 업자의 입장을 고려해 장래 영업에 관해서는 현재 상황에 입각해 적당한 대책을 강구하고 그 실현을 위해서 단속 관청과의 절충을 진행할 의향을 안고 있다는 점도 차츰 이해하게 되어, 협의는 대단히 화기애애하게 진척되었으며, 최근 들어와 본 문제의 해결이 머지않다는 느낌이 강해지고 있다.

◇

제1회 회합 이래로 과거 1년 동안 협의회는 9회 개최하였고, 소위원회는 2회 여는 사이 내무성 경보국의 마스다(増田) 사무관, 경시청의 하야시(林) 보안부장이 구체적으로 해당 업자의 희망을 청취하고, 또한 업자도 친근하게 당국의 방침을 들을 수 있다.

이렇게 회합을 거듭한 결과, 업자 측에서는 (정부가) 앞으로의 영업 계속 방법을 확정 실시하면서 폐창의 단속과 기타 일반 풍기 대책을 수립한다면, 그와 동시에 영업형식을 전환해 공창제도의 폐창을 실현해도 무방하다는 의향을 밝혔고, 이에 근본적 양해가 성립했다.

최근 사례로 보자면, 작년 6월 말 아키타(秋田) 현의 8개 유곽이 일제히 폐업을 결행했는데 이 경우는 오랜 연월의 불경기로 인해 영업이 극도로 부진한 상태에 빠져 업자 스스로 어떻게든 가난과 부귀의 갈림길에서 길을 찾아야 하는 지경에 놓였고, 여기에 때마침 현 당국의 종용을 받으니 오히려 적절한 도움을 만난 형태로 전향을 수행한 것이다.

하지만 대도시의 유곽은 사정이 크게 달라 실제 영업에서 그다지 막다른 상황도 느끼고 있지 않음에도 불구하고, 소위 정면으로 부딪치는 적으로서 여러 해 동안 항쟁을 계속해 온 우리 측과 하나의 협의기구를 만들어 담소 가운데 논의를 진행하며 이야기 내용에 따라서는 전향해도 무방하다고 생각하기에 이른 것이니, 이는 전적으로 시세를 통찰한 업계 유력자의 명료한 판단력으로 말미암은 것이며, 오늘의 성과를 이룰 수 있던 최대 원인도 여기 있다 해도 과언이 아니다.

이처럼 근본 부분에서 양해가 성립한 이상 이번에는 '어떻게 영업자가 전향을 원활하게 할 수 있게 할 것인가'라는 한 가지만이 남았고, 문제는 주로 단속 관청의 사무적 처리로 옮겨간다.

지금에 와서 과거를 돌아보면 폐창론자 사이에도 여러 논의가 있었다.

가장 극단적인 예는 '절창론'인데 그 정도까지는 아니더라도 상당히 업자에게 불리한 운동도 있었다.

그러나 우리는 소이(小異)를 버리고 대동(大同)을 따른다는 정신 아래 최소한의 주장으로 영업 형식의 전환을 요구하려 힘썼고, 업자 또한 전술했듯이 이해심 있는 태도로 협의회에 임했기에 마침내 이번 성과를 보게 되었다. 말하자면 이 문제의 해결에 천재일우(千載一遇)의 좋은 기회가 주어진 셈이다.

따라서 본 협의회는 모처럼 여기까지 쌓아 올린 준비 공작을 앞으로 물거품으로 돌리는 일이 없도록 하고 싶다.

◇

원래의 이상론으로는 단순한 형식뿐 아니라 실질적으로 개혁할 점이 많이 있을 것이다. 하지만 본 협의회의 성립 정신과 그 후의 경과를 고려 대상에 넣음으로써 이번 기회에 당국이 그저 이론에만 사로잡히지 말고 충분히 업자의 희망을 수렴해 가능한 한 만전의 해결에 도달하기를 간절히 바라마지 않는다.

물론 본 문제 같은 경우는 단속 관청이 그 권능에 따라 독자적인 시각에 서서 이를 처단하기보다는 오히려 업자와 양해를 통해 처리함이 타당한 사안이라는 점을 당국 스스로가 협의회에 출석한 자리에서 밝힌 바 있다. 그러니 앞으로는 상당한 이해를 수반한 태도로 업자의 의향도 참작하면서 적절히 처리할 것으로 생각하고, 이를 통해 오랜 세월을 거친 이 중대 현안도 조만간 해결에 이르리라고 확신한다.

　이리하여 장차 의회와 기타에서 우리가 노력해 온 목표가 달성되어 이후 정치 문제로서 공창, 폐창 문제도 해소될 것이고, 한편 업자도 내용을 수반하지 않는 형식적 권익에 집착하기보다는 형식은 달라져도 영업 실리를 유지하게 됨으로써 원만한 일단락을 지었다고 말할 수 있게 될 것이다.

　한편 사창의 소탕에 대해서는 경시청 당국도 상당히 고심하는 모양인데, 오히려 골치를 썩이는 대상은 창기보다도 카페, 바의 여급과 다마노이(玉の井)나 기타에 있는 사창굴을 어떻게 처리하는가의 문제라 한다. 즉 경시청 관할하의 여급은 작년에 2만 5천여 명, 그러니까 약 3만 명의 다수에 달한다고 들었다. 게다가 그 몇 할이 어디선가 풍기를 어지럽히고 있지만 이의 단속은 대단히 어렵다고 한다.

55. 카페 영업 단속, 내규표준을 제정해 각 도에 시달(1934. 9. 15.)

카페 영업 단속, 내규표준을 제정해 각 도에 시달,
지역에 따라 내규를 제정해 만전을 기하다
「カフェー營業取締, 內規標準を制定各道に對して示達,
土地に依り內規を制定萬全を期す」, 『朝鮮警察新聞』 325, 1934. 9. 15.

1930년 현재 여급 수는 881명, 1933년에는 무려 3배인 2,489명에 달했고, 카페, 바는 조선 전체에 속출하여 500점포가 넘는다. 시대 대중의 요구에 꼭 맞는 만큼 각종 문제를 야기하고 있기 때문에 경무국은 석간에 이미 보도된 바대로 카페 영업 단속에 관한 내규표준을 제정해 이번에 각 도에 시달하였다. 이에 관해 경무국 경무과장은 다음과 같이 말했다.

카페 영업 단속에 대해서는 내지에서도 작년 이래 소위 풍기 국책의 일환으로 단속 대책에 부심해 왔고 이미 단행할 단속 법령을 제정한 부현(府縣)도 있다. 그러나 조선에서는 유일한 단속 근거 법규인 요리옥음식점영업단속규칙(料理屋飮食店營業取締規則)을 1916년에 제정할 당시 이런 종류의 업태 존재를 예상하지 못했기 때문에 규정에 미비한 곳이 있어 단속에 지장이 많은 상황이었다. 이에 이번에 우리 부에서 대체로 다음과 같은 내용을 담은 카페 영업 단속내규 표준을 제정했고, 각 도에서 이 표준에 기초해 지역 상황에 맞게 단속내규를 제정하여 규칙의 미비한 점을 보완함으로써 우선은 단속의 만전을 기한다는 생각 아래, 이번 달 12일 자로 그 취지의 통첩을 발하였다. 또한 장래 이를 단속할 때 단행 법령을 제정할 필요를 통감하고 있어 목하 진중하게 고려 중이다. 또한 내규표준을 대략 서술하면 우선 제1장 총칙에서 카페의 정의를 내리고 이에 대한 법규의 적용 관계를 밝혔으며, 제2장 이하에서 다음 통첩을 규정했다.
一. 영업소의 위치에 대한 제한
(가) 신사와 사찰, 관공서, 학교, 병원에 접근할 때, (나) 도지사가 지정하는 주요 도로에 면할 때,

(다) 부근 상황에 조용해야 하거나 풍기를 유지해야 할 때는 카페 영업을 허가하지 않는다.

二. 영업소의 구조설비에 대한 제한

중요한 사항을 들면, 객실은 35제곱미터 이상의 넓이를 지니는 경우 외에는 동 1층에 2실 이상을 인정하지 않고, 객석의 혼합석 걸상은 1개 1인용으로 하는 등을 원칙으로 한다. 객실 조명은 실 면적 4제곱미터에 대하여 10촉 이상의 백색 또는 연한 색의 등을 사용할 것. 기타 박스를 설치하는 경우 등에 관해 규정했다.

三. 영업자의 준수사항

(가) 영업소 내에서 무도 무용의 금지, 기타 풍기 유지에 관한 제한 사항, (나) 손님의 형편에 관한 사항, (다) 영업 시간 중 라디오 음기(音機) 등의 사용, (라) 여급의 파출에 관한 사항 등을 규정했다.

四. 관리인과 여급

영업자가 스스로 그 영업을 관리할 수 없는 경우에는 관리인을 두게 하고, 다음으로 여급에 관해서는 (가) 정원은 객실의 유효 면적 5제곱미터에 대해 1명 이하로 하고, (나) 고용인에 대해서는 경찰서장의 허가가 필요하며, (다) 영업소 부근에 자택 또는 보호자가 없는 여급은 영업자로 하여금 일정한 장소에 숙박 보호시키게끔 하고, (라) 고정급을 지급하는 자 이외는 손님이 주는 팁 등 여급에 속하는 금전(心附)은 모두 여급의 수입으로 삼는다. 또한 영업자가 여급에게 속하는 화려한 복장이나 분장을 강제하거나 기타 영업상 금전을 부담시키는 일을 금지하는 등 여급을 보호하는 한편, (마) 불량한 여급을 배제하기 위해 경찰서장이 부적당하다고 인정하는 자에 관해서는 영업자에게 그를 해고하도록 명령할 수 있는 항목을 하나 덧붙였다.

56. 조선 전체에 제정하게 된 카페단속규칙(1934. 10. 1.)

조선 전체에 제정하게 된 카페단속규칙,
시대 경향을 감안해 단속 엄중하게
「全鮮的に制定の運びに至つたカフェー取締規則,
時代の傾向に鑑み取締嚴重」,『朝鮮警察新聞』326, 1934. 10. 1.

재즈가 소용돌이치는 붉은 네온의 카페와 바에 대해서 조선 내의 단속은 1916년에 제정한 요리옥음식점영업단속규칙(料理屋飮食店營業取締規則)을 통해 실시하고 있어 미비한 점이 많았다. 이에 이전부터 총독부 경무국은 관련 단속을 구체화할 안을 고민해 왔고 드디어 이번에 새로 카페, 바에 대한 단속규칙을 제정해 9월 14일 전 조선의 각 도에 통첩하였다. 이에 따르면 카페, 바의 신규 허가는 신사와 사찰, 관공서, 학교, 병원 등 지점에서 일체 영업을 허가하지 않기로 했다. 또한 카페 내의 설비로 35제곱미터[다타미(畳) 약 21장] 이하의 1층에는 스페셜 룸을 인정하지 않고, 전기는 4제곱미터에 10촉광의 백색 또는 연한 색 등을 사용하고, 걸상은 손님 1인용을 사용해 에로 풍경을 방지하고, 댄스는 여전히 안 된다고 시달하고 있어, 단속이 매우 엄중함을 보여 준다.

원래 카페, 바 등으로 칭하는 양식 음식점이 조선에 출현한 시기는 불과 10년 전쯤인데, 최근 몇 년 사이에 조선 내 각 도시에 속출하는 경향을 볼 수 있게 됐다. 이를 통계로 살펴보면, 1933년 말 현재 조선의 카페 영업 수는 420이라는 다수에 달한다. 게다가 이런 영업이 오늘날 각종 사회 문제로 간주되는 데에 가장 중요한 역할을 하는 여급은 2,489명인데, 이를 1930년 말의 881명에 대비하면 불과 3년 사이에 실로 3배나 증가한 양상이다. 즉 카페, 바는 처음에는 음식점 위주였지만 점차 특수한 업태로 영업하면서 오늘날 번창하고 있다. 이는 말할 것도 없이 강렬한 자극을 단시간 내에 향락하려는 시대적 대중의 욕구를 바탕으로 구조와 설비 접대 방법에 특별한 고안을 더해 대중의 인기를 끈 것에 다름 없다. 그리고 오늘날 카페 영업이 사회 풍교 내지는 경찰 단속 면에서 문제시되는 까닭은 이런 영업이 재래 요리옥이나 음식점 등과 분위기가 완전히 다르게 항상 거리에 진출하고 구조설비에 특별한 고안을 더하고 심야에 떠들썩하기를 일삼아 부근의 고요함을 현저히 해칠 뿐 아니라, 다수의 여급을 데리고 극단의 서비스에 나서는 점 등에 있다. 오늘날 카페는 완전히 대중의 유흥과 음탕한 즐거움의 장소가 되었고, 그 폐해는 단순히 공안 풍속 면에서만이 아니라 견고하고 확실한 국민 사상의 진작과 경장(更張)이 필요한 때에 그저 개탄해 마지않을 점이 있어서 내외 시국의 추세를 감안해 엄중히 단속할 필요를 느끼게 되었다.

내지에서도 작년 이래 소위 풍기 국책의 일환으로 단속 대책에 부심해 왔고 이미 단행 단속 법령을 제정한 부현(府縣)도 있지만, 조선의 유일한 단속 근거 법규인 요리옥음식점영업단속규칙은 전술했듯이 1916년에 제정한 것이어서 당시 이런 종류의 업태 존재를 예상하지 못해 규정에 미비한 곳이 많아 단속에 지장이 많은 상황이었다. 이에 우리 부에서 대체로 다음과 같은 내용을 담은 카페 영업 단속내규 표준을 제정하였다. 각 도에서 이 표준에 기초해 지역 상황에 맞게 단속내규를 제정하여 규칙의 미비한 점을 보완함으로써 우선은 단속의 만전을 기할 터이고, 이번 달 12일자로 그 취지의 통첩을 발하였다. 또한 장래 이를 단속할 때 단행 법령을 제정할 필요를 통감하고 있어 목하 진중하게 고려 중이다. 또한 내규표준을 대략 서술하면, 우선 제1장 총칙에서 카페의 정의를 내리고 이에 대한 법규의 적용 관계를 밝혔으며, 제2장 이하에서 다음과 같이 규정했다.

一. 영업소의 위치에 대한 제한

즉 주인이 카페나 바의 위치를 선정할 때 당국이 내리는 지시다. 이는 우선 회사, 관공서, 학교, 병원처럼, 특히 잡음이 시끄럽게 나면 안 되는 곳을 말하며 공중을 밀접하게 상대하는 관계를 지닌 관공서 등이 소재하는 지역 또는 이들에 접근하는 경우는 결코 주변에 카페나 바를 허가하지 않기로 했다. 또한 그외에도 도지사가 지정하는 주요 도로에 면할 때는 카페나 바를 허가하지 않는다. 아무튼 부근 상황과 기타를 감안해 특별히 조용해야 하거나 풍기를 유지해야 할 때는 카페 영업을 허가하지 않는 점이 커다란 골자를 이루고 있다. 지금까지는 바로 옆이 학교이거나 병원이어도 상관 않고 카페, 바의 영업을 허가하는 경향이 있었기 때문에 불평을 사는 일이 많았던 게 사실이다. 그래서 사회 풍교와 기타 측면을 깊이 고려하던 당국이 단호히 현재의 처치에 나섰고, 식자들 사이에서는 당국의 처치를 매우 높이 평가하는 듯하다.

一. 영업소의 구조설비에 대한 제한

카페나 바의 영업을 허가할 때 가장 관심을 기울여야 할 문제는 설비 문제인데 그중 중요한 사항을 열거하고자 한다. 우선 객실은 35제곱미터 이상의 넓이를 지니는 경우 외에는 동 1층에 2실 이상의 사용을 일체 허용하지 않을 뿐 아니라 종래 각종 폐해를 주던 객석도 종래와 같은 혼합석 걸상은 일체 인정하지 않고 1개 1인용을 원칙으로 했다. 지금까지도 많이 지적되던 객실 조명도 실 면적 4제곱미터에 대하여 10촉 이상의 백색 또는 연한 색의 등을 사용해야 한다고 했다. 지금까지 카페나 바라 하면 붉고 푸른 점멸등과 재즈가 소용돌이치는 속에서 손님과 여급이 혼합석의 긴 의자 위에서 취기를 띠고 포옹이 난무하는 극단에 가까운 음탕한 향락장의 상징으로 취급되었지만, 그런 식의 폐해는 이로써 일소하게 되었다. 따라서 앞으로의 카페나 바는 모두 청초한 느낌의 기품 있는 곳이 될 테고 그에 따라 사교적 의미에서 고상한 장소가 될 것이다. 기타 박스를 설치하는 경우 등에 관해서도 규정을 마련했다. 아무튼 앞으로 카페, 바의 영업을 허가할 때는 일반 풍기에 커다란 관심을 기울인 흔적을 볼 수 있을 듯하다.

一. 영업자의 준수 사항

　영업소 내에서 무도(舞踏), 무용을 금지하고, 기타 풍기 유지에 관한 일체의 사항은 모두 제한한다. 카페나 바에 댄스를 도입하는 문제는 오랜 현안이었고 카페가 쇠퇴하고 있는 이 시기에 (카페 측) 선전이 크게 이뤄진 문제이기도 하다. 그러나 이제 드디어 글자 그대로 탄압을 먹이게 됐다. 또한 손님의 접대에 관한 사항, 영업 시간 중 라디오, 축음기의 사용, 또한 여급을 밖으로 파출시킬 때의 규정 등이 추가돼 있다. 카페나 바 부근에서 밤늦게까지 일반 민중의 안면을 방해하면서까지 귀가 먹도록 들려오는 음반 소리와 기타 시끄러운 잡음은 언제나 문젯거리가 돼 왔지만, 앞으로는 풍속경찰의 관점에서 일체 적당한 제한이 가해질 테니 지금까지 느껴온 폐해를 일소하게 되었다.

一. 관리인과 여급

　앞으로는 이번에 발표한 카페, 바 단속내규를 통해 일체의 카페, 바는 영업자가 스스로 그 영업을 관리할 수 없는 경우는 특별히 그에 대한 관리인을 두어야 하게 됐다. 다음으로 여급에 관해서는 一. 정원은 객실의 유효 면적 5제곱미터에 대해 1명 이하로 하고, 一. 고용인에 대해서는 경찰서장의 허가가 필요하며, 一. 영업소 부근에 자택 또는 보호자가 없는 여급은 영업자로 하여금 일정한 장소에 숙박 보호시키게끔 한다. 고정급을 지급하는 자 이외는 팁 등 손님이 여급에게 주는 금전(心附)은 모두 여급의 수입으로 간주한다는 사항 등이다.

57. H. Y. 생, 학생의 풍기 단속과 바·찻집 문제(1934. 10. 1.)

H. Y. 생, 학생의 풍기 단속과 바·찻집 문제
H. Y. 生, 「學生の風紀取締とバー·喫茶店問題」,
『朝鮮警察新聞』 326, 1934. 10. 1.

　조선 내 중요 도시에 해가 갈수록 늘어가는 카페, 바, 찻집 등 호화로운 환락기관은 우울해지기 십상인 인간의 관능에 커다란 자극을 주고 있지만, 특히 앞날이 많은 기대와 희망으로 빛나는 청소년, 그중에서도 형설의 공을 쌓아야 하는 학생들 사이에 나타나는 일부 경향으로서 이들 바, 찻집 등을 빈번하게 출입해 학생 풍기 면에서 적잖이 주의를 환기하고 있으니 유감이라 하지 않을 수 없다.

　그리고 학생과 여급을 둘러싸고 펼쳐지는 애욕 지옥의 그림들이 종종 신문 사회면을 장식하는 경향이 더욱 현저해졌는데, 이는 경찰 당국의 청소년 및 학생 담당과 보도연맹 등이 면밀하게 주의 사찰한 통계적 조사를 통해서도 쉽게 그간의 소식으로서 엿볼 수 있는 바다. 그래서 이들 경찰 당국의 풍기 담당과 보도연맹 등은 학생의 풍기 단속에 특히 노력을 기울이기로 하고 직간접으로 학교 당국과도 협력 태도를 취하게 되었다. 이 경향은 자치를 중요시하는 학생 사회로서 결코 바람직한 현상이라 볼 수 없지만 그럼에도 불구하고 사실은 사실로서 빈축을 살 만한 많은 사건이 속출하는 이상 과도기 단속 방법으로 부득이하다고 보아야 한다. 그렇지만 한편에서 이 단속이 제복과 제모라는 형식을 목표로 삼는 만큼 앞으로 학생층의 오락 욕구가 현저히 잠행하는 형태를 띠며 더욱 질이 악화하리라는 비난도 적지 않아서 일부 사이에서는 이 점을 기우하는 듯도 하다. 또한 한편 학생의 사회적 오락시설이 거의 전무하다고 할 수 있는 조선의 중요 도시 현실에서 점포가 좋거나 불량하거나를 불문하고 일률적으로 출입을 금지한 결과 선량한 학생까지도 따라서 잠행적 오락으로 나아가게 할 위험이 있다며 우려하는 교육가가 없지 않다. 우선 그러한 여러 의견을 종합해 볼 때 당사자격인 학교 당국의 말에 따르면, "일괄해서 학생 풍기라 말해도 정도 차이가 있고 학생이라 해도 거기에는 여러 층이 있어서 중학생까지는 아직 다르 겠지만 전문학교나 대학에 다니는 급의 학생은 대부분 하숙집 일실에서 실로 무미건조한 면학 생활을 보내기 때문에 자칫하면 윤택한 정서 방면 교육이 부족해지는 아쉬움이 있다. 때문에 색채가 풍부한 실내장식 안에서 좋아하는 음악을 들으면서 한 잔의 홍차나 커피로 피곤해진 머리를 쉬게 하는 정도의 즐거움이 과연 나쁜 것인가 하는 생각이 든다. 하지만 또 정서교육을 찻집이 아니면 못 하는 것도 아니고 무미건조한 하숙집 생활에 윤기를 더할 방법은 달리 얼마든 방법이 있으니 학생다운 즐거움으로 이끌도록 신경써야 함은 물론이다"라고 말하는 학교 당국이 있다. 그런가 하면, "경찰 당국이 여러모로 학생의 풍기 문제를 우려하고 단속에 유의해 준다면 학교로서 심히 감사한 일이기는 하지만 학교란 부모와 자식의 관계에 놓여 있어 단속하는 자와 단속당하는 자의 관계가 아니다. 따라서 경찰 당국도 이 점을 충분히 고려해서 학교 특유의 입장에서 실시하는 생도 감독 관계와 기타를 오해하지 않기 바란다. 가령 학교 당국이 경찰이 하듯이 단속 일변도로 학생을 대하게 되면 학교 당국과 학생 사이에 볼 수 있는 자애는 자연히 사라지고 말 것이며, 그 때문에 개선할 작정이던 것이 개악을 낳아 모습을 바꾼 학생 놀이도 물론 생겨날 테고 규칙에 저촉하지 않는 방법도 생겨날 것이다. 따라서 가능한 한 학생들 일은 학교에 맡겨달라"고 말하는 학교도 있는 듯하다. 이렇듯 주장들은 구구절절 각기 보충하기 어려운 면이 있다. 그래도 대체로 보면 원래 학교 당국은 교내 일만으로도 돌아가지 않을 정도로 일이 많으니, 교외 단속에 만전을 기한다는 것은 우선 불가능하다. 학생을 겨냥한 찻집이 특별히 많이 생기지는 않았다 할지라도 실제로 그런 방면을 탐닉하는 일부 학생이 여러 사회 문제를 야기하고 있다는 사실을 감안할 때, 경찰이 실제 단속 면에서 학생이라 해서 특별히 관대하게 취급해 달라는 태도보다는 학생이기 때문에 그릇되지 않도록 단속하는 태도가 학생에게는 훨씬 의의가 있다고 본다. 문제는 단속 방법인데, 경찰 단속이 엄중해진다 해서 풍기가 더 문란해진다고 생각할 수도 없다. 그렇다면 학생의 풍기상 그런 류의 문제는 더 강구해서 학생의 불량화를 미연에 방지하기 위해서도 일부 학생층이라 할지라도 학생의 바, 찻집 출입은 가능한 한 주의 감독할 필요가 크게 존재한다고 인정해야 한다.

당면한 사회 경향에서 보면 예전 젊은이는 유녀와 서로 좋아해 동반 자살하기(心中)도 했지만, 지금의 청년은 여급과의 사랑으로 목숨을 버리는 일이 종종 있다. 여급의 존재가 그만큼 크다는 얘기다. 여급이 오늘날처럼 증가한 것은 병적인 사회이기 때문이고 결코 세상이 건전하다고 할 수 없다. 왜냐하면 보증인도 필요 없고 이력서도 필요 없고 그저 신체만 가져가면 당장 그날부터 생활이 가능할 뿐만 아니라 다른 직업에 비해 걸맞지 않게 많은 수입까지 얻을 수 있으니, 그런 류의 직업이 부인의 직업으로서 변태일 뿐만 아니라 그런 직업의 증가를 허용해 두는 사회는 병적이라 해야 한다. 또한 심신을 수양하는 시기에 처한 학생이 그런 직업부인을 접하는 일이 나쁘다는 것은 새삼 말할 것도 없다. 이런 의미에서도 경찰이나 기타의 처치는 타당하다고 봐야 한다. 학생이 제복만 입지 않는다면 들어갈 수 있다 하더라도 한 번 가정으로 돌아가 평복으로 갈아입고 다시 나오기는 꽤나 귀찮은 일이니 바나 찻집에 출입하는 학생 수도 자연히 줄어들리라고 생각된다. 대체로 지금까지 학교와 가정 사회 모두 이런 문제에 대해 너무 지나치게 방만했던 경향이 있다. 요컨대 진지하고 학문에 열심인 학생은 그런 장소에 출입하지 않을 터여서 유럽에서는 일반 학생이 그런 장소에 안 가는 것이 상식이다. 학생이 정말로 공부하려 한다면 그런 저급한 향락으로 허비할 시간이 있을 리 없다. 이는 경찰이나 학교가 간섭할 것도 없이 학생 자신이 반성하고 스스로 스파르타 교육(硬教育)을 받기 위해 발분해야 한다고 생각한다.

다만 앞에서도 서술했듯 그런 학생층의 앞날을 생각할 때 괜한 걱정을 하지 않을 수 없는 점은 아무리 학생이라도 일본식 복장(和服)이나 양복을 입고 가는 학생은 바로 판별하기 어려워 도저히 원활한 단속을 기대할 수 없으니 소위 단속 정신으로서 부족한 감이 없지 않다. 게다가 지금까지 떳떳치 못하다는 생각도 없이 천진난만하게 차를 마실 수 있었던 학생이 비밀리에 잠행하는 마음으로 바나 찻집을 출입하게 되어 오히려 정신적으로 나쁜 영향을 주지는 않을까 싶다. 그리고 똑같은 바나 찻집 등을 출입하는 일부 불량학생을 단속하더라도 특히 학생을 상대로 학교 부근에 존재하는 접객업의 위치와 설비 등에 대해서는 면밀하게 단속할 필요가 있다. 아울러 접객업자의 입장에서 말하자면, 실제로는 아무리 깔끔한 서비스를 한다 하더라도 매일 출입하는 학생이 있어 얼굴을 익히게 되면 자연히 그곳 여급과 친해지는 것도 어쩔 수 없다. 그리고 배웅해 주고 배웅받는 일도 생길 텐데 폐해는 그런 데서부터 생긴다고도 한다. 결국은 찻집도 가정과 경찰이 힘을 합해 풍기의 감독에 유의하고 학생 풍기의 근본적 시정을 위해 일대 노력을 기울여야 한다. 그러니 직접 여급을 취급하고 있는 관련 접객업자도 여급의 행동을 예의 주시하고 감독하는 길밖에 없다.

58. 하야타 마사오, 공창 폐지 문제 동향(1935. 3. 1.)

문학사 하야타 마사오, 공창 폐지 문제 동향
文學士 早田正雄,「公娼廢止問題動向」,『朝鮮警察新聞』 336, 1935. 3. 1.

공창을 폐지해야 하는가, 혹은 존속시켜야 하는가. 폐지해야 한다면 어떤 제도와 조직으로 이를 대신해야 하는가, 존속시킨다면 어떻게 개량해야 하는가, 창기의 자유 독립은 어떻게 실현해야 하는가 등 이 모든 점들은 위정자와 사회사업가 등 뜻 있고 어진 사람들이 마땅히 강구해야 할 초미의 사회 문제다.

현재 일본 전국의 창기 수를 살펴보면 1929(昭和 4)년에 49,477명에 달했다. 참고로 창기의 연도별 총수 상태를 열거하면 다음과 같아서 생각보다 감소하지는 않았다. 어찌됐든 창기의 인원은 일본 전국에서 약 5만 명, 유객(遊客)은 해에 따라 다소 차이를 보이지만 불과 한해의 연인원 약 2,450만 명 내외로 보면 큰 차가 없을 것이다.

연도	창기	연도	창기
1918	43,832	1924	40,703
1919	47,743	1925	51,423
1920	50,435	1926	50,235
1921	51,925	1927	47,436
1922	44,614(一)	1928	48,096
1923	48,323(二)	1929	49,477

(一) 1922년의 수에는 도쿄부와 가나가와(神奈川)현의 수를 포함하지 않음.
(二) 1923년의 수가 예년에 비해 특히 감소한 것은 대지진의 영향으로 도쿄부에서 창기가 감소한 데에 기인함.

그리고 전국에서 창기 인원수가 많은 곳은 오사카, 도쿄, 교토, 아이치, 효고, 히로시마다. 도쿄는 1929년 말 현재 창기 수가 6,360명, 가시자시키(貸座敷) 영업자가 763명에 달한다. 1924년의 조사에 따르면 도쿄의 창기 수는 4,998명, 유객 수는 4,199,445명, 소비액은 200,565엔 87센에 달한다.

팔려가는 이들 처녀(乙女)를 보면 대부분 가정이 빈곤하다. 1931년경 사회 문제로 세간의 이목을 끌었던 '청춘이 없는 마을' 야마가타(山形)현의 처녀(娘) 지옥 실정 조사에 따르면, 창기의 출신 가정은 대부분 빈농이어서 2단(反)[44] 내지 5단의 밭에서 소작을 하고, 세대 인원이 많은 경우 11명이나 된다. 그리고 한 집에서 두 명이나 창기를 배출하는 집도 있다. 또한 어떤 마을에서는 한 집에서 3명이나 나오기도 했다. 여기서 한 사례를 들어보려 한다.

직업은 농업 겸 목재를 구워 숯을 만드는 업. 세대 인원 11명. 토지 소유 없음. 경영 면적은 논 소작 5단(反) 밭 소작 1단(反). 4녀는 현재 14살인데 작년에 집을 나가 가나가와(神奈川)현에서 아이돌보미 봉공을 하고 있다. 장남의 장녀는 23세인데 니가타에서 창기를 하고 있고, 소개자는 니가타(新潟). 계약 기일은 1928년. 계약 전차금은 1,100엔인데, 부모에게 입금 700엔, 준비금(支度金) 200엔, 소개료로 반(5分)은 뺏긴다. 일하는 점포 변경 없이 창기가 됨. 직접적인 원인은 부채를 변제하기 위함이고, 창기가 되는 데 대한 본인의 태도는 '자발적'으로 되었다고 함. 부모들은 어쩔 수 없다는 태도를 보이고, 마을 사람들의 태도는 아무 말도 하지 않는다.

이런 현상은 딱히 야마가타현의 마을에만 국한되지 않는다. 지금 농촌과 산촌은 피폐의 밑바닥에 놓여 있고 정부와 부/현도 이들의 구제 갱생 노력을 기울이고 있기는 하지만, 항상 사회사업 전선에 서 있는 사회사업가, 방면위원[45]도 정부와 부/현의 주요 당국자와 협력해 가엾은 이 처녀(乙女)들의 구제를 위해 노력해야 한다. 처녀(乙女) 인격의 존중! 여기에 공창폐지론의 정신이 있다.

물론 절창이 바람직하기는 하지만 이를 실현할 수 없다면 부디 공창을 인도, 풍기, 위생 등의 견지에서 폐지하기 바란다고 폐창론자는 외친다.

존창론자는 이에 대해 다음과 같이 답한다.

---

44 논, 밭 등의 면적 단위. 段(たん)으로 쓰기도 한다. 1反(たん)은 약 990제곱미터다.
45 방면위원(方面委員)은 생활 빈곤자 구호를 목적으로 지역에 설치한 기관. 오사카에서 1918년에 시작해, 전국 차원에서 1936년에 법제화되었다가 전후 민생위원으로 전환된다.

"공창제도를 마련하지 않으면 문화가 발전하는 추세에 따라 혼기가 점점 늦어지는 경향을 보이는 현대 독신자의 성질이 일으키는 화(禍)가 양가의 자녀들에게 미치니, 사통(私通), 간통(姦通), 강간, 낙태 등 기피해야 할 범죄가 증가한다. 게다가 공창은 매독검사를 하기에도 편리하지 않은가."

폐창론자는 다시 말한다.

"폐창론은 매음부 중 일부에게 특별히 허가되는 공인제도 자체의 폐지를 주장하는 것이다."

생각건대 공창 폐지는 절창이 아니다. 폐창론은 매음부 중 일부에게 특별히 허가되는 공인제도를 폐지하자는 것이지 매음부 자체의 폐지를 의미하지는 않는다. 폐창론은 제도 죄악론이지 실질 존폐론이 아니라는 말이다.

폐창론의 근거는 누가 봐도 그렇구나 하고 대체로 수긍할 수 있지만 이를 즉시 실행한다는 것은 상당히 어렵지 않을까. 그 때문에 여기서 공창제도 선용(善用)론 혹은 개량론이라는 (미온적이지만) 절충론이 제기된다.

제一설
  一. 창기와 가시자시키 업자를 법문 그대로 완전히 각기 독립적인 업자가 되게 할 것
  二. 창기단속규칙의 각 조항은 실행하고 특히 제5조 내지 제6조에 의거해 철저히 폐업을 자유롭게 할 수 있도록 할 것
  三. 경찰은 항상 정업(正業)에 종사하도록 권고할 것
  四. 시정촌 지자체는 폐업 창기에게 자활의 길을 강구해 줄 것
  五. 표객(嫖客) 선택의 권리를 확보할 것
  六. 술과 밥을 제공하지 않을 것
  七. 창기의 기숙료는 비율제를 폐지하고 정액제로 할 것
  八. 창기의 화대(揚代, 아게다이)와 손님의 좌석료에 관한 분배에서 누주의 착취를 방지할 것
  九. 가무음곡을 금지할 것
  十. 3세 이상 10년에 달하는 남녀 아이를 기루에 동거시키지 않을 것
  十一. 창기의 허가 연령을 만 21살로 높일 것. 국제연맹의 부녀매매금지조약에 따를 것
  十二. 화류병 환자의 감찰을 빼앗을 것
  十三. 마와시(廻し)[46]제도를 폐지할 것

---

46 '마와시(廻し)'는 돌리다(廻す=まわす)를 명사형으로 써서 유녀가 하룻밤에 복수의 손님을 상대하게 함을 의미한다.

十四. 전차제도를 인정하지 않을 것

제二설

　一. 검사의 엄밀성을 기할 것

　　(A) 검사일의 통일, (B) 검사는 육안 검진 외에 반드시 현미경 검사와 혈청학적 검사를 능숙하게 병용하도록 강제할 것, (C) 검사의(檢査医)의 대우 향상

　二. 창가의 구조를 개량해 하나의 방에 세척 소독실의 설치를 강제할 것

　三. 창기 연령의 상향. 현재 18세 이상

　四. 창기에게 화류병의 예방 방법을 강제적으로 교육할 것

　五. 현재 진료소의 확장

제三설

　一. 창기 정년제의 제정

　二. 자부담(自賄)제도의 확인

　三. 창기의 자유 존중

마루키 사도(丸木砂土) 씨의 『여성서부전선(女性西部戦線)』이라는 책에는 유럽대전 당시 '서부전선 이상 없음'으로 유명했던 서부전선에 공창이 출몰했다고 쓰여 있다. 공창이란 군이 인정해 그 존재를 인가하고 그 관리 아래 개업하는 매춘부인데 이들이 전선에 가장 가까운 곳에서 활약했다고 한다.

당시 독일의 군의(軍医) 회의에서는 전쟁이 계속되는 한 군인은 금욕해야 한다고 했지만, 이는 탁상공론에 그치고 실행되지 않았다. 전장이기 때문에 공창도 마을에서 마을로 지역에서 지역으로 이동하는 식이었다.

또한 그 종류도 장교용, 하사용, 병사용으로 엄중하게 3계급으로 구별하였고 장교는 푸른 색, 병사용은 붉은 색 전등을 켜놓았다.

당시 화류병이 맹렬하게 유행한 것으로 보여 오스트리아군에서는 세르비아 점령 지대의 공창 단속으로 독일어, 헝가리어, 크로아티아어로 쓴 엄격한 창기단속규칙을 내놓았다. 일례를 들자면, 창기에게 화류병 환자를 손님으로 거절할 의무가 있다든가, 창기는 손님이 떠나기 전에 반드시 소독실로 안내할 의무를 지닌다는 식의 보건위생 관련 내용이 있었다.

이는 공창제도를 시인하는 이상 당연히 해야 하는 일들이다. 전장에서는 병사의 위생보건이나

단속 차원에서 공창이 더 낫다고 생각했고 유럽대전에서도 점령군에게 전선에 출입하는 여성의 사창화를 방지시켰다고 한다. 또 한편 공창 이외에 사창도 상당히 발호해 독일군의 풍속 단속 담당이 크게 애를 먹었고 사창을 잡으면 경찰의사에게 매독검사를 시켰다. 그리고 병이 없으면 자발적으로 공창 감찰을 받도록 권고하게 하는 방법 등을 강구했다고 한다.[47]

---

47 원문에는 원문의 16쪽 5단에 내용이 계속된다고 표기되어 있으나, 해당 페이지에서 계속되는 내용을 찾을 수 없었다. 그 외 페이지에서도 누락된 내용을 발견하지 못했다.

59. 이케다 야스요시, 풍기경찰 단편(1935. 4. 15.)

경시청 보안부 풍기계장 이케다 야스요시, 풍기경찰 단편
警視廳保安部風氣係長 池田保吉, 「風紀警察斷片」,
『朝鮮警察新聞』339, 1935. 4. 15.

'비상시국이다', '국제 위기다'라며 계급 각층 모두가 긴장하고 있는 한편에서 '복숭아색 나이트 클럽', '유한마담의 복숭아색 유희', '궤도 없는 연애로 가는 길(恋愛無軌道行)' 등등 최근 도쿄도(都下)의 신문지 사회면이 떠들썩하다. 성도덕을 무시하고 성적 질서를 넘어선 근대인의 찰나주의적·향락주의적 난행(乱行)의 모습, 이것이 비상시 일본의 사회상의 한 단면이라니 성도덕의 퇴폐가 바닥 깊은 줄을 모르는 감이 있다. 이러한 사회상을 직면하면서 비상시 일본의 풍기경찰을 담당하고 있는 우리는 어떻게 대처해야 하는가?

경시청은 이미 작년 10월에 특수 음식점 무도(舞踏) 영업자에 대해서 영업소에 학생 생도 또는 미성년자의 출입을 금지했다. 최근 학생 생도 또는 미성년자이면서 특수 음식점 및 무도장 등을 출입하는 자가 지극히 많고, 그 결과 학생의 본분을 망각하고 흡연과 음주에 빠져서 방종한 일탈로 흘러들어 퇴폐하고 무절제한 악습에 감염되었음은 숨길 수 없는 사실이다. 물론 학생 생도와 미성년자를 지도 감독할 임무는 그 보호자와 학교 당국에 있고, 따라서 그러한 시대 폐단을 바로잡는 일은 일차적으로 이들 지도 감독 임무를 맡은 학교 당국 등이 해야 하므로, 경찰이 꼭 간여해야 할 사안은 아니었지만 간과하기 어려운 사태라고 본 관계 당국의 의향을 참작해 자발적으로 단속을 단행한 셈이다. 학생 생도 등이 단순히 특수 음식점을 출입하는 행위 자체는 사생활이기도 하고 곧바로 공서양속에 반하는 것도 아니니 경찰 단속을 가한 일에 대해 여러 논의도 있으리라 생각하지만, 경시청은 영업 제한을 통해 영업자에 대해 학생 등을 출입시키는 것을 금지시킨 것이지 학생 생도에 대해 직접 경찰 책임을 지게 하지는 않았다. 그 후 약 5개월이 지나 어느 정도까지 효과를 거둘 수 있었는지는 의문이지만, 학업을 팽개치고 카페 등에 탐닉하고 있던 학생 생도에 대해 본래의 '학업으로 돌아가라'고 경고하고 시대적 폐단을 바로잡을 계기를 만들 수 있었음은 하나의 성공이라고 생각한다. 그리고 그 실효를 거두기 위해 단속의 실행 노력과 관계 방면의 협력이 필요함은 물론이다.

앞에서 말했듯이 학생 생도의 무도장 출입을 금지했지만 최근에는 유부녀의 무도장 출입이 문제가 되고 있다. 무도장을 출입하는 유한마담이 각종 복숭아색 사건을 야기한 사례가 상당히 많다. 절개와 지조가 없어도 너무 없다고 할 수밖에 없다. 그러한 유한마담의 복숭아색 행태도 무도장 출입이 계기가 되고 있으니 단연 그 출입을 금지하면 어떠냐는 논의도 상당히 있으리라 생각한다. 이를 무도장 단속의 문제로 생각한다면, 현재의 제도는 사교무도를 사교의 한 형식으로 인정하고 그 자체는 전혀 양속에 반하지 않는다고 보아 무도장 개장을 인정하고 있지만, 이미 금지한 학생 생도의 경우와는 달리 현재의 제도를 가지고 유부녀라는 이유로 즉각 무도장에서 쫓아낼 수 있다고는 생각할 수 없다. 단순히 무도장 단속만의 문제라면 단신의 부녀 등이 유부녀보다 자유로운 입장이기 때문에 더 많이 풍기상 문제가 될 경우를 생각할 수 있을 테고, 실제로도 무도장에 출입하는 부녀 중 유부녀만이 특히 풍기를 어지럽혔다는 사실은 인지되지 않는다. 그러나 다시 생각해 볼 때 유부녀가 남편 이외의 남성과 서로 끌어안고 춤추는 것 자체가 일본(외국의 풍습은 불문하고)의 오랜 순풍미속에 반하거나 또는 반할 우려가 있는 행위라고 생각할 수 있다면 문제는 달라진다. 그렇게 생각할 때 유한마담은 물론 유부녀인 직업적 댄서까지도 무도장으로부터 배제되어 순식간에 무도장 금지 문제도 일어나고 있는 것일 테다. 비상시 일본에서 무도장은 유해무익한 존재다. 단연 금지해야 한다는 강경론도 들려오고 있다.

아주 최근에는 모 소학교 교장이 자기 제자를 마치아이(待合)로 데려간 사건에서 뜻밖에도 소학교 교원이 특수 음식점 등을 경영하고 있는 사실이 폭로되어 그에 대한 시비가 문제로 떠올랐다. 본 문제와 경찰 관계의 소견을 언론인(新聞人)으로부터 질문받았는데, 본 문제는 풍교상 고려해야 할 문제이기는 하지만 경찰 입장으로는 그다지 고려를 기울여야 할 문제는 아니리라 생각한다. 아동 훈화의 직책을 맡는 소학교 직원이 경찰의 특별한 단속을 받고 풍기 문제를 만들고 있는 카페, 바 등의 영업을 자기 명의나 아내 명의를 불문하고 경영하고 있는 사실이 풍교 면에서 바람직하지 않다는 점은 누구든 인정할 것이다. 따라서 이들 직원의 신분상으로나 직무상으로 감독 단속 임무를 맡은 당국자가 엄하게 이를 꾸짖고 폐습을 일소해야 함은 당연히 고려해야 할 문제이겠지만, 경찰로서 경영자가 교원이라는 사실 하나를 가지고 영업의 거부 또는 제한할 아무런 이유도 발견할 수 없는 것이다.

60. 이케다 야스요시, 한숨 쉬는 카페에 엄한 당국의 눈 번득이다(1935. 5. 1.)

경시청 보안부 풍기계장 이케다 야스요시, 등불 그림자 흔들리는 곳
범람하는 찻집 시대, 한숨 쉬는 카페에 엄한 당국의 눈 번득이다
警視廳保安部風氣係長 池田保吉,「燈影搖ぐところ 汎濫する喫茶店時代,
青息吐息のカフェーに手嚴しい當局の眼光る」,『朝鮮警察新聞』340, 1935. 5. 1.

바로 얼마 전 보도연맹(保導聯盟)을 통해 학생의 카페 출입을 금지했음은 이미 아시는 바라 생각한다. 그런데 그 후의 실정이 대단히 흥미롭다. 무슨 말이냐면 학생의 출입 금지로 인해 학생보다도 오히려 카페 업자가 매우 어려워졌다고 한다. 그렇지 않아도 쇠퇴 기미가 있는 요즈음 학생의 출입이 엄하게 금지되니 손님은 더 줄어들기만 해서 당연하게도 도저히 영업을 계속할 수 없는 상태가 되었다. 게다가 큰길에서는 카페를 허가하지 않는다든가 단속의 엄격한 실행이 어떻다는 둥 하는 소리에 겁먹어 발길을 끊는 자까지 생기는 지경이다. 게다가 경제 원리를 무시한 값싼 카페 업자의 난립이 결국 오늘에 와서는 모두를 무너뜨리는 형국으로 궁핍을 초래해 발버둥질도 못 치는 상태에 빠진 상황이다.

그러나 뭐니 뭐니 해도 카페 업자에게 직접 타격을 가한 것은 범람하는 찻집의 눈부신 발전상이다. 말초 카페들이 순식간에 그 압력에 밀려 대중식당 풍으로, 혹은 오뎅집 식으로 전향하였고, 바조차도 낮에는 끽다(喫茶) 서비스를 한다고 광고를 내거는 상황에서 단말마의 비명을 지르고 있다. 임시 땜질로도 따라잡을 도리가 없는 카페의 일부 어떤 자들은 단속규칙 주위를 돌면서 단속 당국과 이를 피하는 카페 업자의 쫓고 쫓기는 아슬아슬한 경계를 넘나드는 상태이니, 이는 1935년의 새로운 단면이라 하겠다.

카페의 현재 쇠락 양상과는 대조적인 찻집의 번영은 크게 주목할 만하다. 나날이 범람하는 찻집 수도 놀랍지만 사실 최근 눈부신 것은 찻집의 발전상이다. 성급한 저널리스트가 앞장서서 선전

하며 선견지명으로 밝혔던 찻집 대자본 시대라는 것도 빤히 속 보이는 허세만도 아니라 실현될 수 있는 때가 다가왔다.

찻집에 대해서는 카페처럼 특별한 단속규칙도 현재는 없다. 하지만 실제 내용과 실질은 카페와 그다지 다르지 않다. 말하자면 한치 앞 거리에 있을 뿐이다. 일본 술은 팔지 않지만 다소의 양주 종류는 팔고 있다.

맥주, 진, 백색 적색의 포트와인, 페퍼민트, 브랜디, 위스키, 보드카에 서비스 걸까지 있는 셈이다. 카페를 쫓겨난 학생들이 수시로 찻집에서 위스키와 커피잔 등을 기울이며 죽치고 앉아 있는 것은 빠져나갈 길이 있음을 보여 준다.

물론 똑같은 다방이라 해도 지극히 고상한 곳도 생겼다. 이는 카페의 난잡함과 '손님에게 덮어 씌우자' 주의에 대한 반동이 나타난 것이기도 하고 청초하고 차분한 찻집을 요망하는 시대의 요구에 힘입은 바일 테니 반가운 경향임에는 틀림없지만, 이런 곳들은 워낙 비틀어진 시대 감각을 보여주고 있다 보니 예사로울 수는 없는 일이다.

예를 들어 찻집 안에서 약간이라도 결이 다른 이름을 열거하는 데에만 열 손가락을 꼽아도 부족하고 어려운 서양 문자가 대행진을 하니, 머리가 나쁜 우리는 짐작도 할 수 없는 이름들이 여기저기서 나온다.

찻집에는 아무래도 카페의 화려함은 없다. 카페 시대에는 그나마 학생들도 태평하게 빠져들어 때로는 2층에서 굴러떨어져 하마터면 저세상으로 한달음에 가버릴 뻔한 용사가 나오던 시대도 있었지만, 찻집에서 그러한 옛 무사 같은 모습은 전혀 볼 수 없다. 카페가 늙은이의 향락장이 되는 동안 찻집은 젊은 사람들의 향락장으로 자리 잡아가고 있다.

물론 이런 일에 대해 나 같은 성인군자는 입에 담기도 더러우니 내막을 캐지는 않기로 하고 실제적인 찻집 고현학[48]을 시도해 보겠다.

똑같은 학생이라도 학부의 차이나 기질이 점포 내의 행동?[49]에도 그대로 반영되니 약간 유쾌하다. 물론 경성의 학생은 그런 점에서는 루즈(loose)하고 학문적 단련이 아직 덜 됐기 때문에 나의 단언이 정확히 들어맞을지는 좀 미심쩍기도 하다. 그래도 자랑은 아니지만 나도 꽤나 많이 돌아다닌 축에 속하니 다소의 근거는 있다고 자부한다.

---

48 고고학에 대비되는 조어. 현대사회 현상을 분석 연구하는 학문이다.
49 원문대로 '행동?'으로 표기한다.

빈틈이 없기로는 뭐니 뭐니 해도 자연과학 생도들이다. 낮에는 커피를 마셔도 밤에는 꼭 홍차라는 점도 의학을 하는 사람다운 조심성이다. 버터 토스트의 버터를 대량으로 요구하는 이도 늘 M 마크 사람들이다. 인조버터(마가린)는 냄새가 나서 처치가 곤란하지만 프레시 버터는 비타민 A의 뛰어난 공급원이다. 머리를 쓰는 학생이 열심히 버터를 먹어야 한다고 역설하는 것도 이 사람들이다.

S 마크는 만사가 과학적이다. 여러 종류의 커피를 준비해 둔 찻집이 경성에는 비교적 적은데 더러 '과테말라는 어디 있는 나라인가요?'라는 질문에 가게 사람이 즉답하지 못하고 크게 당황해서 도망치는가 하면, 미심쩍은 말투로 '미국 어딘가에 있겠죠'라고 자신 없이 대답하기도 한다. 생과자 하나에도 제조 일시부터 장소까지 탐색도 꽤나 까다롭다. 병도 이 정도까지 오면 구제불능이란 느낌 아닌가.

그런 점에서 가장 다루기 쉬운 이들은 L의 무리라고 한다. 고매한 이론투쟁을 벌이는 건 꼭 이 사람들이다. 하고 있는 당사자는 물론 현학적인 마음의 발로이기도 하겠지만 당하는 입장에서는 분명 민폐다. 그런 것 치고 제일 다루기 쉽다는 것이 장점이어서 그때그때의 기분에 따라 태평스레 허튼소리를 하는 데가 있다. 하지만 끽다 걸이 경원시하는 사람들 수는 이 사람들이 가장 많다는 것도 필연적이다.

손님 종류가 다양할 것 같은 경성에서 의외로 괴짜(異物)가 나타나지 않는 것은 참으로 유감스럽다. 한번은 역전에 있는 호라이야(寶来屋)에서 2센짜리 단팥빵을 두 개 먹고 물을 한 잔 달라고 한 딱한 학생이 있었다고 한다. '이런 학생을 보면 커피 한 잔을 공짜로 대접해 주고 싶은 마음이 들어요'라고 카운터를 보는 아이가 곰곰이 술회했다.

그런가 하면 '양과자는 고베가 최고지. 경성에선 영 먹을 수가 없다니까'라며 박학한 티를 낸다. 행복한 자기는 물정에 밝은 자칭 '통'학생이라 한다.

손님의 체재?[50] 시간은 각 점포마다 비밀에 속해서 요령을 파악하지 못하게 하고 있는데, 대체로 최소 2분에서 최장 2시간 반. 커피 한 잔으로 2시간 반 머무른 기록 보유자는 점포에 내놓은 문예춘추를 애독(?)[51]했기 때문이라 한다. 이에 질려 버려서 그 후 잡지류는 일체 철회하자는 논의까지 있었다고 한다. 다만 새 점포의 비애라 할까, 결국은 눈물을 머금고 그대로 탁자 위에 놔두고

---

50 원문대로 '체재?'로 표기한다.
51 원문대로 '애독(?)'으로 표기한다.

있다.

커피 한 잔으로 버티는 것도 찻집 전술의 하나이겠지만, 적어도 찻집 걸에게 호감을 사려면 무거운 엉덩이는 가장 금물임을 알아야 한다.

본서(本署)와 보도연맹이 제휴(tie up)를 통해 먼저 학생의 카페 출입을 금지했고, 또한 찻집 출입에 맹렬한 탄압을 가할 것(실제로 소문만큼 실현할지 어떨지)이라는 소문이 도는 지금 결국 카페를 쫓겨나고 다시 찻집을 쫓겨나는 학생이 어디로 가게 될지는 상당히 고려해야 할 사항이지 않을까.

찻집이 카페를 대신하게 되었지만, 이후 '카페화'할 위험은 충분히 있을 수 있다. 가까운 시기에 카페단속규칙 같은 특종의 단속규칙이 찻집에 대해서도 필요한 시기가 분명 올 것이다. 이미 찻집 걸의 고용에도 상당히 어려운 조건과 절차가 필요해졌지만, 장차 찻집의 속출로 찻집이 향락기관으로 변할 우려가 없지 않으니 현재 같은 안이한 영업은 지속하지 못할 것이다. 이미 찻집 걸의 고용이 광고란을 수시로 채우고 있고 약소 찻집의 전술인 온갖 수단이 다소나마 사용되고 있다. 조만간 찻집의 대자본 시대가 나타나리라는 상상에서 말하자면 약소 찻집의 경영에 어떻게 타격을 주고 어떤 형태로 이 단속을 피하려 할지에 대해 가장 주목해야 할 테고, 머지않아 가까운 장래에 당국의 두통거리가 될 것이 분명하다.

'헐리웃'에 예쁜 아가씨(お孃さん)가 나타났다. 네온 장식도 한층 아름다워졌지만, 무서운 규칙을 따라 접대는 결코 하지 않는다. 레코드 걸이라는 것을 이 집 외에 '돌체', '라쿠소(樂莊)'에서도 지금 찾아 헤매는 모양이니, 올 여름 즈음부터 찻집 아가씨(喫茶孃)도 '명물화'하지 않을까 싶다.

× ×

찻집의 새로 나온 레코드(음반)를 듣는 모임도 곳곳에서 진행하고 있는데 조선 음악—유행가, 아악(雅樂), 소위 타령식의 음악도 들어보고 싶지만, 어느 찻집이나 유치하다고 치부해 들을 수 없는 것도 쓸쓸하다. 경성에서 조선 음악을 제쳐놓는 것도 꽤나 이상한 얘기니, 어디 친절심이 있는 찻집에서 한번 시도해 주면 좋겠다.

× ×

　베토벤을 감상하는 저녁 같은 중후한 장식과 □□□ 실내 배치, 때로는 마츠리(祭)에서 볼 법한 초롱을 걸어놓는 취미는 영 탐탁지 않지만, 그런 자리의 손님만큼이나 불쾌한 존재도 없다. 어지간히 고상한 척 우쭐한 태도를 보면 두 번 다시 들으러 갈 마음이 일지 않는다. 찻집은 역시 자연스럽게 갈 수 있는 점포가 제일 반갑다.

61. 일개 기자, 개혁된 권번제도(1935. 6. 1.)

일개 기자, 개혁된 권번제도
一記者, 「改革された券番制度」, 『朝鮮警察新聞』 342, 1935. 6. 1.

작년 겨울부터 권번의 개혁 문제와 화대 개선 등 여러 문제의 분규가 일어나 경성요리옥조합의 현 권번제도 개정부터 신권번 설치 신청에 이르기까지 커다란 문제로 떠올랐다. 본 권번과 요리옥조합(料理屋組合)의 항쟁은 상당히 떠들썩한 화류계의 내분이 발단이 됐던 만큼 경성 화류계에 생긴 파문은 상당히 커서 각 방면을 자극하고 흔들었다.

경기도 보안과도 현재의 정세에 상당히 개혁이 필요하다고 인정하고 있기는 하지만, 만일 이참에 신권번 설립의 인가를 인정한다면 화류계를 굳이 혼란에 빠뜨릴 뿐이고 오히려 문제 해결과는 거리가 멀다고 보아, 그런 관점에서 처음부터 신권번 설립 불허가의 입장으로 임하면서 요리옥 조합원에 대해서도 일단 고려하도록 촉구하였다. 신권번 설립은 시기상 적합하지 않을 뿐 아니라, 본 권번의 현제도, 조직, 내용에도 상당한 결함과 개선할 점이 많다고 보고, 본 권번과 소속 오키야(置屋)를 단속하는 본정서에 요리옥조합이 탄원서를 제출한 것을 계기로 본 권번의 현황 조사를 실시하도록 명령했다. 그 조사에 기초해 본권번 개혁안을 입안하고 경기도 보안과에서 원안을 골자로 조과장이 여러 차례 업자와 간담한 결과, 위[52]와 같이 결정했다. 즉,

경기도 보안과는 작년 겨울 이래로 권번과 화대 개선에 대해 연구 중이었는데 경성요리옥조합이 갑자기 경성 권번을 출원하였다. 화류계는 동요했고, 게다가 도 당국이 어디까지나 사회 정책의 견지에서 대대적인 개선을 단행하리라는 소문이 조성된 탓에 권번 오키요리옥 예기 일동도 일종의 불안에 떨고 있던 차에 대체로 개선안이 정리되었기에, 요리옥조합도 하루 이틀 전에 당국의

---

52 위(右)가 아니라 아래(左)의 원문 오기로 보인다.

뜻을 이해하고 자발적으로 출원서를 취하하였고, 본권본도 이 개선에 승복하여 개선에 따라 신권번[동(東)권번]을 5월 1일부터 실시하기로 결정했다. 이에 관한 취지를 보안과장은 말한다.

一. 본권번의 조직 및 영업 방법 중에 상당히 개정이 필요한 점이 있었기 때문에 작년부터 여러 모로 연구한 결과 다음과 같이 고쳤습니다. 요컨대 (一) 권번의 성질을 감안해 이해관계가 밀접한 예기 및 요리옥 업자도 주주가 될 수 있도록 범위를 확장할 것, (二) 꽃의 종별을 정리하여 간이화하는 동시에 비교적 폐해가 있다고 인정되는 것은 폐지할 것, (三) 나미바나(並花)와 몬비바나(紋日花)는 세 시간째부터 반감제(盤減制)를 취할 것, (四) 종래 화대의 분배는 예기 또는 마이코(舞妓)에 따라 각 사람마다 달랐으나 전부 백분율로 통일할 것 등입니다. 그 결과 요리옥과 권번의 소개료(口錢)가 얼마간 줄고, 예기 및 오키야의 실수입이 다소 증액을 보이고, 또한 예기의 상여금을 새로 마련하게 되었습니다.

二. 동권번금(東券金)의 개선 : 종래의 연혁을 볼 때 그 조직이 심히 불완전했으므로 주식회사로 변경하는 기회에 그 조직, 영업 방법, 소질을 본권번과 동일한 정도로 쇄신향상을 꾀하고자 근본적 개정을 가함으로써 정관을 비롯해 영업 내용도 본권과 완전히 같은 모습을 갖추게 되었습니다.

三. 경성권번의 출원 : 요리옥조합의 제출이 있었습니다만, 이번 본권 신권(동권)의 개정으로 그 목적은 달성되었으므로 자발적으로 취하 신청을 제출함에 따라 이 문제는 원만히 해결되었습니다.

권번의 개정 내용[53]

---

53 본문에 나오는 다음 단어는 일반사전으로 확인이 어려운 유곽의 특수어로 번역어 검토가 필요하다고 생각한다. 이 번역문에서는 잠정적으로 원문의 음가를 쓰고, 각 용어를 확인한 범위에서 간단한 설명을 서술하는 데 그쳤다.
並花(なみばな)는 일반요금의 화대.
紋日花(もんびばな)는 유곽에서 정해진 화대에 할증료를 붙이는 날(紋日もんび)의 화대. 경축일이나 설, 매달 1일과 15일 등을 紋日로 정하기도 하고 紋日花의 할증에 대중소의 차등이 있다고 한다.
明し花(あかしばな)는 여자와 객실에서 하룻밤을 지새울 때의 화대.
遠出花(とおでばな)는 손님과 함께 외부로 나갈 때의 화대.
通し花(とおしばな)는 여자가 하룻밤에 여러 손님을 거치지 않고 한 사람만 상대할 때의 화대.
挨拶花(あいさつばな)는 접객 중인 여자에게 다른 손님의 호출이 있어 잠시 그리로 인사하러 갈 때의 화대.
送り込花(おくりこみばな)는 다른 영업 단위에서 보내오는(불러들이는) 여자의 화대.
貰花(もらいばな), 貰止花(もらいどめばな)는 의미는 정확하지는 않지만, 접객 중에 다른 객석으로 불려가는 상황을 御貰い(おもらい)라 부른다고 하니, 貰花는 다른 손님에게 접객 중인 여자를 부른 경우의 화대, 貰止花는 동일한 상황으로

一. 주주는 본권번 오키야 조합원에 한했으나 새로 예기 영업자와 거래 요리옥 영업자로 확장한다.

二. 종래 1시간을 꽃 2개로 세고, 1개의 나미바나(並花)는 75센, 몬비바나(紋日花)는 1엔이었으나, 나미바나 1개 25센, 몬비바나 1개 30센으로 하고, 둘 다 첫 2시간은 1시간을 6개, 3시간째부터 5개로 셈하기로 해 경감제(溪減制)를 취한다.

三. 아카시바나(明し花), 도오데바나(遠出花), 도오시바나(通し花), 간게키바나(觀劇花) 그리고 아이사쓰바나(挨拶花)는 폐지했다.

四. 종래 오쿠리코미바나(送り込花) 1개 75전을 이번에는 2개로 하고, 나미바나(並花)의 날은 50센, 몬비바나(紋日花)의 날은 60센으로 한다. 또한 종래는 접객하는 자시키(座敷)를 바꾸는 경우(座替)에도 오쿠리코미바나(送り込花)를 붙였지만 이번에는 이를 제외한다.

五. 새로 혼례나 기타 손님의 요구로 특별히 문복(紋服)[54]을 착용한 경우에는 한 자리(一席)당 예기는 꽃 4개(1엔), 마이코(舞妓)는 꽃 3개(75센)를 별도로 받기로 한다.

六. 종래 마이코(舞妓)에 대해서 본권은 나미바나(並花) 1개에 50센, 몬비바나(紋日花) 1개에 75센, 동권은 나미바나 1개에 50센, 몬비바나 1개에 60센이고 1시간 2개로 쳤지만, 나미바나 25센, 몬비바나 30센으로 하고 처음 2시간은 1시간을 4개, 3시간째부터 3개로 하여 경감제(溪減制)를 채택했다.

七. 종래 요키바나(豫紀花)의 경우, 예기는 2시간 반을 하나의 시간 구분 단위(一仕切り)로 해서 꽃 6개 4엔 50센, 마이코는 이에 준했으나, 이번에는 오쿠리코미(送り込)를 포함해 예기는 17개(4엔 25센), 마이코는 12개(3엔)로 하고, 나미바나(並花)의 날, 몬비바나(紋日花)의 날은 그 꽃에 따라 계산하기로 한다. 단 단위 시간은 종전 그대로다.

八. 모라이바나(貰花), 모라이도메바나(貰止花)는 종래 예기 2개(1엔 50센), 마이코 2개(1엔)였으나, 이번에는 예기 4개(1엔), 마이코 3개(75센)로 하고, 예약 꽃 시간 중, 초빙 후 2시간, 사전 청구 후 2시간 이상이 아니면 청구할 수 없다.

九. 종래에는 오키야(置屋) 조합원 이외는 권번과 거래할 수 없었으나 신청에 따라 거래할 수 있게 하였다. 단 이 경우 다른 권번과 거래하는 예기나 오키야는 물론 (신청)할 수 없다.

앞선 손님의 접객을 정지하는 경우의 화대라는 의미일 것으로 추측된다.
54 紋服은 문장(紋章)을 새겨 넣은 기모노 예복.

十. 종래 요리옥의 소개료(口錢)의 100분의 24.6 내지 25.0을 100분의 22.5로, 연예(演藝) 적립금은 100분의 1.3 내지 3.0을 100분의 2.5로 했다.

十一. 새로운 사항으로, 회사로부터 예기와 마이코(舞妓)의 상여금으로서 벌어들인 금액의 100분의 5를 지급하고 별도로 연기(年妓)는 포주로부터 계약에 의한 100분의 5를 상여금으로 더 지급(加給)한다.

도 보안과가 어디까지나 사회정책의 견지에서 대대적 개선을 단행하리라는 소문이 나는 바람에 권번, 오키야, 요리옥의 예기 일동도 상당히 불안에 떨었다. 그런데 발표된 내용을 보면, 예기의 도데바나(遠出花), 아카시바나(明し花), 도시바나(通し花), 간게키바나(観劇花)를 철폐하여 화대가 감소하고, 권번의 도데바나, 아카시바나, 도시바나, 간게키바나를 폐지함에 따라 어쩌면 화대의 1푼 8리 5모가 줄게 됐으니, 하루 3천 개 평균 약 70엔의 수입 감소는 상당히 타격이다. 이는 요리옥조합의 개혁 의견도 충분히 고려했음을 보여 준다. 대체로 이 개혁안이 여기저기서 불만을 사고 있는 것은 개혁안의 내용이 불철저하고 미비하지 않아서이고 오히려 성공했기 때문이라고 해석을 내려야 할 것이다.

규칙 운용자가 주의해야 할 점으로, 규칙 자체의 작용이 당사자 사이에 심한 간극(懸隔)을 초래하는 경우를 가장 경계해야지, 불만을 사는 정도는 오히려 규칙 운용이 잘못되지 않았음을 나타내고 있다고 봐야 한다.

62. 가미치카 생, 풍속경찰의 중요성에 대하여 (상)·(하)(1935. 6. 1.~15.)

가미치카 생, 풍속경찰의 중요성에 대하여 (상)
神近生,「風俗警察の重要性に付て」,『朝鮮警察新聞』342, 1935. 6. 1.

바야흐로 온 나라가 비상시를 맞았다고 제창하고 있다. 그야말로 경종을 울리듯 국민이 크게 외치고 있다. 비상시의 정체는 무엇인가 그리고 언제 어떻게 타개될 것인가를 물으며, 국민을 덮친 시련을 경고하는 말이지 않을까.

비상시라는 말은 모든 방면에 사용되기 때문에 그 대상은 범위가 대단히 넓다. 이른바 군사 외교부터 사상 방면, 재정 방면까지 대단히 다각적이다. 비상시를 타개하는 길은 국민이 각자의 직분에 충실하고 아울러 국민이 일치해 긴장하고 노력함에 있다. 게다가 그러한 각오와 실행을 과감히 단행하는 기개를 가지고 매진하는 정신 생활이 굳게 확정되지 않는 이상 비상시는 해소되지 않을 것이다. 불이야, 불이야, 소란만 떤다한들 불은 꺼지지 않는다. 방화를 견디겠다는 결심과 인위적 노력이 필연적 요소임은 분명하다. 불이 나버리는 것은 그 사람 마음에 틈새가 나 있고 정신 생활이 이완됐기 때문이다. 이른바 비상시도 마찬가지로 그 원인이 되는 것은 국민 생활의 정신적 이완?[55] 또는 노력이 부족하거나 긴장에 결함이 있지 않을까. 물론 오늘날 비상시의 사실 모두가 이러한 단일한 의의나 단순한 말로 표현될 만큼 간단한 현상은 아니겠지만, 적어도 국민 생활에 일어나고 있는 마음의 이완과 나태를 경고하기에 충분한 의의가 포함되어 있음은 부정하기 어려운 사실이니, 국민 각자의 자각과 반성이 필요하다는 점은 대단히 긴요하다.

국민의 자유를 제한하고 강제해 사회의 질서를 유지하고 안녕을 유지함을 직분으로 삼으면서 비상시에 처해 있는 우리 경찰관이 크게 관심을 기울여야 할 바라 생각한다.

---
55 원문대로 '이완?'으로 표기한다.

유한계급이 돈과 여유가 남아 미쳐 돌아다니는 댄스홀, 마작 클럽의 이면에서 펼쳐지고 있는 숱한 추행은 진지한 국민 생활에 과연 어떻게 반영되고 있을까. 상류 예술가를 자임하고 있는 댄서나, 하이힐 서비스 걸임을 자인하고도 부끄러운 줄 모르는 여급들의 '어둠 속에 꽃을 피우는 마법'이 전국에 파문을 확산시키지 않았던가. 이제는 추한 외설, 음탕, 게으르게 빈둥거리는(遊惰) 풍조가 전국 각지에 만연하고 있다.

게다가 이런 환경에 익숙해진 방탕아(遊蕩兒)들은 신기한 것을 좋아하고 강한 자극을 원하게 되었고, 그러한 사회적 요구와 영합해 두각을 나타낸 것이 카페다. 일견 요조숙녀 식으로 꾸미고 신파극 같은 점포를 배경으로 한 에로 모션 팀이 늘기 시작했다. 재즈 가락에 춤추고 리큐어를 마시며 노래하는 고등유민(遊民)이 지갑 바닥을 터는 시대가 되어 각지에서 한동안 이러한 풍조가 넘쳐났음은 이미 알려진 바와 같다.

이러한 풍조를 타고 일반 민중의 품성을 손상 타락시키고 선량한 풍속 습관을 괴란 퇴폐하게 만드는 부덕한 윤리 행위 비위가 조장되었기에 풍속경찰이 비상시를 생각하게 된 것이다.

이러한 풍조와 시류에 맞서 우리 경찰만은 홀로 시종일관 풍속의 비상시를 타개하기 위해 모든 단속 대책을 강구하고 있다. 사용할 부녀의 제한금지, 카페·바 단속의 확립, 댄스홀의 배격, 애매요리옥(曖昧料理屋), 음식점, 카페, 바 등 풍속 영업의 지역 제한을 통한 마을 단속, 공창 폐지 등 과도기적 단속 시대를 거쳐, 드디어 풍속경찰은 본격화하면서 착실히 풍속 비상시 타개 공작을 펼치고 있다.

여기서 풍속경찰이란 무엇이고 그 본질은 어떠한가라는 문제가 제기된다. 원래 우리가 이해하는 바로는 국민 품성을 향상시키고 선량한 풍속 습관을 유지시킴은 국민 생활에서 필수 조건이므로, 이를 저해하는 일체의 행위가 이뤄질 때는 국가가 반드시 간섭하여 사회의 안녕질서 유지를 주요 목적으로 삼는 경찰권을 발동한다. 그렇기 때문에 음란행위(淫逸), 방탕, 추한 외설(醜猥) 등 국민 품성을 손상, 타락시키고 선량한 풍속 습관을 괴란하는 부덕한 비윤리 행위를 제지하고 방지하는 일체의 경찰 작용을 일컬어 풍속경찰이라 말할 수 있다. 또한 광의의 풍속경찰이라 할 때는 오직 요리옥(料理屋), 음식점 등을 중심으로 한 남녀 간의 정사에 관련된 일에만 한정하지 않고, 항상 국민의 품성 풍습 습관에 직간접적으로 관련이 있는 모든 사항을 포괄하므로, 그 범위는 대단히 넓다. 따라서 만일의 요행을 바라는 사행행위를 단속하거나 혹은 미성년자의 흡연과 음주를 금지하는 일 등도 역시 풍속경찰에 속한다. 또한 신을 모시고 경불(拜神敬仏)하는 풍조를 깨뜨릴 우려가 있어 신사, 절, 불당(社寺仏堂)에 대한 단속을 가한다. 또는 광고물 경마 등에 대한 경찰 단속 같은 것도 경찰의 분류로는 풍속의 범위에 포함되어야 하는 것으로 안다.

내가 특히 강조하고 싶은 점은 곧 협의의 풍속경찰이다. 원래 우리나라의 현재 제도에서는 부녀자의 매음을 법령이 반드시 절대적으로 금지하고 있지는 않다. 부녀가 매음을 하고자 한다면 내무성령 창기단속규칙에 의거한 창기 자격으로 공공연히 성(淫)을 팔 수 있도록 하고 있다. 이는 필경 국민의 풍기를 유지하고 국민 건강을 지키기 위해 도덕에 어긋나는 비륜에 대하여 국가가 체면 손상을 돌이켜 볼 새도 없이 부득이하게 나선 것이리라. 따라서 공인 매음은 결코 위법 행위가 아니라서 법률상 (짊어질) 아무런 책임이 없고, 고로 그렇게 때문에 그러한 공인을 받지 않고 은밀하게 매음하는 행위는 곧 밀매음으로서 책임을 면할 수 없다. 그렇지만 현재의 법규 중에는 단독으로 밀매음을 단속하기 위해 제정된 법령이 없고, 창기단속규칙 안에서 명부에 등록하지 않은 자는 창기 생업을 할 수 없다고 규정하고 있을 뿐 그밖에는 은밀히 매음하는 자에 대한 직접적 규정이 없다. 현행 법규 안에 밀매음을 금지하는 규정은 그저 경찰범처벌령 제1조 제2호가 있을 뿐이고, 동조에서는 밀매음을 하거나 그 매합(媒合)용지(容止)를 하는 자는 30일 미만의 구류로 처벌하게 되어 있다. 이 규정은 언뜻 보면 단순히 처벌 규정만 있어 마치 형법 규정과 유사하다. 그러나 원래 경찰법규는 명령 또는 금지에 관한 규정과 벌칙을 분리해 규정함이 보통이지만, 때로는 또 벌칙 자체 속에 그 벌에 해당하는 행위를 지정하는 경우가 있기 때문에, 본건 같은 경우는 은밀히 매음할 수 없으며 만일 이를 위반했을 때는 30일 미만의 구류에 처한다고 규정한 것과 완전히 동일한 취지로 이해해야 한다. 그러므로 밀매음은 본조의 규정에 의해 경찰상 금지되는 행위라고 단정할 수 있다.

밀매음의 금지는 이처럼 경찰 단속에 속하며 그저 하나의 성령으로 금지하는 데에 그치고 있지만, 본래 이는 도덕에 반하고 국민 위생을 망가뜨리는 것이어서 국가는 이에 대해 중대한 주의를 기울이고 있는 것이고, 이는 행정집행법의 규정에 비춰 생각하면 충분히 짚이는 바가 있다. 즉 제2조에서 경찰관청은 일출 전이나 일몰 후라 하더라도 현행 밀매음이 인정될 때는 현 거주자의 의사에 반해 그 저택을 침입할 수 있도록 보장받고 있다. 이는 전적으로 하나의 성령을 위반하는 행위를 검거하기 위해 필요한 권능을 법률로 확보했음을 의미하니, 이를 통해 국가가 밀매음 금지를 얼마나 중대시하고 있는지 엿볼 수 있다. 또한 제3조에서는 밀매음 범죄자 또는 전과자에 대해 매우 준엄한 규정을 마련해 놓았다. 즉 경찰관청은 밀매음 범죄자나 전과자이면서 밀매음 상습이 있는 자에 대하여 그의 건강을 진단하거나 지정한 의사의 검진을 받게 하여, 전염성 질환에 걸린 탓에 필요가 있다고 인정될 때는 병원에 넣거나 지정한 의사의 치료를 받게 하면서 치료될 때까지 지정한 장소에 거주시켜 그의 외출을 금지할 수 있다. 게다가 이러한 치료 비용은 본인 또는 매합자가 부담해야 하도록 했다. 이러한 경찰 강제는 일견 매우 가혹해서 인격을 무시하는 처사라고 논란을 벌이는 자도 있을 법도 하지만, 적어도 선량한 풍속을 유지하고 사회질서를 지키고 국민 건강의 퇴폐를 방지하려는 경찰 목적을 위해서라면 이 또한 부득이한 일이다. 하지만 이미 전술했듯이, 오늘날은 사회의 인심이 점차 경박해지고 도덕관념이 땅에 떨어져 그야말로 풍속의 비상시가 출현하였고, 한편에서는 수해, 화재, 냉해, 가뭄피해 등의 영향으로 덮친 생활고가 심대한 상황인데다, 허영을 동경하며 경조부박(輕佻浮薄)으로 흘러 눈앞의 육욕을 갈망(渴仰)하는 자가 해마다 증가하는 경향을 보이면서 작은요리옥(小料理屋), 음식점, 카페, 바, 오뎅집 등이 속출하니, 밀매음의 악습이 깊이 박혀 쉽게 빠져나오기 어려운 면이 있다.

생업도 없이 화려한 옷차림으로 꾸미고 전적인 영업으로서 은밀히 성(淫)을 파는 매춘부, 혹은 예기, 작부, 기타 요리옥·음식점의 고용녀, 카페의 여급 혹은 여관의 계집종(婢女)부터 혹은 잔술을 파는 술집(ワンコップ銘酒店) 또는 유기장(遊技場)의 고용녀, 또는 비와(琵琶)[56] 선생, 여배우 등 여자 예인(藝人), 심한 경우는 어두운 뒷골목(柳暗陋巷)을 배회하는 고등내시 종류에 이르기까지, 적어도 여성이 있는 곳이면 다 매음 악습이 있으리라 상상할 수 있는 실정이다. 그러니 이들 폐해를 교정하고 사회의 건전한 미풍을 옹호하며 일면 화류병의 전파를 막음으로써 국민의 건강을 지키지 않고는 도저히 심상한 일률적 수당 방법만 가지고 목적을 달성할 수는 없다. 오히려 이들에 대해 가혹하더라도 개전(改悛)을 촉구하고 악습을 도려내며 풍속경찰의 큰 이상을 향해 풍속 비상시의 타개책을 강구해야 할 만큼 시대적 폐해가 크다고 통감하는 바다. (미완)

가미치카 생, 풍속경찰의 중요성에 대하여 (하)
神近生, 「風俗警察の重要性に付て(承前)」, 『朝鮮警察新聞』 343, 1935. 6. 15.

현재의 법률로 밀매음을 공적으로 인정할 수 없지만 사실 곳곳에 뿌리 깊게 사창이 만연하고 있음은 논리와 무관하게 인정할 수밖에 없는 확연한 사실이니, 이를 긍정할 수는 없더라도 존재를

---

56 현악기.

부정할 수는 없는 커다란 사회 현상이다. 원래 이상을 따지자면 이런 것은 삭감시켜야 하는 대상이므로, 종래의 경찰 단속도 상당히 준열하게 박멸하려 노력했고 때로는 반복적으로 현장 검사를 실시하기도 하고 영업의 금지 정지, 부녀의 해고 처분 등으로 탄압을 가해 왔지만, 밥 위의 파리를 쫓는 것처럼 아무리 해도 뿌리를 뽑기는 어렵다. 그렇다면 왜 이런 일이 일어나는가 하면 결국 사회적 수요가 있기 때문이다. 더욱이 이 사회적 수요 관계는 본능의 자연성이 가져오기 때문에 다루기가 어렵다.

그러다 보니 아무래도 어느 정도는 존재를 인정해야 하는 것도(인정이라 말하면 어폐가 있을지 모르겠지만) 어쩔 수 없는 사실이라는 데에 귀착한다. 그렇다면 어느 정도의 존재가 어떤 관계를 낳는가 하면, 곧 수요를 충족하기에 족한 최소한도의 공급이 이뤄지고 있을 것이다. 이론상 사회의 수요가 1이고 공급이 1 이하이면 수요자는 모든 악조건에도 만족하겠지만, 반대로 공급률이 증가하면 할수록 공급자 측은 자기의 공급을 더욱 이롭게 만들기 위해 온갖 방책을 강구해 표객(嫖客)을 흡수하려 할 것이다. 따라서 영업 방법 등에서도 서로 별난 행동을 겨루며 일반인의 방탕한 기분을 자극하기 위해 수단을 가리지 않고 골라잡아 10센 식의 시장 풍경을 그려내기 시작한다. 이 점에 풍속경찰의 근본적 중요성이 있지 않을까라고 나는 확신하지만, 이러한 사회 현상에서 일어나는 수요 공급을 간단히 균형 잡는 데에는 대단히 어려움이 따르고, 그러기에 경찰 단속의 심오한 방침이 필요해지는 것이라 생각한다. 아무튼 풍속 단속은 그 대상에 대한 주관적 관찰은 물론이거니와 객관적 정세에 중점을 두어야 함은 말할 것도 없다.

예를 들어 묘령의 미인이 한여름에 극단적으로 얇은 옷을 몸에 두르고 곡선을 드러내며 활보하는 모습은 확실히 도발적으로 이성의 눈을 자극하니 풍속 차원의 폐해가 있지만, 허리춤이 출렁이는 노파가 같은 자태를 연출한들 이질감은 있을지언정 풍속을 운운하는 자는 아마도 없을 것이다. 만사가 이러하니 풍속경찰만큼 민감한 관계를 갖는 일은 없다. 그만큼 풍속경찰의 관념은 미묘한 관계를 안고 있으니 자로 잰 듯 논리만으로는 해결할 수 없는 것 같다. 아무래도 사회 정세에 맞게 그리고 다소의 무리는 있더라도 나쁜 폐해를 교정 제거한다는 기개를 가지고 단속을 단행하지 않는 한 소위 풍속경찰의 비상시는 언제까지나 타개될 기회에 도달하지 못할 것이다.

63. 다메노 우헤이, 매음 문제에 대한 일고찰(1935. 8. 15.)

다메노 우헤이, 매음 문제에 대한 일고찰
爲野鵜兵,「賣淫問題に對する一考察」,『朝鮮警察新聞』342, 1935. 8. 15.

어떤 문제가 지나치게 인구에 회자되다 보면 오히려 망각의 저편으로 추방되어 버리기 십상이다. 사람 소문도 75일이라 했던가, 신기함을 좋아하는 사람에게 과거의 사상(事象)은 자극적이지 않고 인연이 먼 것으로 치부된다. 그리고 세상에는 미해결인 채로 방치되어 잊혀버린 듯 침잠한 문제가 숱하게 많다. 매음 문제도 역시 그런 범주에 속하는 하나다. 확청(廓清), 교풍회(矯風会) 같은 이름을 통해 점화되어 한때 대중의 관심을 끌어 요란한 논쟁의 불을 지핀 공창 문제도 점차 시들해져서, 간신히 근래 매소 문제 대책협의회를 개최하여 약간의 모양새를 갖출 수 있게 된 데 불과하다. 그리고 낡은 것에 계속 집착하지 않게 마련인 대중은 흥미와 흥분을 더욱 새로운 것에서 찾으려 전환한 형국이다. 그러나 낡은 것 안에도 남모르는 흥미와 자극이 숨어 있다. 그런 의미에서 나는 이번에 매음 현상을 다루고 다각적으로 고찰해 보려 한다.

원래 인간이 성욕 본능에서 이탈할 수 없는 존재로 남는 한 지상에서 매음 현상을 축출해 없애는 것은 불가능한 일일 것이다. 역사적으로 보면 매소(売笑)는 각 시대상의 색채를 반영하는 타락의 역사이자 국가 치욕의 역사다. 반면 인정의 변천사이기도 하다. 사창, 공창, 산창, 집창이라 말하는 데에 나타나듯 그 형식은 여러 형태로 변천해 왔지만, 성욕 본능 위에 입각하는 매음 자체는 점점 더 왕성해지면서 오늘에 이르렀다. 3천년 태고로부터 연혁을 가져온 매음 현상은 에도(江戸) 시대에 난숙기를 거쳐 클라이맥스에 달했다가 메이지(明治) 황금기에 이르러 이미 공창폐지론을 야기하였다. 그리고 현대 자본주의 사회는 또한 매음을 조성하기에 최적의 조건을 지닌 사회라 말할 수 있다. 왜냐하면 생산 과잉의 경제 현상은 필연적으로 불경기를 초래하고 그 결과 생산난 시대를 출현시키기 때문이다.

다음으로 매음 현상을 정치와 경제 양 분야를 통해 탐구해 보려 한다.

매음이 발생하는 사회기구에 해부의 메스를 들이댈 때 여기에는 많은 경제 문제가 개재되어 있음을 나는 안다.

(A) 매음 공급 측에 대한 관찰

자본주의 사회가 성숙해지면 공황까지 이르지 않더라도 물가가 상승하고 구매력이 감퇴하여 거기에 경제적 약자의 무리를 산출한다. 경제적 약자 군이 많으면 많을수록 생활고는 점점 더 심각해지고 이 현상은 필연적으로 전개한다. 생활고 지옥에서는 빵과 정조 중 어느 것이 더 중요한가라는 논의는 비평가라면 몰라도 당사자 사이에서는 문제시되지 않는다. '무사는 굶고도 (먹은 체하며) 이를 쑤신다' 식의 생활 태도는 자본주의 사회에서 유통성을 잃어버린 공수표에 불과하고 현대사회에서는 먹고살아야 비로소 정조의 고마움을 알 수 있다. 현대에 부녀의 정조관념 쇠퇴를 기뻐하는 애국자도 있기는 하지만, 무엇이 부녀의 정조관념을 그토록 박약하게 만들었는지 연구하는 것이 선결 문제다.

경제사회가 순조롭게 가동하여 인간이 의식주에 대한 부족감을 느끼지 않게 된다면 자기가 좋아서 매음행위를 하는 자도 항간에서 추한 모습을 감출 것이다. 하지만 그런 경우(완전히 공상 같은 백일몽적 사회이지만)가 도래한다고 가정하더라도 매음행위는 과연 감소는 할지언정 결코 소멸하지 않는다. 왜냐하면 인간 성욕 본능이 존재하는 한, 게다가 아방튀르를 애호하는 본능이 존재하는 한 남자는 청렴한 합법적 혼인 세계를 탈출해 비합법적 매음의 세계로 도피하기 때문이다. 이는 경제 정책으로는 도저히 정복할 수 없는 도덕 문제의 영역이므로 각 사람의 도덕적 자제를 기대하는 것 이외에 대책이 없는 셈이다. 도덕적 자제란 각 사람의 교양 자각에 의거하니 보편적 경제 정책을 통한 해결보다도 개별적이고 지극히 어려운 일이다. 만인이 그리스도처럼 되는 시대가 출현하지 않는 한 해결이 불가능한 문제다. 청교도적 논객은 매음이 입각하고 있는 경제기구에 대한 해설을 도외시한 채 오로지 이 점에만 전적으로 의거해 매음을 배격하고 역설한다. 그러나 적어도 경제계가 윤택해지고 생활고가 제거된다면 어느 정도까지는 매음 현상도 완화되리라 생각한다.

(B) 매음 수요 측에 대한 관찰

전술했듯이 재계의 불황은 실업자군의 산출로 이어졌고 간신히 취직한 자도 봉급은 근소해서 자기 한 사람의 생활보장조차도 불안정한 상황이다. 그 때문에 사회의 거친 파도 속에서 자기 맨몸밖에 의지할 것 없는 남성은 혼인 관계조차도 자연히 거부당하고 있다. 그렇다면 적령기에 있으면서 부부관계를 맺을 수 없는 남성은 성욕 해결을 어디에서 찾아야 하는가. 여기서 매음 수요가 발생하여 합법적 매음기관 설치의 필요가 발생한다.

아무튼 경제적으로 보면, 매음의 의의는 2차적이고 매음을 조성하는 사회기구가 1차적 의의를 지닌다. 그러므로 1차적인 사회기구의 개선이 결국은 매음 현상을 개선하는 수단이라 하겠다. 이는 전적으로 경제 정책에 맡겨진 장래의 과제다.

매음의 정치적 관찰은 행정적 단속 대책과 맞물려 공창 문제의 스타일을 띠고 등장한다.

매음은 사회적으로 필요한 현상이고 인간 본능이 존재하는 한 절멸이 불가능하다면, 그리고 만일 절멸론이 있더라도 그것이 단순히 청교도적 이상론에 한정되는 것이라면, 이는 그저 매음을 어떤 형식으로 허용할 것인가라는 문제에 국한된다.

경제적으로는 아무리 경제기구를 조절해 매음 박멸을 꾀한들 상대적인 박멸 범위를 벗어나지 않을 것이다. 또한 도덕적으로는 현대 물질문명을 타파해 정신문명 왕국을 건설할 수 없다면, 더욱이 인간에게서 성욕 본능 박탈이 절대적으로 불가능하다면, 매음 현상을 어느 정도 시인하면서 측면에서 정치적 방책을 수립하는 것이 당면 과제다.

원래부터 매음 정책에는 각종 주의가 있어 왔다. 이를 하나하나 설명할 것도 없지만, 억지(禦止)주의와 방임주의라는 양 주의 모두 절대적 극단론의 폐해에 빠져 현대에 걸맞지 않고 인연이 먼 주의다. 행정적 경찰 단속의 편의 면에서 보자면 제한주의가 최적이지만(현대는 이에 입각하고 있다) 가장 이상적인 것은 묵인주의일 것이다. 묵인주의는 매음을 도덕적으로는 부덕한 행위라고 배격하지만, 그럼에도 그것이 사회적으로 불가피한 현상이니 국가는 이를 묵인해야 한다는 모순론이다. 이론에서는 완전히 모순된 주의이지만, 매음 현상 자체가 모순 위에 서서 이론화되고 있으니, 언뜻 보기에 역설적인 이 묵인주의가 가장 적합한 주의라 할 수 있지 않을까.

매음을 국가가 합법적으로 공허(公許)하면 공창이 된다. 공창 존폐의 시비에는 각각 득실이 있고, 미지수이기는 하지만 대세는 폐지론으로 기울었다. 공창의 존재는 문명 국가들에서 볼 수 없는 기이한 현상인데도 우리나라가 이를 공허함은 국가로서 치욕(国辱)적인 문제다. 이 점에서 필자 역시 공창을 배격하는 바다.

그럼에도 불구하고 모험을 애호하는 남성은 합법적이고 무미건조한 공창보다는 더 모험적인 사창의 자극에 암약하게 마련이다. 그것은 퇴폐 문명이 남성에게 가져오는 정신적 몰락이기도 하다. 이에 사창의 융성기가 도래한다. 그렇게 생각할 때 공창은 현대의 가까운 장래에 쓸모없는 장물이 돼 버리지 않을까. 그리고 그때야말로 공창이 자연스레 해소되는 비운에 처할 시기다.

또한 매음의 공급 측에 대하여 관헌의 강압적 단속 방법은 오히려 그녀들의 반항적 소질을 배양할 우려가 없지 않다.

원래 법률은 국민 총의의 대표자들, 즉 의회의 협찬을 거쳐 성립한다고는 하지만, 여하튼 그것은 강자를 위한 법률, 강자에게 유리한 법률로 성립되기 십상이다. 현대 대중의 정치적 추세가 선거를 바로잡는 하나의 길을 지향하고 의회정화론으로 불꽃이 튀고 있는 사실은 그러한 정세의 일단을 여실히 말해 준다.

그렇기 때문에 법률상 불이익의 지위에 서 있는 매음 공급자가 강자인 고용주와 동등한 이권을 향유하기 위해서는 행정적 단속의 자유재량 이외에는 상책이 없다. 그 점에서 단속 임무를 담당하는 경찰관의 적정한 이해와 자각에 기대하는 바가 심대하다고 할 수밖에 없다. 단순히 매음 정책만이 아니라 일반 경찰 단속에서도 공평성을 잃은 값싼 온정팔이는 절대 금물이고, 원만하지 않은 온정 정책이야말로 경찰관의 부단한 각오이자 좌우명이 되어야 한다.

아퀴나스[57]는 "도시의 매춘부는 궁전의 변소나 마찬가지"라고 했다. 생각건대 매음이 사회적으로 반드시 나타나는 현상이고 그 불가항력성이 본능 위에 입각했다면, 어떤 단속의 묘를 살리더라도 절대적 박멸책이 있을 리 없다. 그렇기 때문에 그저 형식상의 개선책만이 유일하게 남겨진 문제이다. 이를 망각의 피안으로부터 소환해 시급히 재검토해야 한다. 매음 문제의 앞날은 더욱 다사다난할 것으로 보인다. (완)

---

57 원문 표기는 アクナス다.

64. 전남도에서 특종 음식점의 단속내규를 제정하여(1935. 9. 15.)

전남도에서 특종 음식점의 단속내규를 제정하여, 9월 12일부터 실시
「全南道に於ける特種飲食店の取締內規を制定し, 九月十二日より實施」,
『朝鮮警察新聞』 349, 1935. 9. 15.

전남도 경찰부 보안과는 총독부의 방침에 순응하여 몇 개월 전부터 특수 음식점(카페 및 이와 유사한 영업)과 요리옥(料理屋), 숙박업소(宿屋), 음식점 영업 단속내규를 제정해 실시하기로 하고 입안 중이었는데 이번에 드디어 성안하고 12일에 발령하였다. 이에 대해 가타오카(片岡) 보안과장은 다음과 같이 말한다.

근래 카페 및 이와 유사한 영업이 급격히 증가했다. 이는 세상이 점차 복잡해짐에 따라 시간적·경제적으로 손쉬운 방법을 통해 유흥을 맛보려는 현대인의 자연스런 욕구가 반영된 것이라 생각하지만, 영업자도 시대의 기호에 맞춰 유객을 흡수하기 위한 방법으로 신기한 궁리를 짜내서 더더욱 대중의 유흥 기분을 자극하기 때문에 풍기 면에서 볼 때 상당한 영향을 미치게 되어 종래의 요리옥(料理屋), 음식점과 달리 지극히 대중화되었고, 그 때문에 국가의 풍기를 유지한다는 견지에서 이를 그대로 방임할 수 없는 상태가 됐다. 또한 내지 대도시에서는 그러한 종류의 일부 영업의 풍기문란 정도가 심해서 경찰력으로도 이를 쉽게 교정하기 어려운 상태다. 조선에서는 다행히 아직 그 정도까지는 이르지 않았으므로 지금부터 이를 선도하여 고상하고 명랑하게 수립해 나가고자 하는 의미에서 이번에 단속에 관한 방침을 제시하였다. 내규 및 통첩은 단속규칙에 기초해 영업자에 대한 경찰서장의 명령 내용을 규정하였고, 내규 자체가 직접 영업자를 구속하지는 않는다. 특수 음식점(카페 기타)에 대한 단속 내용의 주요한 점을 열거하면 다음 항목들과 같다.

一. 특수 음식점 영업이라 함은 카페 외에 바, 레스토랑, 비어홀, 그릴, 찻집, 오뎅집 등 그 명칭 여하와 상관없이 서양식(洋風) 설비 장식을 꾸미고 여급의 접대에 의해 음식점[58]을 제공하는 업태를 가리킨다. 서양식 설비 장식이 없더라도 전술한 업태와 유사한 것은 특수 음식점으로 취급한다.

二. 특수 음식점 영업자에게는 라디오, 축음기 종류의 사용을 인정하지만, 악기의 사용이나 무용, 무도 등은 인정하지 않는다. 이 점에서 요리옥(料理屋)과 판연한 구별이 생기게 되었다.

三. 특수 음식점은 5실 이하로 정하고 다타미(畳), 온돌 등도 지방의 사정에 따라 인정하기는 하지만 될 수록 홀(혼합석) 구조를 취해 객실 수를 감소시킨다는 방침이다.

四. 영업 시간은 오후 11시, 라디오, 축음기의 사용은 오후 10시까지로 정했지만, 지역 사정에 따라서는 경찰서장이 신축성을 지닐 수 있게 하였다. 축음기, 라디오의 사용은 근린에 민폐를 끼치지 않는 범위에서 사용을 허가하는 것이지 확성기를 사용해 거리에까지 울려 퍼지게 하는 행위 등은 제한하기로 했다.

五. 여급의 고용은 신고하면 괜찮다고 돼 있지만 경력계약서, 건강진단서 등을 제출해야 한다.

六. 여급의 수는 일정한 제한을 받게 되었다. 즉 객실의 유효 면적이 홀(혼합)석은 3평당 1명, 다타미(畳)나 온돌 등은 4평당 1인 이하로 정했다.

七. 영업 방법에 관해서는 여러 제한이 마련되었는데 주된 사항을 보면, 여급으로 하여금 무리하게 손님과 동반해 외출하도록 하지 말 것, 음식물의 정가 또는 여급의 접대료를 정할 때는 경찰서장의 인가를 받고 탁상 및 보기 쉬운 장소에 게시할 것, 학교 생도에게는 음식물을 제공하거나 접대할 수 없다는 점 등이 있다.

八. 여급 보호에 관해서는 심히 부당한 고용계약이나 전차에 매기는 이자 등은 인정하지 않는다. 여급의 팁은 모두 여급의 수입으로 삼는다. 계약 외에 여급에 대해 금전상의 부담을 주거나 여급의 부담으로 특별한 용모 복장을 강요하는 것은 불가하다. 여급에게는 1개월에 하루 이상의 공휴일을 주는 점 등이 주된 사항이다.

九. 현재 영업소 내외의 장식 설비가 내규에 적합하지 않아 개편이 필요한 경우에 대해 1년 이내의 유예 기간을 두기로 했다. 그러나 경미한 사항은 즉시 실행해야 한다.

十. 현재의 영업자 중 여급의 정원을 초과하는 경우는 그 정원이 감소할 때까지 새로 여급을 고용할 수 없다. 그렇게 해서 1년 내에 정원까지 감소시켜야 한다. 특수 음식점의 단속에 순응하여 요리옥 영업에 대해서도 상당하는 방법을 강구하기로 했다. 특히 목포부(府)와 광주읍 내의 요리옥 영업은 종래의 특수한 사정이 있으므로 그외의 지역과는 다른 방법을 취하기로 했다.

---

58 음식의 원문 오기로 보인다.

곧

一. 종래는 목포부 및 광주읍의 요리옥에는 원칙적으로 예기와 나카이(仲居)만을 인정했지만, 추가로 손님의 접대를 계속할 목적으로 고용녀(雇女)를 두는 것을 인정했다. 그 수는 객실의 유효 면적 5평당 1인 이상으로 정하고 총수 5명을 넘지 않는 범위 내로 제한하고 있다.

二. 위 고용녀의 고용은 경찰서장의 인가를 받아야 한다. 그리고 고용인의 조건으로서 미성년자는 보호자, 유부녀는 남편의 승낙서가 필요하다고 했다.

三. 요리옥의 나카이(仲居)(음식물의 운반, 연회의 준비 등 일시적 접대를 하는 자) 수는 목포부 및 광주읍 내에서는 3명 이하로 제한했다.

四. 목포부 및 광주읍 내의 요리옥 영업자이면서 현재 고용녀를 영업에 종사시키고 있는 경우 경찰서장의 인가를 받은 것으로 간주하지만, 정원을 초과하는 경우는 정원이 감소할 때까지 고용을 인가하지 않는다. 그렇게 해서 1년 이내에 정원까지 감소시켜야 한다.

五. 도(道) 내의 일반 요리옥에서 예기, 작부, 고용녀 등에 대한 단속과 보호의 규정은 대체로 여급의 경우에 준해서 새 규정을 마련하였고 공휴일도 마찬가지로 부여하기로 했다.

조선인 숙박업소(宿屋), 음식점에 대해서도 차제에 풍기 유지 차원에서 상당한 단속을 가할 필요를 인정하고 다음과 같은 제한을 추가하기로 했다.

一. 조선인 음식점 영업자에 대해서는 풍속상 지장이 없다고 인정되는 경우에 한해서 손님의 접대를 목적으로 하는 고용녀의 고용을 인정하기로 했다. 그 수는 부(府)·군(郡)·도(島)청의 소재지 또는 이에 준하는 지역에서는 3명, 기타에서는 1명을 초과할 수 없다.

二. 조선인 숙박업소 영업자는 원칙적으로 손님의 접대를 목적으로 하는 고용녀의 고용을 인정하지 않지만, 지역의 상황, 영업소의 구조설비 등에 따라 고용녀가 필요하다고 인정되는 경우에 한해 2명 이하를 인정하기로 하였다.

V. 조선과 만주

1. 방랑아, 경성의 예창기 매매법(1914. 12.)

방랑아, 경성의 예창기 매매법
放浪兒, 「京城の芸娼妓売買法」, 『朝鮮及満洲』 89, 1914. 12.

　세상이 전진함에 따라 교통기관이 현저하게 열리기 시작한다. 경성 시가를 달리는 탈것들도 예와 지금은 대단히 달라서 인력거, 자전거, 전차, 자동차 등 여러 가지가 있고 해마다 승객도 늘고 있다. 지금 탈것 중 가장 번창하고 있는 것은 전차이지만, 이쪽(조선)에서도 탈것 하나가 번창하고 있다고 말하면 '아아, 그거?'라며 눈치 빠른 분들은 진작부터 알고 계실 것 같다. 곧 경성의 예창기, 작부 매매 이야기서부터 조선인 처(鮮妻)와 부산에서 이별하는 대목까지…라고 말하면 연극 구절이나 예(藝)의 제목 같기도 하고 심각하게 들리기도 하겠지만, 실은 평범해서 새롭지도 않은 문제이고, 그런 얘기는 정말 사실이다. 그 숨기는 바 없이 비밀스러운 부분까지 꺼내서 보여 드리려 한다. 그런데 올해도 이 달이면 끝이 나고 연말 선물 연어가 이름표를 붙이고 둔갑했다가 다시 원래 집으로 돌아온 연어까지도 낙담하는 연말을 앞두고 있다. 섣달이니 요점을 집어서 쓰기로 하고, 새해에는 벽두부터 새로운 문제를 지극히 상세히 전해 드리기로 한다.

▼ **경성에서는 어떤 여자가 환영받는가**
　애초에 술과 여자라는 것은 식민정책에 제일가는 의의(第一義)이며 이는 비단 조선, 만주에 국한되지 않는다. 높은 벼슬의 영광을 누린 사람이든 9척 2칸의 뒷골목 주택의 웅공(熊公)이든 술과 여자는 인간이라면 좋아하는 것으로 통한다. 통념이 빡빡하고 세상물정 모르는 이는 술과 여자는 적이라고 곧잘 입버릇처럼 말하지만, 그 또한 적으로 돌아서서 만나고 싶어 하는 것이 인지상정이다. 하물며 이역만리 땅에서 사방의 풍물이 사람을 위로하는 자가 없는 곳일지니, 특히나 술과 여자가 그리워지는 것은 무리가 아니다. 이러한 약점에 편승하여, 무뢰한들은 들뜬 기색의 여자나 욕심 많고 제멋대로인 여자를 설득하고는 활발하게 수출한다. 가깝게는 조선 그리고는 만주, 시

베리아 순서다. 조선에서는 그 도읍인 경성으로 몰려드는 여자가 꽤나 많다.

그리고 몰려들어 온 여자는 어디 산(産) 말뼈다귀가 많은가 하면 예창기, 기타 작부 중에는 오사카(大阪)를 비롯해 그 서쪽인 오카야마(岡山), 히로시마(廣島), 야마구치(山口), 구마모토(熊本), 하카타(博多=福岡), 나가사키(長崎) 순서이고, 그중 히로시마, 나가사키산(産)이 많다. 오사카보다 동쪽 산으로는 나고야(名古屋)산이 상당히 있다. 게이샤, 작부 중에는 도쿄산이 적은 듯하다. 이는 오사카 동쪽에 이 종류의 산물(産物) 수출품이 적은 까닭이기도 하겠지만, 첫째 그들의 수용자인 남자가 간사이(関西)에서 규슈(九州) 방면이 많다 보니 자연히 여자도 그 지방의 자가 환영받는다는 이유일 것이다. 또한 일면 식민지 기질이라고 할 만한 방면에서 생각해 보자면, 도쿄산은 에돗코(江戸っ子)[1] 기질이 있어 예(藝)나 수완은 확실히 능숙하지만 모든 방면에서 너무 담백하기 때문에 식민지식 뻐드렁니(出歯)[2]식 남자가 많은 토지에는 적합하지 않다는 이유도 있으리라. 오사카보다 서쪽 산 여자는 그 부분을 진작부터 알고들 있어서 지나(支那)의 찬삐(チャンピー)식이라고나 할까, 한 번이라도 낯이 익으면 끝장인 것이 사람이 많이 있건 없건 그따위는 상관없이 꺄아악 하고 시시덕거린다. 연회석 등에서 단골이거나 매번 챙겨 주는 손님에게는 달라붙어서 떨어지지 않으면서 정작 중요한 손님 따위는 내팽개치는 식이고, 예(藝)에서는 이류여서 집(館)에 돌아가서는 '높은 산에서…'라는 식으로 배우고 있는 자가 적지 않지만, 그래도 이런 것이 이곳의 요즘식이어서 그런지 손님의 심기를 거스르지 않는다고 한다. 바꿔 말하면 오사카산과 지나산은 색기 넘치는 자유자재한 표정으로 손님에게서 적잖은 센코(線香)[3]와 축의금을 받아내는 것에 능숙하기 때문에 이를 파는 이른바 흡혈 주인은 기꺼이 오사카산과 지나산을 환영한다. 규슈산은 뭐니 뭐니 해도 농후하다 보니 바람 든 장사(稼業)임에도 불구하고 손님에 대한 정도 진해서, 오히려 고양이가 손님에게 반한다거나 속이는 여우가 속는 일도 많고, 그 결과 지금은 오사카산이 규슈의 대표자인 아마쿠사(天草)[4] 여자의 위를 넘어선 듯하다. 경성의 손님은 상인(町人) 계통보다는 관리 계통 쪽이 많기 때문에 도쿄 취향을 지닌 쪽이 다소 환영받는 것 같기는 하지만, 여자가 간사이에서 규슈 방면의 산물이 많으니 자연히 그쪽으로 감화되어 상스러워진다. 근래 경성에서 모든 방면이 진보했으므

---

1 도쿄내기를 말한다.
2 뻐드렁니를 의미하는 出歯는 동사로 사용하는 속어로는 색을 좋아하거나 성적 폭행을 하는 것을 의미하기도 한다.
3 센코(線香)는 가늘고 긴 모양의 향인데, 화대라는 말처럼 센코 대금은 은어로 성을 사는 비용을 가리키는 말로도 사용되었다고 한다.
4 규슈 지방 구마모토현 쪽에 아마쿠사제도가 있다.

로 화류계 방면을 개량해야 하는 것이 도리지만 이 방면은 여전히 구태이고, 그럼에도 상당히 유행하니 어쩔 수 없지 않느냐며 콧대를 높이고 있다. 근래 다소 종류의 개량이 이루어지고 있기는 하지만, 그래도 아직 내지나 타이완 주변에서 밥줄이 끊어져 흘러들어온, 평범한 수단으로는 다룰 수 없는 호화로운 물건이 많다. 대개 17~18세에서 24~25세까지가 9할 정도고, 17~18세 이하의 귀여운 것들과 내지의 시골뜨기 여자는 그중 1할 정도밖에 없는 것 같다. 하지만 그런 것치고는 왠지 풋내기 분위기가 있어서 도쿄, 요코하마(橫濱), 오사카, 고베(神戶) 부근에서 창매(娼売)하고 있는 여자보다는 오히려 순진한 점이 있다.

▼ 모든 과정은 구치이레야(口入屋)가 챙긴다

게이샤, 창기 쪽은 이 지역 포주가 직접 내지로 나가서 이입해 오는데, 생각 없이 떠도는 싸구려들과 기타 작부 무리는 우선 제일 먼저 구치이레야(口入屋)[5]를 찾아온다. 구치이레야는 그들이 첫 번 손님이고 마치 재수를 빌기 위해 모시는 신당에 수많은 종이학이 날아 들어오기라도 한 것처럼 감동한다. 하녀, 머슴의 주선 등은 구실이고, 개중에는 당당하게 하녀, 머슴 구치이레(소개)라는 간판을 내걸면서 그 내실은 주선을 전혀 하지 않을 뿐만 아니라, 나이가 찬 여자가 하녀, 주선을 의뢰하러 오기라도 하면 오히려 허영심 많은 여자의 약점을 포착해서, 돈은 안마고(按摩膏)를 한 장씩 벗겨내듯 한다는 생각을 팥떡에 팥 묻히듯 설파하며 매음이 유리하다고 권유하는 못된 구치이레야도 있는 것 같다. 이들 구치이레야를 통해 모든 것이 해결되어 계약이 성립하고, 금전을 주고받는 일부터 고시이레(輿入)[6]하기 위한 소모품(調度品)들까지 빠짐없이 모두 처리되고 만다. 그야말로 그들 사회에서는 유감없이 편리한 해결사(便利屋)인 셈인데, 구치이레야와 매입 측 누주(楼主), 구치이레야와 여관 주인, 구치이레야와 조도품 가게 사이에는 꽤나 비밀스런 행동과 수수료(口錢)벌이가 이루어지니, 이를 무언으로나마 알고 있는 그들은 비참할 수밖에 없다.

처음에 그들을 팔기 위해 구치이레야로 데리고 가게 되면, 구치이레야는 마음을 빼줄 듯이 간곡하고 세심하게 모든 수단과 방법을 다해 멀리서 찾아온 노고를 치하하고, 일단 그날은 평소 특약해 둔 하숙집(下宿屋)으로 안내된다. 하숙집에서는 진작의 특약에 의해 5~6명 정도까지는 다타미(畳) 4장 반 정도 넓이의 방에 처박혀 뒤섞여서 잔다. 물론 하숙이기는 하지만 이불 대금부터 합산

---

5 구치이레야(口入屋)는 에도 시대, 메이지 시대의 직업알선업자.
6 고시이레(輿入)는 일반적으로 여성이 결혼하여 남자 집에 들어가는 것, 시집가는 것을 말하는 고풍스러운 표현이다. 이 글에서는 유곽 집에 들어가는 의미로 사용하고 있다.

해서 한 달 금액 22~23엔이라고 표면적으로 그들에게는 알려져 있고, 구치이레야와 하숙 주인 사이에서는 한 달 금액 15엔 정도 수준에서 얘기되어 있으니 이를 제한 금액 7~8엔은 구치이레야 주머니로 들어가는 셈이어서 맛난 먹이가 아닐 리 없다. 그들이 내지에서 온 시골뜨기라면 별로 걱정할 필요도 없지만, 내지는 물론 만주, 타이완, 조선 등을 휘젓고 다니다가 일하는 곳을 바꾸는 여자라면 감시인 없이는 숙박시킬 수 없으니, 숙박업소(宿屋) 주인에게 간수 역할을 의뢰하여 계약이 성립할 때까지는 단독 외출을 결코 허용하지 않는다. 굳이 외출하려 할 때는 숙소의 하녀와 동행하거나 혹은 구치이레야가 특별히 은혜를 베풀어 주지 않는 한 허가받지 못한다. 이는 그들이 정부(情人)와 도망치거나 빚을 떼먹는 위험을 예방하기 위해서이니 하숙 체재 중 그들도 꽤나 갑갑한 처지다. 다만 보통 그들에게는 젠(世衒)[7] 혹은 누주(楼主)라는 자들이 부수해서 있으니 숙박 중의 책임은 젠(世衒)이나 누주에게 있지만, 그다지 팔릴 곳이 없어 시일이 지연되는 경우에는 구치이레야에게 후일 의뢰해 돌아갈 때가 있다. 그렇게 되면 그 후가 위험하기 때문에 전술했듯이 감시인이 붙는다.

▼ 하숙집(下宿屋)에서의 시험

그들이 하숙집의 한 칸에 하숙하고 있는 동안은 구치이레야의 명령으로 매일 이른 아침부터 목욕하러 가서 매일 머리를 단장하고 매일 화장도 하는데, 예창기 중 각기 다른 생업(稼業)의 지원(志願) 상황에 따라 옷차림과 채비에 갑을이 있음은 우리 같은 이들이 말을 보탤 것도 없는 사항이다. 27~28세부터 이미 나이 든 축에 들면 다시 두꺼운 화장을 덧칠해서 있는 대로 젊게 꾸민 모습을 보여 주고 이왕이면 빌릴 수 있을 만큼의 돈을 빌리자는 계획이다. 이 부분은 그들이나 구치이레야나 같은 의지로 일치를 보이니, 그들도 만사를 빠짐없이 공부해서 돈이라도 많이 내놓을 법한 구매자를 매일 기다린다. 구치이레야는 평소의 단골 거래처인 그 방면의 요정이나 가시세키(貸席)의 누주에게 전화로 담판을 짓는다. 그 흥정이 좀 재미있기에 전화 내용을 그대로 소개하자면 이런 식이다.

"저어, 여보세요. 오늘 말이죠, 내지에서 4개가 들어왔는데 말이죠, 늙은 거 한 장하고 중년 두

---

[7] 世衒은 원문에 'ぜん(젠)으로 병기되어 있으나, '世衒'과 'ぜん' 모두 관련 내용을 검색 엔진에서 확인할 수는 없었다. 이후에도 곳곳에서 반복적으로 등장하는데, 내용적으로는 여자를 유곽에 파는 자를 뜻하는 제겐(女衒)과 동일하게 사용하고 있는 것으로 판단한다.

장이 하나씩 하고, 다른 2개는 데쿠(でく)[8]이지만 다들 나쁘지 않고 보기 드물게 갖춰진 애들(芸娼예창)이라서요, 한 번 봐주시면 좋겠거든요. 내일 오후부터는 안쪽에서도 잘랐으면 좋겠다고 하니 이리로 데려오려고 하는데 너무 아까운 애들(예창)이라서 말이죠…."

 이러쿵저러쿵 늘어놓으면 상대 쪽도 장사치이다 보니 요즘 풍의 미인이 있다는 소릴 들으면 지금 같은 경기에 맛있는 돈벌이 국물이라도 마실 수 있겠다는 생각에 욕심 많고 비도한 누주 등은 한번 보기나 할까 하는 마음이 들어 다음 날 아침 10시경부터 각 구매자가 구치이레야로 찾아간다. 구치이레야는 그들을 하숙으로 안내한다. 여기서 소위 얼굴 보여 주기라는 것이 개시된다. 기다리고 있던 그들은 자기야말로 먼저 성사시키겠노라고 온갖 광고성 애교와 입발림을 부린다. 그러고는, 바람기는 삼가고 신규로 나왔다는 마음가짐으로 임하고 접객은 열심히 공부해서 힘쓰고 새로운 손님을 늘리고야 말겠노라고 선언한다. 그러면 구매자는 속지 않으려고 의심쩍어하는 색안경을 끼고, 그들의 머리와 용모는 말할 것도 없고 기거 동작과 상대를 기분 좋게 하는 말솜씨, 게이샤라면 중요한 샤미센(三味)은 얼마나 잘 타는지, 음성의 상태까지 잇달아 시험한다. 이 시험이 한 번으로 무사히 끝나는 경우는 대단히 수완이 뛰어난 자여서 장래에 잘 팔리는 애라는 자격의 딱지를 구비할 수 있게 되지만, 만일 평범하고 웬만큼 부채가 적은 게 아니라면 한 번의 시험으로는 어지간해서 합격하기는 어렵다. 매일매일 새로운 구매자의 시험을 요구하기에 이르러서는 미인이 아닌 자들이 너무 힘들다는 것 그리고 동시에 구치이레야의 대장도 구매자에 대해서 비상한 흥정을 필요로 하게 된다.

▼ 계약증서의 종류

 기루 주인의 마음에 든 자가 있으면, 별실에서 구치이레야와 누주 사이에서 신원, 호적, 품행부터 대출금액 등에 대한 상세한 질문이 이뤄진다. 어지간히 누주의 마음에 맞았다면 몰라도 그렇지 않은 이상 대출금 잔고가 상당하다고 생각하더라도 그 자리에서 바로 승낙해 주지 않고 돌아간다. 기루 주인의 흥정은 이후에 이루어진다. 구치이레야는 그 후 며칠에 걸쳐 담합을 거듭하다가 겨우 상호 접점이 찾아지면 그들의 선체(船體)가 어떤지를 증명하기 위해 의사의 건강진단서를 받아야 한다. 이 신체검사가 보통의 검사와는 느낌을 달리하기 때문에 풋내기 여자는 좀처럼 부릴 수 없는 재주를 쓰게 된다. 진단서가 무사히 입수되면 계약서의 작성인데, 이 계약증서 이전에 부

---

8 데쿠(でく)는 본래 목각인형, 쓸모없는 사람 등을 의미하는 단어인데, 유곽에서 시골에서 갓 나온 사람을 가리키는 속어로 쓰였다고 한다.

대한 서류가 들어간다. 그 종류를 기재해서 보면 다음 7가지가 있다.

一. 건강진단서 1통, 一. 신원증서 1통, 一. 호적등본 1통, 一. 친권자의 인감증명서 1통, 一. 친권자의 승낙서 1통, 一. 금원차용증서 1통, 一. 예창기 생업 계약증서 1통

위의 증서 종류 중에서 마지막 세 개는 볼 만한 가치가 있는 것이다 보니 누주의 보물 상자 깊숙한 곳에 비장해 두고 있어서, 도저히 세상의 보통 사람이 삼가 읽을 수 있는 영광을 누릴 수는 없겠지만, 그렇다고 딱히 법률로 내밀하다고 제정한 것도 아니므로, 불초가 살짝 내밀하고도 내밀한 그 세 가지를 원문 그대로 소개드리겠다.

승낙서

원적 : 가와치국(河內國) □단군(□簞郡) 우키시리촌(浮尻村) 지네코아나(字猫穴) ○○번지

焚撫 요시[9]

생 년 월 일

위 사람은 이번에 가사(家事)의 사정에 의해 조선 경성에서 예창기 생업에 종사함에 대하여 친족 협의를 거쳐 틀림없이 승낙합니다.

다이쇼 년 월 일

생업인(稼人)과의 관계 실모(實母)(호주)

승낙인 이름　　　焚撫 야스

9　'焚撫よし'에서 '焚'은 일반적으로 태운다는 의미이지만 술이나 음주를 말하기도 하고, 撫는 쓰다듬다, 만지다, 'よし'는 '좋다'를 의미하는 '良し'와 발음이 같다. 술 마셔도 좋아 정도의 의미로 작명한 것으로 보인다.

제 몇 호

금원차용증서

일금 육백오십엔 정

단, 이자 1개월에 붙음(그때의 사정에 따라 결정하나, 보통 2부에서 3부).

위 금액을 예창기 벌이의 전차금으로서 틀림없이 수령하였음이 확실합니다. 변제의 방법은 사람(者)이 계약증서에 기재한 조항에 기초해 신속하게 변제하도록 하여 귀하에 대해 행여 폐와 손해 등 끼치지 않도록 하고 등본증서 1통을 넣어두겠습니다.[10]

다이쇼   년   월   일
본적 _____
현주소 _____
焚撫 요시

제 몇 호

예창기 생업 계약증서

상시 주소 경성 _____
갑자(甲者) 지토리 요쿠타로(血取慾太郎)[11]
원적 가와치국(河内國) _____
을자(乙者) 焚撫 요시
생 년 월 일

위의 지토리 요쿠타로(血取慾太郎)를 갑자(甲者), 焚撫 요시를 을자(乙者)로 하여 다음에 기

---

10 변제 이후의 원어는 返済可候貴殿に対し毛忽の迷惑損害等相慈け申間敷爲後謄本一通差し入れ置き可申候依而如件.
11 피를 빠는 욕심쟁이 타로 정도의 의미로 작명한 것으로 보인다.

재한 계약을 체결한다.

제一조 갑자는 다이쇼 ○년 ○월 ○일에 을자에게 일금 650엔을 대여하고, 을자는 이를 빌려 틀림없이 수령함으로써 별지에 금원차용증서를 붙인다.
제二조 을자는 제1조의 금액에 대한 변제 방법으로서 갑자의 주택에 기거하여 예창기 생업을 할 것을 승낙(約諾)한다.
제三조 을자의 영업기는 영업 감찰을 교부(下付)한 날로부터 향후 만 몇 년간으로 한다.
제四조 을자의 영업으로 인해 발생하는 수득금(收得金) 전부는 갑자의 소득으로 하고 또한 손님으로부터 직접 받은 금전 물품은 을자의 소득으로 한다.
제五조 영업으로 인해 발생하는 수득금을 전술한 ○년간 내에 제1조에 기재한 금액 전부를 변제할 수 없는 때라 할지라도 전술한 계약 연한이 만료하는 날에 제1조에 기재한 금액이 만료(完滿)하는 것으로 인정하고 본 계약을 해제한다.
제六조 을자의 생업상에 관한 부과금, 식비 및 이불, 모기장 등 갑자가 이를 부담하고 기타는 전부 을자의 부담으로 한다.
제七조 을자는 전술한 계약 연한 내에 질병, 기타의 사고에 의해 휴업하는 때는 계약 기간 만료 후 그 휴업한 일수를 인계하여 영업하거나 또는 차용금 잔고를 계약 기한의 총일수로 평균 분배하여 그 휴업한 일수에 해당하는 금액을 일시에 변제하거나 그 하나를 선택하여 이행하기로 한다.
제八조 갑자 자신의 자유에 의해 을자의 영업을 휴업한 때는 그 휴업 일수는 계약 기간 내에 계산하기로 한다.
제九조 을자가 계약 기간 내에 도망하거나 기타의 사고에 의해 갑자에게 손해가 발생한 때에는 그 손해는 을자와 승낙 인수인이 이를 부담하고 변상 책임을 지기로 한다.
제十조 을자는 영업 감찰을 교부(下付)한 날부터 만 몇 년 이내에 자기 멋대로 폐업 휴업 또는 머무는 곳이나 일을 바꾸는(転住転業) 경우에는 고용(抱入) 당시에 요한 실비금 ○○엔을 즉시 전차금의 잔액과 함께 지불할 것을 승낙(約諾)한다.
제十一조 계약 기간 내에 을자가 부득이한 경우로 인해 폐업 휴업 또는 머무는 곳이나 일을 바꾸는 경우에는 일할(日割) 계산으로 전차금을 정산하기로 한다. 단, 이 경우에는 잔금액의 이자를 붙인다.

제十二조 을자가 전술한 각 조의 계약을 위약하는 경우에는 보증인은 즉시 그 책임을 지기로 한다.

제十三조 을자의 영업 중에는 을자의 소재지의 요리점조합규칙을 확실히 지키고 □행할 것을 승낙(約諾)한다.

제十四조 을자가 영업 중 도망이나 기타 행위로 도저히 이 계약을 이행할 의사가 없는 것으로 갑자가 인정한 때는 언제 머무는 곳을 옮겨도(転住) 이를 거부할 수 없음을 승낙한다.

제十五조 갑을자 양자간에 재판의 필요가 발생할 때 재판 관할은 갑자 주소를 관할하는 재판소로 할 것을 계약한다.

위 계약증의 각 조는 쌍방이 합의 승인한 후 체결하며 훗날 틀림없음을 증명하기 위해 다음에 각자 서명 날인하고 각 1통씩 소지하기로 한다.

다이쇼　년　월　일

갑자　지토리 요쿠타로(血取慾太郎) ㊞

을자　焚撫 요시 ㊞

▼ 계약의 방법

전술한 내용은 일반적으로 사용되는 계약서인데 계약 안에 고가이(子育)와 지마에(自前)의 두 종류가 있다. 눈치 빠른 분은 이미 아셨을 테니 자랑처럼 다시 써댈 필요도 없겠지만, 더 이상 복잡한 종류를 알고 계신 분은 적으리라 생각하니, 계약서까지 보여 드린 마당에 이것들에 대해서도 잠시 개략을 알려 드리는 실례를 무릅쓰지 않으면 배합이 안 좋을 듯하다.

우선 고가이(子育) 안에 연기 양녀(年期養女)와 연기 고가이(年期子育)가 있다. 전자는 양녀로서 계약 연기 동안 자기 호적으로 옮기고, 후자는 호적을 바꾸지 않는데, 모두 계약 연기 동안 모든 비용을 포주가 부담한다. 즉 호적상의 관계의 차이가 있을 뿐 계약 면에서는 같다. 지마에(自前) 안에는 의상 지마에(衣裝自前), 반 지마에(半自前), 시키 지마에(敷自前)라는 세 가지가 있다. 의상 지마에는 글자 그대로 생업 중의 의상만 그들의 선호에 따라 멋대로 제조하고 기타의 화장도구 일체, 침구, 이불 등은 포주가 부담하는 경우이며, 그 수입의 비율은 5 대 5다. 반 지마에(半自前)는 신분 이상의 대차(예를 들어 3백 엔이 시세일 때 5백 엔 차입하는 경우)를 요하는 경우에 이들 계약이 성립한다. 이때는 걸쳐 입는 하오리(羽織), 속옷으로 입는 주반(襦袢)과 화장도구 일체를 그들이 부담하고 기타 생업에 요하는 일체의 의류 물품은 포주가 부담한다. 이때의 수입 비율은 일정하지 않다. 서로의 사정에 따라 4 대 6이나 5 대 5라는 식으로 계약한다. 시키 지마에(敷自前)는 보통의 지마에라 부를 수 있고 생업용 일체의 의류와 도구들을 자기가 부담해서 가져가므로 그저 자기 방과 먹여 주는 것만이 포주의 부담이다. 그 수입 비율은 반 지마에와 마찬가지다.

이는 그때그때 그들의 선호와 사정에 따라 장래를 생각해서 계약을 하지만, 경성에서는 계약 연기로 제정되어 있어서 예기는 5년, 창기는 4년으로 한정되어 있으므로, 아무리 남녀지사 가업을 좋아해도 그 이상의 생업이 허가되지 않는다.

이처럼 훑기만 하듯 쓰고 보니 아무 멋도 없는 이야기가 되어 버렸다. 개중에는 지극히 바람직한 계약 방법도 있는 것처럼 생각되지만 사정이 그리 쉽게 돌아가지는 않는다. 괜찮은 계약에는 대금(貸金)이 별로 안 나온다거나, 숨겨진 출금이 비교적 많다는 식이어서 그들이 일을 하는 동안은 돈지갑이 설사라도 하는 것처럼 전혀 평온하게 돌아가지 않는다고 한다.

▼ 고시이레(輿入) 하기 전

계약증서를 보면 꽤나 까다로워 보이지만 상대가 예창기이고 그들 십중팔구는 글을 못 읽기 때문에 장님 도장 찍듯 무사통과로 끝나면 구치이레야(口入屋)의 입회 아래 대금을 주고받는데, 전차금이 있는 자는 이전 기루 주인이 차감한다. 구치이레야의 주선료는 규약이 있어서 일정하게 돼 있지만, 빌린 금액의 많고 적음에 정비례해서 포주와 그들의 상대 쪽에서 적지 않은 요금을 가로챈다. 그 때문에 그들 손에 남겨져 줄 수 있는 돈은 기껏해야 자기 신변을 치장할 돈 정도다. 애당초 그들이 새로 와서 일할 곳으로 옮기는 것은 목적지에서 생업을 할 수 있게 되기만 하면 그것만으로 만족하는 자가 많기 때문이다. 그래서 결코 비관하지 않고 드디어 포주의 집에 고시이레(輿入)를 하게 되면, 수중에 돈은 있고 돈이 열리는 나무라도 얻은 양 군다. 견직물 가게 사람을 불러 태도를 바꾸고 메이지나 다이쇼 시대 물건은 위세가 떨어진다며 굳이 유행하는 류를 주문하고, 게타(下駄) 가게를 불러서는 혼난부오모테(本南部表)[12]의 검은 색에 수진(繻珍) 게타 끈은 안 어울리고 받침은 도칠한 오동나무가 어쩌구 하면서 모두 치장하는 데에 사치를 부리니, 마침내는 뻔한

---

12 일본산 대나무 가죽으로 가늘게 짠 최상급 게타(下駄).

결론으로 지닌 돈은 모두 없어진다. 이들 물건을 장만한 가게(調度品屋)는 구치이레야에게 소개료를 몇 할은 건네기 때문에 구치이레야는 그들로 인해 여러 방면에서 수입을 얻는 셈이다. 모든 준비를 갖추고 구치이레야가 수행하여 포주의 집으로 들어가면, 곧바로 예창기 생업 원서라는 것을 관계자에게 내미는 조사가 있은 후, 3~4일 지나면 예창기단속규칙 내무성령 제4호에 따라 그쪽에서 영업 감찰이 주어진다. 이렇게 해서 비로소 일개 영업자로서 자격이 생긴다. 그 자격 중에서도 예기 영업이라 하면 세간 사람들에 대한 체면상 다소는 위세가 괜찮은 모양이어서, 자기 스스로도 게이샤는 예(藝)를 팔고 술자리에서 시중을 들지 매음은 하지 않는다며 괘씸한 허세를 부린다. 개중 영리한 게이샤는 일찍부터 자기를 철저히 돌아보며 말하기를, 인생은 불과 50년인데 25년은 잠을 자며 사니, 잠자는 일이 인간에게 중요하다는 것은 말할 것도 없고 게이샤에게도 마찬가지여서…라나 뭐라나.

▼ 작부와 조선인 처(鮮妻)

조선에도 병합 이전에는 작부라는 것이 많이 있었고 그 시세는 지극히 염가였기 때문에 한때는 비상하게 전성기를 누렸고 그 거래도 발전했기 때문에 요리옥, 음식점은 물론 우동집, 메밀국수집, 초밥집, 단팥죽집, 얼음집까지 5~6명밖에 없는 곳에서도 두세 명은 우글거리고 있었는데, 생각건대 이들이 매음부다. 무턱대고 내지에서 새로 온 죠추(女中) 지원자가 무서운 젠(世衒)의 손에 걸려 가여운 작부가 되어 한 번의 매음이 점차 자동적·타동적으로 매음 상습자가 되는데, 이 물건들 중에는 대체로 만주나 조선 반도를 한 바퀴 돌고 온 자가 많아서 부자의 아내는 되지 못해도 한두 번은 마루마게(丸髷)[13] 모습으로 고무바퀴 자리(ゴム輪位)에 타고 앉아 '여보, 어서어서'라며 위세를 부린 일이 있었는가 하면, 도로 (제자리로) 돌아간 작부도 있는 법이어서 타이완에는 완처(湾妻), 만주에 만처(満妻), 내지에 내연의 처가 있듯이 조선에도 선처(京鮮妻)라는 것이 있다. 선처도 지금은 꽤 줄었지만, 경성에서도 아직 괴짜들을 조사해 보면 상당히 숫자상으로는 있을 것이다. 조선처 군(君)과 부산 이별…이라고 민요에도 있지만 "열흘 후에는 내지로 돌아가"라 말하면 "어머 그래요, 그럼 부산까지 배웅할게요!!!" 하니 지극히 간단하다. 선처의 후보자는 물론 숙녀, 과부, 게이샤, 창기도 있지만 작부가 대다수를 점하는데, 그 이유는 헤어질 때 간단하게 끝낼 수 있다기보다는 같이 합칠 때 돈이 들지 않기 때문이다.

---

13   결혼한 여성의 머리 모양.

2. 점 있는 사람, 경성 화류계 약사(1921. 11.)

점 있는 사람, 경성 화류계 약사
ホクロの人,「京城花柳界略史」,『朝鮮及満洲』168, 1921. 11.

화류계라고 한마디로 말하지만, 경성의 화류계는 대단히 복잡하고 특히 오랜 역사를 지닌 기생이라는 것이 조선인 측에 존재하기 때문에 그리 간단하게 기술할 수 있는 내용이 아니다. 지금 여기에 기술하는 내용은 이쪽 길에 있는 인간으로서 관찰해 '경성 화류계 약사'라 붙인 제목이 어쩌면 거창하게 느껴질 지도 모르겠지만, 특히 내지인 요정과 내지인 예기 그리고 내지인 가시자시키와 내지인 창기가 20여 년 동안 이곳 경성을 중심으로 어떤 경로를 밟고 오늘에 이르렀는가 하는 단순한 역사를 기술한 데 지나지 않는다. (필자 씀)

경성에는 현재 내지인 요정 37채와 예기오키야 76채가 있고 이들 예기오키야 76채에 예기 207명과 무기(舞妓) 12명 그리고 契間[14]이 2명으로 도합 221명의 크고 작은 예기가 벌이를 하고 있다. 물론 이것들은 중권(中券), 신권(新券), 경성권(京城券)이라는 소위 경성의 3권번을 가리킨 것으로 37채의 내지인 요정에서도 예기를 초빙할 수 있다. 말하자면 '샤미센(三味線)'이 들어가는 요정만의 수다. 여기에 작년에 신설된 동권(東券)에 속한 요정의 예기를 추가할 때는 요정 수 76채에 예기가 338명이라는 많은 수에 달한다. 또한 기생 5권번의 116명을 통산하면 조선인 측 요정의 수는 열 몇 채 증가하는 데 지나지 않는다 할지라도 예기와 기생 수를 합하면 5백여 명이라는 다수에 달하는 셈이다.

이에 조선인 측과 작년에 신설된 동권은 나중으로 미루기로 하고, 우선 중권, 신권, 경성권, 즉 경성 화류계의 중심이라 볼 수 있는 3권번의 옛날을 돌아보면, 현존하는 요정 중 1899년 개업한

---

14 한자 자체는 계간이라고 읽지만 의미는 불분명하다. 예기의 한 종류로 추측된다.

이카도(井門)[지금의 쇼스이루(松翠楼)]를 효시로 하여 예기오키야는 욱정(旭町) 2정목에 소재한 시미즈세키(清水席)가 원조다. 이 뒤를 잇는 것들로서, 요정은 가게츠(花月), 이카도(井門)(松翠楼), 하쿠스이(白水), 아리아케로(有明楼), 세이카테이(清華亭), 이치니치엔(一日園),[15] 마츠바테이(松葉亭) 등이 있고, 예기오키야는 원조인 시미즈세키(清水席)[16]가 이미 요정의 원조 이카도(井門)에 7년여 뒤처졌기 때문에 시미즈세키 후에 나온 큰 집들도 요정과 대조하면 거의 옛날 것으로 느낄 만큼의 차이가 있는 셈이다.

1899년 이카도(井門)가 개업하고 얼마 지나지 않아 요정과 비슷한 여러 가지가 생기기 시작했지만, 이들은 거의 이름도 남지 않을 만큼 빈약했고, 현재의 태평로 부근에 진을 치고 간편 요리 간판을 내건 애매옥(曖昧屋) 같은 것뿐이었지만, 1904~1905년 러일전쟁과 맞물려 일약 현재의 가게츠(花月), 아리아케로(有明楼), 하쿠스이(白水), 마츠바테이(松葉亭), 이치니치엔(一日園), 세이카테이(清華亭)의 면면이 당당하게 간판을 내걸었고, 그뒤를 이어 현재는 흔적도 남지 않은 각종 이름의 요정이 개업하여 1906년 가을 즈음에는 그 수가 수십 채에 달했다.

상시 요정이라 말해도 지금과 같은 당당한 형태는 아니었음은 물론이어서 어느 요정에나 이매(二枚)예기[17]와 작부라는 것이 고용되어 있었고 많은 집에서는 18~19명, 적은 집에서도 이들 데리고 있는 기(妓)의 수는 4~5명을 밑돌지 않았다. 이카도(井門)(松翠楼)는 물론 가장 오래된 요정으로서 일류 중에서도 필두로 꼽히고 있었지만 가게츠(花月)도 상당히 우세해서 항상 요정 중에서 가장 많은 기(妓) 수를 쥐고 있으면서 이카도와 서로 대치했고, 아리아케로(有明楼), 세이카테이(清華亭), 하쿠스이(白水)가 이에 버금가는 대격투를 벌였다.

1907년 즈음은 호색적인 재상으로 유명한 이토(伊藤) 공이 총감으로서 경성에 있으면서 매일 밤 관저의 료쿠센테이(緑泉亭)에 몇 명의 시중드는 하녀(小間使)나 아름다운 기생(美妓)을 모아 시시덕거리는 것도 모자라 가게츠(花月)나 당시의 지요모토(千代本)에 가끔 모습을 드러냈다는 꼬락서니였으니, 그 막료(幕僚)들이 연신 이들 요정을 신분에 걸맞지 않게 휩쓸고 다닌 결과, 화류계의 경기가 대단해서 예기도 70명에 가까웠고 요정 수도 40여 채로 급격히 증가하기에 이르렀다. 그러나 당시는 전술했듯이 각 요정은 모두 자택에 예작부를 두었기 때문에 예기 수가 백 명 이상으로 격증했어도 여전히 그들 예기는 내예기(内芸妓)로서 각 요정 내에 고용되었고 오로지 시미스세

---

15 一日園은 이치니치엔 외에 잇피엔, 이치지쓰엔, 쓰이타치엔으로 읽을 가능성이 있다.
16 清水席은 시미즈세키 외에 기요미즈세키로 읽을 가능성이 있다.
17 공기관이 성매매를 공인한 예기. 실질적 창기.

키(清水席)만이 순수한 예기오키야로서 몇 명의 예기가 일하게 하고 있었다. 화류계의 호경기에 힘입어 요정 간판을 새로 내거는 일이 날로 증가했고, 거의 매일처럼 새로운 예기가 내지로부터 수입되어 선을 뵈는 상태였다. 1909년경 가게츠에서 게이샤를 하던 지금의 지토세(千歲)의 오카미(女将)인 오치요(お千代) 씨가 가게츠의 뒷골목에서 나와 현재의 오우메(大梅) 자리에 커다란 요리점을 개업했다. 또한 지금의 호테이야(布袋屋)의 오카미(女将)이자 당시 기쿠스이(菊水) 고용기녀(抱妓)로 유명했던 후미(文)의 보조자(助裙)가 어떤 경위에선지 흡사 자유 폐업이라는 형태로 기쿠스이를 탈퇴하더니 모 계통의 후원으로 단신으로 '기쿠야(キク家)'라는 요정을 욱정(旭町)에 개업했다. 그뒤를 이어 다마야(玉家)와 기타 순수한 예기오키야가 시미스테이(清水亭)를 본따 조금씩 생겨나기 시작했다.

처음에 권번의 설치
이어서 내예기(内芸妓)의 폐지

권번이라는 이름만은 1907년경부터 만들어져 있어, 중권번(中券番), 동권번(東券番)이라는 두 권번의 명칭이 예기의 머리에 씌워져 있었다.

중권번은 이카도(井門), 가게츠(花月), 아리아케로(有明楼)라는 당시의 일류 요정에 속하고, 동권번은 기타 2~3류에 부수하여 각각 요정 예기의 품위를 구별하고 있었는데, 둘 다 지금처럼 뭔가 권번 사무를 장악하는 것은 아니었고 그저 요정 예기의 등급 차별의 관사처럼 사용된 데 지나지 않았다.

그런데 중권이라 칭하는 일류 요정의 예기는 자연히 동권에 속하는 2~3류인 곳의 요정 예기를 압박 멸시하는 식이었다. 이 점이 원인으로 작용해 결국 1911년에 현재의 이치니치엔(一日園)의 주인이 주모자가 되어 완전한 권번제도 설치 운동에 나서며 종래의 중권에 대해 반격을 가하고, 요정, 오키야의 무리들이 쌍수를 들고 이치니치엔의 주장에 찬동하였다. 상시 십수 채에 달하던 예기오키야가 열심히 권번 설치의 운동을 원조했기 때문에 순식간에 구체안이 성립하여 같은 해 3월 10일 육군기념일을 점찍어 종래의 동권번 명칭을 철폐하고 경성권번이라는 권번을 성립시키기에 이르렀다. 이 소식을 들은 중권번도 역시 이에 대응하는 한 수단으로서 신설된 경성권번의 방식을 대폭 따라, 조직과 기타를 개량해 완전한 중권번을 설립한 바 있다. 이것이 바로 경성 화류계의 권번제도의 효시다.

1911년 여름 즈음에 고토부키초(壽町)에 '식도락(=쇼쿠도라쿠)'이라는 요정이 개업했는데 이 집은 다른 요정과 완전히 경향을 달리 하여 집 안에 예기를 절대로 들이지 않고 식사 전문 요정으로서 간판을 내걸었고 당시 손님의 대단한 인기를 모아 연일 크게 번창했다. 그 즈음 서서히 화류계 내 일부에서는 내예기(內芸妓)작부제도 폐지 목소리가 일어났고, 특히 그쪽 계통에서도 장차는 폐지 단행으로 가야 한다는 생각을 넌지시 비치기 시작했다. 그런데 하쿠스이(白水), 이치니치엔 등도 일찌감치 이러한 소식을 간파해 선후책을 동업자 사이에서 이야기하는 등 차츰 그 목소리를 높이기에 이르렀고, 먼저 하쿠스이가 큰 영단을 내려 고용기녀(抱妓) 전부를 폐지하여 현재 같은 순연한 요정으로 바꿨고, 이치니치엔도 이를 실행하여 그쪽 세계에 모범을 보였기 때문에 아리아케로(有明樓)와 기타 요정도 이를 따라 점차 내예기, 작부의 폐단은 개발되기에 이르렀다.

상시적으로 손님으로서 민간 쪽이 그다지 활발히 든 것은 아니었지만, 이토(伊藤) 통감에 이어 소네(曾禰) 통감 시대에 들어 "풍기 따위를 딱딱하게 떠들어대는 것은 더할 나위 없이 촌스럽다"고 말하는 식으로 소네 씨가 조금도 이들을 괘념치 않았기 때문인지, 관청 측 그러니까 관리들의 놀이도 대단했다. 상시 140여 채의 요정, 80여 명의 예기, 190여 명의 작부가 거의 매일 밤 이 크고 작은 관리들 취객으로 자리가 모자를 정도로 차고 넘치는 대성황을 보였기 때문에, 평소 모습을 아는 화류계 사람들은 경성 화류계가 시작된 이래 공진회(共進会) 시대에 버금가는 전성기였으리라고 지금까지도 말하는 것을 봐도 그 일단을 살필 수 있다.

대공황 시대가 오다
극심한 영고성쇠(榮枯盛衰)

그러나 환락 뒤에 반드시 오게 될 일대 회오리바람이 이윽고 경성 화류계를 덮쳤다. 그것은 무골(武骨) 총독 데라우치(寺内) 씨의 엄명에 의해 아카시(明石) 경무총장이 화류계에 대하여 거리낌 없이 휘두른 무시무시한 풍기 단속의 큰 도끼였다. 항상 헌병과 형사로 하여금 요리옥에서 노는 관리의 이름을 일일이 조사시키고 데라우치 총독에게 보고하게 했으니, 관리들은 한때 요정에 발을 들여놓는 자가 없어졌다. 이어서 메이지 천황의 서거로 화류계에는 거의 치명상이라 할 만한 대공황이 야기되었다. 이 때문에 폐업 야반도주 점포양도(讓店)가 속출해 그토록 전성의 극치였던 수십 채의 요정도 불과 16채만 남았다고 한다. 보기에도 비참한 역경 속에 가라앉아 버린 셈이다. 이렇게 해서 살아남은 이 16채의 요정이 현재의 경성 화류계를 형성하는 중견이 되었다. 1910년 말부터 1912년에 걸쳐 처참하게 휘몰아친 큰 회오리바람은 경성 화류계 역사에서 대서특필할 만한 진정한 공황 시대를 만들었다고 할 만하다.

회오리에 휩쓸려 사라진 것 그리고 다른 방면으로부터 이틈을 타서 침입해 들어온 자, 지리멸렬하고도 혼란한 이른바 화류계의 전국 시대는 이윽고 다이쇼(大正) 대에 들어서자 다시 두 권번을 중심으로 연출되었다.

이카도(井門), 가게츠(花月), 지요모토(千代本) (앞의) 전성 시대에서 이 공황 시대에 이르는 약 15년 기간은 특히나 영고성쇠가 극심한 화류계의 흔한 일로서 각종 극단적인 축소판이 기초로 전개되었다.

경성 요정의 원조이면서 항상 전성의 극치였던 이카도(井門)도 훗날 쇼스이로(松翠楼)로 개명하여 현재는 취객들이 거의 돌아보지 않는 모습이 되어 누주(楼主) 이카도(井門)의 이름을 부끄럽게 만들고, 지요모토(千代本)가 되어 기쿠스이(菊水)를 대신해 한때 날아가는 새도 떨어뜨릴 기세던 집도 지금은 우메노야(梅之家)로 바뀌어 그 이름조차 생각나지 않는 쇠퇴기를 방황하였고, 하나 더 옛날을 아는 사람의 추억으로 남은 아리아키로(有明楼)가 있다. 모두 침몰이 심한 세상 모습을 유감없이 드러낸 사회의 축소로 이해할 수 있는 바다.

1917년이 되어 지금의 베니야(紅屋)가 중심이 되어 새 권번을 창립하자 종래의 두 권번은 다시 갈라져 중권, 경성권, 신권의 세 권번이 되었다. 가장 오래된 중권은 여전히 가게츠(花月) 계열을 중심으로 순조로운 경로를 밟고, 경성권은 오키야의 원조 시미스세키(清水席)를 주축으로 구성되고, 신권은 베니야를 둘러싸고 여주인공만의 예기오키야가 하나가 되어 상당한 세력을 키우게 되었다.

동권번의 신설은 전술했듯이 작년에 시작되어 아직 2년의 세월이 지나지 않았지만 개설 당초에 불과 몇 명에 지나지 않았던 예기가 현재는 96명이라는 많은 수에 달하고 요정 수도 약 20채로 많은 수가 되었다.

신정(新町)유곽 뒤의 높은 지대에 제1루 경영의 난잔소(南山荘)와 도센카쿠(登仙閣)가 개업하자, ○丸, 에이타로(榮太楼), 산카테이(三花亭), 가야마(華山), 가노야(叶家) 등이 뒤를 이었고, 동권번의 창설과 함께 하쿠센(白扇), 아케보노(曙), 기타 크고 작은 수십 채 요정[이곳은 난잔소(南山荘) 외에 모두 가시자시키로 영업 신고]이 즐비했다. 경성권에서는 예기오키야 기쿠스이(菊水), 다마야(玉家), 기타 몇 채가 곧바로 달려 들어와 마침내 오늘날의 성황을 이루기에 이르렀다.

현재 번창하고 있는 요정과 게이샤(芸者)

오늘날 경성의 일류 요정으로 손꼽히고 있는 자 중에서 15년 예로부터 일류 간판이 떨어지지

않는 것은 가게츠(花月)다. 지금의 지요모토(千代本)는 지금의 지토세(千歲)의 오카미(女將)인 오치요(お千代) 씨가 일으킨 집으로, 현재의 오카미로 바뀐 지는 아직 6~7년밖에 되지 않았다. 현재의 오카미인 후미(文) 씨는 원래 가게츠(花月)에서 나카이(仲居)로 일했다. 훗날 후미의 집이라는 오키야(置屋)를 열더니, 종국에는 오치요(お千代)의 뒤를 이어받아 지금 가게츠(花月)를 능가하는 성황을 이루는 요정을 세웠으니 그 수완이 대단하다. 일류인 곳으로 가게츠 다음으로 치는 것이 하쿠스이(白水)인데 이 집 영감은 70이 되었지만 여전히 지휘봉을 휘두르고 있다. 풍류인 느낌에 흥을 돋우는 데가 있는데 사람을 우습게 보고 세상을 비꼬는 것이 멍청한지 똑똑한지 알 수 없는 너구리 영감이지만, 이 바닥에서는 빈틈이 없는지 지금도 여전히 더욱 번창하고 있다. 또한 일류인 교기쿠(京ぎく)는 개업한 지 아직 5~6년밖에 안 되었다. 원래는 후미노스케(文の助)가 경영한 기쿠야(きく屋)의 조리인(板場)이었지만 지금의 큰 요정으로 만든 수완은 이 역시 대단하다. 오카미도 기쿠야(원래의)에서 나카이를 하고 있었다 하니 사람을 끌어들이는 데에 일종의 묘완을 지닌 것으로 보인다. 일류에서 한 치 떨어지기는 하지만 지금의 세이요켄(精養軒)도 상당히 활발하다. 잇달아 건축을 늘려 남산 기슭에 장성 같은 커다란 번영의 성곽을 세운 실력 또한 대단하다. 다만 어쩐지 옛날의 매음집(淫売屋) 기분이 빠지지를 않아서 만사가 저질이다 보니, 일류 손님은 발길이 멀어지는 것이 이 집의 결점이다. 가센(花仙)은 4~5년 전까지는 작은 마치아이(待合) 식으로 간단한 술과 음식을 파는 집(小料理屋)이었는데 최근에는 훌륭하게 건축해서 일류 요리옥이 되었다. 오카미(女將)가 과부인데 자금주(金主)를 끌어들이는 묘완을 지닌 것으로 보인다. 벌써 40이나 된 할멈이지만 가끔 염문을 뿌리고 있다. 규모는 작지만 요사이 상당히 부상하기 시작한 사쿠료기(咲良喜)는 오카미가 도쿄에서 잔뼈가 굵은 실력이어서 아직 일류에 들어가지는 않지만, 이류에서는 눈치 좋은 요정으로서 평판이 좋다. 그쪽 업계에서 수완가로 불리던 지토세(千歲)의 오카미인 오치요(お千代) 씨도 최근 40줄에 병치레로 장사 공부에 열심이지 않아서 가게츠(花月), 지요모토(千代本)와 함께 이름 불리던 지토세의 환락장에 최근에는 부쩍 적막함이 찾아와 완전히 마치아이(待合)화 되어 버리고 말았다. 세이카테이(清華亭)는 오래된 요정으로 일류로 지내왔는데 최근에는 갑자기 부진해졌다. 고쇼로(光昇樓)도 한때는 꽤나 경기가 괜찮았지만, 요즘은 부쩍 부진한 것 같다. 그러나 상공업이 그다지 번성하지 않은 이곳 경성에서 요정만은 비교적 번창하여, 가게츠, 지요모토, 하쿠스이(白水)를 비롯한 다수의 요정이 해마다 증축 확장해 호경기를 유지하고 있음은 신기한 일인데, 과연 환락에 빠지기 쉬운 식민지 기분에서 지금도 빠져나오지 않은 덕분이라 할 것이다. 상시 경성의 꽃이라 불리던 예기 무리들도 거의 흔적도 없이 어딘가로 사라져 버리고, 현재 다음 루(樓)

를 쥔 여자로서는 후쿠스케(福助) 노녀가 유일하게 희미한 모습을 남기고 있을 뿐이다. 산타(三太)의 오타비(お多美), 오소노의 요시바나(吉波奈) 그리고 센라쿠(仙楽)의 오카요(御嘉代) 등 오래된 얼굴들은 지금도 여전히 3권 예기의 취체역(取締役) 격으로 분칠로 빛바랜 색과 주름을 숨기고 변함없이 잘들 하고 있다.

항상 가게츠에서 맏언니 격이었던 오치요(お千代)는 그 후 지요모토(이전)를 일으키고 훗날 지금의 지토세(千歲)를 개업해 어엿한 오카미가 되었고, 상시 기쿠스이(菊水)를 본진으로 삼아 수많은 남자를 마음대로 다루던 후미노스케(文之助)는 훗날 요정 기쿠야를 열었고, 나아가 지금의 오키야(置屋) 호테이야(布袋屋)도 열어 훌륭한 오카미 행세를 하고 있다. 이토(伊藤) 통감 시대에 공적인 비호를 받고 전성기를 보낸 화노(花奴)는 그 후 모 은행 중역(지금은 고인)에게 이끌려 오키야의 주인이 되었다. 지금의 하나후사(花房)의 젊은 주인이 바로 그다. 당시부터 오늘에 이르기까지 10년을 하루처럼 루를 지키고 있는 고기쿠(光菊)라는 자가 있다. 이미 꽤나 늙은 축에 들어갔지만 아직 스물일곱, 여덟일 것이다. 이 기(妓)는 미인은 아니지만 풍만한 육체미와 남자를 사로잡는 일종의 묘완을 지니고 있는데다가 상당한 예(藝)를 겸비하고 재기(才気)도 있고 부지런한데도, 아직까지도 보통 게이샤의 무리를 벗어나지 못하고 있으니 참으로 신기한 일이다.

필자는 내친 김에 경성의 유곽 신정(新町)유곽의 간략한 역사를 써보려 한다.

유곽의 흥폐

경성의 유곽은 현재 신정(新町)유곽과 용산의 미생(彌生)유곽[도산(桃山)유곽으로도 칭함] 두 군데가 있을 뿐이고, 신정유곽에는 내지인 가시자시키 61채, 조선인 가시자시키 85채의 집에 내지 창기 500명과 조선인 창기 327명으로 총 827명의 내지와 조선(內鮮)의 창기가 있다.

신정유곽은 1887년에 창설되었다고 하고 평소는 거의 조선 온돌에 두세 명의 창기를 두는 지극히 빈약한 것이었지만 1909년에 부(府) 내의 각 곳의 창가 단속 때에 미창정(米倉町)에 둥지를 틀고 있던 조선 갈보[매음(淫売)]를 비롯해 대화정(大和町)의 부근에 산재해 있던 내지인 매춘부 무리가 모두 신정으로 이전 명령을 받고 자연히 그곳에서 더없이 번성하였다. 이어서 평소 길야정(吉野町) 일각에 쫓긴 일부는 5개년 동안 특설된 계통들이었기 때문에 점차 미생유곽과 신정유곽으로 이전하여 얼마 안 가 길야정 유곽은 흔적이 사라지고 말았다. 신정은 내선인 매음부 건물이 즐비해 불야성을 이루며 손님을 끌고 있다. 이곳 신정에서 현재 영업하고 있는 가시자시키로는 다이쇼(大升), 세이게츠(清月)가 가장 오래되어 유곽의 살아 있는 사전이라 불린다. 그뒤를 잇는 것으로

는 긴세이로(金清楼)[이전의 가이슌로(開春楼)]와 다이이치로(第一楼)가 있다. 다이이치로는 점포를 팔고 호라이(蓬萊)여관을 개업한 선대 요시다 우메(吉田ウメ)의 뒤를 이어받아서 현재 아카하기(赤萩)라는 자가 경영하는데 본점과 지점 3채를 경영하는 신정 최대의 창점(娼店)이다.

1909년 부(府) 내 창가 철거 때에 새로 건설된 것이 용산의 야요이(彌生)유곽이다. 상시 부 내의 욱정(旭町)에 거주하던 하타 하치에몬(幡八右衛門)이라는 남자가 용산 개발이란 이름 아래 현재의 도산(桃山)에 유곽을 신설하는 운동을 시작하고 이에 성공했다. 하타(幡)는 도산유곽의 개척자라는 명예(?)를 안고 있다.

경성 게이샤는 매음(淫売)을 여전히 묵인(黙許)받고 있다

경성에서는 예로부터 매음이 묵인되고 있다. 데라우치(寺内) 총독 기대에는 풍기 단속에 꽤나 힘썼지만 그것은 하급 매춘굴이나 삼류 이하의 요정이었지 일류 요정이나 게이샤의 매음에 대해서는 조금도 단속의 손이 미치지 않았다. 이는 실로 신기한 현상이었다. 그것이 일종의 관례가 되어 오늘까지도 일등 요정이나 일반 게이샤의 매음은 거의 공허(公許) 상태다. 그 때문에 가게츠(花月), 지요모토(千代本)를 비롯한 일등 요리점에서 이등 요리점 정도까지는 매일 밤 몇 조의 게이샤가 공공연히 묵고, 경성의 아침 시가에는 자고 일어나 머리가 흐트러진 게이샤를 태운 인력거가 끌채를 나란히 하고 공공연히 달리는 기묘한 상태가 연출되고 있다. 풍기 따위와는 거리가 멀다. 경성의 수십 채 요정과 2백 수십 명의 게이샤가 높은 요리 대금과 1시간에 1엔 60센이라는 엄청난 얼굴 값(拝顔料)을 가져가면서 오늘날의 불경기 와중에도 상당히 번창하고 있는 것은 이 게이샤들의 매음이 공허이기 때문일 것이다. 게다가 이 때문에 경성의 풍기는 영구히 단속할 수 없고, 매음 게이샤가 시중을 횡행하며 부끄러움을 모르고 공회 석상에 주선되어 즐기는 대상이 되고 있는 모습이다. 게이샤의 매음 묵허는 경성의 풍기를 문란하게 할 뿐 아니라, 매음 게이샤의 횡행은 자연히 양가의 자녀에게 좋은 영향은 주지 않는다. 또한 많은 점원, 회사원의 횡령 등의 빈발도 게이샤를 사는 것이 너무도 자유롭기 때문이라고 본다면, 게이샤의 매음과 요정에 대한 단속이 필요하지 않겠는가.

3. 일개 기자, 경성의 풍기 단속에 대하여 : 게이샤의 매음 단속의 가부(1922. 6.)

일개 기자, 경성의 풍기 단속에 대하여 : 게이샤의 매음 단속의 가부
一記者,「京城の風紀取締に就て : 芸妓の淫売取締の加否」,
『朝鮮及満洲』175, 1922. 6.

우선 도박과 게이샤의 매음 단속에 힘쓰라
경성 게이샤는 이매(二枚)와 같다, 조로(女郎)와 한 가지다

일개 기자
풍기가 무너진 것은 이제 동서양을 불문하고 세계 어디서나 그렇지 않은 곳이 없다. 그중에서도 우리 일본 본국에서의 풍기 퇴폐에 이르러서는 완전히 언어도단 상태여서 일본 개벽 이래 오늘날처럼 풍속교화(風敎)가 땅에 떨어져 기강이 무너지고, 사상이 악화하고, 인심이 떨어진 것을 아직 본 적이 없다. 그러한 사방의 상태에 비춰 생각할 때 조선의 현상에 특히 분개해 봐야 촌스럽지 않겠냐고 말한다면 그뿐일지 모르겠지만, 그럼에도 불구하고 사회를 상당히 엄숙히 하고 인심을 올바르게 이끄는 일은 위정자가 힘쓰고 게을리 해서는 안 되는 일이다. 경성을 비롯해 조선 각지의 내지인 사회의 풍기의 퇴폐 또한 시대 풍조라 할 만하다. 특히 빈들거리며 게으르고 음습한 조선인의 사회에 산재하고 있는 우리 내지인들 사이에 풍기가 퇴폐한 것은 자연스런 결과라고 하겠으니 내(吾人)가 늘 개탄(?)해 마지않는 바다. 특히 경성을 비롯해 조선 각지에서 도박과 게이샤의 매음이 활발하게 공공연히 행해지고 있고 게다가 이에 대한 단속이 거의 이루어지지 않는 상태에 이르고 있으니 나는 이를 가만히 보고 있을 수가 없다. 도박범에 대해서는 다소 관련 당국도 주의하고 가끔 검거 소식을 듣지만, 게이샤의 매음에 대해서는 전혀 검거하지 않고, 우연히 이를 검거하

는 일이 있다 하더라도 그것은 천에 하나 정도의 일로 변명하여 넘어가거나 그렇지 않으면 경관의 사사로운 분노에서 나온 짓궂은 장난 정도의 일로 그치고 만다.

2백 수십 명이라는 경성 게이샤의 거의 전부가 예와 미모보다는 매음으로 먹고산다는 것은 아마도 경성 화류계의 내부 사정을 아는 사람이라면 누구나 수긍하는 바일 것이다. 만일 의심스럽다면 시험 삼아 하룻밤 경성 각 요리점의 깊숙한 각 방을 덮쳐 보라. 각 요정에서 루 조합(楼組)의 매음 현실을 쉽게 붙잡을 수 있다. 경성의 각 권번에서 센코(線香) 매상 장부를 조사해 보라. 경성 게이샤 중 한 사람이라도 매음하지 않는 자가 없다는 증거를 분명히 확보할 수 있다는 것은 틀림없다. 그럼에도 경성 게이샤, 특히 동권 이외의 각 권번의 게이샤 중 1년에 한 사람의 매음 검거도 볼 수 없는 것은, 경찰이 게이샤의 매음에 완전히 무간섭주의를 취하고 있는 결과가 아니겠는가. 경찰이 풍기 단속의 경찰령을 게이샤와 고등 요리점에만 적용하지 않고 이를 단속 국외로 방임하고 돌아보지 않는데, 나는 아무리 생각해도 그 이유를 이해할 수 없다. 혹자는 말한다. 경성 게이샤의 매음 묵허는 통감부 시대부터의 전통 정책이다. 데라우치 시대에조차도 경성의 매음 축출에 전력을 기울였지만 게이샤 쪽에는 손을 대지 않았다. 그러니 이제 와서 게이샤의 매음에 간섭하는 것은 우둔함의 절정이라고 말이다. 그럼에도 불구하고 시대 추세는 언제까지나 게이샤의 매음 묵인을 용납하지 않는다.

첫째, 무엇보다도 시중의 하등 매음을 단속하면서 게이샤의 매음을 묵인하는 것은 불공평이 지나치다. 둘째, 공창제도를 시행하는 경성에서 언제까지나 게이샤의 매음을 묵인하는 것은 불편하기 짝이 없는 일이다. 셋째, 매음 게이샤로 하여금 아무 부끄러움 없이 시중을 횡행하고 활보하게 하는 것은 시중의 풍기와 여자의 감화상 좋지 않다. 넷째, 게이샤놀이가 자유로운 탓에 관민 양 사회에 횡령범이나 공금 소비자가 속출하게 되고 화류병을 중류 이상의 사회에 만연시킬 우려가 있다. 다섯째, 게이샤놀이가 자유로운 탓에 요리옥(料理屋) 방면은 다른 영업과 비교해 번창하는 대신 일반 공공사업이나 일반 공적 설비가 불완전하다는 것은 문명인의 치욕이다.

나는 도학(道学) 선생님이나 엄숙한 목사에게서 배우는 자라고 할 수는 없지만 게이샤의 매음 묵인은 어떤 측면에서 생각하더라도 바람직하지 않다. 우리 경찰도 종래의 전통적 유습과 실정에 사로잡히는 일 없이 단호하게 게이샤의 매음 단속과 경성인의 도박 단속을 힘써 행함으로써 빈번하게 발생하는 풍기를 쇄신하여 건전한 사회로 만들기 위해 힘쓰는 것이 급선무가 아니겠는가.

총독부 경무국장 아카이케 아쓰시(赤池濃)

풍기의 단속에 대해서는 조선에서뿐만 아니라 내지에서도 상당히 우려하고 있는 바이지만, 이 단속에는 규칙이 있고 그 규칙에 따라 담당하는 당국자가 각각 그 임무를 맡아 직무 집행을 하는 것으로 안다. 조선에서, 특히 경성에서 만일 이를 힘써 행하는 데에 게을리 하고 있는 게 아니라면 상당히 주의를 주는 것이 필요하리라고 생각한다.

하지만 경성은 도시로서 아직은 무척 불완전하니, 모든 방면에서 상당한 개선이 필요하다고 생각한다. 도시의 개선을 해나가면 풍기 단속도 상당히 할 수 있을 것이라 생각한다.

경기도 보안과장 요시무라 가나부(吉村十七夜月)

경성부 내의 풍기 단속은 힘써 행해야 하는 일임은 물론이다. 이 풍기의 단속은 불가능하지 않다. 우리 당국자가 이 단속을 완만하게 하고 있는 것처럼 밖에서는 보일지 모르겠지만 결코 그렇지 않다. 우리는 특히 가능한 한 단속을 하고 있지만 그 효과가 오르지 않는다는 것이 실로 유감천만이다.

특히 남산정(南山町)은 내지인의 주택지 가운데 예기집(芸妓屋)이나 요리옥이 잡거하고 있어 일반 주민에게 악영향을 미친다는 점은 본인이 본정(本町) 경찰서장을 지낸 시절에도 곧잘 들은 바 있고, 당국자로서 고려하고는 있지만 지금 바로 개선 방법을 강구하는 것은 불가능하고 풍기 단속은 경성의 도시계획 완성과 맞물려 상당한 방법을 강구하는 수밖에 도리가 없을 것이다.

경무국 고등과장 야마구치 야스노리(山口安憲)

풍기의 단속은 직접 경무국에서 임무를 담당하고 있지 않지만, 풍기가 무너지고 있음을 인정한다면 단속을 주의해야 하는 것은 물론이다. 조선에서는 1916년 경무총감부령을 통해 요리옥음식점영업단속규칙, 예기작부예기오키야영업단속규칙, 가시자시키창기단속규칙, 숙박업소(宿屋)영업단속규칙이라는 것을 마련해 두었고, 각기 내지인과 조선인도 관할 경찰서에서 상당히 단속하도록 되어 있다. 각 경찰서 위에는 도 경찰부가 있고 그 위에 경무국이 있기 때문에 우리는 직접 그 임무를 담당하고 있지는 않지만, 경찰서나 도 경찰부에서 단속에 힘쓰지 않는다면 경무국으로서 상당히 주의할 수는 있고 또한 상당 시설의 방법을 강구할 수도 있다.

단속의 방법에 대해서는 그 임무를 담당하는 자가 적당한 조치에 나설 수밖에 없을 것이다. 풍기 단속에 대해서는 전술한 것 외에 경찰범처벌령이라는 내무성령도 있으므로 이를 통해 예기의 밀매음은 단속할 수 있다.

예기의 매음은 경성에서 한때 시들해졌다고 생각했지만, 관련 사실이 활발히 이루어지고 있다고 한다면 상당한 시설을 조치하여 직접 임무를 담당하고 있는 자를 독려해 단속할 필요가 있으리라 생각한다.

경무국 보안과장 야마사키 마사오(山崎眞雄)

본인은 최근에 부임한 처지여서 자세한 사정은 모르지만, 풍기 퇴폐라는 것에 대해서는 상당한 시설과 단속이 필요하다. 그리고 사사로운 정으로 인한 폐단 때문에 그 단속을 하지 못하는 식의 일은 지금까지는 모르지만 이제부터는 절대 못하게 할 작정이다.

시시비비를 가려 그 책임을 밝히고 단속과 관대함/엄격함을 혼동하지 않도록 개선의 내실을 기하는 것은 우리 경무 당국자의 책무다. 그러므로 풍기를 무너뜨리는 예기의 매음이나, 신사 도박 같은 것은 거리낌 없이 단속을 단행할 것이다. 예를 들어 지위가 있고 명예가 있는 자라도 법률에 위배된다면 가차 없이 처벌하여 근신시키는 것은 경무 당국으로서 당연한 책무다.

종래에 이렇듯 당연한 책무가 등한시되었다는 것은 우리가 믿을 수 없는 바이지만 장래는 이를 엄중히 행하고 싶다. 그리고 엄중히 행한다 해도 그 경우와 정도는 역시 당무자에게 일임해야 한다. 요컨대 풍기의 개선을 꾀해서 사회에 악영향을 미치지 않고 인심을 선도한다는 것이 중요하다.

경성 본정경찰서장 곤노 센주(今野專壽)

풍기를 단속해야 함은 물론이다. 특히 예기가 매음을 하는 사실이 있다면 이를 검거하여 삼가도록 타이르는 것(戒飭)이 물론 필요하다. 경성은 예로부터 게이샤의 밀매음을 묵인하고 있는 것 같지만 이는 말할 것도 없이 좋지 않다. 우리는 경찰 당국으로서 상당한 주의를 기울여 최선의 시설을 마련해 이들을 개선할 방법을 강구한다.

경성의 풍기가 무너지고 있는 모습이 눈에 띄는데 그 하나는 예기오키야 요리옥이 일반 주택과 잡거하고 있는 관계이고, 다른 도시와 비교해 유달리 나쁘다고는 생각되지 않지만 단속에 대해서는 상당한 고려를 해야 한다.

조선은행 부총재 가노 도쿠사부로(嘉納德三郞)

풍기 퇴폐의 목소리가 거듭 높아졌다니 유감천만이다. 우리는 그 상태가 어떤지 모르지만 예기의 매음은 법률이나 규칙으로 금지하고 단속해야 한다고 되어 있다면 단속도 괜찮을 것이다. 하지만 그 단속에 대해서는 상당한 고려가 필요하다. 요컨대 단속이라는 것은 적당한 방법과 적당한 처치를 통해 이에 힘쓰지 않으면 지역의 성쇠에 영향을 미친다고 생각한다. 당국자는 이 점을 생각해 단속에 힘써야 할 것이다.

식산은행 은행장(頭取) 아루가 미츠토요(有賀光豊)

풍기 퇴폐의 목소리가 재연했다면 역시 이전의 상태로 복귀했다는 것이리라. 예기의 매음이라든가 상당한 유식자 사이에서 도박이 행해지는 일 등은 실로 곤란하다. 당국자의 단속이 물론 필요하지만, 그 단속을 어떻게 할 것인가를 고려해야 할 것이다. 너무 크게 맹렬한 단속을 하여 오히려 요리옥 등의 영업에 공황을 초래하는 일은 도시의 번영에 영향을 미치므로 그 점을 감안해 적당한 시설과 단속법을 강구해 개선의 내실을 거둬야 할 것이다.

서선식산철도회사(西鮮殖鐵) 전무 가다 나오지(賀田直治)

풍기의 단속을 힘써 행하는 것이 필요하기는 하지만 그 전에 일반 부민(府民)의 자각이 가장 필요할 것이다. 그리고 현재의 경성은 도시로서의 설비가 너무도 불완전하므로 그런 일들이 특별히 도드라져 보이는 것이다.

이는 도시계획이 완성했을 때 상당히 개선할 수 있으리라 생각한다. 예기의 매음 등도 물론 단속이 필요하지만, 이것도 정도의 문제다. 특히 조선은 장래 개발의 여지가 있어 내지에서 손님이 빈번하게 오므로 너무 빡빡하게 해 버리는 것도 생각해 봐야 한다. 그런 의미에서 당국자는 법을 활용하고 일반 부민도 역시 자각하여 풍기의 퇴폐를 개선하기 위해 힘쓸 필요가 있으리라 생각한다.

경기도 경찰부장 시라카미 유이치(白上佑一)

경성의 풍기가 현저하게 무너졌다고 생각하지는 않지만, 아무래도 오랫동안 불령선인(不逞鮮人)의 단속과 질서유지 단속에 경찰력의 모든 힘을 써 버렸기 때문에 풍기 단속에 대해서는 아마 완만하게 흘러온 경향이 있을지도 모른다. 그러나 질서유지 쪽은 상당히 손을 덜 수 있게 되었으니 그것보다는 일반범죄의 단속이나 풍기의 단속을 독려할 생각이다. 그런데 도박의 단속은 물론 가차 없이 엄중하게 해야 하지만 게이샤의 매음 단속에 대해서는 꽤나 어렵다. 통감부 시대부터 오늘까지 게이샤의 매음 단속이라는 것이 거의 행해지지 않은 것도 여러 사정이 있었을 것이라 생각한다. 아무래도 경성도 아직 신개지(新開地) 기분이라는 방만한 기분이 관민들, 특히 신사들 사이에서 빠져나가지 않으니, 게이샤나 요리옥의 단속을 열심히 하게 되면 상당히 공황을 초래할 것이라 생각한다. 그러나 적어도 경찰범처벌령이 존재하는 이상 언제까지나 이를 상자 안에 던져둘 수도 없는 일이다. 특히 근래 게이샤의 속사정과 요리옥의 속사정을 탐색해 보면 게이샤의 매음이라는 것은 공인되고 있는 것처럼 거리낌 없는 상태이니 사회 풍기의 단속에서 언제까지나 현재 상황 그대로 내버려둘 수 없다고 생각한다. 조만간 드문드문 풍기 단속의 칼에서 먼지를 털어내야 하지 않을까?

△△△△△

일개 기자

▲ 경성의 신사들 사이에서도 도박은 나름대로 이뤄지고 있지만 이쪽이 내지의 도회지에 비해 심하다고 할 정도는 아니다. 조선인 측에서는 상습적으로 상당히 행해지고 있지만 내지인 측 신사들 사이에서는 그다지 그러한 악풍이 심하지 않다. 오히려 내지의 신사에 비하면 이쪽이 적은 편일 것이다. 다만 총독부의 관리들, 특히 고관 무리 중에서 행한다 해서 문제가 되고 있지만, 그것도 겨울밤에 무료한 나머지 요리옥 깊숙한 안쪽에서 좌중의 흥을 돋우는 트럼프 놀이를 하는 정도에 지나지 않는다. 그런 고로 신사와 도박이라는 것은 큰 문제는 아닐 것이다. 도박은 중류 이하의 사회에서 활발하게 이루어지고 있다. 아마도 도박을 벌이(稼業)로 삼고 있는 부랑인은 내지의 인간만 해도 수천 명에 달할 것이다. 조선인 측을 보면 이건 거의 도박을 안 하는 쪽이 적다고 할 정도니 거의 전통적 상습범이다.

▲ 경성 게이샤 2백 수십 명 중에서 예(藝)만으로 먹고살 수 있는 녀석은 아마도 할망구 게이샤 이외에는 한 사람도 없다. 게이샤의 매음라는 것은 공공연한 비밀이 아니라 공공연한 사실이다. 경성의 각 요정을 밤에 덮쳐 보라. 하룻밤에 수십조의 게이샤 매음을 쉽게 검거할 수 있다. 또한 각 권번에서 게이샤의 센코(線香)의 매상을 조사해 보라. 베츠센코(別線香)나 아카시센코(明かし線

香)가 기재되지 않은 게이샤가 몇 명 있는가. 그들은 수명의 단골손님을 두고도 추가로 임시 응전으로도 분투하고 있다. 대다수는 예(藝)도 없고 미모도 없는 경성의 2백 수십 명이라는 오줌싸개 게이샤가 이런 불경기에도 한 시간에 1엔 60센이라는 엄청 비싼 센코가 꽤나 팔리고 있는 것은 매음을 전문으로 삼기 때문이다. 일류 요정까지도 매음 업소(淫売宿) 전문의 마치아이(待合)와 다르지 않다.

▲ 경성 게이샤의 매음은 공공연한 사실인데, 한편 그 적수는 어떤가 하면 경성 관민에 공통적으로 게이샤놀이를 하지 않는 자가 거의 한 사람도 없다는 것이 현실이다 보니, 경성에서 종래 게이샤 매음 단속이 거의 행해지지 않은 까닭도 여기 있다. 잡고 보니 내 자식인 것이 아니라, 잡고 보니 내 오야카타(親方)[18]라는 꼬락서니라서 경찰도 손을 댈 수 없는 것이다.

▲ 경무국의 마누라 격인 마루야마(丸山) 군은 도쿄의 사창 사냥으로 한때 명성을 날린 남자인데, 경성 게이샤의 매음을 사냥할 용기가 있는지 어떤지 의문이다. 또한 아카이케(赤池) 경무국장도 요정의 오나이기(御内儀)[19]나 나카이(仲居)나 게이샤가 울며 매달려도 봐주지 않을 만큼의 촌스러움은 없다 보니 경기도의 시라카미(白上) 경무부장이 아무리 진지해져도 지금 상태로는 게이샤의 매음 단속이 조금이라도 제대로 될는지 미덥지 못하다는 소문이다. 요정과 나카이, 오키야, 게이샤 무리들은 여전히 한동안은 안심해도 좋다. 본지(本誌)의 풍기 단속도 여전히 당분간은 지상 공론에 그칠 테니 본지를 원망스러워할 것도 없다는 이야기다. 그런 모습으로는 한심하지만, 이것도 시대이니 어쩔 수 없으리라.

▲ 경찰은 평소 게이샤에 대해서 평상복으로 명선(銘仙) 이상의 옷을 입어서는 안 된다든지 시계를 가져서는 안 된다는 식의 주의를 주었다는 이야기지만, 그야말로 쓸데없는 간섭이다. 아무리 게이샤라 해도 인간이다. 차려입든 무명옷을 입든 그야말로 자유다. 또한 풍문에 따르면 게이샤의 건강진단을 자발적으로 하게 한다는데 그건 괜찮다. 그런데 그보다는 근본적으로 매음의 단속을 단행하는 것이 근본 문제가 아닌가. 게이샤 중에서 매음 전문인 녀석을 두세 명이라도 구류소에 때려 넣어보라. 일반 게이샤와 요리옥 나카이도 조금은 삼간다. 한편에서는 적수인 장관이나 신사 행세를 하는 놈의 얼굴 가죽을 벗겨 버리는 것도 흥미롭지 않겠나. 젊은 순사에게 시켜 보라. 재미있어 할 것이고 그 모습은 악동이 교미하고 있는 개를 쫓아서 가두는 것처럼 흥미롭게 할 테니 말

---

18 기루 우두머리의 속칭.
19 오나이기(御内儀)는 남의 아내나 부인을 높여 부르는 말이지만, 여관 등의 여주인을 가리키며 '오카미(女将)'로 읽기도 한다.

이다. 단, 요리옥의 마취제에 걸리지 않을 만큼의 감시가 중요하다.

▲ 본란에 게재한 인사들의 견해를 보더라도 뭔가 너무도 미지근하다. 특히 회사 측 사람의 의견은 관대하게 해달라는 식의 희망이 엿보인다. 경찰은 그런 일로 삼가지 않아도 된다. 젊은 게이샤 중에는 나카이나 요리옥이나 오키야로부터 매음을 강요받아 울고 있는 이도 있다. 그러므로 게이샤의 매음 단속은 풍기 문제만이 아니다. 하나는 인도 문제다. 고로 게이샤의 매음 단속은 일면 게이샤 구조의 하나이자 게이샤의 품성 향상의 하나. 경찰도 이 정도는 이해해 두는 것이 좋을 것 같다.

4. 20년 전 경성의 화류계 : 나카이, 예기, 창기, 기생, 기타(1927. 4.)

20년 전 경성의 화류계 : 나카이, 예기, 창기, 기생, 기타
「二十年前の京城の花柳界 : 仲居, 芸妓, 娼妓, 妓生, 其他」,
『朝鮮及滿洲』233, 1927. 4.

요정과 게이샤의 연혁

경성에서 일본인 요정이 시작된 것은 1885, 1886년 즈음이라고 하지만 과연 어디가 원래 시작(開祖)인지 오늘날에는 알 수 없다. 지금 있는 요리옥으로 '이몬(井門)'이 1887년에, '가게츠(花月)'가 1890년에 개업했다고 한다. 그 무렵은 거류민 총수도 불과 300명이 채 되지 않았기 때문에 오늘날로 하자면 시골 군청 소재지와 동일한 정도였을 것이다. 일본인들이 지금의 총독관저인 공사관이나, 지금의 왜성 파출소 주변에 있는 영사관—우체국이나 경찰서도 같은 구내에 있었다—일대 땅을 중심으로 본정 2정목, 3정목 중간에 당시 진고개 한인 가옥이 즐비한 가운데 드문드문 잡거하였다. 이 때문에 요리옥도 처음에는 이 지대에 두세 채 개축되고 점차 늘어나서 6, 7채가 되었다. 그러나 이름은 훌륭한 요리옥이지만 내용은 온돌 2칸 정도의 지극한 소박한 것으로 나카이를 내세워 여자 2, 3명을 데리고 있었다. 그 여자들의 얼굴이나 몸매는 대략 추정이 되는데 당시 다른 땅에 사는 거친 남자들 눈에는 선녀의 강림으로도 보였기 때문에 이 가무보살인 유녀(遊女)들의 구제를 받은 자가 얼마나 많았는지 모른다.

그보다 7, 8년 전까지는 경성에서 일본인 여자라고 하면 사진으로밖에 볼 수 없었기 때문에, 제일 먼저 경성에 온 여자는 지금의 후루키 바이케이(古城梅溪) 씨 댁 주변에 있던 과자집의 주인이 자신의 부인과 여동생을 데리고 온 것으로 공사관 공무원들이 필요도 없는 과자를 자주 사러 가서 위장병을 일으켰다고 하지만 분명히 침도 흘렸을 것이다.

요리옥의 주인들은 나카이만으로는 부족해서 반드시 게이샤를 데리고 오려고 노력하였으나 아무리 해도 도항 허가가 나오지 않았다. 1888년에 가게츠의 마쓰이(松井) 군이 고심하고 노심초사

한 끝에 겨우 그쪽 관련자의 눈을 속여서, 오사카에서 후쿠스케(福助)라는 게이샤를 데리고 온 것이 '오늘밤 있어(今晩あり)'라는 레코드다. 그러나 게이샤의 존재는 공공연히 인정할 수 없었기 때문에 역시 나카이로 신고했다. 초창기의 유일했던 이 게이샤가 얼마나 당시 사람들에게 인기 있었는지 캐묻는 것은 어리석은 일이다.

그러다가 청일전쟁이 시작되고 요리옥도 십수 채 증가했지만, 전쟁 중 한때 내지인의 집은 전부 병사의 숙사로 징발되고 요리옥도 모두 군용 배달을 명령받아 밤낮으로 도시락을 공급했다. 1885년 가을이 되어 드디어 영사관에서 게이샤를 두는 것을 허가받게 되었다. 그러나 실상은 항상 법보다 앞서는 것이어서 요리옥에서는 종래 두고 있던 나카이 중에 어찌됐든 샤미센을 켤 수 있는 자를 골라서 게이샤 훈련을 받게 하고 내지에서 진짜 게이샤 3, 4명을 들여왔다. 이것이 조선에서 공인된 게이샤의 시초로 총 30여 명이었다고 한다.

이렇게 경성 화류계는 청일전쟁 이후 거류민의 급격한 증가로 인해 한층 발달했으며 러일전쟁 이후는 제2차적 발달로 통감부의 설치와 함께 제3기의 진보를 이루었다. 그리고 제3기에는 단지 수만 늘어난 것이 아니라 질에서도 한층 향상되어 풍류 통감의 재임과 함께 "저절로 미모를 겨루며" 면목을 일신했다.

요리옥과 게이샤

1887년 요리옥은 가게츠루(花月樓), 기쿠스이루(掬翠樓), 세이카정(淸華亭) 외에 이류인 마츠바(松葉), 메이게츠(明月), 코쇼(光昇) 등 4, 5채 있었다. 그러나 권번은 없고 누구나 우치게이샤(內芸者)다. 이중에서 가게츠루 등은 30여 명이라는 많은 수를 데리고 있기 때문에 시험 삼아 게이샤 방을 들여다보면 경대가 논을 비추는 달처럼 늘어서서 빛이 나고, 아름다운 자태에 눈을 빼앗기는 일도 있었다.

가게츠루와 기쿠스이루는 일본 대관이 머무는 곳으로 이토(伊藤) 통감, 하세가와(長谷川) 대장을 비롯하여 이하 저명인사들이 빈번하게 출입하는 곳이다. 술 취한 대정치인이나 코밑을 늘어트린 장군이 인간미를 발휘하는 모습을 유감없이 보여 주지만, 세이카정은 송병준 아들이 후원했기 때문에 손님의 털색도 다르고 조선인의 책사(策士)와 일본인 낭인 등이 단골이다. 침몰정(沈沒亭)으로 통칭되는 온돌자리는 음모(陰謀)와 양모(陽謀)의 진원지다. 당시 스기야마 시게마루(杉山茂丸), 모치즈키 류타로(望月柳太郎), 우치다 료헤이(內田良平), 오가와 헤이키치(小川平吉), 이오키 료조(五百木良三) 등이 자주 드나들었다. 그러나 나중에 대신의 자리를 차지한 오가와도, 그 무렵에는 그다지 기세등등하지 못하여 지금 무사시옥(武蔵屋) 여주인 게이샤 산타(三太) 등에게 친구 취급을 받았다.

세이카정의 여주인은 24만, 25만 원의 돈을 갖고 내지로 돌아가 스마(須磨) 부근에서 유유히 살고 있다. 당시 손님은 낭인이라는 특수 계급이었기 때문에 음식을 먹고도 2개월이나 3개월 동안 돈 한 푼 내지 않기도 했고 한번에 5천, 6천 원이나 내는 일도 있었다. 그녀는 요령을 알고 있었기 때문에 엄청난 돈벌이를 하였다. 나카이조차 수천 원의 뒷주머니를 차는 이도 있었다.

당시 게이샤는 오늘날처럼 대중 상대가 아니고 주로 대관들을 상대했다. 따라서 게이샤의 질도 고르고, 내지의 3도(三都)에 내놓아도 결코 떨어지지 않는 미인이 많았다. 기예 솜씨도 뛰어나서 아름다운 이나 뛰어난 이가 대관들을 사로잡아서 예명을 드높였다. 가게츠의 지요(千代), 고로(五郎), 주로(十郎), 하나얏코(花奴), 후사에(房江), 오엔(おゑん), 오타마(お玉), 기쿠스이의 후미노스케(文之助), 이몬의 고마사(小政), 마츠바의 야에마츠(八重松) 등이 평판이 자자했다. 게이샤 외에도 도모에조칸(巴城館)의 하녀 오쵸(お蝶)나 이몬의 나카이 오후지(お藤) 등은 고관대작들의 총애를 받아 이름이 알려진 이들이다.

대관들은 누구나 풍류음사를 잘 아는 사람들로 화류계에 정통한 자들 뿐이어서 노는 법도 대체로 잘 알고 스스럼 없으며 또한 호방하였다. 염문 정사(癡話, 치화)도 많이 있어서 화류계의 진귀한 이야기도 많았다. 어느 날 칙사 일행이 방문한다기에 그 연회를 가게츠에서 열고, 여흥으로 연극을 구상했다. 교겐(狂言)은 '사야아테(鞘当)'와 '하코네 영험기(箱根靈驗記)' 2막을 정하여 오카 경무총장이 후와 반자에몬(不破伴右衛文), 법부의 누군가 나고야 산사부로(名古屋 山三郎), 즈모토 다다시(頭本元貞) 씨가 하츠하나(初花)라는 역할로 정하여 일주일 정도 매일 훈련하여 관청의 귀갓길에 가게츠루에 들러서는 "벼락이 치는 것을 보았는가, 후와의 관문"이라든지, "이보시오, 후지고로 씨. 이 부근에는 산 중의 집이어서…" 등등 세 가닥으로 수염을 기른 고관들이 관기 풍기 문란스런 새된 목소리를 쥐어짜서 열심히 연습했다. 드디어 당일의 여흥으로 이어지자 '아사야아테'를 올려 "그런데 당신이…"를 연기하는 등, 오카 총장이 연기하는 후와가 공교롭게도 통감 눈에 들어와 바보 같은 놈이라고 큰 소리로 호통을 당했다고 한다. 이상한 사건도 있었다.

유곽의 설치와 애매한 가게

그 무렵 요리옥조합 11채가 연합하여 유곽 설치원을 영사에게 제출했지만, 일본인 추업부(醜業婦)를 이국인 앞에 보이는 것은 국가의 수치라는 견지에서 쉽게 허가를 내주지 않았다. 그러나 일본인 거주자가 점차 증가함에 따라 유곽의 필요도 절실히 느껴서 민단의 민장(民長)이나 의원들이 추진하여 결국 1904년 쌍림동—지금의 신정에 유곽을 허가받았지만, 당시에는 유곽이라고도, 창기라고도 하지 않고 제2종 요리점, 을종 예기라고 불렀다. 그러나 이 요리점, 창기라는 명의는 요정의 주인이 내지로 여자를 데리고 간 때에 악용되어 고용할 여자를 속이는 폐해가 있었다. 조선에 온 후에는 요정의 주인과 여자 사이에 종종 분쟁이 발생하여 이를 거울삼아 1911년경에 규칙이 개정되어 유곽과 창기로 부르게 되었다.

신정의 유곽을 설치할 무렵 요리옥조합은 이전부터 추진한 김에 11채가 공동으로 신정의 한가운데에 쌍림관이라는 객실이 50개나 있는 훌륭한 건물을 지어 여자를 50여 명 거느렸지만, 이밖에 제일루(第一樓), 개춘루(皆春樓) 등 7, 8채의 영업자가 개점했다. 그해 연말 영업 정지를 한 달 동안 당하고 1년 정도 있다가 해산했다. 유곽을 설치할 당초에는 식민지식으로 태평해서 낮에는 화대도 받지 않고 사람에 따라서는 계산도 월말에 하였다. 당시부터 영업을 계속하여 오늘날에 이른 것은 제일루뿐이다.

그로부터 2, 3년 뒤에 용산의 도산(桃山)에 유곽이 설치되었다. 또 1907년 무렵에 시내의 풍기를 유지하기 위해 각 지역에 산재하는 작은 요리점을 정리하고 자본주를 설득하여 길야정(吉野町) 남묘 앞에 '중신지(中の新地)'라는 지역을 만들어 그곳에 들어가게 하였다. 그러나 이 애매한 음식점은 그 후 시내 곳곳에 또한 증가하고 욱정(旭町)—지금의 청목당(靑木堂), 횡정(橫町), 태평로(太平路), 장곡천정(長谷川町), 황금정(黃金町), 청엽정(靑葉町) 주변은 수상한 등불을 즐비하게 내걸고 밤에 피는 꽃의 독향을 물씬 내뿜고 있었다. 그들 중에는 조선인, 지나인을 상대로 매우 하등 매음을 전문으로 하는 자도 있었지만, 여자 한 명에 수천 원을 내고 데리고 있는 상등한 자도 있었다. 그들은 데라우치(寺内) 총독 시절에 모두 대화신지(大和新地, 신정)와 도산에 들어가게 된 것이다.

기생과 갈보, 은군자

조선 광화문사거리에 명월관이라는 유일한 고등 요리점이 있어서—지금 명월관은 당시의 것이 화재가 난 뒤에 지금의 장소로 옮긴 것이다—경성의 높은 신분(貴顯), 신사들의 연회장이 되었다. 지금의 조선 요리옥은 요리를 비롯하여 자리, 가구, 기생까지 이전과 양식이 많이 변화하여 일본색과 서양색이 가미되었는데 원래는 순수한 조선식으로 조선의 지방색이 상당히 진했다.

기생도 지금보다는 품격 있고 의젓하고 안정감이 있었다. 그 우아함은 헤이안(平安) 시대의 유녀를 연상시키는 점이 있었다. 그 무렵에는 기생 중에 '정3품 평양 월계', '정4품 진주 옥란'과 같은 명함을 가진 자가 있었다. 직함이 있는 기생은 이상하다. 정3품이라고 하면 군수와 동격이지만, 거기에는 이유가 있다. 원래는 궁중에 관기로 칭하는 것이 300명이나 있어 경북궁에 봄이 깊을 무렵 궁중음악의 흥을 돋우었다. 표면적으로는 여의라든지 재봉을 담당하는 사람이라는 형식으로 있던 것을 궁중에서 숙청하면서 이들을 몰아냈다. 그때의 황제, 후일의 이태왕(李太王)에게 하사금을 받아 장래에는 각각 정업(正業)을 할 수 있도록 순응시키고 만약 어쩔 수 없이 거리(市井, 시정)의 기생이 되는 일이 있어도 반드시 품성을 유지하라는 말씀이 있었다. 이 때문에 그 남아 있는 자가 4, 5명에 불과했던 1908년경에도 화류계에 그들의 서열이 존재하는 만큼 품격이 훨씬 높았다.

조선의 유흥이라는 것은 기생의 집에 죽치고 있으면서 술과 음식이 모두 기생의 손으로 조리되었기 때문에 요리옥이 필요하였다. 그리고 소풍 가는 정취를 즐기려 할 때에는 손잡고 교외 사원으로 나서는 것이 습관이어서 절은 일종의 유흥 장소였다. 이 때문에 조선 요리옥이 생긴 것은 매우 새로운 것으로 시대의 추세와 필요성이 초래한 자연스런 산물이었지만 당시에는 달랑 명월관 하나 있었을 뿐이었다. 오늘날에는 기생도 일본식을 따라 권번을 만들고 시간당 화대를 받기 때문에 일본 게이샤와 비슷하고 이전처럼 기생집에 들어가면 손님은 불한당에게 돈을 뜯기고 기생은 권번에서 처벌받아 영업이 중지되는 규정이 있었다. 예전에 비하면 기생사회도 무척 대중적이고 저속해진 것 같다.

기생을 귀족적이라 한다면 평민적인 것으로 갈보라는 것이 있어 시내 각처에 소굴이 있다. 일본인 마을 근처에서는 낙동(駱洞)과 같은 명치정(明治町) 어시장 뒤편에 20, 30채, 본정 3정목 부근에 12, 13채, 황금정에는 군데군데 30여 채가 있었다. 이 갈보에는 두 종류가 있어서 하나는 한 집에 여러 명을 두는 것이고, 하나는 색주가라 하여 음식점의 처나 첩이 몸을 파는 것이다. 모두 매우 불결하여 낙동 쪽은 주로 일본인 상대로 생긴 것이다.

그 좁은 길, 이른바 유곽촌을 통과하면 이상한 냄새가 코를 찌른다. 집 안에는 빨간 분을 군데군데 바른 괴물이 보이고 그들은 좁은 온돌에 앉아 변기에 ■■하거나 아니면 볼일이 끝나고 씻거나 하는 등 혐오스럽기 짝이 없는 모습으로 구토감을 일으키기에 충분하다. 그러나 내지인 여자가 적었던 시절이어서 차부나 마부 같은 손님이 꽤 번성했다. 값은 단시간이나 방 잡는 것이 20, 30전 정도였다. 어느 때에 내지에서 새로 부임한 판검사 일행 5명이 "재판관은 무엇이든 세상일을 하는 것이 필요하다"고 했는지 안 했는지 알 수 없지만, 통역 서기 한 명을 앞세워 낙동을 시찰한 일이 있었다. 시찰을 철저히 하기 위해 한 명당 관람료를 30전으로 정하고 밤늦게까지 불을 밝히고 있는 갈보 3명이 있는 곳을 찾았다. 놀다 돌아가면서 90전을 지불하자 기둥서방격의 남자가 좀처럼 받아들이지 않았다. 한 명의 관람료가 30전이고 3명을 보았으니 90전, 동행이 5명이니 적어도 4원 50전이 되어야 한다는 것이었다. 대단한 법률가도 지극히 당연한 논리에 굴복하여 마지못해 높은 관람료를 지불했다는 일화도 있다.

갈보 외에 은군자라는 것도 있다. 이것은 일본의 고등 내시(內侍)라고 해야 할 것이다. 이것은 새로운 정치를 위해 영락한 가난한 양반의 부녀자가 하던 것으로 그 수도 상당히 많았다. 그러나 거의 조선인과 다름없을 정도로 한국어가 숙달되지 않으면 근접할 수 없기 때문에 보통 일본인은 손에 넣을 수 없는 대상이었다.

서양인 매춘부

이상에서 언급한 외에 서양인도 12, 13명 있었다. 장곡천정, 태평로, 대화정의 히노데(日出)소학교의 옆 소굴을 만들어 저녁 무렵이 되면 의자를 가게 앞에 내놓고 통행인에게 아양을 부리며 계속해서 '컴인(come in), 컴인'이라고 외치고는 했다. 이들은 대기 상하이나 시베리아 부근에서 영락한 유대인의 혼혈아로 매우 하등한 이였다. 일본에서 온 여행객을 단골손님으로 받는 것 같지만 서양에서 파리나 베를린의 하층 계급을 농락한 적 없는 사람들이 멍하니 있다가 시계며 품속의 물건을 도난당하는 자도 많았다. 그러나 어떤 경우에도 소문나는 것을 두려워하여 참고 넘어갔다고 한다.

이상 20년 전의 화류계에 대해 간단히 살펴보았다. 말하자면 오늘날보다 방종했는데, 그것을 가지고 풍속이 문란했다고 재단하는 것은 타당하지 않다. 당시에는 독신자가 많았을 뿐 아니라 돈도 풍요로웠고 주변의 분위기, 더욱이 사람들의 기분이 달랐다는 것을 고려해야 한다. 마지막으로 향락을 어느 정도 허용하는 자유로움은 사람들의 기분을 여유롭게 만든다고 생각한다.

5. 게이샤의 매음 단속 문제, 기생의 매음도 문제(1928. 9.)

**게이샤의 문제인 아카시센코와 베츠센코 문제 : 게이샤의 매음 단속 문제,
기생의 매음도 문제**
「芸者の問題明かし線香別線香問題 : 芸者の淫売取締問題, 妓生の淫売も問題」,
『朝鮮及満洲』 250, 1928. 9.

    게이샤의 매음은 공공연한 비밀이어서 경성의 게이샤 4백여 명(두 권번) 대부분이 아카시센코(明かし線香)와 베츠센코(別線香)의 발전 정도를 보여 준다는 것은 권번의 장부를 보면 일목요연하다. 이 아카시센코와 베츠센코는 곧 게이샤의 매음행위를 표시한 것이다. 사창의 1엔, 2엔 하는 매음은 요란하게 단속하면서 20엔, 30엔에서 50엔 하는 게이샤의 매음은 단속하지 않는다는 지극한 불공평은 오랜 문제였지만, 요즘 경찰에서도 이 불합리를 언제까지나 계속한다는 것은 불편한 일이라고 깨달았는지, 아카시센코와 베츠센코를 금지한다고 한다. 이로써 다소는 풍기경찰이 불공평하고 불합리하다는 비난을 지워 버릴 수 있는 셈이니 이참에 결연하게 단행해서 경찰의 공평한 모습을 보여 주어야 한다. 다만, 아카시센코와 베츠센코를 금지하더라도 명의는 어떻게든 할 수 있을 테니 근본적으로 게이샤의 매음행위를 금하는 방침을 단행해야 한다. 동시에 기생의 매음도 단속해야 한다. 단, 경성의 경찰에 그런 용기가 있을지 어떨지는 의문이다.
    경성의 두 권번의 게이샤 4백여 명 중에서 매음하지 않고 센코(線香)를 파는 자가 과연 몇 명이나 있을까. 예(藝)만으로 하고 있는 자는 할망구 게이샤 열 명 내외 정도일 것이다. 나머지는 거의 모두 예보다는 매음으로 센코(線香)를 팔고 있다는 것은 적어도 화류계 실상에 정통한 사람이라면 수긍하는 바일 것이다. 권번이 매달 내놓는 게이샤의 순위표(番付)를 보라. 일목요연하다. 위쪽에 이름이 열거된 자는 대부분 어지간히 예를 겸비하지 않은 젊은 기(妓)다. 그가 아름답거나 또는 살집이 좋아서 발전 마력(馬力)이 강한 자에 한정돼 있다. 상석에 있는 30명 정도는 가장 발전력이 왕성함을 보이고 이 점에서 상석에 진을 치고 있는 셈이다. 때문에 권번의 순위표는 예(藝)를 가지

고 센코(線香)를 판 순위를 나타내고 있는 것이 아니라, 엉덩이를 판 순위표라는 것은 요리옥(料理屋) 문지방을 넘어본 자라면 누구든 수긍하는 바다. 또한 경성 게이샤 중에서 살을 팔고 엉덩이라도 팔지 않으면, 지금의 불경기에 1엔 60센이라는 센코(線香)대금을 지불하고 불러주는 자는 없다. 그들 게이샤는 대부분 엉덩이라도 팔지 않으면 매일 밤 한가하게 있으면서 오야카타(親方)의 눈총을 받는 게 싫어서 스스로 나서서 활발하게 발전하는 녀석도 상당히 있다. 매음이든 뭐든 이뤄지지 않는 자리 순번이 위로 갈수록 명예롭다고 작정하고 경쟁적으로 매음을 하고 있는 무지한 멍청이도 있지만, 오키야와 요정과 나카이(仲居), 이 세 방향에서의 재촉으로 어쩔 수 없이 매음에 응하는 자도 상당히 있다. 그런 경우라면 오히려 경찰이 단속하지 않는 것을 원망하고 있다. "경성이라는 데는 왜 이렇게 게이샤에게 공공연히 손님을 받게 할까"라고 경성에 온 지 얼마 안 된 게이샤의 탄식을 듣는 일이 종종 있다. 수십 채나 된다는 경성의 오키야, 요정 등이 어려운 가운데서도 밥 짓는 연기를 계속 피울 수 있는 것은 게이샤에게 매음을 시키기 때문이다. 대부분의 오키야는 각종 수단으로 고용 기녀에게 경쟁적으로 매음을 시키고 있다. 특히 많은 나카이들의 주머니 사정이 좋은 이유는 그 매개료를 상당히 가로채기 때문이라는 것도 누구나 알고 있는 사실이다.

경성의 본정(本町)거리를 잘난 척하고 위세 부리며 차로 달리는 게이샤가 그 잘난 모습으로 매음 벌이를 나간다고 생각하면 따귀를 한번 치고 싶어진다. 다만 어떤 계급이 숨을 돌리기 위한 게이샤의 매음도 괜찮다 하자. 작부나 급사 여자의 싸구려 매음을 단속하면서 게이샤의 매음은 멋대로 하게 내버려둔다면 아무래도 공평한 단속이라고는 할 수 없다. 또한 반대로 말하면, 소위 무산계급의 매음매(淫売買)는 방해하고 부르주아 계급이나 준부르주아 계급의 매음매(게이샤 매수)는 방임해 두는 셈이 되어 프롤레타리아 계급의 반감을 도발하게 된다. 게이샤의 매음을 지금처럼 방임해 둘 것이라면 적어도 매독검사(検黴) 제도라도 마련하면 어떤가. 게이샤는 대부분 유독자이고 유산계급의 화류병의 매개자임은 숨겨진 사실이다. 내지에서는 오는 9월 1일부터 화류병 방지를 위해 가혹한 단속을 실행할 것이다. 조선은 한층 더 그 필요가 있다. 그렇게 1년에 한 번 정도 게이샤의 매음을 적발하기도 하는데 그런 어리석은 짓은 그만두는 게 낫다. 더욱 불공평하고 경찰이 무슨 화풀이라도 한 것처럼 여겨지니 오히려 바람직하지 않다. 어찌되었든 경성, 아니 조선에서 예기나 기생의 매음 단속 문제는 경찰의 난제이자 사회의 일대 모순이다.

6. 일개 기자, 카페 만담 : 경찰의 단속은 너무도 모질다, 다만 카페의 개량이 필요하다(1928. 12.)

일개 기자, 카페 만담 : 경찰의 단속은 너무도 모질다, 다만 카페의 개량이 필요하다
一記者,「カフェー漫談 : 警察の取締は餘りに酷但しカフェーの改良を要す」,
『朝鮮及滿洲』253, 1928. 12.

▲

지금 도쿄에서 가장 눈에 띄는 것은 카페다. 하나의 정(町) 안에 몇 집은 반드시 있고 많은 곳은 5~6채나 있다. 간다(神田), 혼고(本郷), 아사쿠사(浅草), 긴자(銀座) 등 도쿄 번화가의 중심을 이루고 있다. 거리의 카페는 집도 상당히 크고 조작에서 장식에 이르기까지 기분 좋게 만들어져 있다. 의자와 탁자도 기분 좋은 물건을 비치하고 탁자보도 언제든 새하얗고 청결하다. 여급(女給)도 모두가 미인은 아니지만 한 집에 몇 명 있는 여급 중에는 사람의 눈길을 끄는 미인이 한두 명은 반드시 있다. 그리고 그들은 오는 손님, 가는 손님, 젊은 남자든 나이 든 남자든, 호남이든 추남이든 한결같은 붙임성으로 대우하고 있고 녹아 버릴 것 같은 눈길로 흘낏 봐주고 돈을 챙긴다. 대부분의 경우 여급이 손님 곁에 앉는 것은 불문율로 금지돼 있나 보지만 손님이 식사를 마칠 때까지는 탁자 모서리에 붙어서 임기응변의 이야기로 손님을 접대한다. 이는 팁을 상당히 쓸 것 같다고 알아채면 의기투합이라도 한 것 같은 눈빛과 태도로 손님을 넘어뜨리고 만다. 이 부분의 호흡은 정말 숙련돼 있다. 자동차나 전차에 쫓기거나 험한 인파에 시달리거나 해서 도쿄 시가의 행로 난에 지친 사람들에게 이 카페는 정말 사막 안에 맑은 물이 샘솟는 숲 그늘과도 같다. 도쿄에는 도처에 마치아이(待合)가 있다. 이를 도쿄 행로자의 잠자리라 한다면 카페는 휴게소라 해도 좋을 것이다.

▲

경성에도 근래 카페가 급속히 늘었다. 크고 작은 51채, 여급 230명이라는 수는 카페의 주된 고객인 내지인 8만 명에 대해 카페가 적은 편은 아니다. 하지만 집은 좁고 탁자보는 언제나 더럽다. 여급은 납작코에 입이 튀어나와 있다거나 치아가 더럽거나 한데, 거기에 흰 분을 덕지덕지 처발랐으니 완전히 논외다. 도쿄 변두리에서도 별로 없을 것 같은 하등 카페가 많다. 그래도 매일 밤 상당히 북적거리는 양상을 보인다. 드물게 세련된 카페나 아름다운 여급이 있는 곳은 언제나 만원으로 성황을 이룬다. 손님으로는 학생도 있고 조선인 청년도 있고 40 전후의 중년자도 있고 싼 월급쟁이나 단신 생활자 같은 종류의 자가 많다. 도쿄의 카페처럼 청년이나 노인, 소설가나 학자, 신사와 장인과 노동자도…라는 식으로 다종다양한 손님은 적다. 경성의 신사 계급은 카페에는 별로 가지 않는다. 그것은 아는 사람에게 얼굴이 노출되는 것이 싫어서일 것이다.

▲

경성의 카페 여급은 매음하지 않는 자가 적다고 한다. 그들은 모두 30, 50에서 100엔 내외의 전차를 한 자가 많다. 그 돈을 지불하지 않으면 언제까지나 자신의 몸을 스스로 자유롭게 할 수 없게 된다. 그 돈을 조금씩이라도 오야카타(親方)에게 갚아야 한다. 옷도 상당한 것을 입어야 한다. 머리도 3일에 한 번은 손질해야 한다. 목욕탕과 화장 비용이나 용돈만으로도 상당한 금액에 달한다. 그리고 부모나 동생을 부양해야 하는 자도 있다. 고향으로 돈을 보내야 하는 자도 있다. 그렇지 않더라도 자기 일신만으로도 한 달에 50엔, 60엔의 돈은 필요하다. 그 돈은 손님의 자유의지에 맡겨진 팁이 유일한 재원이다. 그 팁도 상당히 애교를 부리지 않으면 주는 이가 없다. 주더라도 거스름돈 20센에서 30센 정도이고, 50센이나 1엔의 팁을 주는 사람은 하루에 한 사람이나 두 사람이다. 그러려면 상당히 애교를 부리거나 아양을 떤다거나 입맞춤 정도는 참아야 하는 경우가 있다. 아름다운 옷을 입고 용돈에 부자유가 없도록 하려면 아무래도 부업—곧 매음을 해야 한다. 그들은 대부분 이 부업을 다소나마 하고 있다. 그들 중에 상당히 유독자가 있다는 점에서 생각해도 다소는 발전하고 있다고 봐도 무방할 것이다. 그러나 이런 카페일지라도 설마 자기 집에서 매음을 시키는 곳은 적다. 밤에는 손님이 있어 외출은 어렵다. 그들의 부업은 대부분 낮에 이루어진다. 손님과 직접 전화 등으로 약속해 두었다가 지나 요리옥 2층, 우동집 2층, 혹은 싼 숙박업소(宿

屋), 하숙집(下宿屋), '여보'의 온돌, 이런 곳에서 살을 조금씩 잘라 판다. 그 가격은 여자와 상대 손님의 종류에 따라 다르지만, 5엔에서 10엔까지가 보통 시세다. 단, 고용주 쪽에서도 여급의 부업을 알고도 모르는 척하고 있기는 하지만, 너무 매일 외출할 수는 없으니, 여급이 부업을 하는 데에는 상당한 수수료가 들고 상대도 여급의 사정이 맞을 때를 기다릴 수 있을 만큼 참을성과 느긋함이 없으면 감당이 안 된다. 대개의 남자는 그런 수수료를 쓰기보다는 신정(新町)으로 가는 것이 빠르다고 생각되니 할 테니 세간이나 경찰에서 말할 정도로 여급의 매음이 활발히 이뤄지지는 않는다. 매음집(淫売屋)의 밀음(密淫)이나 게이샤의 매음처럼 간단하지가 않다. 또한 여급의 상대라 하면 금전의 거래만이라고는 할 수 없다. 개중에는 종종 와서 탁자를 끼고 농담으로 사랑을 이야기하는 것이 인연이 되어 장삿속을 떠난 밀회도 있음을 알아야 한다. 또한 그들이 이상한 눈짓을 한다거나 손님과 시시덕거리며 의기투합한 것처럼 보이는 장면이 있다고 해서 부업의 교섭을 하고 있다고 보는 것은 지레짐작이 지나치다. 의미 있어 보이는 그들의 눈길이나 시시덕거림, 의기투합한 것처럼 보이는 것 모두가 팁을 조금이라도 더 많이 챙기려는 작은 야심에서 나오는 장사의 술수에 불과하다. 몸을 팔 때까지는 누구한테든지 타락하기만 하는 건 아닌 것 같다.

▲

이번에 경찰이 카페단속령을 내리고 '여급의 팁 평등 배당', '여급의 복장의 제한', '통근 여급의 제한', '일본 방(間)의 철폐'라는 요란한 단속령을 엄달하는 바람에 경성의 카페계에 공황을 가져온 듯하다. 경찰도 어지간히 한가한지 쓸 데 없는 일을 챙긴다는 평판이다.

여급이 손님을 열심히 대하는 것이나, 애교를 부리며 손님을 소중히 하는 것도 자신이 한 푼이라도 팁을 더 받고 싶은 대망(?) 때문이다. 월급쟁이가 월급을 한 푼이라도 더 원하고 장사꾼이 한 푼이라도 이익을 많이 원하듯이 그들은 팁의 많고 적음에 따라 일하고 있다. 그 팁을 제한하는 것이 팁의 평등배당이라는 의미라면 일종의 공산주의다. 여급은 자연히 손님에게 무뚝뚝해지거나 애교조차 보이지 않게 된다. 뿐만 아니라 여급 지원자는 점점 줄어들 것이다. 여급이 애교를 부리지 않게 되면 손님의 발길은 자연히 카페에서 멀어질 것이다. 그러므로 여급의 팁 문제는 곧 카페의 성쇠 문제로 이어진다. '여급의 의복을 명선(銘仙)으로 제한한다'는 둥 말하지만 이는 우둔함의 극치다. 그들은 경찰의 제한이 없어도 최근은 불경기여서 명선 옷조차 입지 못하고 여러 번 빨아 색바랜 모슬린 정도로 견디고 있다. 그들은 분칠을 하고 아름다운 의류를 걸치고는 요염하고 밝은 느낌을 주기 때문에 여급을 목적으로 카페에 발을 들이는 자가 많다. 그런데 의류를 제한해 시골티 나는 차림을 하게 된다면 자연히 손님 발길은 카페에서 멀어진다. 이것도 카페가 부진한 한 요인이 된다. 게다가 개인의 의복을 제한하는 따위는 완전히 인권유린이니 쇼와(昭和) 시대에 이런 바보 같은 짓을 하다니 참으로 경찰의 불법 간섭이란 소리를 들어도 어쩔 수 없을 것이다. 그리고 이런 명랑한 생업자(稼業者)에게 의복을 제한하는 따위는 일종의 영업 압박이라 할 수 있다. 카페 업자도 이런 문제에 대해서는 대대적으로 다퉈도 좋을 것이다. 여급 또한 마찬가지다. 오베베[20]나 챙기기보다 술주정꾼 단속이나 해 주세요라고 항의해도 좋으리라. '여급 통근의 제한'도 불합리한 간섭이다. 유부녀든 독신자든 살기 위해 일하기 위해 통근하든 묵든 그런 일에 간섭할 권리는 경찰은 부여받지 않았을 터다. 이것도 경찰의 불법 간섭이다. 만일 그들이 통근하기 때문에 풍의(風儀)를 문란하게 하는 일이 있다면 단속할 법이 어엿하게 정해져 있다. '카페에 일본실을 마련하지 않을 것'이라는 항목도 경찰의 불법 간섭이라 할 수 있다. 일본실이 있어서 카페의 풍의(風儀)가 어지럽혀진다면 모든 음식점이나 요리옥에서도 일본실을 금지해야 한다는 이야기가 된다. 카페의 일본실만이 풍의를 어지럽히는 매음굴이라고 보는 것은 어디로 보나 편견이라 해야 한다. 그런 일까지 간섭하는 것은 완전히 불법 간섭이다. 카페라는 장사는 약한 장사이고 법률에서 국민의 권리라는 것을 자각하지 못한 무지한 무리들이니 심한 불법 간섭이라 할지라도 그런 영업자에 대해서는 가하지만, 약한 자를 괴롭히다니 너무 딱하지 않은가. 카페의 단속만 엄중하게 할 것이라면 모든 수상한 음식점을 좀 더 철저히 단속해야 한다. 그렇게 해서 게이샤나 요리옥의 단속도 좀 더 엄중히 하면 어떠한가. 게이샤의 매음은 여급의 매음보다는 더 한층 전문적이어서 보편적이지 않지 않나. 그들은 완전히 밀매음에 다름없다. 경성의 각 요리점의 깊숙한 좌석(자시키)은 매음집(淫売屋)과 전혀 다를 것이 없지 않은가. 여급의 통근을 문제 삼기보다는 게이샤의 아침 귀가를 먼저 엄금하면 어떤가. 게이샤가 단정치 못한 꼴을 하고 자고 일어난 머리를 하고 차를 타고 달리는 모습은 매음하고 귀가한다는 증명이 아니고서 뭐란 말인가. 새벽녘 욱정(旭町)이나 본정(本町)에서 이런 모습을 상당히 발견할 수 있을 것이다. 특히 요리옥이나 게이샤가 소수의 부르주아 계급의 휴식 상대가 되는 놀이터라 해서 묵인한다면, 카페는 대중 프롤레타리아 계급의 놀이 장소다. 프롤레타리아 계급의 놀이터에 대해서만 잔소리를 해대며 간섭하고 부르주아 계급의 놀이 장소는 완전히 방임해 둔다는 것은 지극히 불공평한 이야기다. 이런 불공평한 어거지 단속법을 경찰의 손으

---

20 '오베베(おべべ)' 또는 '베베'는 입는 옷의 유아어이지만, 속어로 여성의 음부를 가리킨다.

로 실시함은 완전히 언어도단이 아닌가. 고마쓰(小松) 본정(本町) 서장은 이 정도의 논리를 이해 못하는 사람이 아닐 것이라 생각하지만, 완전히 이상하다.

▲

그렇다고 내가 카페 단속은 방임해야 한다는 논자인가 하면 결코 그렇지는 않다. 경성의 카페는 대부분이라고까지는 할 수 없지만 반수는 수상한 매음집(淫売屋) 같은 것이 있다. 방도 더럽고 요리도 맛없다. 그저 분칠로 눈속임한 마성의 여급이 아양을 팔고 음(淫)을 팔아 세상살이를 하고 있는 곳이 상당히 많은 듯하다. 이런 것들은 매음단속법으로 현장을 척척 검거해 법에 처해야 한다. 특히 그들 다수가 유독자여서 전도유망한 청년을 곤란하게 하고 있음은 사회 정책상 버려둘 수 없는 문제다. 또한 어느 카페나 근래에 학생이 많은 것 같다. 학생의 신분으로 여급과 시시덕거리거나 술을 마시며 까부는 건 아무리 생각해도 좋지 않다. 이들에게는 어떻게든 단속법을 강구했으면 한다. 그리고 야비하고 빈약하고 저급한 카페가 시중 도처에 산재함은 시가 미관 면에서도 그다지 보기 좋지는 않으니, 이것들은 상당히 제한하고 단속도 엄중하게 하면 자연히 카페의 남발도 막을 수 있는 셈이다. 그렇게 되면 우량한 카페, 정돈된 카페가 존립하기 쉬워지고 따라서 카페는 더욱 개량되어 진정한 시민의 위안 장소가 되고 좋은 의미에서 대중의 휴양 장소가 되는 셈이다. 경성처럼 시중에 작은 공원이 부족하고 어딜 가든 잠시 걸터앉을 장소조차 없는 곳에서는 카페의 존재가 사회적으로 봐도 필요하다. 하지만 조금 더 기분 좋은 실내 설비와 기분 좋은 여급을 정선하고, 동시에 무턱대고 요리나 술을 강제한다거나 팁이 적다며 갑자기 싸늘한 태도를 취하는 여급을 도태시켜, 아름다운 여급이 상대가 되어 저렴하고 기분 좋게 마음 편히 먹고 마시며 휴식하게 하면서 대화할 수 있는 그런 카페가 속속 만들어지기를 희망한다. 그런 카페가 생기면 무미건조한 경성도 조금은 취미의 도읍이 된다. 경성에는 요리옥(料理屋)은 의외로 발달했지만, 웬일인지 카페가 좀처럼 발달하지 않았다. 수는 터무니없이 많지만 변변한 카페가 없다. 하나쯤 주식 조직으로라도 만들어서 장곡천정(長谷川町) 부근에 커다란 정돈된 대중적 카페가 있으면 좋겠다. 도쿄에서 일류 카페 여급이라도 몇 명 고용해 와서 개업하면 분명히 대번창은 따놓은 당상이다. 찬바람 휘날리는 겨울 경성에는 더욱 있었으면 한다. 그렇게 해서 도쿄처럼 경성의 카페가 해방된 일종의 민중적 구락부장(俱楽部場)으로서 청년과 노인, 학자와 상인, 신사와 장인도 갈 수 있는 식으로 사회적으로 널리 개방된다면, 일종의 사회 축소판으로서 그 좀만으로도 흥미로운 유락장(遊

樂場)이자 환락장이 될 것이다. 또한 우울한 기분을 전환하는 장이 된다. 지금의 경성 카페는 젊은 이들만이 점령하고 있어 중년자 이상이나 신사 계급인 자들이 갈 곳이 아닌 것처럼 카페 기분이 맞춰져 있다 보니 중년 이상이나 신사 계급의 휴식 장소는 아무래도 요리점으로 한정된다. 그런 식이다가는 사회적 오락장이 현저히 국한되고 카페 자체의 입장에서도 바람직하지 않다. 단, 경성의 카페가 그렇게 모든 계급을 널리 맞이하기 위해서는 좀 더 요리를 정선해야 하고, 여급을 선택해야 하고, 방이나 비품을 정돈해야 한다. 지금처럼 어느 카페를 가든 도쿄 변두리에나 있을 법한 카페였다가는 순간 발길을 향할 용기가 사라진다.

7. 게이샤의 매춘행위에 대하여 아무개 서장과 기자의 문답(1929. 3.)

게이샤의 매춘행위에 대하여 아무개 서장과 기자의 문답
「藝者の賣春行爲に就いて某署長と記者との問答」, 『朝鮮及滿洲』 256, 1929. 3.

기자는 어느 날 모 경찰서의 서장을 방문하여 게이샤의 매음에 관해 문답을 주고받았다.

기자 : 도쿄든 어디든 오늘날의 게이샤는 곧 고급 매음의 간판 격으로 돼 있다. 게이샤의 매음을 이러쿵저러쿵 함은 촌스럽기 짝이 없는 것으로 치부된다. 경성의 게이샤는 도쿄나 내지 각지의 게이샤보다 한층 더 매음 전문식이다. 그 점은 권번에서 아카시센코(明かし線香)나 베츠센코(別線香)라는 것을 공공연히 청구하고 있어서 알 수 있는 사항이다. 그럼에도 경성 게이샤가 처벌되었다는 이야기는 거의 들리지 않고 요리옥에 현장 검사(臨檢)가 있었다는 이야기도 거의 못 들었다. 경성의 게이샤는 완전히 매음 공허의 모습이다. 경찰은 완전히 묵인하고 있는 것 같은데….

서장 : 그런 촌스런 이야기는 하는 게 아니다.

으스스한 미소를 흘리면서 교활한 눈초리로 기자의 질문의 화살을 교묘하게 피하려 한다.

기자 : 무슨 촌스런 이야기를 하려는 것이 아니다. 나도 유산계급이 반드시 되지 않더라도 임시 수입이 50~60엔이라도 생기면 한번 게이샤를 사보고 싶다는 생각을 하니 말이다. 게이샤의 매음 묵허에 전적으로 반대하는 건 아니지만 거리 귀퉁이에 숨어서 몰래 3~5엔으로 무산계급을 상대하고 있는 소위 사창을 잡아들이거나 카페 여급의 의기투합까지 요란하게 단속한다는 경찰이 경성의 4백 게이샤나 2백의 기생 매음만은 묵허하고 공공연히 시키고 있음은 지극히 불공평한 일이니, 게이샤의 매음을 묵인한다면 모든 사창의 매음을 묵인해

야 하고, 사창이나 카페의 여급까지 단속한다면 왜 예기나 기생의 매음을 단속하지 않느냐는 말이다. 경성의 경찰은 게이샤가 매음을 거의 본업으로 삼고 있다는 것을 모르는가.

서장 : 아니 그렇지는 않다.

기자 : 그럼 왜 단속하지 않는가.

서장 : 그렇게 정면으로 들이받으면 입을 다물게 되는데 막상 게이샤의 매음을 단속하게 되면 경성 관민의 높은 사람들의 동료에게 대공황을 초래한단 말이다.

기자 : 그렇다면 관민의 높은 사람들의 미움을 받을까 봐 무서워서 경찰은 게이샤의 매음을 알고도 모르는 척한단 말인가.

서장 : 아니 꼭 그런 건 아니지만, 그뿐만이 아니라 경성 요정의 출자자 중에는 은행이 있다. 상당히 알려진 실업가도 출자했다. 그런 방면에도 공황을 가져오고, 요정이나 오키야에도 상당한 타격을 준다. 따라서 권번의 주식 가격에도 영향을 미칠 테고, 그 영향이 미치는 바가 심대할 것이다. 그것도 생각해야 한다.

기자 : 그런 이야기를 하다가는 사회 개량도 죄악 청소도 할 수 없지 않나. 당신들은 약자를 괴롭히는 일은 상당히 용감하게 하면서, 강자에 대해서는 의외로 비겁하고 겁이 많다. 도둑으로 치면 좀도둑만 쫓아다니고 강도는 모두 손대지 않겠다는 것이나 마찬가지다.

서장 : 뭐, 그런 이야기를 들어도 어쩔 수 없지만, 지금까지 오랫동안 경성의 게이샤의 매음은 거의 묵인하는 모습으로 추이해 왔으니 이제 와서 새삼스럽게 매음 단속에 힘쓰고 요정과 오키야의 현장 검사를 왕성하게 한다면 완전히 경성의 큰 문제를 야기한다. 그러려면 경찰부장과 경무국장의 양해를 우선 얻어야 한다. 그런데 아닌 밤중에 홍두깨 식으로 우리가 지금 자세를 가다듬고 그런 얘기를 장관에게 말을 꺼낸다는 것도 이상하지 않냐. 위쪽에서 '해라'라는 방침으로 나온다면 언제든 하겠지만 위쪽에서도 그런 촌스런 일은 이제 와서 새삼 생각하지도 않을 것이다. 아무쪼록 당신들이 위쪽을 먼저 설득해 주기 바란다. 우리는 언제든지 한다. 순사들도 도둑 사냥보다는 게이샤의 매음 사냥이라 하면 기꺼이 용감하게 할 테니 말이다.

기자 : 어쩐지 당신들은 그런 식일 줄 알았다. 다수의 게이샤가 매음을 거의 본업으로 삼고 있는데도 나는 예(藝)로 밀고 나간다며 잘난 척하고 뾰로통하게 구는 것이 마음에 안 든다. 예 따위는 아무것도 없으면서 얼굴이 좋거나, 살집이 좋거나, 엉덩이가 크다는 녀석이 누구에 대해서든 뻔뻔하게 잡아끌고 물고 빠는 젊은 기(妓)로서 권번의 상석을 차지하고 있음은

무엇을 말해 주고 있다고 생각하는가. 이는 풍기 면에서도 바람직하지 않고 또한 유산계급이나 중류 이상 계급의 화류병 방지라는 방면에서 생각해도 방임은 바람직하지 않다고 생각한다.

서장 : 전적으로 그렇다. 우리도 거기에 동감이다. 그러나 아까 말한 것 같은 사정 때문에 손을 대는 것이 꽤 어렵다.

기자 : 그럼 경성의 게이샤는 당분간 매음 공허의 현실을 지속하게 되는가.

서장 : 뭐, 결국 그런 상태가 되겠지만 우리는 어떻게든 하고 싶다는 생각은 늘 하고 있다. 단속법은 어엿하게 있으니 그것을 실행하기만 하면 된다. 다만 그 실행이 꽤나 어렵다는 이야기다.

기자 : 경성의 사창이나 공창 쪽에서 게이샤의 매음 묵인 문제를 들고 나오지는 않는가.

서장 : 신정(新町) 무리들한테 가끔 그런 이야기를 듣지 않는 것은 아니지만, 아직 한 번도 공공연하게 이야기를 들은 일도 항의를 받은 일도 없다.

기자 : 사미센(三味)을 지니지 않는 매음은 공창으로서 다른 사회라는 취급받고, 잠깐 거리에 나가는 데에도 경찰의 허가를 받아야 하는 식으로 속박당하고, 사미센을 지닌 매음은 자유자재로 당당한 얼굴로 사회를 횡행할 수 있다는 건 너무도 불공평하기 짝이 없는 이야기다. 나는 그런 불공평한 사회의 존재가 참을 수 없으리만큼 마음에 들지 않는다.

서장 : 자자, 그리 분개하지 마시고, 당신도 돈이라도 벌어 보라. 지금처럼 게이샤 매음 불단속을 몹시 환영할 테니 말이다.

라고 크게 웃어젖히더니 모처럼의 게이샤 매음 단속 문답도 요령 없이 웃음으로 끝내 버렸다.

기자 : 내자에는 작년 가을부터 화류병 예방규칙이 시행되어 화류병을 전염시킨 매춘부나 그를 매개한 나카이(仲居), 기타의 자는 3백 엔 이상의 벌금에 처해지거나 금고에 처해지게 되었는데, 이것도 경성에는 시행되지 않고 있다. 무슨 이유에서인가.

서장 : 무슨 이유라… 그런 건 경무국에서 생각해서 발령하는 것이고 우리는 그 명령에 접하기만 하면 언제든 실행 임무를 맡는다.

기자 : 예의 신정(新町) 공창에게 경찰이 사용을 장려하고 있는 안전 연고(膏), 일명 추천 약은 화류 예방의 실효가 있다고 하던데….

서장 : 꽤 효능이 있나 보다. 제일 신정병원의 입원 환자나 통원 환자가 꽤 줄었다고 한다.

기자 : 그럼 그것을 경성의 게이샤에게도 사용하도록 장려하면 어떤가.

서장 : 그런 일을 하면 더욱 게이샤의 매음을 장려하게 되고, 당신들에게서 한층 비난 공격을 받지 않냐. 게이샤가 화류병에 많이 걸리면 사는 쪽에서도 자연히 생각하게 된다. 그렇게 되면 자연히 게이샤의 매음은 시들해질 것이다.

기자 : 지금도 게이샤 중에서 가벼운 예로 임질이 없는 자는 없을 테다.

서장 : 그런데도 비싼 돈을 내고 게이샤를 사는 경성의 신사 동료들과 방탕아(遊蕩兒)들은 꽤나 게이샤를 사는 데 용감하군. 그러니 경찰이 찔끔찔끔 현장 검사를 하는 정도로는 그다지 효능은 없을 것이다. 파는 녀석들도 나쁘지만 사는 쪽 녀석들도 별로 좋지 않다.

기자 : 경찰이 방임해 두니까 점점 더 게이샤를 공공연하게 사게 되는 것이다.

서장 : 또 경찰 공격인가.

기자 : 창기든 게이샤든 한편 생각하면 딱한 처지여서 어지간한 병으로는 쉬지 않고 일하게 한다. 장사 때문에 화류병에 걸려도 치료비는 자기 부담이다. 창기 쪽은 어떤지 모르겠지만 게이샤는 그렇다. 만사가 그런 식이니 게이샤는 빚만 늘고 연기(年期)가 다가와도 좀처럼 발을 뺄 수가 없다. 그들은 오야카타(親方)에 대해서는 절대적인 노예근성을 전통적으로 관습적으로 키워 왔기 때문에 노자(勞資) 문제 같은 것은 그들 사회에서 일어나지 않지만 참으로 딱하다. 경찰은 어떻게든 그들의 보호책을 강구하면 어떤가.

서장 : 이번엔 또 묘하게 게이샤에게 동정하는군. 그건 농담이고. 당신이 말한 대로 그들은 의외로 오야카타(親方)에게는 유순하다고 한다. 따라서 오야카타는 그들에게 상당히 무리를 강제하는 것 같다. 하지만 예창기 쪽에서 호소해 오지 않는데 경찰 쪽에서 예창기의 보호를 자처하는 형편은 못되지 않나.

기자 : 그건 그렇겠지만 인도상 견디기 어려운 점이 있으니 경찰은 시달리는 그들을 보호해야 한다. 그리고 다시 게이샤의 매음 문제로 돌아가지만, 14~15세에 술을 따르다가 매음을 강요받았다고 정말 울고 있다. 이런 경우는 경찰도 인도적으로 요정이나 오키야에 조금은 간섭해서 약한 자를 도우면 어떤가.

서장 : 그 또한 경찰이 그런 예를 찾아 돌아다닐 만한 짬도 없고, 또 그런 일은 할 수도 없다. 당사자나 부모가 호소해 오지 않는 한 손댈 수가 없다.

기자 : 내지에서는 15세 미만의 여자에게 매음을 강요하면 3백 엔 이상의 벌금이나 체형(体刑)까

지 부과하는데, 경성에서는 14~15세의 술 따르는 시대에 대개 머리를 올리는(水揚) 세례를 하는 것이 공공연한 비밀인데도 경찰은 전혀 모르는 얼굴을 하고 있으니 괘씸하지 않은가.

서장 : 그리되면 근본적으로 게이샤의 매음을 단속해야 한다. 술 따르다가 머리를 올리는 것만 간섭한다는 것도 이상하니 말이다.

기자 : 경성의 게이샤가 일하는 시간을 적어도 내지의 각 도시처럼 12시까지나 오전 1시까지로 하고, 1시가 되면 모든 요정에서 철수시키게 하면 조금은 풍기를 단속할 수 있지 않을까.

서장 : 그 정도의 제한은 게이샤에게 있어도 좋겠군. 그 정도는 못할 것도 없겠다. 한번 생각해 보자.

기자 : 경성의 요정에서 도박을 상당히 하고 있는데 경찰은 요정 깊숙한 곳에서 이뤄지는 일은 완전히 방임하고 있지 않나.

서장 : 요정을 괴롭히면 요정의 오카미나 나카이나 게이샤가 다들 나서서 위쪽 사람들한테 저 서장은 목을 잘라 버리라는 둥 부추기니 말이다.

기자 : 당신은 드디어 속내를 드러냈군. 정말 당신들 처지에도 동정을 표한다. 하지만 그러다가는 언제까지나 경성의 화류계는 치외법권으로 남을 것이다.

서장 : 그리 바보 취급하지 말라. 할 때는 단호하게 할 테다.

기자 : 그럼 당분간 형세를 관망해 볼까. 아무튼 게이샤의 매음 묵허는 아무래도 이치에 안 맞는 다. 사회 풍기의 단속에서 이만큼 노골적인 모순과 불공평한 일은 없으니 진지하게 생각해 주기 바란다.

서장 : 아니, 실제로는 나도 동감이다.

기자 : 그렇다면 당신들 머리에도 이성과 상식이 아직 존재한다고 말할 수 있다. 더 이상에 대해 서는 그저 용기와 단행력을 간절히 바라는 바다.

8. 조선박람회를 기회 삼아 경성 요정의 풍기를 확청하라(1929. 9.)

조선박람회를 기회 삼아 경성 요정의 풍기를 확청하라 : 여급과 사창 단속에만 힘쓰고 게이샤와 요정의 풍기를 방임함은 완전히 언어도단 방식이다. 경성 시중의 풍기 정화를 위해 이를 제창한다
「朝博を機會に京城料亭の風紀を廓淸せよ：給や私娼の取締計り勵行して禮者や料亭の風紀を放任して置くのは全く言語東斷なやり方だ, 京城市中の風紀淨化の爲めに之を提唱する」, 『朝鮮及滿洲』 262, 1929. 9.

최근 경성의 풍기경찰은 경성 카페 여급의 풍기 단속이나 값싼 매음부 단속은 꽤나 가혹하게 하고 있다. 장곡천정(長谷川町) 뒷골목의 사창굴 철거까지 감행했다. 이는 여급을 상대하는 청년의 소행이나 사창을 상대하는 하층급 사람들의 보건 면에서 중요한 일이고, 또한 경성 시중의 풍기 정화 면에서도 이론의 여지가 없을 뿐 아니라, 나도 더없이 환영하는 바다. 그러나 동시에 내가 가장 이해할 수 없는 점은 경성에서 예기와 기생의 매음, 요정의 풍기 단속에 대해서는 거의 손을 대지 않는 것이다. 경성의 게이샤와 기생이 대부분 매음을 거의 본업처럼 일삼고 있고, 경성의 일류 요정을 비롯한 각 요정들이 게이샤나 기생의 매음굴로 자리 잡았다는 것은 거의 알려진 사실이어서, 아무리 사정에 어두운 경찰이라도 이를 모를 리가 없다. 알고도 모르는 얼굴로 그들이 하는 대로 방임해 두고, 게이샤나 기생의 매음행위나 요정의 풍기 단속에 일체 손을 대지 않는 것을 나는 아무래도 이해할 수가 없다. 그들은 이 방면에서도 약자를 괴롭히고 잔챙이는 괴롭히면서 큰 요정에 들이닥칠 용기는 없고, 잘난 체하는 매음 게이샤를 구류소에 박박 쓸어넣을 용기도 없으니, 한심하지 않은가. 내지의 각 도회지도 음란한 풍속에 잠겨 지금은 게이샤의 매음이 거의 공공연한 비밀로 인정되고 있다. 이에 대해 이러쿵저러쿵 말하면 풍류를 모른다고 치부당하는 세상이다. 그럼에도 경찰은 단속에 상당히 힘써 현장을 확보하면 즉각 처벌하고 있다. 또한 밤 12시 이후에는 게이샤를 요정에 두는 것을 허용하지 않는 제도까지 마련해 이를 시행하고 있는 곳이 많다.

도쿄 같은 곳에서도 게이샤의 매음은 활발히 이뤄지고 있다. 도쿄의 게이샤는 대부분 경성 못지않게 매음을 전문으로 한다. 도쿄경시청은 이를 묵인하고 있지만 그 대신 마치아이(待合)라는 것을 두게 하여 게이샤의 매음은 그곳에서 밀매하도록 하고, 요정에서는 일체 하지 않도록 단속을 시행하고 있다. 그리하여 비로소 지체 높은 신사나 학교 선생님도 요정에 공공연히 출입할 수 있게 되었다.

하지만 경성의 경우 신정(新町) 이외의 시중에는 마치아이의 설치를 허용하지 않는다. 그 결과 요정이 자연스레 신분이 높은 사람들의 매음굴이 되었다. 그리하여 지체 높은 신사를 비롯해 학교 교사까지 이 마굴에 공공연히 출입하고 있다. 완전히 언어도단인 짓이다. 그리고 게이샤의 매음 센코(線香)를 의미하는 베츠센코(別線香)와 아카시센코(明かし線香)라는 것을 공공연히 용납해 게이샤가 요정에 묵는 것을 공공연히 허용하고 있다. 이렇듯 엉망진창인 일들이 일본 전국의 어디에서 이뤄지고 있다고 생각하는가. 만주와 기타 식민지에서는 게이샤의 매음을 묵허하고 있다. 그 대신 게이샤에게도 매독검사를 시행하고 있다. 경성의 예기에게는 매음은 허용하고 있어도 매독검사는 하고 있지 않다. 그들이 대부분 화류병, 적어도 임질 보유자임은 반신(半身) 건강진단 의사가 인정하는 바다. 그럼에도 경찰은 이 또한 모르는 얼굴로 화류병 전파를 방임하고 있다. 하지만 신문 잡지까지도 요정과 게이샤의 비위를 맞추고 있는 경성의 현실은 정말 말도 안 된다. 이는 따지자면 작금에 시작된 경성 화류계의 상태가 아니라 통감부 시대부터의 유습이다. 그 때문에 데라우치(寺內) 통감 시대에는 한때 요정의 풍기 단속을 엄중하게 실시하고, 동시에 관리의 요정 출입을 엄금한 바 있다. 이제는 조선도 일본의 통치하에 든 지 이미 20년이 지났고 조선은 세계의 공로(公路)가 되었다. 목전에 조선박람회까지 앞두고 있다. 그럼에도 경성 시중 도처에 요정들이 일반 민가 안에 크게 들어서 있고, 그것이 바로 매음 게이샤의 마굴(魔窟)이다. 또한 그 매음 전문 게이샤가 공공연히 시중을 횡행하고 있으니, 이는 경성 시민의 풍기를 어지럽히고 경성 시민의 치욕이 되었을 뿐 아니라, 경성 시민 여아들에게 미치는 감화 면에서 보더라도 우려할 일이다. 또한 내외의 신사숙녀에 대해서도 바람직하지 않다. 경성에 오는 내외 사람들이 "경성에서는 일류 요정에서 게이샤를 멋대로 살 수 있다"고 선전한다면 전혀 경성에 명예롭지 못하다고 생각한다. 또한 매음 게이샤가 당당한 얼굴로 경성 시중과 공중의 면전을 횡행하고 있다는 것도 바람직하지 않지만, 동시에 그들 약한 여자를 흡혈 기계로 만들어 부당한 이득을 탐하고 배를 불리고 있는 오키야(置屋)와 요정과 나카이(仲居) 무리는 전적으로 사회의 독벌레이자, 인도적으로 증오해야 할 흡혈귀의 사주자다. 이러한 의미에서 게이샤의 매음 단속을 시행하여 그 무리들에게 철퇴를 가해야 한다. 거듭 묻는다. 여급과 저렴한 사창을 정벌하는 데에 용감한 경찰이 게이샤의 매음을 방임하면서 요정의 풍기 단속에 일체 손을 대지 않는 이유를 듣고 싶다. 내외의 신사숙녀가 모이는 조선박람회(朝博)를 앞두고 있음을 기회 삼아 경찰도 일대 영단을 내려 게이샤와 요정의 풍기 단속에 일대 획기적 수완을 발휘함으로써 경성 시중의 풍기를 정화할 용기는 없는지 감히 이를 질문한다.

하마구치(濱口) 내각의 재정 긴축 소비 절약이라는 대방침에 대해서도 게이샤의 횡행과 요정의 번창은 너무도 기구한 반정부적 현상이 아닌가. 이 점도 당국자는 고려할 필요가 있을 것이다.

9. 경성 화류계의 정화는 목소리만으로 그칠 것인가 : 고마쓰 본정 서장에게 묻다(1930. 1.)

경성 화류계의 정화는 목소리만으로 그칠 것인가 : 고마쓰 본정 서장에게 묻다
「京城花柳界の淨化は聲計りに終るのか : 小松 本町署長に質す」,
『朝鮮及滿洲』 265, 1930. 1.

11월 중순경부터 경성 화류계의 정화, 즉 게이샤의 매음 단속과 요정의 풍기 단속을 경성 본정(本町)경찰서가 시행한다는 설을 각 신문이 대대적으로 보도하였다. 게이샤의 매음이나 요정의 풍기 단속은 풍기경찰의 당연한 업무이므로 이제 와서 새삼스레 떠드는 것은 우스운 이야기이긴 하지만, 경성의 게이샤, 기생의 매음과 요정의 풍기는 데라우치(寺內) 총독 시대에 일시 단속을 시행한 일이 있다. 요정에 한때 사복형사를 배치하여 먼저 관리의 요정 출입을 감시하는 엄중함을 보이며 화류계를 위협한 적이 있었지만, 그 후 10여 년간은 단속을 완화했다. 그 결과, 경성의 게이샤와 기생의 매음이 멋대로 이루어져 요정은 매음굴로 변했어도 아무도 이를 수상히 여기지 않게 되었고, 게이샤, 기생의 매음은 당연한 일로 허용되었으며, 요정은 풍기경찰의 감시 밖에 놓이면서 완전히 치외법권이 돼 버린 감이 있다. 현재의 본정 서장인 고마쓰(小松) 씨는 대단히 진지한 사람으로, 부임 이래 경성의 풍기 단속이 너무도 방임되고 있음에 놀라, 먼저 시내의 저렴한 매음의 단속을 시행하고, 카페 여급의 풍기 단속을 시행하며, 신정(新町) 권번의 게이샤들에게 매독검사를 실행하는 식으로 풍기 정화에 노력을 기울였다. 그러나 본 권번에서 게이샤의 매음과 각 요정의 풍기에 대해서는 좀처럼 정화의 손을 뻗지 않고 있다가, 세간에서 왜 게이샤와 요정의 풍기 단속에 뻗지 않느냐고 공격하자, 본정 서장도 결국은 결심했는지 11월 중순경부터 우선 각 요정의 실내를 검사하고, 게이샤 수십 명을 소환하여 취조하고, 권번 당사자를 불러 주의를 주는 등 경성 요정의 풍기 개선의 일단을 열었다. 신문도 이를 적극 보도하여 경찰을 성원했기 때문에, 저렴한 매

음집(淫売屋), 카페, 신정 방면의 사람들은 본정 서장의 공평성과 용기를 예찬하였고, 일반 가정에서도 매음 게이샤의 횡행을 좋지 않게 생각하던 부인들이 크게 통쾌해하며 평생의 체증이 가셔 후련하다며 환영했다. 그런데 이에 반해 권번과 요정은 비상한 위협을 느끼고 경찰에 진정을 내는가 하면 신문사의 3면 기자에게 향응을 제공해 양해를 구하며 크게 완화책을 취하였다. 각 신문에서 경성 화류계 정화 기사가 일제히 사라지고 경찰도 그 후는 화류계 단속에 대하여 아무런 실행도 보이지 않아 현장 검사가 한 번도 이뤄지지 않은 상태다. 이번에야말로 경성 화류계의 정화가 이루어지기를 기대하고 통쾌해하던 세인들은 여우에게 홀린 듯 아연 실망하지 않을 수 없는 상태다. 본정경찰서가 여기서 허리를 굽혔다가는 완전히 세인들의 웃음거리가 되고, 게이샤나 요정은 "거봐라, 우리한테 손을 댈 수 있냐"며 경찰을 우습게 볼 것이다. 요정 깊숙이에서 이루어지는 게이샤의 매음과 도박 현장을 확보하는 일이 쉽지는 않을 것이다. 현장 검사를 하더라도 사냥감을 잡는 일이 쉽지는 않다고 한다. 그러나 게이샤에게만 매음을 묵허하고 요정의 풍기를 경찰의 단속 바깥에 두는 것은 심히 불합리해서, 그러다가는 경찰의 위신에도 영향이 있을 터다. 또한 매음 게이샤를 시민의 일반 자녀 사이에 당당히 횡행하게 함은 일반 시민의 자녀 감화상으로도 좋지 않고, 선량한 풍속을 크게 해친다. 일반 민가 안에 커다란 건물로 산재하고 있는 요정에서 매음, 도박, 부정한 담합과 온갖 죄악이 공공연히 이뤄지는데도 아무도 수상히 여기지 않는 지경에 이르러서 시민의 미풍양속을 심하게 해치게 되니, 모처럼 작정한 경성 화류계의 정화만은 이참에 꼭 실행해 주면 좋겠다. 이는 아마도 뜻있는 시민의 목소리이리라 생각한다. 경성 화류계의 풍기 단속책으로 우선 베츠센코(別線香), 아카시센코(明かし線香)라는 것을 단연히 금지해야 한다. 이는 공공연히 게이샤의 매음을 공허하는 것이나 마찬가지다. 현장 검사(臨検)는 효과가 적다 하더라도 가끔 일제히 크게 검거한다면 이 또한 화류계 정화의 한 방법일 것이다. 때때로 매음 게이샤를 경찰 구류소에 처넣어 뜸을 떠주는 것도 경성 화류계 정화의 한 방법이리라. 하지만 그렇게 되면 각 요정은 검시 경관을 매수하려 힘쓸 테니 그 점도 크게 주의해야 한다. 고마쓰 서장이 크게 분발하여 초지일념을 단행하고 경찰의 치외법권 밖에 놓인 경성 화류계에 하나의 새로운 기원을 그려야 한다. 이 점에는 아마도 다나카(田中) 경찰부장도 이의가 없을 테고, 이번 모리오카(森岡) 경무국장도 이의가 없을 것이다. 게이샤의 매음과 요정의 풍기를 방임해 두는 시대는 이제 지나갔다고 생각한다. (일개 시민)

10. 화류계 정화는 용두사미(1930. 2.)

화류계 정화는 용두사미, 요정 영감의 한 치의 실책에 따끔한 맛을 보인 것으로 책임을 다했다니 한심하다, 교풍회의 궐기는 어떻게 되었는가
「花柳界淨化は龍頭蛇尾, 料亭の爺に一寸した失策でお灸を据ゑて責め塞ぎとは情けない, 矯風會の蹶起は何うなつたのか」, 『朝鮮及滿洲』 266, 1930. 2.

본정(本町)경찰서는 11월 초 즈음부터 경성의 화류계 정화를 활발하게 선전하여 경성의 요정과 게이샤 기생 등에게 위협을 가했다. 다년간 치외법권 아래에서 매음, 도박, 온갖 음탕, 죄악, 불순의 소굴이 되었던 요정에도 드디어 풍기 단속의 손이 뻗쳐 다소는 정화되리라, 매음 게이샤의 횡행도 이로써 다소는 조심하게 되리라는 기대를 모았고, 무엇보다도 각 가정의 주부 제군들이 크게 환영하고 통쾌해했다. 그러나 그 후 각 요정에 대한 한 차례의 현장 조사(臨檢)도 실시되지 않고 매음 게이샤의 구인도 없었으며, 각 요정에서는 여전히 매음과 도박이 공공연히 이루어지고 있다. 여전히 치외법권 아래에서 온갖 악덕과 죄악이 행해지고 있다. 본정경찰서의 당국자에게 "화류계 정화도 중지하는가?"라고 물으면 "아니, 그렇지는 않다"고 답한다. "그럼 어째서 하지 않는가?" 물으면 "슬슬 할 것"이라며 얼버무리고 있다. 결국 손을 대지 못하고 있는 것으로 보인다. 아무래도 요정이나 게이샤의 제일가는 단골이라 하면 총독부의 국부장부터 각 과장과 각 기사급, 회사·은행의 중역에서 과장급 그리고 군사령부, 헌병대의 고급 장교, 그중에서도 경찰계의 고급 무리 중에 가장 단골이 많다 보니 쉽게 손댈 수 없는 것이다. 경찰 당국 상사의 명령이라도 있으면 모를까 본정 서장이 멋대로 하려 들려면 본정 서장은 자결을 각오하고 할 수밖에는 없다. 이번 경기도 경찰부장 시카노(鹿野) 군은 지극히 명랑한 사교가다. 술과 여자도 싫어하지는 않는다 하니, 지금까지 전통적으로 오랫동안 풍기경찰의 치외법권 아래 놓여온 경성 화류계(요정 게이샤계)에 대해서 대대적으로 칼을 뽑으라고 지시할 정도로 촌스러운 자(無粹者)는 아닌 것 같고, 그렇다 보니 결국 경성의 화류계는 여전히 풍기경찰의 치외법권 아래 놓여 매음과 도박도 멋대로 할 수 있는 분위기가 되는 것 같다. 그러니 요즈음에는 각 요정과 게이샤들이 입을 삐쭉 내밀고 지껄이기를 "우리한테 경찰이 손가락 하나라도 까딱 해봐. 본정 서장은 이거니까"라며 목을 베는 시늉을 한다. 과연 경성의 악덕, 악풍속의 정화에 열심인 고마쓰(小松) 서장도 감개가 어떠할지…. 실로 그 충정을 짐작한다고 말할 수밖에 없다. 인간 만사가 강한 놈을 이길 수는 없다. 세상이란 게 합리 불합리의 문제가 아니니 말이다.

그런데 여기 기괴한 사건이 하나 있다. 화류계 정화의 목소리가 야단스러운데도 각 요정에 현장 조사도 안 하고 한 사람의 게이샤도 구인되지 않는데, 한 요정 영감이 잡혀가는 사건이 12월 중순에 일어났다. 때가 때인만큼 게이샤에게 매음이라도 강요했다가 당한 것인지 물어보니, 웬걸 그런 일은 아니었다. 어느 연회에서 손님 쪽이 게이샤에게 팁(御祝儀)[21]으로 1엔씩 주라고 부탁했는데, 관리인(帳場)[22]이 요령을 부려 50센의 활동 티켓(切符) 2장을 봉투에 넣어 게이샤에게 건넸다. 그런데 이것을 받은 게이샤 중 하나가 이런 티켓보다는 돈이 좋다며 손님에게 호소했다. 손님은 게이샤의 비위를 맞추기 위해 그건 괘씸하다며 요정 영감을 불러 야단을 쳤다. 요정 영감도 미안하다며 사과하고 현금으로 바꿔 줬다고 한다. 이로써 만사가 해결됐을 터인데, 정보를 들은 경찰이 이런 괘씸한 일은 전적으로 일종의 사기나 마찬가지 방식이고, 이러니 게이샤가 요정 때문에 울게 된다며 게이샤를 동정하고는 그 요정 영감을 구류 3일에 처했다고 한다. 참으로 어처구니가 없는 이야기다. 연회의 팁(御祝儀)은 대개 요정의 계산 담당(帳場)이 전표(傳票)로 게이샤에게 주는 것이 전례(例)다. 그 전표가 돈으로 바뀌는 때가 언제일지는 알 수 없다. 자칫 무용지물이 돼 버리는 일이 허다하다. 무용지물이 되기보다는 활동 티켓만이라도 받는 편이 게이샤 입장에서는 좋다. 설령 그것이 잘못된 일이었더라도 '이후 조심할 것' 정도로 넘어갈 만한 경미한 실책을 들어 구류 3일이라니 정말 비상식적인 처사라고 평판이 나 있다. 본정경찰서의 경성 화류계 정화는 게이샤의 매음 단속이나 요정의 풍기 단속이 중심 취지가 아니라 오히려 게이샤의 보호정책이지 않은가. 요정에서는 각종 나쁜 폐단이 행해지고 있다. 요정, 나카이(仲居), 오키야(置屋) 등으로부터 게이샤는 상당히 착취당하고 있다. 그러나 대체로 말하자면 게이샤에게 밀음을 매개하는 이상, 여러 나쁜 폐단이 행해지는 것도 어쩔 수 없다. 근본 문제는 게이샤의 밀음을 공공연한 비밀로서 묵허하는지 여부에 있다.

---

21 고뉴기(御祝儀), 슈기(祝儀)는 축의금, 축하선물 등의 의미로 널리 쓰이고, 예능인이나 하녀, 식당 직원 등에게 주는 팁을 의미하기도 한다.
22 조바(帳場)는 상점이나 여관 등에서 계산대, 계산하는 곳, 카운터 등을 의미하는 일반명사다.

최근 경성의 교풍회―고다마(兒玉) 정무총감의 부인이나 후치자와(淵澤) 노여사를 수령으로 둔 교풍회는 폐창과 게이샤의 매음 단속, 각 풍기의 교정 정화 깃발을 내걸고 일어났는데 이 역시 그 후에 아무런 소식이 없다. 폐창 같은 것이 즉시 이뤄질 일은 아니지만, 창기의 보호, 게이샤의 매음 단속은 가장 급선무다. 크게 떨쳐 일어나 경성 화류계의 풍기 개선을 위해 경찰을 자극해 주기 바란다.

11. 도리하라 시게유키, 공창 폐지 문제의 최근 정세(1931. 5.)

도리하라 시게유키, 공창 폐지 문제의 최근 정세
鳥原重行, 「公娼廢止問題の最近の情勢」, 『朝鮮及滿洲』 282, 1931. 5.

　에비나 단조(海老名彈正) 씨의 술회에 따르면, 처음 공창 폐지를 외치기 시작한 지 오늘날까지 60년이 지났다고 한다. 구세군이 처음으로 창기 구제를 시작한 지는 30년이라 한다. 반세기에 걸친 운동은 실질적으로 바로 노예해방(開放)임에도 불구하고 문화의 첨단을 달린다는 현재에도 아직 해결을 보지 못했다. 70년 전의 미국 노예해방 전쟁이 대일본제국 국회의사당에서 벌어지고 있는 추태에 대하여 미국인이 모멸의 눈길을 보내며 냉소했다는 최근 사실을 먼저 독자에게 고할 수밖에 없다.
　이미 충분히 논의된 문제여서 다시 논할 것도 없다. 다시 과거를 언급하며 후회를 거듭하기보다는 공창제도 폐지 문제의 현황에 대해 비판을 가하여 장래의 자료로 제공하려는 것이 필자의 의도다.
　오늘날까지 공창 폐지 문제를 왜 실행에 옮기지 못했는가라는 근본 이유를 설명한다면, 아마도 많은 독자 여러분이 모든 오해를 버리고 공창 폐지의 필요를 감지하게 되어 여기 우세한 여론의 힘이 생겨나리라고 필자는 믿는다.
　공창 폐지 문제로 오늘날까지 그 반대론자와 계속 싸워 오는 가운데, 많은 민중이 반대론에 진리가 포함되어 있는 것처럼 믿어온 이유는 이렇다. 즉, 종래 공창폐지론자의 대부분이 종교가이거나 부인이거나 도덕론자였던 탓에 그 주장하는 바가 폐창론이 되어 도덕 문제로서 창기의 문제를 다루게 했고, 그렇다 보니 논거로 삼는 이상적 도덕론에 대해 (사람들은) 경의를 표하고 찬성의 뜻을 표하게 되면서도, 정작 현실 사회에서 실행되어야 할 문제로 다룰 때는 사회적으로 파생될 모순에 대해 찬성의 뜻을 표하기 어렵다고 느끼게 되니, 굳이 나서서 폐창 찬성론자가 될 수 없었다는 것이 큰 원인을 이루었다고 생각한다.

그리고 이 갭을 틈타서 유곽 측 존치론의 논거가 완전히 수립되고 자금이 풍부한 그들의 운동이 선전 효과를 잘 거둬 왔다고 할 수 있다.

여기서 주의해야 할 점으로서, 이상의 결과로 귀결한 데에는 일본인의 인습적 원인이 깊이 개재하고 있었음이 명확하다는 점도 덧붙여 두어야 한다.

또한 유곽 업자의 선전과 운동은 이 노예매매업과 다름없는 유곽 업자가 공인이라는 미명 아래 완연히 사업가·실업가인 것처럼 사회에서 취급되고 있기 때문에 참정권을 가지고 있다는 점을 지적해야 한다. 게다가 유곽이라는 최대 착취 기관을 둘러싸고 생활하는 다수 사람들의 참정권마저도 이들 유곽 업자가 금권을 통해 자유롭게 다뤄 왔다. 이러한 점들이 분명 올해의 의회에서도 공창제도 폐지에 관한 법률안 통과를 가로막아, 사회 안에 추한 사실의 존재를 확보하게 만들었다. 이는 많은 의원들이 "나도 속으로는 찬성이지만, 찬성하면 다음 선거에서 득표할 수 없게 된다"고 술회한 점을 보아도 명백하다. 실로 우리나라를 욕되게 하는 최대의 자들이 중의원 의원의 과반수에 달한다는 사실을 독자 여러분께서 충분히 기억해 주시기 바란다.

공창제도 폐지에 관한 법률안이 올해까지 몇 차례나 의회에서 너무도 간단히 묻혀 버린 사실은 독자 여러분도 잘 아시는 바이지만, 쉽게 묻혀 버린 데에는 전술했듯이 중의원 의원들이 그렇게 만들었다는 것 외에는 아무런 원인이 없다고 보아도 무방하다. 그리고 간단히 묻어 버림으로써 민중들이 존치론자의 논거를 정확하다고 믿게 만들기에 이르렀다는 점, 즉 공창 폐지의 여론을 형성하지 못한 원인의 일단을 이뤘다는 점 또한 분명하다.

그럼에도 불구하고, 올해 의회에서 공창 폐지 문제는 제안 국회의원 미야케 반(三宅盤),[23] 마츠야마 츠네지로(松山常次郎), 호시지마 니로(星島二郎), 반도 고타로(坂東幸太郎), 나가오 한페이(長尾半平) 씨 등 11명의 작전을 적절히 확보하여 열성적으로 주장함으로써 위원회를 6회 거듭하였다. 그사이 반대 의원은 거의 침묵을 지켰고, 반대 의견을 진술하더라도 "공창을 폐지하면 사창이 발호한다"라든가 "공창 폐지 후의 대책 여하" 정도로 유곽의 선전 그대로의 논의를 펼치는 데 그쳐 논전상으로는 완전히 분쇄당한 패배이다 보니, 그들의 비참한 모습은 인간 가치까지 떨어뜨리는 듯해 보고 있기 힘들 정도였다. 그런데 의결할 때가 되자 다음 의회의 득표를 우려한 그들은 과감하게도 반대의 한 표를 그들의 선거지반인 유곽과 자금자인 누주를 위해 부끄러운 줄 모르고 바쳐 버렸다.

---

23 실명 존재를 확인하지는 못하고, 일반적으로 한자 인명을 읽는 방식대로 표기한다.

18명의 위원 중 결석 1명, 11 대 6으로 공창폐지안은 위원회에서 부결되었다. 그러나 폐지론 의원의 진지한 노력으로 마침내 그들 반대론 의원이 도저히 맞설 수 없는 상태가 되어 '공창제도 폐지의 가부에 관한 조사 기관의 설치'라는 안은 만장일치로 통과되었다. 이 기관의 설치는 폐지론자들이 주장한 폐지를 전제로 기획되었음은 물론이지만, 이를 통과시키기 위해서 백지 기관으로 구성한다는 조건을 세워 반대 의원들의 입장을 편하게 만듦으로써 통과를 꾀했다는 점을 부득이한 당연지사로서 독자들이 이해하면 좋겠다.
　나오모토(猶本)위원회에서 특필할 사항이 있는데, 정부 위원으로서 출석한 나가이(永井) 외무차관이 국제연맹 조사위원을 곧 맞이하게 될 상황에서 일본의 인신매매제도 폐지에 대해 스스로 희망한다는 취지의 진술을 한 점, 이치노미야(一宮) 내무참여관이 정부위원으로서 명확하게 찬성 뜻을 표할 수 없는 입장에 있다는 부득이한 사정 속에서도 종종 찬성 뜻을 마음에 품고 있음을 절절하게 토로해 반대 의원의 분노를 산 점 그리고 이치노미야 참여관은 창기의 자유 폐업에 대해 종래에 종종 경찰관의 압박이 있었다는 사실을 지적한 질문에 대하여 "앞으로 그런 일이 없도록 기하고 각 경찰서에 통첩을 발하여 이를 단속해야 한다"고 답변한 점, 내무성 촉탁 우지하라(氏原) 의학박사가 자신의 저술에서 의학적 입장에서만 매창 문제의 결론을 내림으로써 세인들을 헤매게 하는 부도덕한 주장을 공표한 행위에 대해 마츠야마(松山) 의원이 강력히 문책하자 한마디 회답도 하지 못한 점 등, 종래 같았으면 존치론자들의 논거가 진실인 양 휘둘려 온 그 논거가 완전히 격파 당했다.
　이처럼 지극히 간단한 정세 기술에 그침은 독자들에게 만족을 주지 못할 우려가 있긴 하지만, 지면 사정도 있기 때문에 다음으로 어째서 이렇듯 의회 정세가 올해에 일변했는가라는 점에 대한 비판을 가하고자 한다.
　종래에 공창의 폐지론과 존치론이 서로 대립하는 가운데 존치론 자체에 진리가 있는 것처럼 공창의 존재가 허용되어 온 이유는 공창폐지론이나 폐창론 또는 절창론의 논거가 도덕론에서 출발하여 이상론으로서 사회에 받아들여지기 어려운 점을 지니고 있었기 때문이다. 그런데 본 의회에서는 공창 폐지 문제가 사회 문제 또는 인도 문제로 논의됨으로써 본 문제의 현실성이 명확해졌고, 종래 유곽 선전의 도구였던 존치론이 이론적 가치를 잃었다는 데에 최대 원인이 존재한다.
　폐창하라, 절창하라,라고 말하며 매음을 매장하자고 한 주장은 우리 사회의 이상이며, 이에 대한 반대를 용납하지 않는 태도는 지금 이 글에서 필자의 군말을 필요로 하지 않는다. 그러나 현 사회에서 실행에 옮겨야 할 본 이상론이 너무도 높고 멀어 도저히 사회인이 받아들이지 못하는 바이기에, 그 틈에 편승한 존치론의 노력이 마침내 유곽의 선전으로 너무도 큰 효과를 거두어 오늘날까지 민중을 헤매게 만들어 왔다.

공창 폐지 문제는 지금 이 시대에 사회 문제로서 다뤄야 할 문제이며 인도 문제로서 외쳐야 할 문제다. 그렇게 했을 때 비로소 의회의 문제가 될 수 있고 정치 문제가 될 수 있다.

나는 폐창운동에서 전적으로 이런 입장에 서서 체험적 논의체계를 세워 왔다. 고로 의회에 대해서도 이 논거에 따라 제안할 필요를 절실히 느끼고 있었는데, 올해에 이르러 처음으로 6년의 노력을 인정받아 마츠야마(松山) 의원을 통해 나의 의지가 의회에서 개진되었고 나의 오랜 운동으로 얻은 자료를 논거로 유력한 사실 대조가 이루어졌으니, 나로서는 너무도 감사한 일이다. 또한 마츠야마 의원의 주장이 올해 인도 문제로서 완성되었고, 미야케 의원의 주장이 사회 문제로서 빈틈을 보이지 않았고, 호시지마 의원의 작전이 오랜 의회 경험으로 잘 다듬어져 허를 찔렀고, 그 덕에 어렵사리 3분의 1의 찬성자를 보유한 위원회가 이렇게도 효과적으로 진행된 점은 기쁘기 짝이 없었다. 이 정세 가운데 폐창연맹은 여론을 환기하기 위해 수차례 회합을 주최하였고, 민중 또한 화합하여 3월 23일 아사히신문사 강당에서 열린 강연회 등에 청중이 강당에 넘쳤으니, 폐창 문제는 그야말로 민중의 여론으로서 강조되기 시작했음을 감지할 수 있었다. 이 정세는 조만간 공창 폐지 문제가 의회를 통과하지 않고는 넘어갈 수 없음을 설득력 있게 말해 주고 있다.

나는 여기서 공창 폐지 문제에 관한 민중의 오해를 바로잡는 것을 본 비판의 결론으로 삼고 싶지는 않지만, 지면이 한정되어 있으므로 지극히 간단히 서술해야 하는 유감스런 마음을 독자들도 양해해 주기 바란다.

공창을 왜 폐지하라고 말하는가라는 물음에 대해 나는 다음과 같이 대답한다. 공창의 실정만큼 세상 사람들에게 알려지지 않은 것은 없다. 이 참혹한 착취는 완전한 노예이며, 창기는 그야말로 사형을 선고받은 죄인이나 마찬가지다. 비참한 이 사실을 사회로부터 제거하라는 주장과 다름없다. (공창 폐지를 주장하는 것은) 문명국의 암흑 면에 꿈틀거리는 실로 비참하고도 추악하며 중대한 인도 문제의 해결을 위해서다. 일본인은 인습적으로도 부인 문제에 대한 관심이 희박하다. 과거 도키오(釋尾) 선생께서 내게 말씀한 적도 있지만, 어떤 사람에게 창기, 예기라는 존재는 중대한 사회문제라고 말하니, 그 사람은 '뭐야, 창기 문제 정도 가지고'라며 일축했다고 한다. 그 사람은 모 신문사의 주필이었기 때문에 도키오 선생이 대단히 유감스러워하며 심정을 토로한 일이 내 기억에서 떠나지 않는다.

이번에 나는 의회에서 공창 폐지 문제에 관한 신문기자의 의견을 종종 들을 수 있었는데 사회의 목탁이라 불리는 기자로서 이 문제에 대하여 너무도 지식이 없고 인도에 반하며 어리석고 형편없음에 경탄한 적이 재삼 있었다.

　공창을 폐지하면 사창이 발호한다는 설은 아무런 근거가 없는 유곽의 선전에 불과하다. 현재 전국 5만 명의 창기를 폐지해서 이들이 모두 사창이 된다고 해보자. 사창 수는 내무성 우지하라(氏原) 기사의 조사에 따르면 50만 내지 60만 명에 상세히 조사하면 100만 명을 밑돌지 않을 것이라 한다. 그렇다면 50만 사창이 55만 명이 되고 100만의 사창이 105만 명으로 늘어날 것이기 때문에 최대의 인도 문제를 범해서라도 공창을 존치해야 한다는 말인데, 이런 논리를 어찌 세울 수 있단 말인가. 게다가 공창이 있기에 사창 수를 줄일 수 있을 거라 말한다면 다소의 핑계는 될지 몰라도, 5만 공창의 존재는 여전히 사창 100만의 존재를 유도하고 있지 않은가. 이 사실을 독자들은 뭐라 이해하시겠는가.

　공창의 현 상태보다 사창의 현 상태가 더욱 비참하다고 말하는 반박론이 본 의회에서도 제기되었지만 그 때문에 공창을 존치하라는 말은 너무도 실상을 무시한 난폭한 논리다. 실제로 가장 비참한 현실에 놓여 있는 사창은 도저히 공창에 비할 바가 아니다. 물론 사창이라 할지라도 그 종류가 심히 많기 때문에 사창에 대해 일률적으로 말할 수는 없겠다. 그러나 사창 중에 왜 이토록 심히 비참한 자가 존재하는가와 관련해서는 우리나라에서 매음 단속을 완전히 제도적으로 받는 공창이 존재하는 한, 이것이 정부의 방침이라는 관계 때문에 사창 단속이 확립되지 못한 것이다. 경찰이 사창을 단속한다고는 하지만 그것은 경찰서장의 의지에 따르는 경우일 뿐이다. 따라서 이러한 묵허(黙許) 아래에서 '묵허하니 다행'이라며 공창을 본받아 영업하는 사창 업자가 공창 못지않게 악랄한 경영에 빠지게 된다는 것은 너무나 당연하고도 당연한 일이다. 공창제도에 가로막혀 단속할 수 없는 사창인 셈이다. 따라서 하루라도 빨리 공창을 폐지해 사창 단속을 완전히 실시하는 것이 급선무다. 그리고 사창의 수가 이토록 많아진 원인의 하나로 공창에 속아 사창을 요구하는 국민이 돼 버렸다는 사실을 어찌하기가 어렵다.

　위생의 문제에서는 공창이 사회적으로 유리하다는 논리가 있는데, 이 또한 현실을 모르는 사람의 주장에 지나지 않는다. 공창에 대해서 위생상의 감독이 잘 이뤄지고 있다는 생각은 전적으로 잘못됐다. 아무런 시설도 없는 사창에 비하면 실제로 웬만큼은 잘 돼 있다. 그러나 공창의 위생 설비의 이면을 아는 자라면 아마도 유명무실한 그 실태에 전율하지 않을 수 없을 것이다. 더욱이 이들 공창을 유지하기 위해 100만의 사창은 방치되어 있다. 숫자적으로 보아도 가령 공창에게 위생상의 해독이 없다한들 그것은 불과 20분의 1에 해당하는 문제에 지나지 않는다. 위생의 문제를 정말로 매음의 문제로 삼는다면 현재의 방법 등은 완전히 유희나 마찬가지다. 고마쓰 본정경찰서장이 화류병 문제와 관련해 유곽에서 싫어할 만한 노력을 기울였지만, 그것도 미비한 단속 법제의 그림자를 덮어쓴 문제일 뿐이다. 네덜란드, 덴마크에서는 화류병을 전염시킨 자는 2년 이하의 금고, 이를 매개하는 자, 즉 누주 같은 자도 같은 형죄에 처하는 단속 방법까지 실시하고 있다.

적어도 일본에서는 공창제도를 확립하기 위해 100만 사창에 대하여 위생상의 단속을 할 수 없게 만드는 위험을 범하고 있다.

현재의 공창제도를 개선하라는 의견이 있지만(이 의견은 의회에서도 존치론자들이 곧잘 주장한다), 공창을 폐지하는 최대 이유는 우리나라의 공창제도 안에서 유곽의 인습을 타파한다는 것, 곧 국민들에게 익숙해져 있는 노예 인습을 제거한다는 데에 있다. 우리 국민은 창기라는 존재에 너무도 익숙해져 있기 때문에 창기의 비참한 상태에 대해서는 오히려 둔감하다. 그리고 더욱 중요한 점은 현재의 유곽에 만들어진 풍습은 너무도 심각해서 개선 등과 같은 미온적 방법 등으로는 도저히 어찌할 수가 없다.

그 때문에 과거 60년 동안 공창제도 아래 유곽 개선을 몇십 차례 시도했는지도 알 수 없는데, 그 모두가 조금의 실적도 올리지 못한 데에는 전적으로 전술한 바와 같은 이유가 있었다. 그러니 공창제도의 폐지와 함께 종래의 누주가 다시 유사한 직업에 종사할 수 없도록 하는 것이 가장 필요한 조건이다. 일체의 노예제도를 개선해 보자는 의견이 우리들의 상식으로 받아들여져야 할 것이다.

공창 폐지 후의 사창 대책은 어찌하려는가. 이 질문은 존창론자들이 반드시 입에 담는 말이다. 공창 폐지 후의 대책과 공창폐지론은 전연 별개의 것이다. 공창폐지론은 공창의 노예적 실정의 해방이라는 인도 문제이자 사회 문제다. 그 후의 대책이란 공창 없는 사회에서의 매음 문제의 해결책이다. 대책의 유무와 상관없이 현 사회에 존재하는 노예 존재를 없애는 일이 급선무라는 점에는 누구든 이론이 없다. 그리고 가령 공창 폐지 후의 대책까지도 동시에 문제 삼자 하더라도 대책은 충분히 확신할 수 있는 한 발 내딛는 것이 당연하니, 현재보다도 훨씬 양호한 상태를 만들기는 지극히 쉽다. 가령 5만의 공창을 엄중히 감독해 봐야 이는 일본 매음부의 20분의 1에 대해 거둘 수 있는 효과에 지나지 않는다. 만일 공창에 대해서 현재 기울이고 있는 감독 노력을 그대로 모든 매춘부에게 돌린다고 할 때 약 1할의 효과를 거두는 데에 무슨 어려움이 있겠는가. 적어도 진지하다면, 현재 공창에게 쏟는 정도의 감독을 모든 매춘부에게 기울이는 것쯤은 조금도 어려운 일이 아니다. 따라서 그 결과로서 현재의 몇 배 또는 몇 십 배에 달하는 단속 효과를 거두게 될 것이다. 더욱이 사창 단속 방법의 확립은 반드시 그 이상으로까지 도달해야 한다. 굳이 논할 필요도 없는 문제다.

공창을 폐지하라. 이 외침은 풍기나 위생 같은 작은 문제가 아니라는 점을 독자 여러분께 다시금 전해 두고자 한다.

공창의 폐지는 우리 동포 5만 부인들의 노예적 처지의 해방이라는 중대한 인도 문제다. 창기의 비참한 처지는 아마도 독자 여러분이 아는 것 같아도 알지 못하는 바다. 이 글에서 상세히 서술할 여지는 없지만, 과거 미국에서 행해진 노예제도와 아무런 다를 바가 없다.

나는 독자 여러분께 질문한다. "당신 딸이 창기가 되는 것이 기쁩니까?" 아마도 자기 딸을 기꺼이 창기로 만들 사람은 없으리라 생각한다. 남의 딸이니 뭐든 상관없다며 현재의 창기를 방관하는 사람이 있다면, 그 사람에게 나는 인간이기를 그만둬 달라고 말하겠다. 아니, 나만이 아닐 터다. 모든 인류가 분명 그리 말할 것이다.

경제상의 문제로서 인신매매에 대해서는 현재 상황에서 사실상 아무런 이론(理論)이 존재하지 않는다. 진실한 부모가 딸을 팔고 있는 경우는 대단히 적은데, 딸을 팔 만큼 생활이 궁핍한 상태에서는 1,000엔, 2,000엔이나 되는 큰돈이 필요하지는 않다. 딸이 급사가 되어 20엔의 월급을 받아도 해결된다. 그래도 해결되지 않는 경우의 몸팔이(身売)[24] 등은 실제 사례에서는 적다. 진실한 부모가 아닌 자가 불순한 돈을 얻기 위해 판 경우가 창기의 대부분이다. 게다가 1,000엔을 받고 팔아도(身売) 1,000엔의 현금을 손에 쥐는 것도 아니고 겨우 400~500엔 정도가 고작이다.

부모를 위해 몸을 파는 행위를 효로 여긴 것은 과거의 도덕일 뿐 현재는 범죄다. 이 잘못된 도덕관념이 연극 등으로 주입되어 있는 탓에 부득이한 경우의 몸팔이(身売)를 경제 문제로 바라보지만, 현재 도덕관념에 따른 이러한 매매(身売) 사례를 찾아도 그건 문제되지 않을 만큼 근소한 현상에 지나지 않는다.

경제 문제로서의 매음 문제는 사회의 개조 또는 사회시설을 통해 해결해야 하지만, 이 또한 현재의 공창제도에서는 매음행위마저도 그 부인에게 아무런 이득이 되지 않고 모두 착취당하니, 사회의 결함 현상으로서 매음의 경제생활에서도 공창은 약자들의 몹쓸 흡혈 기관이다.

공창 폐지 문제는 다음 의회를 중심으로 아마도 국민 여론으로 자리 잡아 전국적 외침으로 나타날 것이다. 나도 다음 의회에는 꼭 통과하기를 기도하는 바이지만, 독자 여러분이 공창 폐지의

---

24 身売り, 身売(みうり)는 '身を売る=몸을 팔다'의 명사형. 사전적으로는 기생 등이 선금을 받고 기한을 정해 요리옥 등에서 고용살이함을 의미한다.

이유를 충분히 이해하여 여론의 힘을 강조한다면, 현재 의회에서 유곽의 괴뢰로서 찬성의 한 표를 던지지 않는 국회의원 제군들도 대세가 나아가는 바를 따라 안심하고 그 한 표를 폐창에 던질 테고, 존창론자라는 이유로 다음 선거에서 국민의 신망을 얻지 못하는 입장이 된다면 오히려 나서서 아낌없는 한 표를 폐창안을 위해 던지게 될 것이다.

12. 일본 내지의 공창과 사창(1931. 5.)

일본 내지의 공창과 사창
「日本內地の公娼私娼」, 『朝鮮及滿洲』 282, 1931. 5.

전국의 가시자시키(貸座敷) 지정지 수는 1929년 말 현재 541곳 있고, 하나도 없는 지방은 폐창을 단행한 군마(群馬)와 사이타마(埼玉)의 2개 현 아래, 비교적 그 수가 적은 지방은 가고시마(鹿兒島), 오키나와(沖繩)의 각 1곳, 돗토리(鳥取), 도쿠시마(德島), 야마나시(山梨)의 각 2곳, 에히메(愛媛), 와카야마(和歌山), 나라(奈良)의 각 3곳, 기후(岐阜), 아이치(愛知), 구마모토(熊本)의 각 4곳, 더 많은 지방은 홋카이도(北海道)의 45곳, 야마구치(山口)의 41곳, 미에(三重)의 30곳이다.

창기의 수는 1929년 말의 조사에 따르면 전국에서 49,477명이며, 이 중에서 가장 많은 지방은 오사카(大阪)의 8,677명, 도쿄(東京)의 6,424명, 교토(京都)의 4,495명, 적은 지방으로는 이시카와(石川)현에서 지정지가 16곳이나 있고 가시자시키(貸座敷) 업자가 524호나 되는데도 창기가 불과 31명이다. 이는 이 지방의 특이성으로 가시자시키에 예기가 속속 들어가기 때문이다. 실제로 적은 지방은 시마네(島根)현 아래 6곳의 유곽에 119명의 창기, 다음으로 오키나와(沖繩)의 1곳에 600명인데 이는 지독하게 일본의 유례없는 제도로 유명한 츠지(辻)의 유곽이다.

손님의 수는 전국 유곽에서 1개년의 유흥 인원(1929년 조사) 22,784,790명이며, 이의 유흥 총비용은 72,235,404엔 60센 3리다. 유흥 금액이 많은 지방은 오사카 1,385만 엔, 도쿄 1,052만 엔, 교토 925만 엔, 적은 지방은 에히메(愛媛) 68,000엔, 이바라키(茨城) 7만 엔이다. 다음으로,

집단 사창, 즉 도쿄의 다마노이(玉の井), 가메이도(龜戶)와 같은 제도의 사창가의 전국 영업 호수는 4,513호에 사창 수가 12,181명 중에서 도쿄 29호에 1,607명, 후쿠오카(福岡) 1,147호에 4,618명 등이 많은 지방이다(이상은 모두 1929년도 조사 수).

마지막으로 이러한 공창, 사창의 영업 방법이 현재의 문화사회에 받아들여지지 않게 되어 자연히 망해 가는 것으로 보이는 경향을 나타낸 숫자가 있다.

공창 수 1925년 52,800. ▲ 1926년 50,800. ▲ 1927년 50,056. ▲ 1928년 49,058. ▲ 1929년 49,477.

집단 사창 수 1925년 11,756. ▲ 1926년 11,532. ▲ 1927년 11,383. ▲ 1928년 11,155. ▲ 1929년 11,081.

전국 유곽 유흥 금액(단위 천 엔) 1925년 79,624. ▲ 1926년 78,600. ▲ 1927년 73,800. ▲ 1928년 75,280. ▲ 1929년 72,235.

13. 산멘시, 카페 전선 이상기(1931. 7.)

산멘시, 카페 전선 이상기
三面子,「カフェー戰線異狀記」,『朝鮮及滿洲』284, 1931. 7.

一.

　도시의 낮 세계를 지배하는 것이 백화점이라면 카페는 밤의 세계를 지배한다. 카페는 분명 도시의 밤을 독재하여 활보하는 일본의 알 카포네다. 오사카의 카페 왕국 미인좌가 경성에 진출하여 밤 세계의 제패를 도모하자 지금까지 무리하게 서로 제 살 뜯어먹기식 경쟁을 지속해 오던 경성의 카페거리는 한가한 꿈에서 깨어나 전선은 혼란해지고 대이상의 징후를 보인다. 낮을 지배하는 미츠코시백화점이 작년 가을에 신관으로 전출한 이래 경성 상점가는 일제히 혼란에 빠졌는데 여기에 또 대카페가 출현함으로써 밤의 세계에도 대이상 현상이 나타났다. 이전에 감봉 문제나 대관(大官) 경질로 동요하던 관계와 동맹휴업 사건으로 분란이 계속되고 있는 학원가 문제 등에 더해 생각할 때 경성에는 지금 도회 생활 전선의 이상함이 소용돌이치고 있다고 할 수 있다.

　경성 번화가 본정 2정목의 구 오쓰나(大綱)포목점 자리에 자본금 2만 원과 여급 부대 20명을 이끌고 화려하게 선전전을 펼친 미인좌 지점이 밤의 왕좌에 군림했다. 미인좌가 과연 밤의 경성을 제패할지는 모르겠지만 어쨌든 본정에서 우중충하던 빈집이 하나 줄어들고 그 대신에 떠들썩한 가게가 들어섰다. 그렇지 않아도 목하백화점의 독점적인 번창과 경제적 대불황 사이에서 쇠락한 본정 1, 2정목의 소매상인이 이 가게의 출현을 양손 들어 환영한 것은 이 지역의 번영을 위해 당연한 일일 것이다. 또한 근대도시의 체재에도 미인좌의 신설은 기뻐할 일임에 틀림없다. 그리고 작년에 잠시 어두워지기 시작한 사랑의 은방울꽃 등은 본정을 즐겨 돌아다니던 이들과 함께 이번 여름부터 좋은 상대가 생긴 것을 기뻐했을 것이다. 반대로 놀란 것은 부 내의 크고 작은 카페 경영자들이다. 55채의 동업자로 조직된 서양요리점조합 측은 20년 전에 고마쓰 본정 서장과 맺은 이른바 신사협약이라는 것을 무기로 미인좌 지점 신설을 맹반대하는 운동을 일으켰다. 그 결과 오히려 조합의 내부 실정을 폭로하여 세상의 웃음거리가 되어 버렸다. 단속에 저촉되지 않는 한 카페 신설을 허가한다는 고마쓰 서장의 성명과 함께 조합은 완전히 패배한 꼴이 되어 버렸다. 무엇보다 대카페는 경성의 밤 세계를 지배하는 알 카포네다.

二.

설비가 모던풍으로 화려하고 여급이 아름다우며 서비스가 세심하고 더욱이 술과 음식이 싸고 맛있다면 카페로서는 더 바랄 것이 없다. 미인좌는 이러한 삼박자를 골고루 갖추고 이를 간판으로 내걸고 더욱이 장소까지 번화한 곳으로 골랐다. 그러니 경성 내의 카페들이 모두 신경질적인 반응을 보인 것은 당연하다. 그러나 이것이 자극이 되어 현재 카페들이 더욱 노력해서 이후 더욱 발전한다면 더할 나위 없는 일일 것이다. 하나의 카페 신설로 인해 이번과 같이 카페 전선 전체의 대이상을 보이는 것을 보면 시대를 읽는 통찰력이 없다고 해도 과언이 아닐 것이다. 당면한 이익 추구에 급급하여 내일의 경쟁에 대비하는 것을 잊는 것은 인간 본위의 물장사일 뿐인 카페에는 치명상이다. 만일 미인좌에서 배울 점이 있다고 하면 많이 배워 내일에 대비하면서 오늘은 경쟁해 가면 되는 것이다. 단지 여기에서 이상한 것은 경성의 각 신문이 미인좌 문제를 대대적으로 지상에 연재하여 선량한 독자의 반감을 산 것이다. 보는 관점에 따라서는 확실히 중대한 사회적 문제이자 특종이었으나 더욱 불쾌한 것은 이른바 신문인 들이 뒤쪽 세계에서 활약한 평판이 퍼지고 있다는 것이다. 특히 재작년에 어떤 카페가 신설될 때까지의 활동까지 좁은 경성에 퍼졌다는 것은 의외다.

三.

설비 방면은 점차 개량되었지만, 음식이 비싼 것과 여급의 서비스가 나쁜 것은 경성 카페에 대한 비난에서 빼놓을 수 없는 부분이다. 아무리 가격이 비싸거나 싸더라도 경성의 손님들 중 올 사람은 올 것이고 안 올 사람은 안 올 것이라는 태도로 내일에 대비하는 것을 잊고 있다면 이는 더 이상 오늘날의 영업 방식이라고 볼 수 없을 것이다. 서적상조합에서도 우편세를 받지 않게 되었을 정도다. 요전에 어떤 바가 일주일도 지나지 않아 맥주를 비롯해 전부 가격 인하를 단행했는데 조합에서 맹공격하여 비싼 정가로 되돌려 버렸다. 원래 영업자가 에로 본위 또는 여급 본위가 아니므로 비싸게 파는 것이 영업자의 당연한 입장일지도 모르지만 이런 식으로는 꿈은 지속될 수 없다.

四.

　경성의 카페 영업자는 노골적일 만큼 매상 본위인데 손님은 언제나 여급 본위다. 따라서 가게가 손님을 확보하는 것이 아니라 여급이 손님을 확보한다. 여급이 한 카페에서 다음 카페로 옮기면 여급을 따라 손님도 함께 다음 카페로 이동한다. 따라서 여급이 전부 바뀌면 손님층이 거의 바뀐다. 더욱이 여급들은 언제나 빚에 힘들어하면서도 또 몇 명의 손님을 끌고 한 카페에서 다음 카페로 항상 여기저기 전전한다. 이것이 경성 카페의 일반적인 모습인데 여급이 낯선 손님에게 서비스가 나쁜 것도 무리가 아니다.

　여성의 여급 무리 500명 정도 가운데 전차(前借)가 가장 많아 천 원 가까이 되는 한 명은 특수한 사정이 있었다. 보통은 100원에서 200, 300원 정도이고 500원 이상은 거의 없다. 있다 하더라도 한두 명일 것이다. 무엇보다 가장 많은 것은 100원에서 200원이라고 보면 틀림없을 것이다. 100원까지는 가게로서도 공공연하게 전차(前借)제도로 인정하고 있지만 그 이상은 여급과 주인 사이 채무 관계가 된다. 또는 여급의 부모와 점주 사이의 형식이라고도 할 수 있을 것이다. 빌린 돈을 갚아야 하지만 한 달에 10원이라도 갚을 수 있는 여급은 없다고 해도 좋다. 팁의 수입이 월 50원에서 100원 정도인데 이것이 거의 남지 않는 것은 아마도 나쁜 일로 들어온 돈이기 때문에 모이지 않는 것일지도 모른다. 혹시 그 이상의 수입을 얻으려 하면 가게 주인을 통해 후원자를 갖는 것 외에는 방법이 없지만 경성은 좁고 동료나 손님들의 입이 시끄럽기 때문에 곧 들통날 위험이 많다. 더욱이 여급에게 후원자를 몰래 갖도록 하는 카페는 손에 꼽을 정도이기 때문에 끊임없이 작은 집을 지고 통 큰 남자를 찾기까지 계속해서 끈기 있게 카페를 옮겨 다니는 것이다.

五.

　여급이 이렇게 떠돌아다니는 것은 경성 땅이 좁다는 것과 카페가 엄중한 감시체제의 가족제도 그 자체이기 때문인 것 같다. 점주가 물장사라면 여급은 바람 장사다. 2, 3개월 바람 장사를 하다 보면 그런 소문이 자연히 떠도는데 이는 동료 사이나 손님들 사이에 바로 퍼져 곤란해져서 곧 그 가게에 있기 어려워진다. 여러 가지 문제가 생겨 다음 카페를 향해 보따리 하나 들고 발걸음을 서두르는 식이다.

　여급은 대부분 카페에서 먹고 잔다. 통근을 한다는 것은 곧 남편이 있다는 것인데 그 사실이 밝혀지면 인기에 타격을 받기 때문에 어떤 일이 있어도 손님에게는 속이고 감출 필요가 있다. 친척 아저씨 집에서 다닌다는 식으로 말해 피해 가는 것이다.

여급의 공휴일은 한 달에 한 번이다. 그외 일주일에 한 번은 낮 시간만 쉴 수 있는 날이 있다. 그러므로 이날을 잘 이용해야 하지만 실수하면 좁은 곳이어서 금방 들킨다. 그러면 앞에서 말했듯이 철새가 된다. 따라서 경성의 카페 맨은 영업자의 강매주의와 여급들의 철새주의를 잘 이해해야 하는데 이 심리가 새로운 카페가 생기면 처음 몇 개월은 그 카페가 번성하는 원인이 되는 것이다. 바꾸어 말하면 1년에 하나 정도씩 신구 여급을 섞은 카페를 만들어 가면 될 것이다. 그래서 고스기(小杉) 서장의 모처럼의 명언도 있는 것이다.

카페는 밤의 현대 일본을 지배하는 알 카포네다. 밤의 경성을 지배하는 알 카포네는 과연 어느 카페일까. 당분간은 미인좌를 중심으로 화려한 밤에 카페맨 쟁탈전이 열릴 것이다.

14. 마치아이를 허가하고, 일류 요정만은 인육의 밀매를 단연 엄금하라(1931. 9.)

마치아이를 허가하고, 일류 요정만은 인육의 밀매를 단연 엄금하라.
그렇지 않으면 고관신사의 출입에도 좋지 않다
「待合を許るして一流料亭丈は人肉の密賣を斷然嚴禁せよ. 然らざれば高官紳士の出入上も面白くない」, 『朝鮮及滿洲』 286, 1931. 9.

　　경성 기생의 밀매음은 공공연한 비밀로서 아마도 경성의 기생 중에서 매음하지 않는 자는 할머니 기생 정도일 것이다. 할머니 기생은 인육을 팔고 싶어도 사려는 이가 없기 때문이다. 젊은 예기의 경우는 재주가 없는 이가 많아서 사미센조차도 연주하지 못하는 이가 많다. 압록강 타령도 하나 제대로 부르지 못하는 이도 많다. 그들은 밀매음이 본업처럼 되어 있다. 본인이 싫어하더라도 소속된 요리옥이나 그곳의 종업원이 강요함으로 어쨌든 그 일을 하지 않으면 생존해 나갈 수 없게 되는 것이다. 따라서 본인들도 기생의 매음은 당연한 것처럼 생각하여 빈번하게 행하고 있다. 이는 창부와 조금도 다르지 않다. 창부가 일자리를 다투듯 기생도 매춘을 경쟁적으로 하고 있다. 매춘할수록 화대를 벌 수 있으니 그만큼 자신의 소득에 좋은 것으로 가게에서도 큰소리를 칠 수 있고 요정에서도 종업원들에게 인기가 좋아지니 자연히 매음을 많이 하게 되는 것이다. 그들은 옷을 차려입고 멋지게 인력거를 타고 본정을 달린다. 그중 많은 이가 인육시장의 상품으로 나가는 것이라고 생각하면 불쌍하기도 한데 동시에 양머리를 들고 개고기를 파는 뻔뻔한 느낌이 들어 좋지 않게 보이기도 한다. 2, 3원의 밀음(蜜淫)은 매음부로서 극단적으로 배척되며 그 계통에서 미움을 사기도 하고 처벌받고 있기도 한데 기생의 밀매음을 방임해 둔다는 것은 무척 불합리하게 생각된다. 그런데 이는 경성의 오랜 관습이 되어 아무도 의문을 품지 않으므로 경찰도 자연히 사회의 습관으로 남겨두고 방임하고 있다.

이미 게이샤의 매음은 통상적인 영업이 되었다. 그러나 게이샤 매음의 도장은 요정이다. 경성의 요정은 일류 가게를 비롯하여 모두 게이샤들의 인육시장이 되어 있다. 그곳의 경제의 반은 게이샤의 매음 장소로 성립되어 있다. 그래서 요정에서 기생의 매음을 금하게 되면 요정은 성립되지 않을 것이다. 그러나 그러한 일을 동정해서는 경성의 풍기는 엉망이 된다. 특히 경성의 일류 요정에는 고관신사들도 출입하고 있다. 그런 요정이 인육시장을 겸업으로 하고 있다고 한다면 고관신사들이 매매음을 한다는 말을 듣게 되더라도 어쩔 수 없을 것이다. 이는 어쩔 수 없다고 해도 사회의 상류층인 고관신사가 아무리 연회라도 인육시장을 겸업으로 하는 장소에 출입한다는 것은 사회 풍속과 교육상 바람직하지 못한 일이다. 하지만 게이샤의 매음을 엄금한다는 것은 곤란하고 이는 종래대로 알고도 모르는 얼굴을 하고 내버려두는 수밖에 없다. 그러므로 일류 요정만은 인육시장 개장을 엄금하고 게이샤의 숙박도 엄금하여 이를 위반하는 자는 엄벌에 처하기로 하는 등 일류 요정의 확청을 해 주었으면 한다. 그 대신에 마치아이제도를 허가해서 그런 곳에서 게이샤와 정담을 하도록 했으면 한다. 그러면 요정도 마치아이를 겸업할 수 있게 되어 영업에서도 그다지 타격받지 않을 것이다.

내지에서도 게이샤의 매음은 공공연한 비밀, 따라서 당연한 일로 보며 사회도 그렇게 생각하고, 경찰에서도 단속에 그다지 신경 쓰지 않는다. 그러나 도쿄 및 각 도시의 요정에서는 게이샤를 숙박시키는 것을 엄금하고 있고, 12시나 1시 이후로는 게이샤가 가게에 있는 것을 금하는 곳이 많다. 그 대신 많은 도시에 게이샤를 불러서 노는 곳을 설치해 두고 있다. 경성도 통감부의 설치로부터 20년이 지났다. 언제까지나 식민지 기분으로 요정과 매음을 겸업시켜 놓는다는 것은 경찰로서도 너무 한심한 일이며 사회 풍기로도 좋지 않다. 이는 아무래도 요정에서 게이샤의 매음을 엄금하는 대신 마치아이를 두어야 하는 것이다. 본 기자도 게이샤의 매음을 이러쿵 저러쿵 할 만큼 촌스럽지 않다. 기자 자신도 도학(道學) 선생은 아니다. 그다지 큰 소리로 주위에 말하고 싶지는 않지만 실은 상당히 여러 번 게이샤를 산 적도 있고, 돈과 시간이 있다면 또 해보는 것도 나쁘지 않다고 생각하고 있다. 특히 조선과 같이 삭막하고 고상한 오락 취미의 대상물이 빈곤한 곳에서는 상당히 에로 쪽 오락의 경지가 필요하다고까지 생각한다. 이 방면의 오락 경지는 어느 정도까지 관대하게 다루어야 한다고 생각한다. 그러나 기생이 매음을 겸업으로 하면서 나는 기예를 판다는 듯이 당당한 표정을 하고 대로를 활보하는 것을 보고, 일류 요정이 정업을 간판으로 하면서 인육시장을 겸업으로 하는 것을 보면 그다지 좋은 기분이 들지 않는다. 3, 5원 하는 매음이나 매음옥을 괴롭히는 풍기경찰이라는 이들의 공평성을 의심하지 않을 수 없다. 경기도 경찰부장 가미우치(上

㈔) 씨는 상당히 성실한 사람이라고 믿는다. 고마쓰(小松) 현 본정 서장도 상당히 성실한 사람이라고 들었다. 이러한 사람들이 있으면서도 30년 이어지는 인습에 묶여 경성 요정의 풍기 혁신에 하나의 신기원을 이룩할 수 없다면 경성 요정의 개혁은 아마도 영원히 이루지 못할 것이다. 특히 가미우치 서장과 고마쓰 본정 서장의 분발을 고대한다. 고관신사가 가는 요정 방면의 풍기만큼은 방치해 두어서는 안 된다. 경찰의 위신에 관계하는 것이기 때문이다. 따라서 사회 풍기 단속의 공평성을 결여하였다는 비난을 면하기는 어렵다.

15. 이치이 산진, 경성 화류계의 예와 지금(1932. 4.)

이치이 산진, 경성 화류계의 예와 지금
市井散人,[25] 「京城花柳界の今昔」『朝鮮及満洲』293, 1932. 4.

현재 경성의 화류계와 기타 술과 여자 세계는 상당히 번창하고 있다. 곧 요리옥은 내지인 쪽이 40여 채, 조선인(鮮人) 쪽이 10여 채, 내지인의 게이샤가 본권(本券)과 신권(新券)을 합해 약 400명, 조선인 기생이 약 300명, 음식점은 내지인 쪽에서 약 500채, 조선인 쪽에서 2,500채이며, 이 음식점에 고용되어 있는 여자는 내지인 약 250명 내외, 조선인 여자가 약 100명 남짓이다. 카페는 내지인 70여 채, 조선인 10채이며, 여급은 약 450명인데 이중 조선인 여급은 3할 정도로 100여 명이다. 가시자시키(貸座敷)는 내지인 50여 채, 조선인 80여 채, 창기는 내지인 250명 내외, 조선인 300명 내외다(이상에 용산은 포함되지 않음). 경성의 호구는 용산을 포함해서 현재 호수가 77,080호, 인구는 365,500명 내외다. 이중 내지인 호수가 23,500호에 인구 10여 만 명이다. 내지인의 화류계에는 조선인도 물론 마음 들떠 하지만 내지인 화류계의 고객은 내지인이 대다수를 점하고 있음은 말할 것도 없다. 10만의 내지인 중 6할에 해당하는 6만은 부인, 어린이, 노인이다. 술과 여자를 가까이 할 자격이 있는 내지인은 약 4만 명일 것이다. 그중에서도 재력 관계를 고려하고 이런 방면으로 발길을 돌리지 않는 성격의 소유자를 제외하고 술과 여자를 가까이 할 인간을 추려보면 의외로 근소한 수에 그칠지도 모른다. 또한 조선인이 26만 명이라고는 해도 이들 역시 부인, 어린이, 노인이 7할을 차지한다고 하면, 주색에 접근할 자격이 있는 인간은 10만 이내다. 그리고 조선인 전 인구의 4할은 납세 자격이 없는데(납세 자격은 연간 수입 400엔 이상), 납세 자격이 없는 인간이 주색을 가까이 할 여유가 있으리라고는 생각할 수 없으니, 조선인으로 주색을 가까이 할 인간을 추

---

25 市井은 이치이(いちい)로 읽으면 인명의 성씨가 되지만 시세이(しせい)로 읽으면 시정, 세상을 의미하는 단어이기도 하다. 散人(さんじん)은 작가의 필명 등 인명 사례가 없지는 않으나, 일반명사로 하는 일 없이 한가로운 사람, 쓸모없는 사람을 의미하는 단어이기도 하다. 이 이름은 필명으로 보인다.

려 보면 이 역시 근소한 수에 그칠 것이다. 이런 식으로 고찰해 보면 인구 비율과 재정적으로 빈약한 경성 사회에서 오늘날의 경성 화류계 또는 음식점, 카페는 어울리지 않는 발전을 하고 있다고 볼 수 있다. 그중에서도 카페는 비상한 발전 모습을 보인다.

그렇지만 이렇듯 이상한 발전을 이룬 경성의 술과 여자 세계도 25년 전을 회고하니 참으로 격세지감이다.

우선 내지인 측의 술과 여자 세계의 과정을 더듬어 보자. 경성 요정의 원조는 이카도(井角)와 가게츠(花月)일 것이다. 이는 1887(明治 20)년경부터 개업하였다. 당시는 조선인 온돌 집을 수선한 수준의 집에서 작부 몇 명 정도를 두고 있었다. 마치 초음정(初音町) 부근에서 볼 수 있는 음식점 수준 정도였다고 한다. 게이샤란 이름이 붙는 자를 인천으로부터 두셋 정도 고용했다고는 하는데 그것도 이름뿐인 게이샤였던 듯하다. 1887년부터 1894년경까지 경성의 내지인이라 하면 남녀 합해서 500명에서 1,000명 내외에 불과했으니 요정이 발달할 리가 없다. 1895~1896년의 청일전쟁으로 경성의 내지인은 갑자기 격증했지만 그래도 2,000명에 달하지 않았다. 다만 이즈음부터 요정다운 것이 찔끔찔끔 생겨나고 게이샤도 차차 수입되기 시작했다. 당시의 경성 체류 일본인은 독신자가 많았기 때문에 작부든 게이샤든 꽤나 쟁탈전이 치열했던 모양이다. 두 남자가 한 여자를 놓고 다투는 일도 있었던 듯하다. 실제로 경성에서 상당한 위치를 점하고 있는 자 중에 당시 게이샤를 빼내서 부인으로 삼고 지금은 당당하게 아무개 부인이라고 잘난척하는 자도 있다. 경성의 요정이나 게이샤가 크게 발전한 것은 통감부 시대이며, 당시 가게츠(花月), 이카도(井角)는 당당한 외관을 갖추고 있었다. 가게츠는 당시가 전성 시대였을 것이다. 당시부터 기쿠스이(菊水), 하쿠스이(白水), 마츠바테이(松葉亭), 지요모토(千代本), 지토세(千歲), 교이쿠히사(京幾久) 같은 큰 요정이 발흥했다. 지금은 흔적도 사라졌지만 에이라쿠초(永楽町)에 있는 세이카테이(清華亭)라는 큰 요정도 이때 생겼다. 게이샤도 활발하게 수입되었다. 따라서 지금(의 여자들)보다도 오히려 최상품들이 있었다. 지금의 후쿠스케(福助), 오카요, 오타미, 오타카 같은 할멈 게이샤들도 당시의 유물이다. 지금의 지토세(千歲)의 오카미(女将)는 지요(千代)라 불렸고, 지금은 미츠코시(三越)(백화점) 옆에서 오뎅(어묵)집을 개업하고 있는 여주인도 후미노스케(文之助)라 불리며 당시 화류계의 인기인으로 이름을 날렸다. 지요모토(千代本)의 여주인은 당시 가게츠에서 나카이(仲居)로 일했다. 그밖에 고로(五郎), 주로(十郎), 하나얏코(花奴), 후사에(房枝) 같은 무리는 당시 높은 평판으로 경성 화류계를 풍미하며 부르는 사람이 많아 전성의 극치를 보았다. 지금은 모두 착한 할멈이 되거나 누군가의 아내가 되어 영부인인 양 점잔을 뺀 얼굴로 날을 보내는 자도 있을 것이다. 또한 어딘가 서민주택(長屋)에서 살뜰한 아내가 된 자도 있으리라. 당시, 그러니까 1907년 전후에는 경성의 내지인이 2만 명에도 못 미쳤기 때문에 민간들로 화류계가 번창할 만한 경기는 없었지만, 당시는 풍류 재상(宰相)으로 유명했던 이토(伊藤) 공의 통감 시대에 이토 공 스스로가 가게츠(花月)나 기쿠스이(菊水) 등으로 잠행하여 취해서 미인의 무릎을 베개 삼는 것으로도 부족해 통감 관저에 게이샤나 나카이를 끌어들여 시시덕거렸다 하니, 통감부 무리들은 대놓고 요정행차를 겨루는 분위기였다. 은행이나 회사 쪽도 관료 못지않게 호화로운 놀이를 활발히 했고, 고관이나 중역급 인사 중 단골 게이샤가 없는 자는 드문 경우로 여겼다. 그야말로 경성은 한꺼번에 봄이 찾아온 느낌이었다. 따라서 당시 나카이로서 수천, 수만의 돈을 모은 자도 드물지 않았다. 당시의 나카이 중에서 지금은 요정이나 오키야(置屋)를 하고 있는 자가 상당히 있다. 그에 비하면 당시 전성기를 누리던 게이샤 중 지금 요정이나 오키야를 하고 있는 자는 적지 않다.[26] 게이샤라는 녀석은 돈을 손님에게서 쥐어짜내도 남기질 못하는가 보다. 나카이는 게이샤를 통해서 손님에게서 돈을 쥐어짜내서 장사를 한다는 점은 과거의 사실이 분명히 말해 준다. 지금은 불경기여서 게이샤도 용돈조차 궁색할 정도로 비참하고 동시에 나카이도 변변히 단물을 빨지는 못하는 것 같다. 통감부 시대부터 조선병합 당시까지는 신조선의 창업 시대였기 때문에 모든 것에 활기가 있어 화류계도 비상한 호경기를 보였지만, 병합 직후 예의 잔소리꾼인 데라우치(寺內) 비리켄[27] 총독이 관기 진숙(振肅)을 엄달하여 관리의 요정 출입을 금하고 감시 역할에게 망을 보게 해서 요정에 출입하는 관리를 파면할 정도로 엄격했으니, 관공리의 요정 출입은 한때 그림자도 사라져 화류계는 갑자기 쇠퇴했다. 그래도 회사, 은행, 민간 측에서는 여전히 절화반류(折花攀柳)[28]의 바람이 활발히 불었으니 화류계는 상당히 번성했다. 데라우치 총독이 떠나고 하세가와(長谷川) 총독을 거쳐 사이토(齋藤) 정치를 맞으면서 관리들의 풍기도 느슨해졌을 뿐 아니라, 유럽전쟁의 영향을 받아 호경기 시대가 출현하니 1915~1916년부터 1919~1920년까지는 경성의 화류계에 다시금 봄이 찾아와 전성을 누렸다. 지금의 일류 요정의 당당한 건물이나 이류 이하의 요정이 넘쳐난 것은 당시의 호경기의 산물이다. 당시에 비하면 지금의 화류계는 추풍낙막(秋風落莫)의 감이 든다. 다만 요정 수도 게이샤 수도 그다지 줄지 않는 것이 신

---

26 원문은 '寡くない'이며, '寡い=적다, 작다'의 부정어로 기재되었다. 많지 않다고 쓸 내용을 적지 않다고 서술한 것은 아닌지 의문스러웠다.
27 데라우치는 비리켄 총독, 비리켄 내각이라는 별명으로 불린다. 머리가 삐쭉하고 눈이 올라간 미국의 복(福)의 신 빌리켄(Billiken 일본식 발음으로는 '비리켄')과 데라우치의 용모가 비슷하다는 점, 입헌정치를 부정하는 '히릿켄(非立憲, 비입헌) 내각으로 비판받았는데 '히릿켄'이 '비리켄'과 발음이 비슷하다는 점 때문에 붙여진 별명이다.
28 折花攀柳(せっかはんりゅう)는 꽃을 꺾고 버들가지(화류계의 류)에 올라탄다는 사자성어로 화류계에서 노는 것을 의미한다.

기할 따름이다. 경성도 아직은 화류계 신자가 상당히 많아 보인다.

　경성에 내지인의 가시자시키(貸座敷)업이 열린 것은 1905년으로, 지금의 신정(新町)에 처음 열렸다. 당시는 쌍림관(双林館), 개춘루(皆春楼), 제일루(第一楼)와 기타 10채 정도였는데 점차 증가해 지금은 50채를 헤아리기에 이르렀다. 용산의 도산(桃山)에 조로야(女郎屋)가 생긴 것은 1907년경이다. 또한 1908년경에 길야정(吉野町)에 시내의 음식점을 긁어모아 유곽을 형성하고 중신지(中の新地)라 부르며 한때 전성을 누렸으나 그 후 수년이 지나 시내가 팽창함에 따라 풍기 차원에서 바람직하지 않다는 이유로 신정(新町)으로 이전 명령이 내려졌다.

　조선 측에서는 예로부터 공창이라는 것을 허용하지 않았다. 그 대신 갈보라 부르고 은군자라 부르는 사창굴이 경성 시내 도처에 산재해 있었다. 지금의 남대문거리 뒤편에서 장곡천정(長谷川町) 부근이 그 소굴이었다. 지금은 이들 사창을 모두 공창으로서 신정(新町), 병목정(並木町)으로 긁어모아 그 수가 300명 내외에 달한다. 조선인 게이샤는 기생이라 부르고 옛날에는 그중 우수한 자가 공공연히 관공리의 측근에서 시중을 들고는 했다. 지금은 그런 일이 허용되지 않지만 지금도 300명 내외의 기생이 경성에 있다. 지금은 권번을 만들어 모든 기생은 조선 권번에서 단속하고 있다. 기생 수도 그다지 줄지는 않았지만 늘지도 않은 듯하다. 조선인 측의 술과 여자 세계에 대해서는 또다시 훗날 글을 쓰기로 한다.

16. 흑표범, 경성 카페 만필(1932. 9.)

흑표범, 경성 카페 만필
黑豹子, 「京城カフェー漫錄」, 『朝鮮及滿洲』 298, 1932. 9.

제1기 시대

경성에 처음 카페가 생긴 지도 어느덧 20년은 되었겠지요. 오늘날 그 숫자는 60여 곳으로 여급의 숫자가 4백 수십 명이라는 화려한 약진을 이루었다는 등의 말은 카페의 성황에 놀란 경성 촌놈이나 하는 말일 것입니다. 20년 전에는 어쨌든 현재 경성의 카페는 적어도 6대 도시 다음 위치를 차지하는 도시의 카페로서는 부끄러운 상황에 있습니다. 일본 본토보다 역시 20년은 뒤떨어져 있습니다. 간단히 말하자면 음식점이라고 할 수 있지요. 알기 쉬운 예를 들자면 아마도 음식점일 것입니다. 날림 공사 이야기를 듣고 어이가 없었던 홀에 축음기 소리를 울리면서 간단한 여름 평상복 차림에 무리해서 1932년식 유행어를 사용하는, 아무리 봐도 여관 출신으로밖에 보이지 않는 이상한 여자가 불경스럽게 서비스합니다. 이런 카페가 경성 카페의 80퍼센트를 차지하고 있다고 해도 아마 상당한 촌사람이 아닌 이상 이의를 제기하지 않을 것입니다. 그렇게 생각해 보면 아직 20년 전의 카페가 얼마나 나았었는지 모릅니다.

자, 생각해 보세요. 경성에 카페라는 것이 생겼습니다. 물론 그때는 카페 같은 제대로 된 이름 같은 것도 없었습니다. 서양요리옥이라고 했을 뿐입니다. 여기서 서양 요리라 함은 어떤 것이었을까요. 조선까지 돈벌이하러 온 김에 먹어 보고 싶다는 식으로 경성 카페의 원조 파주정(巴州亭)을 향해 밀려든 것입니다. 커틀릿에 스테이크, 바나나며 싼 위스키가 불티나게 팔려 나가고 결국에는 취해 기어 나가는 손님이 많아서 가마의 주문이 많아져 인력거가 옛날 가마꾼으로 돌아간 것도 그 무렵입니다. 그후 본정 바, 은송정, 사쿠라 바 등이 속속 생겨났는데 다른 무엇보다도 당시에는 먹는 것, 곧 요리 위주로 에로 방면은 방치되어 있는 것입니다. 상당히 고집스러웠지요. 인간이라는 것은 무릇 먼저 돈이 생겨서 음식을 먹고 난 후 진정이 되면 에로로 향하고 그런 후에 명예를 얻고 싶어지는 골치 아픈 존재입니다. 따라서 식모 같은 여급으로는 만족하지 못하게 되고 얼굴이 예쁘고 서비스가 좋은 여급이 아니면 손님들이 찾아오지 않게 되므로 식사나 술은 2차적인 문제가 되고 여급의 영입에 각 카페가 전력을 쏟았습니다.

그런데 경성인도 나이가 듦과 동시에 상당히 실례이기는 하지만 점점 돈이 생기고 요리는 먹는 것에도 질리게 되었습니다. 결국 돈이 생기고 만복감이 생겨 진정이 된 것입니다. 어째서 에로가 안 되겠는가 하는 것이지요. 이상이 경성 카페의 제1기 시대입니다. 이어서 제2기에 들어갑니다.

제2기 시대

따라서 서양 요리옥은 이름도 카페로 바뀌고 에로의 세계가 되어 마치 그 에로도 극단적인 실연주의로 향해 카페 2층 곳곳에 다다미 4조 반 크기의 작은 방이 없을 리 없고, 단연 겉으로만 요리옥인 척하며 매춘하는 가게의 방식을 취해 버립니다. 이러면 아무리 식민지 경찰이라고 해도 내버려 둘 수 없습니다. 개선의 여지가 상당히 많이 있으므로 지금 경전(京電) 전차 과장인 당시 본정서장 고마쓰(小松) 씨가 대영단을 내려 이제 카페 일체는 홀식으로 바꾸고 일본식 방은 단연 철폐하라고 엄명을 내렸습니다.

고마쓰 씨의 엄명에 역시 업자들도 새파랗게 질려서 연일 주야로 웅성거렸고 이어서 진정 운동을 시도했지만 어떻게 할 수 없었습니다. 요정이나 게이샤들의 풍기 단속에는 조금도 손을 대지 않으면서 카페만 못살게 군다는 비난도 있었으나, 고마쓰 씨의 태도는 단호하여 움직이지 않은 것입니다.

이런 상황에서 일본식 방의 철폐가 싫다면 카페를 폐업할 수밖에 없으므로 할 수 없이 일본식 방을 철폐하고 현재의 홀제로 바꾼 것입니다. 이 일로 가장 타격이 컸던 것은 은송정이었겠지요.

이후 제3기로 들어가는데 이 제3기에는 단기간 내에 눈부신 비약을 보였습니다.

제3기 시대

일본식 방 시대에 성행했던 에로는 만끽한 경성인들은 이번에는 불만을 토로했습니다. 그 카페는 됐어, 여급이 없어, 라든가, 이 카페는 가게가 지저분하다든가, 저 카페는 요리가 맛이 없다든가 점차 불평했습니다. 물론 여자, 가게, 요리 세 가지가 다 갖추어진다면 불만이 없겠지만, 모든 것은 돈이 문제인 세상에서 그렇게 손님이 원하는 대로 되지 않습니다. 특히 요리 문제는 또 다른 문제입니다. 지금의 카페는 요리를 먹으러 간다고 하면 웃음거리가 됩니다. 이는 웃는 사람이 잘못된 것이겠지만 에로 만능 시대이므로 어쩔 수 없는 일입니다. 그러므로 양식만 먹고 싶은 사람은 조선 호텔이나 청목당(靑木堂)에 가십시오.

한편으로 업자 쪽도 일본식 방 시대에 상당히 벌이가 좋았기 때문에 지갑이 두툼했습니다. 더욱이 카페 경영에 대한 경험도 쌓여서 여러 가지를 알게 되었습니다. 자, 손님들이 그러한 의향을 가지고 있다면 한번 크게 분발해서 그들의 마음을 끌어보자, 한번 해보자, 마치 이런 것처럼 마루빌딩을 시작으로 은송정, 공작, 산양헌(山陽軒), 킹, 알프스, 본정 바, 백접(白蝶), 길접(吉蝶), 미츠와(ミツワ), 국수(菊水) 등이 신축 또는 개축을 한 것입니다. 이는 재작년 봄의 일로, 카페 업자들이 일시적으로 크게 돈을 벌었다는 것은 이렇게 신축, 개축하는 등 경기가 좋아졌다는 사실이 잘 설명합니다. 업자들은 경쟁적으로 내지 시찰을 하러 가서 설비나 서비스 방식을 연구하고 돌아올 때는 내지의 여급을 영입해 왔습니다. 이때가 제3기 시대의 절정으로 카페계 일대에 윤기가 돌고 종래 에로계의 왕좌를 자랑하던 화류계를 압도하고 시대의 총아로 선망받으며 조합도 상당히 잘 통제가 되는 등 모든 면이 다 굴러가고 경찰과의 관계도 좋게 흘렀습니다. 그런데 작년 여름 갑자기 오사카 미인좌의 진출로 인해 카페계에 대선풍이 일어나고 제3기 후기에서 무의식적으로 대두하던 카페 대자본 시대가 드디어 의식적으로 도래한 것입니다.

대자본 시대

'미인좌가 생긴다는데', '본정경찰서가 허가했다는군', 더욱이 그것도 경성의 요지 본저 2정목에, 자, 큰일입니다. 조합은 벌집을 들쑤셔 놓은 듯이 대혼란입니다. 매일 고마쓰 서장에게 진정, 담판에 울며 호소하는 등 진심을 토로합니다. '우리들이 다 죽는 걸 보고만 있으면서 이제 와서 약속을 깰 셈입니까. 왜 허가를 하셨습니까'라며 험악한 분위기였습니다. 그러나 이는 조합원들 모두가 본정서의 보호에 안이하고 자만하고 거만해졌던 것이었을 뿐입니다. 고마쓰 서장의 굳은 결의는 미동도 하지 않았습니다. 조합원들은 깃발을 내렸습니다. 그리고 생각하기를, 기다려 봐, 우리도 지금 이대로 기다리고 있는 걸로는 안 돼, 경성 사람의 의지를 보여 주자, 그렇다 싸우는 거다, 라면서 마침 댄스홀을 노리고 신축했던 남산장 경영의 대규모 홀이 당국의 인가를 받지 못하게 되어 갑자기 형세가 변하여 급히 살롱 아리랑으로 진출하는 한편, 공작의 문제 후 대기 상태에 있던 나카노 군이 종로에 낙원회관을 개업한 것입니다. 이어서 본정 바, 바론, 경성 붉은 구술(赤玉), 화이트회관이 멋지게 철근과 벽돌로 된 3층 건물을 신축 중입니다. 이곳들이 완성될 무렵에는 경성의 카페계를 완저히 리드할 것이라고 카페맨 사이에 소문이 자자합니다.

앞으로 경성의 카페도 드디어 자본 시대를 출현시키며 대카페주의가 되는 것입니다. 전에도 말한 음식점식 카페는 점점 대자본 때문에 쓰러져 갑니다. 현재 마작, 송화(松花)가 안타깝게도 사라졌습니다. 살롱인 하루(春)도 마루빌딩에 병합되었습니다. 레이진야시키(麗人屋敷)도 생긴 지 얼마 안 되었는데 위기에 처했습니다. 은송정도 경기가 이전만 못합니다. 바론도 침체됐습니다. 이외에 이른바 군소 카페는 거의 생사의 갈림길을 방황하고 있는 사정입니다. 그러나 이런 현상은 필연적이며 어쩔 수 없는 일입니다. 인력거가 택시에 당연히 밀려나고 램프가 전등에 격추당하는 것도 자연스러운 이치입니다. 소매상이여 어디로 가는가, 하고 센티멘털한 말을 해봐도 갈 길을 갈 뿐 다른 방도가 없습니다. 일반 대중에게는 비싼 돈을 내어 소매상을 살려야 할 이유가 전혀 없는 것입니다. 또 소매상의 구제책으로 백화점에 재한을 두게 하는 것 등은 오히려 두말할 것도 없이 일반 대중의 편의성과 경제를 해치는 악법이라고 해야 할 것입니다. 카페도 만찬가지입니다. 자본 시대에 제대로 싸우지 않고 사기에 가까운 방식으로 돈을 벌려하는 것은 좀 뻔뻔합니다.

그러나 대카페 시대도 결코 오래 가지 않을 것입니다. 언젠가는 반드시 어려워질 것입니다.

17. 본지 기자, 여급 생업을 말하다(1933. 2.)

본지 기자, 여급 생업을 말하다
本誌記者,「女給稼業を語る」,『朝鮮及滿洲』303, 1933. 2.

53 대 1의 연맹회의와 자력갱생이라는 약병을 내걸고 1900년 무대에 처음 등장한 인플레 경기라는 혈액형은 쇼와 일본의 남자분들께서 초조한 생활에 대한 구원으로 '술과 향락'으로 어찌해 보고자 빈사 상태의 퇴폐 증세에 훌륭한 수혈을 수행하였다. 경기(景氣)라는 여명곡은 치열한 에로라는 격류와 소용돌이 속에서 연주된다. 오색 등불 밑에서 춤추는 에로 전선의 여투사는 독사가 이빨을 악무는 듯한 강렬한 자극으로 남성을 뇌쇄시킨다. 집시인 기사는 펜 끝을 쥐고 빨간 등, 파란 등이 깔린 굉장한 에로의 방열진을 늘어세우고 룸펜으로 지내면서, 때로는 도적으로 변하고 때로는 방청객을 가장하여 내키는 대로 에로, 그로테스크, 속임, 협잡의 여러 가지를 모아서 해부하고자 나프탈렌 냄새가 나는 모닝 예장으로 부인복 예복을 입은 그녀에게 인기 있었던 어슴푸레한 연회의 기억을 더듬어 적어보겠다.

"변호사라니 뭐 하는 사람이야"라고 진지한 얼굴로 질문하던 게이샤의 이야기는 옛일로, 유랑 흥행의 레뷰 일좌(一座)로 갈아탄 무희인 댄스 게이샤에게 속아서 어리석게도 엉덩이 흔드는 춤이라도 추어 보겠다는 관청 회사의 고관관리들은 모던을 좋아하고 에로를 좋아하여 1900년에는 신정의 창녀가 양장하지 말라는 법도 없다.

국제도시 경성에 모던과 에로를 자랑하는 것은 뭐니 뭐니 해도 카페다. 물론 명칭은 카페, 바, 레스토랑, 살롱, 카바레이지만, 다 같은 서양 요리점이기 때문에 딱히 놀랄 것은 없다. 내지인 거리의 동맥선인 본정길을 중심으로 한 57채(조선인 경영 1채), 여기에서 일하는 여급 수가 456명(조선인 15명), 번화가와 대립하고 있는 것이 조선인 거리의 동맥선인 종로통에 17채(내지인 경영 8채), 여급 수는 230명(내지인 75명) 정도로 분포되어 있다.

경성의 동맥선을 형성하는 이들 본정통과 종로통의 번화가는 밤낮 카페 재즈 광상곡과 입술을 빨갛게 칠한 요염한 여급에 의해 유지되고 있다. 경성의 카페나 술집을 돌아다니는 여급의 총수가 대략 2,000명(내지인 900여 명), 그 옛날 유녀 문화의 화려했던 주가는 자유롭고 신선하며 근대적인 감각을 구비한 여급 서비스에 빼앗긴 감이 있다. 시험 삼아 경성의 창기 명수를 제시해 보면, 총 1,310명(내지인 495명, 나머지 조선인)으로 여급 무리는 점점 창기의 수에 육박하여 게이샤의 지위를 빼앗는 여급은 여자 없이는 밤에 밝히지 못하는 나라에서 간편한 것이며 인기인 것이다.

여급은 도회를 배경으로 매년 기하급수적으로 늘어나는 추세다. 이미 사회적으로 하나의 계급을 구성하여 떼돈을 버는 여성 직업의 하나로 자리매김되었다. '팁 매달 300원'을 꿈꾸며 자본이 필요 없는 여급 지원자가 문전성시를 이룬다고는 하나 불과 28원의 비참한 교외 여급도 있기 때문에 팁으로 살아가는 초라한 몸인 것이 인정된다.

약 1천 명의 경성 여급들의 연령은 대부분 18세부터 30세까지다. 17세 이하인 자도, 30세 이상의 올드 미스도 있지만 어디서나 골칫거리다. 여급의 한창 때는 24세부터 27세로 소위 내세울 만한 서비스가 에로를 발산하는 일이기 때문에 필연적으로 수입도 특별하다.

여급의 약 반수는 남자를 두고 있다. 2할이 가정생활을 영위하는 아내로, 나머지 3할은 연인과 후원자가 있는 여왕족이다. 다른 반수는 독신이다. 3할은 젊은 시절의 감격에 지배되어 좋아하네, 반했네 하는 이도 저도 아닌 여급이고 나머지 2할은 가정 사정으로 건실하게 일하는 기특한 부류다.

당국의 카페영업단속령의 제7조와 제8조에 여급을 고용한 경우에는 그 서류를 본인에게 지참하게 하여 전력 및 여급이 된 동기, 교육 정도, 빚 유무 등을 상시 두어 단속에 참고한다고 나와 있다. 여급은 남편 또는 부형의 집에서 통근하는 자를 제외하면 영업소 가옥 내에 합숙하도록 한다.

여급의 고용 관계가 체결되면 관할서의 보안 담당에게 규정 서류에 사진 2장을 붙여 지참하여 출두하도록 하여 위의 요령에 대한 심문에 응답해야 한다. 경성의 여급은 대부분 전직 경험자이기 때문에 상당히 거짓말을 한다. 한때 펑톈, 다롄으로 이동했지만 최근에는 만주도 초만원이어서 이동은 적어졌다. 도쿄, 오사카의 여급도 꽤 흘러들어 왔지만 아무래도 정착은 하지 않는다. 여급이 되는 동기는 다들 가정적인 사정이 있다고 대답한다. 사회학 공부를 위해서라고 하는 괴짜도 1, 2명 있다. 교육 정도는 대부분이 고등소학교 졸업자이고 여학교 2, 3년 중도 퇴학도 상당한 숫자가 된다. 여학교 졸업자도 적지 않다. 수입이 많은 것을 동경하여 여급으로 전직하는 자가 있다. 화류계가 쇠퇴해 가는 것에 단념한 게이샤들이나 손님 접대에 익숙한 백화점 판매원, 회사 사무원이 과감히 전출하고 있다. 여급이 대부분 가불을 하고 있다고 보인다. 물론 액수는 일정치 않지만 대개 200원이나 300원 정도. 그 돈으로 의상을 마련하거나 가정의 생계를 담당한다. 드물게 천원 가까이 빌리는 자가 있지만 그런 여급의 앞길은 대부분 윤락을 예정하고 있는 것이어서 당국의 간섭을 받는 경우가 많다.

경성에서 통근하는 여급은 보기 어렵다. 한 카페에 평균 13명의 여급이 있다고 한다면 3, 4명이 통근이다. 물론 부형의 집에서 다니는 자는 적어서 가정을 가진 유부녀 여급이다. 남의 아내인 것을 모르고 다니는 남자분들도 상당수 있다. 여급 입장에서 보자면 얼간이로 보이겠지만 장본인은 진지하니까 얄궂다. 죄는 어느 쪽에 있는지 판단하기 어렵다.

여급의 한 달 소비 금액이 대략 얼마인지 살펴보면서 그 내면 생활을 엿보고자 한다. 물론 일류인지 말류(末流)인지에 따라 팁에 큰 차이가 있는 것과 마찬가지로 근무 연한에 따라서도 다르기 때문에 무조건 정할 수는 없다. 그러나 온건한 곳을 조사해 보자.

우선 공통된 소비 항목부터 시작한다. 먼저 의복이다. 어떤 심리학자가 의복과 남녀의 심리측정을 시도한 결과 여자는 남자보다 옷 6배를 갖고 싶어한다고 한다. 가을에서 봄에 걸쳐 면사를, 여급에는 여름 비단을 덧대어 때로는 양장도 해야 하는 그녀들의 사치스러운 옷가지를 손님에게 밉보이지 않기 위해서 또는 동료에게 바보 취급당하지 않기 위해 취하는 방편이라고 생각하면 우울해진다. 기모노는 한 벌에 30, 40원 드는 것을 염색에 염색, 세탁(洗張)에 세탁을 반복하고 적어도 한 달에 2, 3번은 옷을 바꿔입어야 한다. 허리띠도 20, 30원은 든다. 기모노와 허리띠는 무슨 일이 있어도 2개월에 한 벌씩은 장만해야 한다. 이는 월부로 지불해도 월 40원은 계산해야 한다. 화장품 값은 향수, 가루분, 크림, 립스틱, 아이브로, 콤팩트 등 12원, 머리는 한 달에 4번, 서양 머리로 하는 데 4원, 목욕탕은 매일 2원, 미장원은 2번에 1원, 구두는 한 달에 한 켤레 사는 것으로 4원, 그밖의 일용품은 개인에 따라 다르지만 대개 3원으로 보면 된다.

공통되지 않은 소비 품목은 통신비 1원 내외, 서적이나 잡지는 공동으로 구입하고 빌려 읽기 때문에 1원으로 본다. 음식은 대개 손님에게 얻어먹는 것으로 충당하지만 많은 간식 습관을 가지고 있다. 2원에서 3원 정도가 적당한 정도일 것이다. 세탁비가 6원, 버선은 매일 갈아신지만 신고 버릴 수 없기 때문에 5일에 1켤레로, 1달에 6켤레, 한 켤레 60전으로 3원 60전, 장신구는 한 번 구입하면 딱히 필수품이 아니기 때문에 매일 일정하지 않다. 6원 정도 예상, 흥행물의 관람료를 보면 매우 바쁘게 생활하는 그녀들이 자발적으로 나가는 것은 한 달에 1, 2회 정도로, 대개는 남자와 동반하여 남자가 부담하는 것에 응하기 때문에 1원으로 예상한다. 교제비도 겨우 친구들과 거리에서 놀고 찻집에서 자리를 때우는 정도여서 2원이면 충분하다.

특별한 소비 품목은 다도, 꽃꽂이의 월사금으로 들어간다. 그렇지만 월급은 다달이 4원을 지불하는 감탄할 만한 여급은 별의 수만큼이나 있는 여자 중에서도 발견하기 어렵다. 담배도 정도껏이지만 하루에 비전 2갑으로 보고 6원. 신부 수업에 3원.

살펴보면, 신인 여급은 월 100원에서 150원의 수입으로는 아무래도 생활에 부족하고 고향으로 송금하는 것은 헛된 꿈이거나 전차금의 상환은 매우 어려운 상태다. 그리고 돈 조달은 결국 법망을 벗어난, 비단으로 싼 연극 비슷한 에로 지옥을 연출하는 것에 의해 적자를 보전한다. 경성에서 여급의 매음 풍속 파괴의 범죄 통계는 나와 있지 않지만 5, 6건은 하찮을 정도다. 그렇지만 훈계는 셀 수 없을 정도로 많다.

그녀들은 이렇게 카페 옷에 힘들어하고 각종 대출금을 짊어지고 팁 벌이에 목숨을 걸게 되어 계절마다 기모노 6, 7벌이나 갖게 되기까지에는 그럭저럭 2년이 걸린다. 그러는 가운데 단골손님도 상당수 갖게 되고 팁도 자신의 수입이 되어 상당한 사치고 가능한 몸이 된다. 그러나 유혹과 함정이 많은 생활 속으로, 그녀들 대부분은 윤락의 늪에 빠져 가는 여자가 많다. 후원자를 만들고, 자신의 이상적인 남편을 갖고 혹은 저금하여 카페나 독립된 장사라도 벌이게 되는 것은 극소수로 성공한 자들 최상의 부류다.

이상은 경성에 정착한 여급의 표면 생활에 대한 소묘다. 여급과 에로는 일심동체와 같이 생각되는 것도 바로 팁 제도에서 생겨난 것이며, 풍기 문란의 문제는 이 팁 제도를 개혁하지 않는 한 일소할 수 없다. 손님은 대부분 팁과 에로 서비스의 교환을 요구한다. 곧 그러한 손님은 팁과 야심료(野心料)를 구별하지 않고 동일시하는 무리다.

어떤 여급의 이야기에 밤 7시경부터 마시기 시작한 서른 지난 손님이 있었다. 겨우 2, 3병 마시더니 벌써 에로를 요구하여 자꾸 그녀의 허리에 손을 감는다. 적지 않게 짜증났지만, 복수를 해 주려고 생각하여 참았다. 마시고 취할 때마다 그는 자주 외출하자고 제안하며 그녀의 귓가에 대하 "여관에 가자"고 속삭였다. 그래서 그녀는 수락하겠다고 답변했다. "몇 시에 가게를 닫는가?"라고 하기에 그녀는 2시에 준비를 하고 나간다고 말하자 남자는 "그럼 그때까지 마시면서 기다리겠다"라며 술잔을 꽤 기울여 2시까지 기다렸다. 한편 2시가 되자 그는 자동차를 불러 그녀를 기다렸지만, 잠시 뒤에 나온 그녀는 "나가고 싶지만 가게 주인이 잔소리가 심해서 안 되겠어요"라고 거짓말을 하면서 도망쳤다. 이 말을 들은 남자는 조금 분개하여 "그럼 내가 주인에게 말하지" 하고 교섭하려는 기세가 상당했다. 그래서 그녀는 "아니 주인이 만약에 허락하더라도 파출소가 매우 까다로워서 여관 따위에 머물 수도 없어요"라고 이런저런 상당한 거짓말을 늘어놓고 그에게서 도망쳤다. 그 남자는 많은 술값과 팁 그리고 자동차 비용까지 지불하고 우는 얼굴로 철수했다. 그리고 또한 다음 날 밤에도 찾아와 "의외로 까다롭군" 하면서 체념하는 말을 내뱉었다고 한다.

작부와 창기는 조금 고가이지만 30원 지불하면 게이샤를 통해서도 성욕 문제는 손쉽게 해결할 수 있다. 하지만 여급을 성욕이나 연애의 대상으로 하여 노리갯감으로 삼는 것은 엽기심이 발동되기 때문이다.

이른바 여급을 함락시키는 과정을 즐기는 취미다. 누군가의 말에 "남자는 여자를 설득시키기까지가 연애이고, 여자는 남자에게 설득되고부터가 연애다"라는 말이 있다.

술집의 여왕을 자랑하는 여급도 남자에게 한 번 설득당하면 의외로 고양이처럼 패기가 없어진다. 그리고 그런 연애가 끝내 끝이 나면 완전히 바뀌어 자포자기하는 여왕이 되어 홧술을 마시고 거칠어져 윤락 생활에 빠지는 것이 정석이다. 동시에 술집 여자는 한번은 불타는 연애 교섭을 가지지 않으면 솜씨 좋은 어엿한 여급이 될 수 없는 것도 어떤 인간인지 아무튼 미묘한 작용이 있다.

후원자를 갖고 있다는 것은 첩을 또 다르게 부르는 말이다. 경성에는 은행회사의 중역급에서 관청의 고관들, 게다가 자본가의 수가 상당히 많다. 그와 정비례해서 게이샤, 여급은 상당한 후원자를 갖는다. 그러므로 그녀들이 후원자의 권유로 외출하는 곳은 대개 지나요리점, 또는 요정이나, 마치아이다. 거기서 무엇을 연기하든 요리를 먹든 어쨌든 후원자와의 한 번 외출은 여급에게 한 벌의 카페 옷의 대가로 환산되기 때문에 여급은 후원자가 있어야 한다.

사랑하는 방법을 잘 아는 그녀들은 역시 센티멘탈리스트가 많고, 남성의 감언이설에는 유혹되어 어느 틈엔가 버려지고 정신을 차린 뒤에 비로소 작업의 방법이었다는 것을 알고 분개해도 어쩌지 못하는 경우도 상당히 많다.

개나 소나 칵테일, 칵테일이라고 떠들었지만, 경성에서 진짜 칵테일을 아는 사람은 드물다. 거기에 가봤다고 하면서 아는 체하는 사람이나 칵테일 사전의 뜻도 모르면서 이해한 사람이 아는 척을 하는 것이다. 셰이커를 흔드는 바텐더로 솜씨 있는 사람도 적다. 양주가 또한 상당한 매출을 보인다. 환율이 낮아서 얼마간 값이 오르는 경향은 있지만 킹 오브 킹 위스키가 3병에 11원 하는 정가가 붙어 있다. 카페의 이런 매입가는 7원 50전에서 8원 정도다. 이 위스키를 1잔 80전에 팔아서, 1병에 35잔에서 40잔을 얻을 수 있다. 그러면 한 병에서 얻는 이익은 무려 17원, 카페에 따라서는 여급은 양주를 팔면 카운터에서 할당 5할을 받기로 되어 있다. 한편 보통 위스키는 싼 물건으로 1잔 30, 40전 정도, 원가는 상품이라도 한 되가 2원, 90잔에서 100잔 나온다. 한 잔의 원가가 30전으로 약 90잔 나오고 2원의 위스키가 무려 27원이 된다. 커피 매입가는 1파운드 1원 50, 60전으로 한 잔에 4전을 받으면 쏠쏠한 수입이 된다. 소다수의 원가가 3전, 이를 1잔 10전에서

15전으로 판다.

선정적인 색채와 관능적인 재즈와 개방적인 여급 교태의 찰나적 쾌락의 경지, 이를 자아내는 분위기가 근대인의 매력을 자극하고 카페가 우후죽순처럼 생겨나는 이유다. 도회는 인생의 무덤이다. 환락의 감주에 도취하는 술집 카페야말로 마녀의 손을 탄 함정의 묘혈이다. 이미 진면도 다했기 때문에 에로 서비스의 종류와 방법에 대한 보고, 카페를 둘러싼 불륜행위와 여급의 적나라한 생활에 대한 고백기는 언젠가는 다른 원고에서 독자에게 보일 생각이다.

엄격한 군대 규율을 따르는 병졸, 젊은 사관이 술자리에서 흘리는 눈물과 탄식은 군국 풍경의 이채다. 작년 연말 순정적인 한 병졸은 결국 탈영하여 여급이 있는 곳으로 달려갔다. 새장 속의 새인 그는 나라를 사랑하기 이전에 그녀를 사랑했다. 지금은 독방에서 속세를 불평하고 있을까? 병사에게 국한되지 않고 공무원, 회사원, 점원 등에서 여급 때문에 신세 망치는 자 적지 않고 여급도 또한 죄를 짓고 있다.

카페는 범람하여 도회를 완전히 정복하고 근대 도시는 그 생활 형태를 카페 중심으로 추구하고 있다. 취하고 끌어안고 노래부르고 밤이 깊어 남자 지갑이 텅 비게 되면 여급 또한 얼간이 도둑, 이에 펼쳐지는 엄청난 에로는 어느 틈엔가 변해 엄청난 그로테스크로 바뀐다.

바쿠스 주신은 그저 혼자 이 에로의 호화로운 에마키(絵巻) 그림을 미소를 머금고 바라보고 있다.

18. 본지 기자, 수도 경성의 에로 거리 풍경(1934. 4.)

본지 기자, 수도 경성의 에로 거리 풍경
本誌記者,「首都京城のエロ街風景」『朝鮮及滿洲』317, 1934. 4.

부드럽게 부는 바람에 이끌려 어정어정 서울의 에로 거리 재검토를 위해 나섰다. 회색 대륙을 이미 봄 안개 베일에 뒤덮이고 여기저기에 분홍빛 아름다운 모양이 생겨나 신사의 어지러운 마음(意馬心猿)을 어루만지려고 하고 있다. 널리 퍼진 에로 진영은 얼마나 대단한가.

내지인 측 동맥선인 본정(本町)거리를 중심으로 한 일대의 에로 진영은 수도의 그것을 대표하고 있다고 해도 좋다.

먼저 근대문화의 총아인 모던 카페가 52곳으로 그중 하나는 조선인이 경영한다. 오색 불빛이 흔들리고 열광적인 재즈를 따라 조화가 피어난 홀을 헤엄치는 여급의 숫자가 무려 466명, 이는 지극히 최근의 통계표인데, 계절에 따라 다소 이동이 있는 것이 흥미롭다. 연말에는 가계를 돕기 위해 빚 청산이나 기타 사정에 따라 여급 일에 나서는 자, 꽃놀이 계절이 되면 허영에 들뜬 여자가 용감하게 가정에서 이 폭풍 같은 여급 장사에 진출한다. 하나부터 열까지 모두 상당한 액수의 빚을 지고 있다. 그중에는 천 엔 가까운 빚에 시달려 스스로 윤락의 여왕이 된 여자도 상당수 존재한다.

나이는 17세부터 34세의 중년 부인에 이르기까지 전부 에로의 피사용인이다. 그중에는 아이가 딸린 여급도 상당수 있다. 물론 남편이 있는 부인 여급도 있다는 사실에는 일단 주의해야 할 것이다. 다음으로 음식점은 내지인이 경영하는 곳이 12곳, 여기에서 일하는 여급이 59명으로 이곳은 카페처럼 화려하지는 않지만 이른바 작은 요리옥에 속하는 곳이 많아서 원한다면 사미센 연주자를 부를 수도 있다. 저조하기는 하지만 한 번 에로에 이르면 이곳의 여급이 카페의 여급을 완전히 압도한다. 조선인이 경영에 관여하는 것이 265곳으로 여급의 수는 미상, 이른바 주막(술집)인데 여급이 있는 주막은 상당한 규모다. 이곳의 여자들은 술을 파는 여자이지만 사실은 매춘부(갈보)다.

막걸리에 취해 근소한 재물을 뿌리며 온돌에 누워 여자를 ○○○○○는(은) 많은 조선의 노동자 계급이 소비하고 있다. 지나인이 경영하는 음식점은 87곳으로 이는 내선인이 사용하고 있다. 지나인의 매춘굴도 몇 군데 있기는 한데 지극히 은밀하게 장사한다.

바는 아직 경성에서 그 순수한 모습을 찾아보기 어렵다. 내지인이 경영하는 곳이 두 곳, 조선인이 경영하는 곳이 두 곳으로 그 양식이 소규모 카페와 유사하여 여급을 데리고 있는데, 간신히 카페의 유치함이 없는 것을 다행으로 여겨야 할 것이다.

식당은 내지인이 경영하는 곳이 177곳으로 여급 수가 285명, 조선인이 경영하는 곳이 2곳으로 여급 수가 5명, 20, 30전으로 배불리 먹을 수 있는 점에서 식당의 가치가 있는데 그중에는 식당 명목이지만 거의 카페 형태에 가까운 곳이 있다. 여급은 이른바 14, 15세의 여급사도 있지만 퇴색한 우바자쿠라(姥桜) 여급도 있고 서비스로 에로를 가미해 주는 곳도 있다.

서울의 동쪽에 불야성을 이루는 향락 시장이 있다. 신정이라고 부르는 단골 유곽을 가리키는데 이는 관이 허가하는(官許) 인육시장이다. 내지인 경영이 53곳, 조선인 경영이 80곳, 외국인이 1곳, 창기를 두고 있는 인육 거래 시장이 실로 134곳, 어둠의 여자로 불리는 여자가 내지인 267명, 조선인 293명, 외국인이 한 명으로 떼 지어 모이는 남성에게 인육 에로를 제공하고 있다.

봉급날 전이기는 하지만 3월 17일, 18일인 토요일, 일요일의 유곽 손님의 동태와 소비액을 표로 만들면 다음과 같다.

17일(토요일)(신정)

나라별	유곽 수	창기 수	유객 인원	소비 금액
내지인	53	267	261	3,681.85원
조선인	-	34	2	12.20원
외국인	1	1	-	-

18일(일요일)(신정)

나라별	유곽 수	창기 수	유객 인원	소비 금액
내지인	53	267	248	2,715.46원
조선인	-	34	7	49.87원
외국인	1	1	-	-

내지인을 보면 토요일은 창기 6명만이 공친 것을 알 수 있다.

물론 동일한 창기가 여러 명의 유객을 받는 경우도 있지만 일단 창기 한 명이 유객 한 명을 상대했다고 봐도 지장이 없을 것이다. 공친 창기 6명은 아파서 자고 있거나 병원에 입원했다고 볼 수 있다. 매출 총액이 3,681원 85전이다.

일요일 기루에 출입하는 유객은 토요일보다 불과 13명 정도 적지만, 매출액은 966원 39전 감소를 보이고 있다. 이는 무엇 때문인가 하면 유객이 시간 유흥을 하는 경향을 이야기하는 것이다. 시간을 단위로 유곽에서 유흥할 때는 금액이 증가할 테지만, 군인들 같은 경우 획일 할인이 있기 때문에 반대의 효과를 나타내니 창기들은 보국적 임무를 수행한 셈이다.

조선인 유곽인 병목정, 서사헌정의 토요일 현황을 보면 기루 수가 80곳, 창기 수가 260명, 손님이 68명, 소비 금액이 221원이다. 내지 쪽에 비해 이곳 유곽은 실로 적적한 상태다.

외국인 창기 한 명은 어떤 상태에 있는가. 2월 중에 3회, 3월 이후 19일까지 1회라는 불경기다. 경성에서는 외국인 인육시장을 허가하지 않기 때문에 외국인 창부 한 명은 10년 전부터 하고 있는 것을 그대로 둔 것이다.

본정의 에로 전선을 장식하는 것은 게이샤다. 권번은 본정 권번과 신정 권번 둘로 나뉘고 포주집 수는 내지인 69곳인데, 그들이 두고 있는 게이샤 수가 429명, 신정에 있는 신정 권번의 게이샤 중에는 이른바 이매(二枚)라는 것도 있다.

경성의 화류계는 본(本) 권번의 본거지인 욱정(旭町), 남산정(南山町) 일대와 신정 권번이 차지한 신정 일대, 또 종로를 중심으로 한 기생 권번인 한성, 조선의 두 권번에 있는 기생 수는 200여 명이다.

내지식의 마치아이가 경성에서는 허락되지 않기 때문에, 전부 요리옥에서 게이샤나 기생을 부른다. 게이샤는 히로시마, 후쿠오카, 나가사키, 오사카와 같이 츄코쿠(中國), 규슈(九州) 출신 여자가 대다수를 차지하고 있다. 봄가을 두 계절의 학예회(溫習會)는 나리님(旦那)들을 위한 선전(demonstration)이기 때문에 열심히 하는 모습이다. 춤은 대부분 화류계로, 나이 든 예기 중에는 나가우타(長唄), 기요모토(清元), 도키와즈(常磐津) 등으로 유명한 사람도 있지만, 인육 매매 전문이 많다. 젊고 아담한 기녀는 대부분 그렇다. 경성의 요정과 게이샤는 풍기경찰의 완벽한 치외법권 아래서 자유행동을 허락받는 것이다.

당당한 건축을 자랑하며 정원이 있는 일류 요정부터 말단 요정을 합친 수가 80곳, 그곳은 심야까지 환락의 등불이 타오르고, 돈이 뿌려지고, 끝내는 치정이 소용돌이치는 세계다.

술과 여자 없이는 날도 새지 않는 동방의 군자국, 쇼와 일본의 남자분은 실로 바쿠스(술의 신)의 자손일 것이다.

예기의 화대는 센코(線香) 한 개(30분)가 75전, 처음 한 시간은 세 개다. 야쿠소쿠바나(約束花)가 여섯 개, 모라이바나(貰い花)가 두 개, 모라이토메바나(貰い止め花)가 두 개 더 소비되는 제도이고, 베츠센코(別線香)(잠자리 포함)는 12개다. 요정에 가는 무리는 어쨌든 에로를 좋아해서 주머니 사정이 좋은 무리는 술만으로는 끝나지 않는 경우가 많기 때문에, 게이샤의 베츠센코는 상당한 숫자를 보이는 경우가 많다. 유흥세가 한 개에 4전으로 이것이 경성부의 재원이 되기 때문에 무시할 수 없다.

신정 권번에는 시치부(七分) 예기와 2매 예기가 있다. 시치부 예기는 모든 예기의 7할로 모든 비용이 충분하다.

마쿠라가네(枕金)는 예기에 따라 다양하다. 우선 30원이 보통 시세다. 그중에서 게이샤에게 돌아가는 것이 20원이다.

예정 공간을 본정 쪽에 지나치게 할애한 관계로 다른 에로 거리는 대강의 풍경 묘사에 머물겠다. 조선인 에로 거리는 뭐니 뭐니 해도 종로를 중심으로 한 일대다. 카페는 내지인이 경영하는 곳이 8곳, 여급 수가 146명, 바가 조선인 경영하는 곳이 8곳, 내지인이 1곳, 음식점이 320곳, 여급이 112명, 식당이 49곳으로 여급이 95명이다.

조선의 최고 명물인 기생은 모두 독립적으로 영업하며 자택을 갖고 있다. 이들이 조선요리옥에 요염한 자태로 들어오는 것이다. 기생 숫자는 356명이다.

기생 화대는 센코 한 개(30분)가 65전, 내지 예기보다 10전 싸다. 처음 한 시간은 화대 세 개를 요구한다. 베츠센코는 없고 모라이나 야쿠소쿠 제도도 없지만, 일류 기생이 되면 2, 3일 전부터 신청하여 약속하지 않으면 바로 부를 수 없는 경우가 있다. 유흥세는 한 개당 4전이다. 일류 기생은 종종 내지 말로 이야기하고 댄스나 일본 가요를 부르고, 시가(詩歌)나 서화에 능해서 옛날에 관기로 불렸던 흔적을 전한다.

기생의 마쿠라가네는 20원부터 50원, 또는 100원으로 일정하지 않다. 기생의 춤에는 춘앵무(春鶯舞), 승무, 검무 등 유명한 것이 있고, 아리랑, 추심가(秋心歌)처럼 지역색이 강한 것이 있으며 장구는 한물 가고 있지만 흥미롭다.

용산 방면의 에로 전선 또한 훌륭하다. 카페는 내지인이 경영하는 곳이 13곳으로 여급이 43명, 음식점이 내지인 54곳, 여급이 4명, 조선인이 308곳으로 갈보가 288명, 식당이 내지인 8곳으로 여급이 7명이다.

　게이샤 오키야가 2곳으로 게이샤가 12명 있다. 제도는 전부 본권번과 크게 다르지 않다.

　도산(桃山)유곽은 용산 일대 사람들이 많지만 멀리 경성에서도 이 에로의 본고장에 흘러가는 사람들이 상당수 있다. 기루의 숫자는 내선 각각 20곳으로 창기는 내지인이 132명, 조선인이 85명이다.

　경성부의 동쪽과 서쪽에 있는 동대문과 서대문 양 지역에는 주막이 전부 합쳐 1,066곳으로 갈보가 687명 있고 중산층 이하의 조선인을 상대로 상당한 에로 취미를 발휘하고 있다.

　이상으로 대강의 경성 에로 분포도 소개와 풍경 점묘를 마친다.

　봄은 남쪽에서 찾아왔다. 꽃에 들뜨고 에로에 열광할 절호의 계절이기는 하지만 피차 파산하는 괴로움을 겪는 엄청난 행위는 삼가도록 하자.

19. 본지 기자, 조선 에로 거리 풍경(1931. 1.)

본지 기자, 조선 에로 거리 풍경
本誌記者, 「朝鮮のエロ里風景」, 『朝鮮及満洲』 326, 1931. 1.

　수도 경성은 빠른 속도로 국제도시의 면모를 갖춰 간다. 급성장을 시도하는 거리, 상승하는 건축회, 근대 감각이 왕성한 철골을 두드리는 에어 해머의 율동, 유선형의 자동차가 돌진한다. 부인들은 화장에 능숙해져 건전한 일(堅気)과 화류계 여자를 판별하는 데 애를 먹으면서도 멋쟁이 남자는 윙크를 연발한다. 착종하며 근대 도시에 전입하고 이행하는 우리의 경성이다.

　여기에는 근대 감각이 관료 문화에 꺾여 기형적인 생장을 하면서 도시 특유의 명암을 자아내고 있다. 근대 도시의 멜팅포트[29] 속에 감춰진 에로, 그로, 속임수, 사기 등이 그러하다. 초췌한 도시인은 스피드를 호흡하면서 환희, 실망, 초조, 감격, 우울, 흥분을 가득 채워 넣고 내일을 향한 생활을 방황하고 있다.

　이렇게 거세된 도시의 현실 면에 지금 엽기적인 옐로 스포트라이트를 방사하며 방황선에 있는 사람들로부터 화제를 끌어내려고 한다.

　도시인을 동요시키는 것은 뭐니 뭐니 해도 빨간 불빛, 파란 불빛에 오색의 술 그리고 불타는 입술일 것이다. 그보다 유흥가의 향락시장이야말로 근대 도시의 구성 요소로서 빠질 수 없다. 경성 거리에서 내지인은 동맥선으로 본정 방면이 전개되고 조선인은 동맥선으로 종로 방면이 팽창한다.

　내지인의 동맥선인 본정 방면에 분포하는 향락시장은 우선 예창기, 여급의 점묘에서 시작한다. 경성 거리에 춤추는 화장 미인들(阿嬌粉黛)인 게이샤 여자가 대충 459명, 이는 본권번과 신정 권번이 모두 거느리는 것이다. 본권번에 속하는 게이샤는 259명, 포주집 수가 32곳, 신정 권번에 속하는 게이샤가 200명으로 포주집 수는 41곳, 게이샤의 연령은 무희는 별도로 하고 18세에서 28

29　melting pot. 잡다한 민족, 인종, 문화가 섞여 있는 곳.

세까지. 수상해 보이지만 춤이 가능한 댄스 게이샤라는 친숙한 덴가츠(天勝)극단에서 흘러온 여급 출신 게이샤부터, 노래도 샤미센도 제 몫을 다할 수 있다는 게이샤 여자들이 남산 일대부터 신정에 걸쳐 화려함을 자랑하는 요정의 연석에 데뷔하고 있으니 놀라지 말길.

듣건대 게이샤의 창시자는 1894년, 1895년 청일전쟁 무렵 남자 이상으로 억척스럽고 씩씩한 여자들이 일확천금의 에로 서비스(당시 이런 말이 있었는지 모른다)라는 상표를 손에 들고 진고개(현재 본정) 일대에 자리 잡은 일본인 마을에 나타났다고 한다. 물론 게이샤로서의 자격인 샤미센이나 춤은 이차적인 문제였고, 단도직입적으로 말해 예의 깊은 의도(奧義)가 자랑거리였다. 그 무렵 게이샤가 24, 25명이고 또 러일전쟁인 1904, 1905년에는 100명 가까이 되고, 통감 시대를 계기로 200명을 돌파했다. 이후 매년 증가하여 지금은 400명을 돌파했는데 일단 이 정도 숫자일 것으로 생각된다.

통감 이토(伊藤) 공은 이 화장한 무리를 매우 좋아해서 위에서 하는 대로 아랫사람이 배우는 법인지라 당시는 게이샤계의 전성 시대로 말해지고 있다.

오늘날 쟁쟁한 술집(旗亭)의 뼈대를 자랑하는 자는 이 시대에 이른바 천금을 쥔 자다. 이후 성쇠 변천은 있었지만 화류권만큼은 대체로 점진적으로 나아가기 시작했다. 게이샤가 들어오는 곳은 대부분 간사이 지방으로 특히 히로시마, 야마구치 그리고 규슈 출신 게이샤가 많았다.

×××

불야성의 향락 지역인 신정유곽은 잉여 자본이 유동하는 곳으로, 얼마 전 창립 30주년을 맞았다. 현재 신정은 옛날에 쌍림동이라는 송림으로 여우와 살쾡이가 백주대낮에도 출몰했다고 하니 그 한적함은 상상할 만하다. 약 31년 전 최초의 유곽 지역으로 지정되어 그 땅의 이름에서 유래한 쌍림관이라는 이름의 최초 기루가 1904년 10월에 화려하게 개업했다. 이후 쌍림관은 개춘루로 이름을 바꿨다. 이후 청월, 일요루, 제일루 등 기와집이 연이어 늘어섰는데 본격적인 유곽 지역으로 창기가 크게 발전하기 시작한 것은 1907년 5월 오에도(大江戸)의 옛 모습 진열 업소(張店)가 나온 이후일 것이다. 1910년 9월에는 다이와 신지(新地)도 유곽 안으로 들어와 비로소 지금의 신정이라 부르게 되었다.

1920년 1월에는 동신지(東新地)의 확장으로 가시세키, 마치아이, 권번 등이 생기고 향락시장을 위한 기구가 정비되었다. 그러나 마침 당시의 풍조에 힘입어 카페가 출현했고, 이 카페가 한때의 유곽 인기를 제친 모양이다. 시대에 민감한 기루 업주들은 그때 머리를 짜내어 카페에 대항하여 홀을 설비하고 축음기로 재즈를 연주하고, 카페에 대항하여 옛날의 번성을 탈환한 인육시장의 변천 연쇄극을 대강 갖추었다. 오늘날에는 매우 모던화하여 시보(時報)는 전부 사이렌으로 바뀌어 덧없는 하룻밤도 수없이 울리는 사이렌으로 어지럽혀지는 상황이다.

현재 신정유곽의 가시자시키 수는 내지인 53곳으로 창기 수는 249명, 신정과 이어지는 병목정에 기와를 나란히 한 조선인 유곽은 80곳으로 조선인 창기 수는 283명, 또 외국인 한 명이 동참하여 국제적인 에로 상황을 그리고 있다. 이 신정의 하룻밤 유흥 개근 평균 매일 280명에서 300명에 달하고 총매출액은 3,800원에서 4,000원에 이르는 것이 보통이다. 경성의 도시 자체가 상공업 도시와 달리 근로 계급이 차지하고 있기 때문인지 월 15일에서 봉급일인 21일에 이르는 1주일간 각 향락시장은 전체적으로 부진한 모습이다.

신정 일대에 어둠의 유녀로 불리는 일본과 조선의 창기를 합하면 상술한 바와 같이 실로 533명, 농염한 인육의 향기를 좇아 모여드는 남성에게 인육의 에로를 제공하는 것이다.

×××

쇼와의 일본 남성은 모던을 좋아하고 에로를 좋아한다. 초조한 생활의 SOS를 술에 의지하여 해소하려면 근대 문화의 총아인 카페에 가는 것이 제일이다라고 하니 간편한 카페는 대단한 인기를 확보해 온 것이다. 오색의 술을 따르고, 흔들리는 불빛 아래 요염한 여급을 끌어안고 조화가 장식된 홀에서 재즈 랩소디에 들떠 줄무늬 지갑을 비우는 양반들이 얼마나 많은가.

본정 일대의 동맥선에 흔들리는 빨갛고 파란 불빛의 카페가 대략 43곳, 여급 수가 490명, 카페 또는 식당이라고 구별하지 않고 식당 간판을 걸고 여기서 돈가츠 한 장을 나르는 여급 수가 200명을 돌파하니, 실로 흥청거리는 여자 부대의 데모다.

그러나 이를 1932년경의 카페 호황 절정의 시대와 비교하면 오늘날 카페계의 불황을 여실하게 알 수 있다. 곧 1932년 카페 여급 수는 약 600명으로 카페 수는 53곳, 하루 평균 매상액은 8,800원이었다는 것이다. 오늘날의 매상은 그 무렵에 비하면 급속도로 격감하여 하루 평균 3,000원 남짓으로 2년 전 호황을 이룬 시절에 비해 그야말로 3분의 1로 감소했다. 따라서 여급의 수입도 줄어 자연히 에로 서비스 봉사로 이데올로기를 바꾸지 않을 수 없는데, 이를 도쿄와 비교하면 촌스러울 만큼 고지식하다. 내지인 측 동맥선에 무리를 이루는 에로 분포도는 이로써 마치겠다.

다음은 조선인 동맥선인 종로 쪽으로 붓을 옮겨 에로 전선을 살펴보자. 우선 조선 명물 기생(게이샤)이다. 이들은 누구나 독립적으로 영업하며 자택을 갖고 있다. 초대를 받아 조선요리옥에 요염한 자태로 들어간다. 그 수가 대략 356명, 이어서 조선인 거리의 카페는 내지인이 경영에 관계하는 것으로 7곳, 조선인 여급 수가 146명, 여기서도 오색의 술을 따르며 한층 더 뛰어난 에로 방렬진을 이룬다.

술집(음식점)이 320곳, 이중 조선 특유의 작부를 둔 곳이 절반으로 그 수는 120명, 전부 막걸리집인데 막걸리를 마시면 마실수록 작부의 손이라도 잡고 값싼 에로 풍경을 연출한다. 이 술집 작부는 모두 조선 여자로 20세부터 30세 정도의 중년 여자가 많다.

×××

또 용산 일대의 향락 시장은 특별한 종류의 에로 컬러를 갖고 있어 상당한 인기를 누리고 있다. 미생정 일각에 엑소티시즘을 자극하는 도산유곽은 내지인과 조선인이 경영에 관계하는 것이 각각 20곳 있어 내지인 창기는 150명, 조선인 창기는 85명이다. 장소의 특성으로 병사 고객이 많다. 용산 구역의 카페는 13곳, 여급 수는 43명, 조선인이 경영하는 음식점은 308곳, 작부가 대략 288명, 이는 거의 갈보(사창)이기 때문에 용산 일대의 에로는 실로 공포스럽다.

×××

위와 같이 경성의 에로 방렬진 3파를 소묘했다. 이제 전체 조선의 화류계 경기를 살펴보자. 뭐니 뭐니 해도 1931년부터 1932년으로 이어지는 호황기를 한 획으로 점차 쇠퇴하는 경향을 보인다는 사실은 숨길 수 없다. 1933년 말, 조선 전체의 요리옥은 1,855채, 카페는 550채, 음식점은 44,870채, 합계 47,276채인데 이를 또 1932년 말과 비교하면 요리옥이 67채, 카페가 120채 증가하고 음식점은 1,582채 감소하여 결국 차감하면 1,391채가 감소했다.[30]

이를 세분화하고 부, 읍, 농산어촌의 요리옥, 카페, 음식점을 구별하여 그 증감을 살펴보면, 요리옥은 부에서 4채 증가, 읍에서 7채 감소, 농촌에서 42채 증가, 어촌에서 28채 증가, 카페는 부에

---

30 합산하면 계산에 맞지 않지만 원문에 따른다.

서 65채 증가, 읍에서 51채 증가, 농촌에서 5채 증가, 어촌에서 3채 증가, 음식점은 부에서는 72채 증가, 읍에서 46채 증가, 농촌에서 1,600채 감소, 어촌에서 77채 감소했다.

또 이를 업자별로 보면 내지인은 카페를 105채 늘리고, 요리옥 6채, 음식점 66채를 줄였다. 조선인은 요리옥 61채, 카페 19채 모두 늘었지만 음식점은 1,572채 줄었다. 지나인은 요리옥 12채, 음식점 56채, 합계 68채가 증가하여 조선인 업자의 감소에 비해 기이한 모습을 보였다.

요컨대 농산어촌에서는 자력갱생 진흥운동이 철저했기 때문인지 향락 시장은 도시에 집중되는 경향을 보이며 1931년 이후 결국 음식점이 1,391채 감소했다는 결과다.

×××

또 유곽의 창기는 이미 내지에서는 폐창 단행 단계에 있는데 조선에서는 정월 1일부터 총독부령 제14호 제20조의 도지사가 인가하는 지정 유곽 구역 안에서 관할 소장의 허가 없이는 구역 밖으로 나가는 것이 금지되던 항목이 삭제되고 자유로운 외출이 허락되었다. 이는 폐창의 전초전으로 볼 수 있다. 조선 전역 2,535명의 자유를 구속당했던 창기도 다소 인간다운 취급을 받게 되는 것이다.

조선 전역의 유곽 지정지는 경기도에서는 경성의 신정, 병목정, 미생정, 인천, 충남에서는 대전, 전북에서는 군산, 전주, 경북에서는 대구, 경남에서는 부산의 녹정, 목도(牧の島), 구마산, 대안동, 방어진, 통영, 진해, 장수포, 황해도에서는 겸이포, 평남에서는 진정(賑町), 비석리, 함남에서는 함흥의 화소정(花咲町), 녹정, 함북에서는 청진, 나남, 회령으로 총계 유곽 26곳, 지정지 영업자가 내지인 259채, 조선인 211채, 외국인 1채, 창기 수는 내지인 1,546명, 조선인 988명, 외국인 한 명으로 합계 2,535명이다. 조선 내에서 외국인은 에로 직업이 허가되지 않는다. 위의 외국인 한 명은 20년 전부터 경성 신정에서 에로 장사를 해온 러시아 여성(지금은 할머니)으로 이 사람만이 특권을 가지고 있다.

술과 여자 없이는 날이 밝지 않는 일본 남성은 실로 바쿠스의 자손으로, 에로스의 사생아인가.

20. 이마무라 라엔, 경성 화류계의 변천(1937. 5.)

이마무라 라엔, 경성 화류계의 변천
今村螺炎,[31]「京城花柳界の變遷」,『朝鮮及滿洲』354, 1937. 5.

조선인의 요리옥

예전에는 조선인 사이에 요리옥이라는 것이 없었다. 양반의 연회는 자기 집에서 하거나 또는 관소유 건물의 누각과 정자(樓亭)에 명령으로 기생을 불러들여 술을 따르게 했으니 팁(祝儀)을 낼 필요도 없고 요리옥이 필요하지 않았던 셈이다.

그럼 보통의 부자나 젊은이들은 어떻게 했는가 하면 그들은 기생집으로 놀러간다. 그러나 보통이라 해도 그저 보통의 누구나가 멋대로 기생의 집에 갈 수 있는 것은 아니었다. 불량배(地廻り)라고나 할까, 젊은 무리의 일종의 단체가 있어서 그곳에 교섭을 거친 후가 아니면 기생의 집에 출입할 수 없다. 이를 오입장(誤入匠)이라고 했는데 여기에 인사하지 않고 찾아가면 못살게 굴거나 얻어맞거나 호된 꼴을 당하고 만다. 물론 교섭을 하는 데에는 상당한 돈을 써야 했다. 기생 쪽에서도 오입장의 심기를 건드렸다가는 호된 일을 당하기도 하지만 한편에서 보호도 해 주기 때문에 충분히 이용가치가 있던 셈이다. 아무튼 이런 절차를 거쳐 기생의 집에 가더라도 기생은 온돌의 상석에 앉아 가야금 등을 타고 있는데 신입 손님은 말석에 쪼그려 황송하게 듣고 있는 식이었다. 게다가 점점 낯을 익혀 정겨운 약속(情約)도 할 수 있을 정도가 되기까지는 상당한 돈이 드니 가난뱅이는 좀처럼 손을 댈 수 없는 상황이었다.

시골 부자는 자기 권력으로 기생집에서 놀고는 했다. 술이나 쌀을 말에 싣고 와서 한 달이든 두 달이든 눌어붙어서 주색에 빠지는 일도 드물지 않았다.

이런 것들은 비교적 상류계급이 하는 방식이고 하층 사람들은 색주가[이자카야(居酒屋)를 말한다.

---

31 라엔(螺炎)은 한자 그대로 일본식으로 음독했다. 인명에 일반적으로 사용되지 않는 한자로 작명한 것이라 보인다.

색주란 각종 술이란 의미이지 남녀지사(色事)와 술이란 의미가 아니다] 등에서 한 잔 하는 정도였다. 이곳을 근거지로 삼는 갈보(매춘부)는 값싸고 간편하기는 했지만 적어도 양반 정도 되는 자는 결코 이런 곳에 가지는 않았다. 그만큼 불결하고 변변치 않았던 셈이다.

요컨대 옛날의 조선인 측 화류계는 극단적으로 고상한 척하는 것과 심히 추잡한 것의 둘로 크게 나뉘어 있었다.

근대에 접어들면 화류계도 차츰 사회의 요구에 따라 현대화하여 우선 명월관이 현재의 동아일보사의 장소에서 훌륭한 조선 건물에 최초의 요리옥(料理屋)을 열었다. 당시 한국의 대신(大臣)이나 일본의 차관들 혹은 통감 이토 히로부미(伊藤博文) 공까지도 출입하곤 했다.

그러나 그 즈음의 기생은 자기 집을 가지고 있어 현재와 같은 검번(檢番)제도 등은 없었다. 격식이 높아 정삼품, 정사품 등의 지위를 가졌고 어딘지 모르게 우리 헤이안조(平安朝) 시대의 유녀를 그립게 만들 법한 우아함과 점잖은 분위기가 있었다. 그도 그럴 것이 이태왕(고종)이 갑오년 개혁으로 관 안의 관기를 해방하며 밖으로 나가 자치의 길을 강구하도록 명했을 때에 적당한 곳으로 시집을 가거나 혹은 기생이 되어도 결코 품위를 떨어뜨리는 일이 있어서는 안 된다고 단단히 타일렀기 때문이기도 할 것 같다. 그러한 기생이 1908년경에도 5~6명은 남아 있었던 듯하다. 그러나 그 또한 시대의 변천과 더불어 점점 변화해 지금의 권번제도가 되었고, 대중적이고도 값싼 것으로 변화해 왔다. 예전에는 내지인의 청구 등에는 좀처럼 쉽게 응하는 법이 없었다.

그리고 이들 기생 이하인 갈보가 있었다는 것은 앞에서도 잠시 언급했지만, 조선인 대상의 이들 갈보 외에 내지인 대상의 갈보도 있었다. 현재의 경성우편국 뒤 명치정(明治町) 쪽에 낙동(駱洞)이라 불린 곳이 있어, 그곳에는 그런 것들이 70~80명이나 있었고, 그밖에도 여기저기에 드문드문 있었다. 차부(車夫)라든가 기타 내지인 노동자가 단골이고, 물론 몹시도 하등해서 이른바 상시 '1엔짜리' 등이라 칭한 것이 바로 이들이다.

내지인의 요리옥

내지인의 요리옥이 처음으로 경성에 출연한 시기는 1885~1886년 즈음일 것이다. 하지만 너무 오래 전 것은 제쳐두고, 현재의 장곡천정(長谷川町) 우라와(浦和)여관 앞의 이카도(井角)라는 요리옥은 1887년에 개업했고 가게츠(花月)는 1890년 국회 개설 당시에 점포를 열었다. 당시의 재류 방인은 300명에 못 미쳤으니 그 점에서도 요리옥이라고 해봐야 대단하지는 않았으리라 짐작할 수 있다. 아무튼 경성의 긴자(銀座)라 불리는 지금의 본정(本町)거리 등은 대단히 더러워 이름조차 진고개(泥峴)라 불리던 즈음인데다, 본정 2정목(丁目)을 중심으로 조선인의 쓰러져가는 가옥 사이에 끼어 드문드문 내지인이 사는 모양새였다. 따라서 요리옥이라고 해봐야 조악한 온돌에 2~3명의 나카이(仲居)라 불리는 자가 있기는 있어도 그들 면상 또한 상상에 맡길 만한 것이었고, 그럼에도 불구하고 타향에서 무료함을 한탄하며 거칠어진 남자들에게는 천녀가 하늘에서 내려온 듯 느껴지는 곳이었다. 물론 요정 주인은 그런 나카이에 만족하고 있지는 않으니 게이샤를 불러들이려 애는 썼지만 아무래도 게이샤에게는 도항허가장(渡航免狀)이 나오지 않았다. 1888년에 가게츠(花月)의 고(故) 마쓰이(松井) 군이 고심을 거듭해 오사카에서 후쿠스케(福助)란 녀석을 데리고 와서 게이샤의 출현이라는 기록을 이루었는데, 당시의 일본영사관은 게이샤 따위를 인정하지 않았기 때문에 표면으로는 나카이라는 이름으로 객석에서 시중들게 했다. 그런데 사미센(三味線) 악기 가죽을 교체하는 것 하나만 해도 일부러 오사카까지 배편으로 보내야 했고 완성돼서 3개월이나 되어야 인천에 도착했다 하니 참으로 격세지감이 든다.

　게이샤를 두고자 아무리 출원해도 영사관에서는 허가하지 않았다. 추업부를 외국에까지 드러내는 것은 일본의 체면에 관계된다는 이유에서였다. 그런데 1894~1895년의 청일전쟁으로 요리옥도 수가 늘어 15~16채가 되었다. 그리되자 영사관도 체면론에만 구애받고 있을 수 없어 게이샤를 둘 수 있도록 허가했기 때문에 나카이 중에서 칭~ 하든 샹~ 하든 조금이라도 (사미센을) 켤 수 있는 자는 감찰을 받았고 내지에서 데려오기도 하여 게이샤 수도 총 34~35명으로 늘었다.

　대체로 경성의 내지인 측 화류계는 청일전쟁 후에 거류민이 늘어남에 따라 약진하였고 이어서 러일전쟁으로 제2의 약진을 보인 후 통감부의 설치와 함께 초약진을 이루었다는 순서다.

　1907년경의 큰 루(樓)라 하면 가게츠(花月)와 기쿠스이(菊水), 세이카테이(清華亭)의 셋이고, 2류 부류로 5~6곳 눈에 띄는 곳이 있었는데, 모두 우치게이샤(內芸者)[32]가 있었고 가게츠 등은 많을 때는 40명이나 두고 있었다. 가게츠, 기쿠스이는 대관들의 숙방(宿房)이어서 이토 통감, 하세가와 통감 등 높은 사람들이 드나들곤 했다. 다른 한편 세이카테이는 다른 이름으로 친보츠테이(枕沈亭)라 불렸는데, 과연 송병준(宋秉畯)의 후원으로 만들어져서인지 스기야마 시게마루(杉山茂丸), 우치다 료헤이(內田良平), 오가와 헤이키치(小川平吉), 아다치 겐조(安達謙蔵) 등 상시 쟁쟁한 낭인들이 활발히 모여 책모(策謀)의 터다운 느낌이 있었다.

32　자기 점포에 고용해 둔 게이샤. 밖에서 호출해 오는 게이샤와 구분해서 일컬었다.

당시의 게이샤는 대관들을 상대하고 있다 보니, 최근과는 달라서 내지 삼도(三都)³³의 일류 자리에 내놓아도 뒤떨어지지 않을 정도의 미인(尤物)들이 많았다. 노는 데에 쩨쩨하지 않고 다들 자금 사정이 좋다 보니 쓰는 법도 해퍼서 이즈음을 화류계의 전성 시대였다고 해도 좋다.

다음으로 유곽 쪽은 어땠는가 하면, 요리옥 11곳이 연합해 유곽 설치를 신청했지만, 예의 체면 문제로 허가가 나지 않았다. 한편 거류민단 쪽에서도 유곽을 만들어 그 땅을 영업자에게 대여한 후 요금을 받으면 수입이 늘어 형편이 매우 좋을 것이라고 보고, 호걸 민단장으로 유명하던 나카이 기타로(中井喜太郞)가 기를 쓰고 운동하면서 '영사가 투덜대며 허가하지 않을 경우 직접 외무성과 협상해 영사를 교체시키겠다'고 말할 정도로 분발했지만, 이런저런 사정으로 1904년에 비로소 신정(新町)에 유곽이 허가되었다. 게다가 유곽이라는 이름은 쓰지 않고 창기라고도 말하지 않는 대신 제2종 요리점, 을종 예기라 불렀으니 아직도 체면론에서 벗어나지 못해 번잡스러운 상황이었다. 우선 신정에서는 쌍림관(双林館)이라는 곳에 객실이 50실이나 될 정도의 일대 불야성이 출현하여 기(妓)들도 50여 명에 달할 정도로 번성했다. 다음으로 제일루(第一樓) 등 점차 수가 늘어갔다. 거류민이 놀러가도 대개는 월말에 지불하고 때로는 반기에 정산하는 식으로 느긋한 곳도 있었다. 창기 중에도 상당히 질 좋은 자가 있었다. 2~3년 후에는 용산의 도산(桃山)유곽이 허가되어 1907년에는 미우라(三浦) 이사관(理事官)이 시내에 흩어져 있는 작은 요리옥(小料理屋)[실제는 매음집(淫売屋)]을 하나로 묶어 길야정(吉野町)의 남묘(南廟) 위의 안에 신지(新地)라는 것을 만들었지만, 이것은 후에 철거되어 버렸다.

1906년에는 경성에도 마치아이(待合)가 있었다. 여기에는 도쿄식으로 게이샤를 부르기로 돼 있었지만 고등 내시의 소굴이 되어 버렸고 그 수도 14~15채는 있었다. 상류 사람들도 엽기적으로 상당히 마치아이를 드나들곤 했는데, 손쉽다는 점이 취향에 맞기도 했겠지만 여자들 중에도 꽤나 변덕스럽거나 팔자가 사나워 여러모로 특이한 유형의 여자가 흘러들어와 있어서 흥미를 끌었다. 하지만 이것은 병합 때에 중지당했다.

하등한 음식점(실상은 매춘을 주로 함) 또한 내지인이 늘어남에 따라 1906년경부터 점차 늘어났다가 미우라 이사관이 길야정(吉野町)으로 쫓아 버렸다는 이야기는 전술한 바와 같은데, 원체 수요가 늘어만 가다 보니 그 후에도 계속 증가해 태평정(太平町), 장곡천정(長谷川町), 황금정(黃金町), 청엽정(靑葉町) 등 도처에 늘어선 집들마다 수상한 일본식 초롱(行燈)을 내걸고 시세가 1엔, 2엔

---

33 에도(江戸=도쿄), 오사카, 교토를 말한다.

인 자가 수백 명 존재하는 상태가 되었다. 그래서 이들에 대해서도 병합 때에 아카시(明石) 경무총장이 쫓아내 한 사람도 남기지 않겠다며 신정(新町)을 확장해 그곳으로 이전시켰지만, 그것도 잠시일 뿐 다시 점차 늘어나 부(府) 내에 백 채 정도의 애매옥(曖昧屋)이 생겼고, 그 후 나카무라(中村) 본정(本町) 서장(현재 경기도 고등과장)이 세 번 단연코 일소하여 현재에 이르렀다.

이상의 서술 외에 말할 것이 남았는데, 조선인 측에 은군자라는 것이 있었다. 내지의 고등 내시와 많이 비슷해서 부자의 후처나 기생 출신자가 1904~1905년경에 시골 출신 양반 등을 열심히 물색해 표적으로 삼곤 했는데, 부 내에서 놀 줄 안다는 사람이나 풍류자도 이들 특이한 취향을 기꺼이 찾아다니곤 했다. 하지만 이는 완전히 조선인 대상이어서 절대로 내지인은 상대하지 않고 게다가 비밀도 엄중하게 지켜졌지만, 최근에는 이쪽도 현대화하고 저속화하여 여기저기서 볼 수 있게 되었다.

대체로 화류계는 시대의 취향과 경제 사정이 좌우하는 법이다. 근래 내지와 조선 양측에 모두 카페가 늘어난 탓에 화류계는 다소 그 존재감이 옅어진 감이 없지 않지만, 그럼에도 기생과 게이샤는 여전히 세상에서 필요한 존재물로서 그 존재를 앞으로도 유지할 것으로 보이고, 공창 외의 각종 은밀한 형태도 생겨날 것이다. 요컨대 하등한 쪽에 대한 당국의 단속이 비교적 너무 엄하다 보니 한편에서는 풍기가 좋게 유지된다고 볼 수 있겠지만, 다른 한편 관광객 등의 여정을 충분히 채울 수 없는 점도 있다고 하겠다.

— [담(談)] —

일제침탈사 자료총서 99

식민지 조선과 일본군'위안부' 문제 자료집 Ⅴ
- 일제 성관리 정책하의 식민지 경찰과 인신매매 문제 -

초판 1쇄 발행 2023년 12월 20일

엮은이 동북아역사재단
편역자 박정애
펴낸이 이영호
펴낸곳 동북아역사재단

등록 제312-2004-050호(200년 10월 18일)
주소 서울시 서대문구 통일로 81 NH농협생명빌딩
전화 02-2012-6065
홈페이지 www.nahf.or.kr
제작·인쇄 (주)동국문화

ISBN 979-11-7161-046-4 94910
         978-89-6187-589-9 (세트)

- 이 책은 저작권법에 의해 보호를 받는 저작물이므로 어떤 형태나 어떤 방법으로도 무단전재와 무단복제를 금합니다.
- 책값은 뒤표지에 있습니다. 잘못된 책은 바꾸어 드립니다.